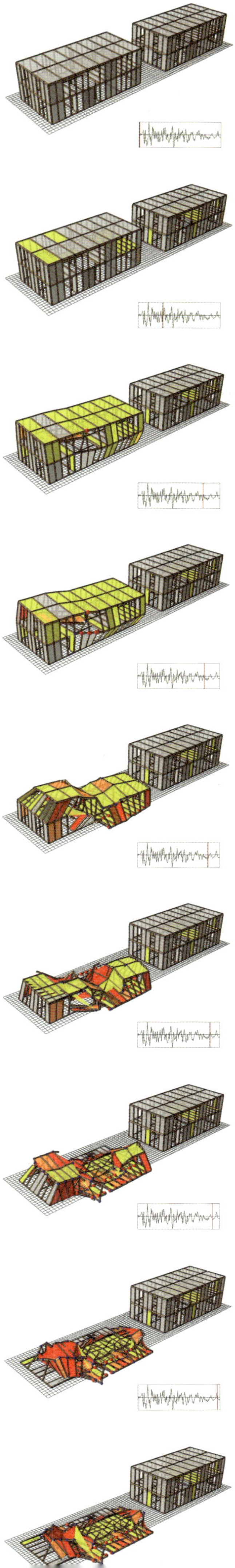

ヤマベの耐震改修

増補改訂版

山辺豊彦
Toyohiko Yamabe

X-Knowledge

ヤマベの耐震改修増補改訂版の発刊にあたって

初版の発刊から7年が経ちました。昨年の元日には、私の故郷である能登半島で大きな地震が発生し、激しい地盤隆起・崖崩れや津波被害を受け、復興もままならないうちに夏には豪雨にも見舞われ、日本列島は自然災害から逃れられないということを強く認識させられました。

2016年の熊本地震と2024年の能登半島地震では、木造建築物の悉皆調査が行われ、建物被害の特徴は類似傾向であることが分かりました。構造的には2000年基準を満たしていれば、ほぼ問題ないと結論づけられています。

そのような中、地球温暖化対策の一環としてこの4月から改正基準法が施行され、新築の木造住宅については壁量基準が変更になります。いっぽう耐震診断の方法は変更がないものの、確認申請と構造審査の対象範囲が拡大します。その行く末は書類審査に時間と手間を取られて、本質を見失うのではないかと強く懸念しています。

改修はさまざまな問題が絡み合って、設計も施工も高度な技術を必要とします。これらに対処するには、基本や原則を常に念頭におきながら柔軟に考えることが重要です。

構造については、構造要素（軸組・耐力壁・水平構面）の連続性を確保する、ということがキーワードになります。

本書は序章として、構造計画的に問題が起きやすい形状を5タイプ抽出し、補強前後の違いを動画で確認する頁を新たに追加しました。実際の建物では問題点が複合していますが、本書では、問題点を明確にするため、補強要素を絞り単純化しました。

また、軸組（床梁）補強の事例も数例追加しました。

耐震改修では、往々にして壁量、偏心、耐力壁周辺の接合のみに捉われて、常時荷重を支えている床組や小屋組の問題点を見落としがちです。耐震診断の評点には影響しなくても、建築技術者としては力の流れを読み、建物全体の構造計画を考えて改修計画を行うべきなのです。

本書で取上げたものはマニュアルなどではなく、私が実務で問題に直面したときに、苦悶の末考えた補強方法であり、最適解ではないかも知れません。特に改修は、その建物が置かれている状況に応じて、当事者が知恵を出し合って解決していくものです。

良い建物にしたいと真剣に取組む技術者の参考図書として、少しでも貢献できれば幸いです。

2025年4月

山辺　豊彦

ヤマベの耐震改修 増補改訂版 目次

3 はじめに
189 関連資料

序 地震で壊れやすい建物形状

8 建物の揺れ方を検証する
10 TYPE-A 2階外周のみの耐力壁
14 TYPE-B 中央吹抜け
18 TYPE-C 小屋筋かい
22 TYPE-D セットバック
26 TYPE-E 梁上耐力壁

1 木構造の特徴

1-1 木構造の特徴

32 木造を構成要素で分けるとどうなる?
34 地震で木造の被害が大きい部分はどこ?
36 台風・雪に対する木造の弱点は何か?
38 大地震時の損傷は一体どの程度なのか?
40 建物にかかる力はどのように流れるのか?

1-2 木材の性質

42 木材の強さのキモはどこにあるのか?
44 木材に節や切欠きがあると強度は落ちる?
45 継手・仕口に引張力が生じる場所と注意点は?

2 建物の形状別に見る構造計画のポイント

構造計画

48 不整形な建物の場合、構造計画の注意点はどこ?
50 荷重をスムーズに流す架構計画のコツは?
52 建物中央に大きな吹抜けがある場合の構造計画は?
56 外周のみの耐力壁や登り梁架構の構造計画のポイント
60 大屋根架構の力の流れ方と構造計画のポイント
64 狭小間口はどのように架構計画を考える?
74 L形プランやセットバックで注意することは?

3 各構造要素の設計ポイント

3-1 基礎

80 木造住宅の基礎はスラブ状のベタ基礎でOK?
82 SWS試験データとグラフからどこまで分かる?
84 基礎の配筋は告示どおりに行えばよい?
86 基礎のコンクリートの耐久性を高めるには?
88 基礎の点検口は柱間の中央に配置すればよい?

3-2 軸組

90 柱通し・梁通し それぞれの特徴は?
91 柱がもつ4つの役割とは?
93 通し柱は仕口の欠損部分で折れてはいけない?
94 横架材の設計で注意すべきことは?
96 鉛直荷重に対して仕口が耐力不足の場合は?

3

97 梁の継手の位置はどこでもよい?
98 岡立ち柱となる場合の対処法は?
99 水平力に対する軸組の設計で大切なことは何か?
100 水平力に対して接合部で注意すべき点は?
101 吹抜けの設計で構造上注意すべきことは?
102 接合部の抵抗の仕方はどれも一緒?

3-3 耐力壁

104 耐力壁が果たす役割とは?
105 壁倍率を高くするときに注意すべきことは?
106 効率のよい耐力壁をつくるポイントは?
108 壁量計算方法が風と地震で異なるのはなぜ?
109 壁量検討用の床面積の算定で注意することは?
110 建物にねじれが起きるのはどんな場合?
111 引抜力がかかるとき配慮すべきことは?
112 アンカーボルトの設置方法で注意点はある?

3-4 水平構面

114 水平構面の役割とは?
115 床組の水平剛性を高めるには、どうしたらよい?
116 床倍率とは何を示す数値なのか?
117 地震力と風圧力の違いは床面に関係あるのか?
118 水平構面と耐力壁には関係性がある?
119 小屋組は屋根の重さに耐えられればよい?
120 小屋組の形式で異なる注意すべき点は何か?

4 耐震診断・補強

4-1 耐震診断

124 木造の耐震診断は何をすればよいか?
125 現地調査で重点的に確認すべきポイントは?
128 効率よく現地調査を行うために押さえておくべきこと
134 耐震診断から診断書まで、注意すべきことは?

4-2 耐震補強

136 補強計画ではどのような検討が必要?
138 耐震補強を行うところはどうやって決める?
140 基礎の補強方法
142 軸組の補強方法
150 耐力壁の補強方法
152 小屋組の補強方法
156 接合部の補強方法
158 製作金物による柱脚と基礎の接合例

5 改修事例

162 **改修事例 1** 築40年の住宅
176 **改修事例 2** 江戸時代に建てられた住宅

序
地震で壊れやすい建物形状

- 08 建物の揺れ方を検証する
- 10 TYPE-A 2階外周のみの耐力壁
- 14 TYPE-B 中央吹抜け
- 18 TYPE-C 小屋筋かい
- 22 TYPE-D セットバック
- 26 TYPE-E 梁上耐力壁

TYPE-AからTYPE-Eの建物の揺れ方の動画は、エクスナレッジのwebサイトから入手できます。
1. エクスナレッジwebサイトの「本を探す」から「ヤマベの耐震改修 増補改訂版」の頁にアクセスする。
2. ページ下部にある「サポート＆ダウンロード」からダウンロードページに移動し、ファイルをダウンロードする。
3. ZIPファイルを解凍して、「TYPE-AからTYPE-E動画集」を入手する。

建物の揺れ方を検証する

図1 住宅のダメージ分析例

wallstatでは、実際に観測された地震動で、必要となる耐震性能レベルを知ることができる。解析対象となるのは、一般的な軸組構法で壁・接合部の実験値[※2]や、解析モデルの基礎レベルに入力する地震波形のデジタルデータ[※3]が必要となる。

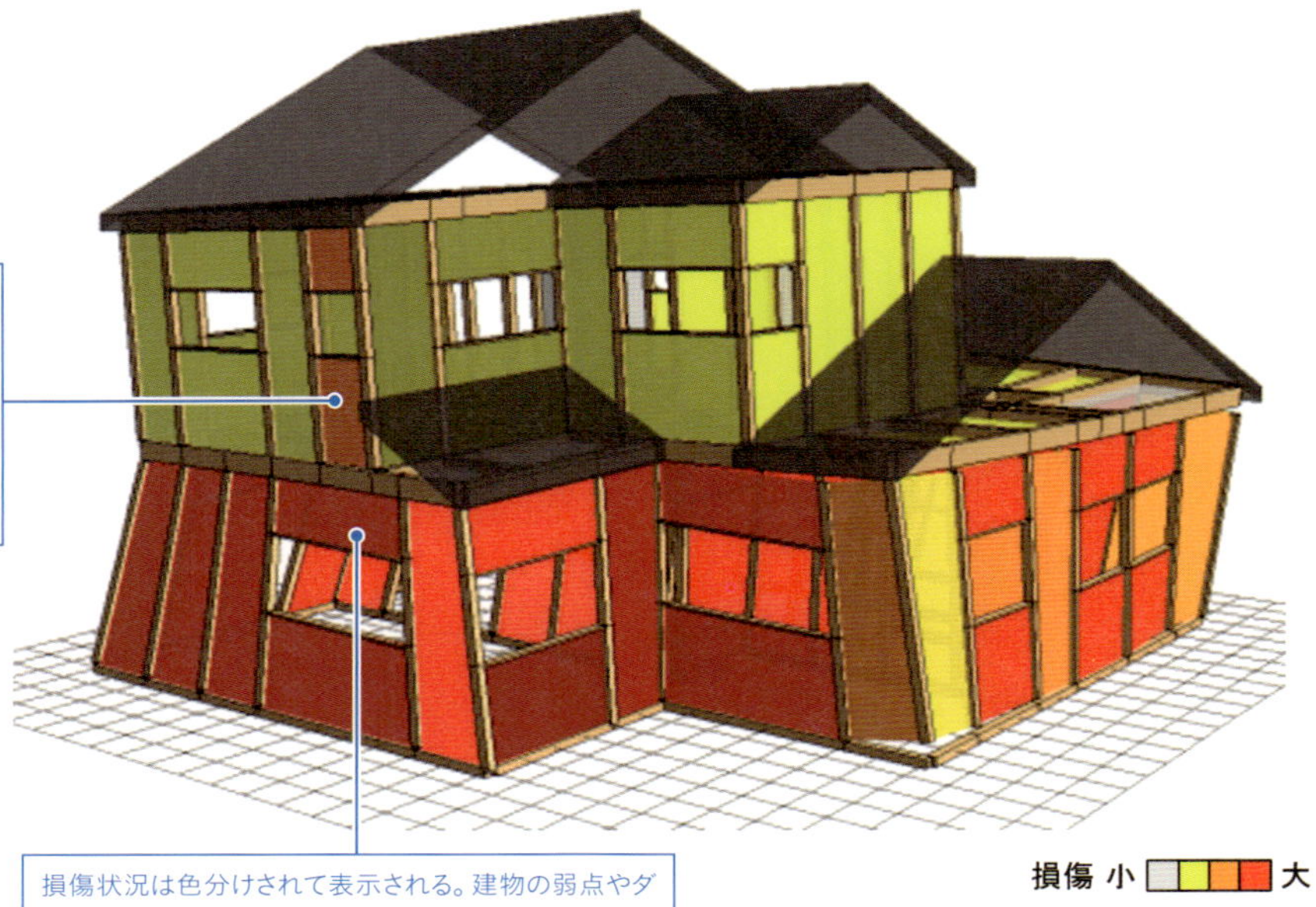
この部分は1階が開口部で、柱・壁とも直下に受ける材がないため、2階のなかでは損傷が大きくなることが予想される
計算には「個別要素法」という、大変形・倒壊解析に適した計算理論を採用。主に土木分野で用いられている解析手法だが、木造住宅の倒壊解析にも有効なことが分かっている
データ連携フォーマット「CEDXM《シーデクセマ》」[※4]を使えば、CADと連動させた簡単な操作が可能
損傷状況は色分けされて表示される。建物の弱点やダメージの程度を確認しやすい。計算結果は建物内部のウォークスルー視点など、あらゆる角度から分析可能
動画で赤くなった部分を補強する、というのは誤り。力の流れや構造計画の基本をふまえたうえで、被害を引き起こす原因を考えることが重要である。

2016年熊本地震や2024年能登半島地震では木造被害の悉皆調査が行われた。その結果によると、2000年以降の基準を満たしていれば中破以下の被害に留まることが実証されている。

その他の地震でも常に指摘されていることであるが、大きな被害を引き起こす主な原因は、壁量不足、耐力壁の偏在、接合部の耐力不足、地盤変動による被害（即ち基礎の耐力不足）がほとんどである。従来は被害後の状況から原因を推察し、補強を行ってきたが、兵庫県南部地震以降は、研究機関などにより数多くの実大震動台実験が行われ、壊れる過程を検証してきた。それらの実験結果との比較・検証を経て開発されたのが木造住宅の耐震シュミレーションソフト「wallstat」（ウォールスタット）である。パソコン上で建物がどのようにして壊れるのか、その過程を動画で確認できる。

動画は住まい手にも理解しやすいため、ソフトを導入する設計事務所や工務店は増えてきている。

現在は一般社団法人耐震性能見える化協会（2019年1月17日設立、代表理事・中川貴文）にて開発・普及・サポートを行っている［※1］。

設計上注意したいのは、wallstatを用いた場合に、赤く表示された箇所が弱点だから、そこを補強すればよい、という安易な考えに陥りやすいことである。確かに弱い順に色が変わっていくのであるが、その状況を招く真の原因を、設計者は読み解く必要がある。

そのためにはソフトに入力する以前に、設計者が力の流れを思い描けるようにならなければならない。特に耐震補強は、新築よりも高度な施工技術を要すること、またスケジュールとコストの制限も厳しくなる傾向があるため、現状建物の弱点と補強の優先順位を的確に読み解いて設計を行う必要がある。

本稿では、耐震改修において特に注意が必要と思われる建物形状を5タイプ抽出し、それぞれ改修前と改修後の揺れ方の違いを、wallstatを用いて解説する。

※1 wallstatのダウンロードURL　https://support.wallstat.jp/wallstat5s-download/ | ※2 各建材メーカーに確認 | ※3 気象庁ホームページにより入手可能 | ※4 CEDXMとは、木造軸組工法住宅に関する建築意匠CADとプレカット生産CADのデータ連携を目的として構築された標準的なファイルフォーマットで、多くのCADに対応している　https://www.cedxm.com

図2 実大振動台実験をふまえた解析

国立研究開発法人防災科学技術研究所が所有する実大3次元震動破壊実験施設「E-ディフェンス」などで実施された実大の振動破壊実験との比較・検証を続け、精度の向上を図ってきた。巨大地震が生じた場合の応答挙動をミリオーダーで再現できる。

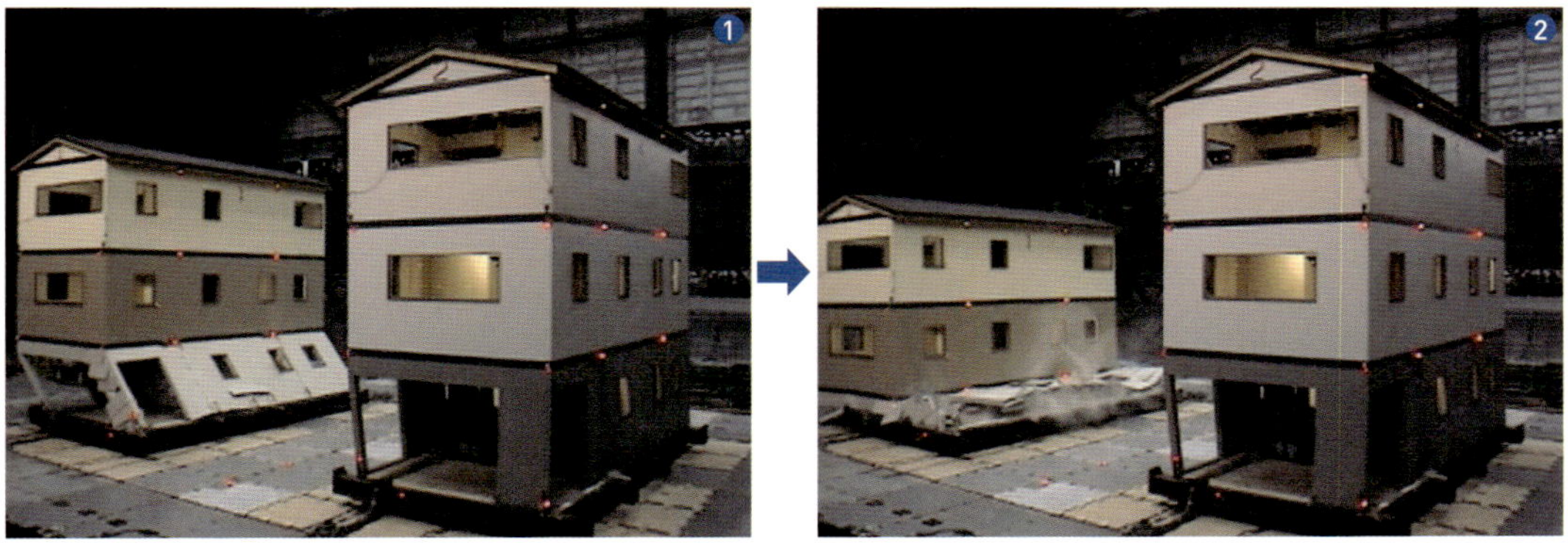
1
2

3階建て木造住宅が倒壊するまでの様子を検証する実大振動台実験。
❶：写真左側の建物の1階部分が壊れ始める
❷：同部分が完全に倒壊した

●写真の実験に対するwallstatの計算結果

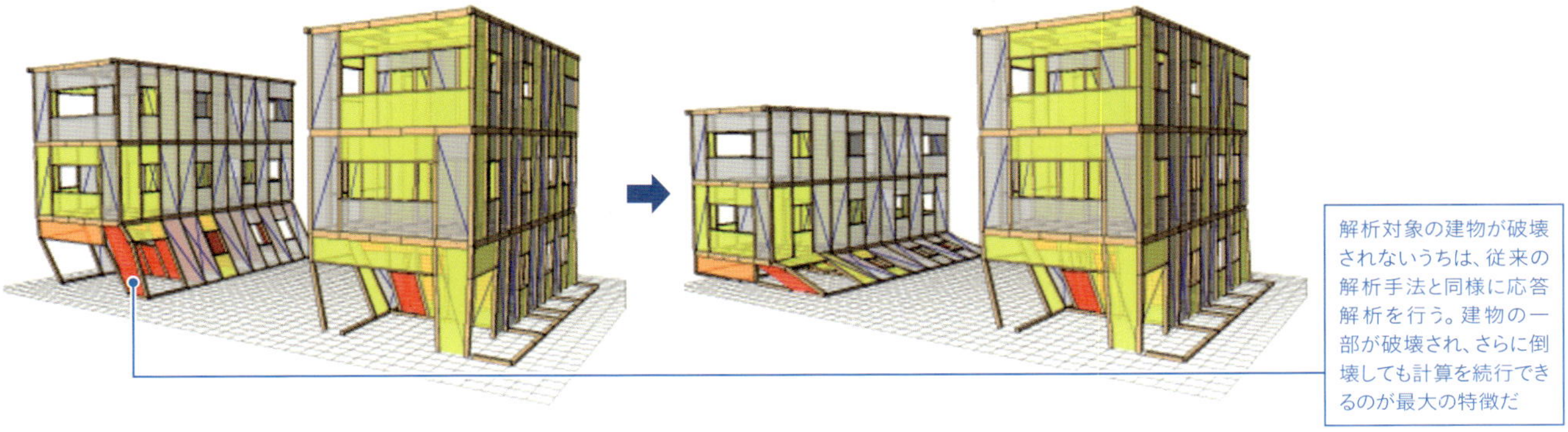
解析対象の建物が破壊されないうちは、従来の解析手法と同様に応答解析を行う。建物の一部が破壊され、さらに倒壊しても計算を続行できるのが最大の特徴だ

図3 大地震における木造建築物の年代別被害状況

①2016熊本地震

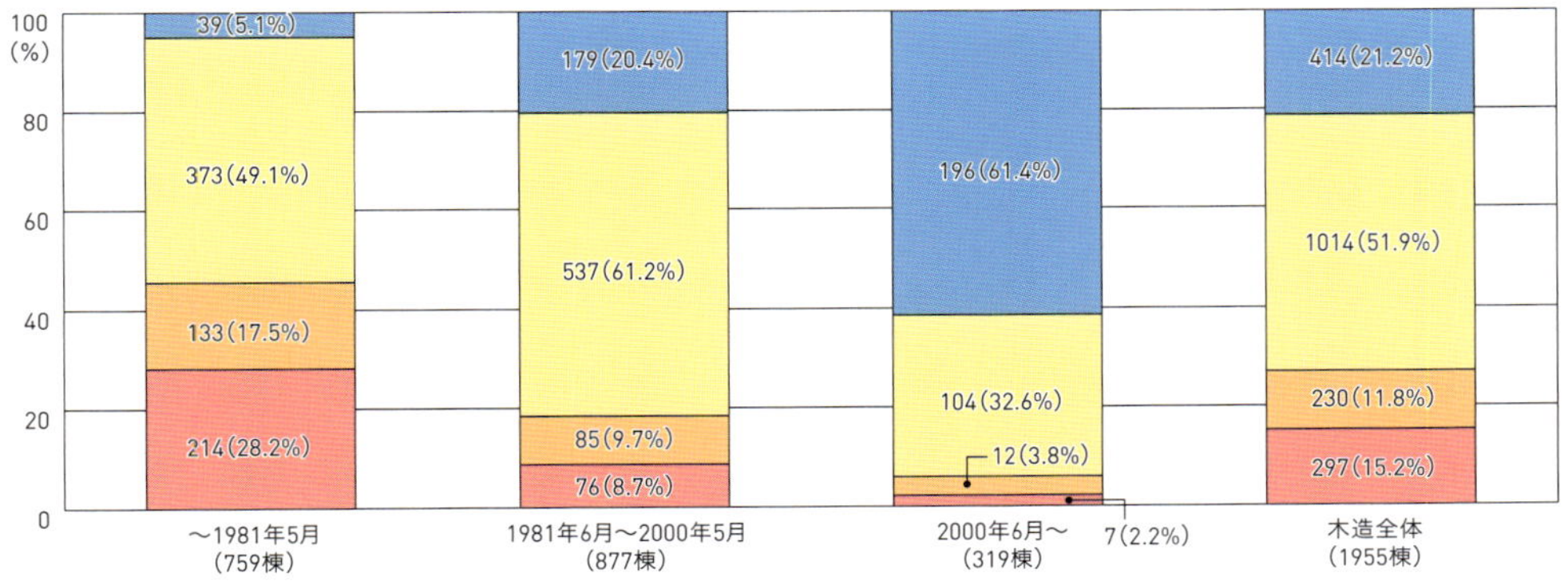
100
(%)
80
60
40
20
0
39(5.1%)
373(49.1%)
133(17.5%)
214(28.2%)
179(20.4%)
537(61.2%)
85(9.7%)
76(8.7%)
196(61.4%)
104(32.6%)
12(3.8%)
7(2.2%)
414(21.2%)
1014(51.9%)
230(11.8%)
297(15.2%)
〜1981年5月
(759棟)
1981年6月〜2000年5月
(877棟)
2000年6月〜
(319棟)
木造全体
(1955棟)
無被害
軽微・小破・中破
大破
倒壊・崩壊

学会悉皆調査結果による木造の建築時期別の被害状況
出典：国土交通省「熊本地震における建築物被害の原因分析を行う委員会報告書　概要」2016.09.30

※被害状況等の調査結果については建築学会において現在精査中であり、ここに示す数値は暫定的なものである。(9月8日時点のデータ)

②2024能登半島地震

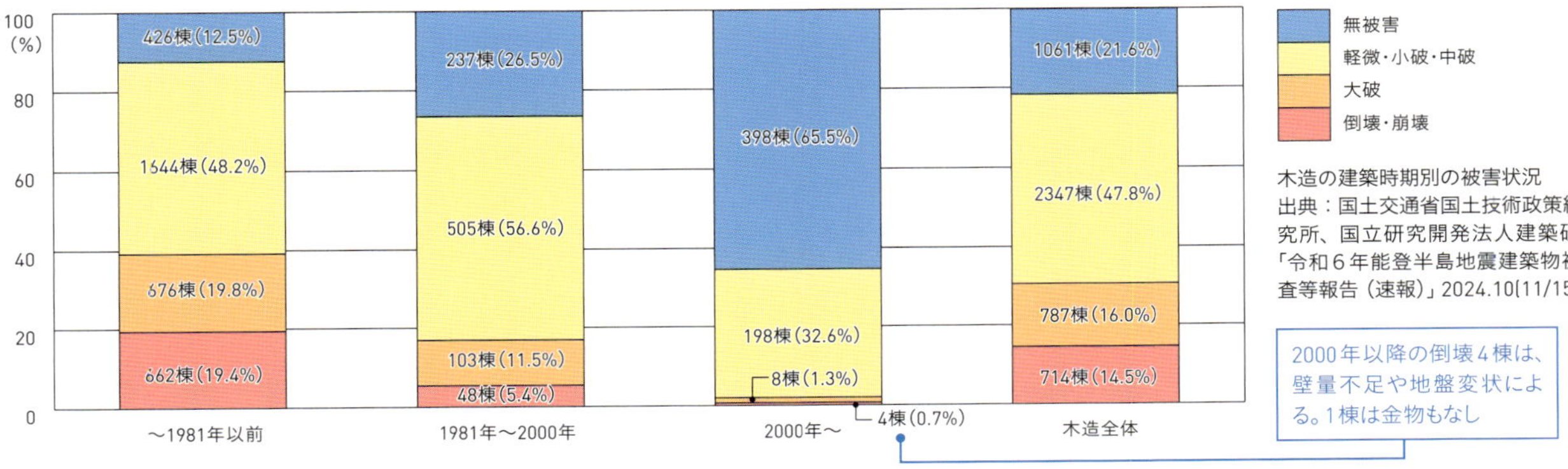
100
(%)
80
60
40
20
0
426棟(12.5%)
1644棟(48.2%)
676棟(19.8%)
662棟(19.4%)
237棟(26.5%)
505棟(56.6%)
103棟(11.5%)
48棟(5.4%)
398棟(65.5%)
198棟(32.6%)
8棟(1.3%)
4棟(0.7%)
1061棟(21.6%)
2347棟(47.8%)
787棟(16.0%)
714棟(14.5%)
〜1981年以前
1981年〜2000年
2000年〜
木造全体
無被害
軽微・小破・中破
大破
倒壊・崩壊
2000年以降の倒壊4棟は、壁量不足や地盤変状による。1棟は金物もなし

木造の建築時期別の被害状況
出典：国土交通省国土技術政策総合研究所、国立研究開発法人建築研究所「令和6年能登半島地震建築物被害調査等報告（速報）」2024.10(11/15公表)

図1、図2画像および写真提供：京都大学生存圏研究所 生活圏構造機能分野准教授 中川貴文

TYPE-A　2階外周のみの耐力壁

図 wallstat動画　解析モデル図

CASE-1
2階耐力壁が外周のみに配置された架構

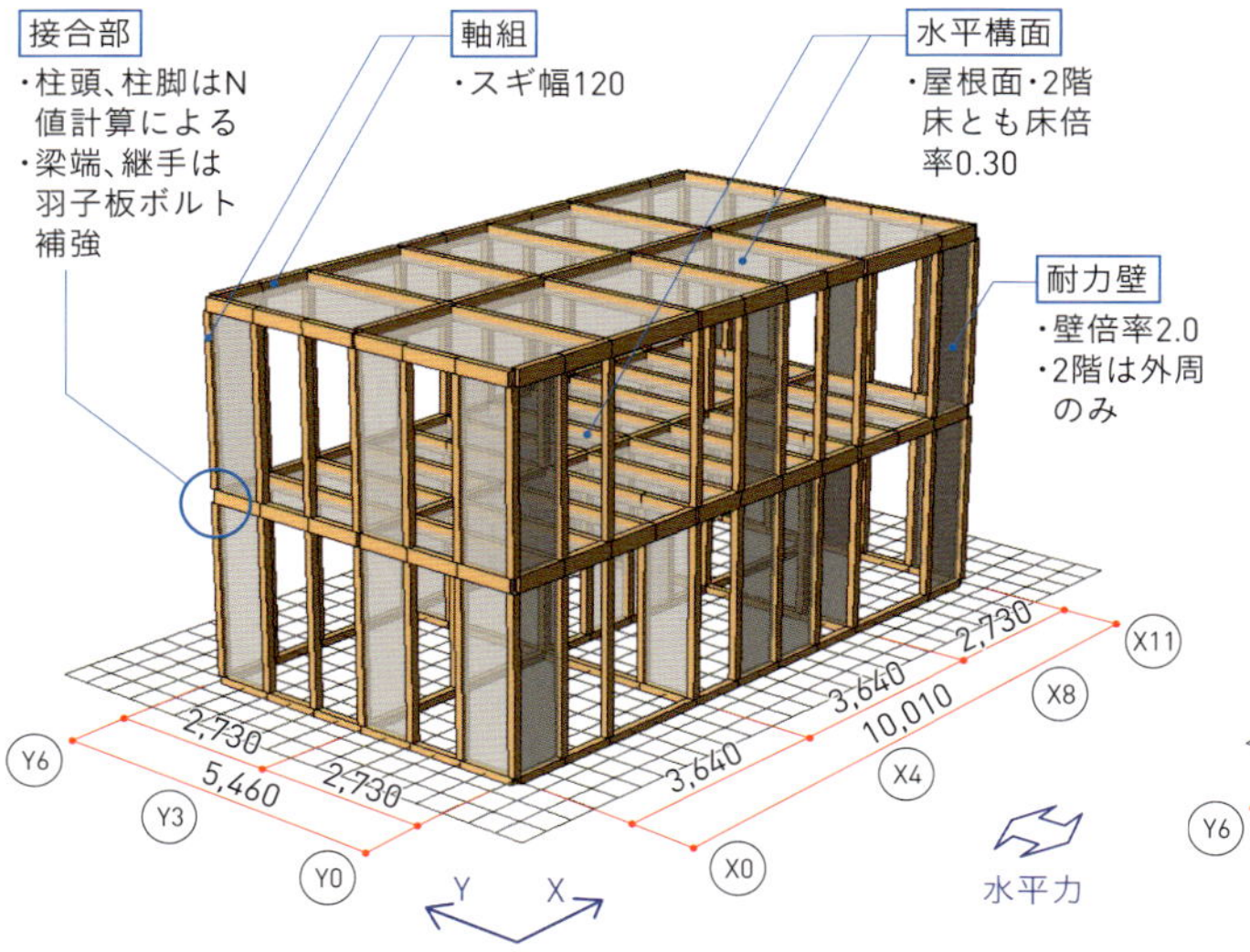

接合部
・柱頭、柱脚はN値計算による
・梁端、継手は羽子板ボルト補強
軸組
・スギ幅120
水平構面
・屋根面・2階床とも床倍率0.30
耐力壁
・壁倍率2.0
・2階は外周のみ
2,730
5,460
2,730
3,640
3,640
2,730
10,010
Y6
Y3
Y0
X0
X4
X8
X11
Y
X
水平力

CASE-2
屋根面の水平剛性をUP

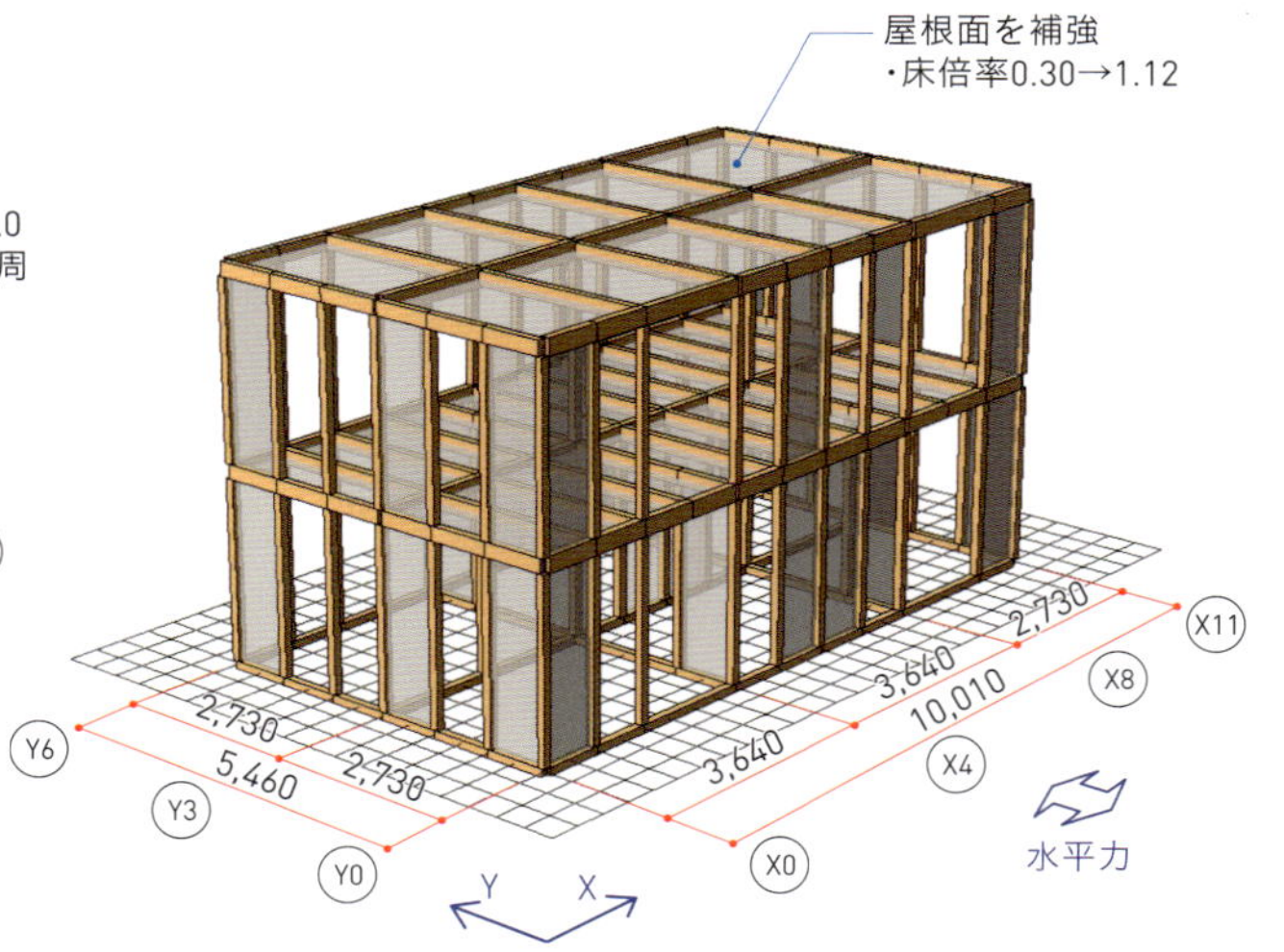

屋根面を補強
・床倍率0.30→1.12
2,730
5,460
2,730
3,640
3,640
2,730
10,010
Y6
Y3
Y0
X0
X4
X8
X11
Y
X
水平力

1階と2階の床面積が同じ総2階の建物である。このような建物は、壁量計算を行うと、2階は必要壁量が少なく、外周壁のみで規定を満足することができるため、建物の中間に壁がなかったり、あっても軽微な間仕切壁で小屋梁まで達していないものがほとんどである。また小屋組は和小屋で、小屋梁の上に束を立てて母屋を載せ、その上に垂木を載せて製材の板を垂木に釘打ちしているものが多い。これを床倍率に換算すると0・30程度と想定して、wallstatで解析を行ってみた。耐力壁は2000年基準（1981年6月1日～2025年3月31日までの建築基準法施行令46条）の「軽い屋根」の必要壁量を満足するように配置している［13頁CASE-1参照］。

11頁に示したのが解析結果で、最大変形時の屋根面と2階床面の変形状況である。1階は耐力壁が中央部にもあり耐力壁線間距離が4m弱であるため、2階床面は床倍率が0・30であっても、変形は層間変形角1／30前後で、ほぼ均一である。

屋根面は、2階耐力壁が外周のみに配置され、Y方向の耐力壁線間距離が約10mと長いため、壁の無い中央部の変形が突出している。いっぽうで耐力壁が存在する外壁面は、極稀地震にもかかわらず層間変形角が1／60程度と小さい。解析結果の視点①の図を見ても、2階の壁の色はグレーのままである。

この状況は、屋根面の水平剛性が不足しているために、耐力壁に水平力がきちんと伝達されていないことを意味している。

したがって、壁量をそのまま変えないとすれば、屋根面の水平剛性を高める必要がある、ということになる。

そこで野地板を構造用合板張りに補強するとして、屋根面の床倍率を1・12とした結果が、CASE-2である。屋根面の変形はほぼ均一になり、2階の耐力壁にも水平力が伝わっていることがわかる。

なお、解析条件は「ヤマベの木構造新版DVD付」と同じとした。12～13頁に示した変形は、各構面の最大（応答）値を示している。

表1 wallstatによる比較検証

・2階の耐力壁が外周のみに配置された総2階の建物
・2階屋根面の水平剛性(床倍率)の違いについて比較検証
・人工地震波(wallstat標準搭載の地震波。二種地盤 極稀:20秒)
・入力方向:Y方向

変形図凡例

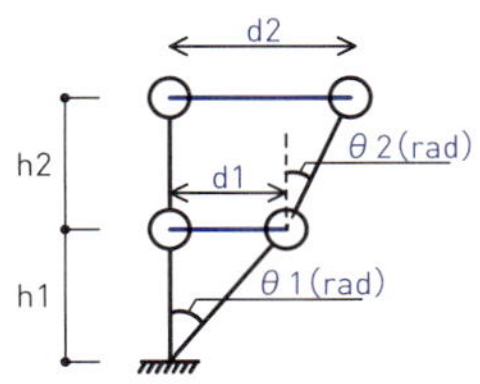

d2:小屋梁レベルの最大変形
d1:2階床梁レベルの最大変形
h2:2階の構造階高
h1:1階の構造階高
θ2:2階の層間変形角
θ2=(d2-d1)/h2 (rad)
θ1:1階の層間変形角
θ1=d1/h1 (rad)

※ 変形図および層間変形角は地震波入力時間内での最大を示す。

CASE-1 2階耐力壁が外周のみに配置された架構

屋根面は中央部の変形が大きく、両端部が中破～大破の状況である。2階外壁面は色がグレーのままなので、耐力壁に水平力が伝達される前に水平構面が先行破壊している。2階床面は特に問題がなく、1階耐力壁は小破～中破の状況で、各耐力壁に均一に水平力が伝達されている

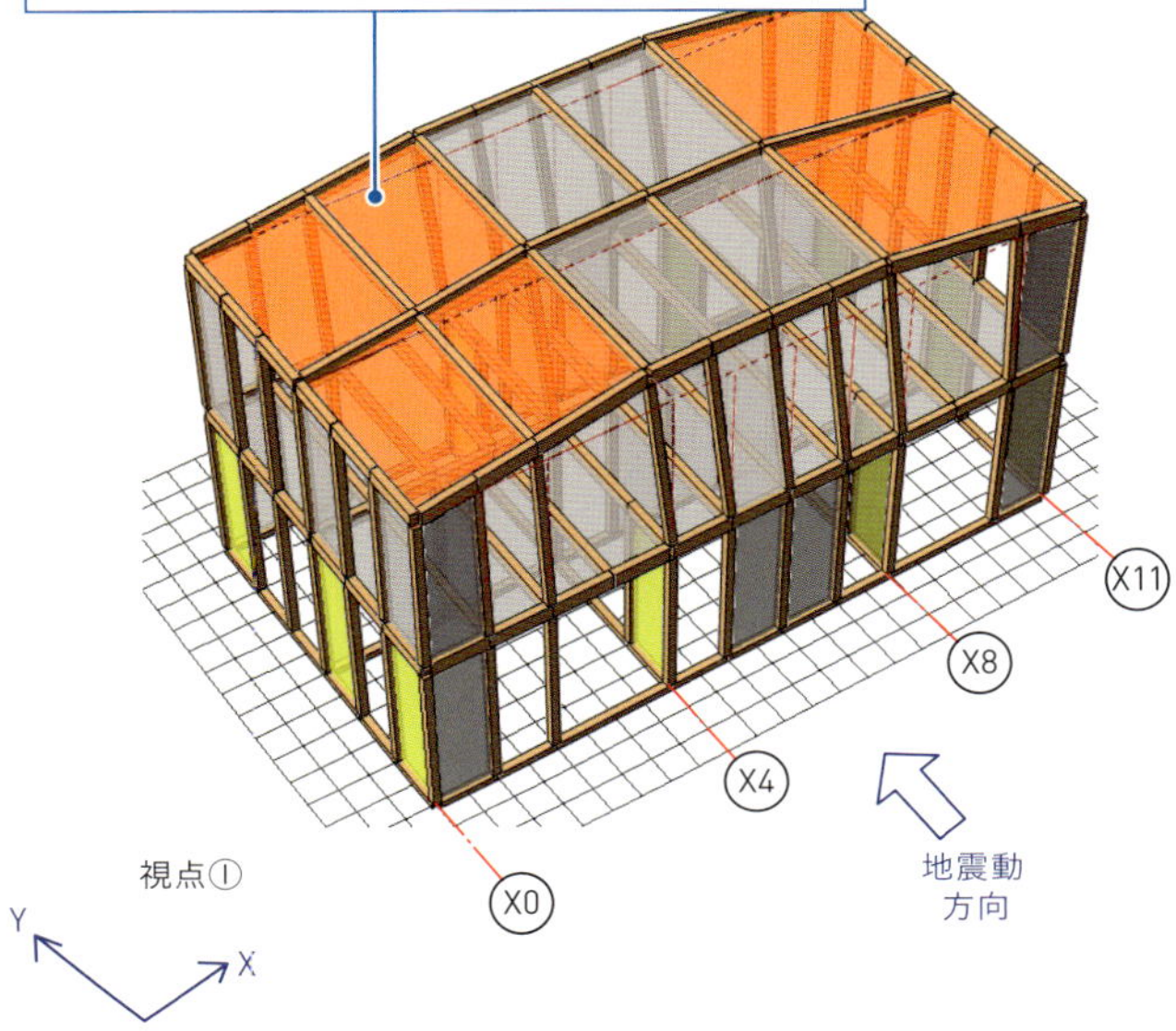

1階の層間変形角(θ1)は1/30前後でほぼ均一に変形している。2階の層間変形角(θ2)は耐力壁がない中央部が1/11で倒壊寸前、耐力壁がある外壁面は1/60以下で変形が小さいことから、屋根面の水平剛性が不足していることがわかる

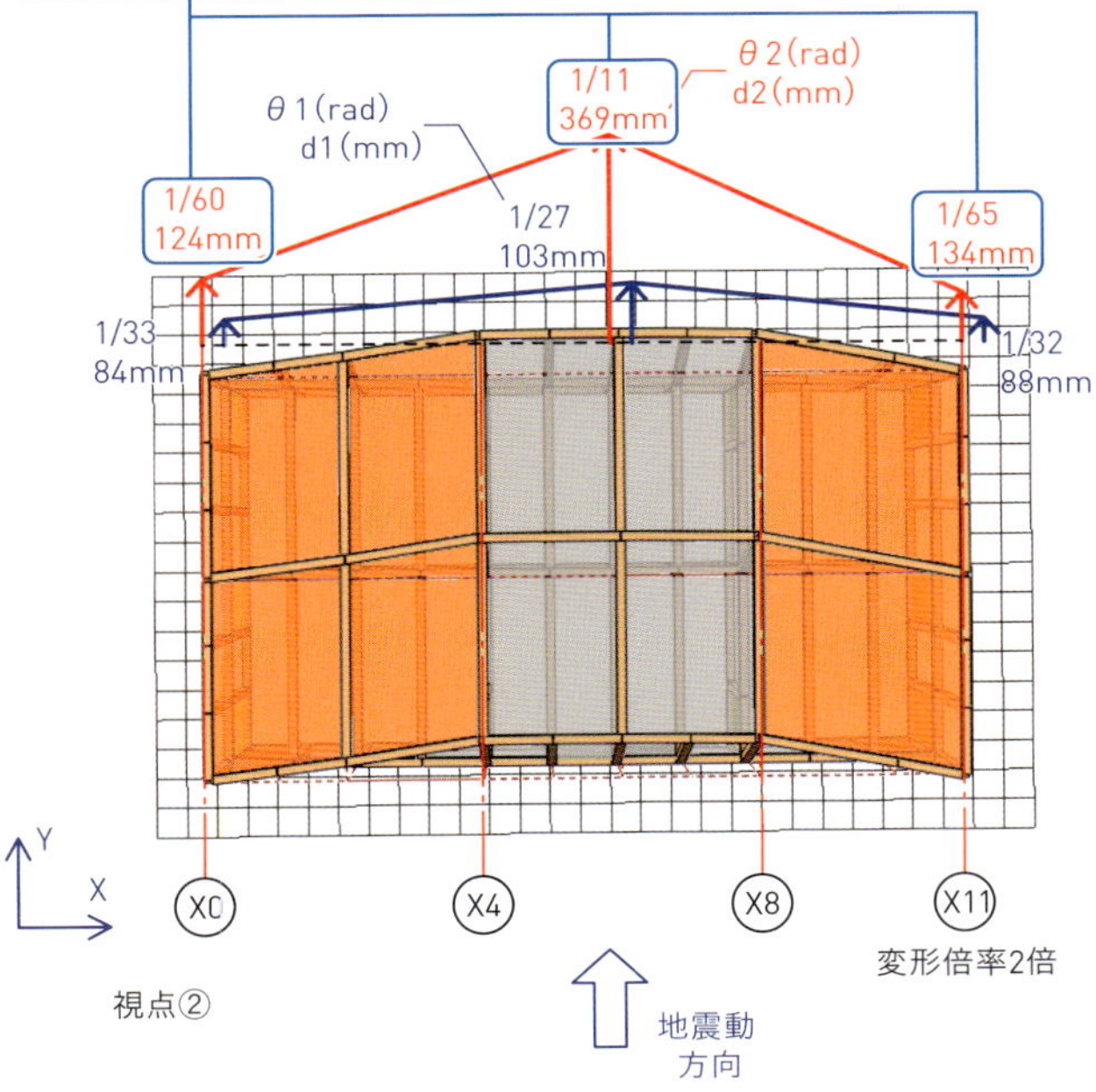

CASE-2 屋根面の水平剛性をUP

耐力壁配置はそのままで、2階屋根面の床倍率のみを高めた。屋根面は均一に変形しており特に損傷もない。2階耐力壁は小破～中破の状況である。屋根面の水平力が耐力壁にきちんと伝達されていることがわかる

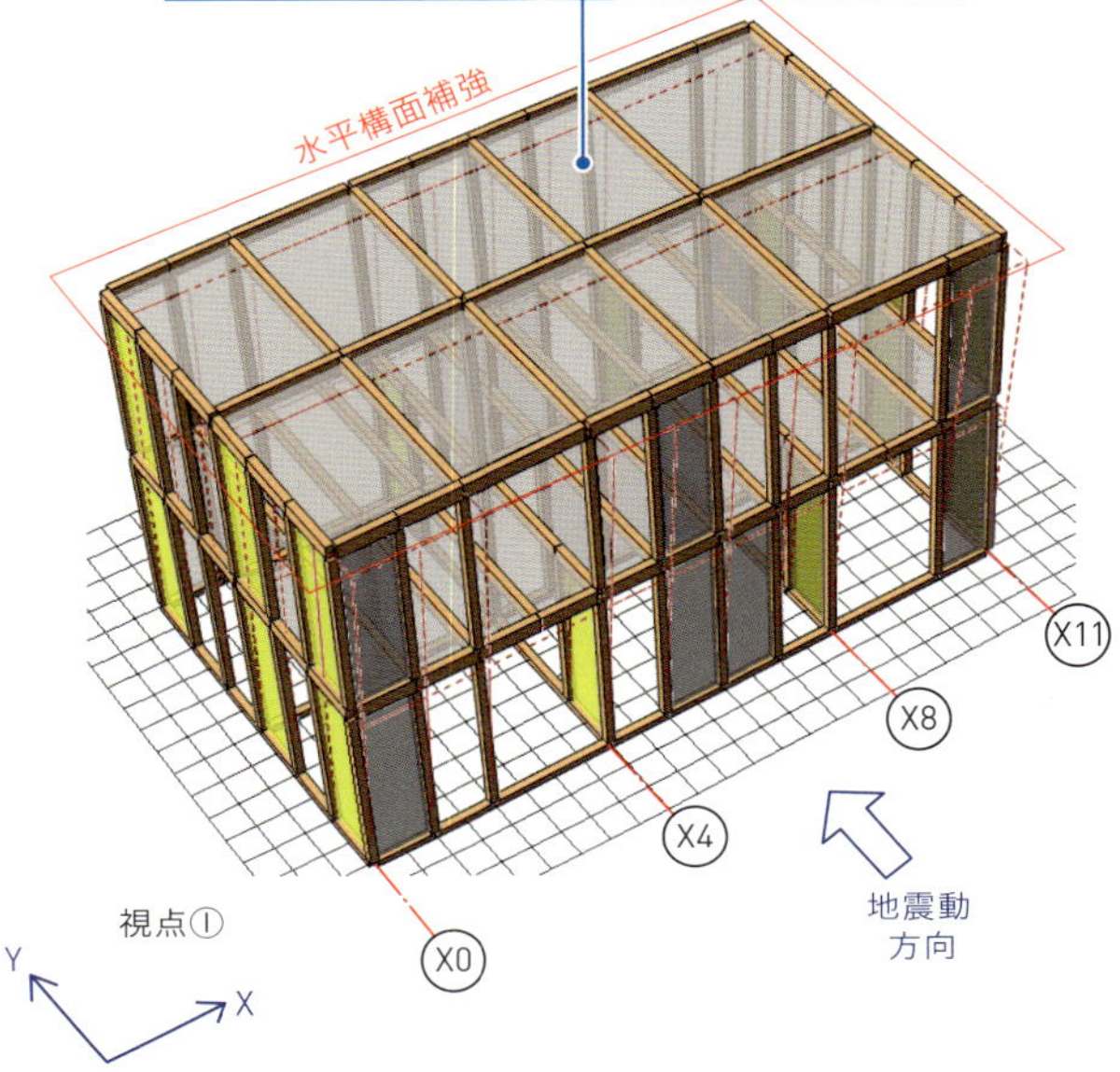

2階の層間変形角はほぼ均一になったが、1、2階ともに1/30を超える箇所があり、やや変形が大きい。1階の壁量余裕率が1割程度(13頁参照)であるため、もう少し余裕を持たせたほうがよい

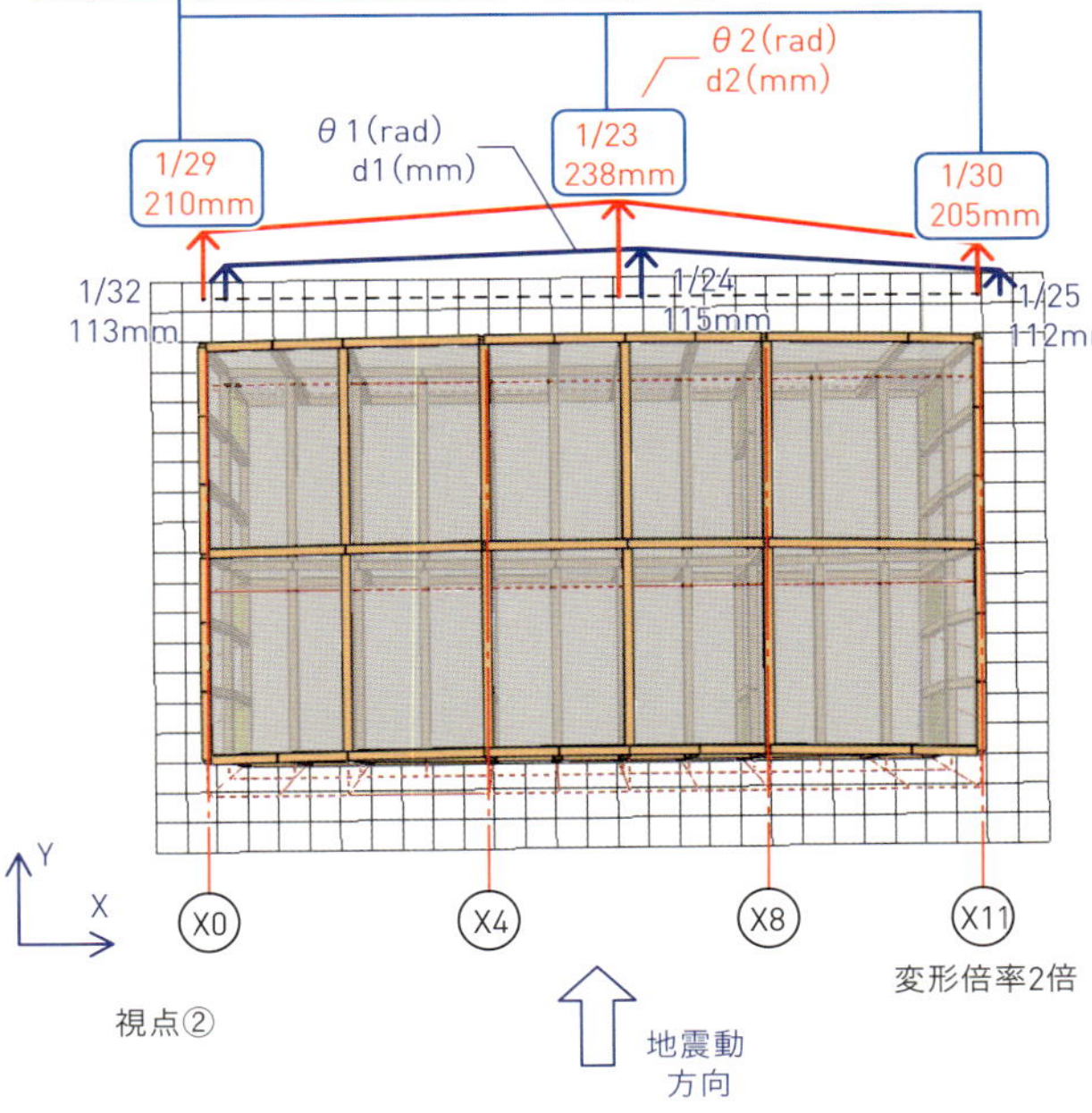

耐力壁配置図凡例

面材耐力壁片面 壁倍率2.0

面材耐力壁両面 壁倍率4.0

伏図凡例

× 下階柱

■ 当該階の柱

梁（特記なき限り幅120mm、数値は梁せい（mm）を示す）

変形図凡例

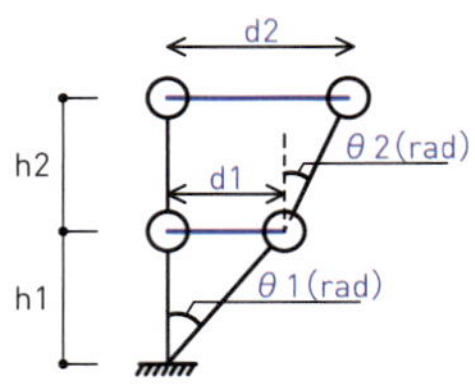

d2：小屋梁レベルの最大変形

d1：2階床梁レベルの最大変形

h2：2階の構造階高

h1：1階の構造階高

θ2：2階の層間変形角

θ2=(d2-d1)/h2 (rad)

θ1：1階の層間変形角

θ1=d1/h1 (rad)

※　変形図および層間変形角は地震波入力時間内での最大を示す。

CASE-2
屋根面の水平剛性をUP

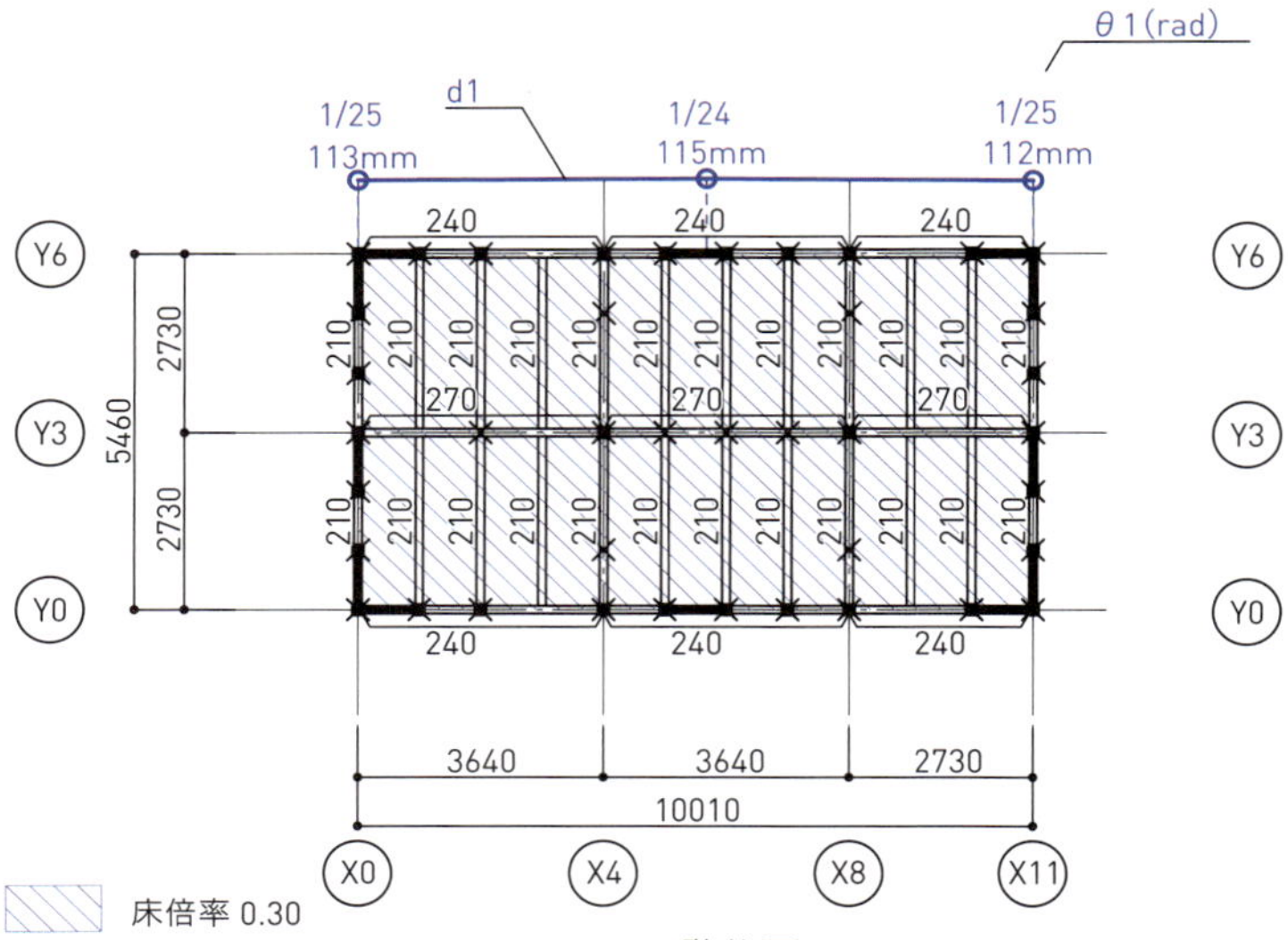

床倍率 0.30

床倍率 1.12

2階伏図

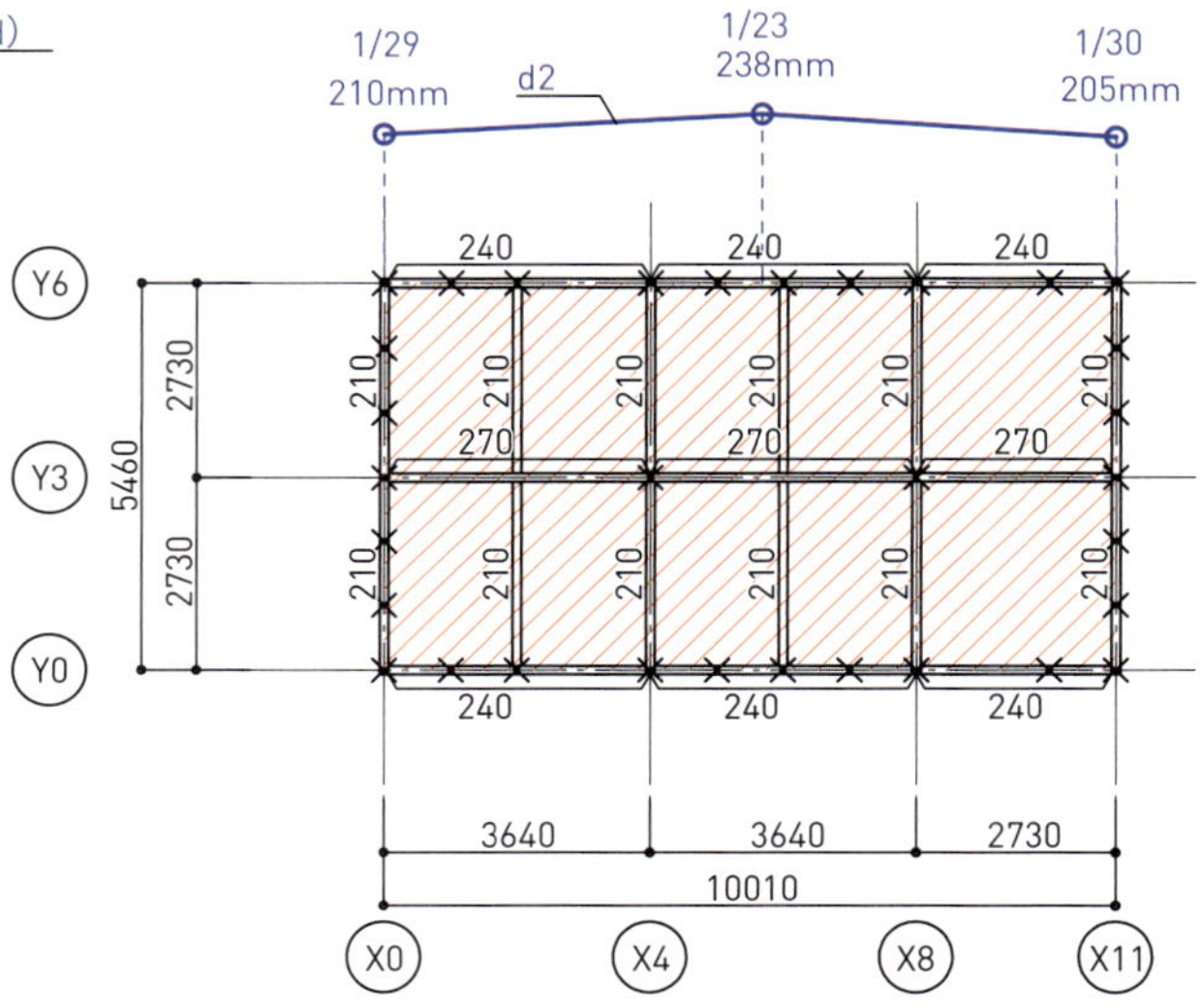

屋根伏図

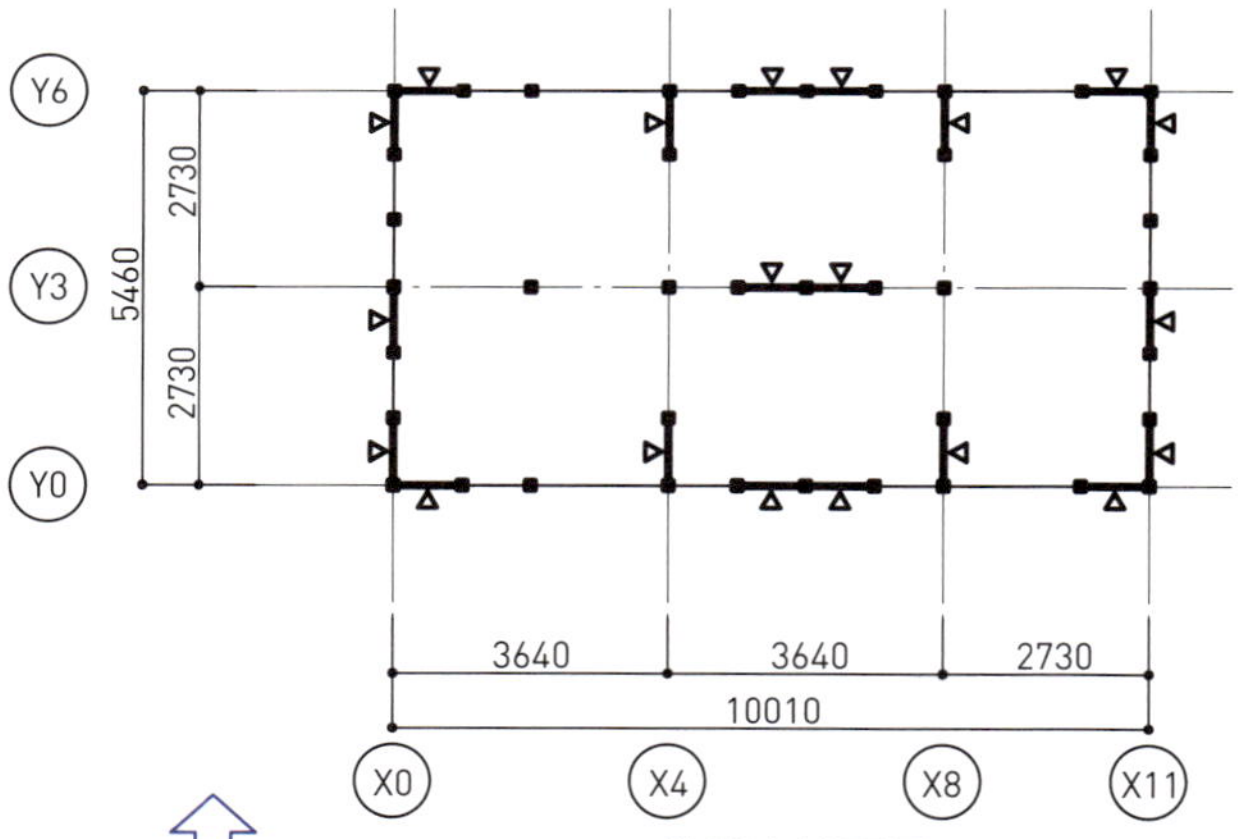

1階耐力壁配置図

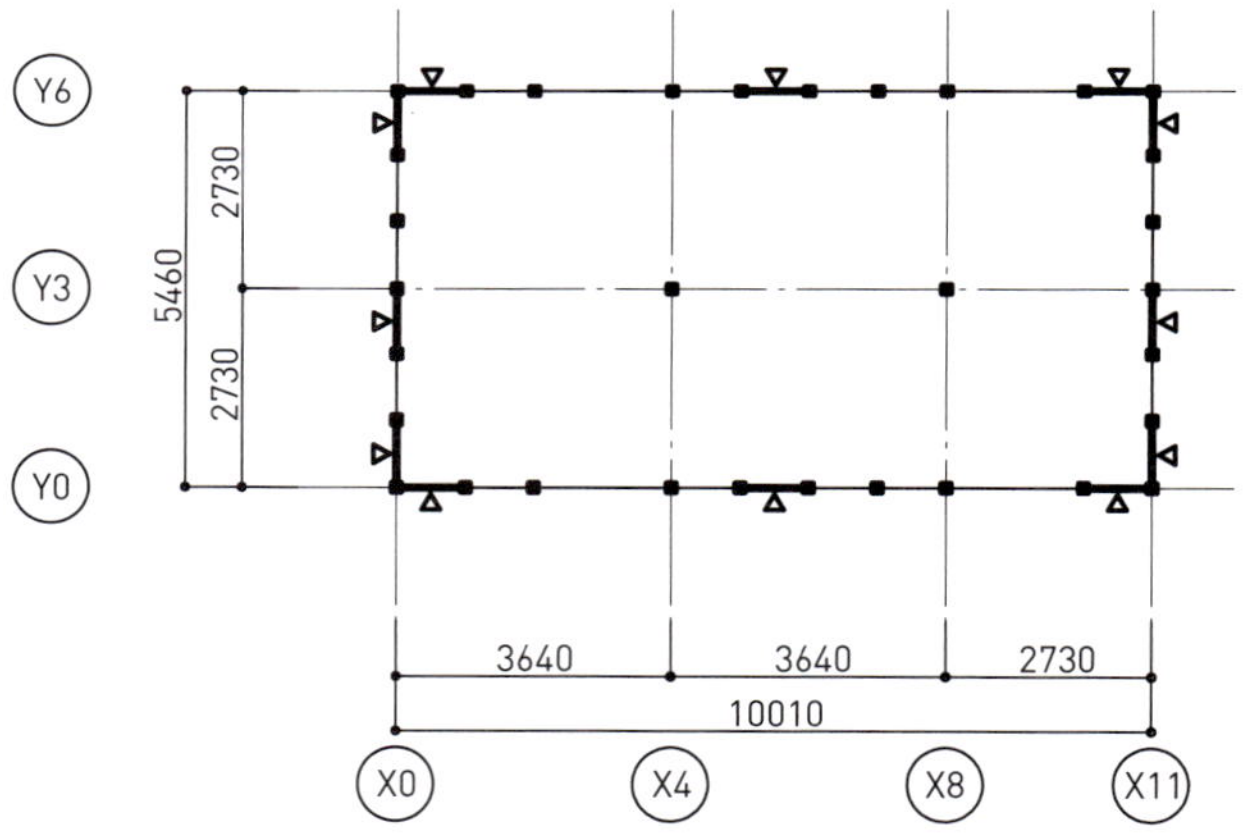

2階耐力壁配置図

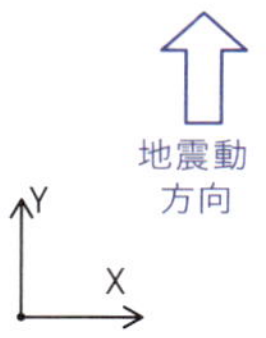

対策案2を採用し、屋根面の床倍率を1.12に高めた。
その他はCASE-1と同じ。
屋根面の変形は、ほぼ均一になったが、層間変形角が1/30を超える箇所がある。
→壁量は1、2階ともに3～4割程度の余裕を持たせるのが望ましい。

表2 検証モデル 伏図

- 2階の耐力壁が外周のみに配置された総2階の建物
- 2階屋根面の水平剛性(床倍率)の違いについて比較検証
- 人工地震波(wallstat 標準搭載の地震波。二種地盤 極稀:20秒)
- 入力方向:Y方向

CASE-1
2階耐力壁が外周のみに配置された架構

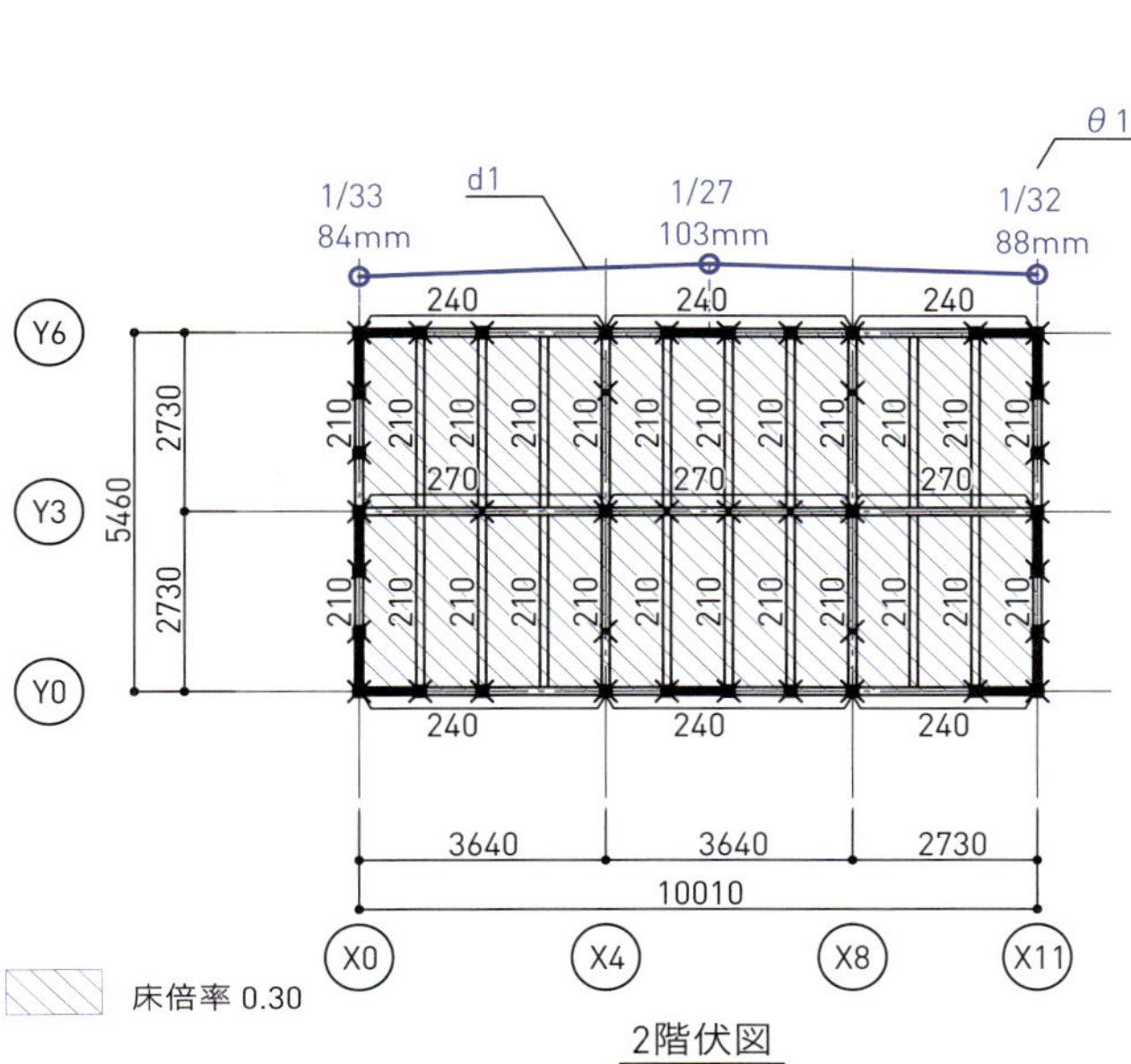

2階伏図

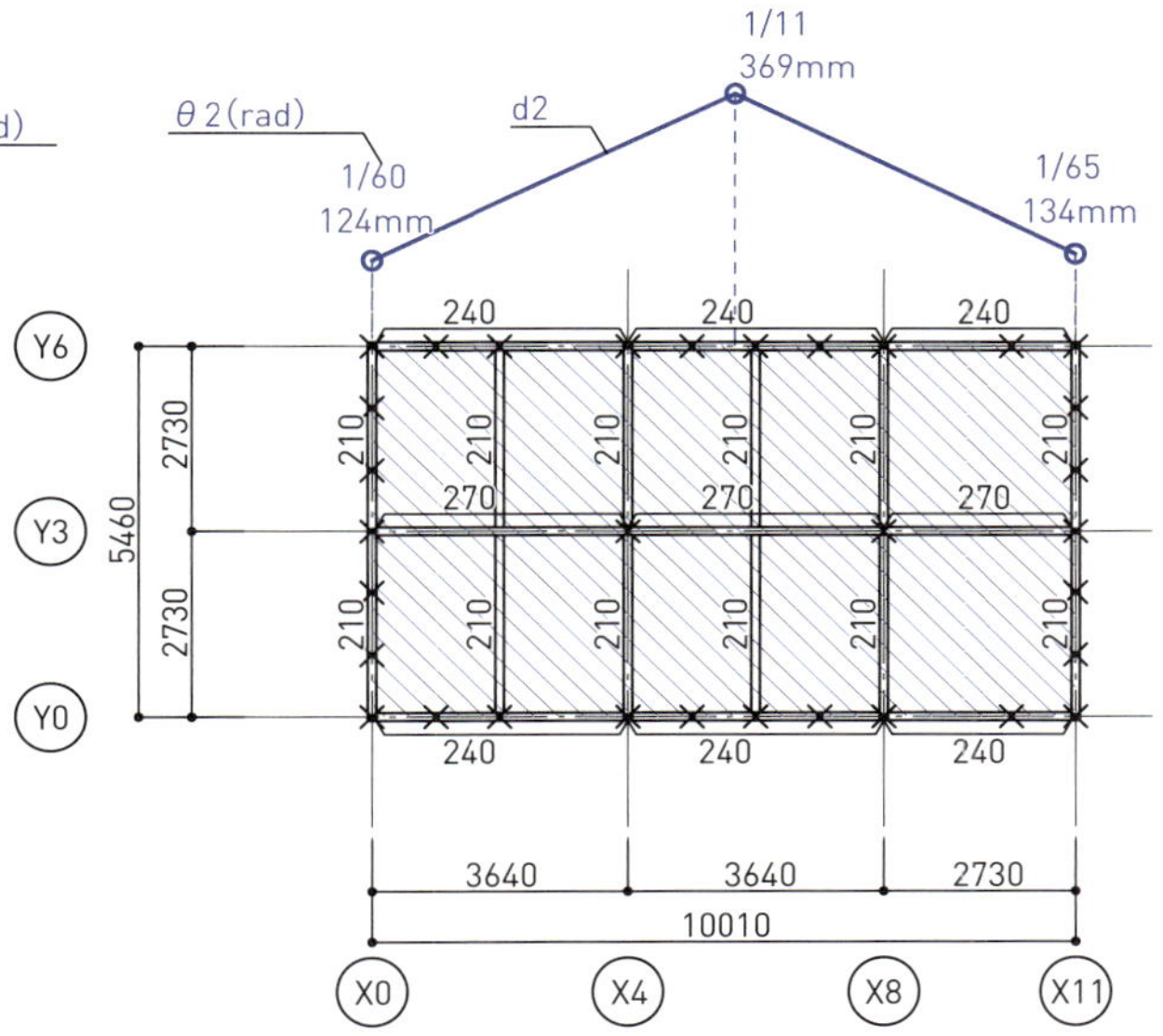

屋根伏図

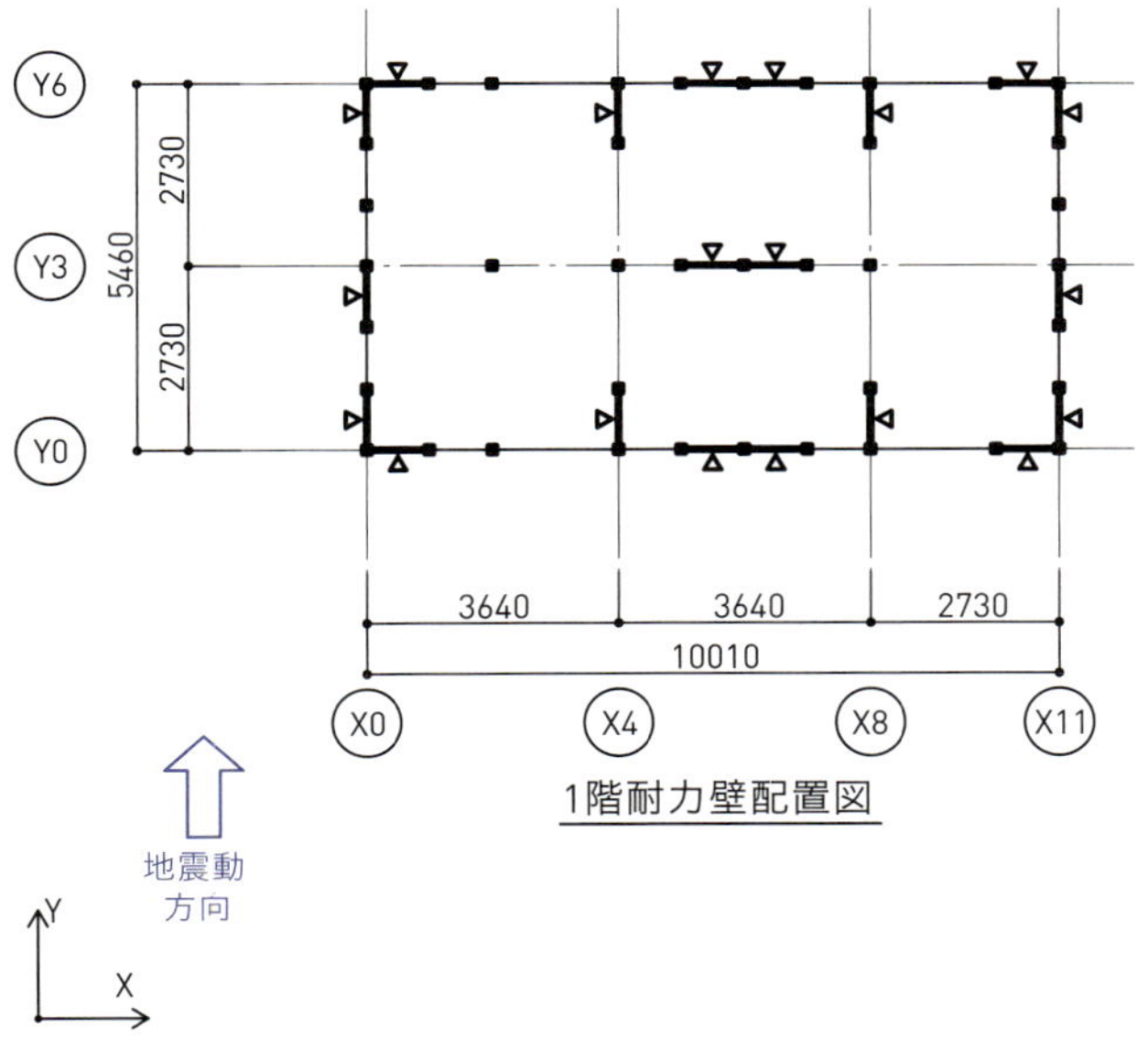

1階耐力壁配置図

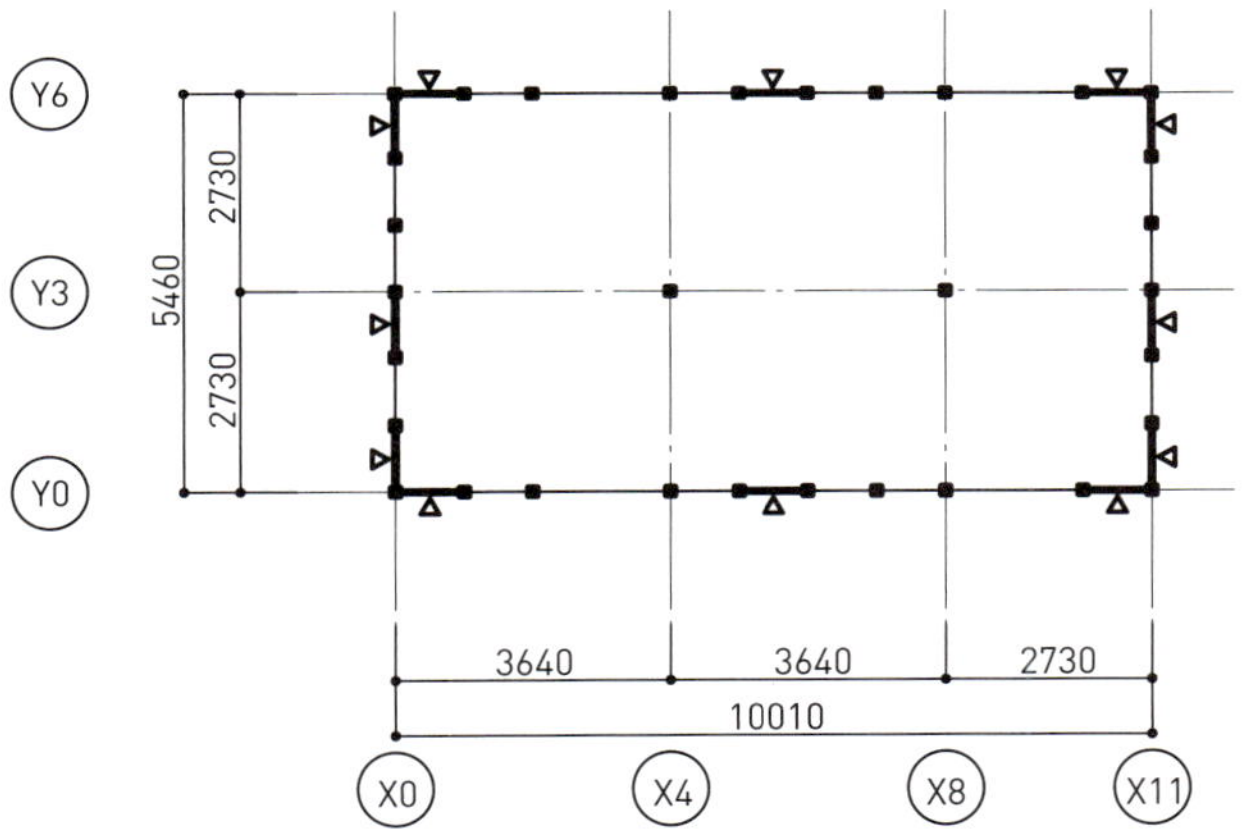

2階耐力壁配置図

壁量

階	方向	必要壁量 cm/㎡	床面積 ㎡	必要壁長 m	存在壁長 m	壁量 余裕率
2階	X	15	54.65	8.20	10.92	1.33
	Y				10.92	1.33
1階	X	29		15.85	18.20	1.15
	Y				18.20	1.15

2階床面の変形は、ほぼ均一である。
1階の耐力壁線間距離が4m未満と短いため、床倍率が低くても問題なし。
屋根面は耐力壁がない建物中央部の変形が過大である。
→対策案1) 小屋組を補強しない場合は、中央部付近に耐力壁を増設する。
(耐力壁線となる構面には小屋筋かいが必要)
対策案2) 中央部付近に壁を増設しない場合は、小屋組の水平剛性を高める。

TYPE-B　中央吹抜け

図　wallstat動画　解析モデル図

CASE-1
中央吹抜けの架構

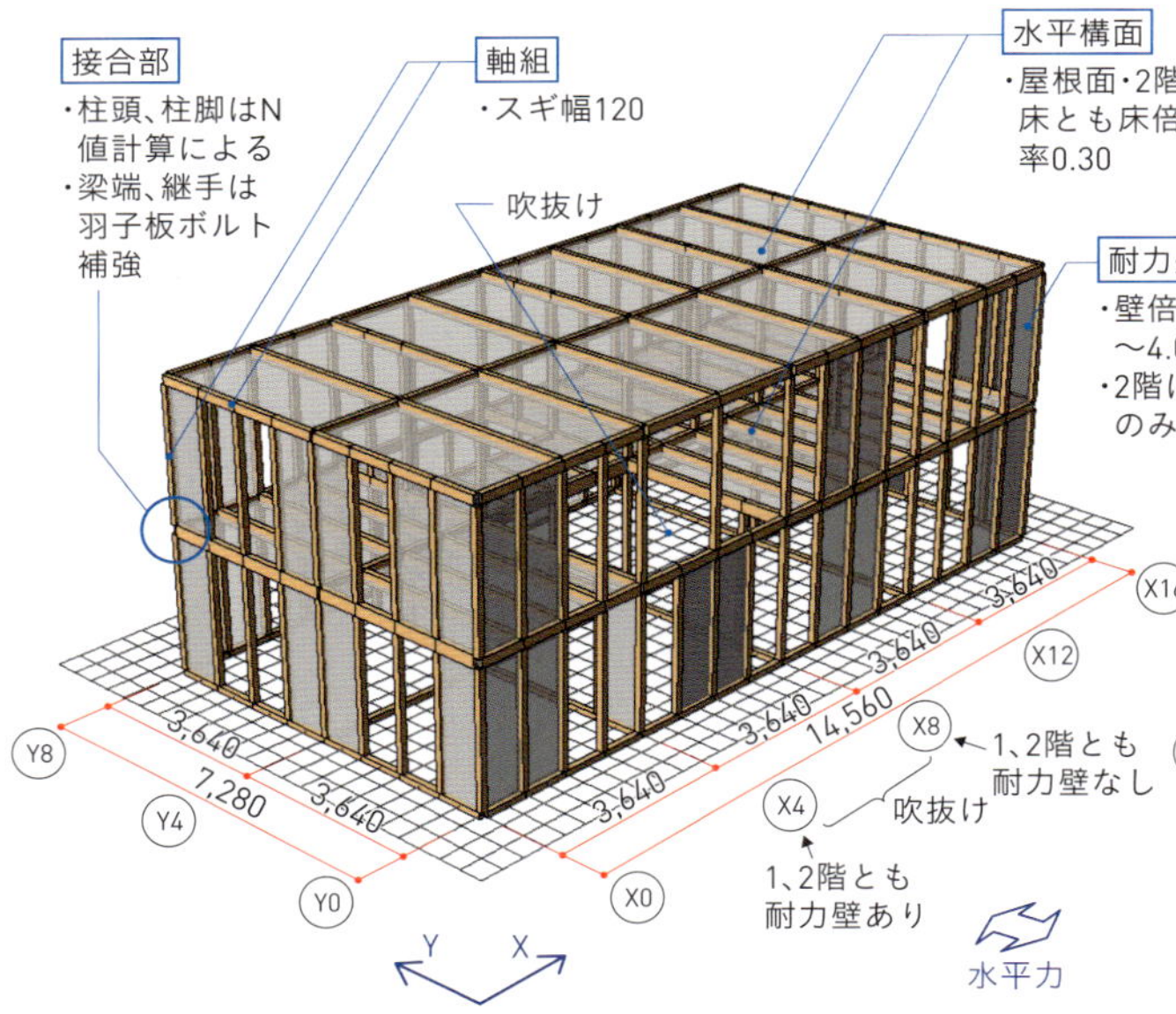

CASE-2
ゾーニングにより耐力壁追加

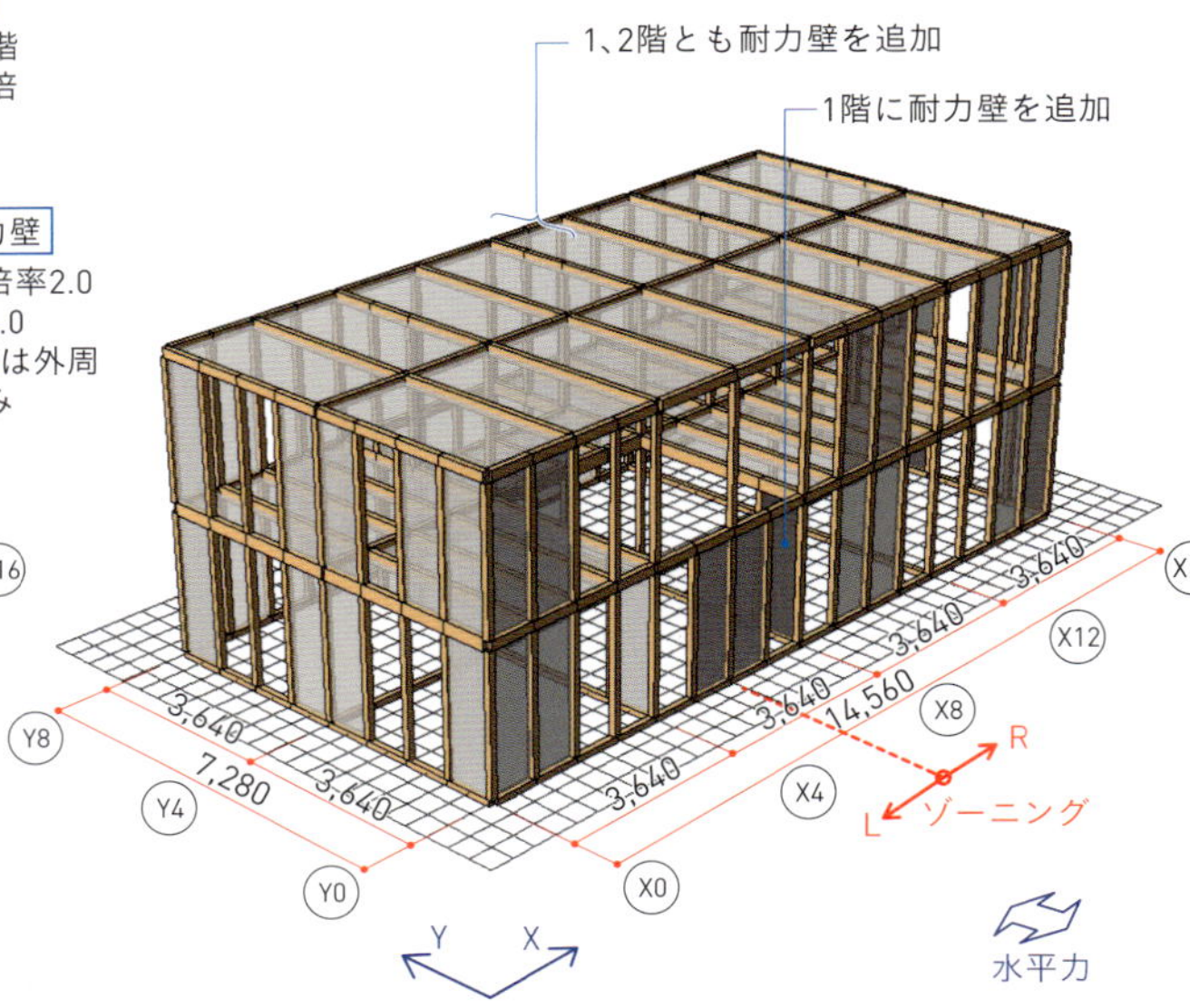

建物の中央付近（X4・X8間）に階段と吹抜けが設けられた総2階の建物である。必要壁量はタイプAと同様に2000年基準の軽い屋根とし、全体で必要量を満足するように配置したのがCASE・1である【17頁参照】。

ここで、吹抜けの中央で建物を分割し、左右それぞれのブロックで壁量の余裕度を見ると、左側は必要量の2倍近くの余裕があるのに対し、右側のブロックは壁量が不足している状況である。この建物にY方向から水平力を作用させてwallstatで解析を行ってみた結果が15頁CASE・1である。

面積が広い（つまり、地震力が大きくなる）右側ブロックに耐力壁がないため、大きく揺すられて吹抜け部分が過大変形している。右側の床面に生じた水平力を、面積の小さい廊下のみでX4通りの耐力壁に伝達しなければならないため、廊下部分が先行破壊して倒壊に至っている。つまりこの事例は、2000年基準を満足していても構造計画が悪いために倒壊しているのである。

そもそも地震力は床面に生ずるので、床面と耐力壁が連続している必要がある。したがってこの事例のように大きな吹抜けを設けた場合は、吹抜けの中央でブロック分けをして、それぞれで必要な壁量とバランスを確保するのが合理的なのである。

CASE・2は、1、2階とも、吹抜けの右側にも耐力壁を追加した解析結果だ。屋根面はいずれの構面も層間変形角1／30以下に納まっているが、2階床面はX16通りの変形が大きい。したがってX16通りの壁量をもう少し増やして、ねじれを抑えるとよい、ということがわかる。

このように力の流れを考えて、負担荷重に応じた耐力壁配置を行うのが、最も合理的な補強計画に繋がるのである。たとえば本事例でいうと、廊下が先行破壊するため、廊下の水平剛性を高めればよい、と考えるのは見当違いである。動画で先に壊れる箇所だけ補強しても意味がない。部材の色の変化（強度）だけでなく、変形量と変形角も併せて見ることが重要だ。

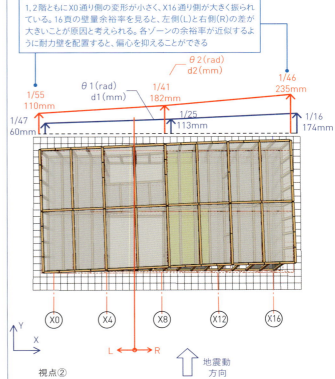

表1 wallstatによる比較検証

・建物中央部に大きな吹抜がある建物
・壁配置の違いについて比較検証
・人工地震波(wallstat標準搭載の地震波。二種地盤極稀：20秒
・入力方向：Y方向

変形図凡例

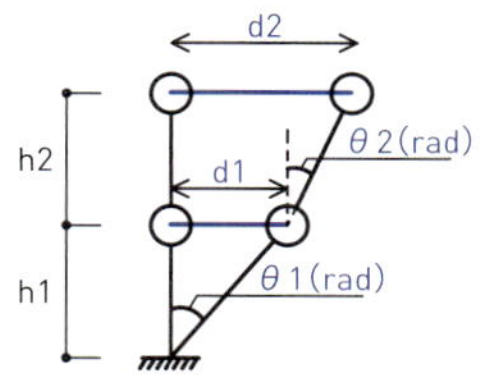
d2
h2
d1
θ2(rad)
h1
θ1(rad)

d2：小屋梁レベルの最大変形
d1：2階床梁レベルの最大変形
h2：2階の構造階高
h1：1階の構造階高
θ2：2階の層間変形角
$\theta 2=(d2-d1)/h2$ (rad)
θ1：1階の層間変形角
$\theta 1=d1/h1$ (rad)

※ 変形図および層間変形角は地震波入力時間内での最大を示す。

CASE-1 中央吹抜けの架構

1、2階ともに壁がないX8通りが過大変形して倒壊した。吹抜け部分の左右で変形差が大きいことから、右側(R)の床面の水平力がX4通りの耐力壁に伝達されていないことがわかる

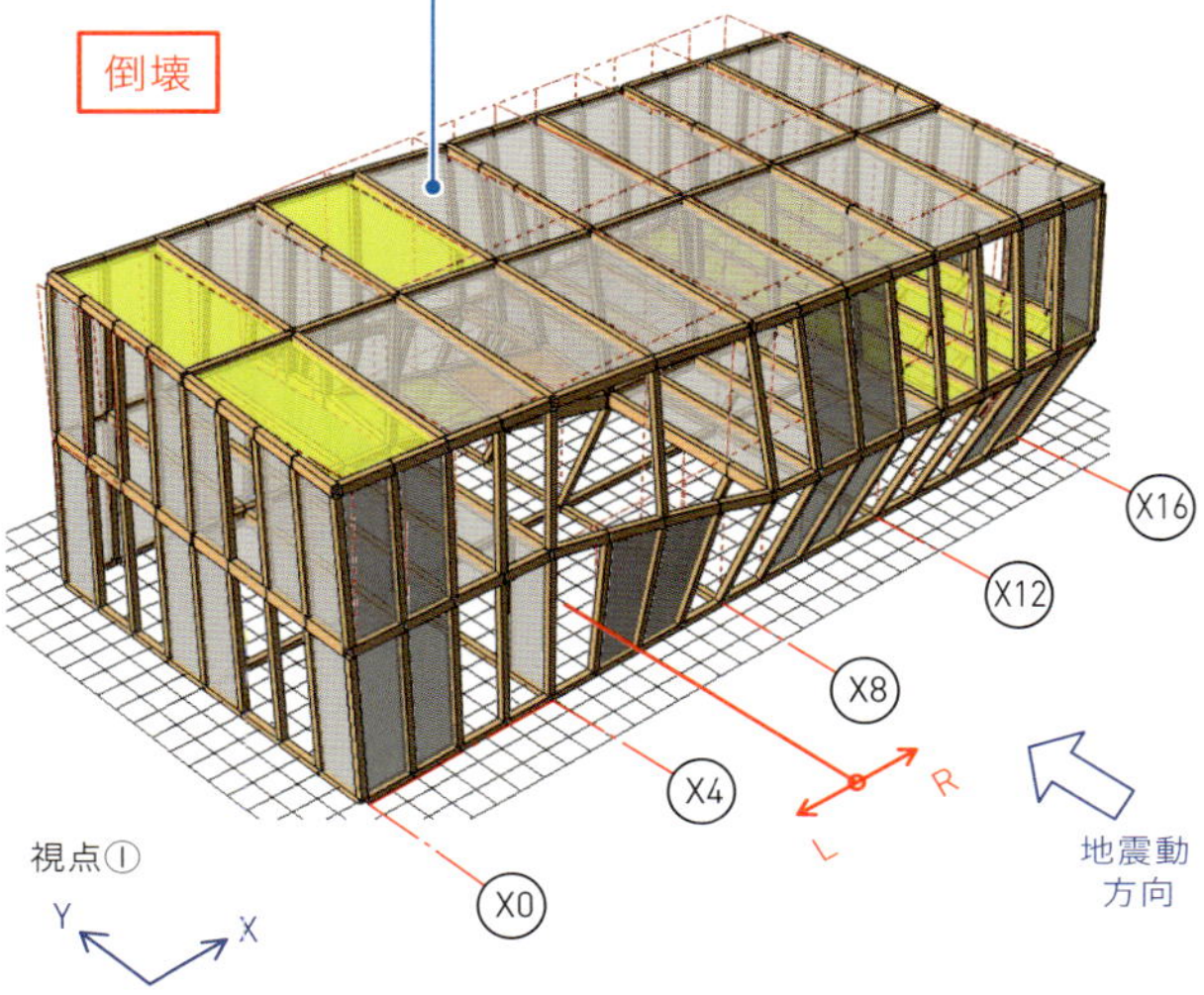
倒壊
X16
X12
X8
X4
X0
R
L
地震動
方向
視点①
Y
X

屋根面はX16通り側が大きく振られ、X0-X4間が小破～中破の状況(壁があるX0-X4間を中心にして振られている)。2階床面は、X0-X4間は問題ないが、X8-X16間は、X12-X16間が小破～中破でX8が大きく振られ、X4-X8間の廊下部分が大破している

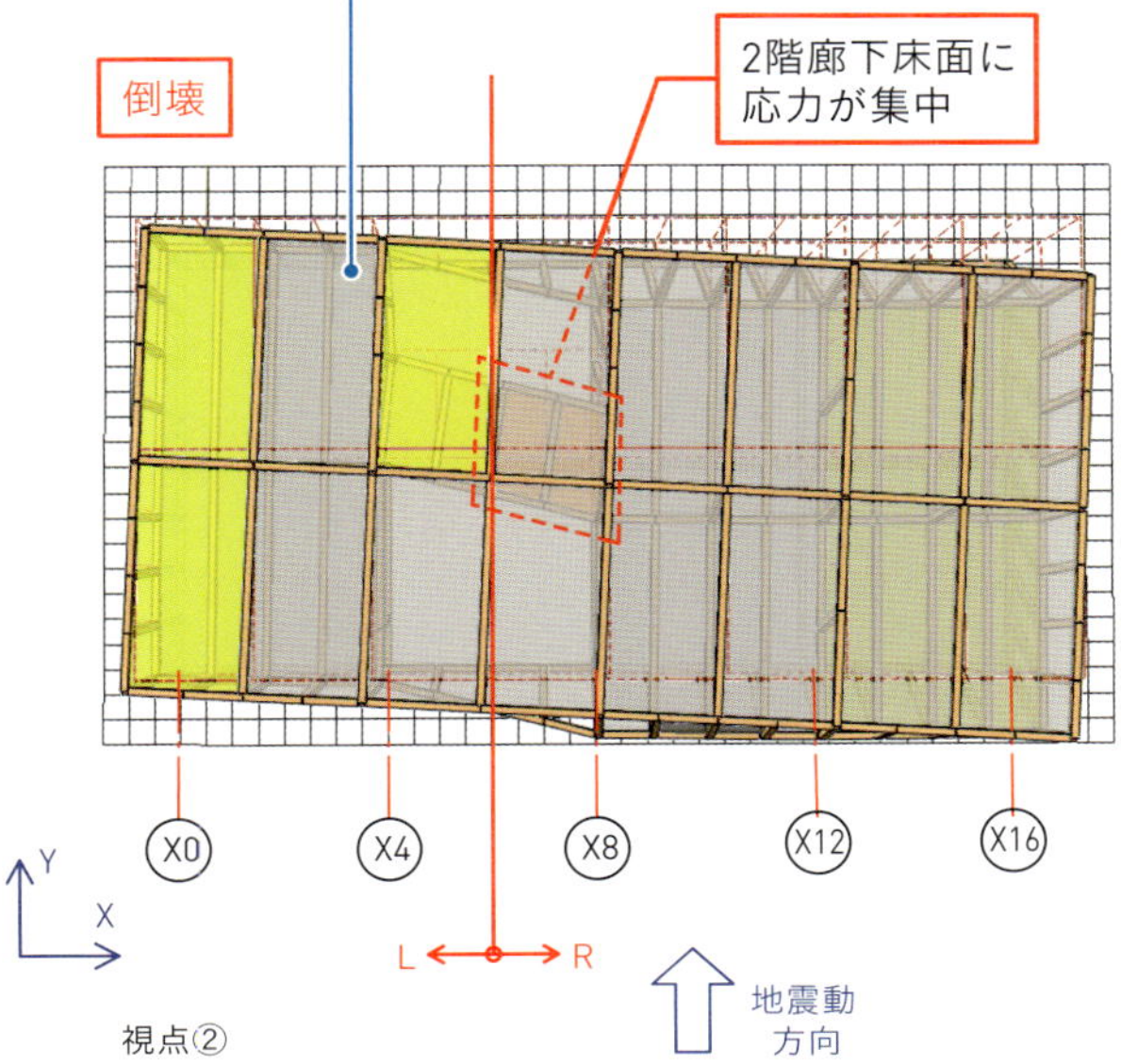
倒壊
2階廊下床面に
応力が集中
X0
X4
X8
X12
X16
Y
X
L
R
地震動
方向
視点②

CASE-2 ゾーニングにより耐力壁追加

X8通りに1、2階とも耐力壁を配置したことにより、吹抜け部分の過大変形は抑えられた。屋根面は特に問題がないが、2階X16通りの耐力壁の負担が大きく、X0側は余裕がある。1階はX8通りの耐力壁の負担が大きく、X4側は余裕がある

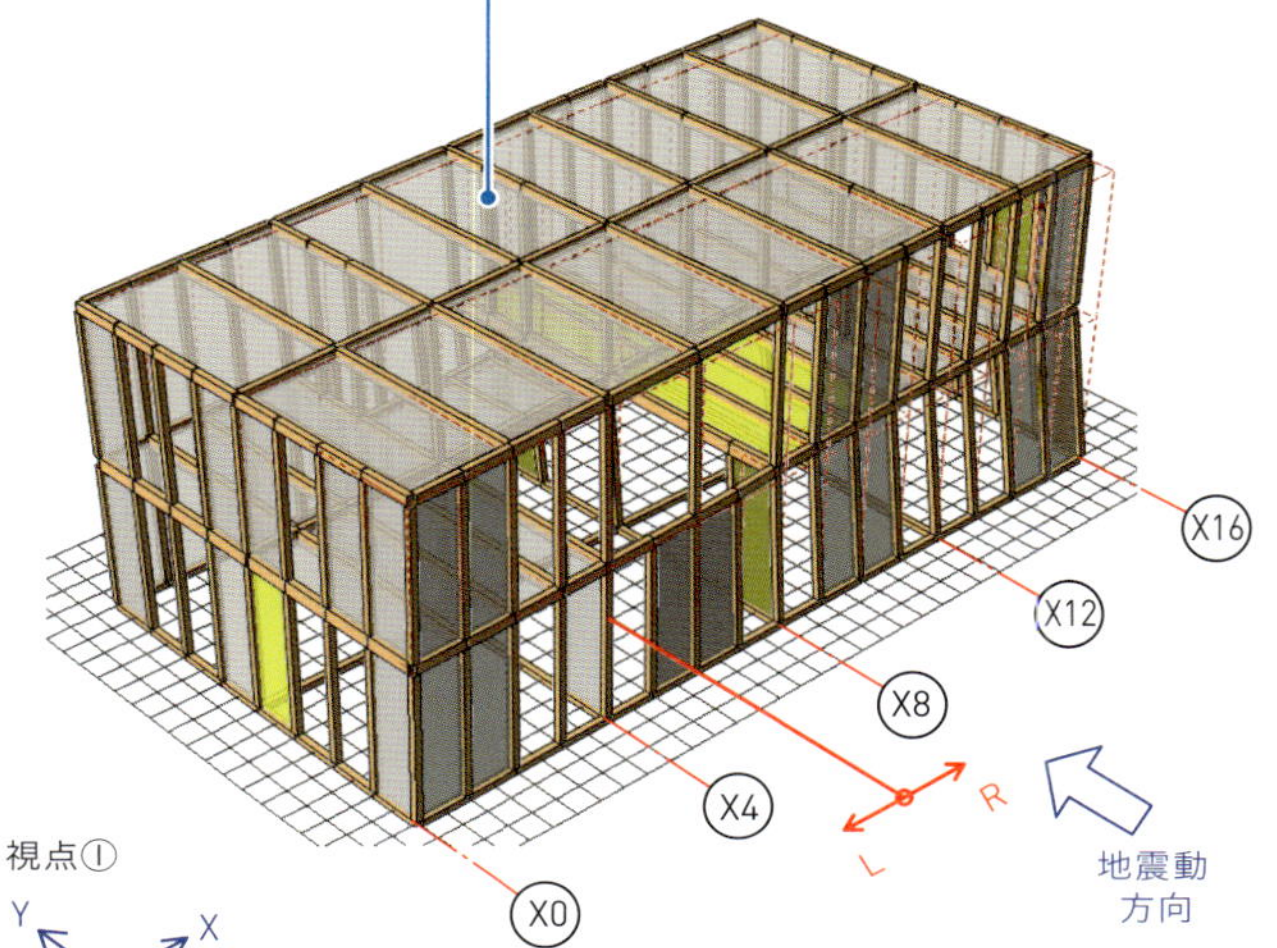
X16
X12
X8
X4
X0
R
L
地震動
方向
視点①
Y
X

1、2階ともにX0通り側の変形が小さく、X16通り側が大きく振られている。16頁の壁量余裕率を見ると、左側(L)と右側(R)の差が大きいことが原因と考えられる。各ゾーンの余裕率が近似するように耐力壁を配置すると、偏心を抑えることができる

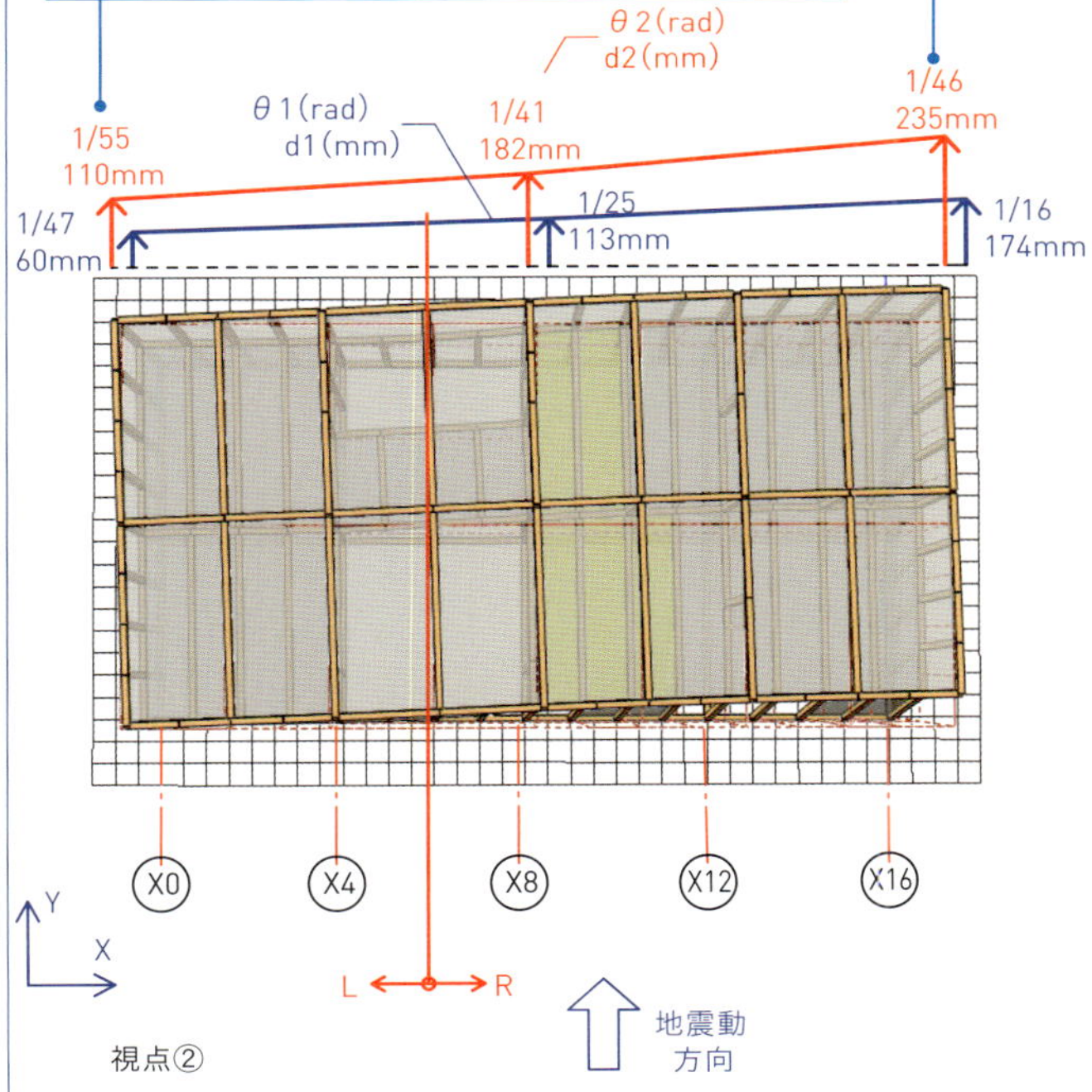
θ2(rad)
d2(mm)
θ1(rad)
d1(mm)
1/55
110mm
1/41
182mm
1/46
235mm
1/47
60mm
1/25
113mm
1/16
174mm
X0
X4
X8
X12
X16
Y
X
L
R
地震動
方向
視点②

耐力壁配置図凡例

面材耐力壁片面 壁倍率2.0

面材耐力壁両面 壁倍率4.0

伏図凡例

× 下階柱

■ 当該階の柱

═ 梁（特記なき限り幅120mm、数値は梁せい（mm）を示す）

変形図凡例

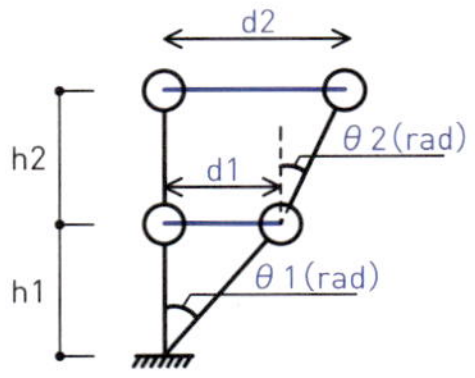

d2：小屋梁レベルの最大変形
d1：2階床梁レベルの最大変形
h2：2階の構造階高
h1：1階の構造階高
θ2：2階の層間変形角
　θ2=(d2-d1)/h2 (rad)
θ1：1階の層間変形角
　θ1=d1/h1 (rad)

※　変形図および層間変形角は地震波入力時間内での最大を示す。

CASE-2
ゾーニングにより耐力壁追加

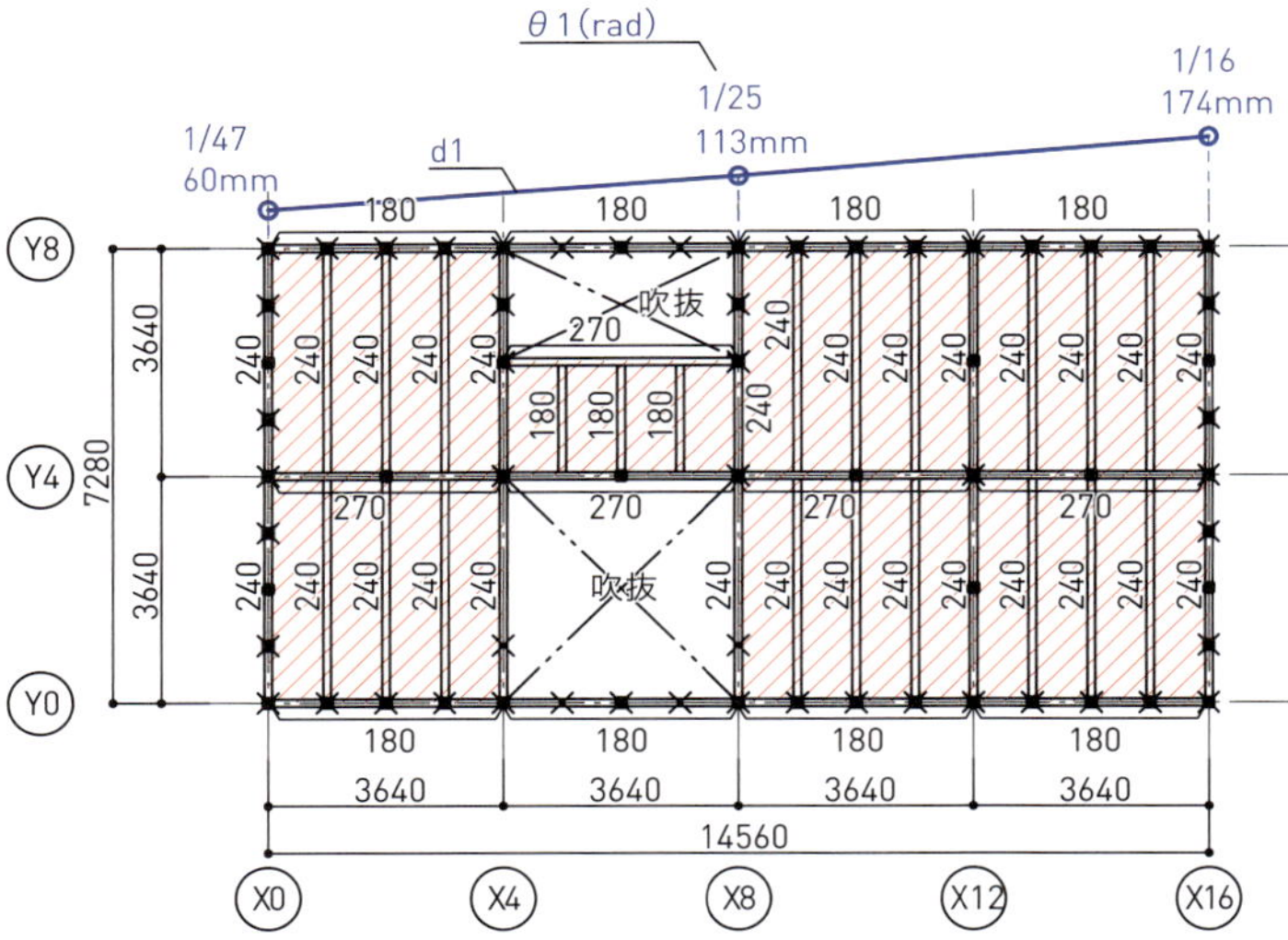

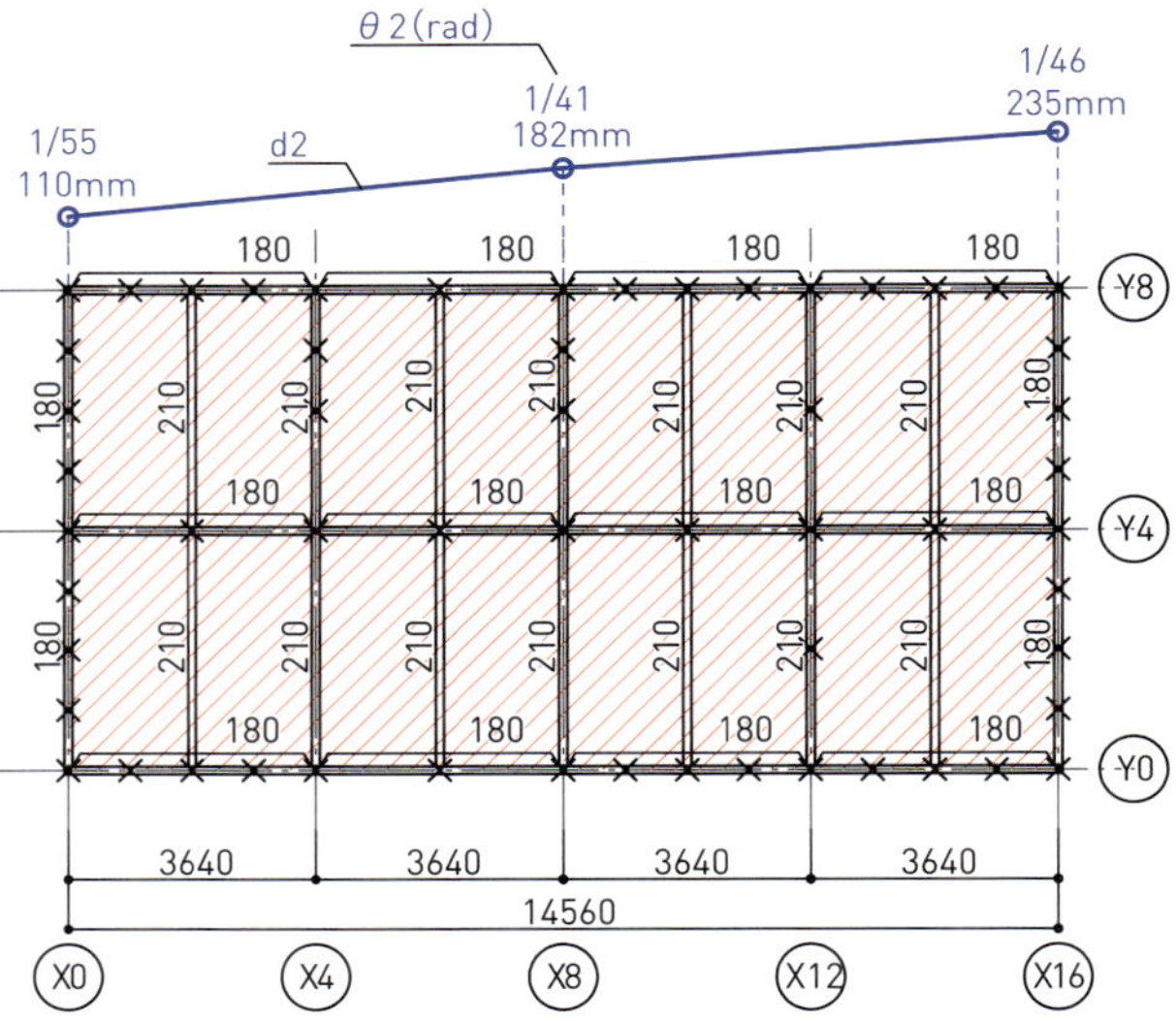

床倍率 1.12

2階伏図

屋根伏図

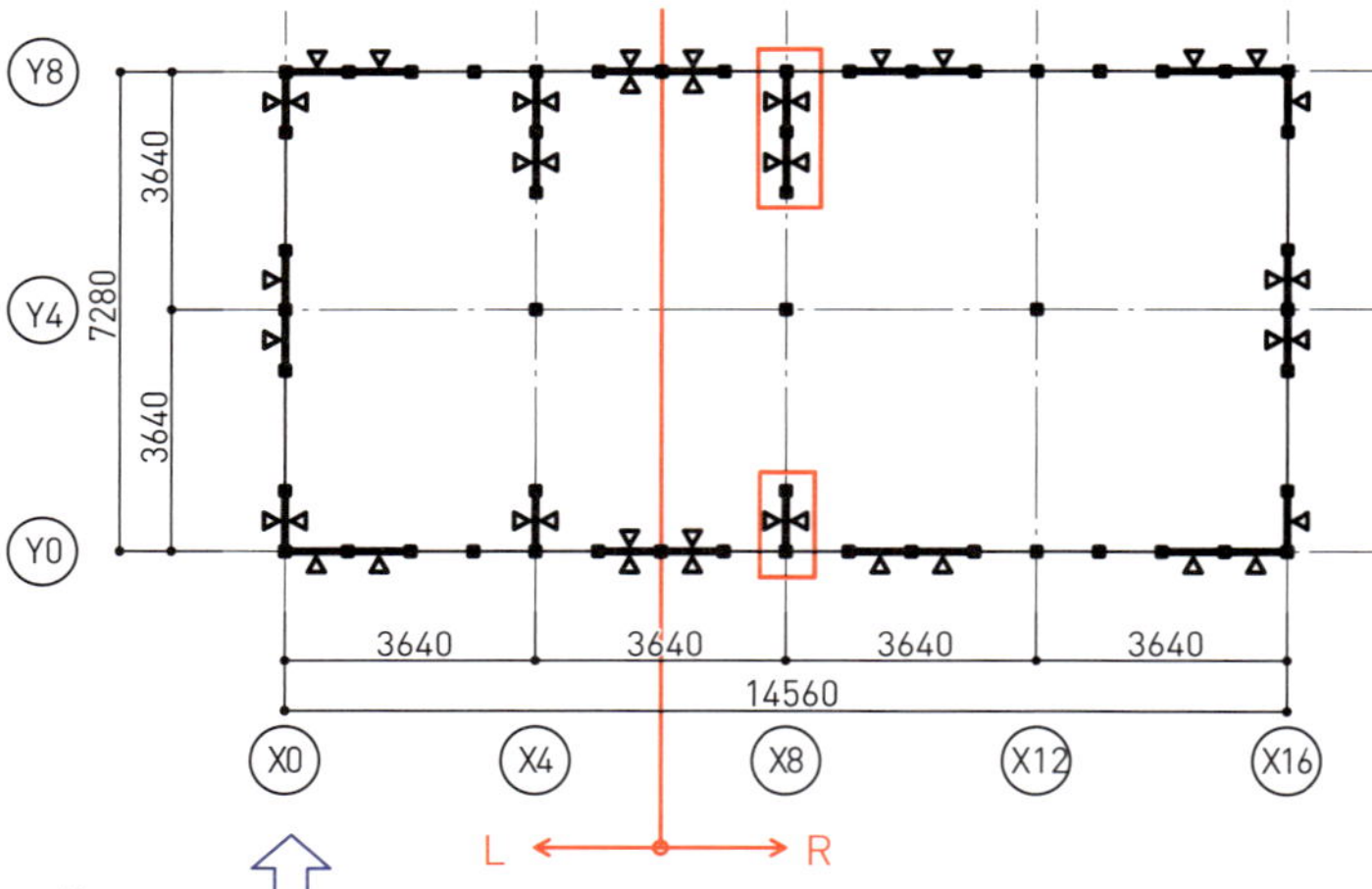

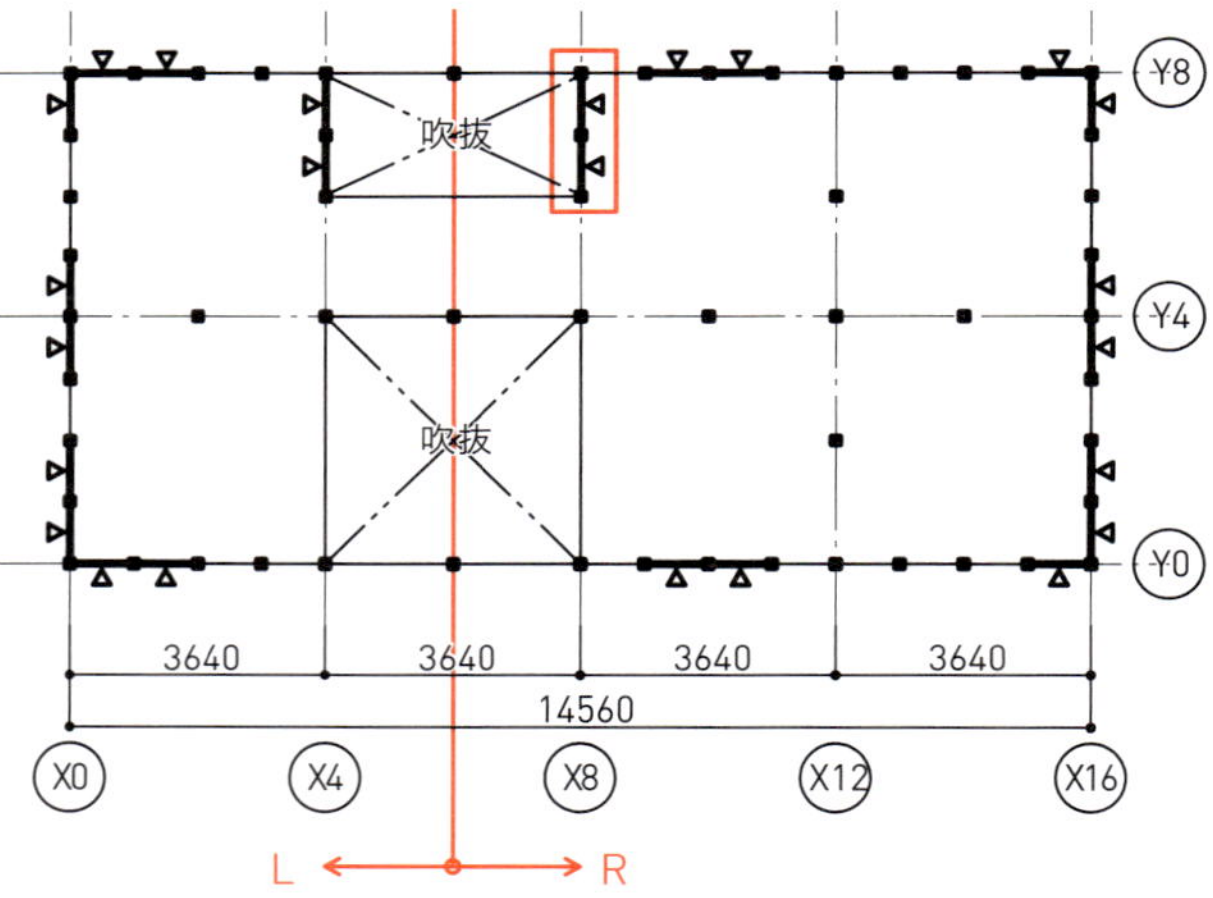

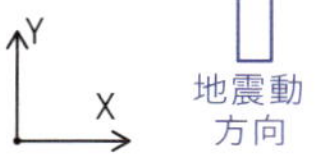

1階耐力壁配置図

2階耐力壁配置図

壁量

範囲	階	方向	必要壁量 cm/m²	床面積 m²	必要壁長 m	存在壁長 m	壁量余裕率
全体	2階	X	15	106.00	15.90	18.20	1.14
		Y				25.48	1.60
	1階	X	29	106.00	30.74	36.40	1.18
		Y				43.68	1.42
L	2階	Y	15	39.75	5.96	12.74	2.14
	1階	Y	29	39.75	11.53	21.84	1.89
R	2階	Y	15	66.25	9.94	12.74	1.28
	1階	Y	29	66.25	19.21	21.84	1.14

※　X方向は全体の検討のみでよい

対策案2を採用し、右側のX8通りに壁を増設。（耐力壁配置図の赤枠囲み部分および左表赤文字部分が変更箇所）
2階の各構面の層間変形角は1/30以下で問題なし。
1階は偏心の影響で右側ブロックが過大変形している。
→各ブロックの壁量余裕率の差が大きいため、ねじれが生じている。

左右の壁量余裕率が近似するように、耐力壁配置を調整する。（偏心率を抑える）

表2 検証モデル 伏図

- 建物中央部に大きな吹抜がある建物
- 壁配置の違いについて比較検証
- 人工地震波（wallstat標準搭載の地震波。二種地盤 極稀：20秒）
- 入力方向：Y方向

CASE-1
中央吹抜けの架構

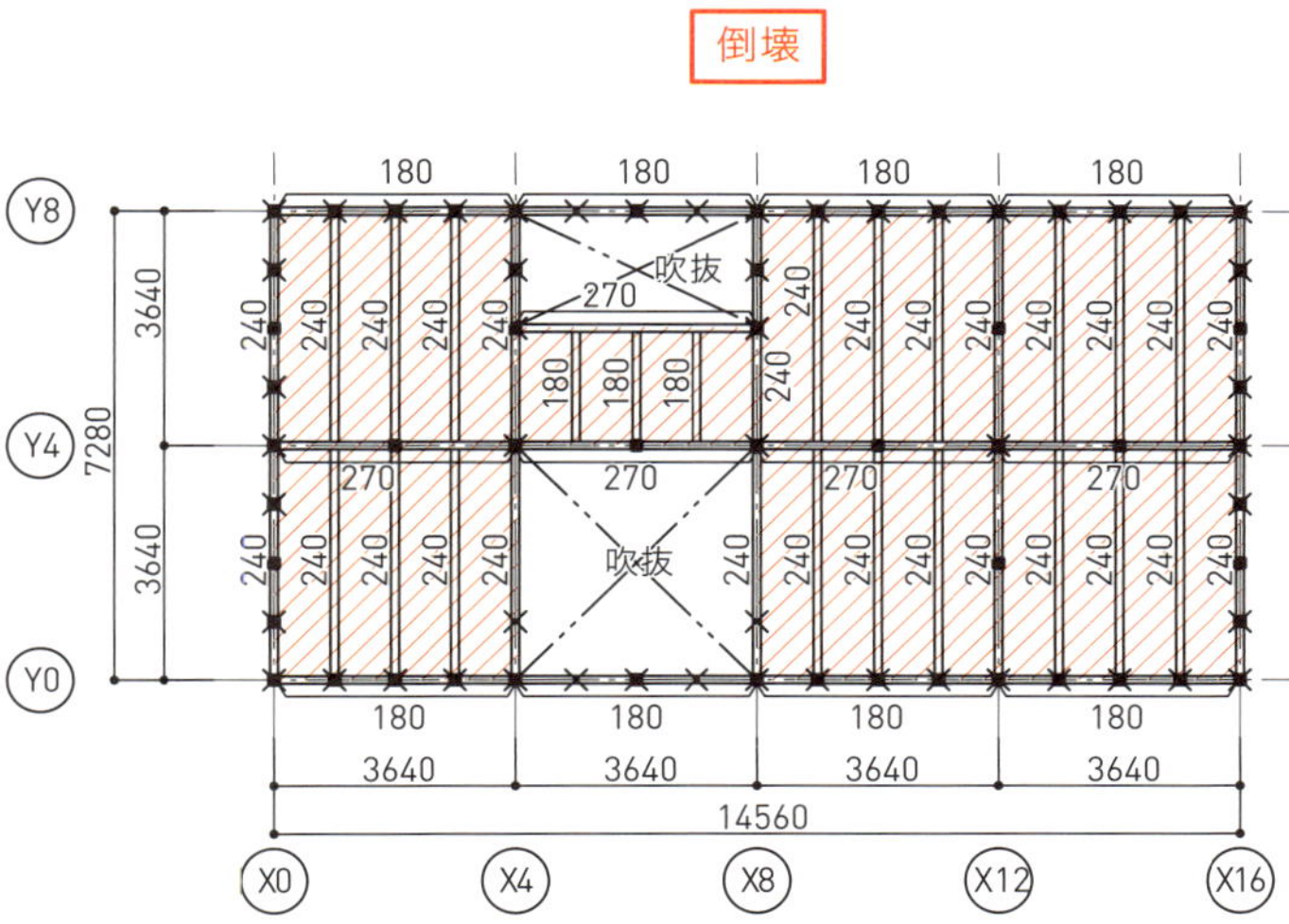

2階伏図

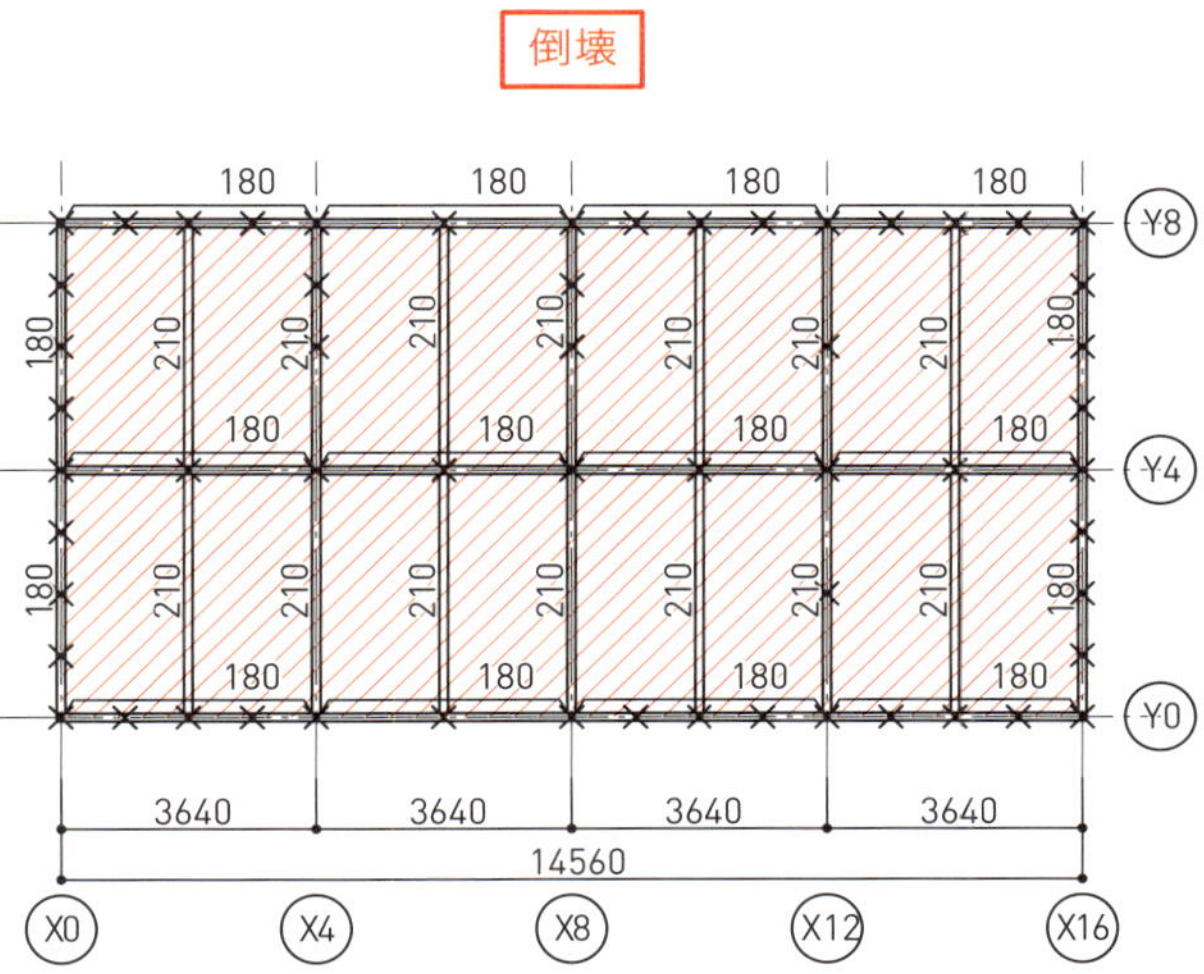

屋根伏図

床倍率 1.12

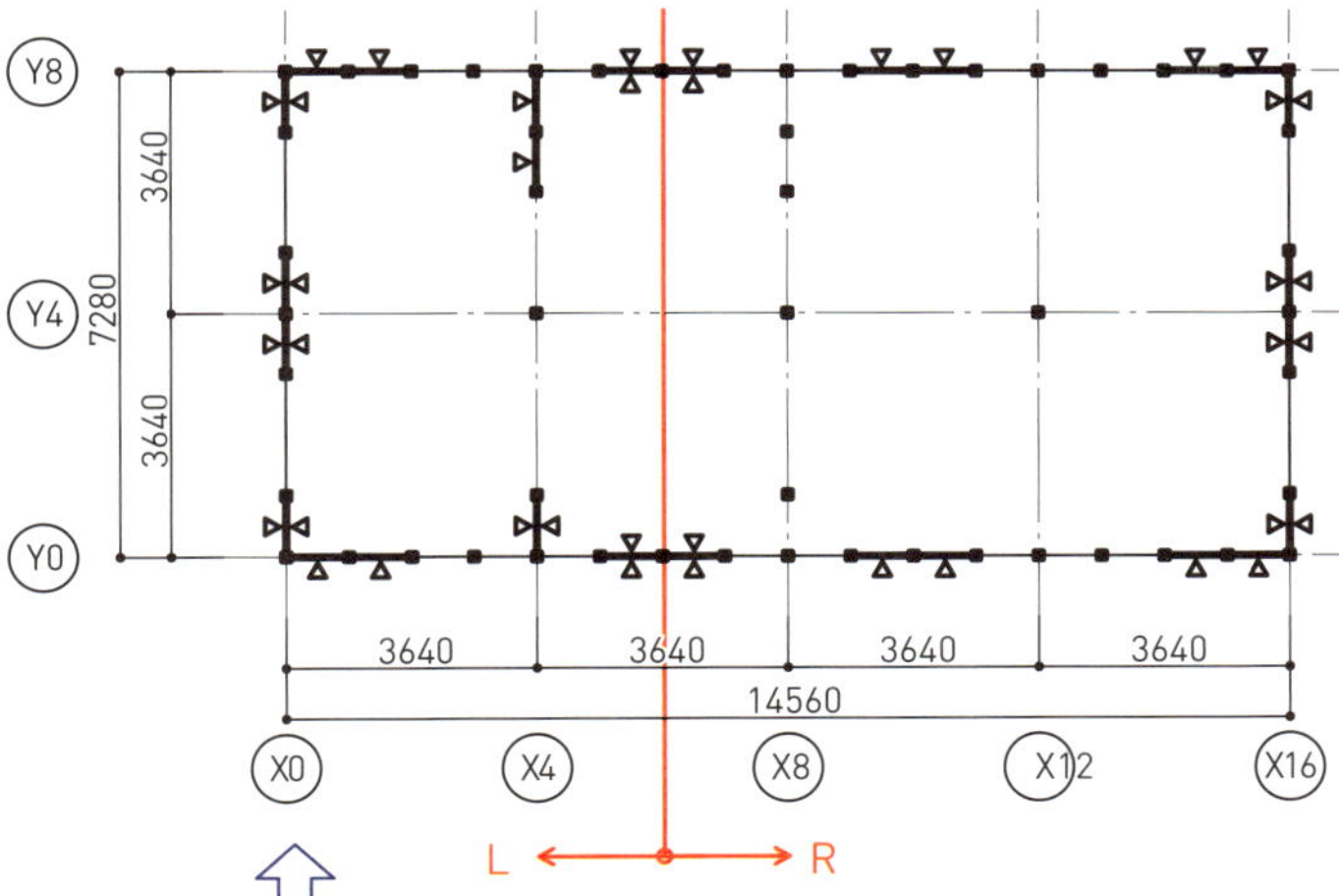

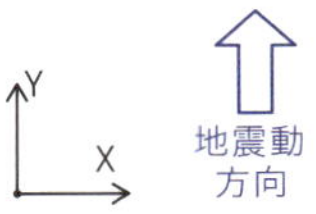

1階耐力壁配置図

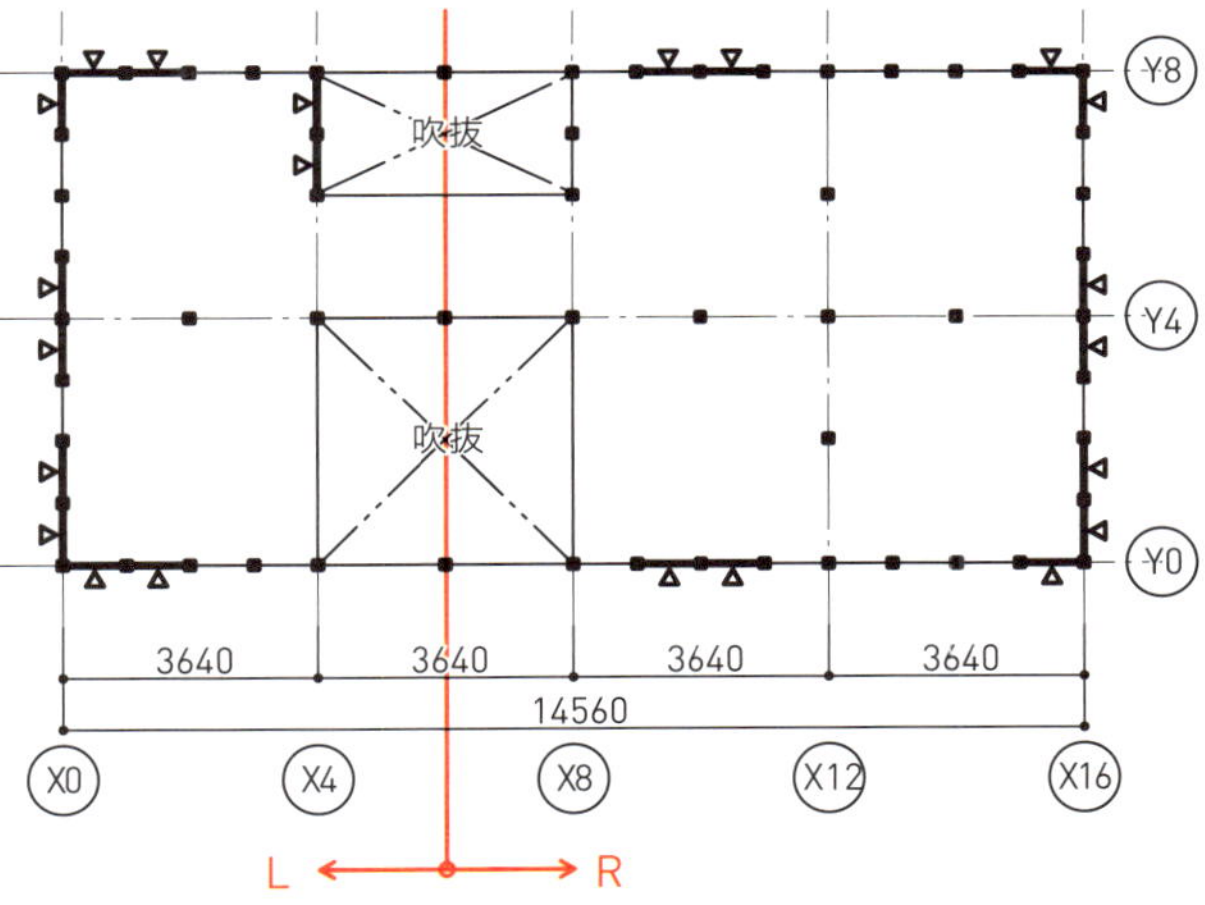

2階耐力壁配置図

壁量

範囲	階	方向	必要壁量 cm/m²	床面積 m²	必要壁長 m	存在壁長 m	壁量 余裕率
全体	2階	X	15	106.00	15.90	18.20	1.14
		Y				21.84	1.37
	1階	X	29	106.00	30.74	36.40	1.18
		Y				12.74	1.18
L	2階	Y	15	39.75	5.96	12.74	2.14
	1階	Y	29	39.75	11.53	21.84	1.89
R	2階	Y	15	66.25	9.94	9.10	0.92
	1階	Y	29	66.25	19.21	14.56	0.76

※　X方向は全体の検討のみでよい

全体で検討すると、1、2階とも必要壁量を満足するが、2階のX4-X8間は床がほとんど無い状況である。
→吹抜け中央で左右に分け、それぞれ壁量を検討すると、左側は十分余裕があるが、右側は不足している。
Y方向加力時は、廊下部分の床だけで右側床面に生ずる水平力を伝達しなければならないが、水平構面の耐力不足により倒壊に至っている。
→対策案1）2階床面を固める。
　対策案2）右側のX8通りに壁を増設する。

TYPE-C　小屋筋かい

図　wallstat動画　解析モデル図

CASE-1
片流れ屋根の架構

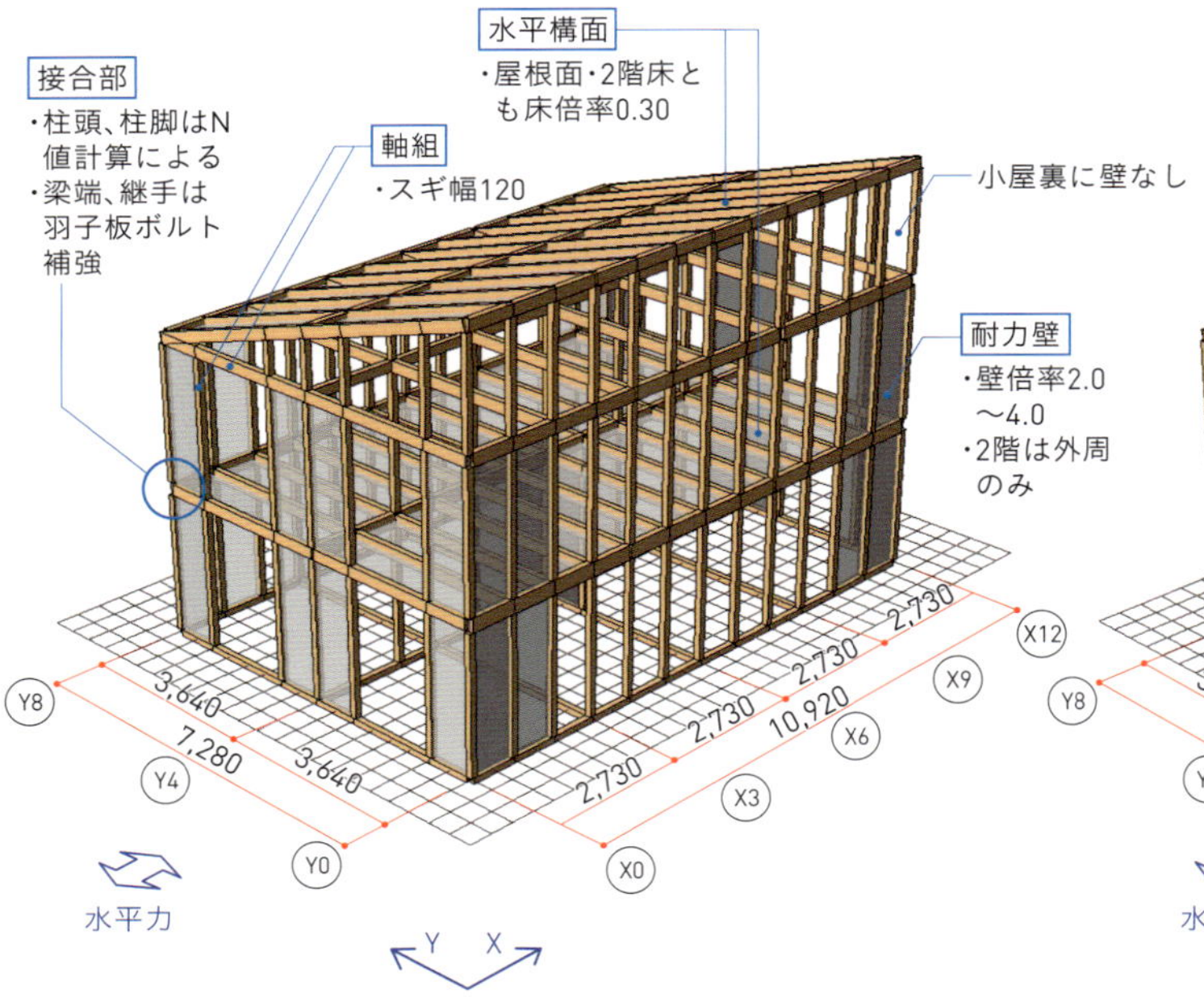

CASE-2
小屋裏に耐力壁を追加

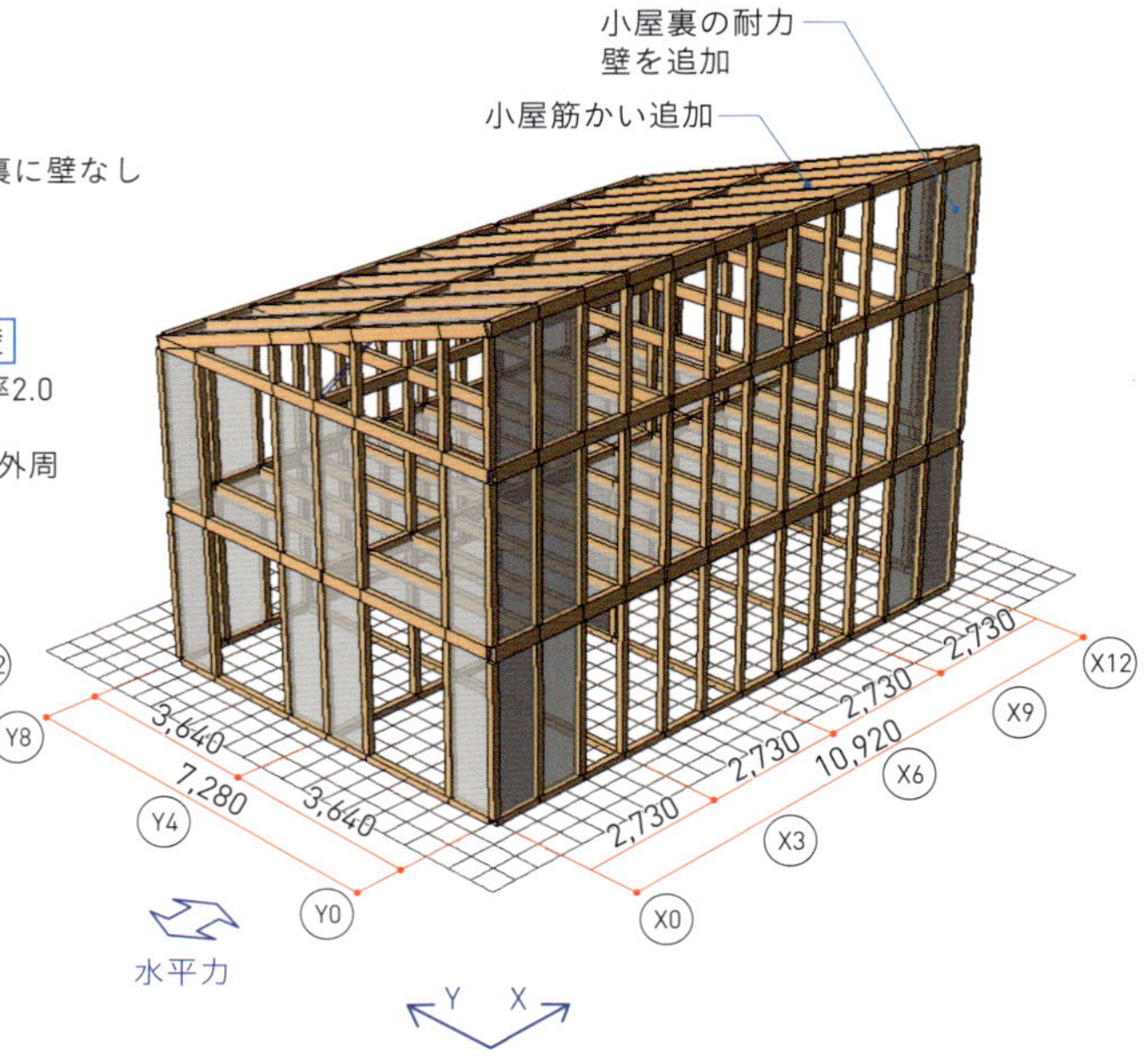

片流れ屋根の総2階建ての建物である。小屋組は水下の桁レベルで小屋梁を組み、その上に束立てした和小屋である。耐力壁は1、2階とも令46条の軽い屋根の必要壁量を確保している。2階は外周壁のみで基準の2割強、1階は建物中央部にも壁を設けて基準の1割増し程度で、屋根面、床面とも床倍率は0・30である［21頁CASE-1］。

タイプBでも述べたように、水平構面と耐力壁は連続している必要があるが、この事例では2階には耐力壁を設けたものの、小屋裏には耐力壁がなく、屋根面と2階耐力壁との連続性が途切れている状況である。このような建物にX方向に地震動を加えると、19頁に示すように、耐力壁を設けた1、2階は変形が小さいが、小屋裏が過大変形する。特に水上側は高さがあるぶん変形量が大きい。

ここで注目すべき点は、壁量の余裕度が1～2割程度なのにもかかわらず、Y0通りの層間変形角が約1／60と十分な余裕があることである。これは2階耐力壁に水平力がきちんと伝達されていない、ということを意味している。

したがって、2階耐力壁の直上あるいは同一構面内に、2階と同等以上の耐力壁を小屋裏にも設けて、屋根面に生ずる水平力を2階耐力壁に伝達する必要がある。

CASE-2は小屋裏に壁を設けた場合の解析結果である。Y0通りの層間変形角は2階が1／19、1階が1／31となっており、水平力が耐力壁に伝達されていることがわかる。

このような状況は、切妻屋根の棟木ラインでも同じである［114頁、119～121頁参照］。

19頁CASE-1の視点①の図を見ると、Y8通りの1、2階の耐力壁と、Y4・Y8間の屋根面が黄色表示となっているため、単純にここが弱い、と判断するのは誤りである。むしろY0通りの色が変化しない＝余裕がありすぎる＝水平力が伝達されていない、ということが、この建物の重大な問題点なのである。

表1 wallstatによる比較検証

- 片流れ屋根の建物
- 小屋筋かい(小屋裏壁)の有無による変形状況の比較
- CASE-1は小屋筋かいなし、CASE-2はY0、Y4通りに小屋筋かい設置
- 壁量、水平構面はCASE-1、CASE-2ともに同じ
- 人工地震波(wallstat標準搭載の地震波。二種地盤 極稀：20秒)
- 入力方向：X方向

変形図凡例

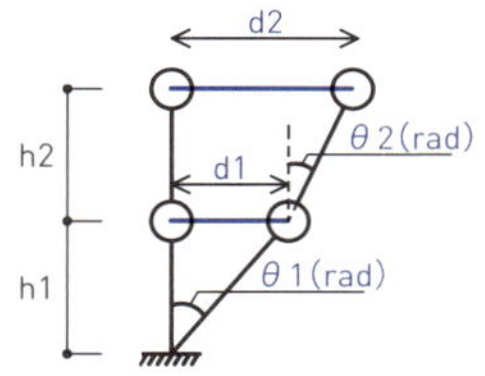
d2
h2
d1
θ 2(rad)
h1
θ 1(rad)

d2：小屋梁レベルの最大変形
d1：2階床梁レベルの最大変形
h2：2階の構造階高
h1：1階の構造階高
θ 2：2階の層間変形角
θ 2=(d2-d1)/h2 (rad)
θ 1：1階の層間変形角
θ 1=d1/h1 (rad)

※ 変形図および層間変形角は地震波入力時間内での最大を示す。

CASE-1 片流れ屋根の架構	CASE-2 小屋裏に耐力壁を追加

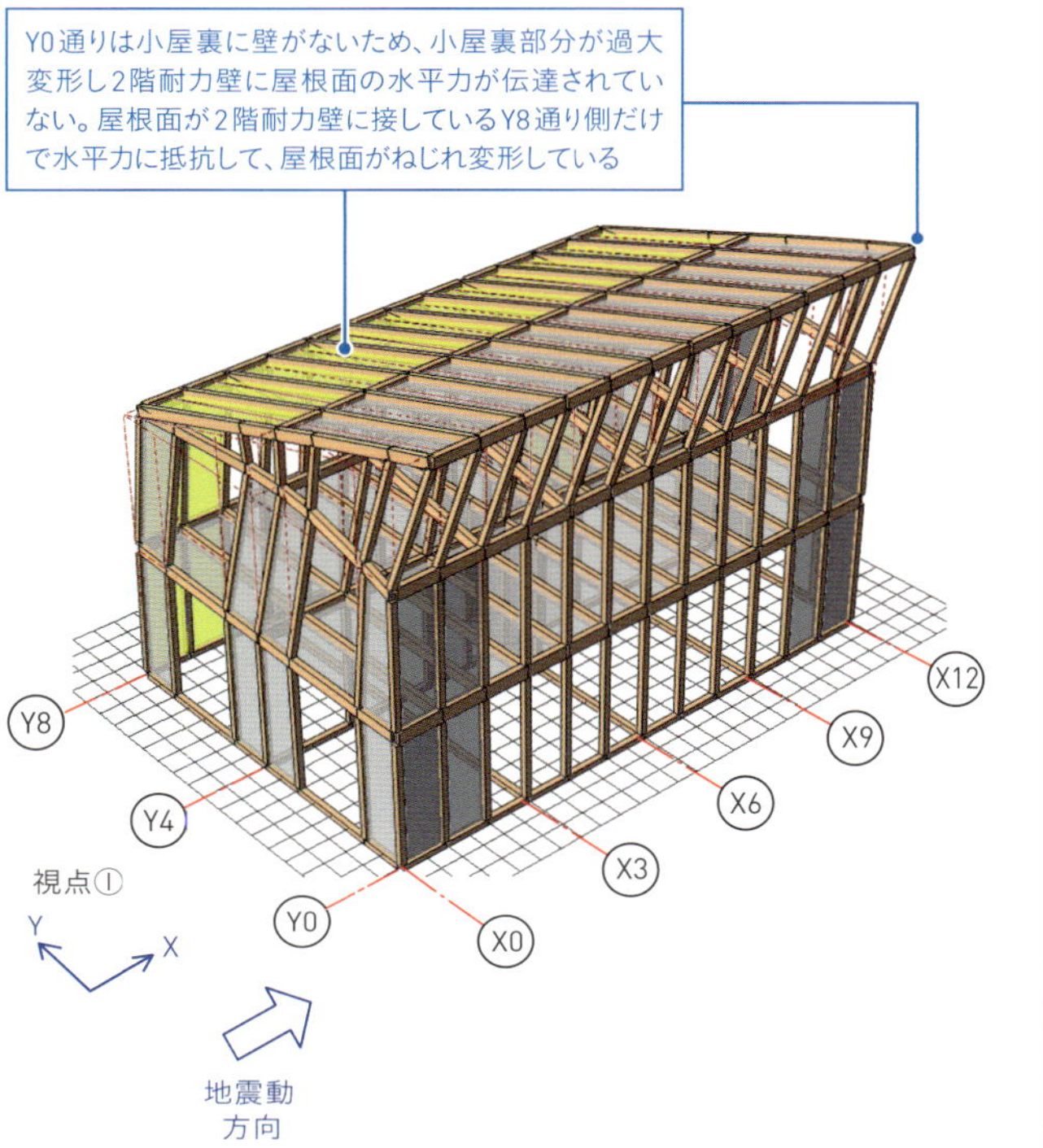
Y0通りは小屋裏に壁がないため、小屋裏部分が過大変形し2階耐力壁に屋根面の水平力が伝達されていない。屋根面が2階耐力壁に接しているY8通り側だけで水平力に抵抗して、屋根面がねじれ変形している
Y8
Y4
Y0
X0
X3
X6
X9
X12
視点①
Y
X
地震動
方向

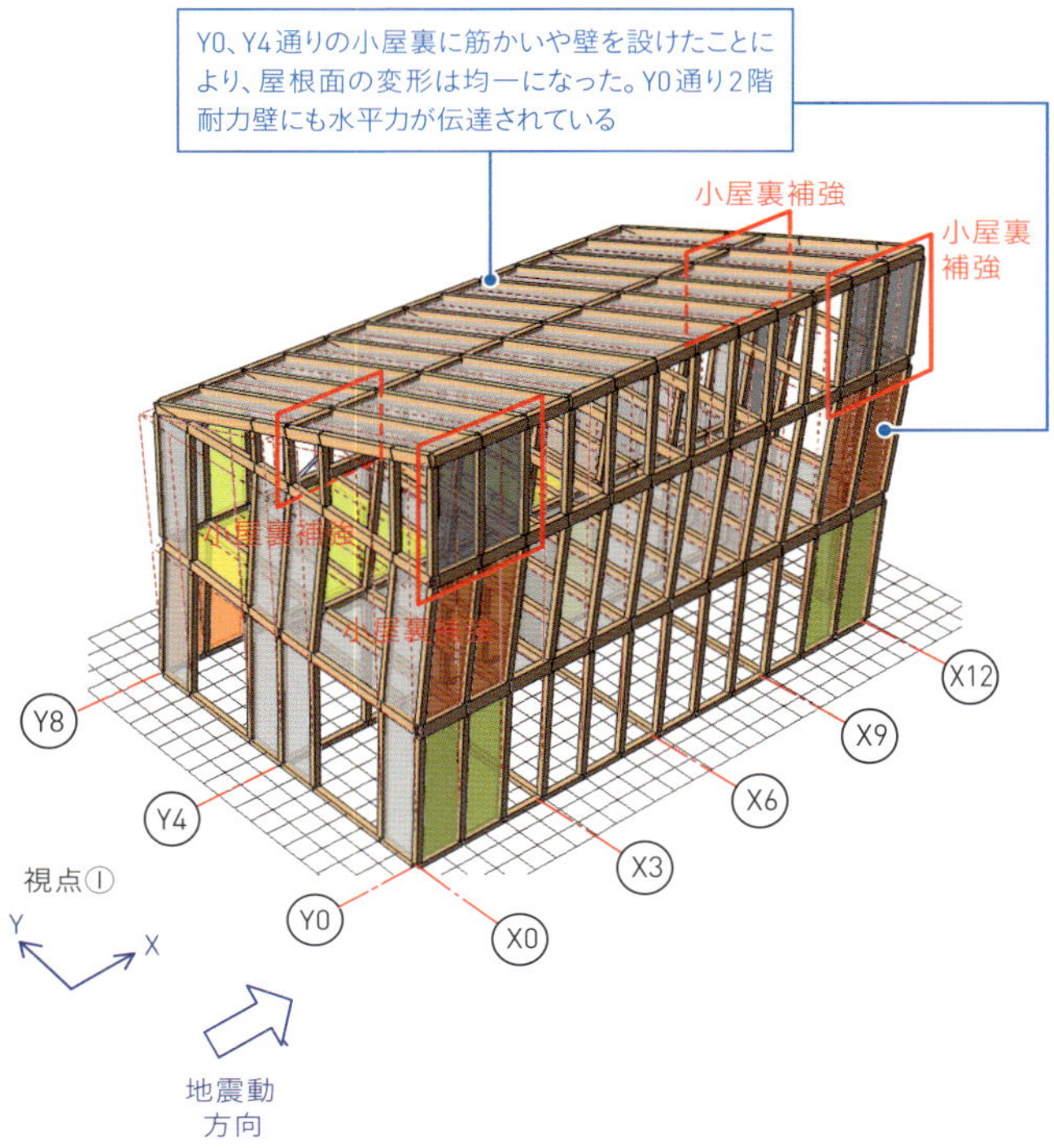
Y0、Y4通りの小屋裏に筋かいや壁を設けたことにより、屋根面の変形は均一になった。Y0通り2階耐力壁にも水平力が伝達されている
小屋裏補強
小屋裏
補強
Y8
Y4
Y0
X0
X3
X6
X9
X12
視点①
Y
X
地震動
方向

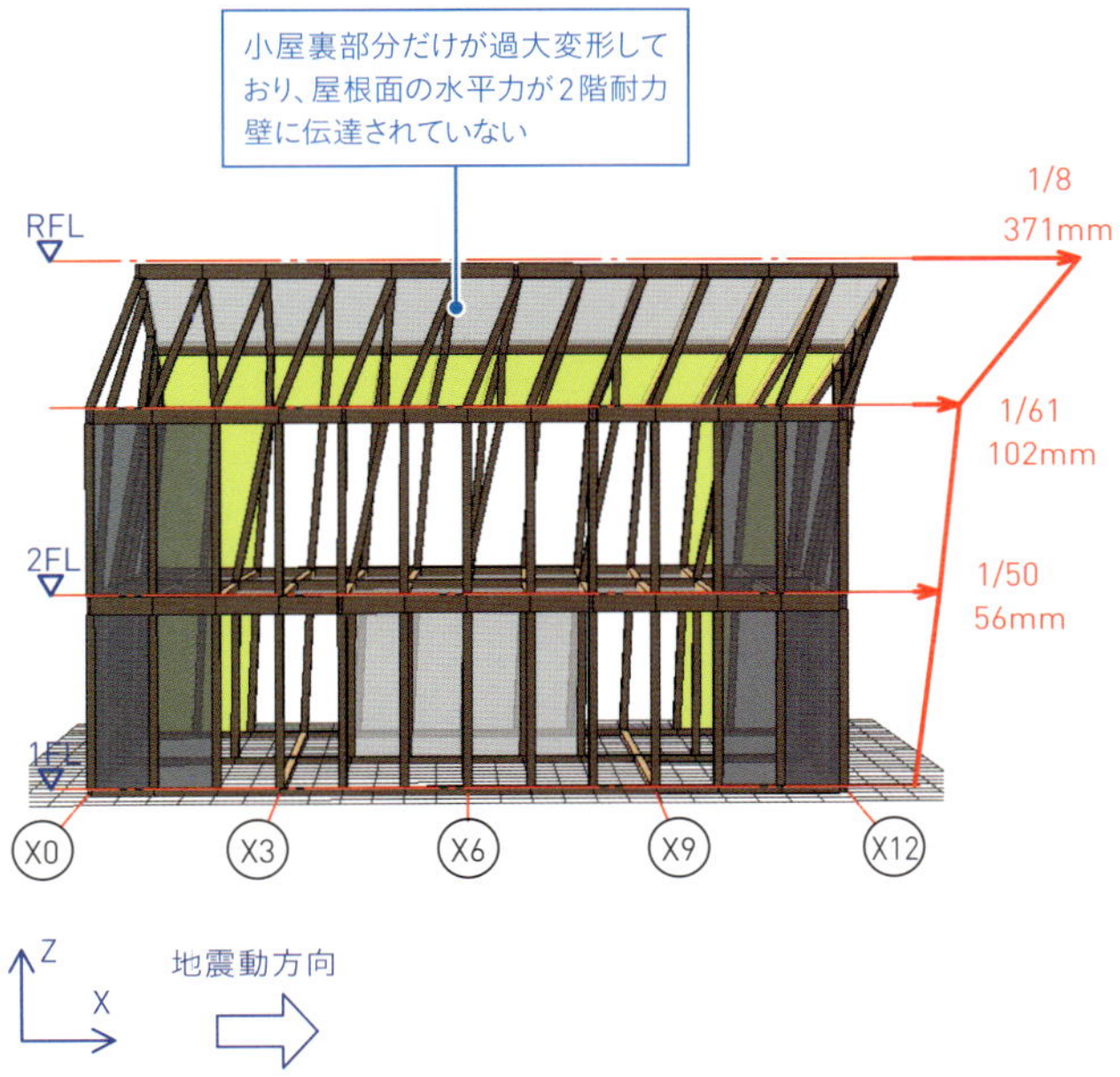
小屋裏部分だけが過大変形しており、屋根面の水平力が2階耐力壁に伝達されていない
RFL
2FL
1FL
1/8
371mm
1/61
102mm
1/50
56mm
X0
X3
X6
X9
X12
Z
X
地震動方向

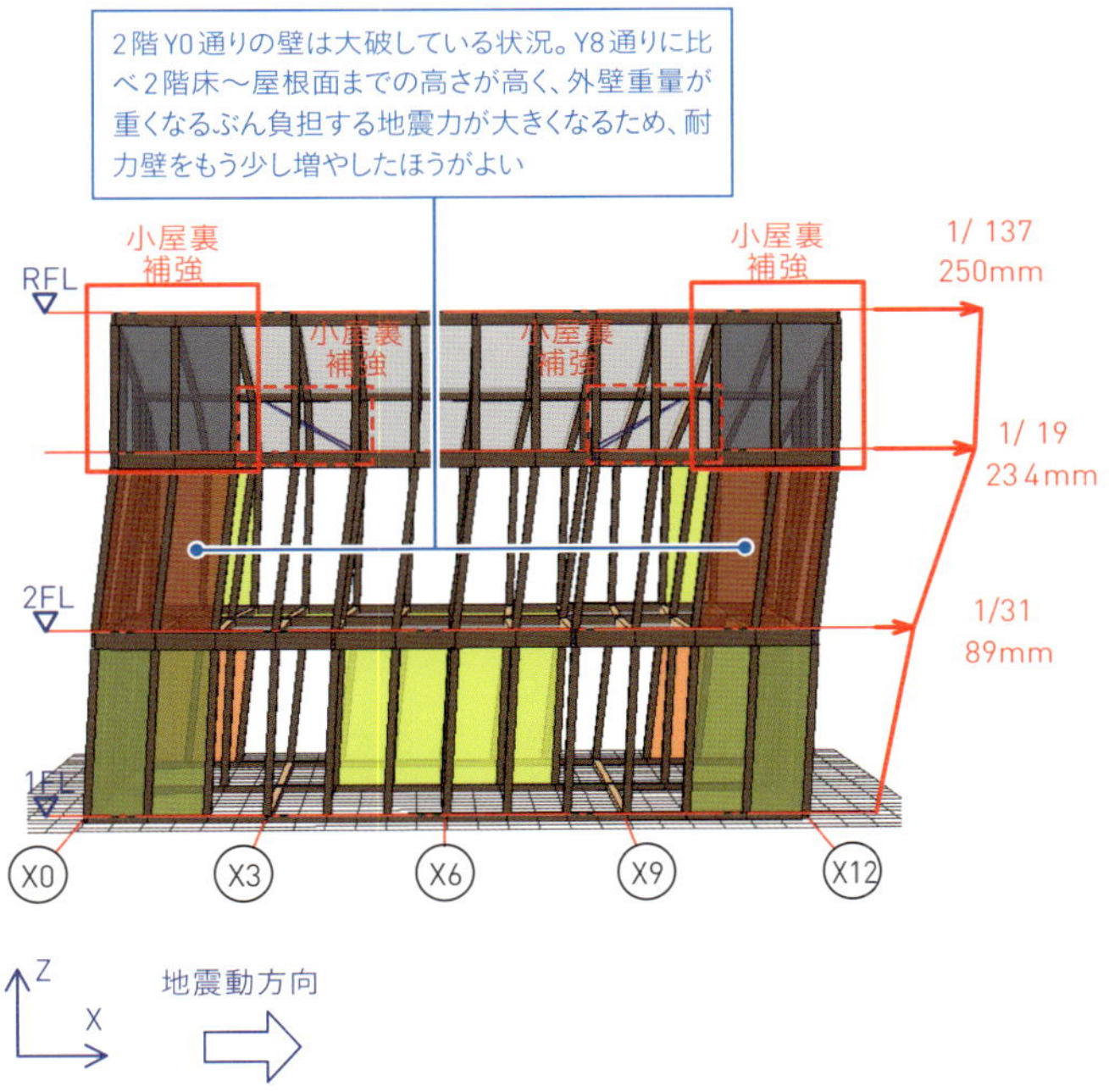
2階Y0通りの壁は大破している状況。Y8通りに比べ2階床～屋根面までの高さが高く、外壁重量が重くなるぶん負担する地震力が大きくなるため、耐力壁をもう少し増やしたほうがよい
小屋裏
補強
小屋裏
補強
RFL
2FL
1FL
1/ 137
250mm
1/ 19
234mm
1/31
89mm
X0
X3
X6
X9
X12
Z
X
地震動方向

耐力壁配置図凡例

面材耐力壁片面 壁倍率2.0

面材耐力壁両面 壁倍率4.0

伏図凡例

× 下階柱

■ 当該階の柱

═ 梁(特記なき限り幅120mm、数値は梁せい(mm)を示す)

変形図凡例

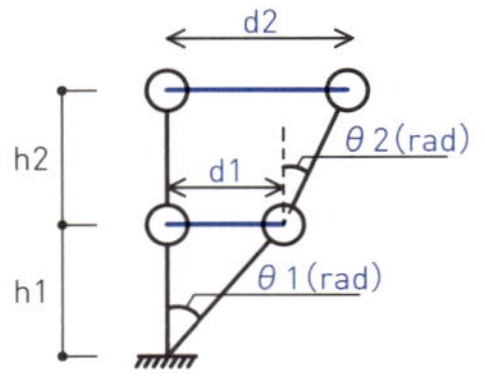

d2:小屋梁レベルの最大変形

d1:2階床梁レベルの最大変形

h2:2階の構造階高

h1:1階の構造階高

θ2:2階の層間変形角
　θ2=(d2-d1)/h2 (rad)

θ1:1階の層間変形角
　θ1=d1/h1 (rad)

※　変形図および層間変形角は地震波入力時間内での最大を示す。

CASE-2
小屋裏に耐力壁を追加

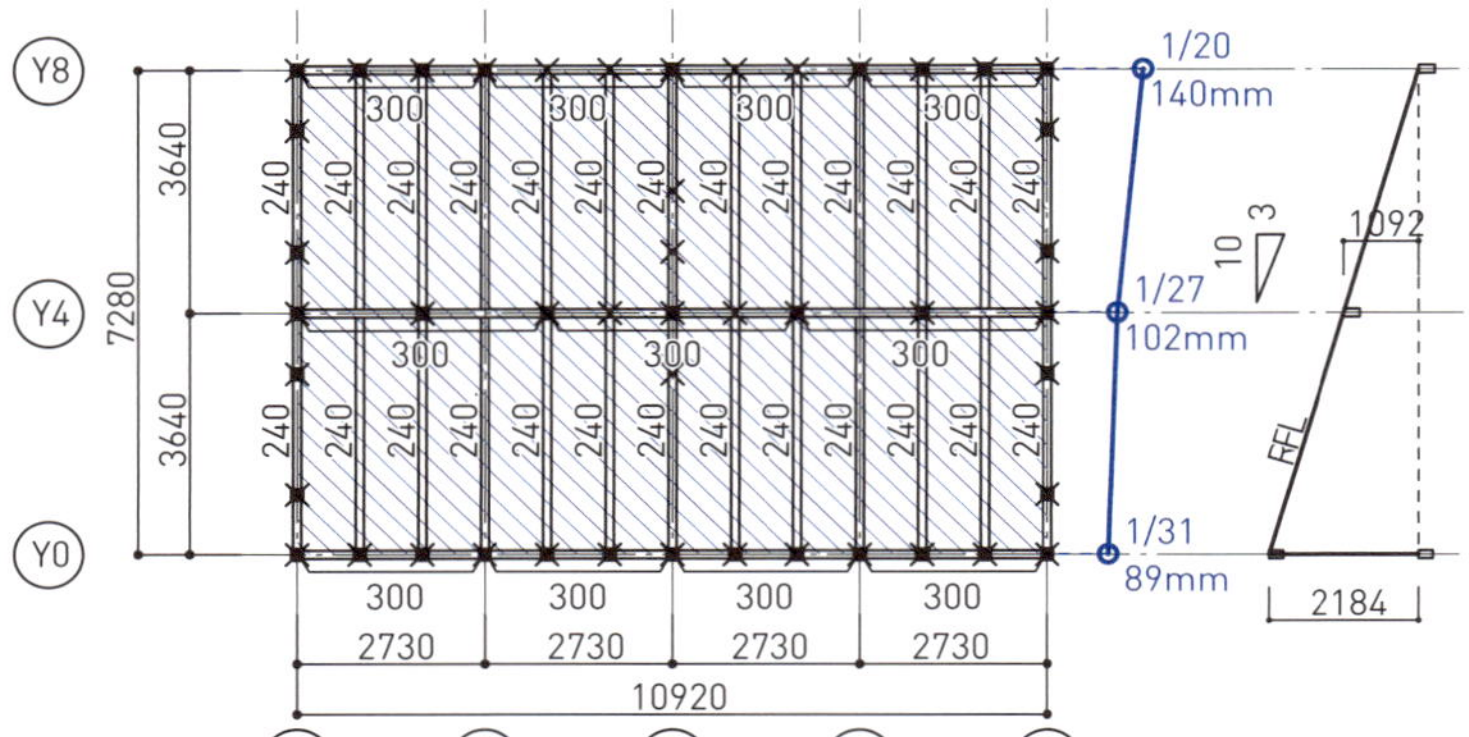

2階伏図

床倍率 0.30

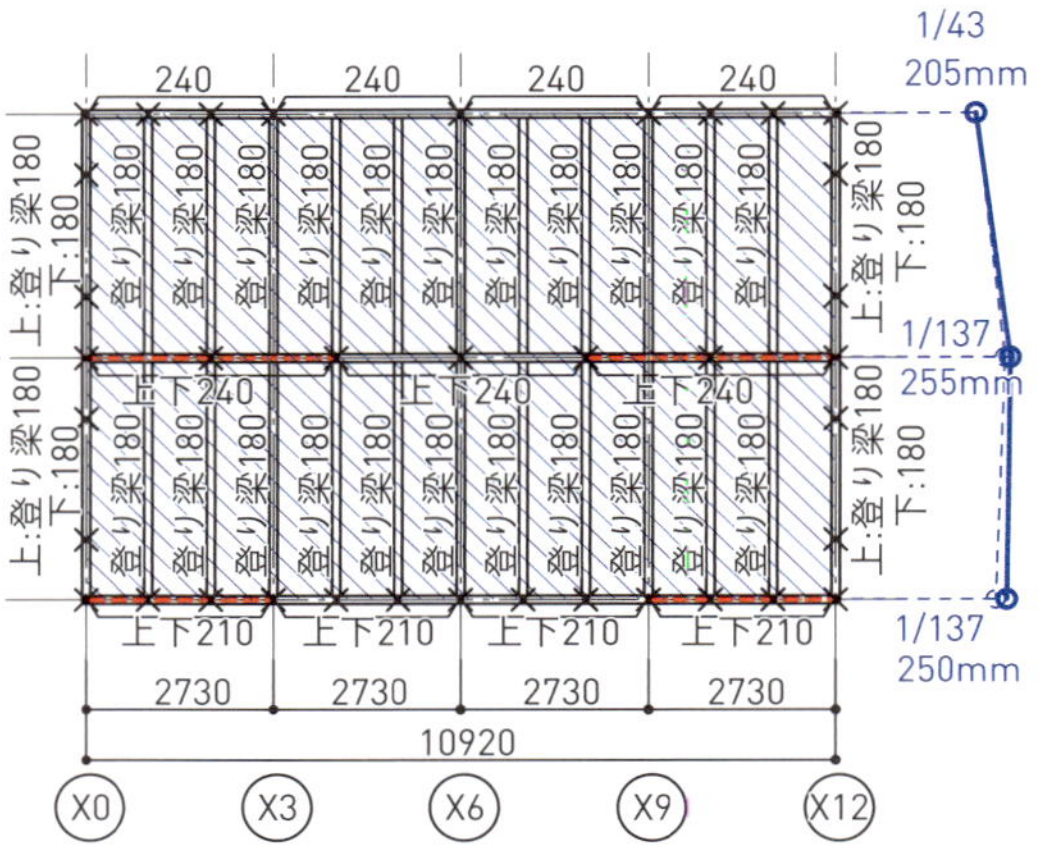

屋根伏図

----- 小屋裏補強

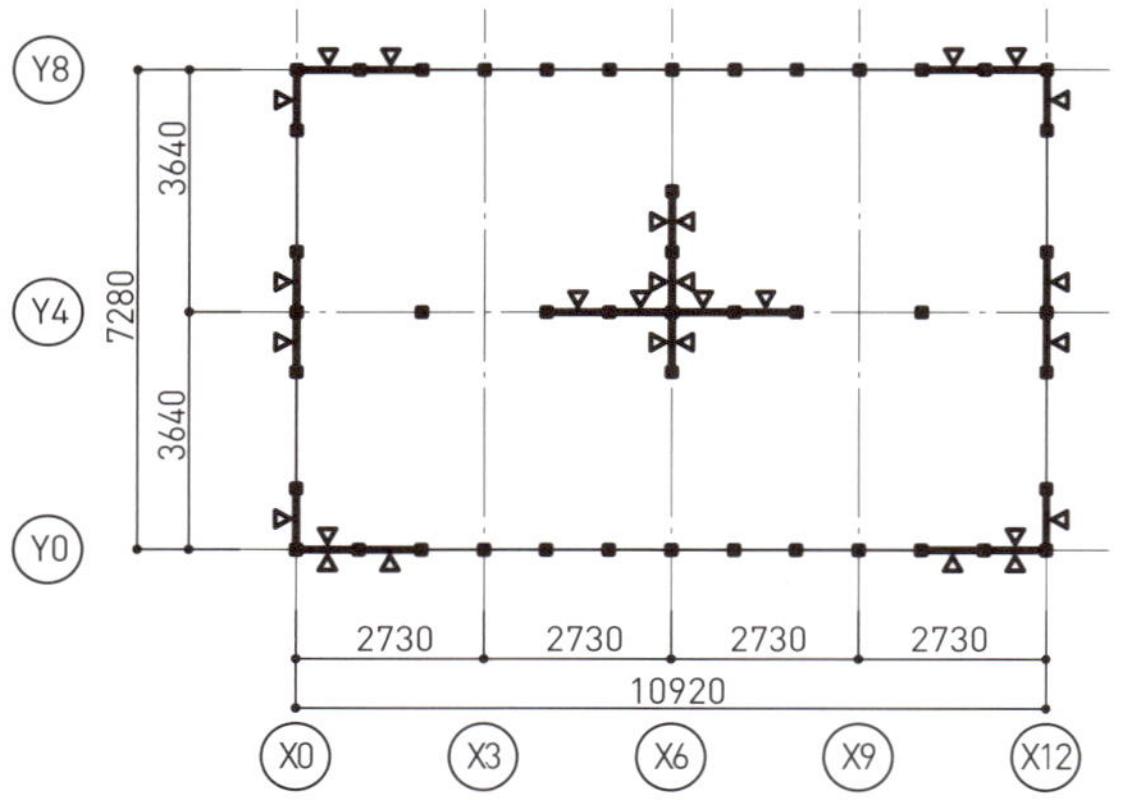

1階耐力壁配置図

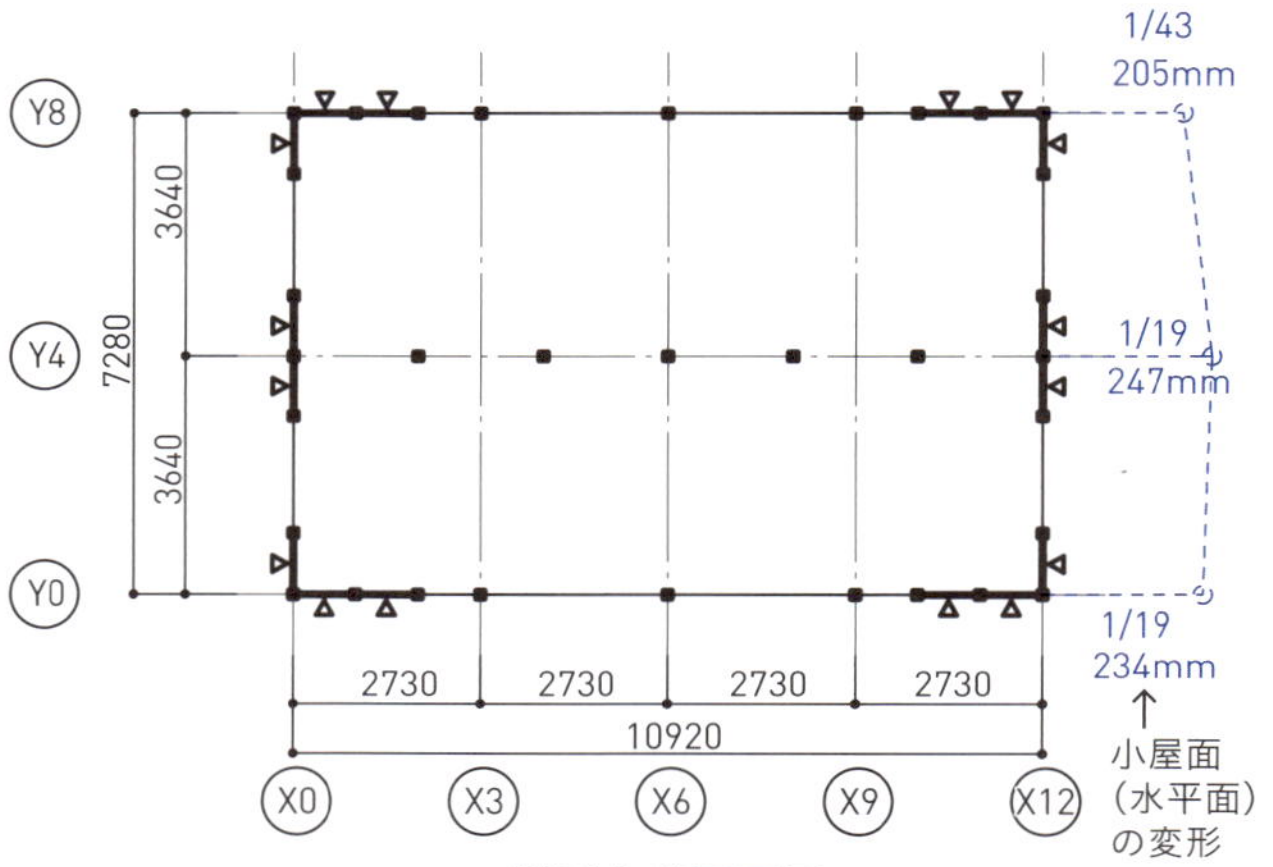

2階耐力壁配置図

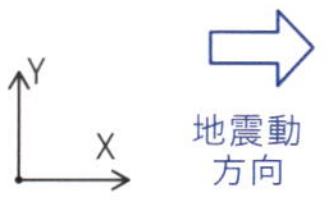

壁量と耐力壁配置はCASE-1と同じで、小屋裏に耐力壁を設置。

屋根面の変形は均一になったが、小屋面(水平面)のY0、Y4通りの変形が過大。

→対策案1)屋根面または小屋面(水平面)の水平剛性を高める。

　対策案2)2階Y4通りに耐力壁を増設する。

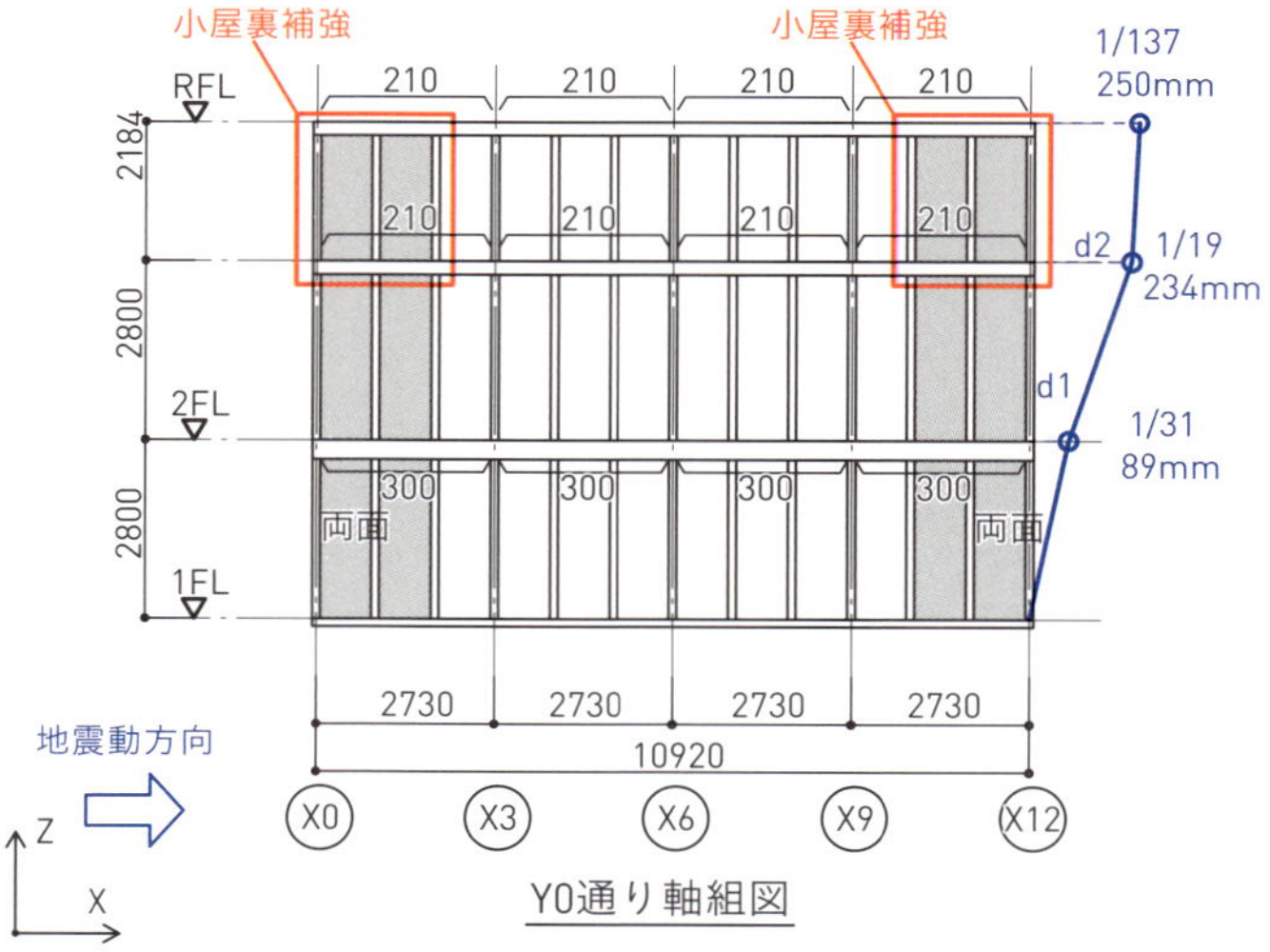

Y0通り軸組図

表2 検証モデル 伏図

- 片流れ屋根の建物
- 小屋筋かい(小屋裏壁)の有無による変形状況の比較
- CASE-1は小屋筋かいなし、CASE-2はY0、Y4通りに小屋筋かい設置
- 壁量、水平構面はCASE-1,CASE-2ともに同じ
- 人工地震波(wallstat標準搭載の地震波。二種地盤 極稀:20秒)
- 入力方向:X方向

CASE-1
片流れ屋根の架構

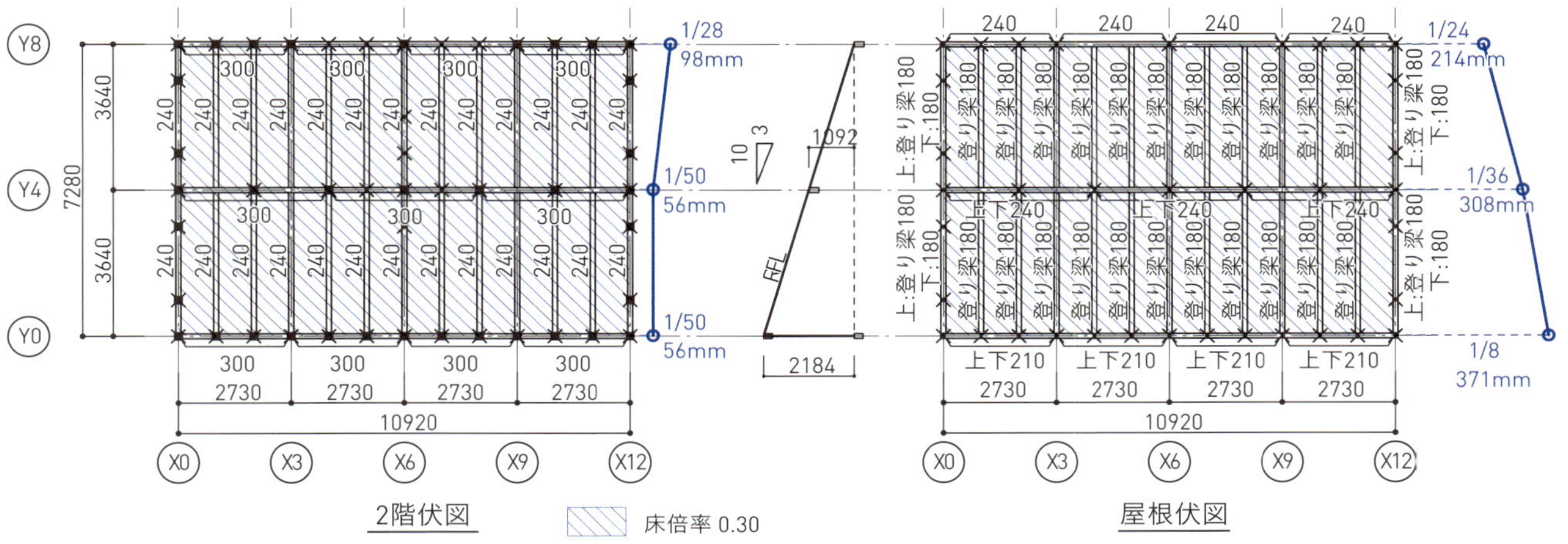

2階伏図

屋根伏図

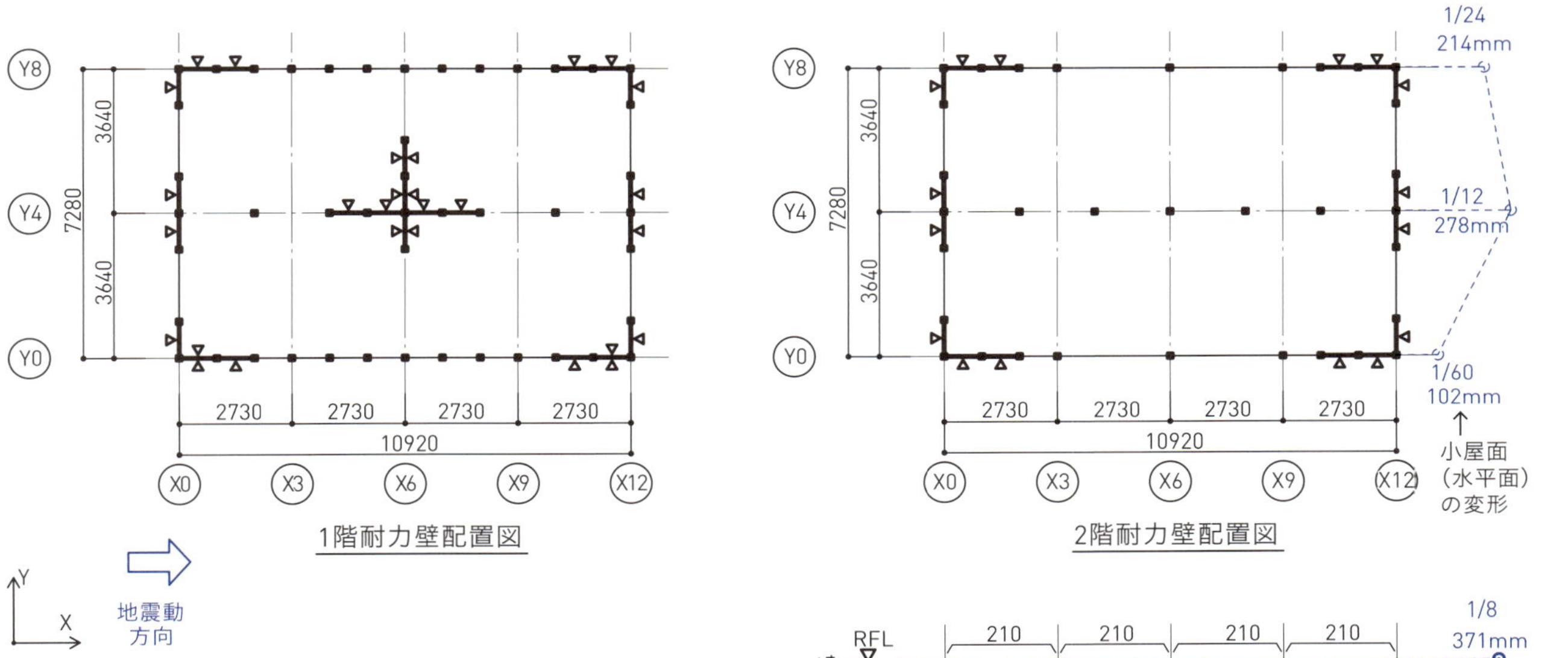

1階耐力壁配置図

2階耐力壁配置図

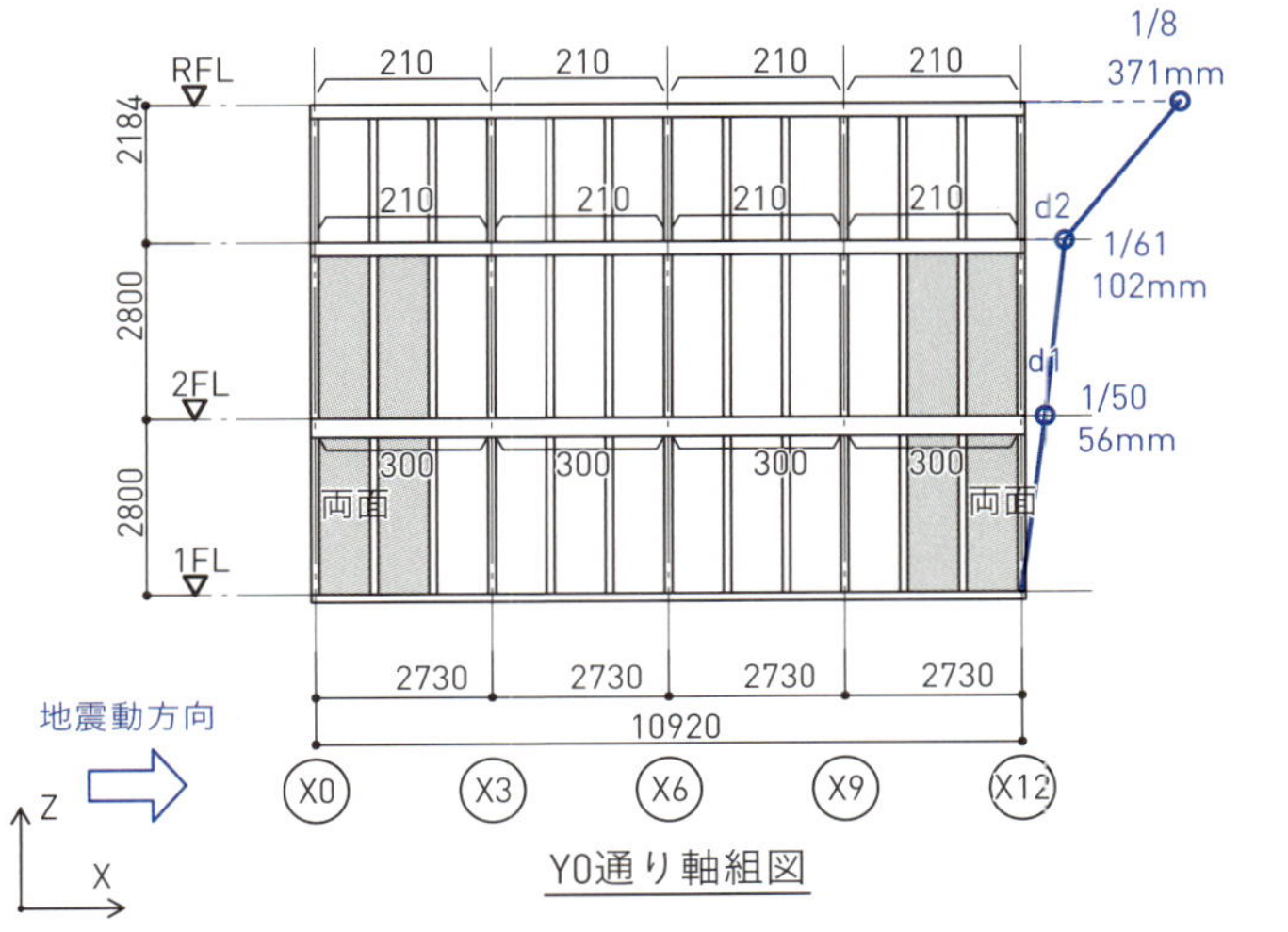

Y0通り軸組図

壁量

階	方向	必要壁量 cm/m²	床面積 m²	必要壁長 m	存在壁長 m	壁量余裕率
2階	X	15	79.50	11.92	14.56	1.22
	Y				14.56	1.22
1階	X	29	79.50	23.05	25.48	1.11
	Y				25.48	1.11

2階床面の変形は、ほぼ均一である。
→1階の耐力壁線間距離が4m未満と短いため、床倍率が低くても問題なし。
屋根面はY0通りの変形が過大である。
→2階の耐力壁は、屋根面に生ずる水平力に抵抗するため、屋根面と2階耐力壁をつなぐように、同一構面内の小屋裏に耐力壁を設ける。

TYPE-D　セットバック

図　wallstat動画　解析モデル図

CASE-1
セットバックの架構

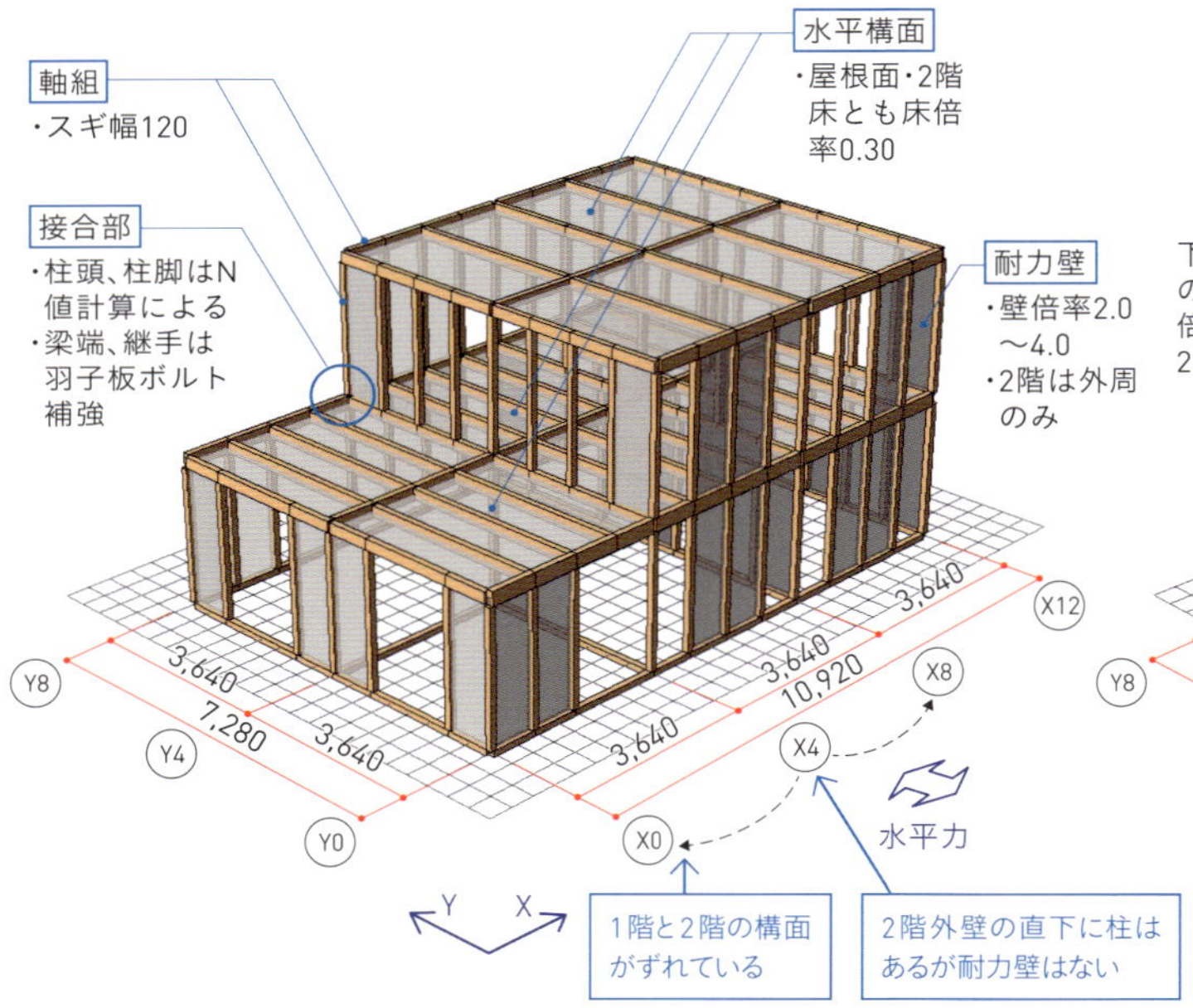

軸組
・スギ幅120
接合部
・柱頭、柱脚はN値計算による
・梁端、継手は羽子板ボルト補強
水平構面
・屋根面・2階床とも床倍率0.30
耐力壁
・壁倍率2.0〜4.0
・2階は外周のみ
3,640
7,280
3,640
3,640
3,640
10,920
3,640
Y8
Y4
Y0
X0
X4
X8
X12
水平力
Y
X
1階と2階の構面がずれている
2階外壁の直下に柱はあるが耐力壁はない

CASE-2
屋根面の水平剛性をUP

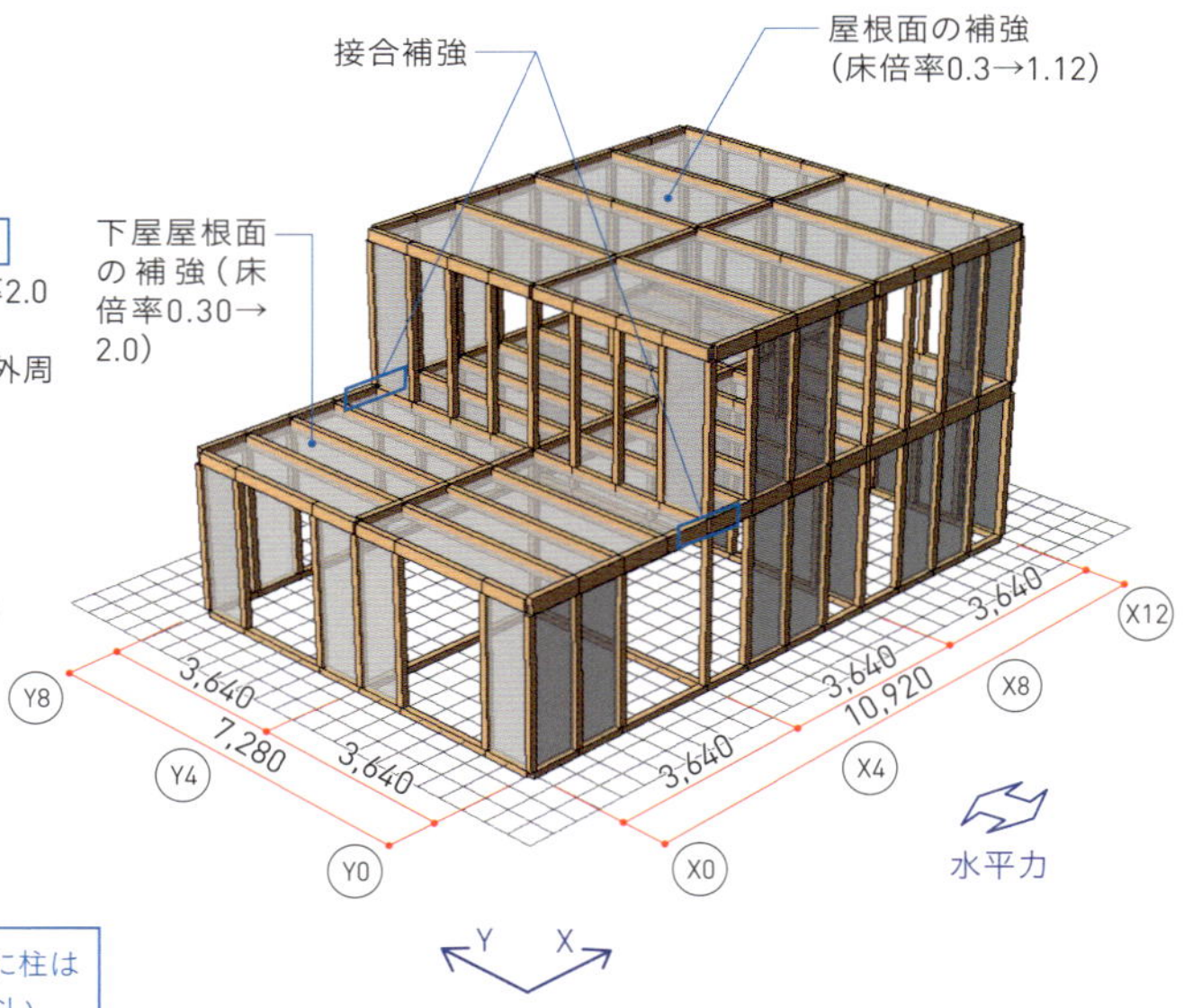

接合補強
屋根面の補強（床倍率0.3→1.12）
下屋屋根面の補強（床倍率0.30→2.0）
3,640
7,280
3,640
3,640
3,640
10,920
3,640
Y8
Y4
Y0
X0
X4
X8
X12
水平力
Y
X

セットバックした2階外壁の直下に耐力壁がない建物である。屋根面、床面とも製材板張り程度で床倍率0.3として、Y方向に地震動を作用させた解析が23頁のCASE-1である。2階外壁面のX4通りが過大変形しており、ほぼ倒壊の状況である。耐力壁の色はグレーのままで、屋根及び2階の水平構面のみが赤色になっていることから、耐力壁に水平力が伝達される以前に水平構面が先行破壊している、ということがわかる。

最も効果的な補強方法は、X4通りの1階に耐力壁を設けることであるが、ここでは耐力壁配置を変えない場合の補強について検証を行ってみた。

2階と1階の耐力壁線がずれている場合は、2階耐力壁からの水平力を1階耐力壁に伝達するために、下屋屋根面（X0-X4間）や2階床面（X4-X8間）の水平剛性を高めると同時に、水平構面の外周枠となる梁端部を強固に接合する必要がある。本事例ではX0-X4間の下屋屋根面を床倍率2とするほか、2階屋根面についても2階耐力壁が外周壁のみであることから、床倍率1・12にまで高めて再検証してみた。その結果がCASE-2である。

下屋屋根面を固めたことにより、X0通りとX4通りの変形量の差は小さくなったが、層間変形角は1／30超で過大である。このことは負担荷重に対してX0通りの壁量では耐力不足である、ということを意味している。したがってX0通りの壁量を増やす、ということも考えられるが、変形量を抑えるにはかなり壁を増やす必要があり、そのぶん接合耐力も高めなければならない。

また、X8とX12通りの変形はやや余裕が見られるため、こちらの耐力壁にも水平力を分配するように、2階床面を固める、という補強方法も考えられる。

いずれにしろ、上下階で構面が大きくずれた架構には無理な応力が働くため、大掛かりな補強が必要になる。

表1 wallstatによる比較検証

・セットバックした2階外壁の直下に耐力壁がない建物
・屋根面の水平剛性の違いによる変形の比較検証
・人工地震波(wallstat標準搭載の地震波。二種地盤極稀：20秒)
・入力方向：Y方向

変形図凡例

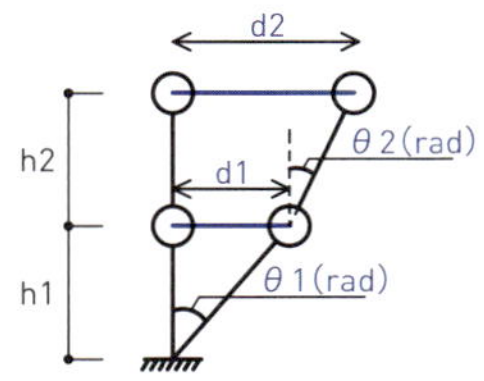
d2
h2
d1
θ2(rad)
h1
θ1(rad)

d2：小屋梁レベルの最大変形
d1：2階床梁レベルの最大変形
h2：2階の構造階高
h1：1階の構造階高
θ2：2階の層間変形角
θ2=(d2-d1)/h2 (rad)
θ1：1階の層間変形角
θ1=d1/h1 (rad)
※ 変形図および層間変形角は地震波入力時間内での最大を示す。

CASE-1 セットバックの架構	CASE-2 屋根面の水平剛性をUP

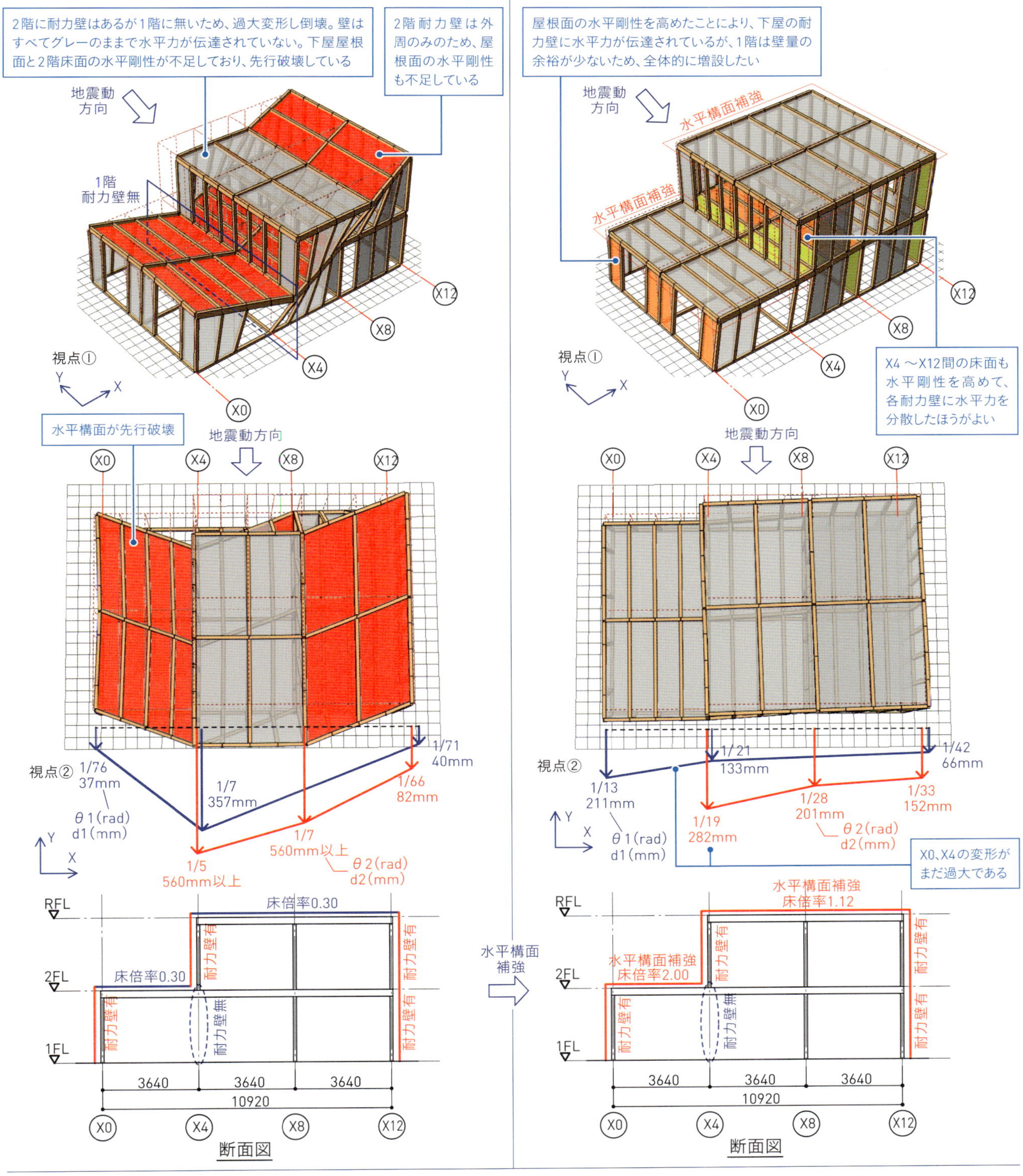
2階に耐力壁はあるが1階に無いため、過大変形し倒壊。壁はすべてグレーのままで水平力が伝達されていない。下屋屋根面と2階床面の水平剛性が不足しており、先行破壊している
2階耐力壁は外周のみのため、屋根面の水平剛性も不足している
地震動方向
1階耐力壁無
X12
X8
X4
X0
視点①
Y
X
水平構面が先行破壊
地震動方向
X0
X4
X8
X12
視点②
1/76
37mm
θ1(rad)
d1(mm)
1/7
357mm
1/71
40mm
1/66
82mm
1/7
560mm以上
1/5
560mm以上
θ2(rad)
d2(mm)
Y
X
RFL
2FL
1FL
床倍率0.30
床倍率0.30
耐力壁有
耐力壁無
耐力壁有
耐力壁有
耐力壁有
3640
3640
3640
10920
X0
X4
X8
X12
断面図
水平構面補強
屋根面の水平剛性を高めたことにより、下屋の耐力壁に水平力が伝達されているが、1階は壁量の余裕が少ないため、全体的に増設したい
地震動方向
水平構面補強
水平構面補強
X12
X8
X4
X0
視点①
Y
X
X4～X12間の床面も水平剛性を高めて、各耐力壁に水平力を分散したほうがよい
地震動方向
X0
X4
X8
X12
視点②
1/21
133mm
1/42
66mm
1/13
211mm
1/28
201mm
1/33
152mm
1/19
282mm
θ1(rad)
d1(mm)
θ2(rad)
d2(mm)
Y
X
X0、X4の変形がまだ過大である
RFL
2FL
1FL
水平構面補強
床倍率1.12
水平構面補強
床倍率2.00
耐力壁有
耐力壁無
耐力壁有
耐力壁有
耐力壁有
3640
3640
3640
10920
X0
X4
X8
X12
断面図

耐力壁配置図凡例

- 面材耐力壁片面 壁倍率2.0
- 面材耐力壁両面 壁倍率4.0

伏図凡例

- × 下階柱
- ■ 当該階の柱
- ═ 梁（特記なき限り幅120㎜、数値は梁せい（㎜）を示す）

変形図凡例

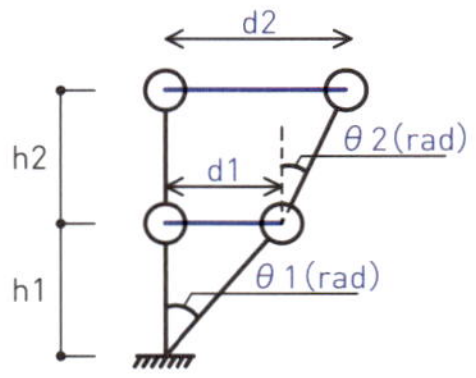

d2：小屋梁レベルの最大変形
d1：2階床梁レベルの最大変形
h2：2階の構造階高
h1：1階の構造階高
θ2：2階の層間変形角
θ2=(d2-d1)/h2 (rad)
θ1：1階の層間変形角
θ1=d1/h1 (rad)
※ 変形図および層間変形角は地震波入力時間内での最大を示す。

CASE-2
屋根面の水平剛性をUP

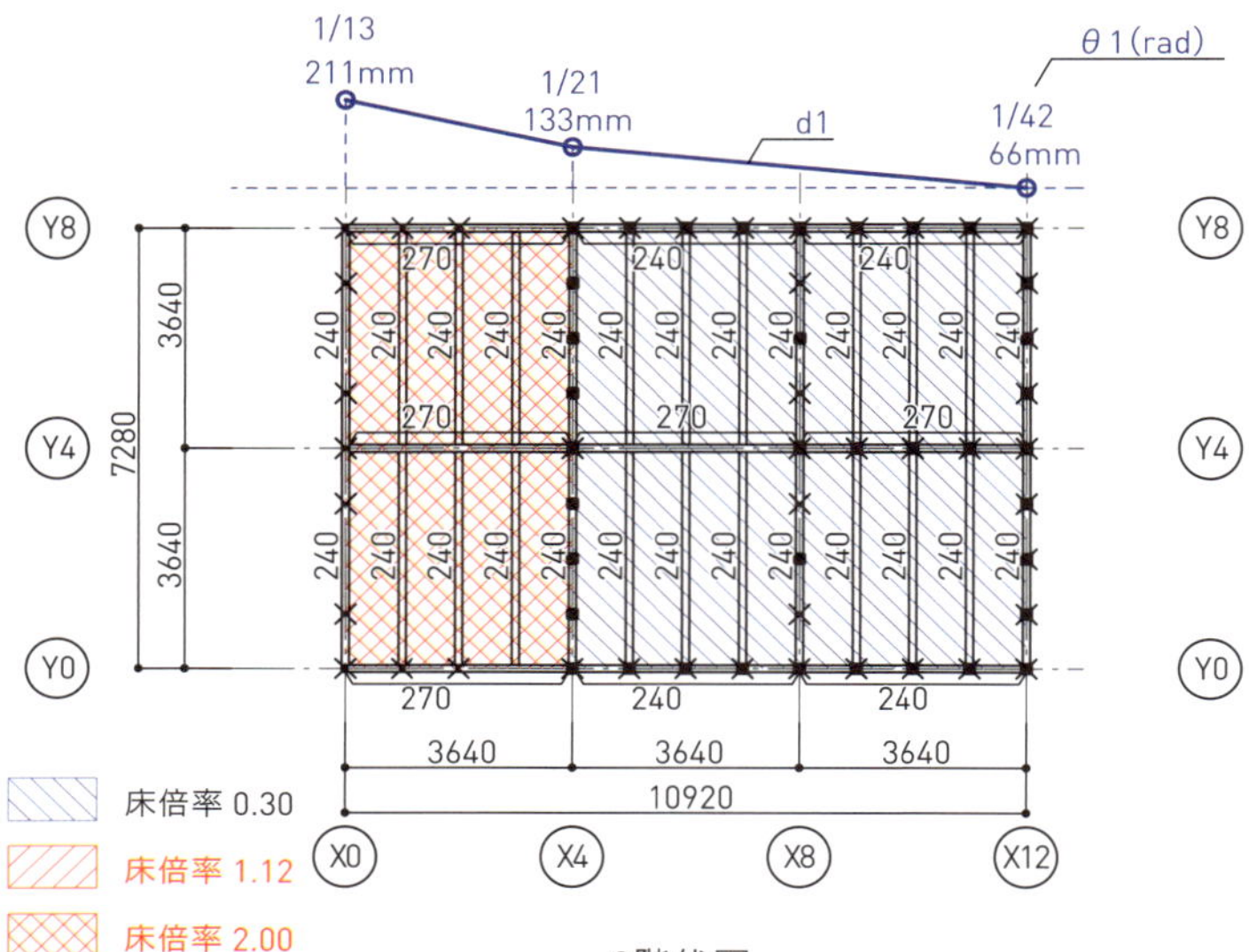

2階伏図

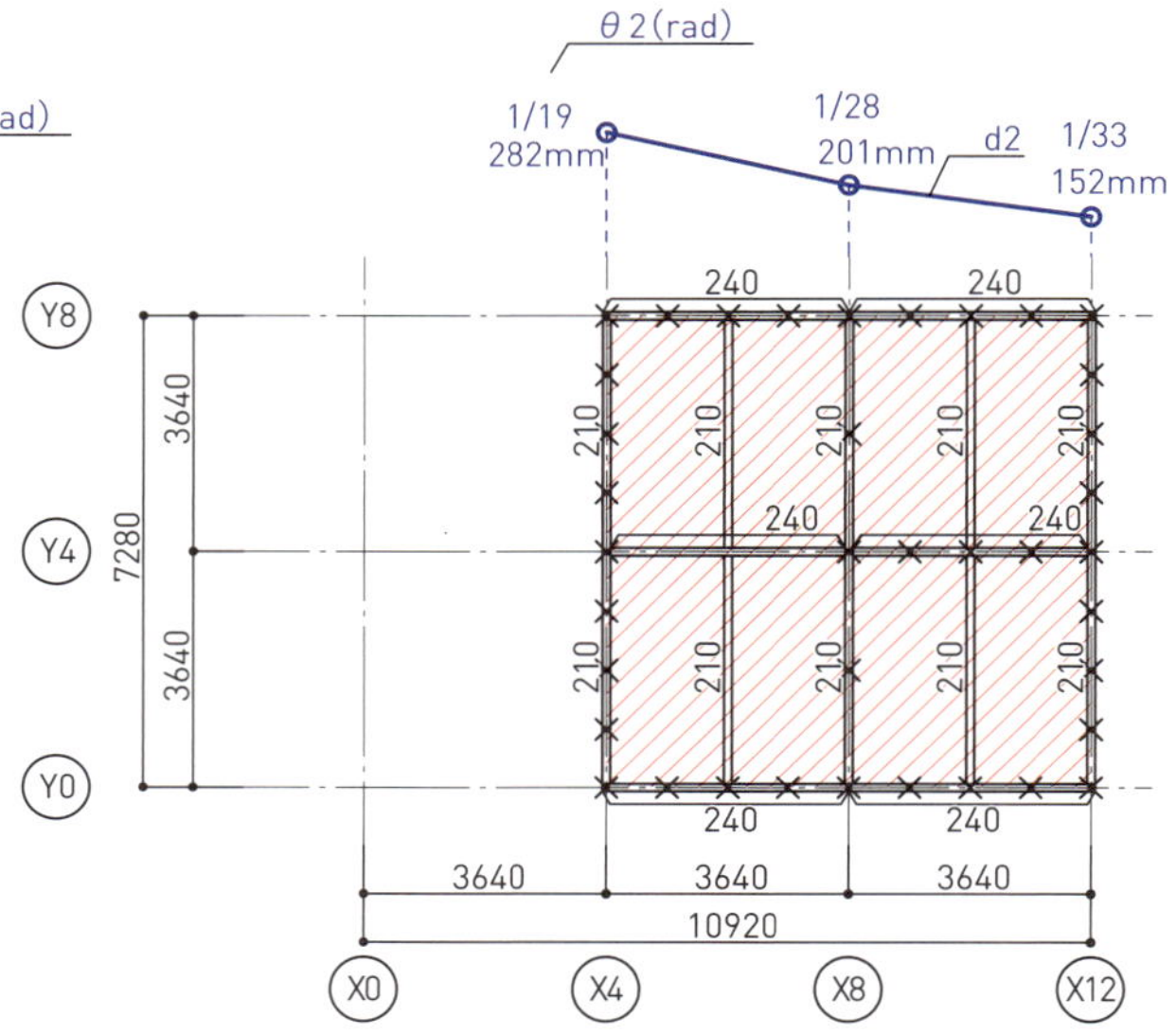

屋根伏図

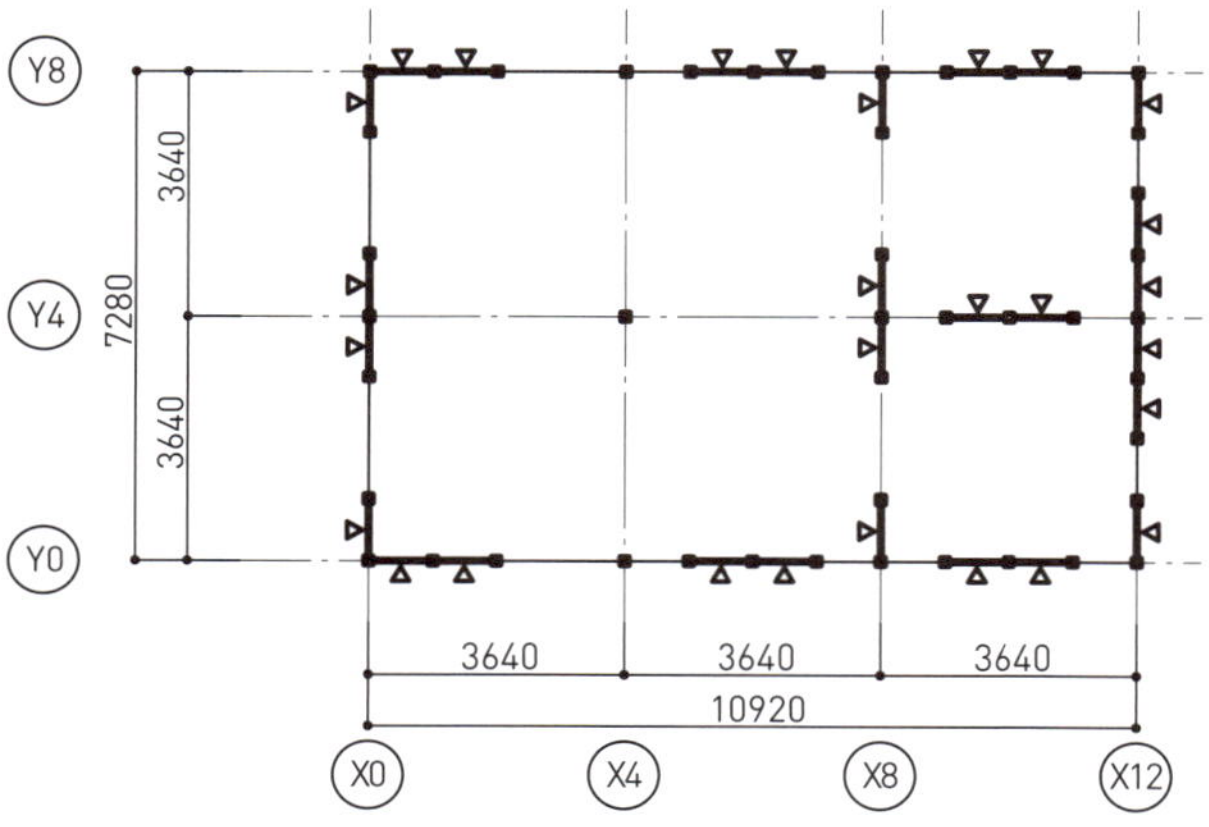

1階耐力壁配置図

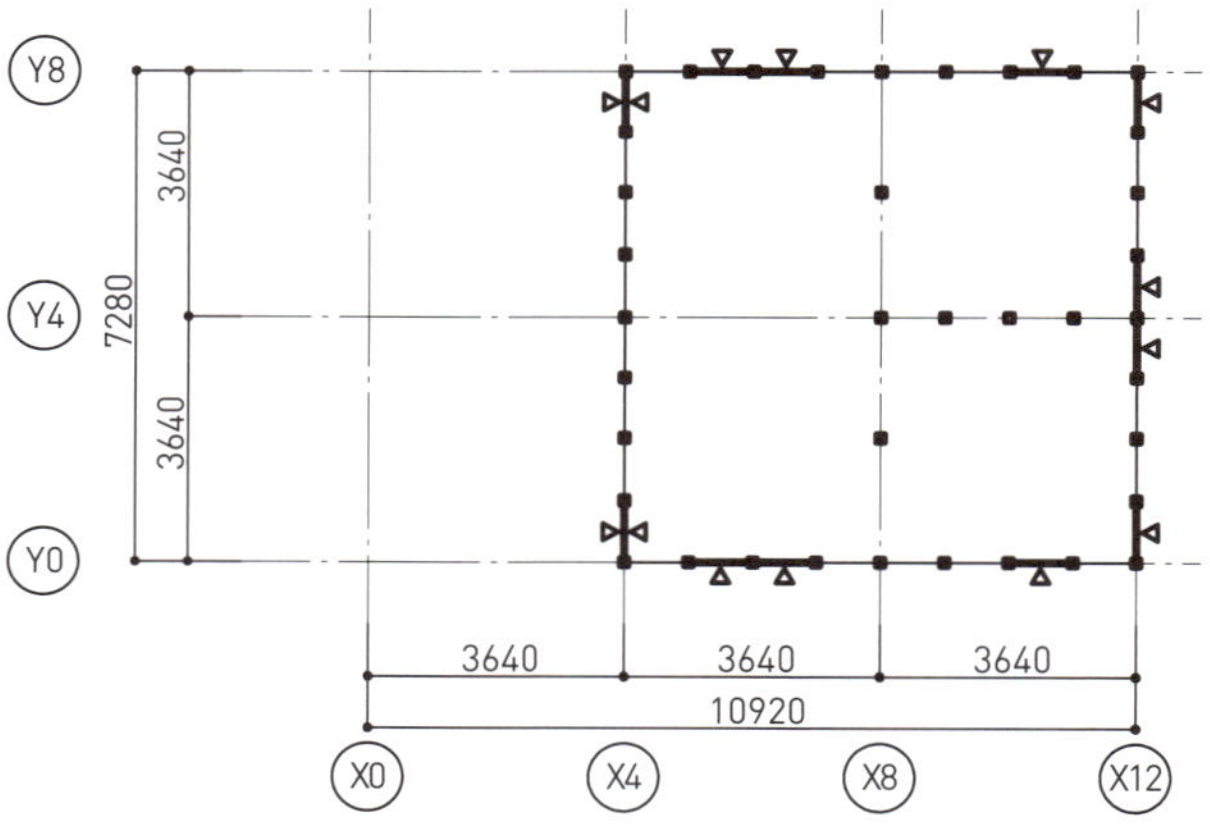

2階耐力壁配置図

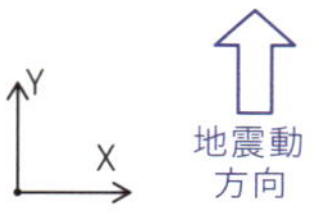

対策案2を採用し、下屋屋根面の床倍率を2.0まで高めた。
また、2階屋根面も水平剛性が不足しているため、床倍率を1.12に高めた。
→CASE-1よりは変形は収まったものの、X4通りの変形はまだ大きい。
→X12通りの耐力壁を減らしてX0およびX8通りの壁を増設し、X4-X12間の床面も固める。また、Y0とY8通りの梁接合部の引張耐力を高める。

表2 検証モデル 伏図

・セットバックした2階外壁の直下に耐力壁がない建物
・屋根面の水平剛性の違いによる変形の比較検証
・人工地震波(wallstat標準搭載の地震波。二種地盤 極稀:20秒)
・入力方向:Y方向

CASE-1
セットバックの架構

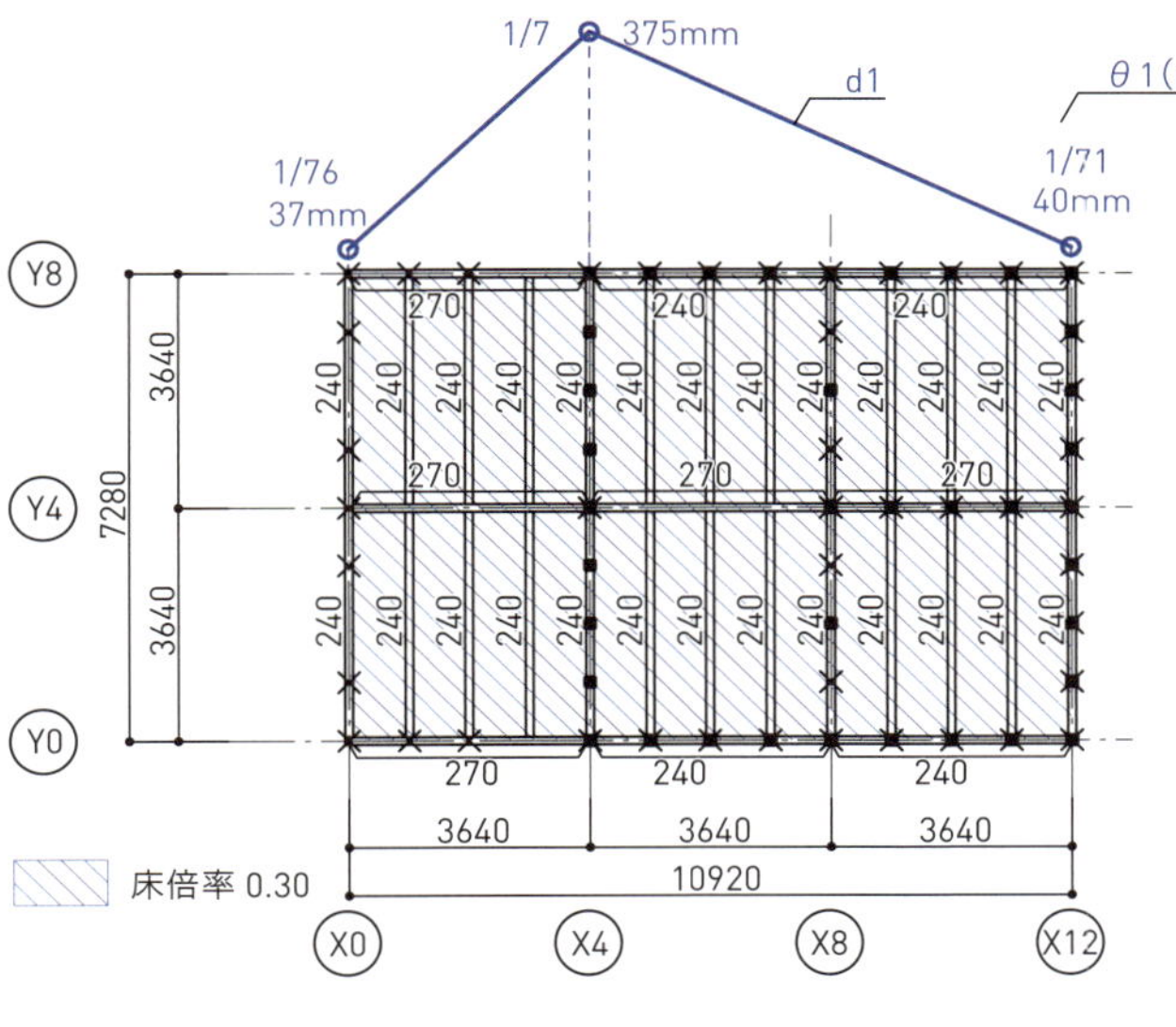

2階伏図

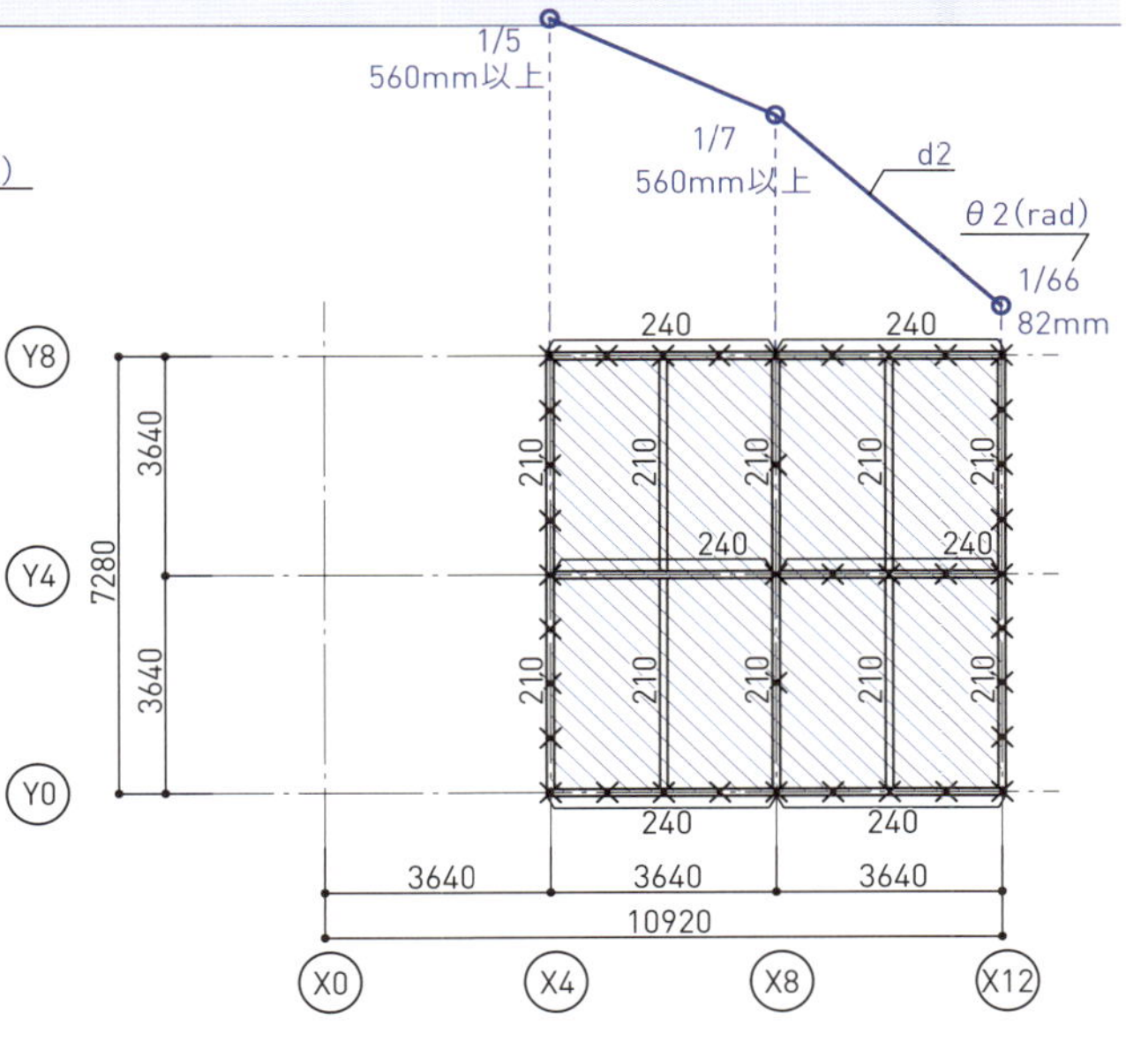

屋根伏図

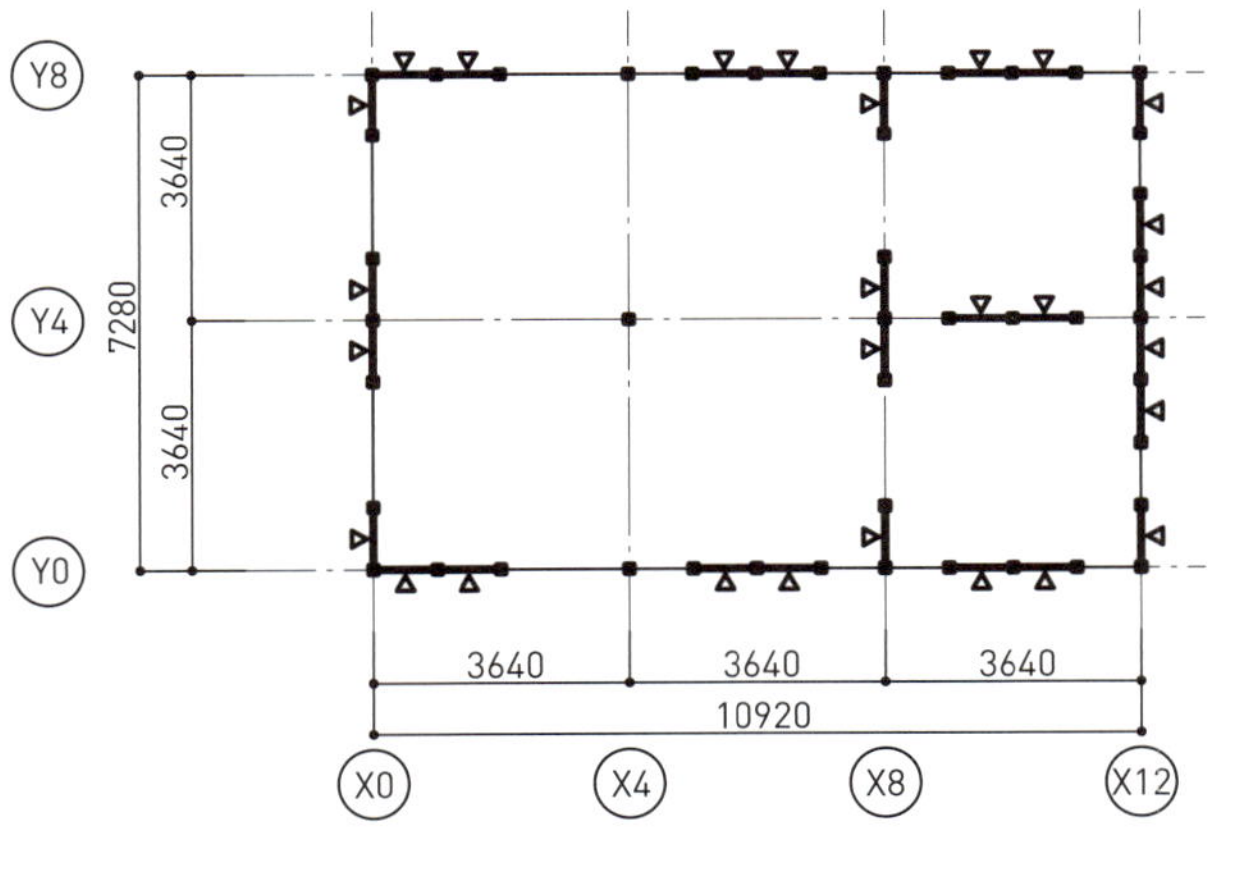

1階耐力壁配置図

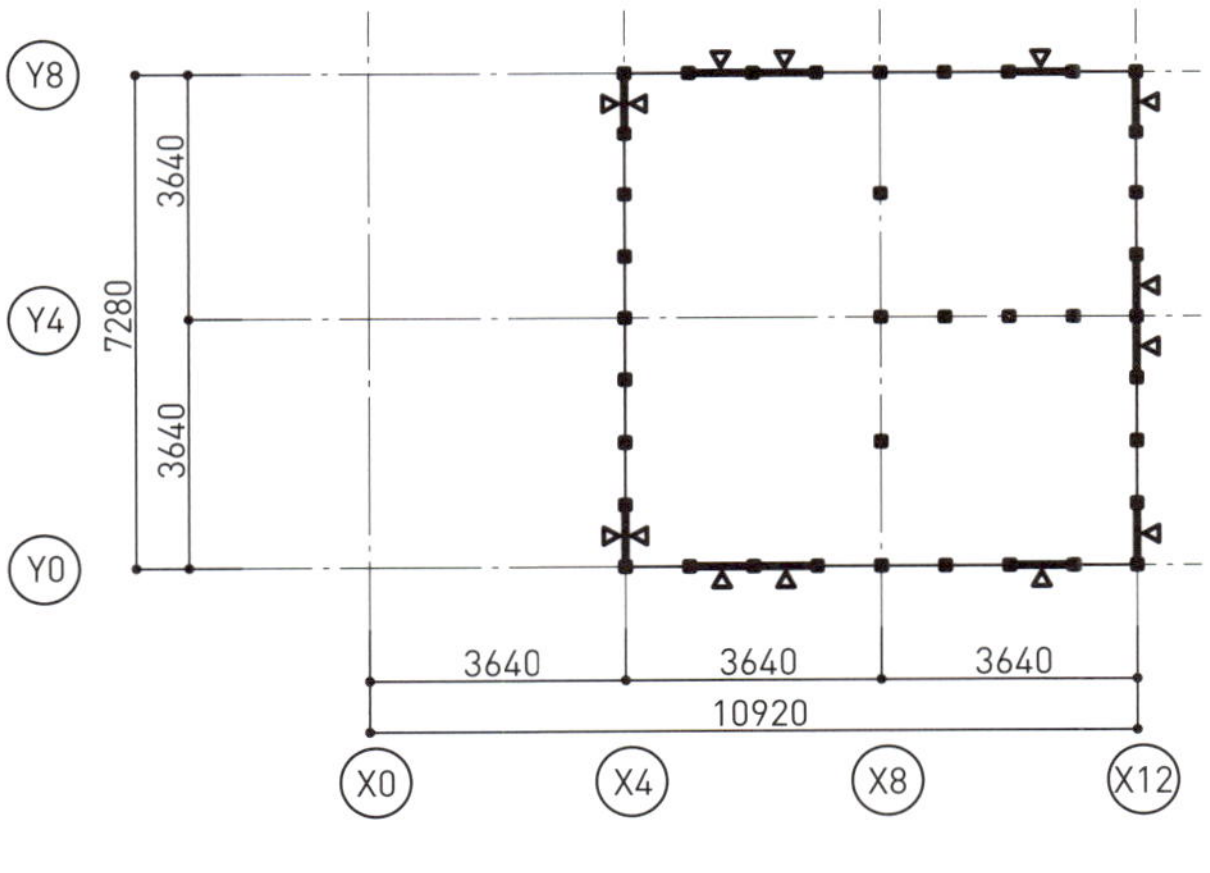

2階耐力壁配置図

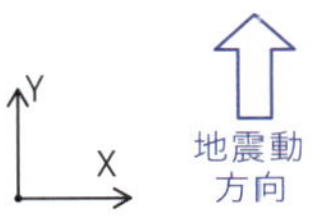

壁量

階	方向	必要壁量 cm/㎡	床面積 ㎡	必要壁長 m	存在壁長 m	壁量余裕率
2階	X	15	53.00	7.95	10.92	1.37
	Y				14.56	1.83
1階	X	29	79.50	23.05	25.48	1.11
	Y				25.48	1.11

全体の壁量は規定値を満たしているが、X4通りは2階外壁の直下に柱はあるものの、耐力壁がない。

1階の耐力壁はX0通りとX8通りにあり、どちらもX4通りから2間(3.64m)離れているが、下屋屋根面も2階床面も耐力不足のため、X4通りが過大変形し倒壊している。
→対策案1) 1階X4通りに耐力壁を設ける。
対策案2) 下屋屋根面および2階床面を固める。

TYPE-E　梁上耐力壁

図 wallstat動画　解析モデル図

CASE-1
セットバック+耐力壁が梁上に載る架構

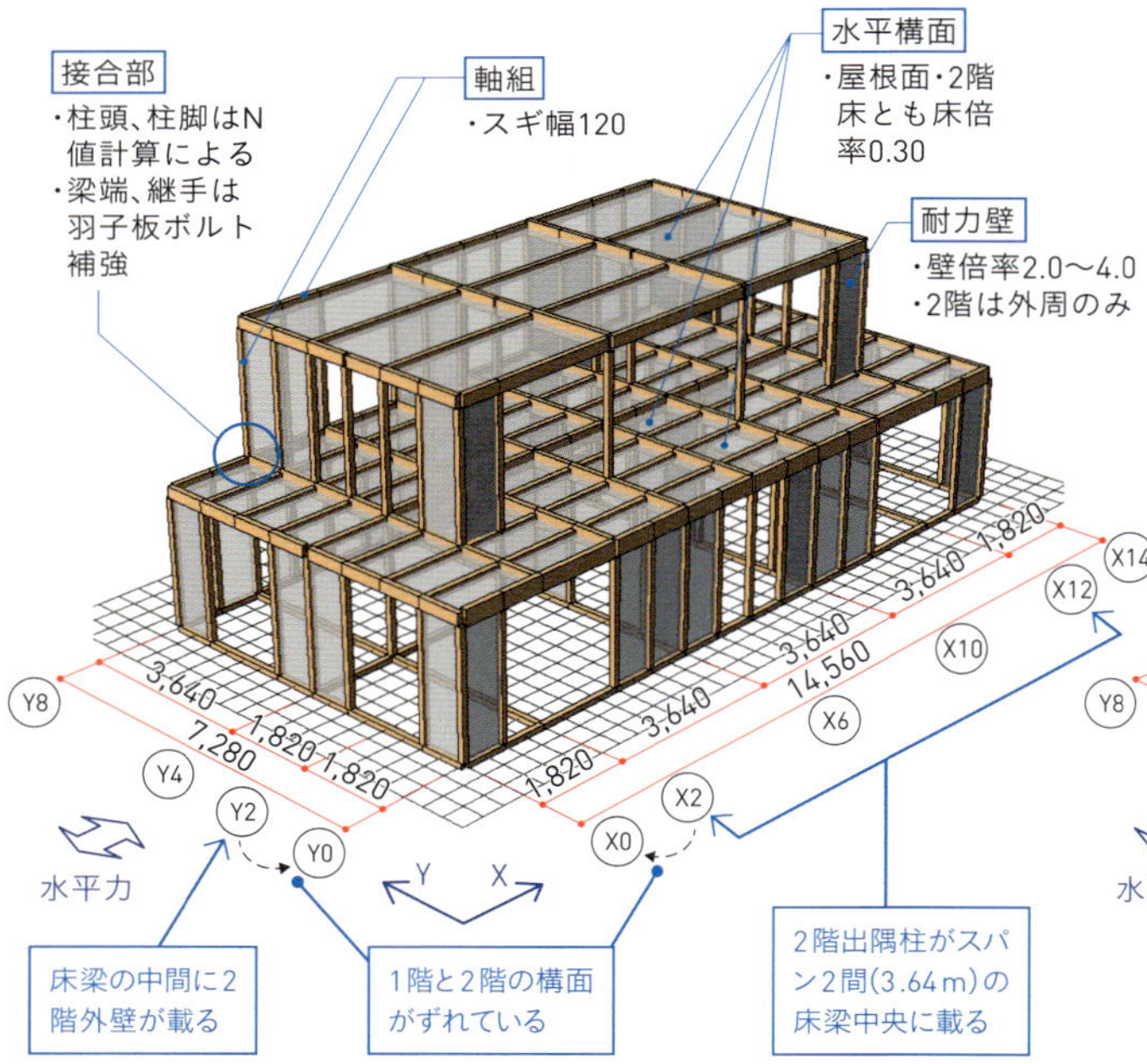

CASE-2
床梁補強+下屋屋根面の水平剛性をUP

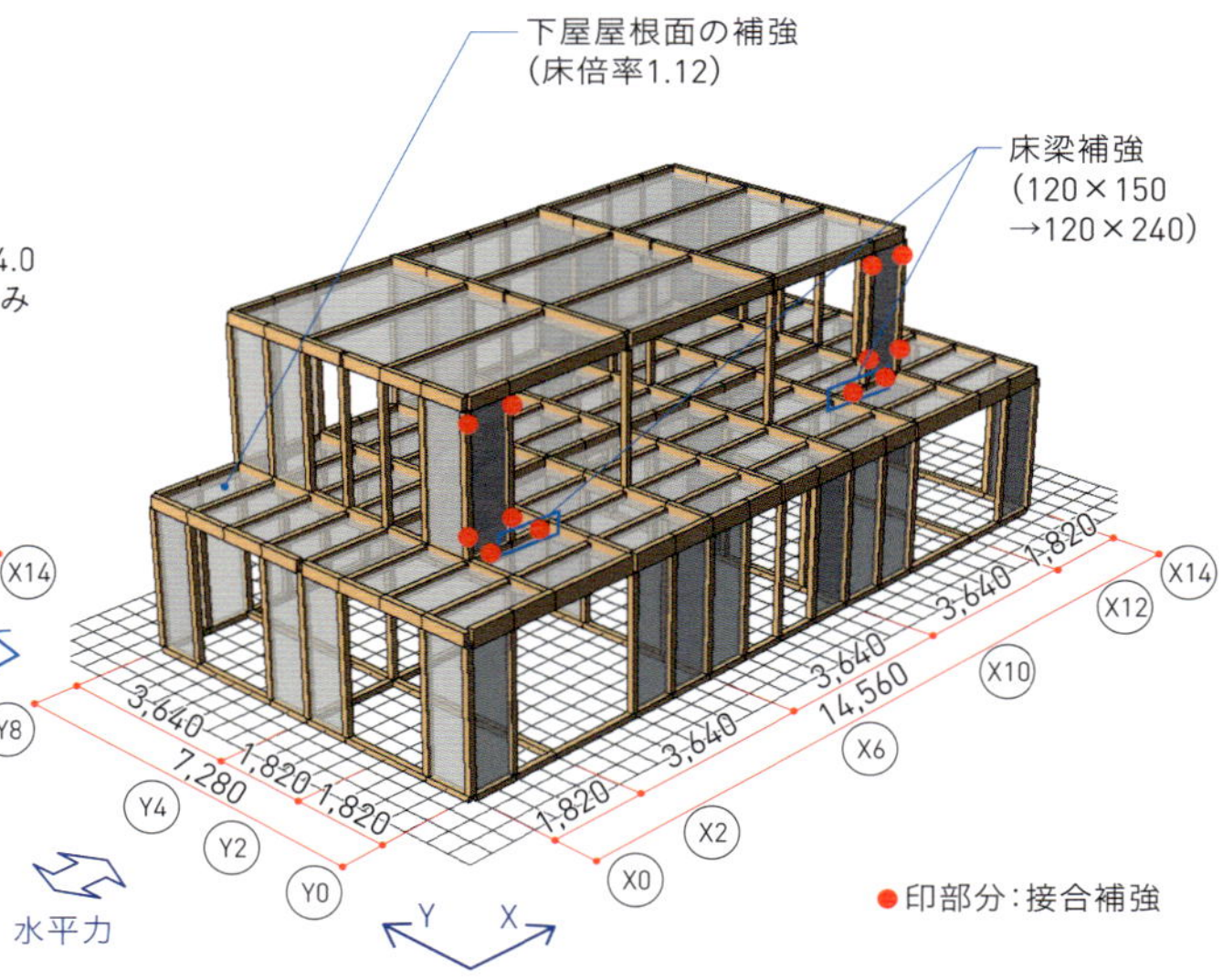

タイプDは2階外壁ラインの下に柱があったが、この事例は2階の3辺がセットバックしており、2階の出隅柱がスパンの長い梁の上に載っている状況である。このような架構は、1階と2階の耐力壁線がずれているという問題に加えて、外壁を支える梁の支持能力が不足しており、雨漏りや床鳴りを招いていることが非常に多い。

本事例では耐力壁は2階は外周のみで、1階は2間～2間半間隔で配置されているとし、屋根面・床面は床倍率0.3程度として解析を行ってみた。

水平力をX方向に加力すると、Y2通りの耐力壁が載る床梁の断面不足や接合耐力不足により、上下方向に激しく揺すられていることがわかる。この床梁が破壊してしまうと、あとは桁梁で耐力壁による引抜力と圧縮力に抵抗することになり、耐えきれずに折損に至っている。

したがってこのような場合は、上下階の構面ずれに対して下屋屋根面を固めるほかに、外壁、特に耐力壁を支える床梁を、補強する必要がある。

そこで、床梁断面を桁梁と同じ120×240にサイズアップすると、床梁と桁梁の両方で耐力壁による引抜力と圧縮力に抵抗できるため、上下方向の揺れが収まり、耐力壁の抵抗力も高くなって、Y2通りの水平変形量が半減する結果となった。

なお、2階屋根面の変形を見ると、中央部が過大変形しており、屋根面の水平剛性ももう少し高めておく必要があろう。また、セットバック形状の場合、総2階のときよりも2階が振られやすくなる傾向があるため、壁量に余裕を持たせておく必要がある。

特にY方向は、TYPE-Aと同様に耐力壁線間距離が長く中央部が振られやすいため、中央部に間仕切壁を設けたり、小屋筋かいを設けるなどの補強も併せて行う必要があろう。

表1 wallstatによる比較検証

- 2階がセットバックして梁上に耐力壁が載る建物
- 耐力壁を支持する梁の補強と、下屋の水平構面の補強による比較
- 人工地震波（wallstat標準搭載の地震波。二種地盤極稀：20秒）
- 入力方向：X方向

変形図凡例

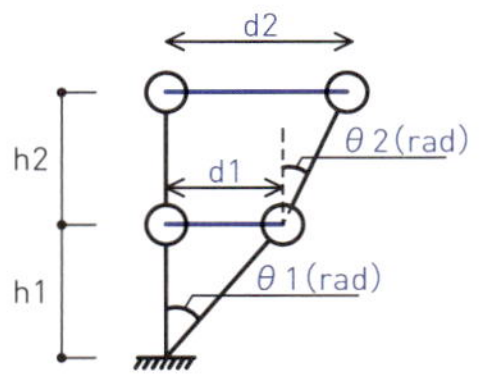

d2：小屋梁レベルの最大変形
d1：2階床梁レベルの最大変形
h2：2階の構造階高
h1：1階の構造階高
θ2：2階の層間変形角
θ2=(d2-d1)/h2 (rad)
θ1：1階の層間変形角
θ1=d1/h1 (rad)

※ 変形図および層間変形角は地震波入力時間内での最大を示す。

CASE-1
セットバック+耐力壁が梁上に載る架構

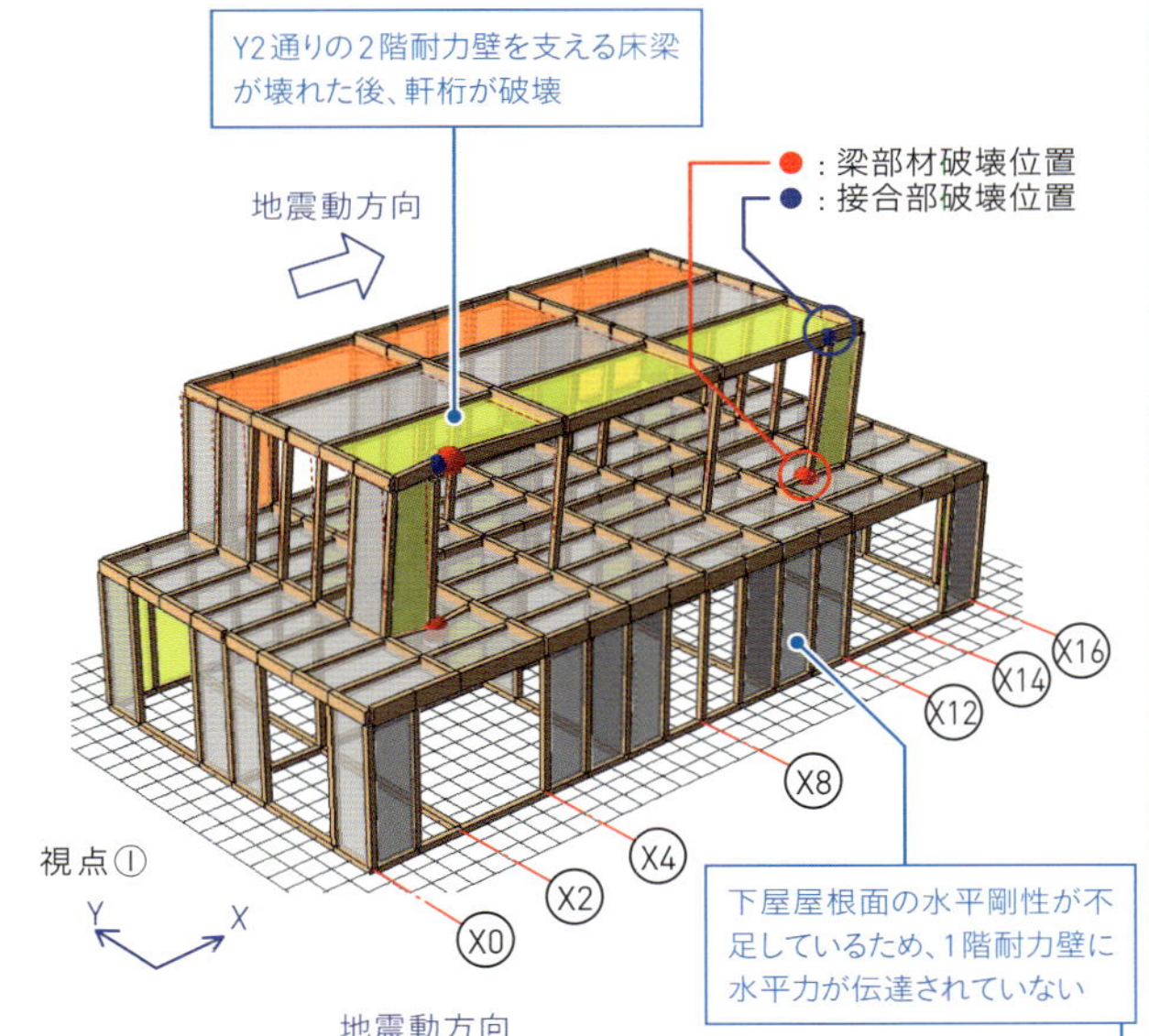

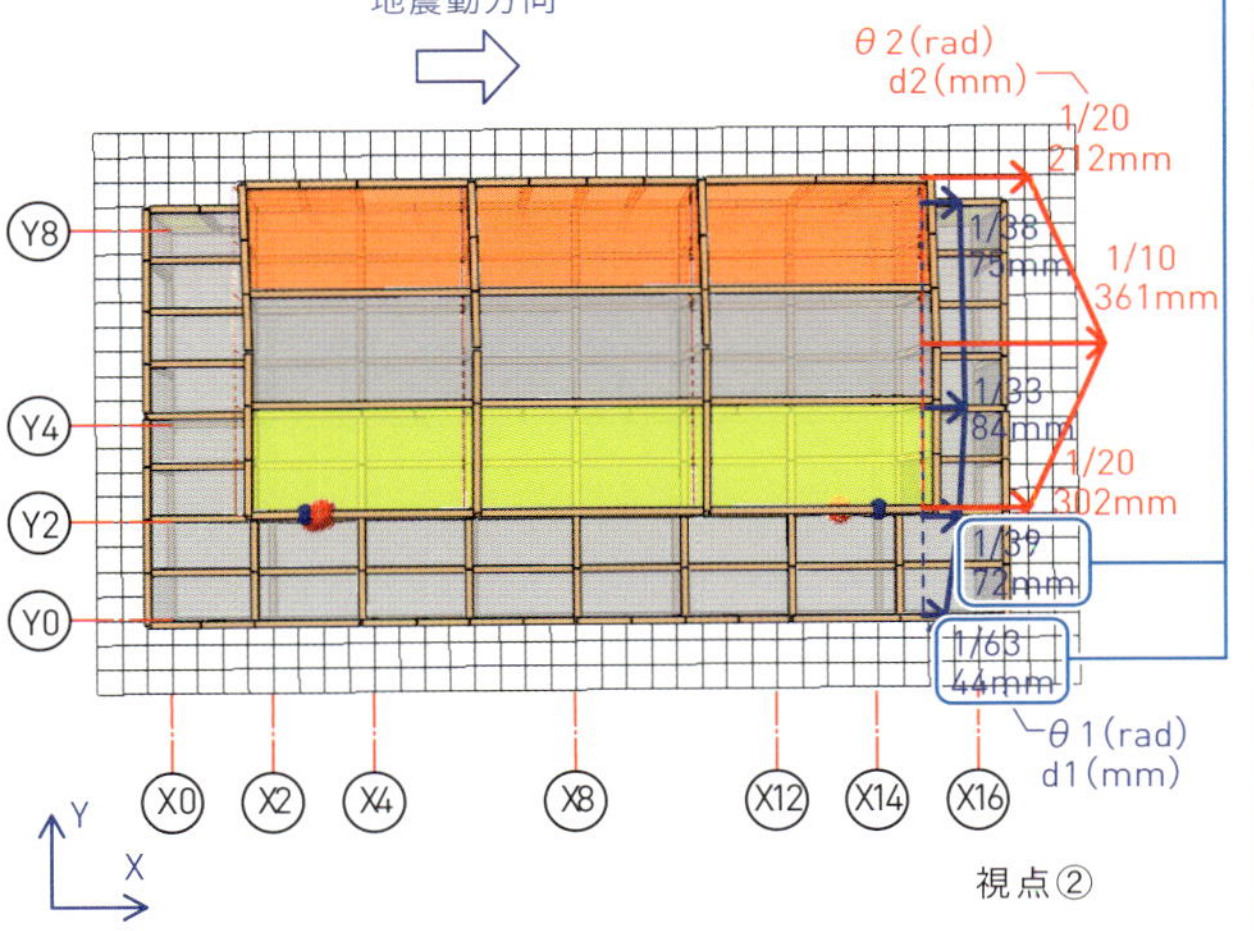

X2-Y2拡大図

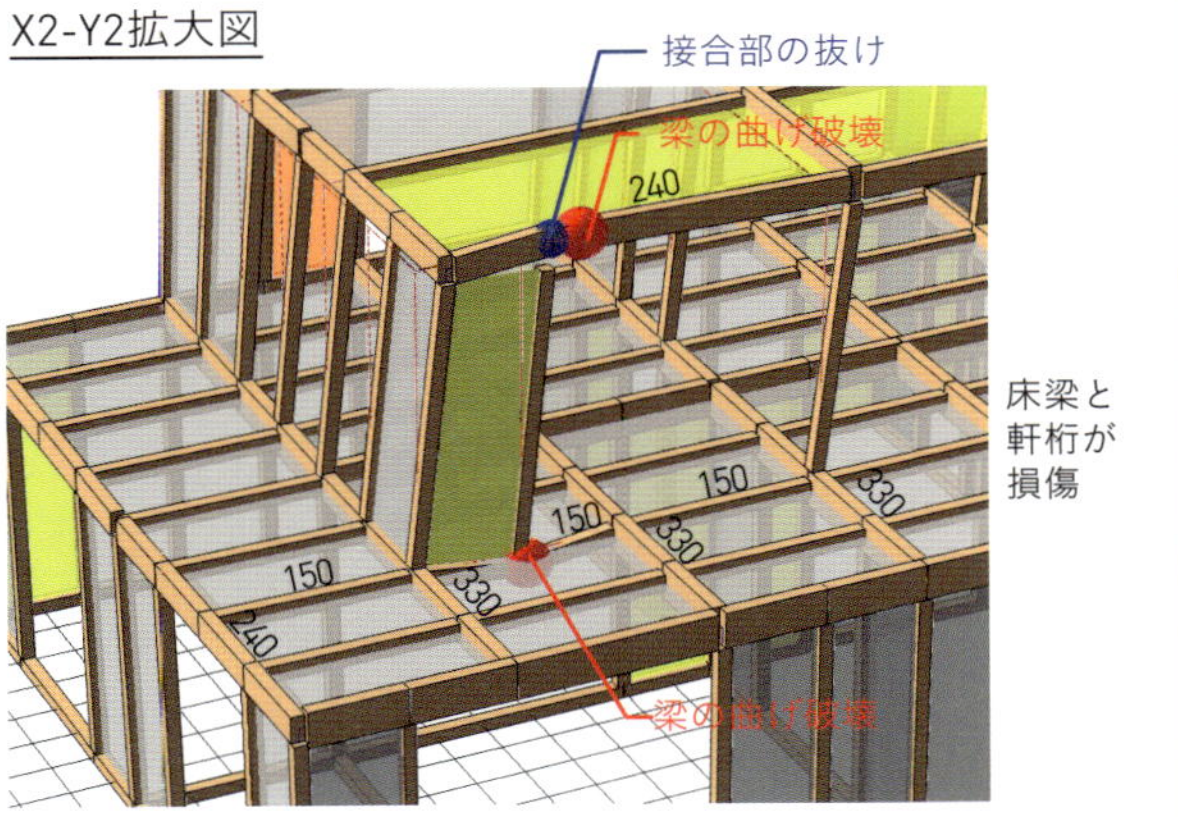

CASE-2
床梁補強+下屋屋根面の水平剛性をUP

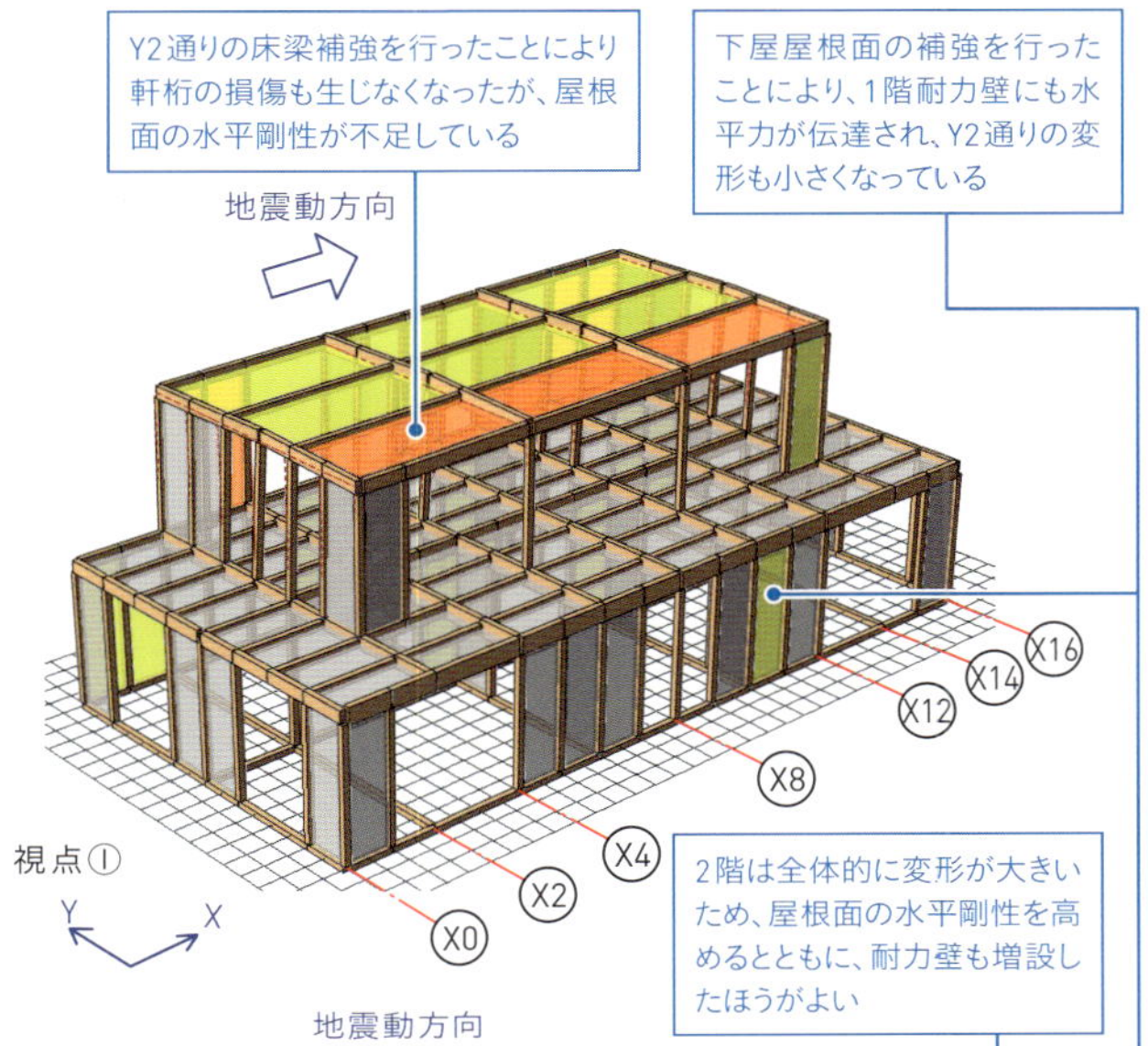

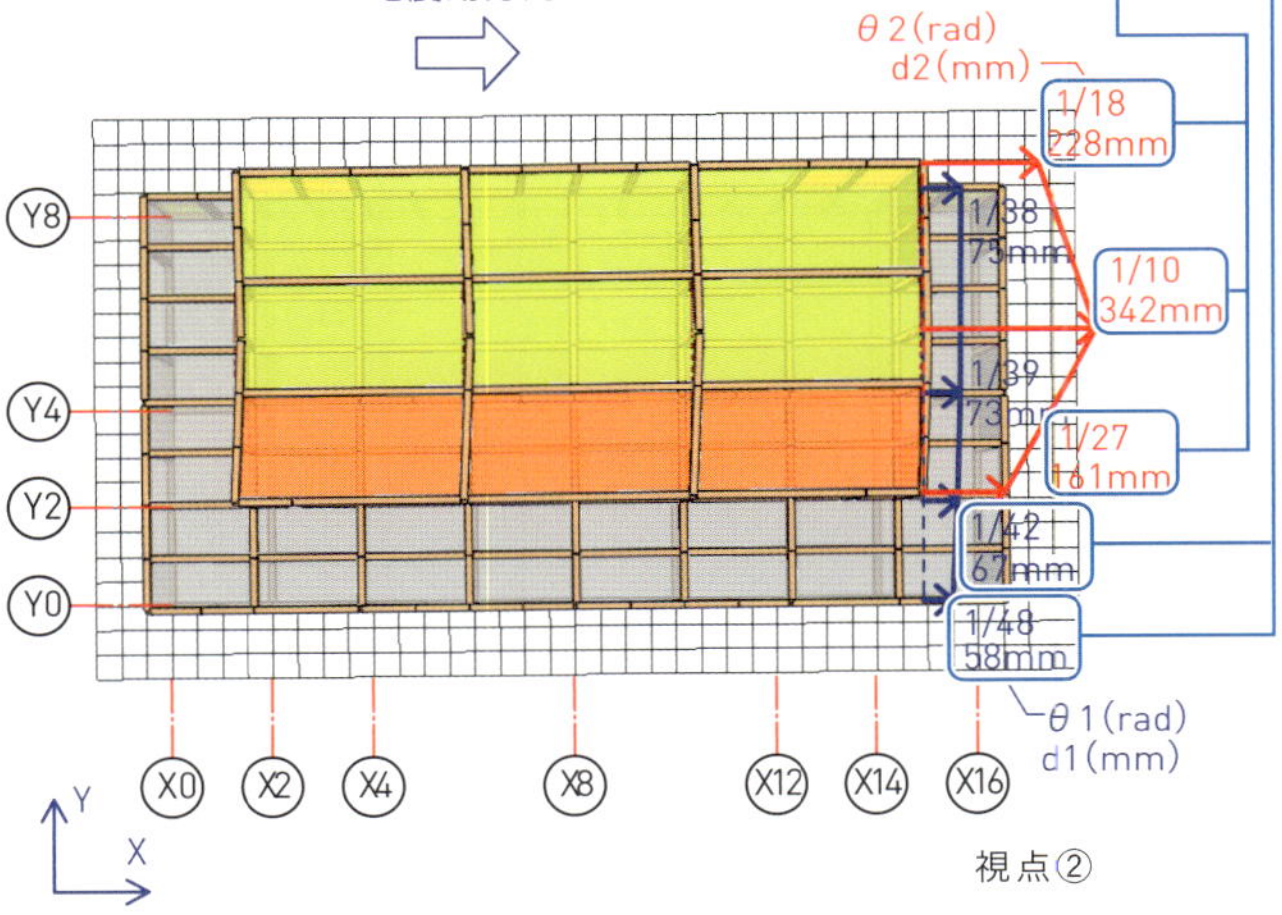

X2-Y2拡大図

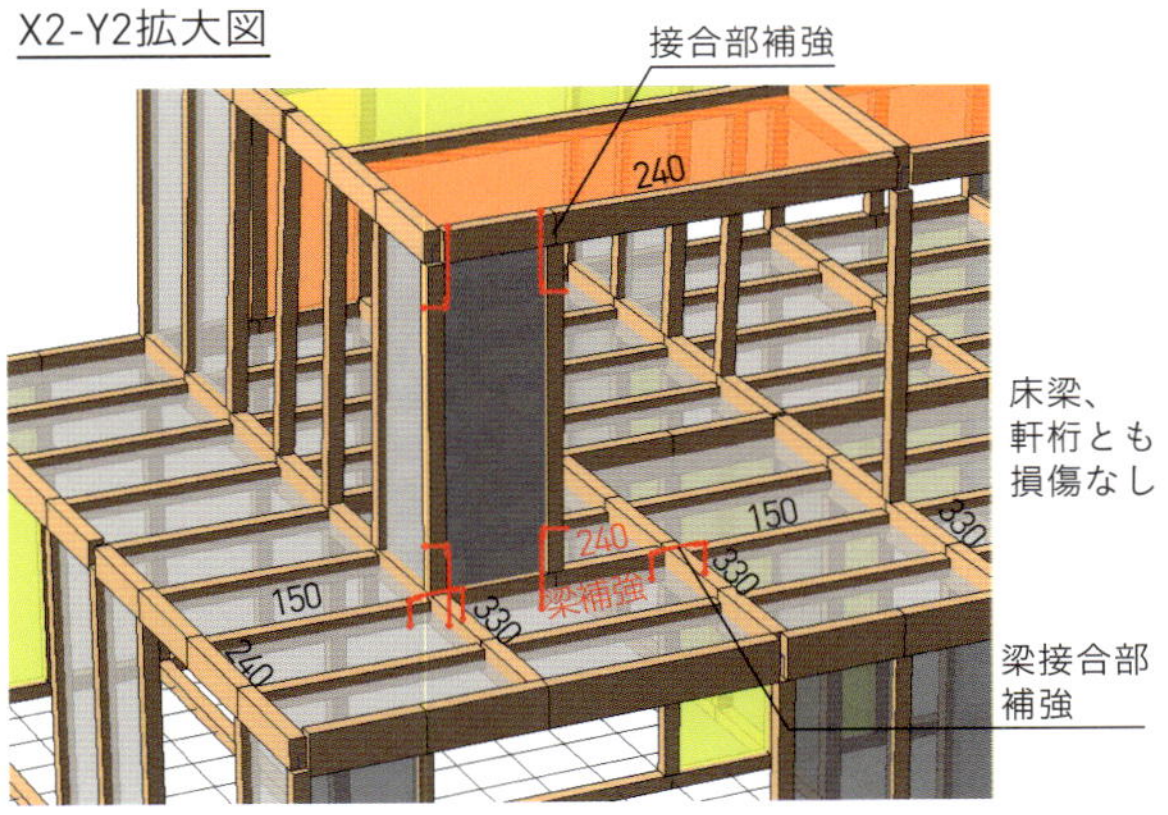

耐力壁配置図凡例

- 面材耐力壁片面 壁倍率2.0
- 面材耐力壁両面 壁倍率4.0

伏図凡例

- × 下階柱
- ■ 当該階の柱
- ═ 梁（特記なき限り幅120mm、数値は梁せい（mm）を示す）

変形図凡例

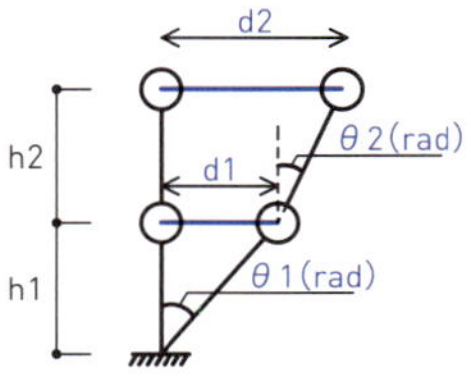

d2：小屋梁レベルの最大変形
d1：2階床梁レベルの最大変形
h2：2階の構造階高
h1：1階の構造階高
θ2：2階の層間変形角
θ2=(d2-d1)/h2 (rad)
θ1：1階の層間変形角
θ1=d1/h1 (rad)
※ 変形図および層間変形角は地震波入力時間内での最大を示す。

CASE-2
床梁補強+下屋屋根面の水平剛性をUP

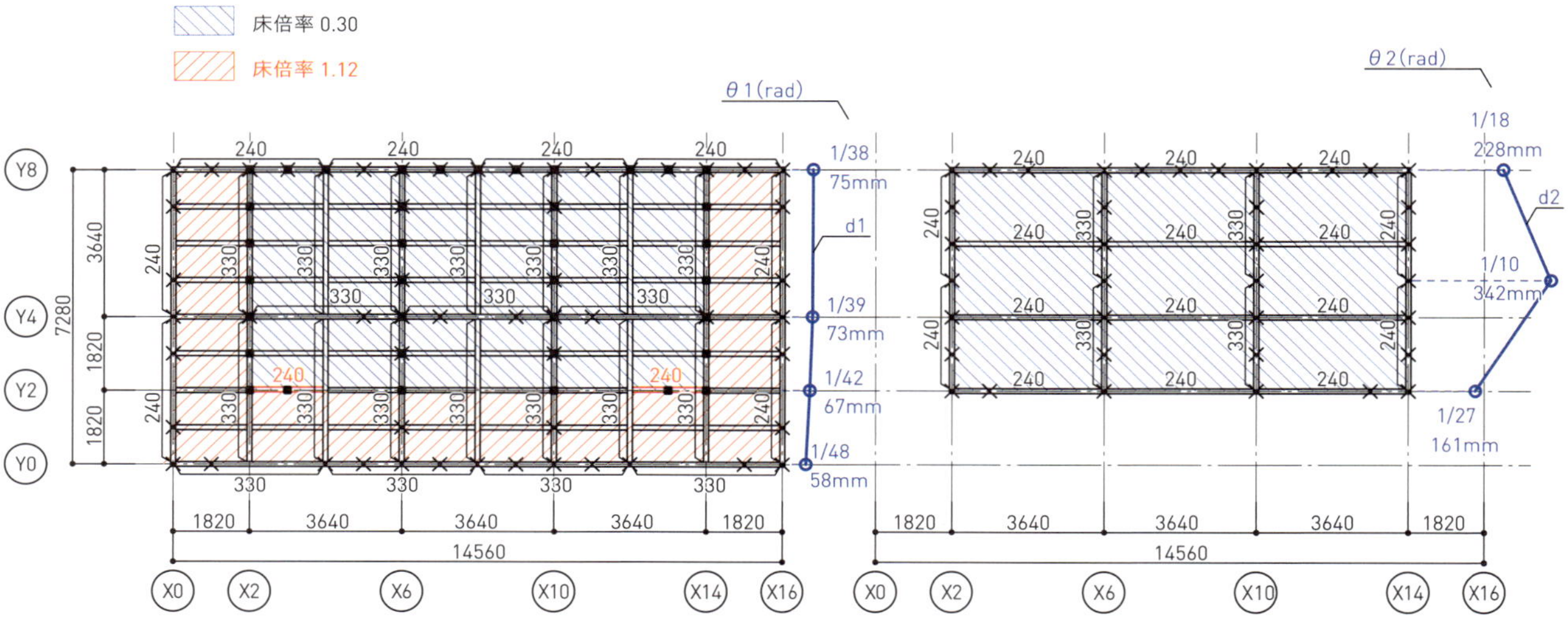

2階伏図　特記なき梁：120 x 150

屋根伏図

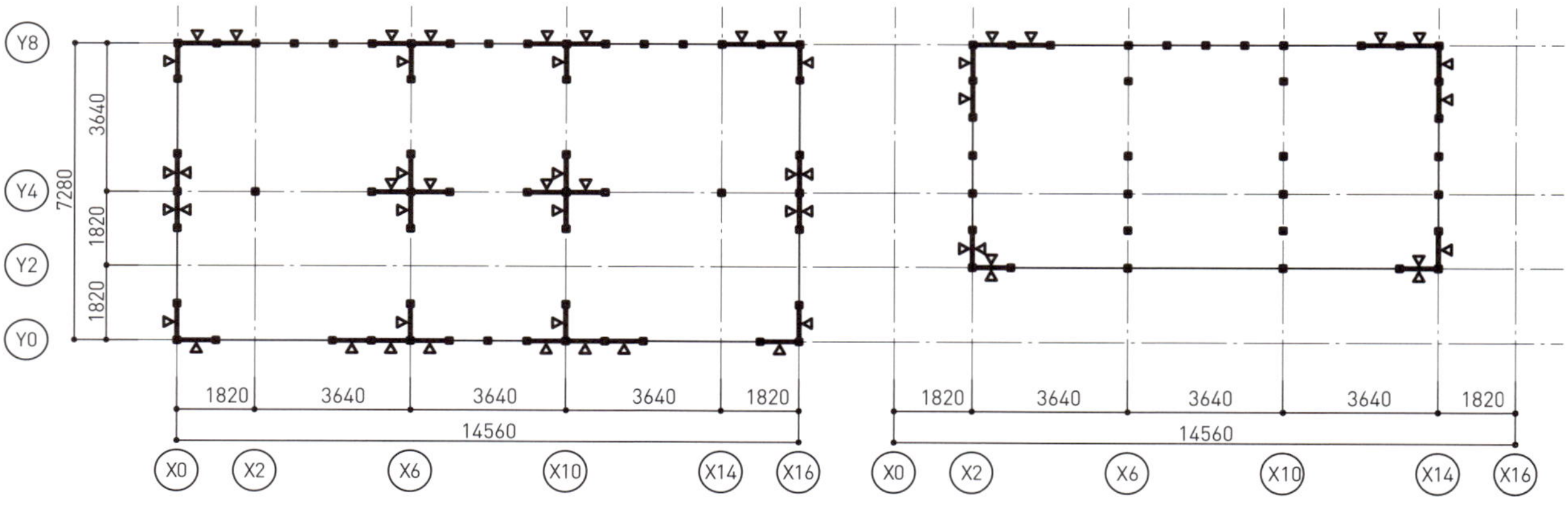

1階耐力壁配置図

2階耐力壁配置図

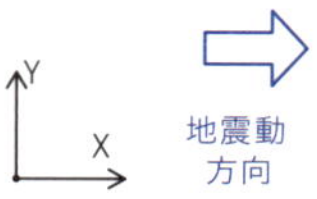

床梁を補強したことでY2通りの耐力壁がしっかりと抵抗できるようになり、2階Y2通りの層間変形角が小さくなった。
ただし、屋根面の水平剛性不足により中央部が過大変形している。
→屋根面の水平剛性を高める。耐力壁ももう少し増設したほうが良い。
　Y方向も耐力壁を増設したほうが良い。

構面ずれに対しては、対策案2を採用し、下屋屋根面の床倍率を1.12まで高めたため、Y0～Y2間の変形差は小さくなり、2階床面の変形は全体的に均一化されている。

表2 検証モデル 伏図

・2階がセットバックして梁上に耐力壁が載る建物
・耐力壁を支持する梁の補強と、下屋の水平構面の補強による比較
・人工地震波(wallstat標準搭載の地震波。二種地盤極稀:20秒)
・入力方向:X方向

CASE-1
セットバック+耐力壁が梁上に載る架構

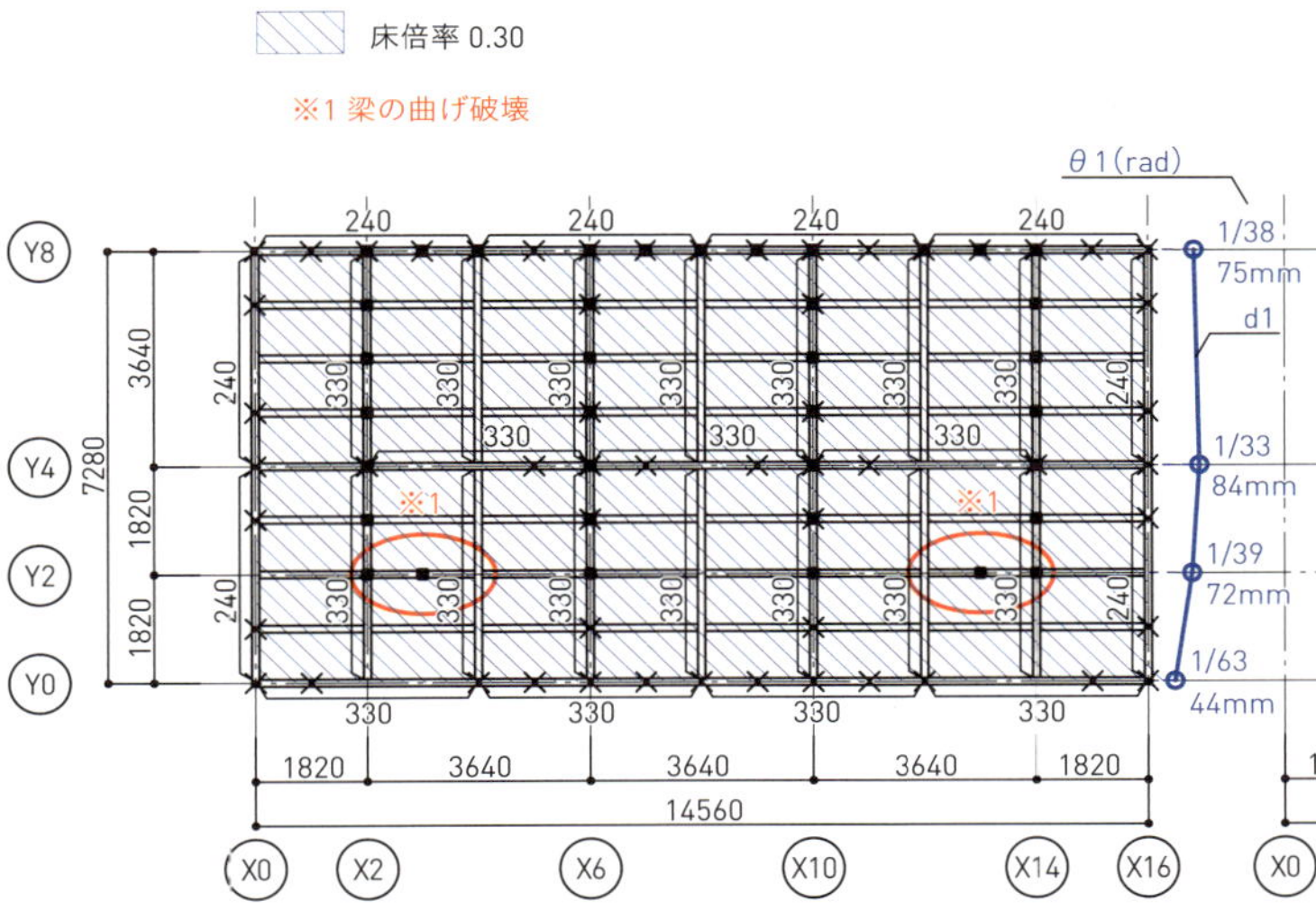

2階伏図　特記なき梁:120 x 150

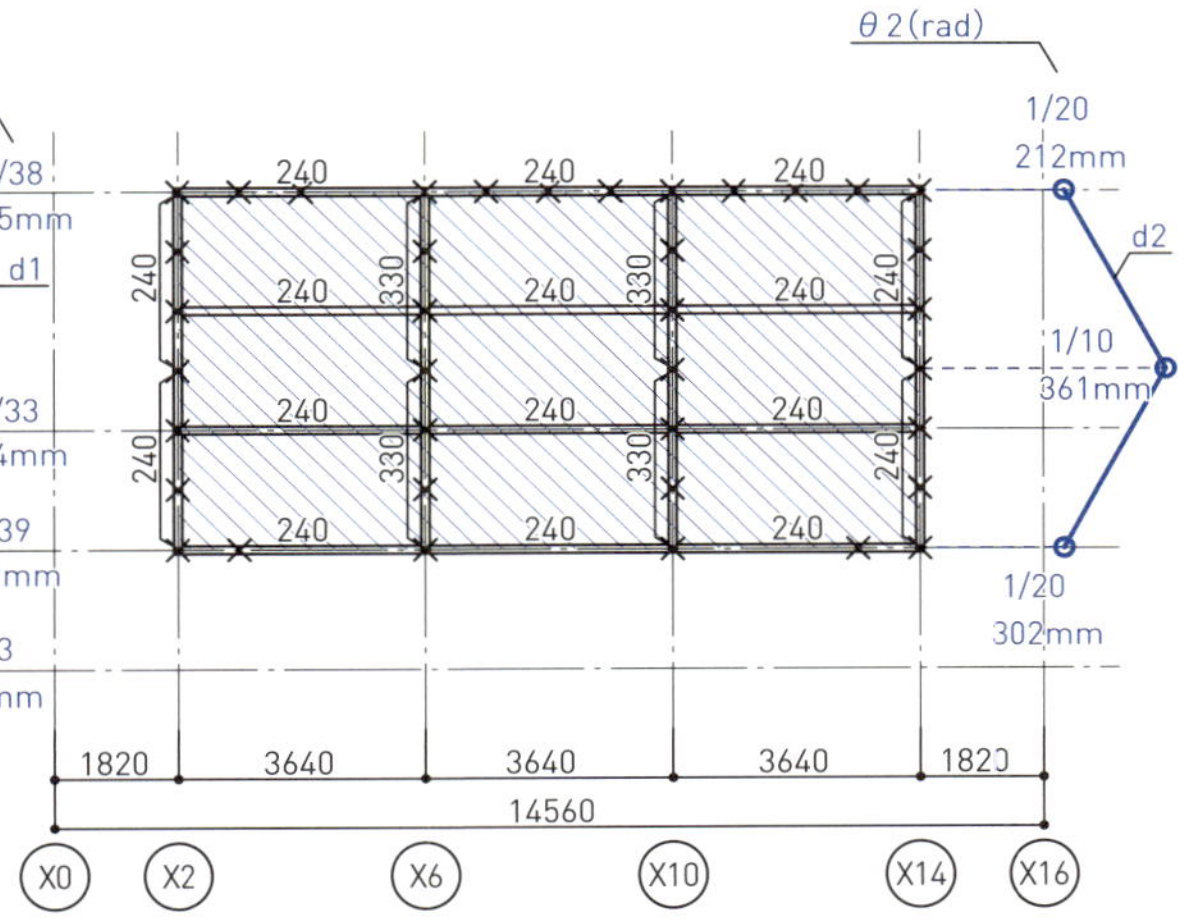

屋根伏図

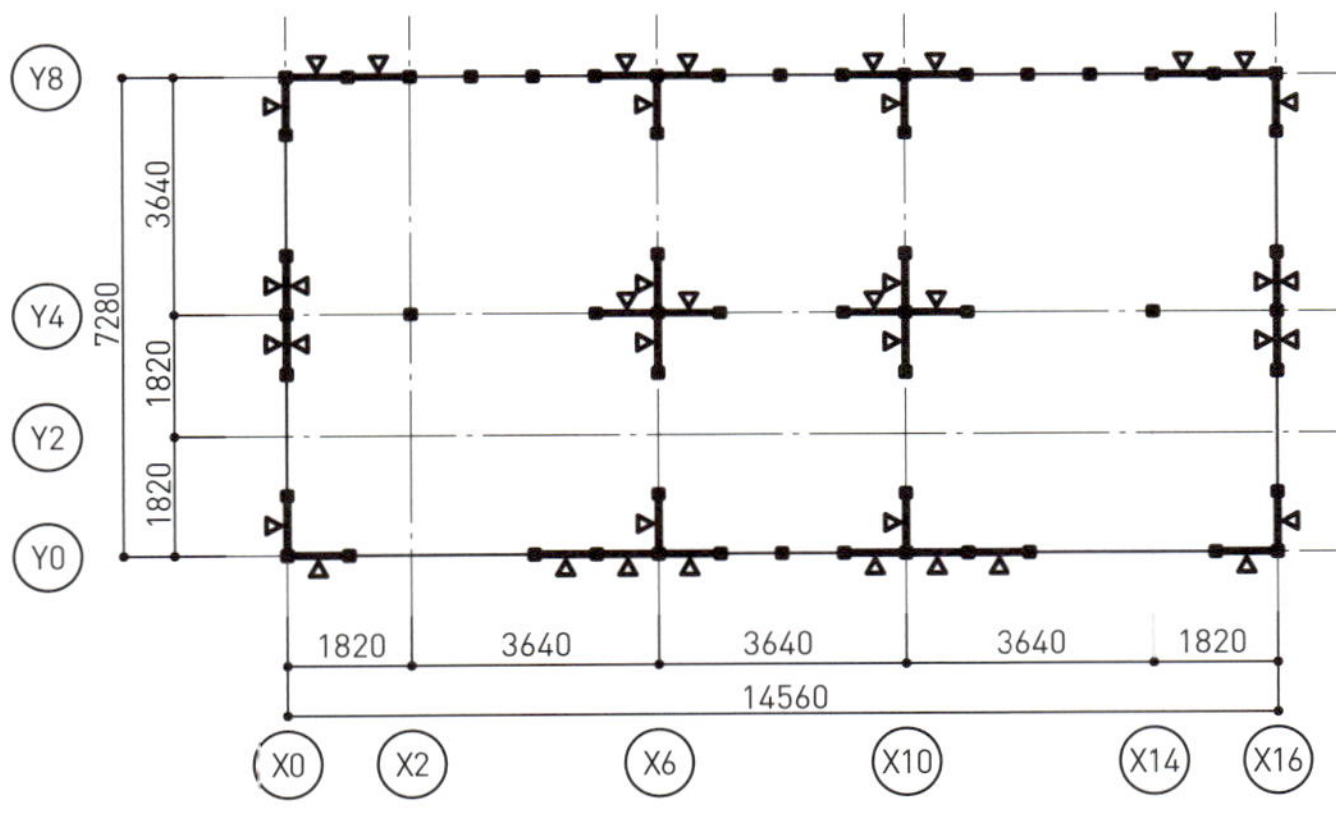

1階耐力壁配置図

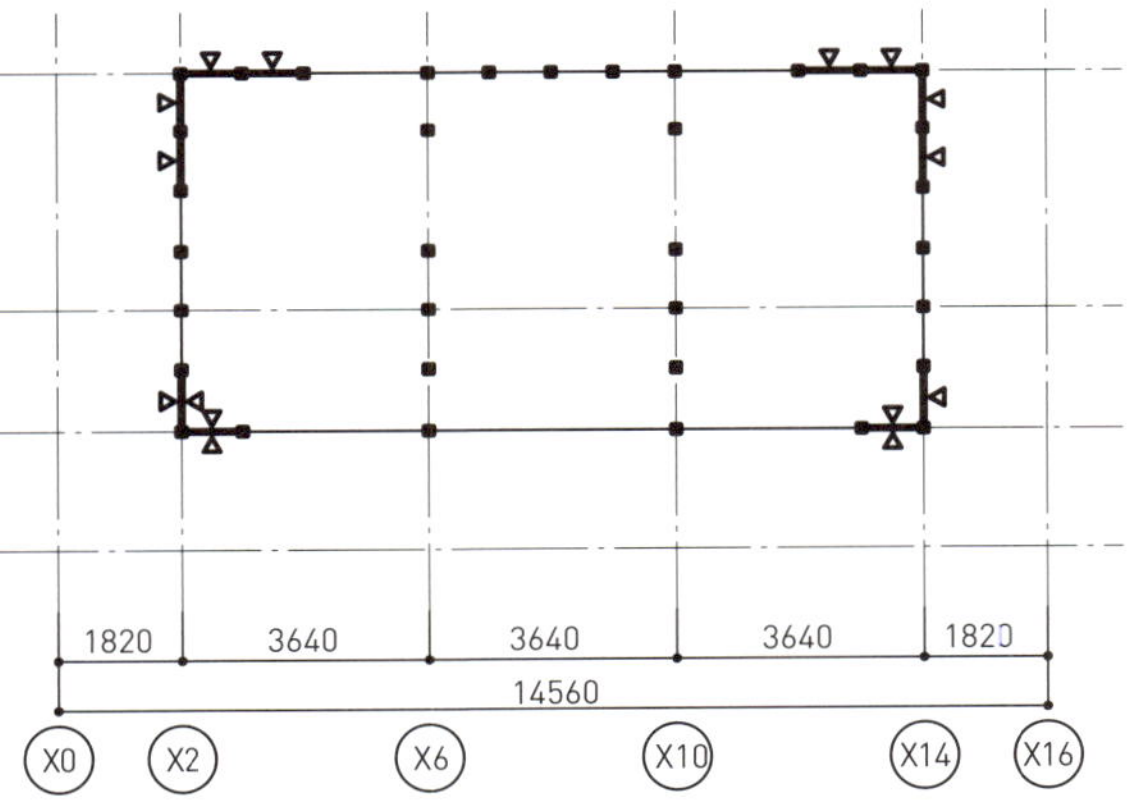

2階耐力壁配置図

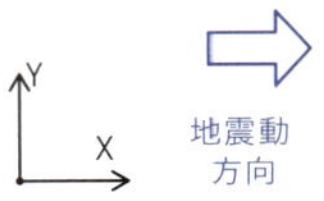

壁量

階	方向	必要壁量 cm/㎡	床面積 ㎡	必要壁長 m	存在壁長 m	壁量余裕率
2階	X	15	59.62	8.94	14.56	1.63
	Y				12.74	1.43
1階	X	29	106.00	30.74	36.40	1.18
	Y				36.40	1.18

2階の耐力壁は外周壁のみで耐力壁線間隔が長くなるが、屋根面の水平剛性不足で中央部が過大変形している。

Y2通り2階外壁の直下には柱も耐力壁もなく、下屋屋根面の床倍率が低いため、Y0～Y2間の変形量の差が大きい。
→対策案1) 1階Y2通りに耐力壁を設ける。
対策案2) 下屋屋根面および2階床面を固める。
Y2通りの耐力壁が載る床梁が強度不足で破壊している。
→床梁の断面を120x240にサイズアップする。

1

木構造の特徴

1-1 木構造の特徴

32 木造を構成要素で分けるとどうなる?

34 地震で木造の被害が大きい部分はどこ?

36 台風・雪に対する木造の弱点は何か?

38 大地震時の損傷は一体どの程度なのか?

40 建物にかかる力はどのように流れるのか?

1-2 木材の性質

42 木材の強さのキモはどこにあるのか?

44 木材に節や切欠きがあると強度は落ちる?

45 継手・仕口に引張力が生じる場所と注意点は?

1-1
木構造の特徴
01

木造を構成要素で分けるとどうなる？

基礎に置かれた建物は、柱・梁、耐力壁、床組・小屋組から構成され、それぞれが接合部でつながっている

図1 在来軸組構法の構成要素

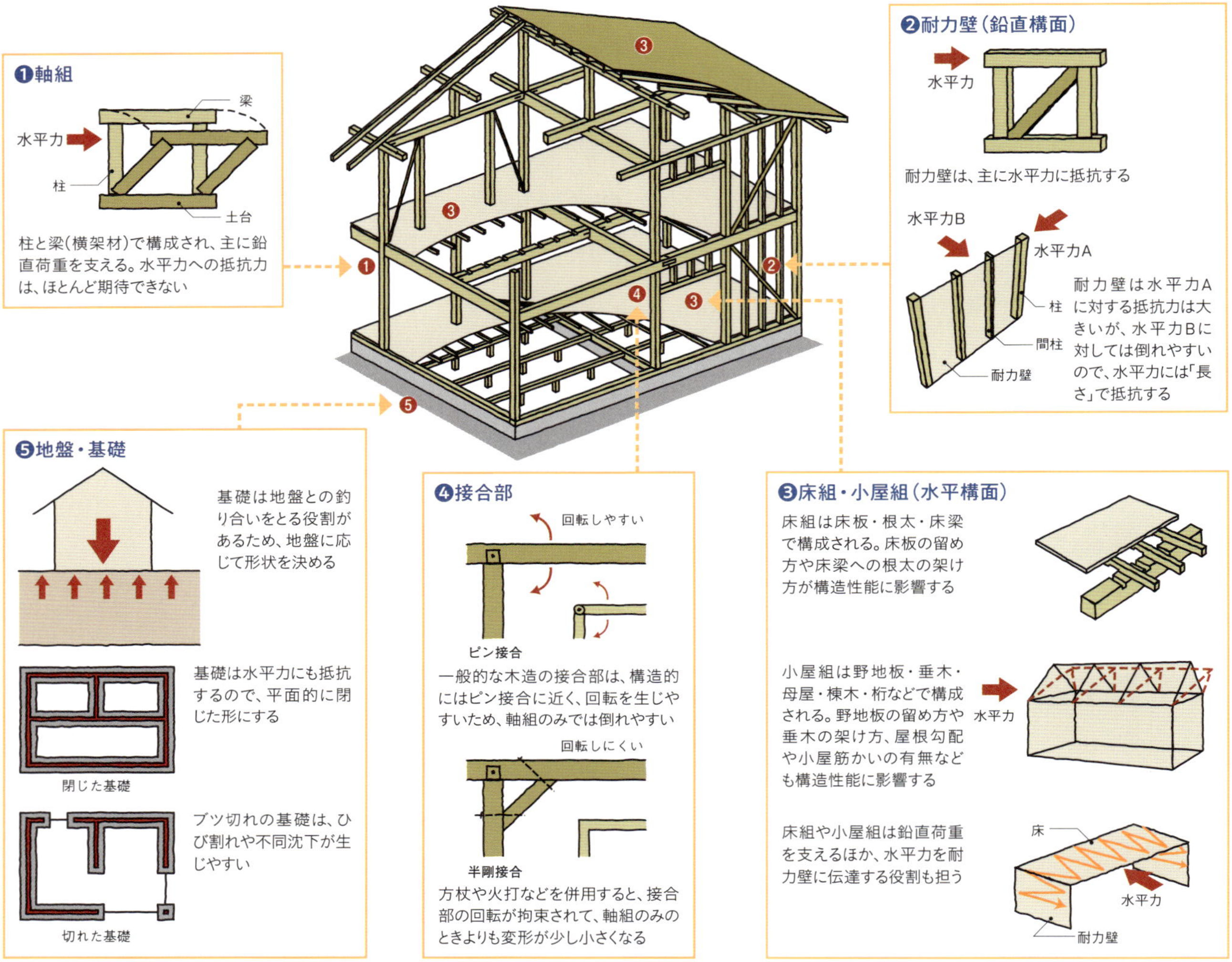

❶軸組
梁
水平力
柱
土台
柱と梁（横架材）で構成され、主に鉛直荷重を支える。水平力への抵抗力は、ほとんど期待できない
❷耐力壁（鉛直構面）
水平力
耐力壁は、主に水平力に抵抗する
水平力B
水平力A
柱
間柱
耐力壁
耐力壁は水平力Aに対する抵抗力は大きいが、水平力Bに対しては倒れやすいので、水平力には「長さ」で抵抗する
❺地盤・基礎
基礎は地盤との釣り合いをとる役割があるため、地盤に応じて形状を決める
基礎は水平力にも抵抗するので、平面的に閉じた形にする
閉じた基礎
ブツ切れの基礎は、ひび割れや不同沈下が生じやすい
切れた基礎
❹接合部
回転しやすい
ピン接合
一般的な木造の接合部は、構造的にはピン接合に近く、回転を生じやすいため、軸組のみでは倒れやすい
回転しにくい
半剛接合
方杖や火打などを併用すると、接合部の回転が拘束されて、軸組のみのときよりも変形が少し小さくなる
❸床組・小屋組（水平構面）
床組は床板・根太・床梁で構成される。床板の留め方や床梁への根太の架け方が構造性能に影響する
小屋組は野地板・垂木・母屋・棟木・桁などで構成される。野地板の留め方や垂木の架け方、屋根勾配や小屋筋かいの有無なども構造性能に影響する
水平力
床組や小屋組は鉛直荷重を支えるほか、水平力を耐力壁に伝達する役割も担う
床
水平力
耐力壁

在来軸組構法の建物は、5つの要素で構成されている[図1]。これらを模式的に示したのが図2。軸組・鉛直構面・水平構面は接合部でつながり合い、互いの性能に影響を及ぼし合っている。基礎は地盤と上部構造とのバランスをとる役割があり、軸組や耐力壁とアンカーボルトで接合されている。

軸組は「柱通し」と「梁通し」の2種類に分類される[図3]。軸組の第一の役割は鉛直荷重を支持することだが、耐力壁や水平構面の外周枠でもあるため、水平力で生じる圧縮力や引張力にも抵抗しなければならない。

図4に、耐力壁と水平構面の関係を示した。耐力壁を配置しても床面がなければ、水平力は耐力壁に伝達されず、建物中央で大きく傾斜する[①]。火打を入れた床や小幅板を釘打ちした床でも、水平力は耐力壁にあまり伝わらない[②、③]。面剛性の高いパネルを張れば、床面全体の変形が均一になり、耐力壁にも水平力が伝わる[④]。その際、外周梁の接合部が外れないように注意する。

図2 木造の基本構成

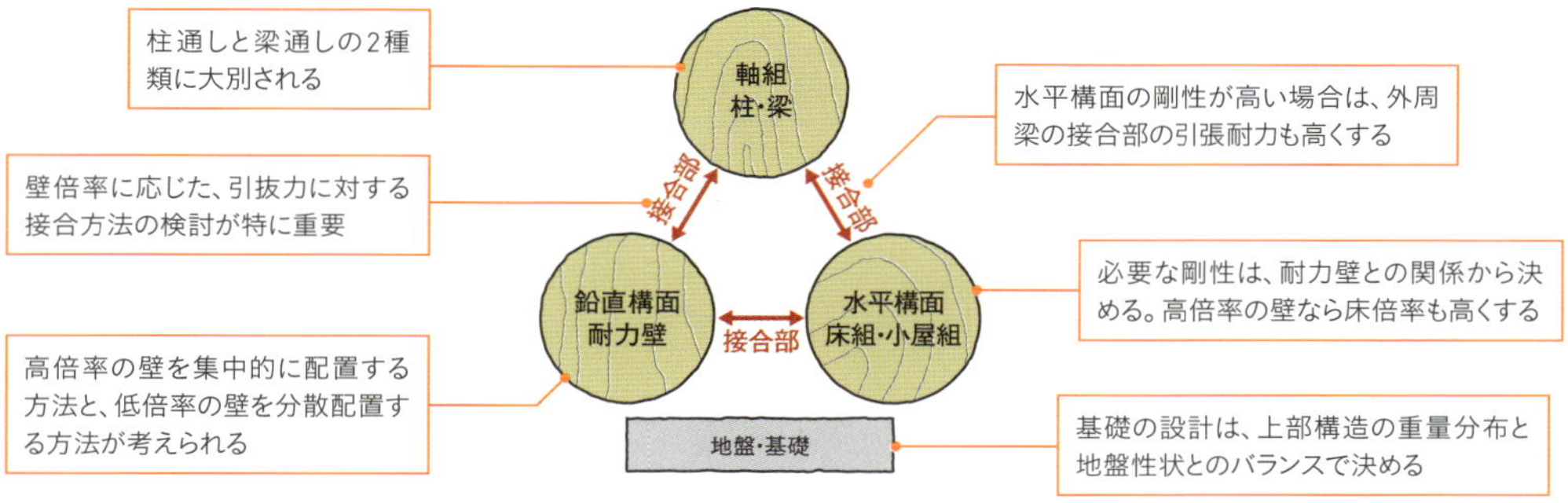
柱通しと梁通しの2種類に大別される
壁倍率に応じた、引抜力に対する接合方法の検討が特に重要
高倍率の壁を集中的に配置する方法と、低倍率の壁を分散配置する方法が考えられる
軸組
柱・梁
接合部
接合部
鉛直構面
耐力壁
接合部
水平構面
床組・小屋組
地盤・基礎
水平構面の剛性が高い場合は、外周梁の接合部の引張耐力も高くする
必要な剛性は、耐力壁との関係から決める。高倍率の壁なら床倍率も高くする
基礎の設計は、上部構造の重量分布と地盤性状とのバランスで決める

図3 柱通しと梁通しにおける軸組の注意点

①柱通しの軸組

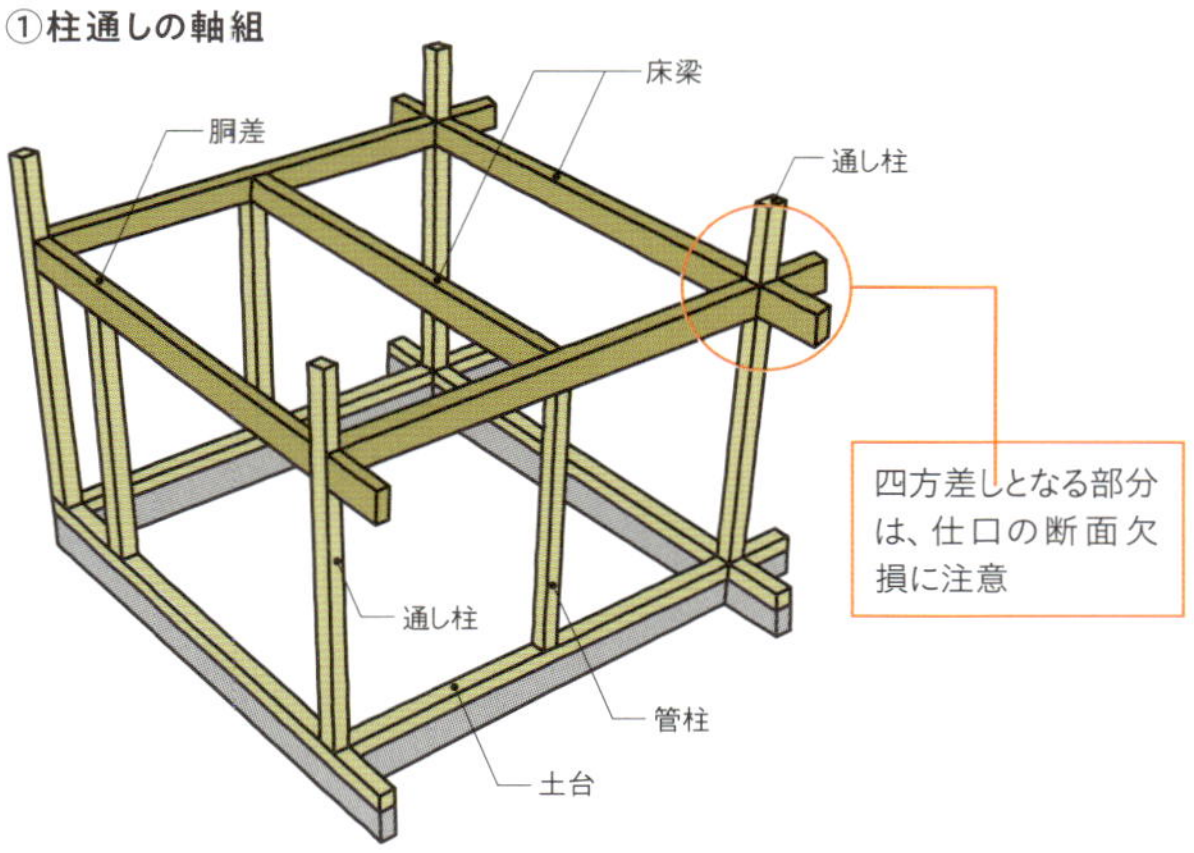
胴差
床梁
通し柱
四方差しとなる部分は、仕口の断面欠損に注意
通し柱
管柱
土台

通し柱を約3～4mグリッドに配置し、そのほかは管柱とする軸組。床梁レベルがそろうため、水平剛性は高めやすいが、仕口の断面欠損に注意が必要

②梁通しの軸組

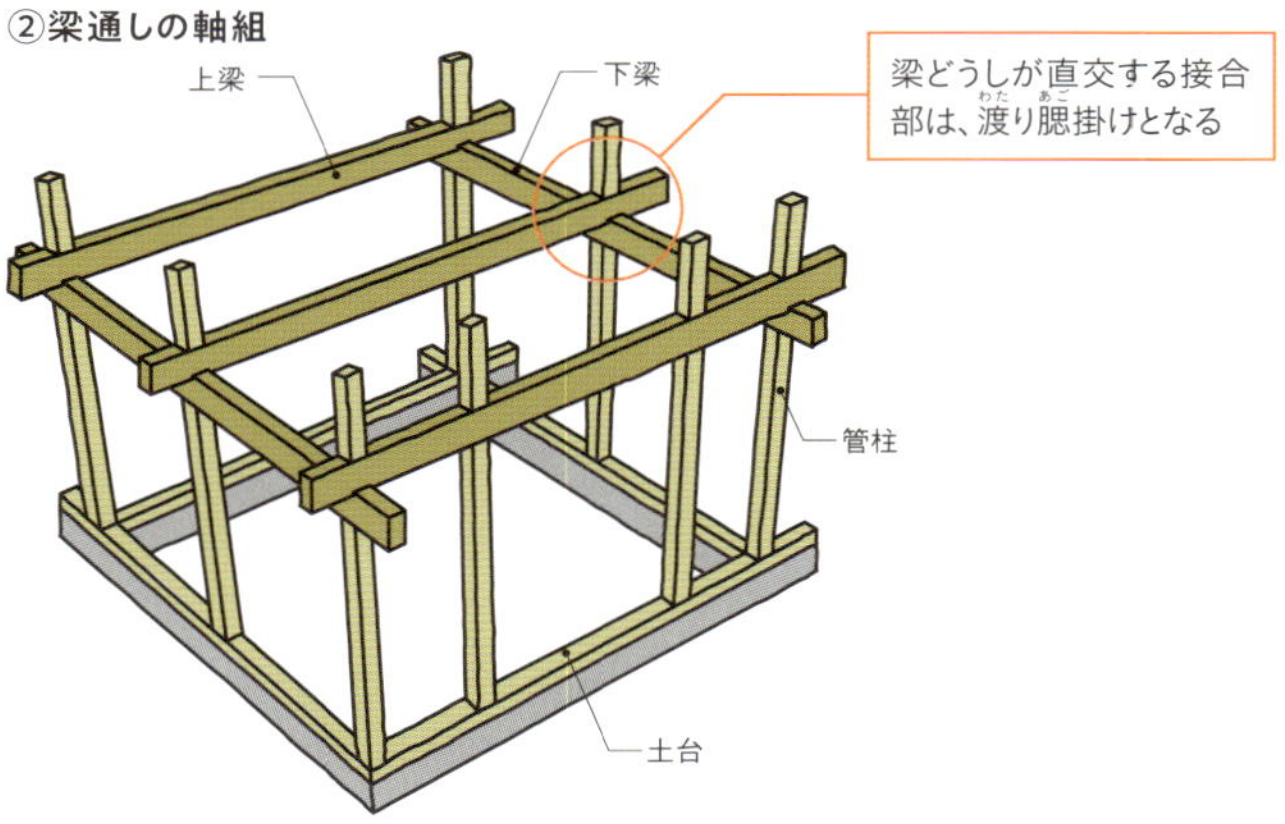
上梁
下梁
梁どうしが直交する接合部は、渡《わた》り腮《あご》掛けとなる
管柱
土台

柱はすべて管柱。柱が多く存在する構面に下梁を流し、その上に直交梁を載せる軸組。梁に段差があるため水平剛性は低いが、仕口の断面欠損は少ないので、鉛直荷重の支持能力は安定している

図4 水平構面をどうするかで建物の変形は劇的に変わる（矢印の順に変形しにくくなる）

①床がない場合

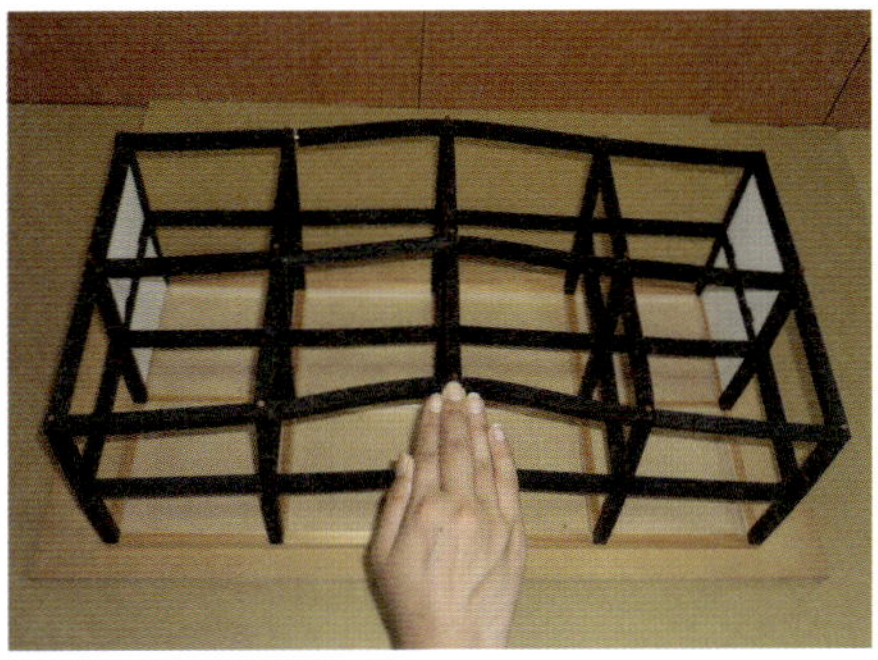

耐力壁が両端部にあり、床がない場合。耐力壁に水平力が伝わらない

火打を入れる→

②火打のみの場合

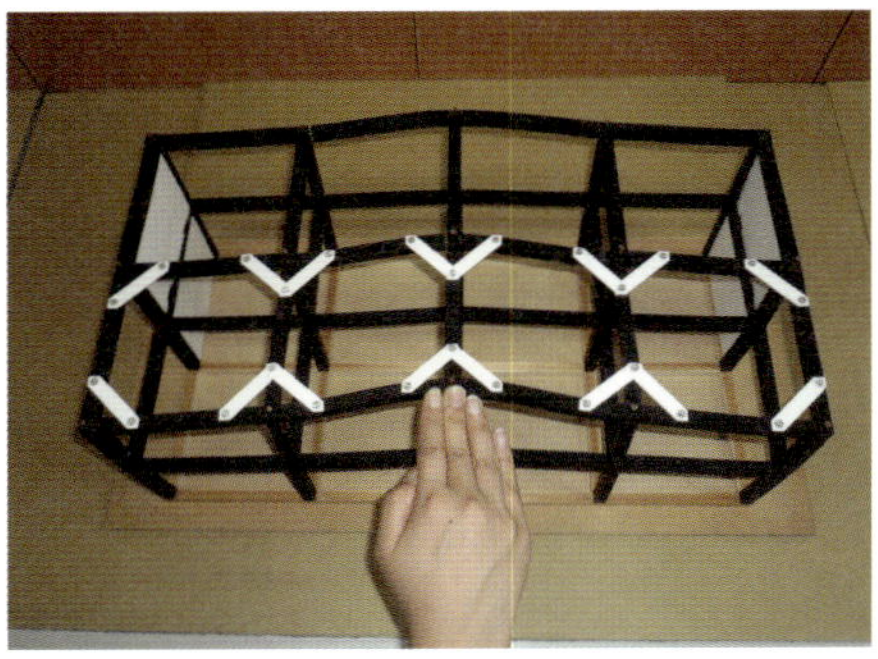

耐力壁が両端部にあり、火打を設けた場合。①よりも若干、床面の変形が抑えられる程度である

←小幅板を張る

③小幅板張り程度の場合

小幅板を張った場合は、①や②に比べて変形を小さく抑えられるが、床板は1枚ずつずれており、不均一な変形となる

剛床にする→

④剛床の場合

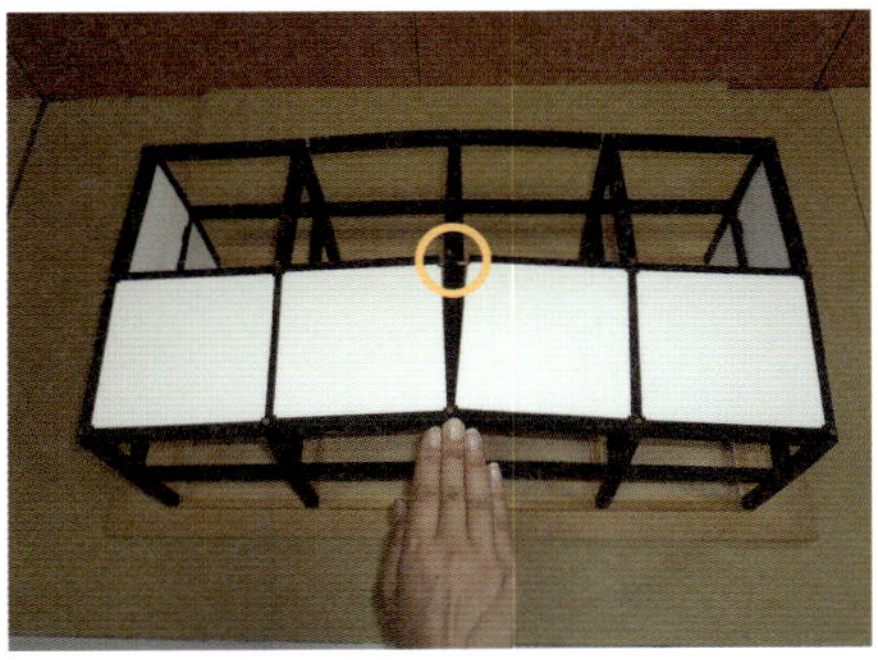

剛床にすると全体の変形がほぼ均一になり、耐力壁にも水平力が伝達される。外周梁に大きな引張力がかかるため、接合部の抜出しが生じる

1-1
木構造の特徴
02

地震で木造の被害が大きい部分はどこ?

壁量の確保が重要である。1981年の新耐震設計法で、現行の必要壁量となった。以降の建物では被害が減少していることからも分かる

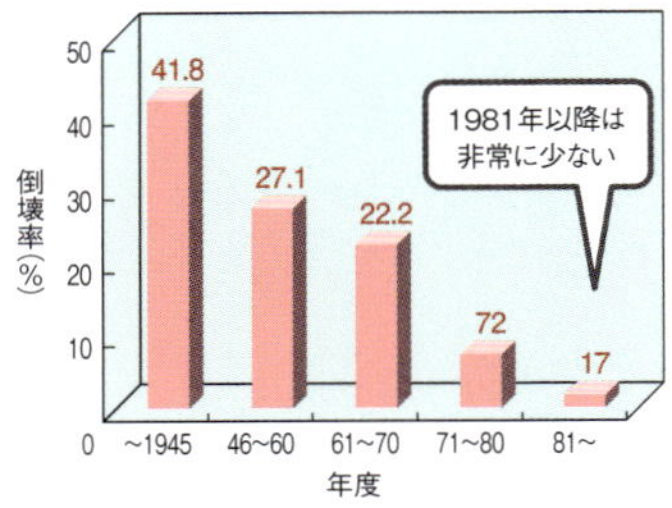

兵庫県南部地震(1995年)による建築年代別被害率

表 地震により被害が生じやすい部分

地盤	地滑り	写真①
	擁壁の移動	写真②
	軟弱地盤	
	液状化現象	写真③
基礎	無筋コンクリートの破壊	写真④
	アンカーボルトの不備による土台の踏み外し	写真⑤
	玉石基礎の足元がばらばらに動く	
	石積み、ブロック基礎の破壊	
	不同沈下	
耐力壁	壁量不足による傾斜・倒壊 ・開放的な間取り	写真⑥、⑦
	配置の偏りによるねじれ破壊・傾斜 ・狭小間口や店舗併用住宅 ・南側が開放的で、北側に壁が多い ・角地にある建物	写真⑥ 写真⑦
	床剛性の不足による傾斜・倒壊	写真⑧
	筋かいの折損	写真⑨
接合部	梁の抜出し	写真⑩
	筋かいの取り付け不備	写真⑪
	方杖・垂木が取り付く柱の破損	
	通し柱の折損	写真⑫
仕上材	モルタル、土壁の剥落	写真⑬
	ガラスの破損	
	瓦の落下	写真⑭
腐朽・蟻害・老朽	雨仕舞い不良による断面欠損	写真⑮
	未乾燥材の使用による腐朽	
	通気不足による腐朽	

仕上材

写真⑬ 内部の土壁が落下している。地盤沈下により、建物が上下に動いたことも原因の一つと考えられる

写真⑭ 建物中央付近の棟瓦が落下している。中央付近に耐力壁がなく、屋根面の水平剛性の不足により、中央部が大きく揺すられたことが原因と考えられる

腐朽・蟻害・老朽

写真⑮ 外壁が左官仕上げの場合、湿気がこもり、木材が腐朽しやすい

地震による建物被害は、地盤・基礎に起因するものが最も多い。傾斜地の地滑りや、沿岸地域などでの液状化、基礎の不備、アンカーボルトの不備などがある[写真①〜⑤]。次に多いのが、耐力壁の不足・偏在と接合不良である。特に狭小間口や角地に建つ建物などは耐力壁の配置が偏りがちで、ねじれて倒壊するケースが多い[写真⑥、⑦]。

引張力に対する接合耐力の不足により、建物が変形した際に部材がばらばらに離れ、倒壊につながったケースも多い[写真⑩]。腐朽・蟻害による断面欠損が重なれば、被害の深刻化は免れない[写真⑮]。また、筋かいや通し柱の折損も多い[写真⑨、⑫]。

水平構面の剛性不足が原因となる場合もある。2階の壁量は外壁のみで確保するのが一般的で、耐力壁線間距離[※]は長くなる。しかし、小屋組は製材の野地板張り程度で剛性が低く、小屋組部材の断面不足と水平剛性不足が生じやすい。これが2階部分の傾斜や棟瓦の落下の原因となる[写真⑧⑭]。

※ 隣接する耐力壁どうしの距離。耐力壁が離れすぎると床が大きく変形するおそれがある

地盤

写真① 地滑りによる被害。建物がそのままの形状で傾いている

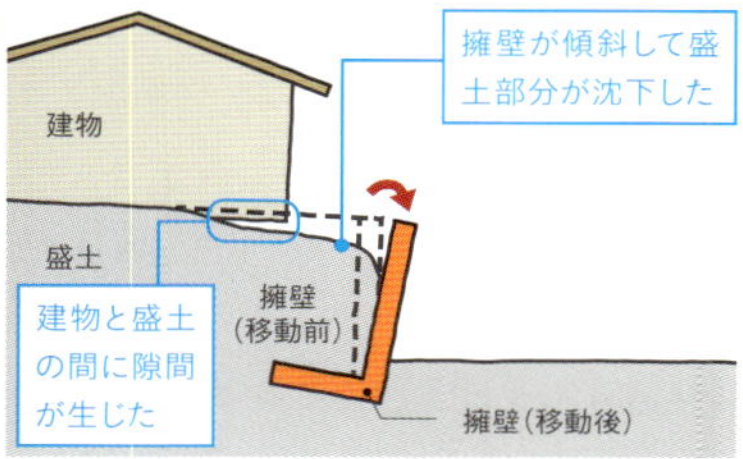
擁壁が傾斜して盛土部分が沈下した
建物
盛土
建物と盛土の間に隙間が生じた
擁壁（移動前）
擁壁（移動後）

写真② 右図のように擁壁が傾斜して盛土が沈下したことにより、基礎の沈下や床の落下が生じている

写真③-1 液状化による噴砂の跡。側溝部分に集中している

写真③-2 液状化で建物が軽微な被害で済む場合でも、ライフラインの復旧には時間を要する

写真③-3 杭基礎の場合、建物周囲の地盤が沈下して基礎下に隙間が生じる

基礎

写真④ 無筋コンクリートであったため基礎が割れ、上部構造の被害を大きくした

写真⑤ アンカーボルトの不備により、柱が基礎から踏み外した

耐力壁

写真⑥ 狭小間口の建物は、壁が少ない短辺方向に傾斜するケースが多く見受けられる

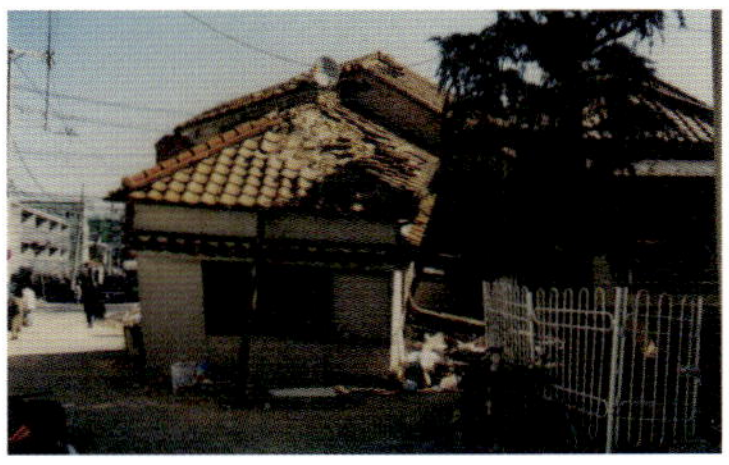

写真⑦ 角地に建つ住宅の1階が完全につぶれている。耐力壁の不足と偏在が原因と考えられる

写真⑧ 耐力壁の配置に対する屋根面の水平剛性不足により、2階部分が大きく傾斜している

写真⑨ 筋かいが節のところで折れている。実験では層間変形角1／30付近で折れることから、建物がそれ以上に傾斜したと思われる

接合部

写真⑩ 地震直後の状況。玄関庇の接合部が外れている。翌日、余震で倒壊した

写真⑪ アンカーボルトや接合金物の不備により、柱や筋かいなどが外れている

写真⑫ 通し柱の折損。差し鴨居が取り付く仕口には曲げ応力が働くが、断面欠損のため強度が不足していた

03

台風・雪に対する木造の弱点は何か？

台風では、アンカーボルトの不備が原因で建物が浮き上がったり、軒先の垂木と軒桁との接合不良のために屋根の損壊が生じたりする。雪の場合は重量による鉛直力や、雪解け時の雪の偏在による鉛直・水平力が、建物に損壊を与える

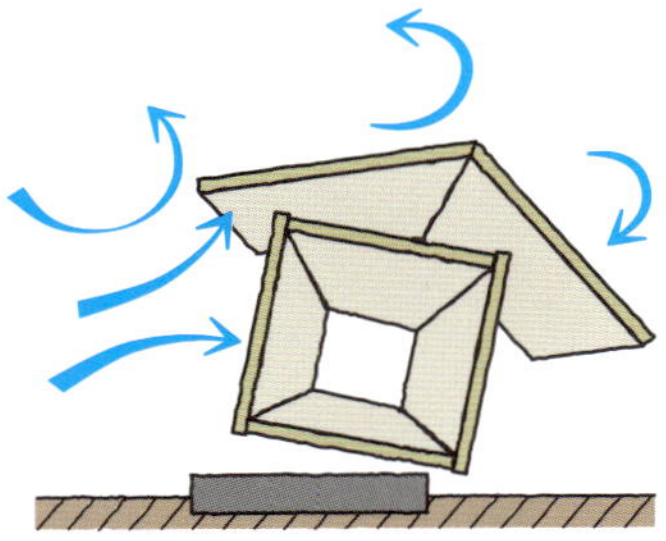

台風では吹上げに対する軒先の被害に、特に注意する

表1 台風により被害が生じやすい部分

風による被害	基礎	アンカーボルトの不備による転倒、滑動
	耐力壁	量不足による破壊、倒壊
		配置の偏りによるねじれ
		床剛性の不足による変形、外壁からの風雨の吹込み
	接合部	軒やけらばの折損、破壊、離脱
		小屋組の離脱
	仕上材	瓦、金属板の飛散
		強度不足・取り付け不良・飛散物の衝突による窓・扉・外壁の破壊
		（室内への風雨侵入による二次的被害をもたらす）

雨による被害	地滑り 土砂の流出

表2 雪による被害と原因

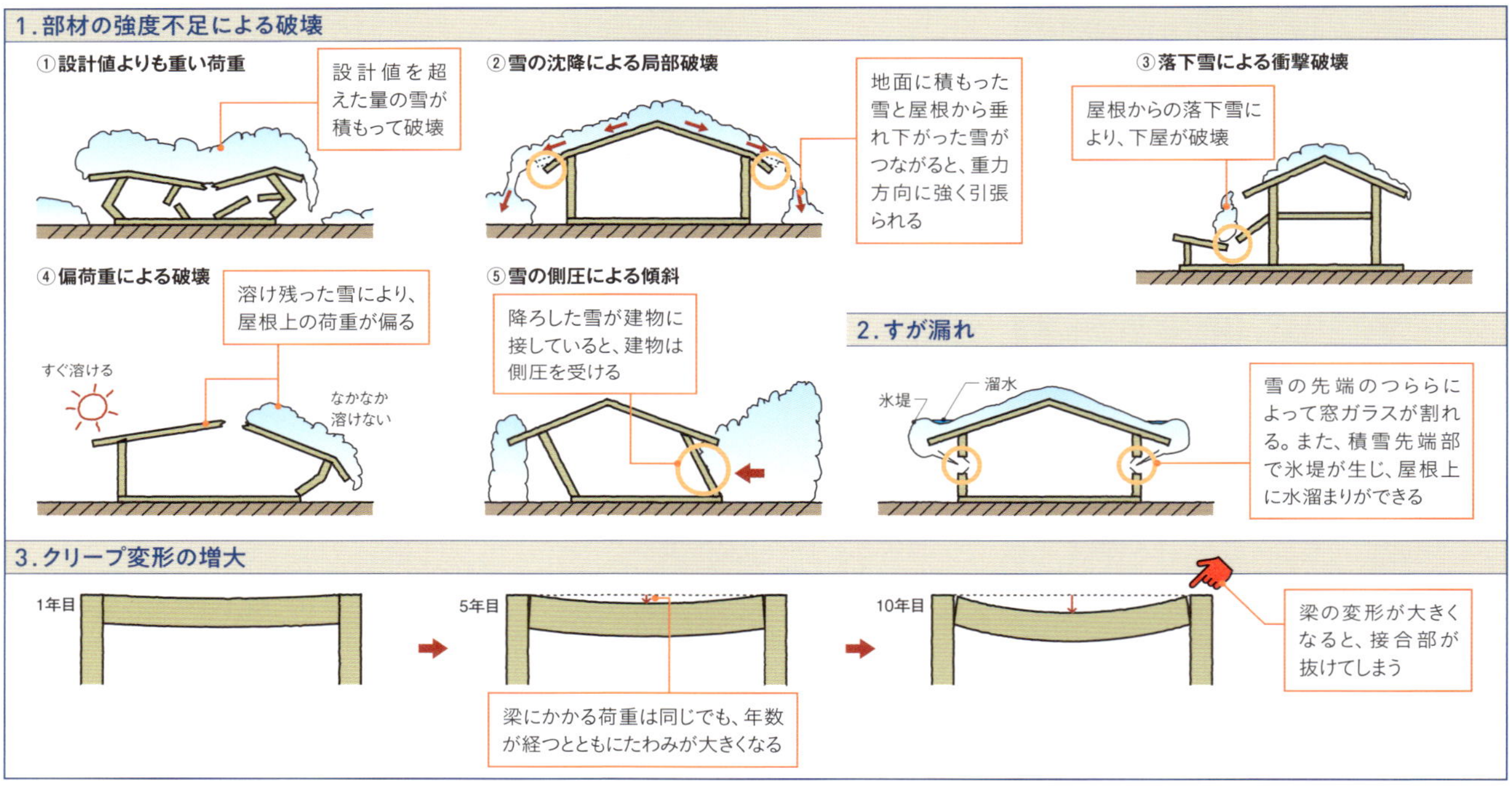
1.部材の強度不足による破壊
①設計値よりも重い荷重
設計値を超えた量の雪が積もって破壊
②雪の沈降による局部破壊
地面に積もった雪と屋根から垂れ下がった雪がつながると、重力方向に強く引張られる
③落下雪による衝撃破壊
屋根からの落下雪により、下屋が破壊
④偏荷重による破壊
溶け残った雪により、屋根上の荷重が偏る
すぐ溶ける
なかなか溶けない
⑤雪の側圧による傾斜
降ろした雪が建物に接していると、建物は側圧を受ける
2.すが漏れ
氷堤
溜水
雪の先端のつららによって窓ガラスが割れる。また、積雪先端部で氷堤が生じ、屋根上に水溜まりができる
3.クリープ変形の増大
1年目
5年目
10年目
梁にかかる荷重は同じでも、年数が経つとともにたわみが大きくなる
梁の変形が大きくなると、接合部が抜けてしまう

台風による被害は、いずれも接合不良が原因で起こる。たとえば納屋が転倒するのは、アンカーボルトの不備が原因である。風に対しては軒先の垂木や小屋束を軒桁や小屋梁に留めることが特に重要。転倒を防ぐには耐力壁を確保し、アンカーボルトで基礎への緊結が有効だ［表1］。

雪の重量は、建物を押し潰してしまうこともある。雪解けの時期には雪が偏在し、鉛直・水平両方向に力が働く。そのため小屋組や軸組の断面に余裕をもたせるほか、接合方法や耐力壁の配置にも水平方向の変形に対応できるよう配慮する［表2］。

台風も積雪も、建物が毎年直面する自然現象で、その頻度も高い。新築時には害を受けなくても、小さなダメージが年々蓄積され、やがて大きな被害につながることがある。建物の定期的な点検は重要である。

表3は木造の耐震規定の変遷と、その規定に影響を及ぼした主な災害の一覧表。建築基準法制定、新耐震設計法導入、2000年の建築基準法改正、の3つが大きな潮目である。

表3 木構造の法基準を変えた主な災害

主な災害	被害の内容	木構造基準の主な内容
濃尾地震 1891(明治24).10.28 M8.0	れんが造、石造の被害大 〈木造の耐震研究が始まる〉 1897(明治30) 〈鉄骨造・鉄筋コンクリート造の国内導入が始まる〉	**1894(明治27)「木造耐震家屋構造要領」など制定** ①基礎構造に注意する ②木材の切欠きをできるだけ避ける ③接合部には鉄材(金物)を用いる ④筋かいなどの斜材を用いて三角形の架構をつくる 1920(大正9)「市街地建築物法」施行
関東地震 (関東大震災) 1923(大正12).9.1 M7.9	火災による二次被害 レンガ造、石造の倒壊率が80%を超える 提起された問題点 ・地盤が悪い　・基礎：石積み、玉石が不安定 ・壁量・筋かい不足　・柱が細く、少ない ・柱、梁、土台の緊結が不十分　・土台、仕口の腐朽	1924(大正13)「市街地建築物法」改正 ①柱の小径の強化 ②筋かい、方杖の設置義務付け(3階建てのみ) ③高さ制限(12.6m以下) 〈鉄骨鉄筋コンクリート造の開発〉 〈剛柔論争(大正15～昭和11)〉
室戸台風 1934(昭和9).9.21	木造小学校の被害大	応力度計算方法の見直し ・長期応力と短期応力の2段階考慮の必要性が唱えられる ・終局強度型の計算
福井地震 1948(昭和23).6.28 M7.1	直下型地震 木造家屋の被害甚大(軟弱地盤)	**1950(昭和25)「建築基準法」制定** ①筋かいの必要量の規定 ②梁中央部下端の切欠き禁止
新潟地震 1964(昭和39).6.16 M7.5	液状化現象	1959(昭和34)「建築基準法」一部改正 必要壁量の強化
十勝沖地震 1968(昭和43).5.16 M7.9	鉄筋コンクリート造の短柱のせん断破壊	1971(昭和46)「建築基準法施行令」改正 ①基礎を鉄筋コンクリート造とする ②木材の有効細長比≦150 ③風圧力に対する必要壁量の規定 ④ボルト締めにおける必要座金の規定 ⑤防腐・防蟻措置の規定
宮城県沖地震 1978(昭和53).6.12 M7.4	ピロティの破壊 偏心の影響 ブロック塀の倒壊被害	**1981(昭和56)「建築基準法施行令」改正(新耐震設計法)** ①軟弱地盤における基礎の強化 ②必要壁量の強化(層間変形角の制限) ③風圧力の見付面積算定法の変更 〔1981年に現行の必要壁量となったが、耐力壁の配置と接合方法は2000年の改正で規定されたため、2000年より前に建築された木造は耐震上問題があることになる〕
日本海中部地震 1983(昭和58).5.26 M7.7	津波 液状化	1987(昭和62) ①柱、土台と基礎をアンカーボルトで緊結する ②集成材の規定 ③3階建て建築物の壁量、計算規定
兵庫県南部地震 (阪神・淡路大震災) 1995(平成7).1.17 M7.3	大都市直下型地震(活断層、上下動) ピロティの破壊 中層建物の中間層破壊 鉄骨極厚柱の脆性破壊 木造(軸組)建物の破壊	
鳥取県西部地震 2000(平成12).10.6 M7.3	最大加速度926 gal(日野町NS方向) 人的被害は小さい	**2000(平成12)「建築基準法」改正** ①耐力壁の釣合いのよい配置の規定 ②柱、筋かい、土台、梁の仕口緊結方法の規定 ③基礎形状(配筋)の規定 2000(平成12)「住宅の品質確保の促進等に関する法律(品確法)」 耐震、耐風、耐積雪の等級を示す 〔構造に関する大きな改正は、2000年まで続いた〕
宮城県沖地震 2003(平成15).5.26 M7.1	最大加速度1105.5 gal(大船渡EW方向)：速度は小 余震も震度6を超える 1978年の地震による耐震改修建物の補強効果を確認	2003(平成15).7　24時間換気の義務付け
新潟県中越地震 2004(平成16).10.23 M6.8	中山間地の直下型地震	2004(平成16)　JAS製材規定 製材による壁量規定を外した構造計算が可能に 2004(平成16).7　防火規定告示の改正
構造計算書偽装事件 2005(平成17).11	マンションの耐震強度偽装 木造建物の計算ミス発覚	2007(平成19).6.20「建築基準法」「建築士法」改正
新潟県中越沖地震 2007(平成19).7.16 M6.8	液状化 原発の安全性に疑問符	2009(平成21).10.1「瑕疵担保責任履行法」 2010(平成22).10　公共建築物等の木材利用促進法
東北地方太平洋沖地震 (東日本大震災) 2011(平成23).3.11 M9.0	大津波 余震の多発、長期化 原発の被災 液状化 二次部材の落下、損傷 長周期地震動(超高層ビル)	2013(平成25).4.1　給湯設備の転倒防止に関する告示改正 2014(平成26).4.1　特定天井の技術基準の策定 2015(平成27).6.1　大規模木造の防耐火規定の改正
熊本地震 2016(平成28).4.14 M7.3(4.16)	3つの断層帯で地震が連鎖 一連の地震において震度7が2回 大規模な斜面崩壊	
北海道胆振東部地震 2018(平成30).9.6 M6.7	最大震度は厚真町の震度7 強い揺れで大規模な斜面崩壊が発生 震度6弱の札幌市などで液状化現象が発生	
能登半島地震 2024(令和6).1.1 M7.6	最大震度は輪島市、志賀町 北海道から九州地方にかけて震度6強～1を観測 輪島市などで古い木造建物からの大規模な火災が発生	2025(令和7).4.1　省エネ基準義務化に伴う壁量規定等の改正

1-1
木構造の特徴

04

大地震時の損傷は一体どの程度なのか?

右[表1]の基本理念は、日本におけるすべての構造設計のベースとなっている。人命確保のため、建物の重さを支える柱が折れないようにすることが最優先

表1 耐震設計の基本理念

①まれに発生する震度5弱程度以下の中小地震に対しては、損傷しない(一次設計)

②極めてまれに発生する震度6強程度の大地震[※1]に対しては、ある程度の損傷を許容するが倒壊せず、人命と財産を守る(二次設計)

表2 大地震時（震度6強程度）の損傷状況

損傷ランク		Ⅰ(軽微)	Ⅱ(小破)	Ⅲ(中破)	Ⅳ(大破)	Ⅴ(破壊)
損傷状況	概念図	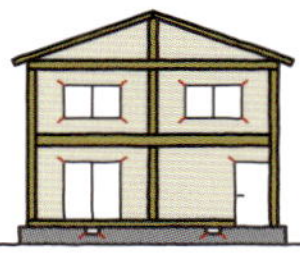	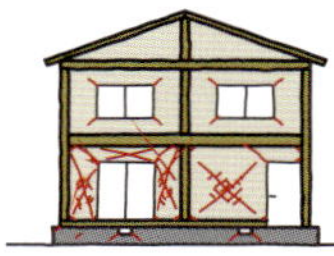	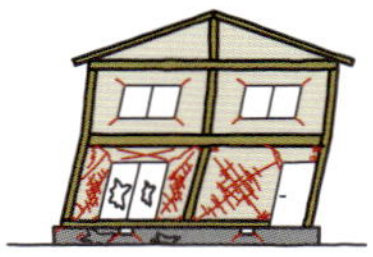	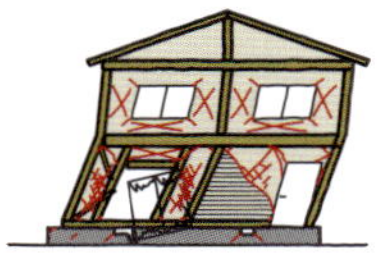	
	建物の傾斜	層間変形角1／120以下(中地震時の変形制限)	層間変形角 1／120～1／60	層間変形角 1／60～1／30	層間変形角1／30(在来構法)～1／10(伝統構法)	層間変形角1／10以上
		残留変形なし	残留変形なし	残留変形あり(補修して住み続けられる)	倒壊は免れる	倒壊
	基礎	換気口廻りのひび割れ小	換気口廻りのひび割れやや大	ひび割れ多大、破断なし	ひび割れ多大、破断あり	破断・移動あり
				仕上げモルタルの剥離	土台の踏み外し	周辺地盤の崩壊
	外壁	モルタルひび割れ微小	モルタルひび割れ	モルタル、タイル剥離	モルタル、タイル脱落	モルタル、タイル脱落
	開口部	隅角部に隙間	開閉不能	ガラス破損	建具・サッシの破損、脱落	建具・サッシの破損、脱落
	筋かい	損傷なし	損傷なし	仕口ズレ	折損	折損
	パネル	わずかなズレ	隅角部のひび割れ	パネル相互の著しいズレ	面外座屈、剥離	脱落
			一部釘めり込み	釘めり込み	釘めり込み	
	修復性	軽微	簡易	やや困難(補修可能)	困難(建て替え)	不可
壁量目安	第1種地盤	品確法 等級3	品確法 等級2	建築基準法×1.0	—	—
	第2種地盤	—	品確法 等級3	品確法 等級2	建築基準法×1.0	—
	第3種地盤	—	—	品確法 等級3	建築基準法×1.5	建築基準法×1.0

軟弱地盤地域は壁量を割増す

建築基準法の基本となっている

表3 品確法の耐震等級イメージ

上部構造評点	耐震等級1	耐震等級2	耐震等級3
構造躯体の損傷防止(中地震)	建築基準法程度[表1]	まれに発生する地震による力の1.25倍の力に対して損傷を生じない程度	まれに発生する地震による力の1.5倍の力に対して損傷を生じない程度
構造躯体の倒壊防止(大地震)	建築基準法程度[表1]	極めてまれに発生する地震による力の1.25倍の力に対して倒壊、崩壊しない程度	極めてまれに発生する地震による力の1.5倍の力に対して倒壊、崩壊しない程度

木造の必要壁量(建築基準法)×1.25
<耐震等級2であることに要注意!

注：極めてまれに発生する地震とは、1923年関東大地震(最大加速度300～400 gaℓ)程度に相当する

日本の耐震設計は、新耐震設計法が導入された1981年から、構造種別を問わず表1の2本柱で成り立っている。耐風性や耐積雪性でも、同様の考えに基づき、材料の許容応力度や必要壁量が定められている。

地震時の被害程度をランク別に示した表2を見てほしい。建築基準法は最低限の基準で、一般的な地盤（第2種地盤［表5参照］）の場合、大地震時（震度6強程度）には大破するが倒壊はしないレベルとなっている。軟弱地盤（第3種地盤）地域では揺れが増幅するため、必要壁量を一般的な地盤の1.5倍に割増す必要がある（令46条）。

一方、品確法は性能設計を行うものであるため、必要壁量は耐震設計の基本理念に準じて等級を3段階に分けている［表3］。等級が高くなるほど被害は小さくなり、被災後の補修費用が抑えられ、長寿命化も可能となる。

そのほか耐風性では、まれに発生する暴風［※2］に損傷せず、極めてまれに発生する暴風［※3］に倒壊しないことを基本理念としている。

※1 震度7は上限がないため、たとえば「阪神淡路大震災の震度7」のように、過去に発生した具体的な地震の強さに対して検証する必要がある
※2 1991年の台風19号程度
※3 1959年の伊勢湾台風相当

表4 耐震・免震・制振の違い

1.耐震構造

地震に対して建物の構造で耐えられるようになっている構造

①強度指向の建物

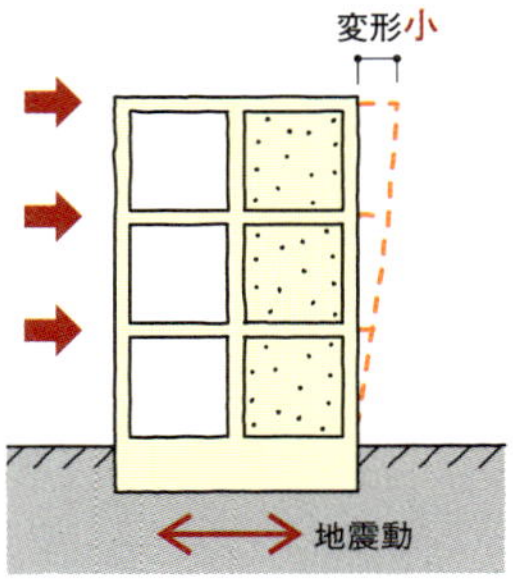

耐震壁付きラーメン構造

↓

建物の剛性が高いため、
変形が小さい(=揺れにくい)

ポイント

中低層には向いているが、高層では柱・梁の断面が大きくなるため、不向き

②靭性指向の建物

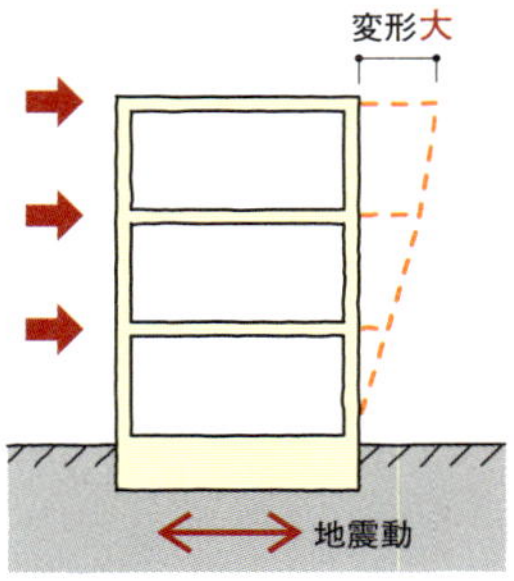

柱・梁のみの純ラーメン構造

↓

建物が柔軟なため、
変形が大きい(=揺れやすい)

ポイント

建物の変形が大きくなるため、内・外装材や建具など二次部材の追従性の確保が必要

2.免震構造

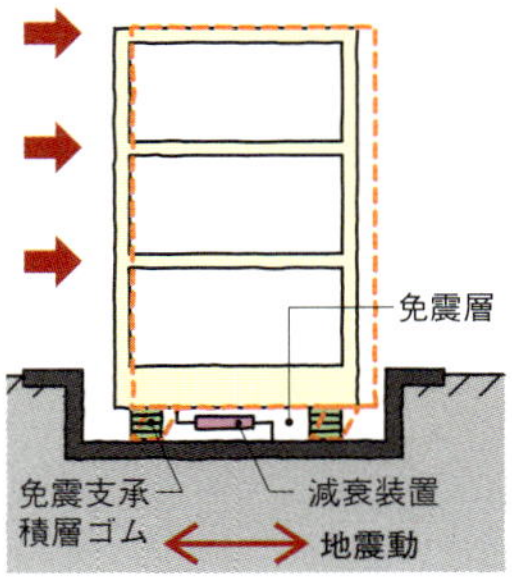

建物と基礎の間に免震層を設けて免震装置と減衰装置を設置し、地震力を直接建物に伝えない構造

ポイント

中低層では、大地震時の建物の揺れを地面の揺れの1/3～1/4程度に低減可能。家具や設備などの被害も最小限に抑えられる

3.制振構造

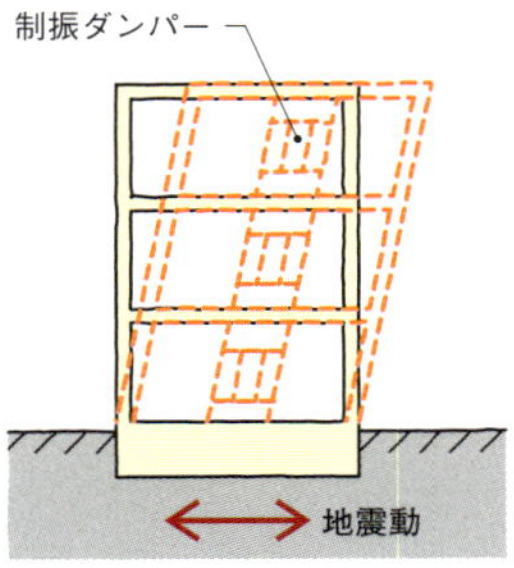

地震力をダンパーで吸収して揺れを低減し、構造体の損傷を防止する

ポイント

ダンパーを設けると揺れの収まりが早くなるだけでなく、揺れ自体も小さくなる。また、ダンパーは補修・交換が原則、可能

●さまざまな形状のダンパー(オイル・鋼材系は安定している)

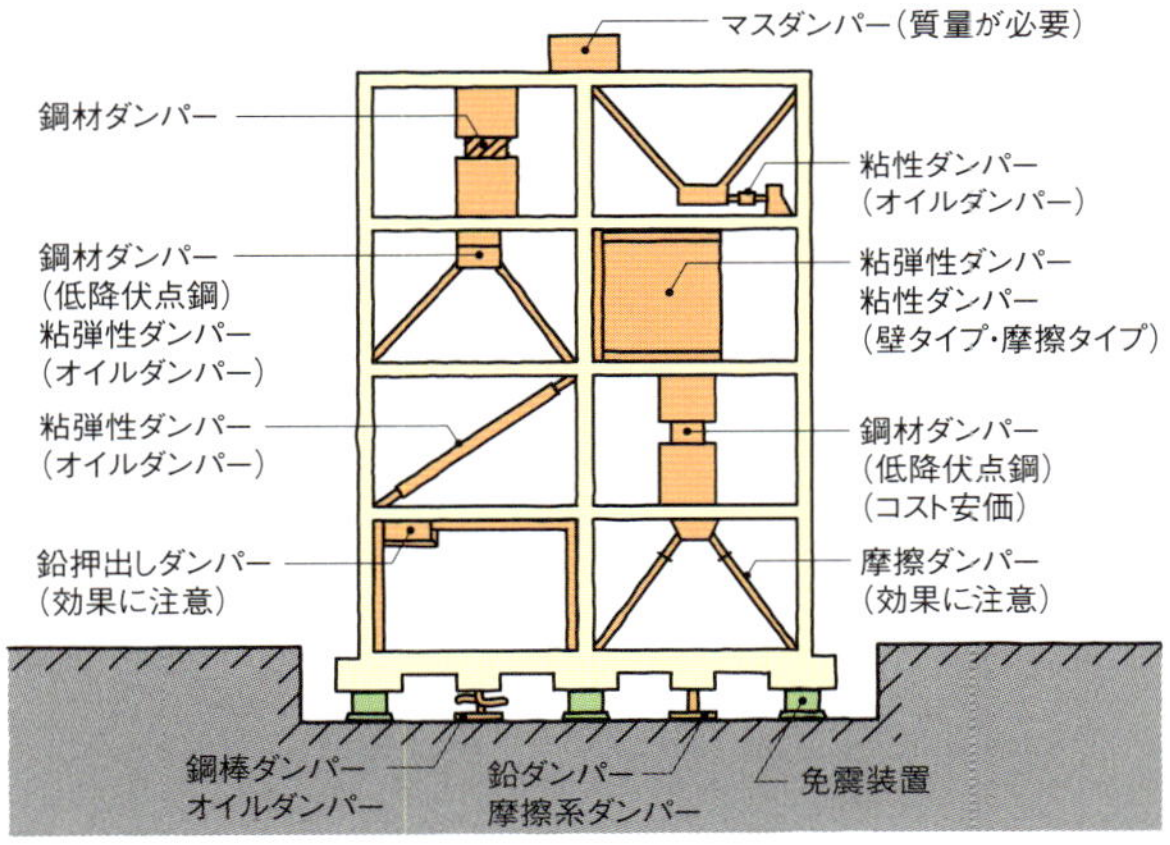

表5 地盤種別は大きく3つに分かれる

地盤種別	地層構成		地盤周期 Tg(秒)	地盤周期 Tc(秒)
第1種地盤		岩盤、硬質砂礫層、そのほか主として第3紀以前の地層によって構成されているもの。または、地盤周期などの調査もしくは研究結果にもとづき、これと同程度の地盤周期を有すると認められるもの	Tg≦0.2	0.4
第2種地盤		第1種地盤および第3種地盤以外のもの	0.2＜Tg≦0.75	0.6
第3種地盤	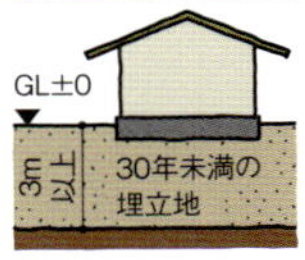	腐植土、泥土、そのほかこれらに類するもので大部分が構成されている沖積層(盛土がある場合はこれを含む)で、その深さがおおむね30m以上のもの。沼沢、泥海などを埋め立てた地盤の深さがおおむね3m以上であり、かつこれらで埋め立てられてからおおむね30年以上経過していないもの。または、地盤周期などの調査もしくは研究結果に基づき、これと同程度の地盤周期を有すると認められるもの	0.75＜Tg	0.8

Tc：振動特性係数Rtを求める算定式における地盤周期
Tg：特別な調査または研究により測定される地盤周期

住宅地のほとんどの地盤は第2種地盤に該当し、埋立地や盛土などの地域は第3種地盤となることが多い。建物の基礎形状を計画する際、これらを加味して検討する

(昭55建告1793号第2)

1-1
木構造の特徴

05

建物にかかる力はどのように流れるのか？

力は上から下へ、断面の小さい部材から大きい部材へと流れていく

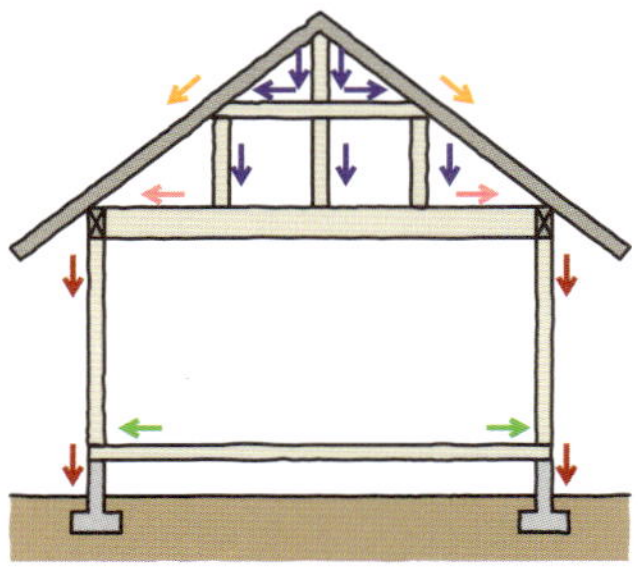

力は上から下へ、断面の小さい部材から大きい部材へと流れていく

図1　地震・風など水平方向の力の流れ方

＊各矢印の色は左図部分を表す

①小屋廻り

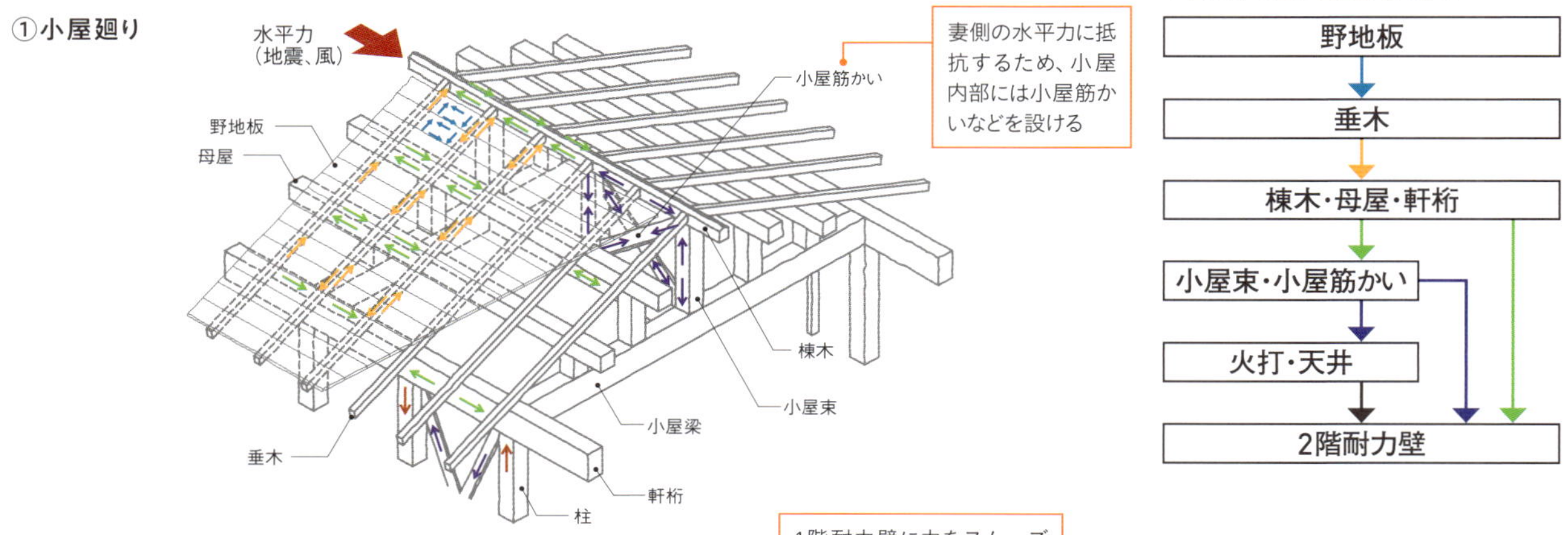

②2階床～1階

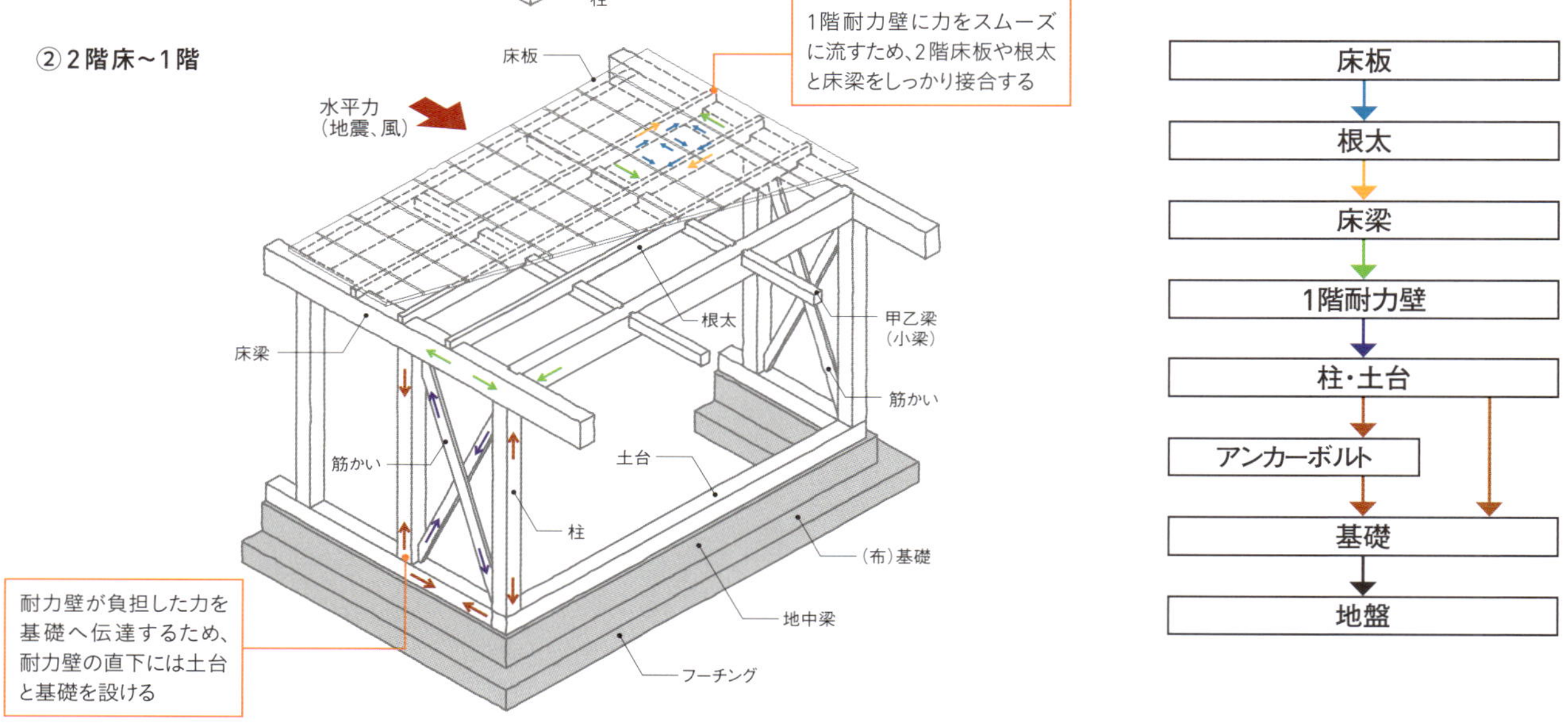

構造計画で最も重要なのは「力の流れを読む」ことである。建物に作用する荷重には、建物自体の重量（固定荷重）、積載荷重、積雪荷重、風圧力、地震力、土圧、水圧などがある。これらを、力が作用する「時間」と「方向」で分類し、検討する。

力が作用する「時間」では、日常的にかかる長期荷重か、まれにかかる短期荷重かで分類。「方向」は、鉛直方向（重力の方向）か、水平方向かで分ける。これらの力の大きさや、建物の各部位をどのように流れるかをよく見極めることが、構造設計の第一歩となる。

建物にかかる力は、それを支える部材に流れる。基本的には、上から下へ、断面の小さい部材から大きい部材へと流れ、鉛直荷重は上階床→梁→柱→基礎の順に、水平力は上階床から耐力壁へと流れる［図1、2］。その際、各部材が負担する荷重に対して強度の安全性を確保し、かつ断面が有害な変形を生じないことを確認する。さらに、部材接合部に十分な強度があり、外れないことが最も重要である。

図2 雪・積載物など鉛直方向の力の流れ方

＊各矢印の色は左図部分を表す

①小屋廻り

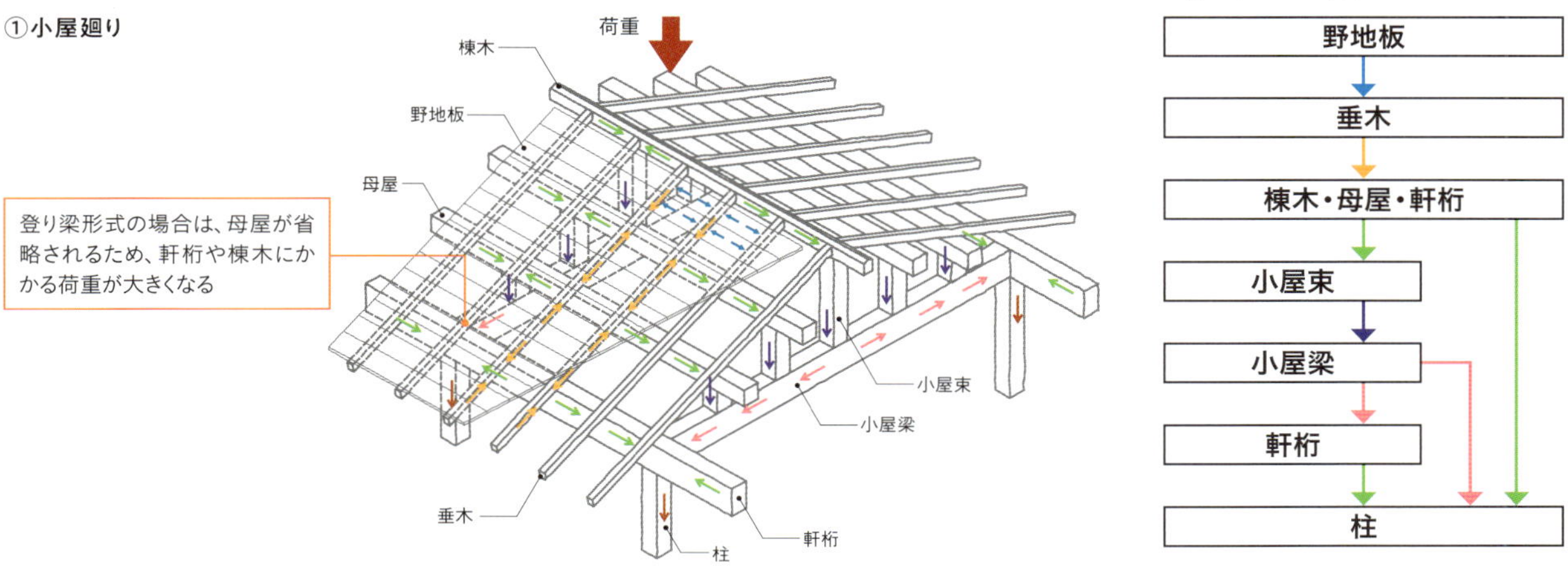
荷重
棟木
野地板
母屋
登り梁形式の場合は、母屋が省略されるため、軒桁や棟木にかかる荷重が大きくなる
小屋束
小屋梁
垂木
柱
軒桁
野地板
垂木
棟木・母屋・軒桁
小屋束
小屋梁
軒桁
柱

②2階床廻り

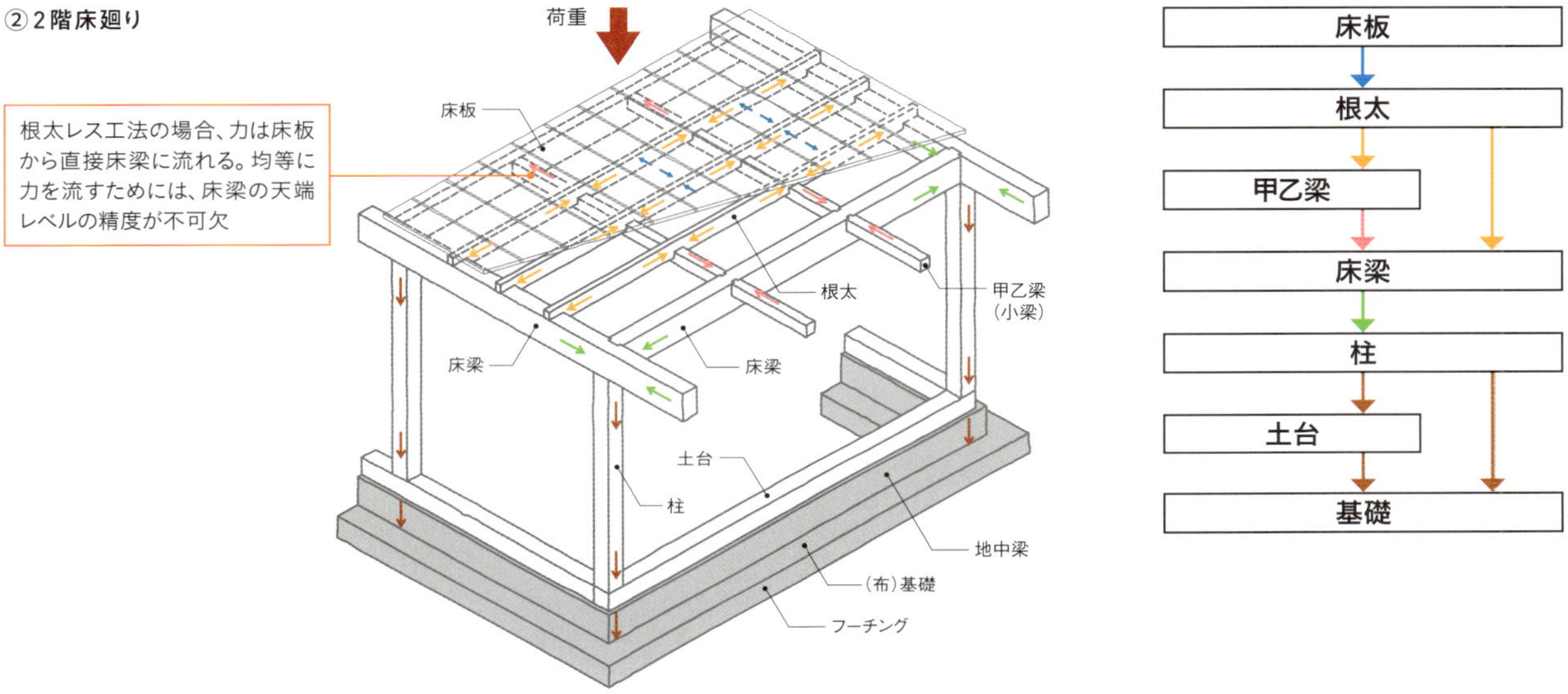
荷重
床板
根太レス工法の場合、力は床板から直接床梁に流れる。均等に力を流すためには、床梁の天端レベルの精度が不可欠
根太
甲乙梁
(小梁)
床梁
床梁
土台
柱
地中梁
(布)基礎
フーチング
床板
根太
甲乙梁
床梁
柱
土台
基礎

③1階床廻り

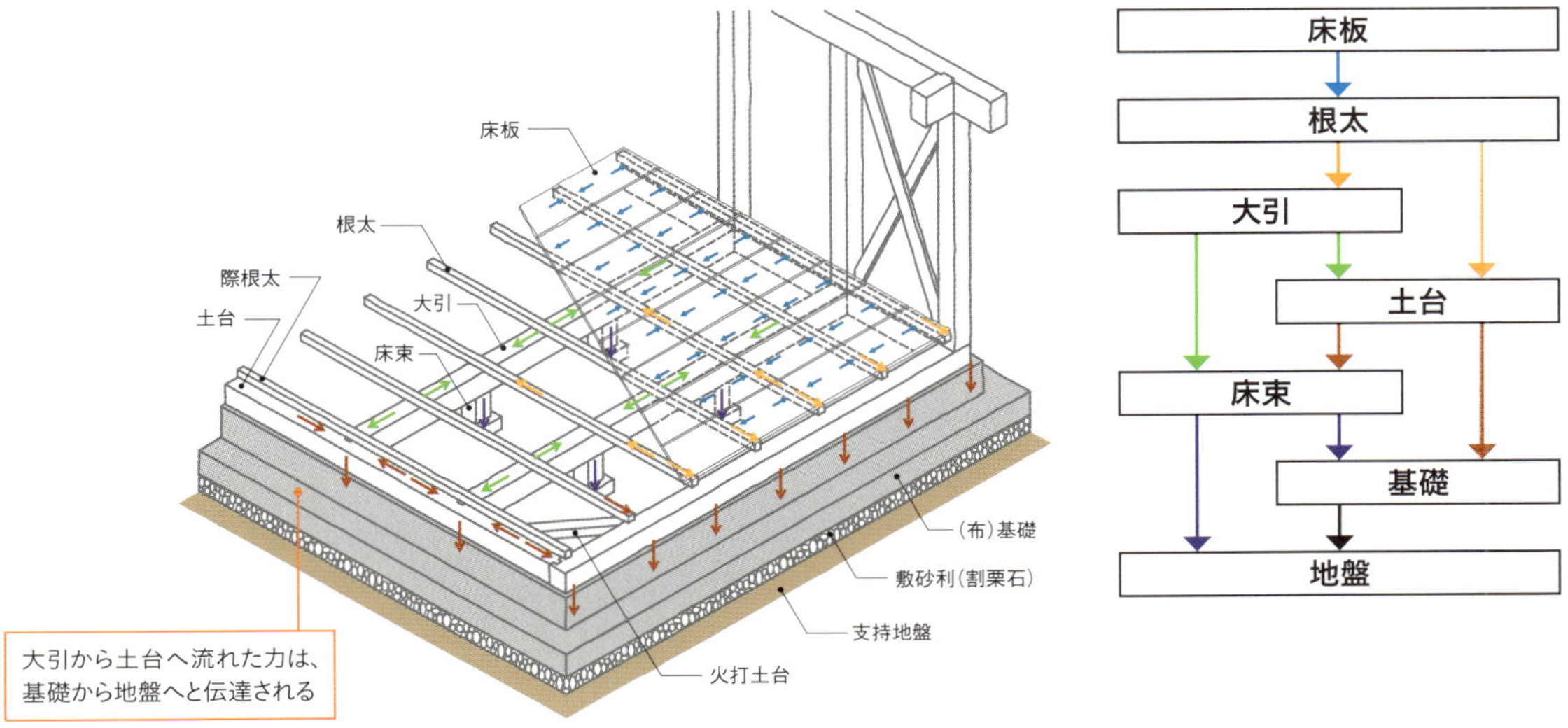
床板
根太
際根太
土台
大引
床束
(布)基礎
敷砂利(割栗石)
支持地盤
火打土台
大引から土台へ流れた力は、基礎から地盤へと伝達される
床板
根太
大引
土台
床束
基礎
地盤

1-2
木材の性質

01

木材の強さのキモはどこにあるのか？

木材の強さはめり込みにある。木材の接線方向は収縮しやすく、強度は小さい。繊維方向はあまり収縮せず、強度は高い、という方向による強度の違いを理解すべし

	接線方向	：半径方向	：繊維方向
収縮	10	：5	：0.5
強度	0.5	：1	：10

図1

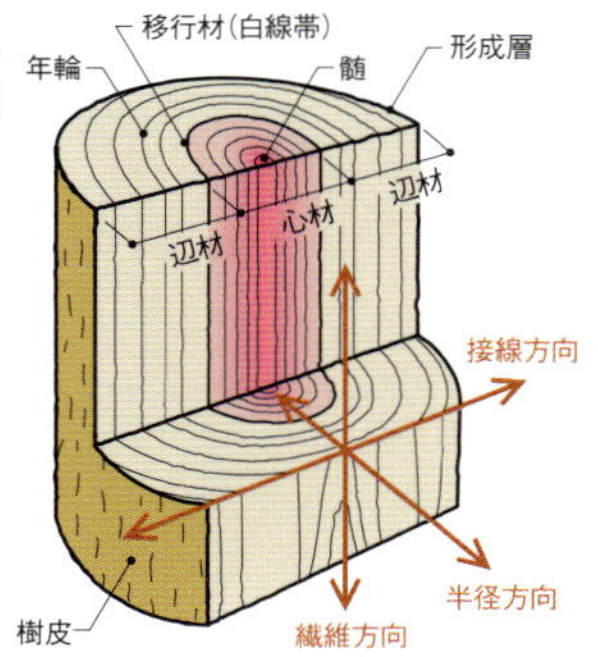

移行材（白線帯）
年輪
髄
形成層
辺材
心材
辺材
接線方向
半径方向
繊維方向
樹皮

図3 強度は荷重のかかる方向によって異なる

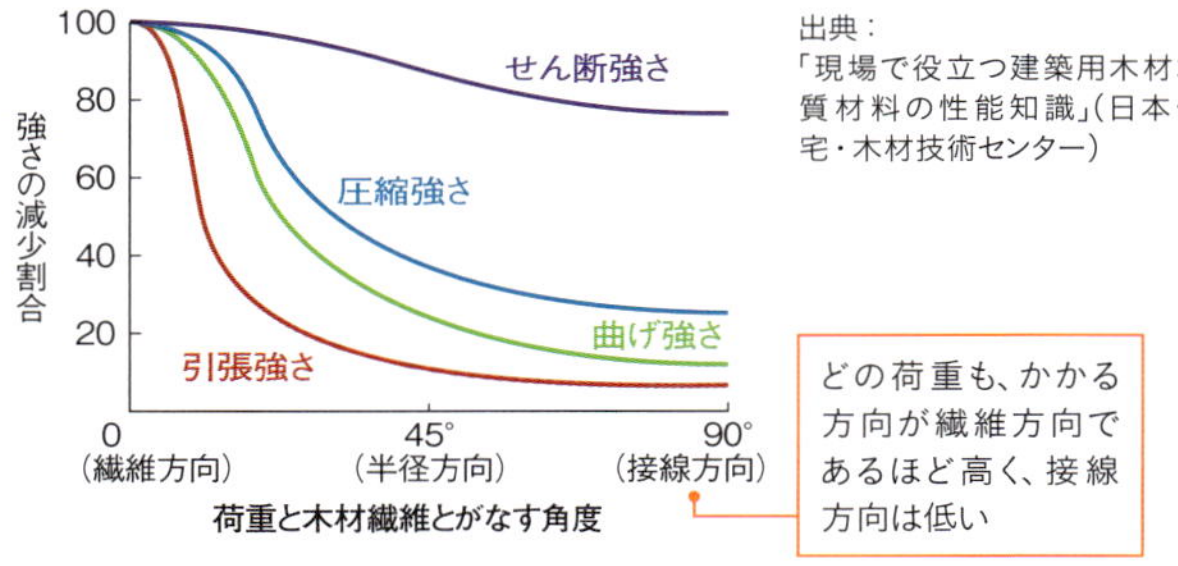

100
80
60
40
20
強さの減少割合
せん断強さ
圧縮強さ
曲げ強さ
引張強さ
0
（繊維方向）
45°
（半径方向）
90°
（接線方向）
荷重と木材繊維とがなす角度
どの荷重も、かかる方向が繊維方向であるほど高く、接線方向は低い

出典：「現場で役立つ建築用木材木質材料の性能知識」（日本住宅・木材技術センター）

図2 乾燥収縮は木材の方向によって異なる

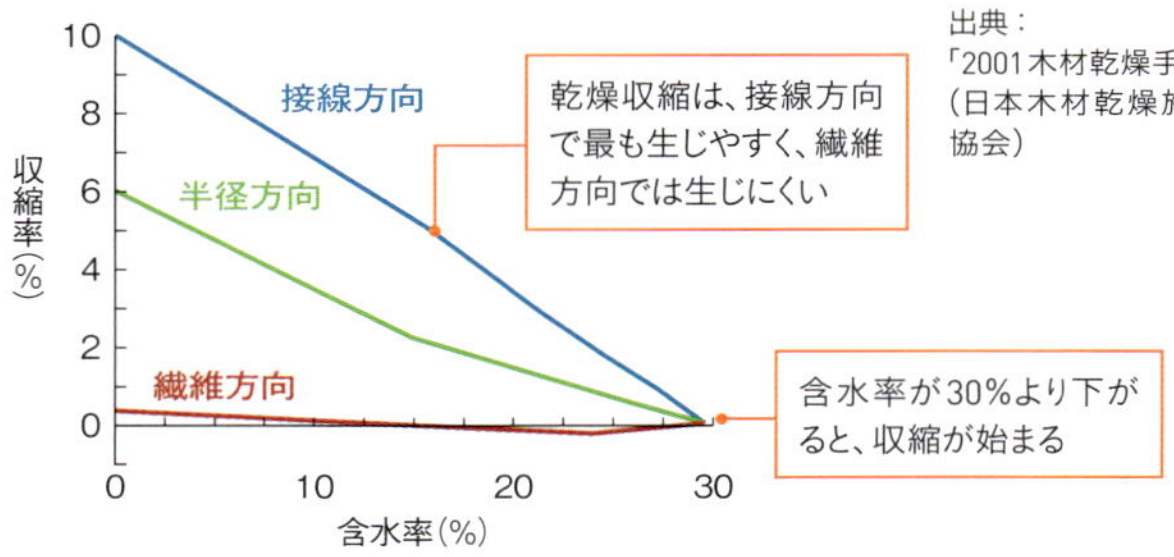

10
8
6
4
2
0
収縮率（%）
接線方向
半径方向
繊維方向
0
10
20
30
含水率（%）
乾燥収縮は、接線方向で最も生じやすく、繊維方向では生じにくい
含水率が30%より下がると、収縮が始まる

出典：「2001木材乾燥手帳」（日本木材乾燥施設協会）

図4 木の繊維に対する力の方向で性質は変わる

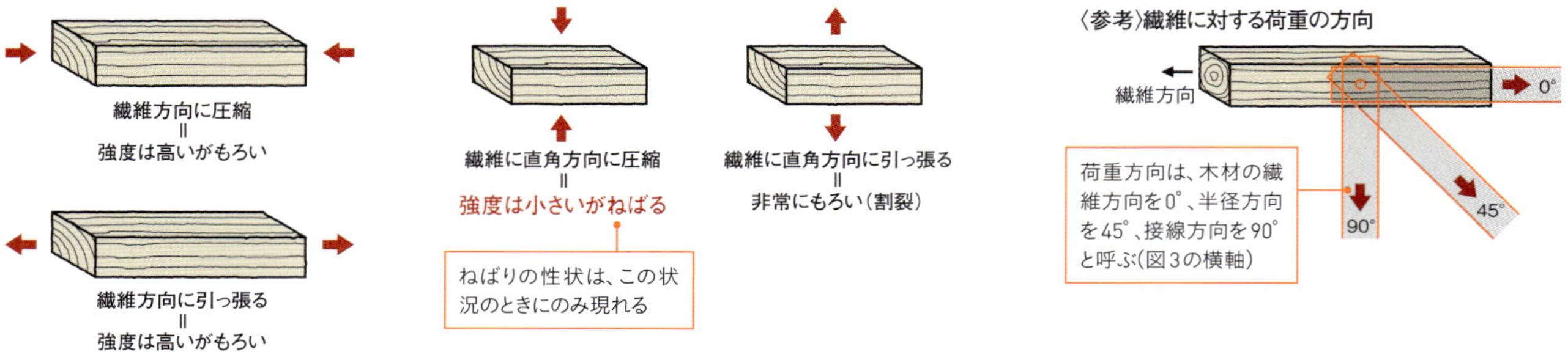

繊維方向に圧縮
‖
強度は高いがもろい
繊維方向に引っ張る
‖
強度は高いがもろい
繊維に直角方向に圧縮
‖
強度は小さいがねばる
ねばりの性状は、この状況のときにのみ現れる
繊維に直角方向に引っ張る
‖
非常にもろい（割裂）
〈参考〉繊維に対する荷重の方向
繊維方向
0°
45°
90°
荷重方向は、木材の繊維方向を0°、半径方向を45°、接線方向を90°と呼ぶ（図3の横軸）

図6 含水率と調湿作用の関係

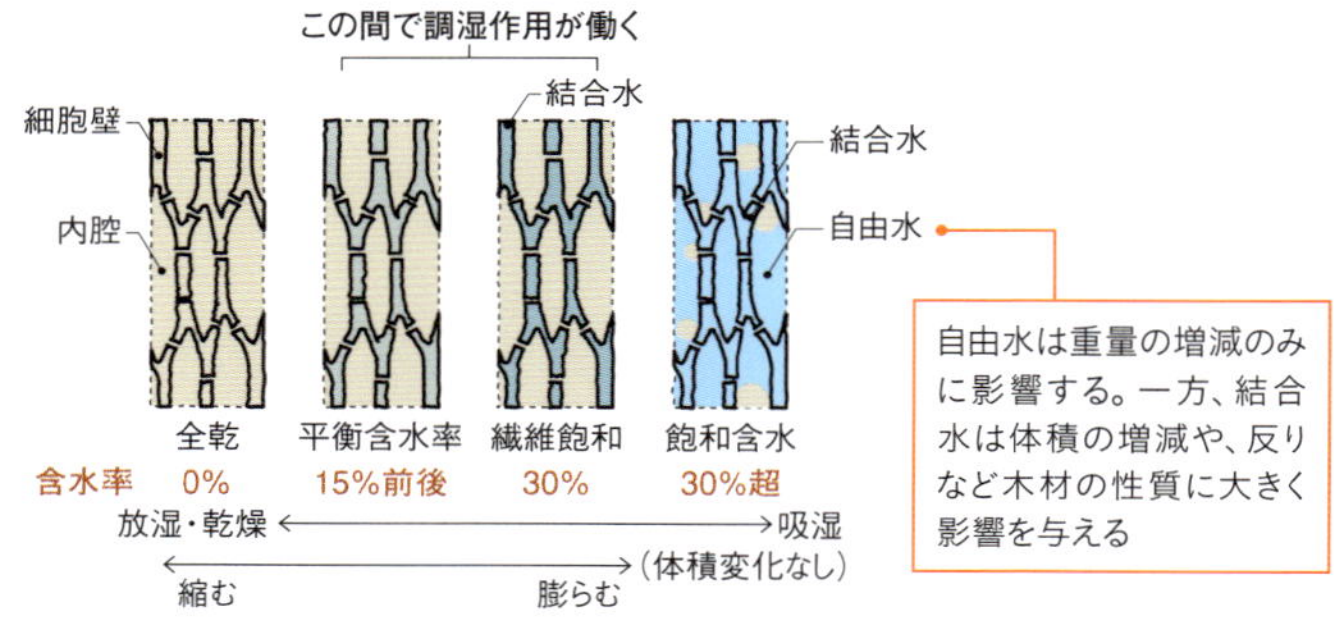

この間で調湿作用が働く
細胞壁
内腔
結合水
結合水
自由水
全乾
平衡含水率
繊維飽和
飽和含水率
含水率
0%
15%前後
30%
30%超
放湿・乾燥
吸湿
縮む
膨らむ
（体積変化なし）
自由水は重量の増減のみに影響する。一方、結合水は体積の増減や、反りなど木材の性質に大きく影響を与える

図5 含水率の考え方

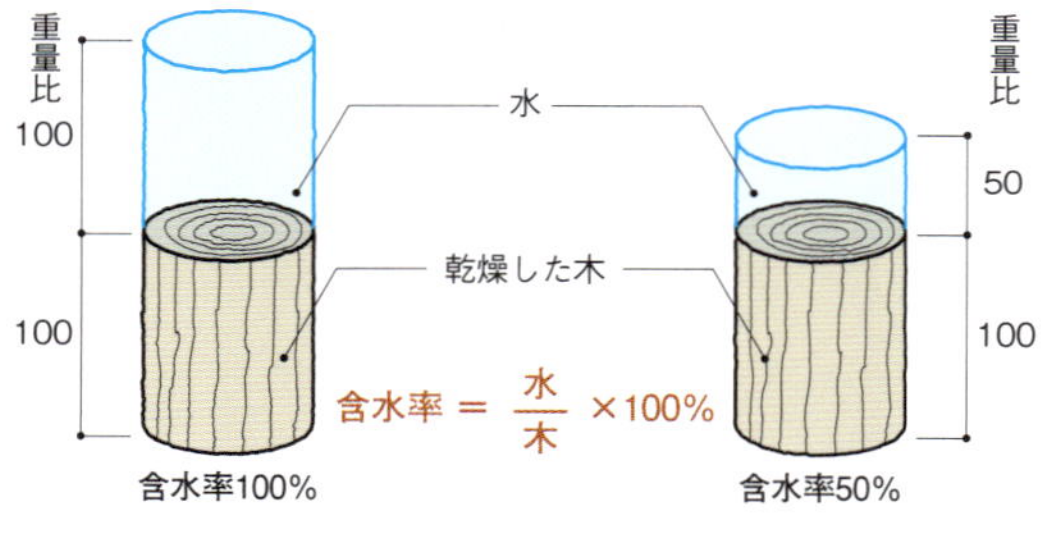

重量比
100
100
水
乾燥した木
含水率＝水/木×100%
重量比
50
100
含水率100%
含水率50%

木材には繊維方向があるため［図1］、方向により乾燥収縮や強度の性質が異なる（異方性）。この点が、コンクリートや鋼材と大きく異なる［図2、3］。力がかかる際の木の性状をみると、繊維と平行な方向はもろく、直角方向は圧縮に対してのみ、ねばりがある［図4］。接合部の設計では、こうした特徴を十分理解することが重要だ。

また、木材に対する水分の比率（含水率）が高いと、変形に影響することにも注意したい［図5、6］。木材に含まれる水分のうち結合水［※］の量が変化すると、反りや変形に大きな影響を及ぼす。

建物に荷重がかかると、個々の部材には、さまざまな力が生じる［図7］。図7①から⑤に示すように、これらはいずれも非常にもろい破壊性状を示す。一方、柱と土台の仕口などに生じる「めり込み」［⑥］は、強度は低いが粘り強い。「めり込み」は鋼材やコンクリートでは見られない木特有の現象で、この性質をうまく利用することが構造設計の要となる。

※ 結合水は細胞壁内にあり、木材を構成する分子と二次的に結合している。結合水が減少すると木材は収縮し、同時に強度的性質も変化する。一方、自由水は木材の細胞内腔や細胞壁の隙間に、水分子として存在している

図7 建物に生じる応力と部材の変形のしかた

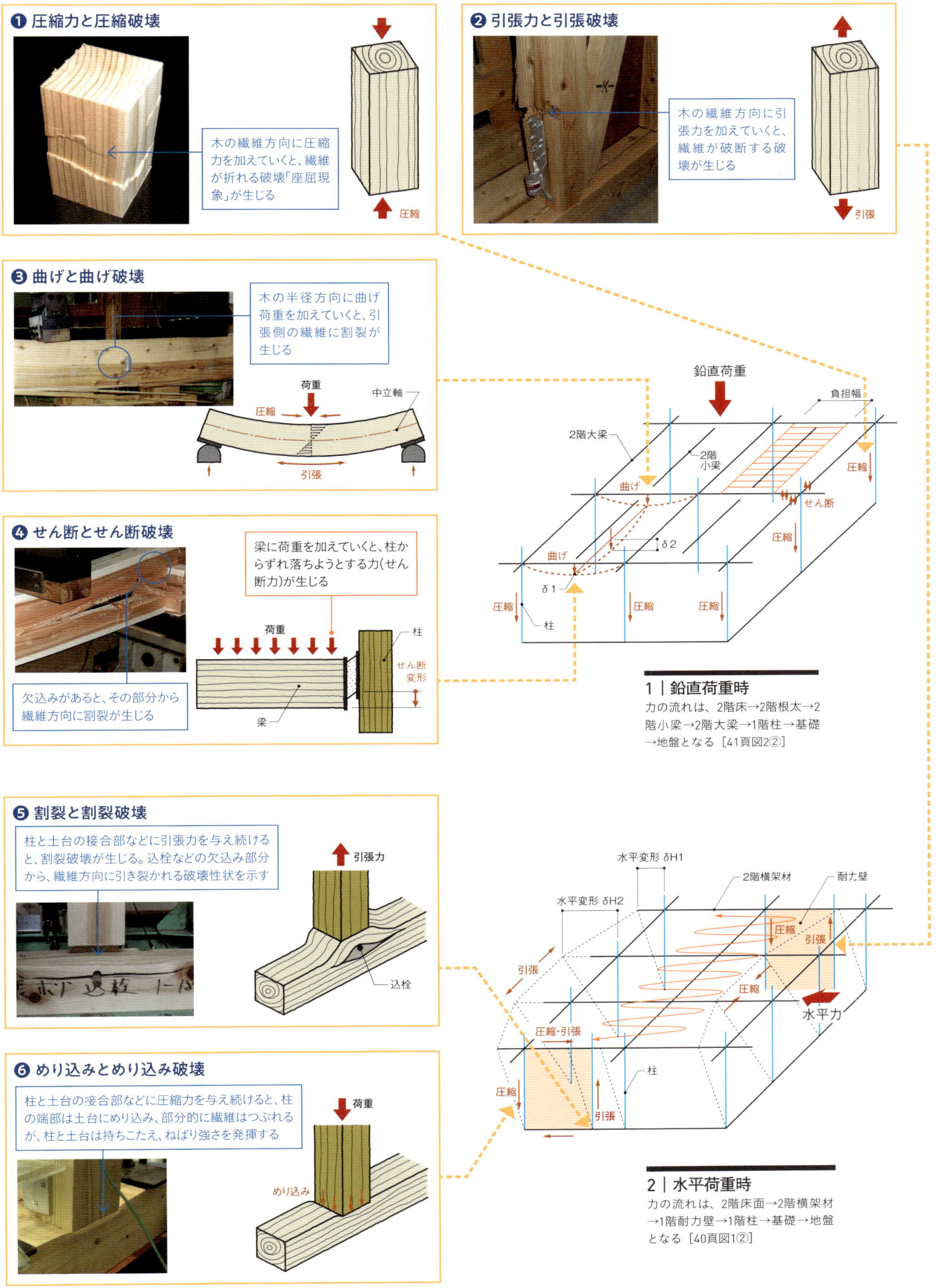
❶ 圧縮力と圧縮破壊
木の繊維方向に圧縮力を加えていくと、繊維が折れる破壊「座屈現象」が生じる
圧縮
❷ 引張力と引張破壊
木の繊維方向に引張力を加えていくと、繊維が破断する破壊が生じる
引張
❸ 曲げと曲げ破壊
木の半径方向に曲げ荷重を加えていくと、引張側の繊維に割裂が生じる
荷重
中立軸
圧縮
引張
❹ せん断とせん断破壊
梁に荷重を加えていくと、柱からずれ落ちようとする力（せん断力）が生じる
欠込みがあると、その部分から繊維方向に割裂が生じる
荷重
柱
せん断
変形
梁
❺ 割裂と割裂破壊
柱と土台の接合部などに引張力を与え続けると、割裂破壊が生じる。込栓などの欠込み部分から、繊維方向に引き裂かれる破壊性状を示す
引張力
込栓
❻ めり込みとめり込み破壊
柱と土台の接合部などに圧縮力を与え続けると、柱の端部は土台にめり込み、部分的に繊維はつぶれるが、柱と土台は持ちこたえ、ねばり強さを発揮する
荷重
めり込み
鉛直荷重
負担幅
2階大梁
2階
小梁
曲げ
せん断
圧縮
δ2
曲げ
δ1
圧縮
柱
圧縮
圧縮
水平変形 δH1
2階横架材
耐力壁
水平変形 δH2
圧縮
引張
引張
圧縮
水平力
圧縮・引張
柱
圧縮
引張

1｜鉛直荷重時

力の流れは、2階床→2階根太→2階小梁→2階大梁→1階柱→基礎→地盤となる［41頁図2②］

2｜水平荷重時

力の流れは、2階床面→2階横架材→1階耐力壁→1階柱→基礎→地盤となる［40頁図1②］

1-2
木材の性質
02

木材に節や切欠きがあると強度は落ちる？

梁の下端の節などや端部の切欠きは強度が落ちやすい。切欠きの場合は梁成の1／3までとする

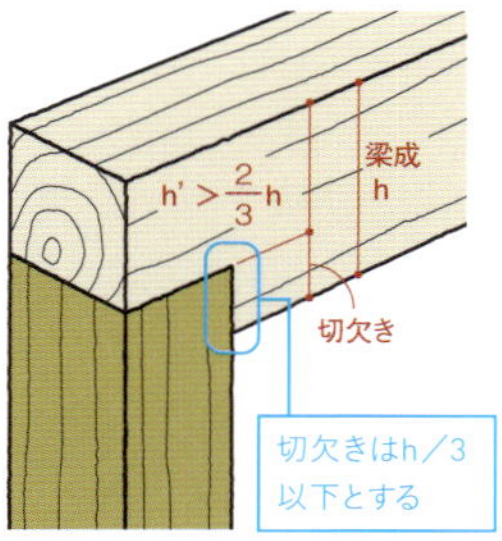

梁成
h
h' > 2/3 h
切欠き
切欠きはh／3
以下とする

図　欠点をもつ梁が曲げ応力を受けた際の破壊状態と梁の変位

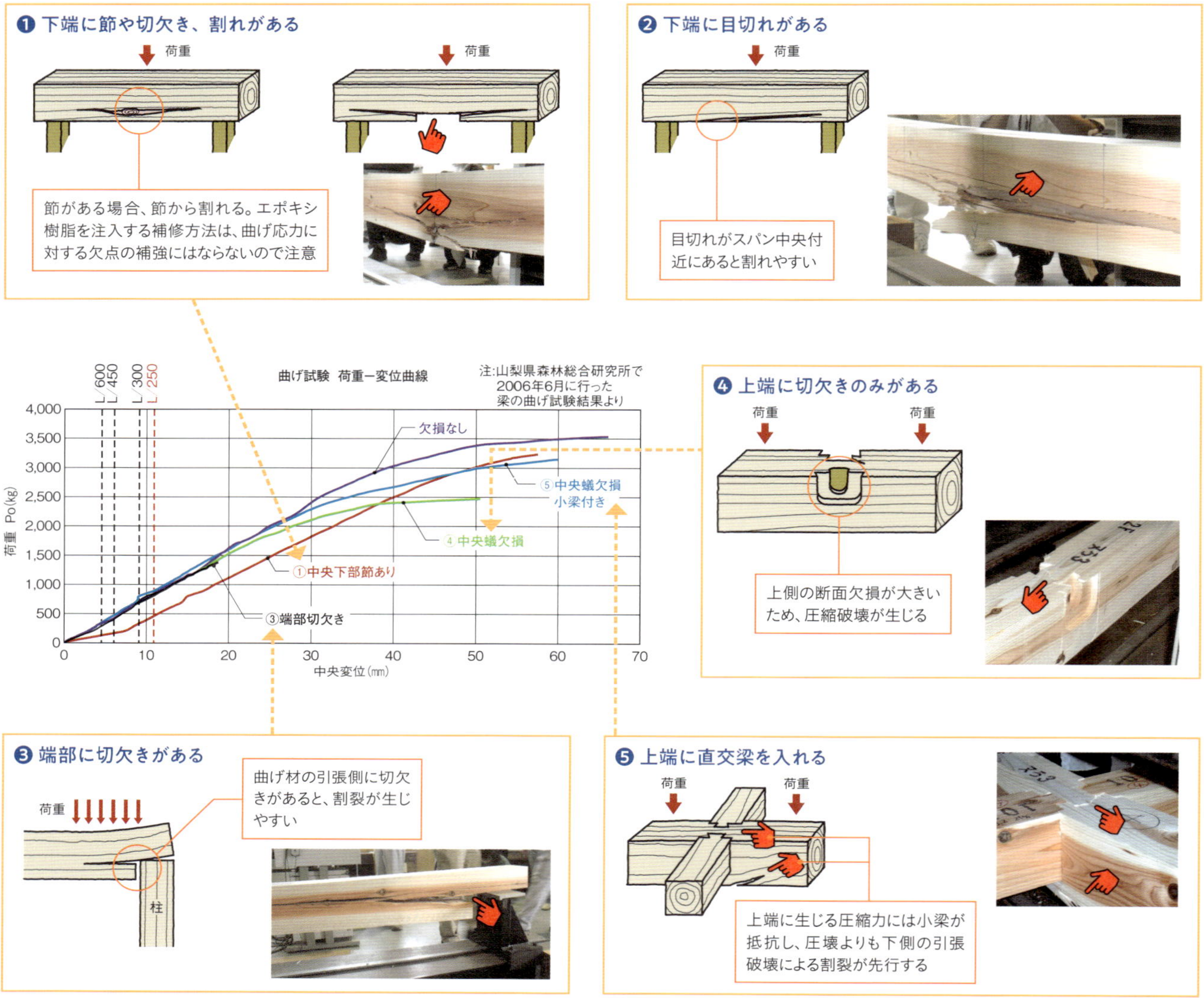

❶ 下端に節や切欠き、割れがある
荷重
荷重
節がある場合、節から割れる。エポキシ樹脂を注入する補修方法は、曲げ応力に対する欠点の補強にはならないので注意
❷ 下端に目切れがある
荷重
目切れがスパン中央付近にあると割れやすい
曲げ試験　荷重ー変位曲線
注:山梨県森林総合研究所で
2006年6月に行った
梁の曲げ試験結果より
L／600
L／450
L／300
L／250
荷重 Po(kg)
4,000
3,500
3,000
2,500
2,000
1,500
1,000
500
0
0
10
20
30
40
50
60
70
中央変位(mm)
欠損なし
⑤中央蟻欠損
小梁付き
④中央蟻欠損
①中央下部節あり
③端部切欠き
❹ 上端に切欠きのみがある
荷重
荷重
上側の断面欠損が大きいため、圧縮破壊が生じる
❸ 端部に切欠きがある
荷重
柱
曲げ材の引張側に切欠きがあると、割裂が生じやすい
❺ 上端に直交梁を入れる
荷重
荷重
上端に生じる圧縮力には小梁が抵抗し、圧壊よりも下側の引張破壊による割裂が先行する

木材の場合、大きな力（特に引張力）がかかるところに欠点があると、強度が低下する。

たとえば、梁の中央部には大きな曲げ応力が生じるが、同時に梁の上端には圧縮応力が、下側には引張応力が生じている。この引張応力が生じる範囲に節があると節から割れやすく、切欠きがあればその部分から割り裂かれる［図①］。同様に、目切れ［※］がある場合も、そこから割れやすい［②］。また、梁端部の支持点にも大きな力が働くため、そこに切欠きがあると割裂破壊が生じやすい［③］。

これらの欠点をもつ梁に曲げ応力が作用したときの性状試験結果を図にまとめた。

下端に節や切欠き、割れがある場合をのぞき、L／250以内の範囲内では試験結果に大きな差異はないことが分かる。ただし、端部に切欠きがある場合は、非常にもろい破壊性状を示すので、端部の切欠きは梁成の1／3以下に抑える。生物材料ゆえのばらつきや経年劣化なども考慮すると、強度に対する設計は十分な余裕をもたせたい。

※ 目切れとは、梁を側面から見たとき、横に走っている年輪の筋（繊維）が途切れる部分のこと

1-2
木材の性質

03

継手・仕口に引張力が生じる場所と注意点は?

水平力により、土台と柱、梁の継手などに引張力が生じるため、割裂に注意

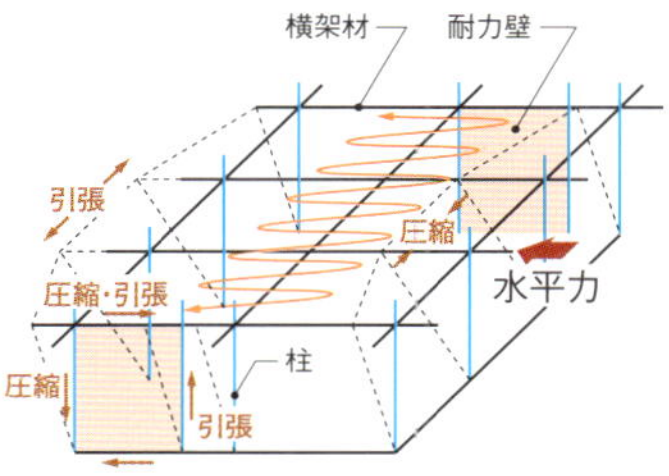

水平力により、土台と柱、梁の継手などに引張力が生じるため、割裂に注意

図1 雇いは端あき寸法に注意する

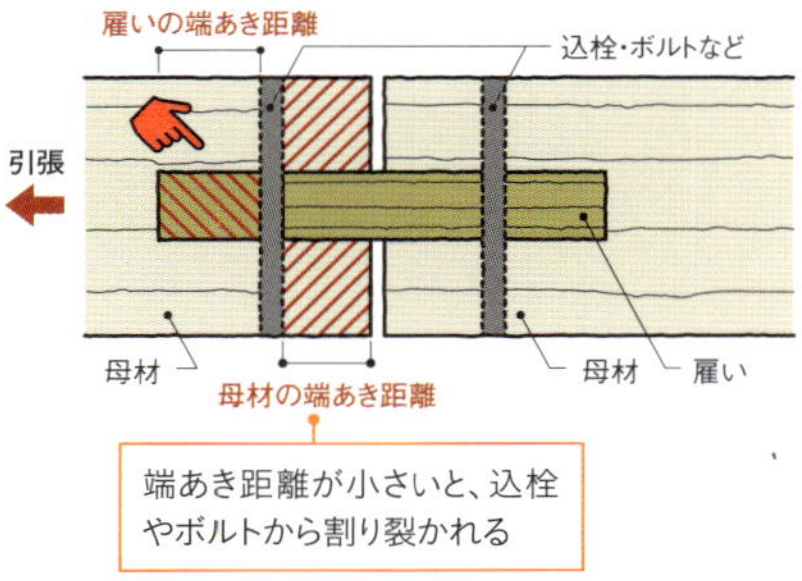

写真 薄い金物の壊れ方

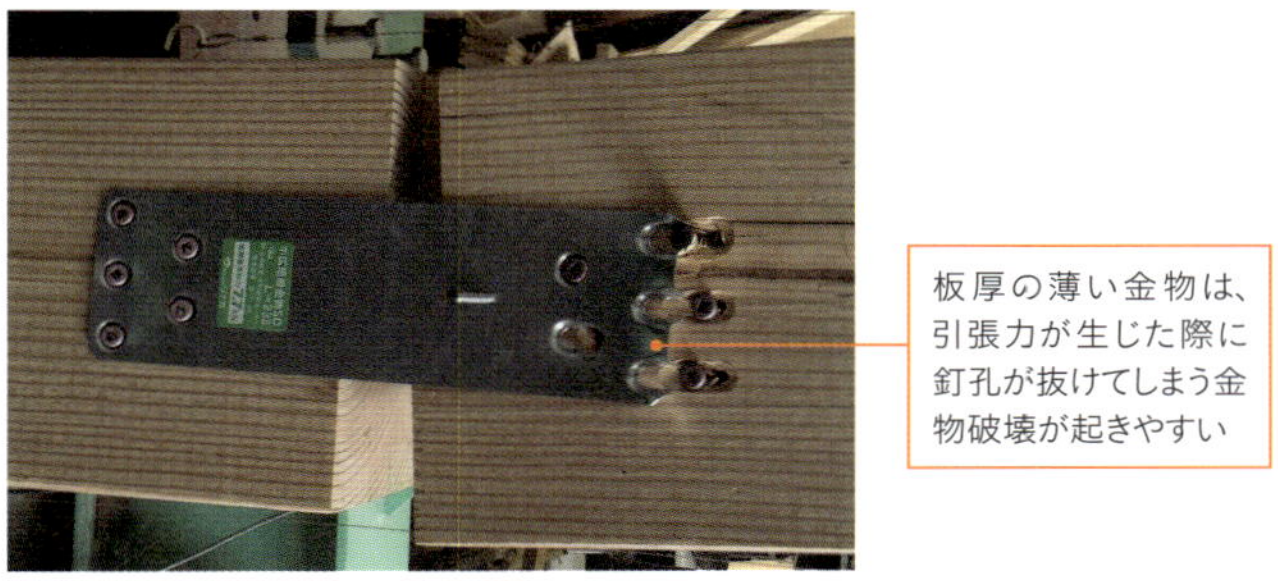

板厚の薄い金物は、引張力が生じた際に釘孔が抜けてしまう金物破壊が起きやすい

図2 仕口の引張力に対する注意点(長ホゾ差し込栓打ちの場合)[※]

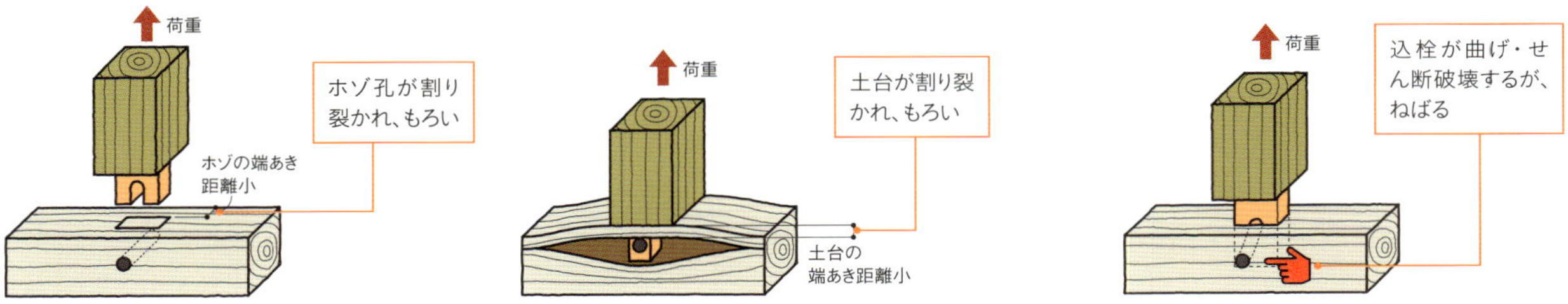
①ホゾの端あき距離が小さい
ホゾ孔が割り裂かれ、もろい
②土台の端あき距離が小さい
土台が割り裂かれ、もろい
③ホゾ・土台の端あき距離を十分に確保

表 せん断力を受けるボルトの配置寸法のとり方

距離・間隔	加力方向		
	繊維方向	繊維に直角方向	中間角度
s	7d以上	3d(ℓ/d=2) 3d～5d(2<ℓ/d<6) 5d以上(ℓ/d≧6)	角度に応じて繊維方向と繊維に直角方向の値の中間値をとる
r	3d以上	4d以上	
e_1	7d以上(荷重負担側) 4d以上(荷重非負担側)	7d以上	
e_2	1.5d以上、 ℓ/d>6のときは1.5d以上かつr/2以上	4d以上(荷重負担側) 1.5d以上(荷重非負担側)	

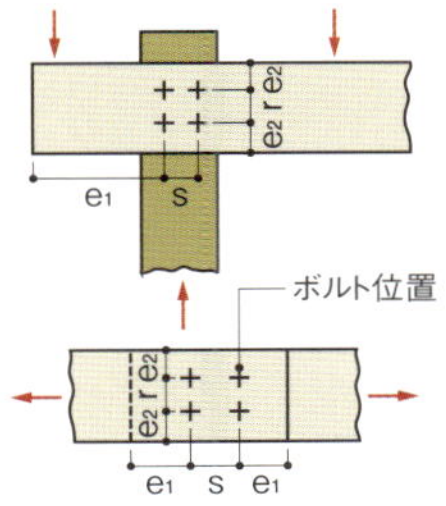

d:ボルト径
ℓ:主材厚

木造で最も避けなければいけない破壊性状は接合部の「割《かつ》裂《れつ》」である。特に引張力が働く個所は、割裂破壊が生じやすいので注意が必要だ。

接合部のうち継手は、鋼板や木材の雇いを挿入してボルトなどで留めることがある。この場合は、図1に示す端《はし》あき距離を十分に確保することが重要である。また、薄い金物は写真のような破壊性状を示すので、板厚と端あき・縁《へり》あき距離が十分確保されたものを使用したい。

仕口(長ホゾ差し込栓打ち)にかかる引張力に対しては、設計上の注意点がある[図2①②③]。ホゾや土台の端あき距離不足による割裂破壊を防ぎ、込栓が曲げ・せん断破壊で壊れるように端あき距離を確保する。これは金物接合でも同様である。

ボルトや釘などは端あき距離のほか、その間隔にも注意が必要で、『木質構造設計規準・同解説』で各寸法が定められている[表]。引張力による割裂が生じやすい部位は、距離を十分に確保することが重要となる。

※各部材の樹種、ホゾの厚さ、込栓の径・位置、土台の断面なども強度に影響する

2

建物の形状別に見る構造計画のポイント

構造計画

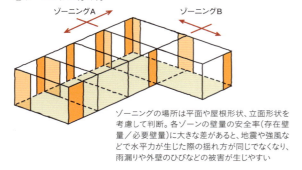

2
構造計画
01

不整形な建物の場合、構造計画の注意点はどこ?

建物全体における壁量をクリアしても、耐力壁が偏在していると、水平力に対してねじれが生じる

耐力壁を建物中央に配置。壁量をクリアしていても水平力に対してねじれ変形する

図1 L形、コの字形プランの構造は分割して考える

①L形

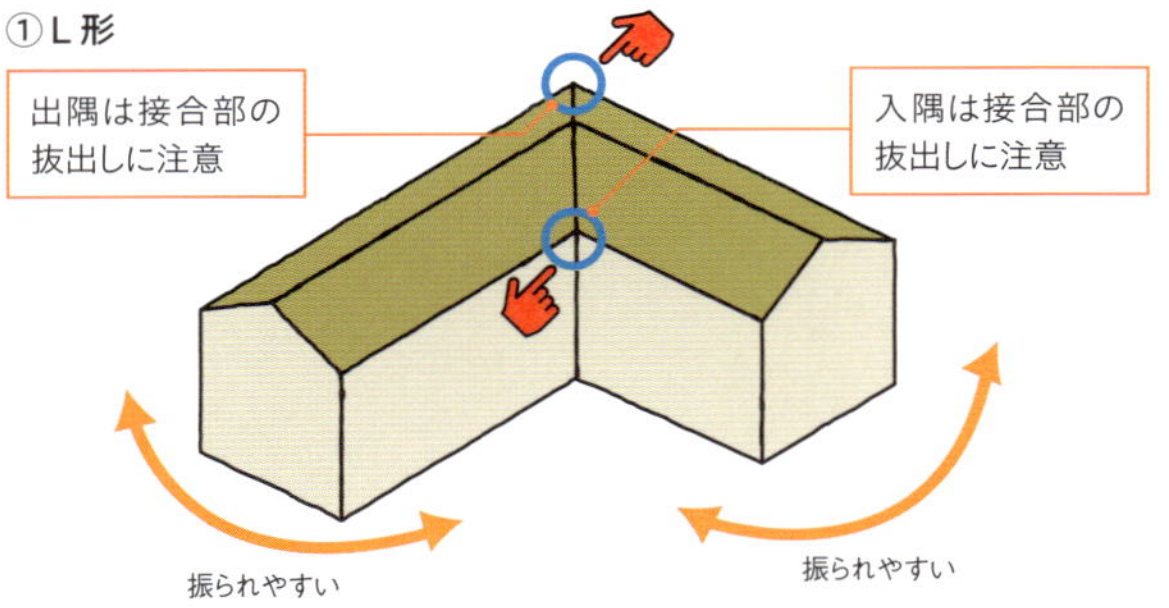

出隅は接合部の抜出しに注意
入隅は接合部の抜出しに注意
振られやすい
振られやすい

ゾーニング(分割)例

建物の突出部は水平力により振られやすいため、耐力壁の配置に注意する。A、Bのブロックごとに壁量と配置バランスを確認する

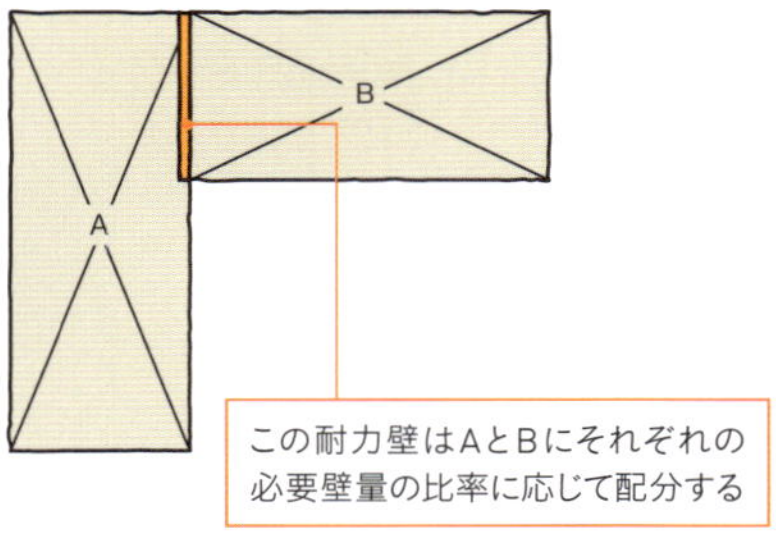

A
B
この耐力壁はAとBにそれぞれの必要壁量の比率に応じて配分する

②コの字形

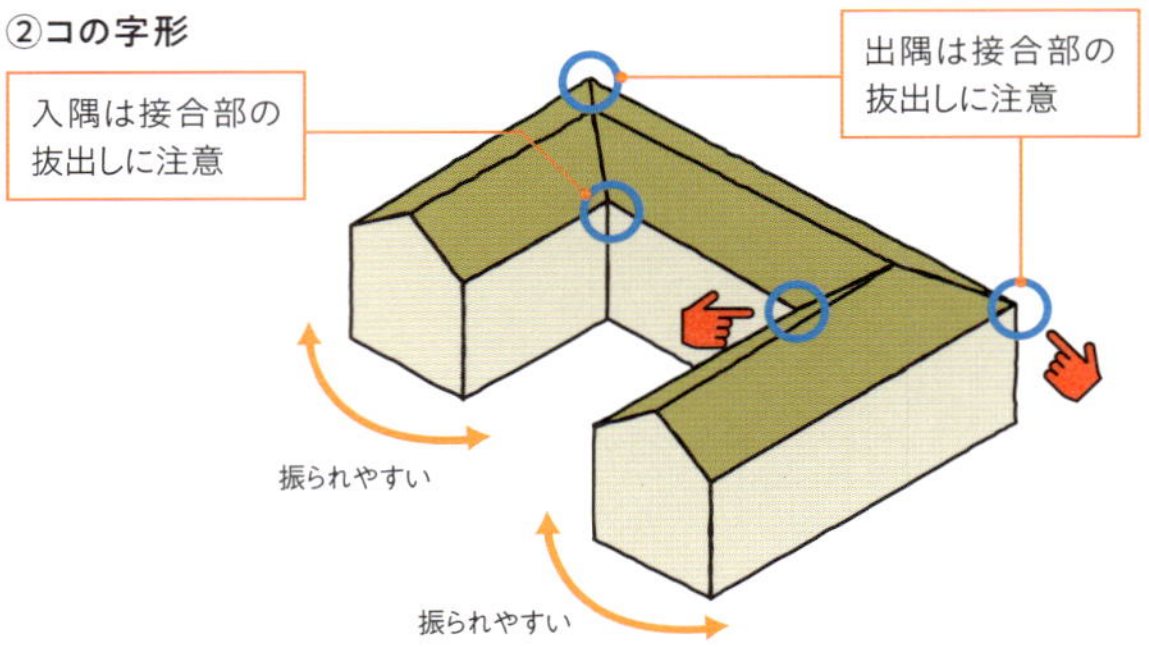

入隅は接合部の抜出しに注意
出隅は接合部の抜出しに注意
振られやすい
振られやすい

ゾーニング(分割)例

L形と同様に、A、B、Cのブロックごとに壁量と配置バランスを確認する

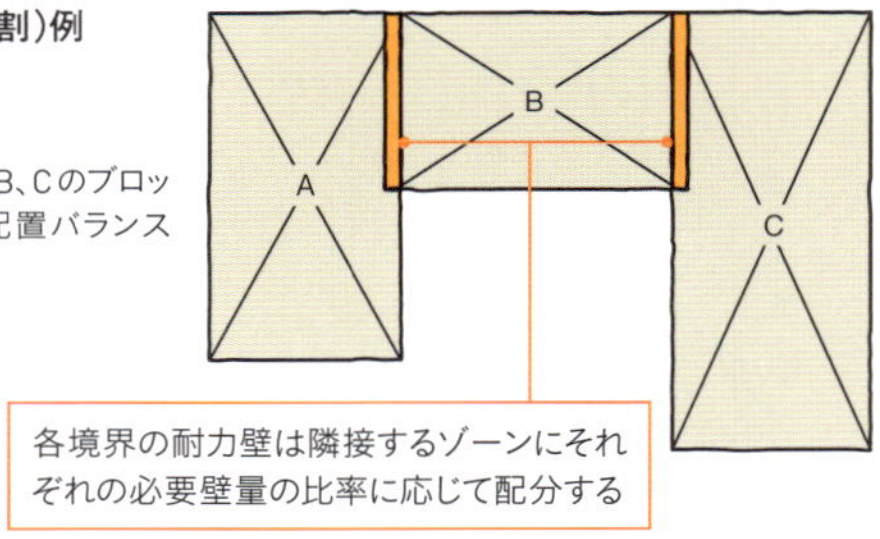

A
B
C
各境界の耐力壁は隣接するゾーンにそれぞれの必要壁量の比率に応じて配分する

③ゾーニングの分け方

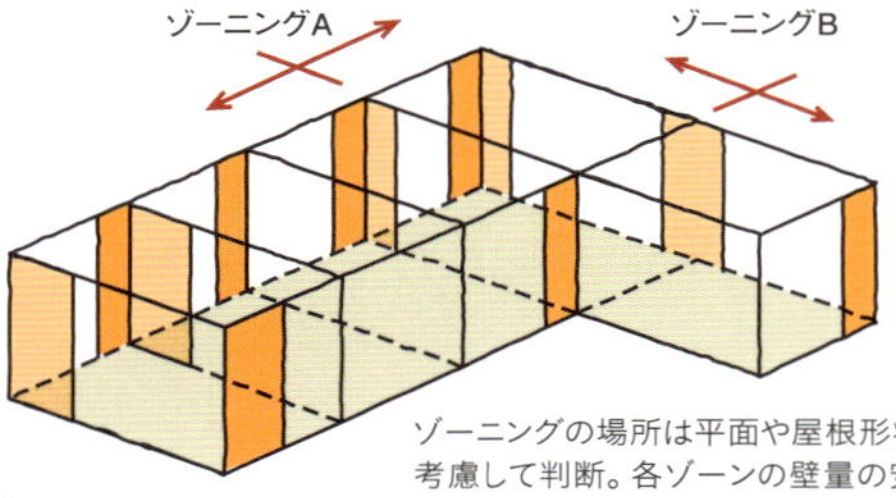

ゾーニングA
ゾーニングB

ゾーニングの場所は平面や屋根形状、立面形状を考慮して判断。各ゾーンの壁量の安全率(存在壁量/必要壁量)に大きな差があると、地震や強風などで水平力が生じた際の揺れ方が同じでなくなり、雨漏りや外壁のひびなどの被害が生じやすい

④L形は先端に耐力壁を入れる

L形の場合、先端部分に水平力が大きく作用するため、先端に耐力壁を設ける。ないと床面を固めても大きく振られてしまう

建物形状によって、構造上注意する点がある。たとえばL形やコの字形の平面形状では、耐力壁が偏りやすいので、ある程度まとまったブロックごとに壁量を確保し、配置のバランスを取るよう設計するとよい［図1］。

南側に大開口を設け、北側に壁が多い建物は、全体で壁量を満たしても偏心が大きく、ねじれて倒壊するおそれがある［図2①］。逆に偏心が小さくても、耐力壁が建物の中心部に集中していると、外周部が大きく振れやすい［図2②］。木造の水平構面の剛性には限度があるので、できるだけ耐力壁を外周部に設けることが望ましい。

狭小間口など細長い平面形は、短辺方向に耐力壁を設けにくく、構面間隔が長くなりやすいため、床面や屋根面の水平剛性を高めたい［図3］。ハイサイドライトを設ける場合は、その部分に小屋筋かいを入れ、床面が分断される場合は、それぞれの床下に耐力壁を設ける［図4・5］。1階と2階の外壁面がずれている場合は、下屋屋根面を固める［図6］。

図2 耐力壁の偏在によって起きる問題

①南側に大開口があり、北側に壁が多い建物

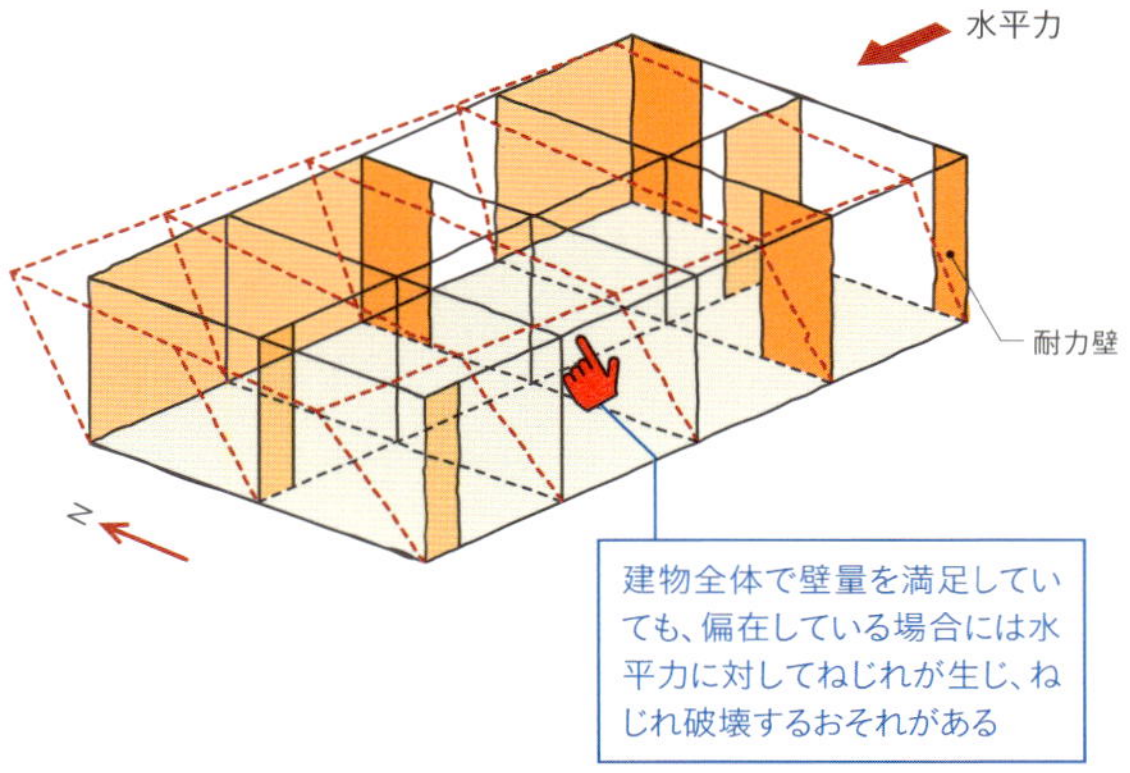
水平力
耐力壁
N
建物全体で壁量を満足していても、偏在している場合には水平力に対してねじれが生じ、ねじれ破壊するおそれがある

②建物の中心に耐力壁が集中している場合

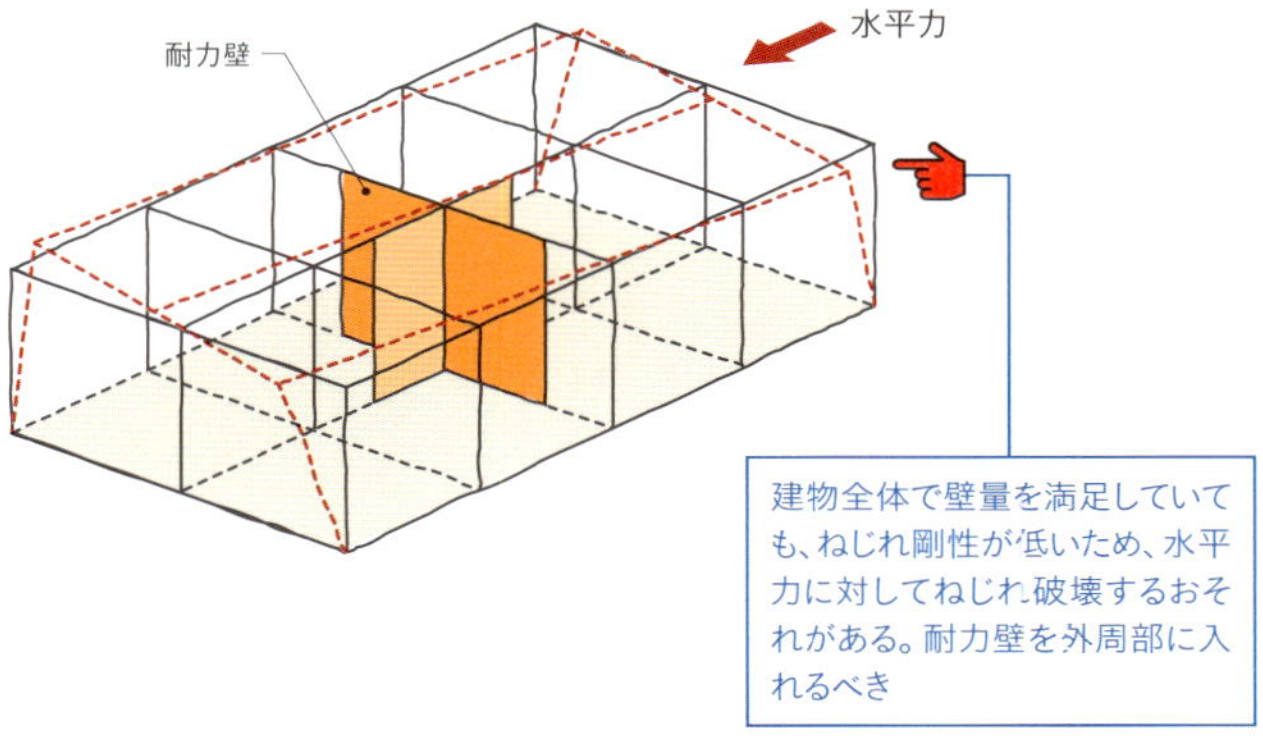
耐力壁
水平力
建物全体で壁量を満足していても、ねじれ剛性が低いため、水平力に対してねじれ破壊するおそれがある。耐力壁を外周部に入れるべき

図3 平面的に細長いプランの対処法

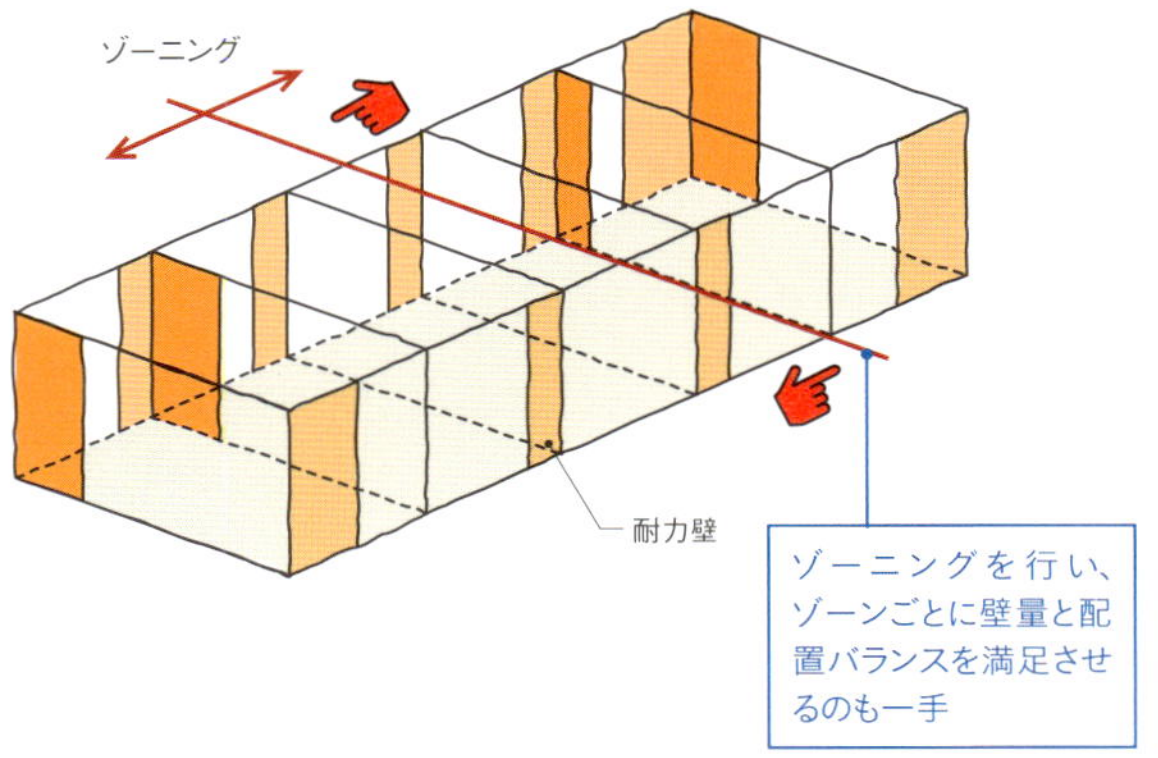
ゾーニング
耐力壁
ゾーニングを行い、ゾーンごとに壁量と配置バランスを満足させるのも一手

図4 ハイサイドライトを設けたい場合の注意点

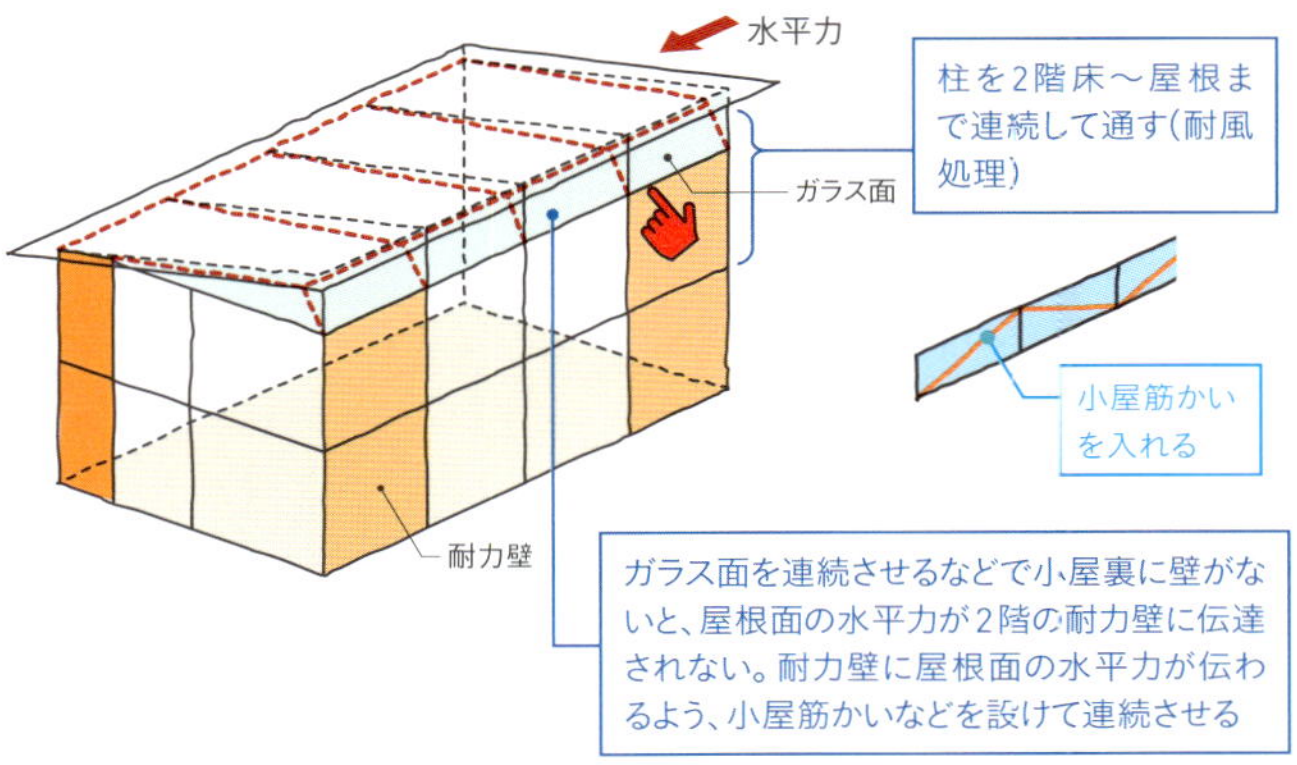
水平力
柱を2階床～屋根まで連続して通す(耐風処理)
ガラス面
小屋筋かいを入れる
耐力壁
ガラス面を連続させるなどで小屋裏に壁がないと、屋根面の水平力が2階の耐力壁に伝達されない。耐力壁に屋根面の水平力が伝わるよう、小屋筋かいなどを設けて連続させる

図5 建物中央に大きな吹抜けがある場合の注意点

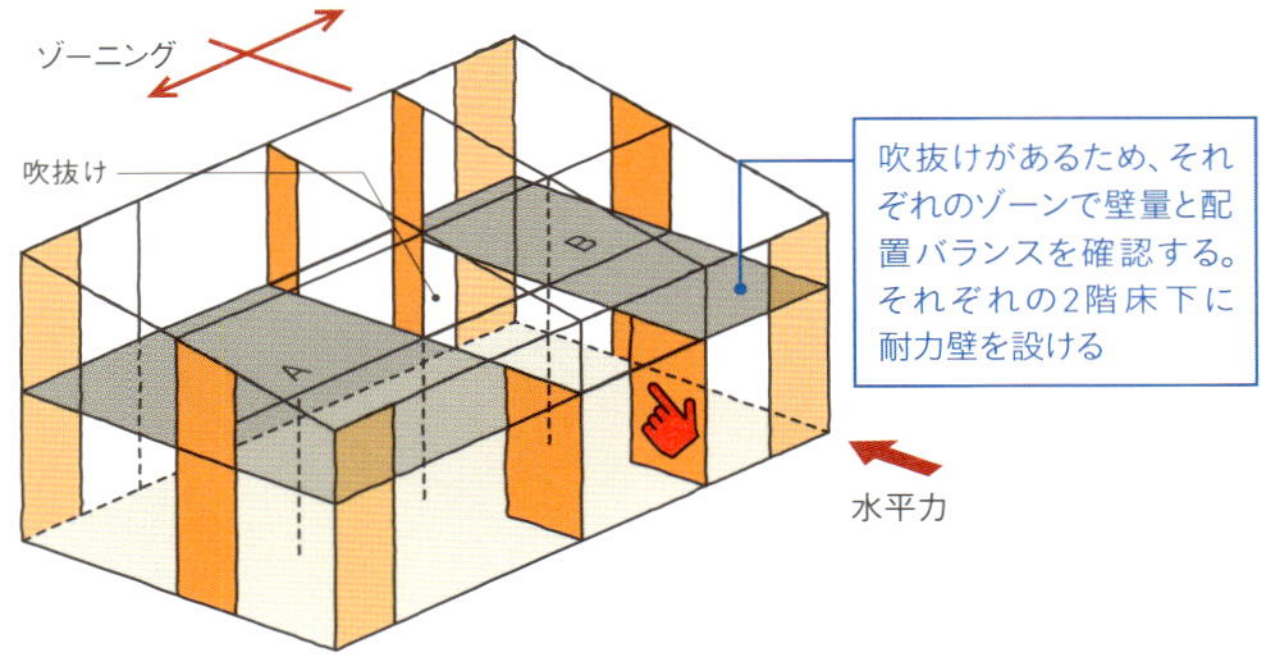
ゾーニング
吹抜け
A
B
吹抜けがあるため、それぞれのゾーンで壁量と配置バランスを確認する。それぞれの2階床下に耐力壁を設ける
水平力

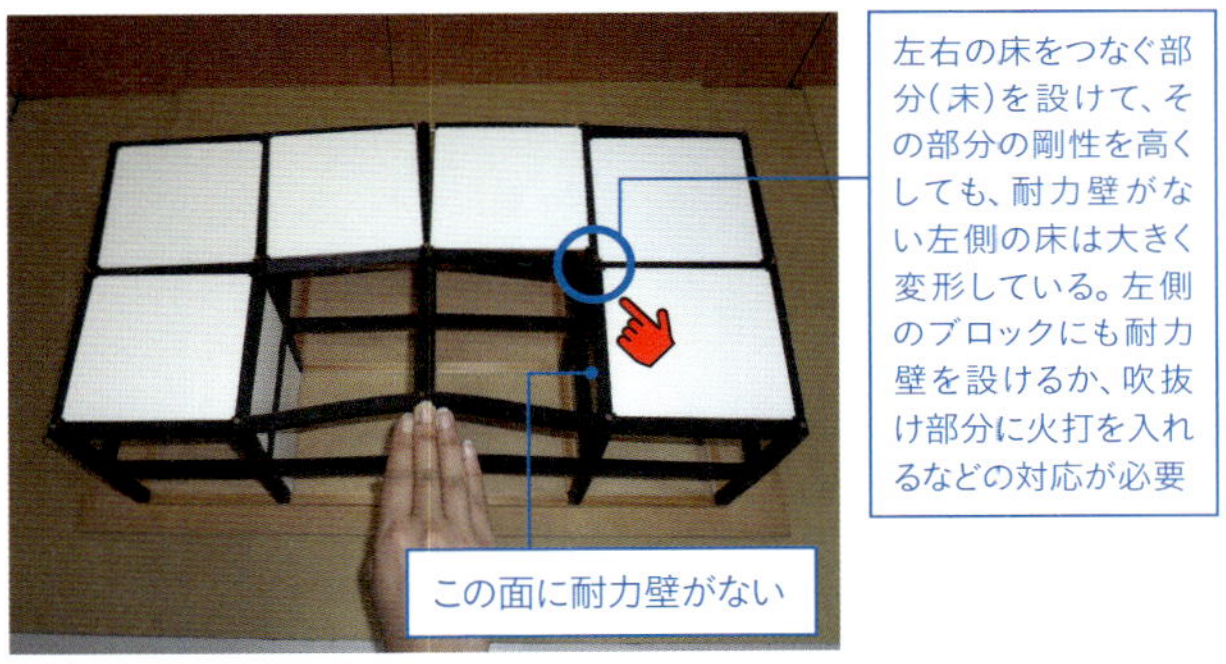
左右の床をつなぐ部分(未)を設けて、その部分の剛性を高くしても、耐力壁がない左側の床は大きく変形している。左側のブロックにも耐力壁を設けるか、吹抜け部分に火打を入れるなどの対応が必要
この面に耐力壁がない

図6 下屋がある場合に起きやすい注意点

①耐力壁の軸力に注意

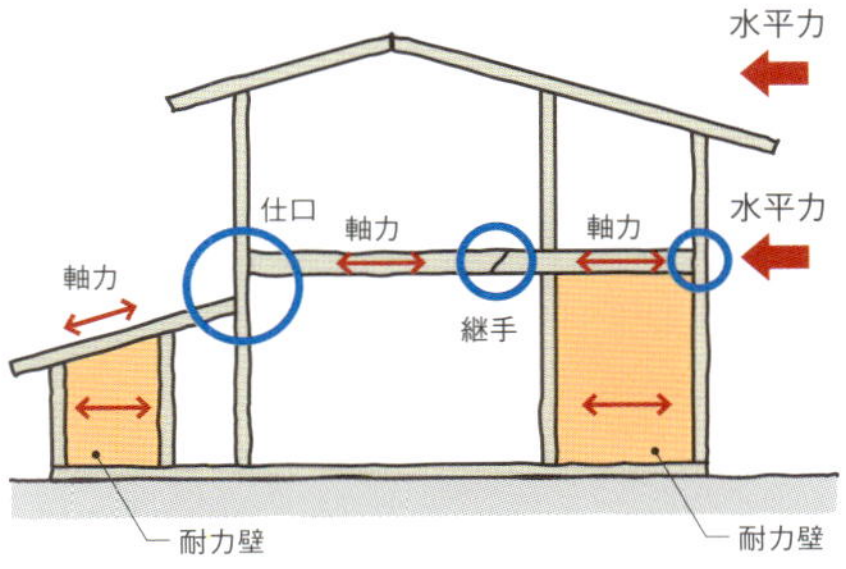
水平力
仕口
軸力
軸力
軸力
水平力
継手
耐力壁
耐力壁

耐力壁と同じ構面にある接合部には大きな軸力が発生するため、接合部分の耐力を高める

②2階の耐力壁の直下に耐力壁がない場合

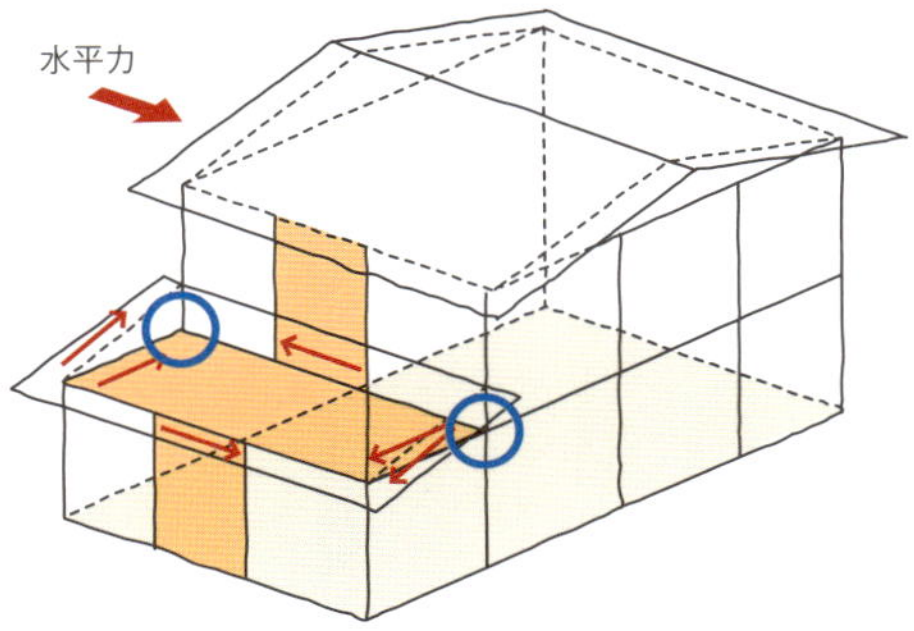
水平力

2階の耐力壁が負担した水平力を、下屋の耐力壁まで伝達するには、下屋の屋根面または天井面を固めるほか、下屋が取り付く接合部をしっかり留める

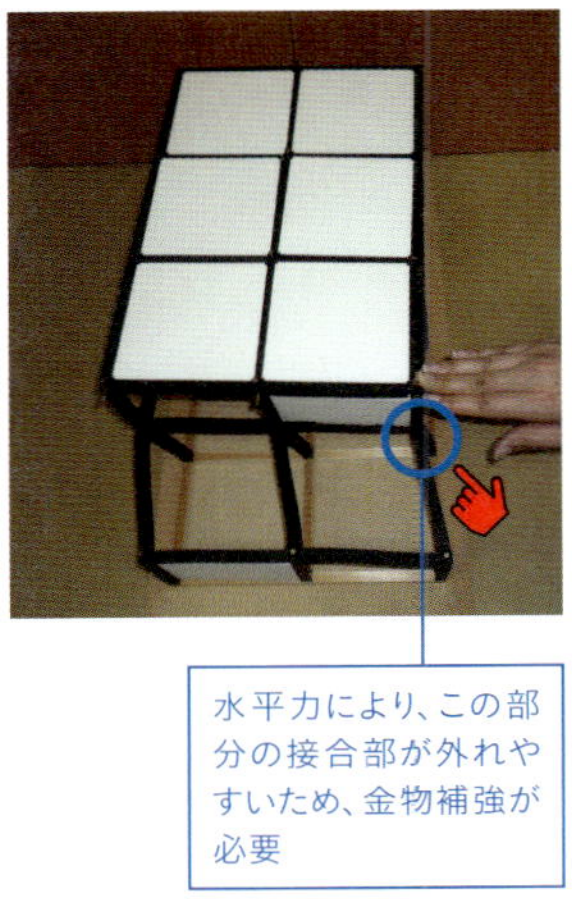
水平力により、この部分の接合部が外れやすいため、金物補強が必要

2
構造計画
02 荷重をスムーズに流す架構計画のコツは？

上下階の柱・梁の連続性に注意しながら、「構面」で考える

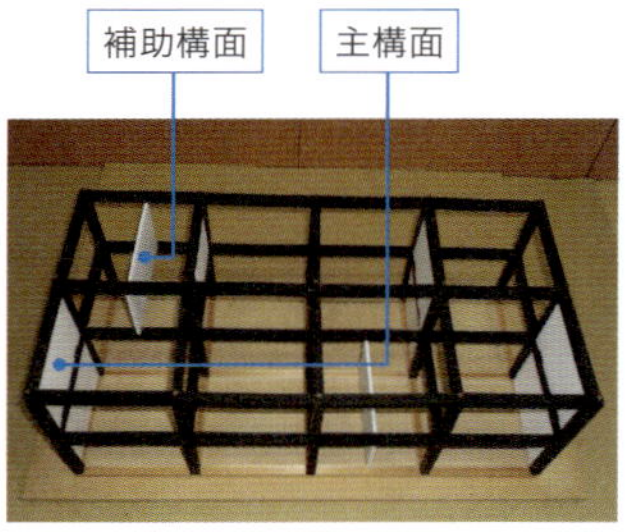

補助構面
主構面

主構面とは、1・2階ともに柱が通っている軸組をいう。また補助構面は、1階または2階のみに柱が存在する軸組をいう

図1 主構面と補助構面の配置のしかた

●1階平面図

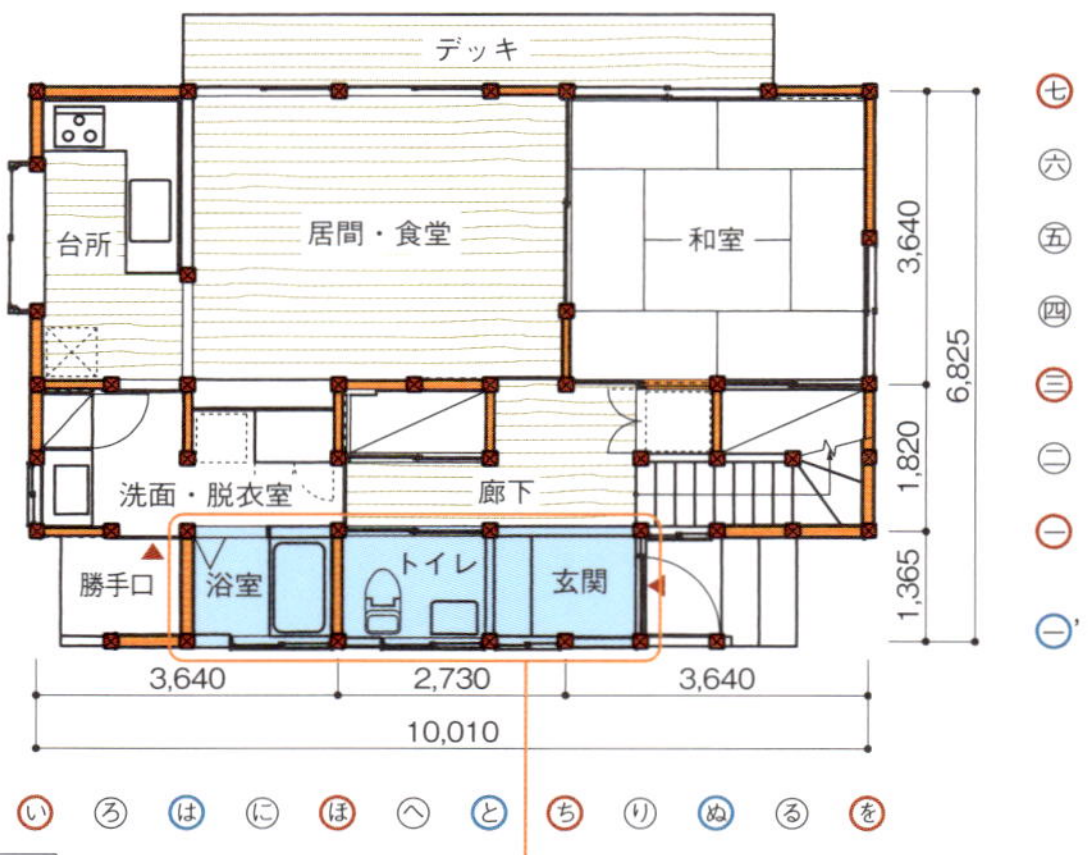

デッキ
台所
居間・食室
和室
洗面・脱衣室
廊下
勝手口
浴室
トイレ
玄関
3,640
1,820
1,365
6,825
3,640
2,730
3,640
10,010

○：主構面
○：補助構面
■：耐力壁

1階の㊀'列の下屋部分の外壁を壁量として考える場合、2階耐力壁から下屋部分の外壁に力をスムーズに流すため、下屋の屋根か天井面は剛性を高める

●2階平面図

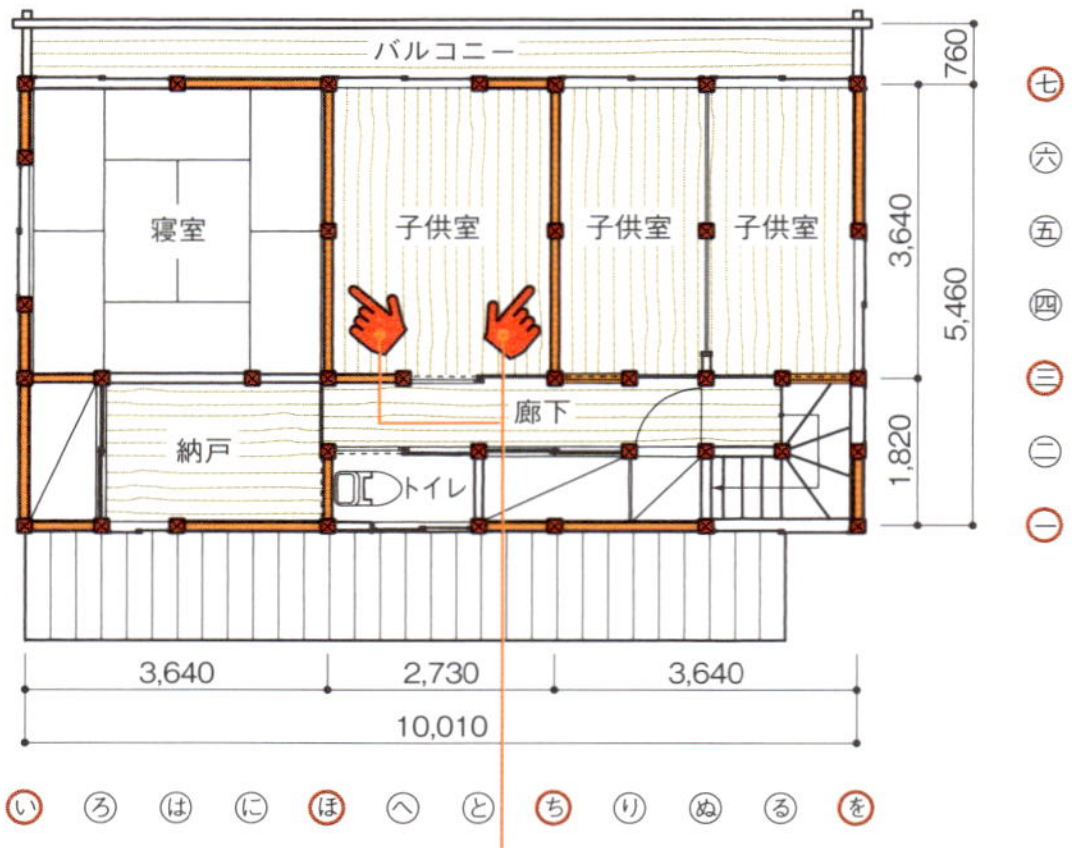

バルコニー
寝室
子供室
子供室
子供室
納戸
廊下
トイレ
760
3,640
5,460
1,820
3,640
2,730
3,640
10,010

2階は、壁量が外周壁のみで足りる場合でも、屋根面の水平剛性不足から壁量を増やす場合がある。水平力に対して建物の中央部分が大きく変形しそうな場合には、建物の中央付近に耐力壁を配置する

◎軸組をつくる

まず、図中の柱の「通り」を連続性のある「構面」として考える。次に、その構面に耐力壁を配置して、バランスをみる

①平面図で柱の通りを連続した構面にする
②○の通り芯を主構面（1、2階に通っている構面）とする
③○の通り芯は補助構面（1階または2階のみに存在する構面）とする
④各構面内に耐力壁を配置する

●2階床伏図

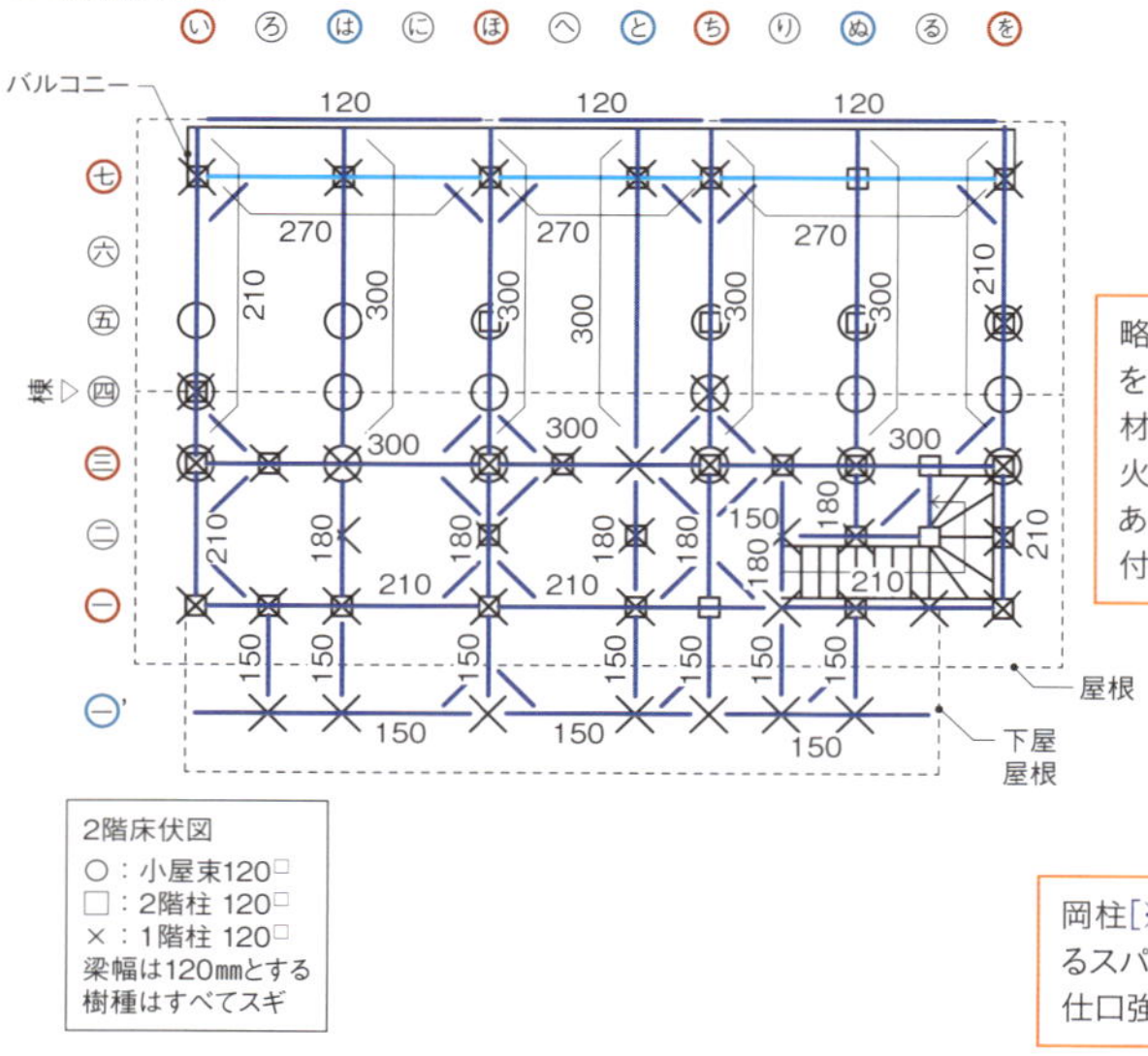

バルコニー
120
270
210
300
180
150
屋根
下屋
屋根
2階床伏図
○：小屋束120□
□：2階柱 120□
×：1階柱 120□
梁幅は120㎜とする
樹種はすべてスギ

●ほ通り軸組図

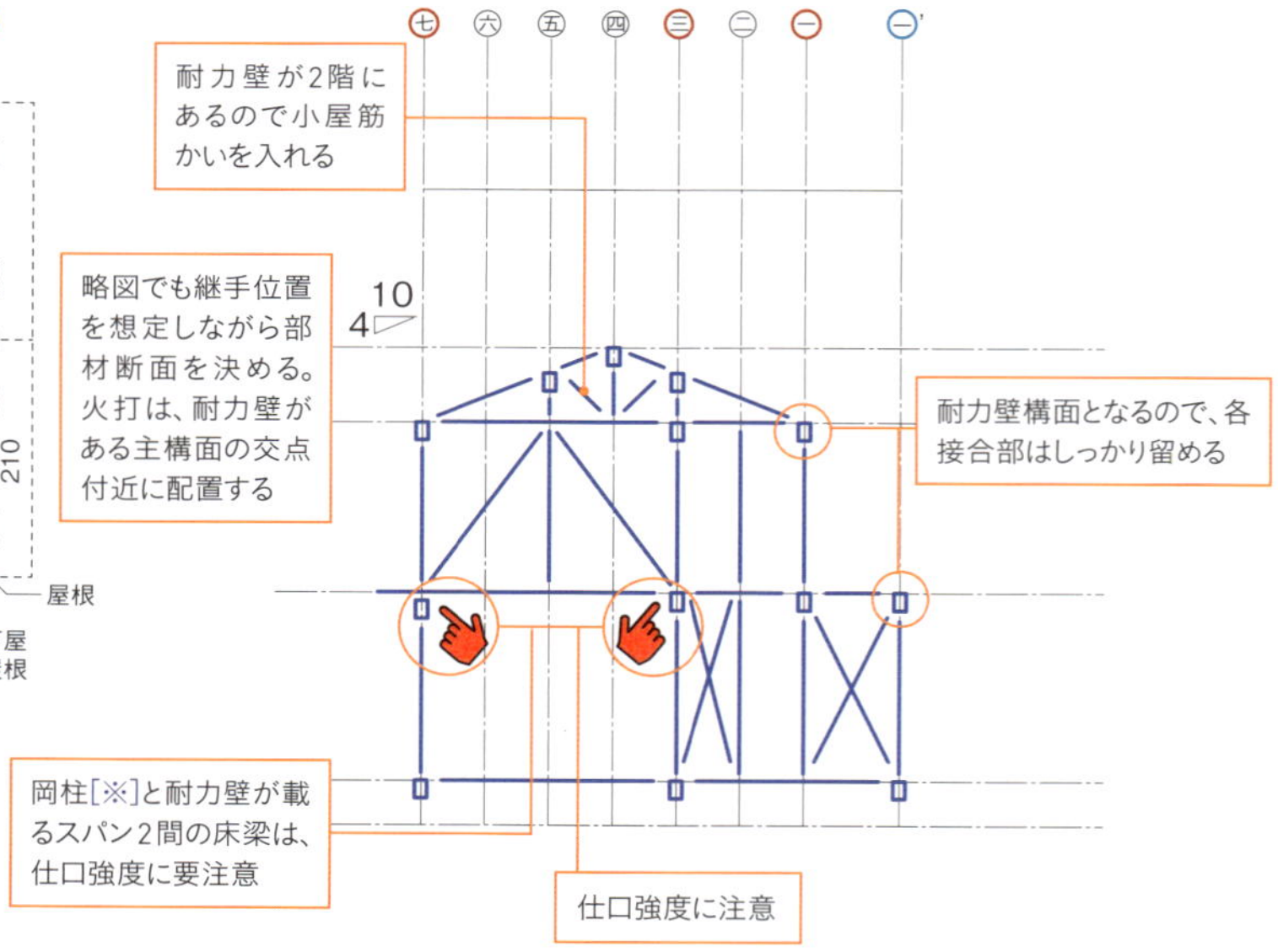

耐力壁が2階にあるので小屋筋かいを入れる
10
4
略図でも継手位置を想定しながら部材断面を決める。火打は、耐力壁がある主構面の交点付近に配置する
耐力壁構面となるので、各接合部はしっかり留める
岡柱［※］と耐力壁が載るスパン2間の床梁は、仕口強度に要注意
仕口強度に注意

※ 岡柱とは下階に柱がなく、梁から立つ柱のことで、岡立ち柱ともいう。岡柱を支える梁を岡持ちという

木造住宅の構造計画で最も重要なのは、「床剛性を考えて耐力壁を配置する」ことである。そのためには「構面」を考えなければならない。

ここでいう構面とは、柱が連続して建っている「通り」のことで、1・2階ともに柱が通っている軸組を主構面、1階あるいは2階のみに柱が存在する軸組を補助構面という［図1］。

構面は、なるべく一定間隔に配置して、主構面に耐力壁を配置するとよい。その主構面の下に地中梁を通し、杭が必要な場合は地中梁の下に配置すると、基礎も含めた架構が整理され、構造上も施工上も合理的となる。このように構面を整理しておけば、残すべきところと移動・除去しても支障がない部分とが明確になり、将来の改築計画もしやすくなる。

構面を整理するには、必ず伏図と軸組図を作成し、力の流れを考えることが重要である。主構面は鉛直・水平の両方の荷重が集まる軸組であるから、上下階の柱を一致させて、各部材をしっかり接合し、基礎まで円滑に力が流れるように計画するとよい。

軸組の種類による架構計画と、平面計画の例を考えてみる。

柱通し構法の基本的な平面は、田の字プランである［図2］。約3～4mグリッドで通し柱を設け、床梁を差し込んで軸組を構成する。梁どうしの仕口は大入れ蟻掛けが一般的である。

この構法は、定尺材を有効に活用できるほか、通し柱の存在する軸組を主構面として耐力壁を配置できるなど、構面の整理がしやすい。また、梁天端がそろっているため、高い水平剛性が期待できる。

梁通し構法は、柱が多く存在する方向に約2m間隔で下梁を通し、下梁と直交方向に、スパンの長い上梁をその上にかけ渡す構法である［図3］。柱はすべて管柱で、長ホゾ差しと渡り腮《あご》の単純な仕口で積み上げる。

この構法は、仕口の欠損が少なく鉛直荷重の伝達が安定しており、大変形への追随性が高い。

前出2つの構法には注意点もあるため［図2、3］、計画時には留意したい。

図2 柱通し構法で柱・梁を計画する手順

◎軸組をつくる

基本構造→2間、1間半間隔で通し柱を配置する

①基本グリッドをつくり、各交点に通し柱を設ける
②通し柱をつなぐ大梁を架ける
③小梁を適宜設ける
④通し柱と大梁で組まれた軸組内に耐力壁を配置する

主な注意ポイント

・仕口の断面欠損が大きくなる
・たわみ量を抑えるため、木材は十分に乾燥させておく
・仕口の抜出しを防止するため引きボルトなどを併用する

●平面図

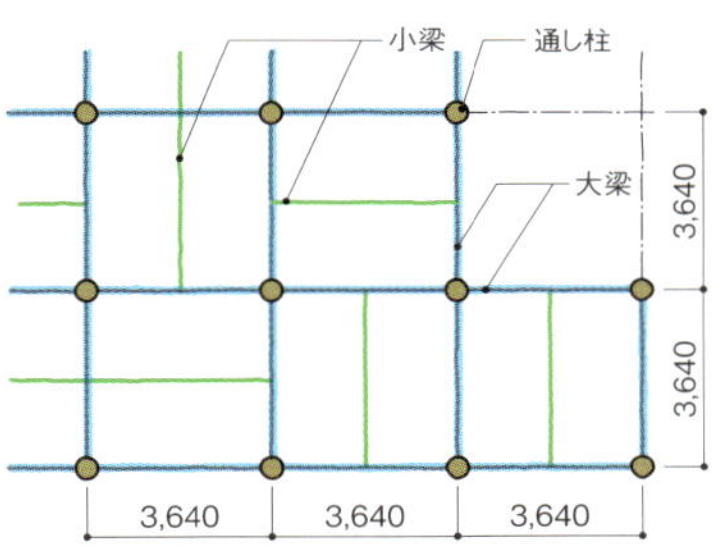

●アイソメ図

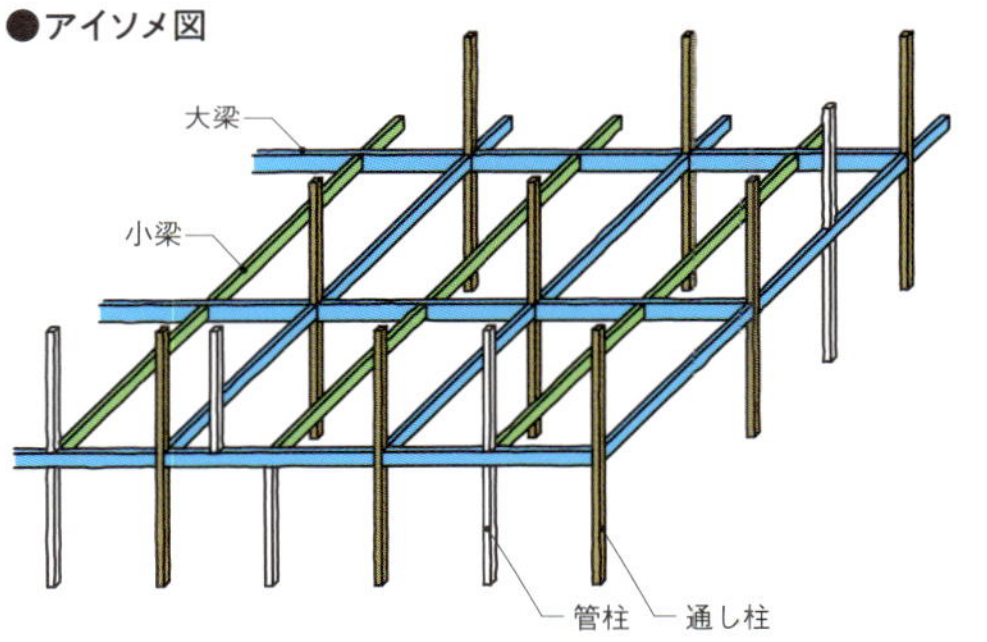

図3 梁通し構法で柱・梁を計画する手順

◎軸組をつくる

基本構造→梁を通す構法で、柱はすべて管柱となる

①管柱を配置する
②柱が多く立つ「通り」に下梁を架ける
③その直交方向に上梁を架ける
④耐力壁は約4m間隔で配置する

●アイソメ図

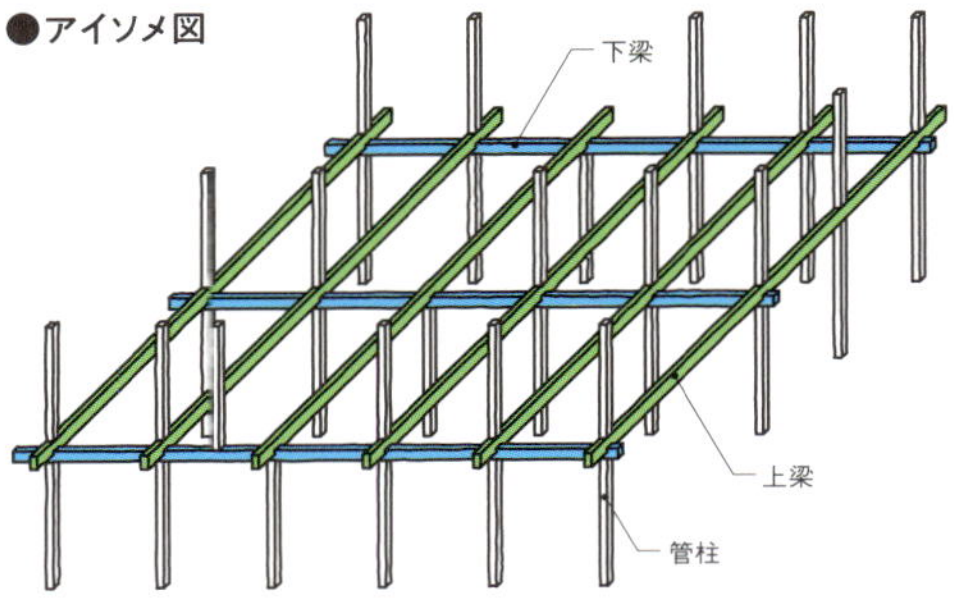

●平面図

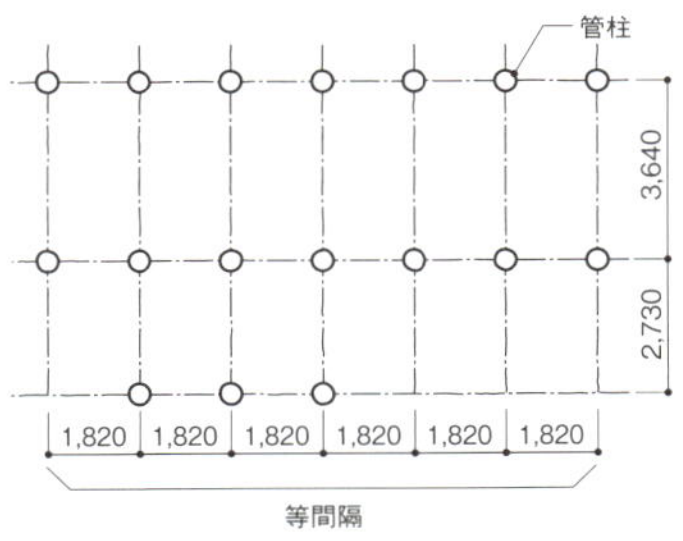

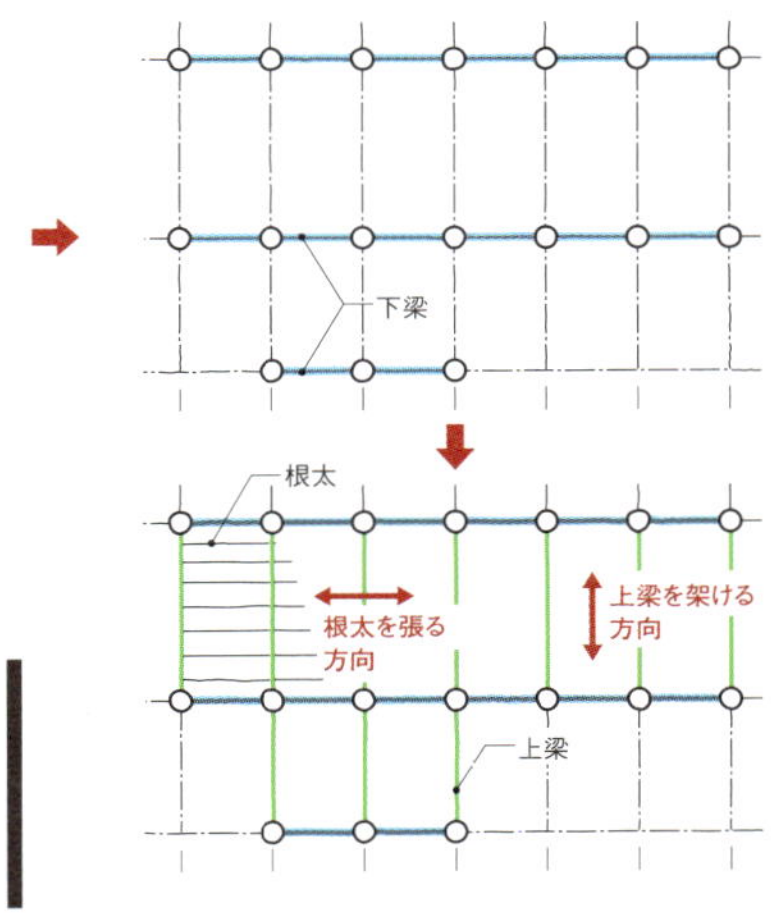

主な注意ポイント

・積み木構造で水平構面の剛性が低いため、耐力壁の配置計画に注意
・梁鼻（梁端部）が外壁から出張るので、雨仕舞の工夫が必要

2
構造計画
03

建物中央に大きな吹抜けがある場合の構造計画は？

吹抜け中央で建物を分断し、それぞれのブロックで壁量と配置のバランスを確保する。原則として、吹抜けの両側の下部に耐力壁を設置する

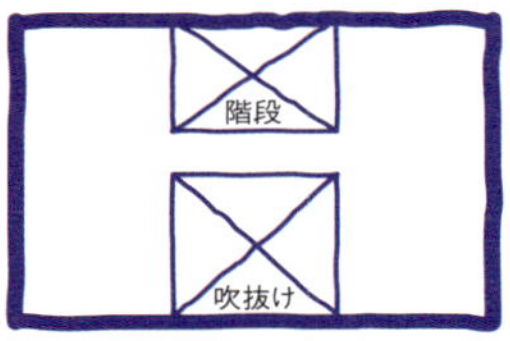

階段
吹抜け

吹抜けや階段が建物中央にあると、床が分断されてしまい、床の剛性が取りづらい

図1 建物中央に吹抜けと階段がある場合の耐力壁の配置計画のポイント

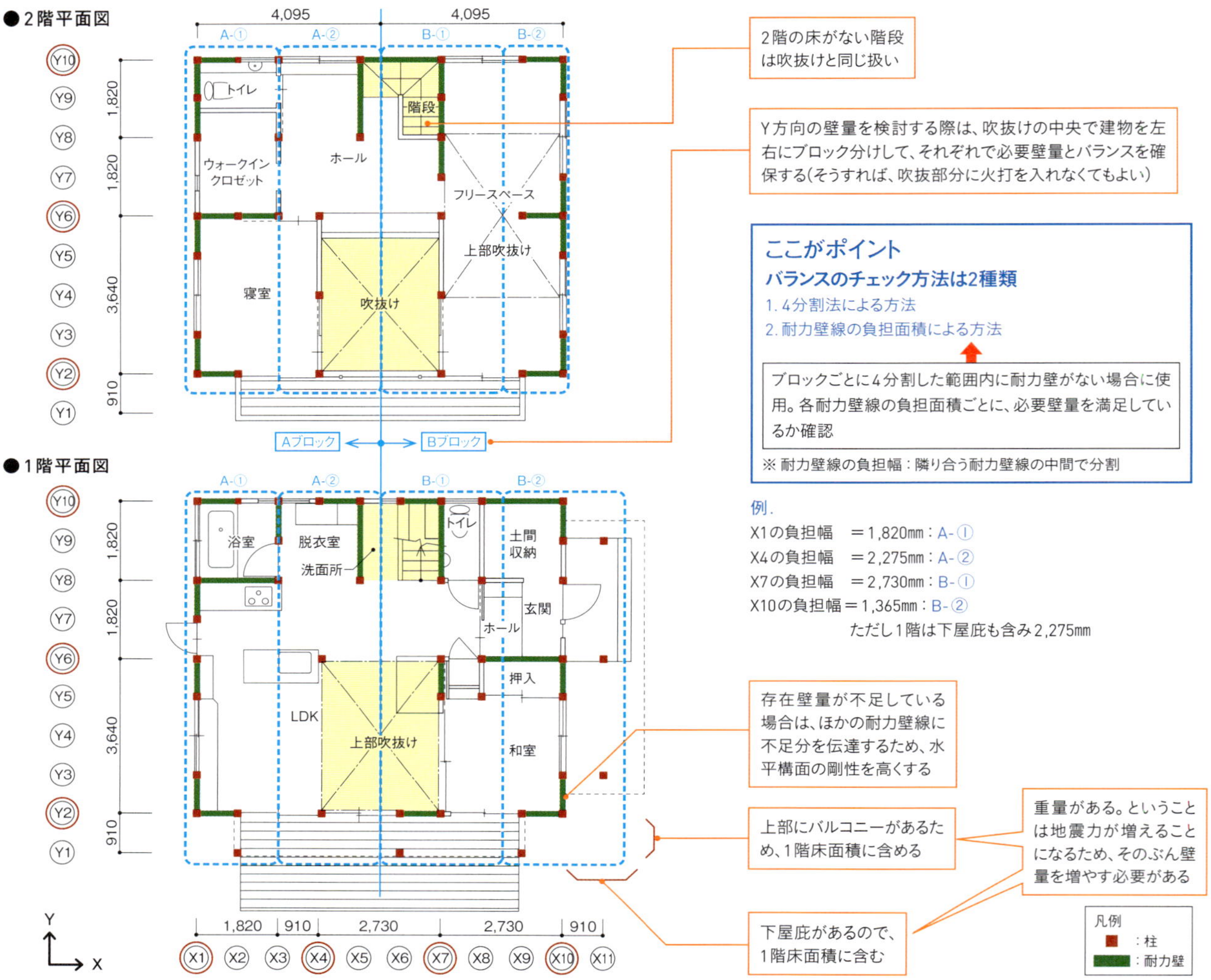

●2階平面図
4,095
4,095
A-①
A-②
B-①
B-②
Y10
Y9
Y8
Y7
Y6
Y5
Y4
Y3
Y2
Y1
1,820
1,820
3,640
910
トイレ
階段
ウォークイン
クロゼット
ホール
フリースペース
上部吹抜け
寝室
吹抜け
Aブロック
Bブロック
●1階平面図
浴室
脱衣室
洗面所
トイレ
土間
収納
玄関
ホール
押入
LDK
上部吹抜け
和室
1,820
910
2,730
2,730
910
X1
X2
X3
X4
X5
X6
X7
X8
X9
X10
X11
2階の床がない階段
は吹抜けと同じ扱い
Y方向の壁量を検討する際は、吹抜けの中央で建物を左右にブロック分けして、それぞれで必要壁量とバランスを確保する(そうすれば、吹抜部分に火打を入れなくてもよい)
ここがポイント
バランスのチェック方法は2種類
1. 4分割法による方法
2. 耐力壁線の負担面積による方法
ブロックごとに4分割した範囲内に耐力壁がない場合に使用。各耐力壁線の負担面積ごとに、必要壁量を満足しているか確認
※ 耐力壁線の負担幅：隣り合う耐力壁線の中間で分割
例.
X1の負担幅　＝1,820㎜：A-①
X4の負担幅　＝2,275㎜：A-②
X7の負担幅　＝2,730㎜：B-①
X10の負担幅＝1,365㎜：B-②
ただし1階は下屋庇も含み2,275㎜
存在壁量が不足している場合は、ほかの耐力壁線に不足分を伝達するため、水平構面の剛性を高くする
上部にバルコニーがあるため、1階床面積に含める
重量がある、ということは地震力が増えることになるため、そのぶん壁量を増やす必要がある
下屋庇があるので、1階床面積に含む
凡例
：柱
：耐力壁

建物中央部に吹抜けや階段が**図1**のように配置されている場合、Y方向の水平力に対する検討を行う際に、吹抜けの中央部で左右に建物を分割し、それぞれのブロックで壁量と配置のバランスを確保すべきである。

図の場合、1階のX4通りとX7通り付近にY方向の耐力壁が必要となる。2階の耐力壁で受けた水平力（屋根面の地震力）を1階の耐力壁に伝達するため、2階の耐力壁線と同一構面に1階の耐力壁を配置すると効率がよい。

吹抜けの片側にしか耐力壁を設けられない場合、Y6〜Y8間の狭い床を介して、反対側のブロックの耐力壁線まで水平力を伝えられるよう、床の水平剛性を高めなくてはならない。

ねじれをチェックする4分割法は、建物の両側端部の充足率を検討するが、本来は耐力壁線ごとに必要壁量を算出して充足率を満足するように耐力壁を配置するのが合理的である。

耐力壁線ごとの必要壁量は、隣の壁線との中間で面積を区切り、その面積ごとに算出する。

図2 木造住宅の各階伏図を考えるときの共通ポイント

●母屋伏図

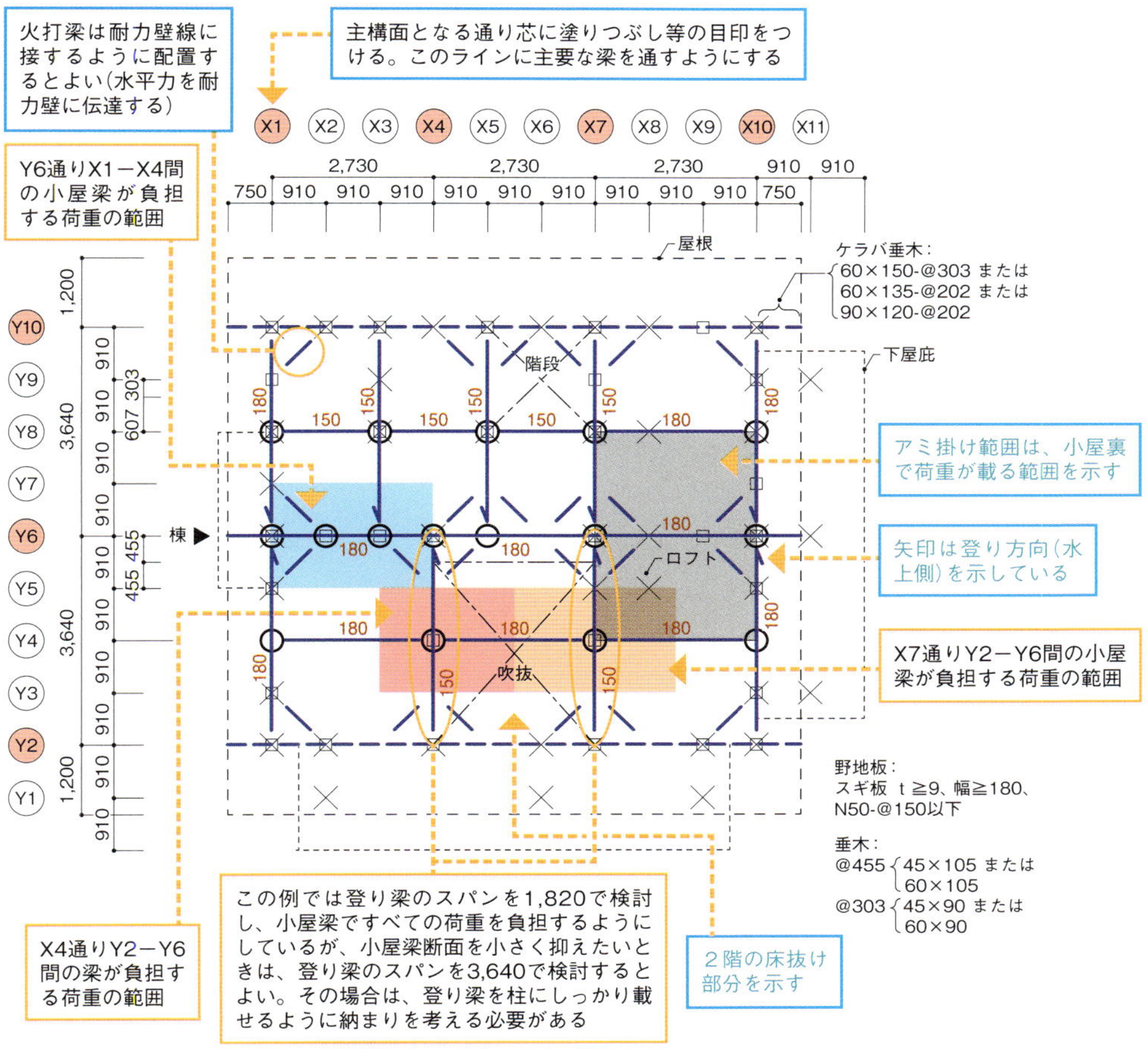

ここがポイント

梁の架け方を考えるときはまず、すべての階の柱を重ねて描いた柱伏図を作成するとよい。なお、柱伏図には、吹抜けや階段、ロフト、屋根や庇の範囲、棟の位置なども記載する。(水平構面の形状や荷重の範囲を把握するため)

このなかで、×印と□印が重なっているところを支点として、各層(小屋梁および床梁)の架け方を検討する。□印のみ(2階に柱があるが1階はなし)のところは、設計上特に注意が必要。

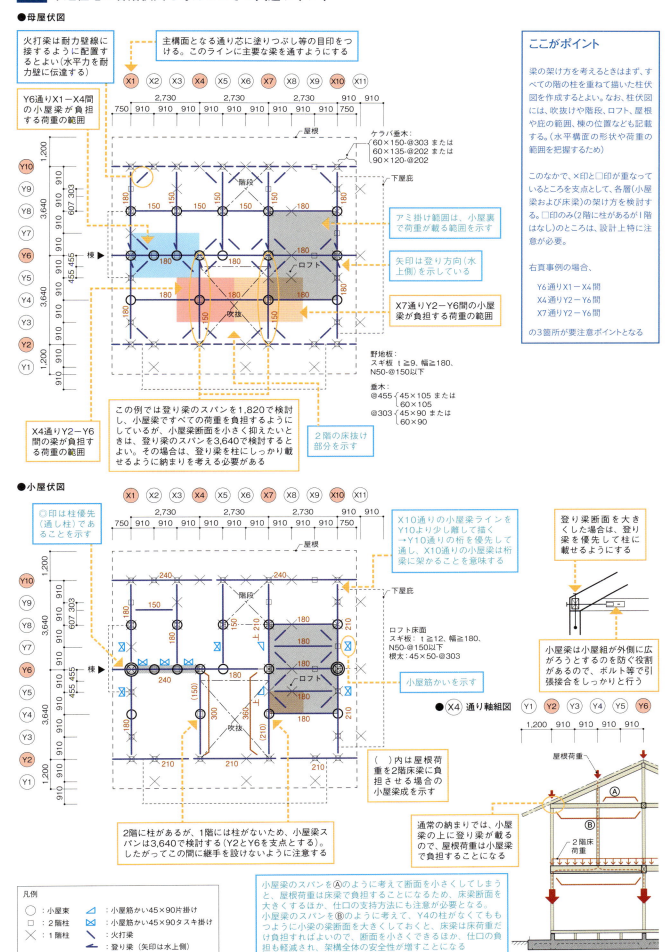

右頁事例の場合、

Y6通りX1－X4間
X4通りY2－Y6間
X7通りY2－Y6間

の3箇所が要注意ポイントとなる

●小屋伏図

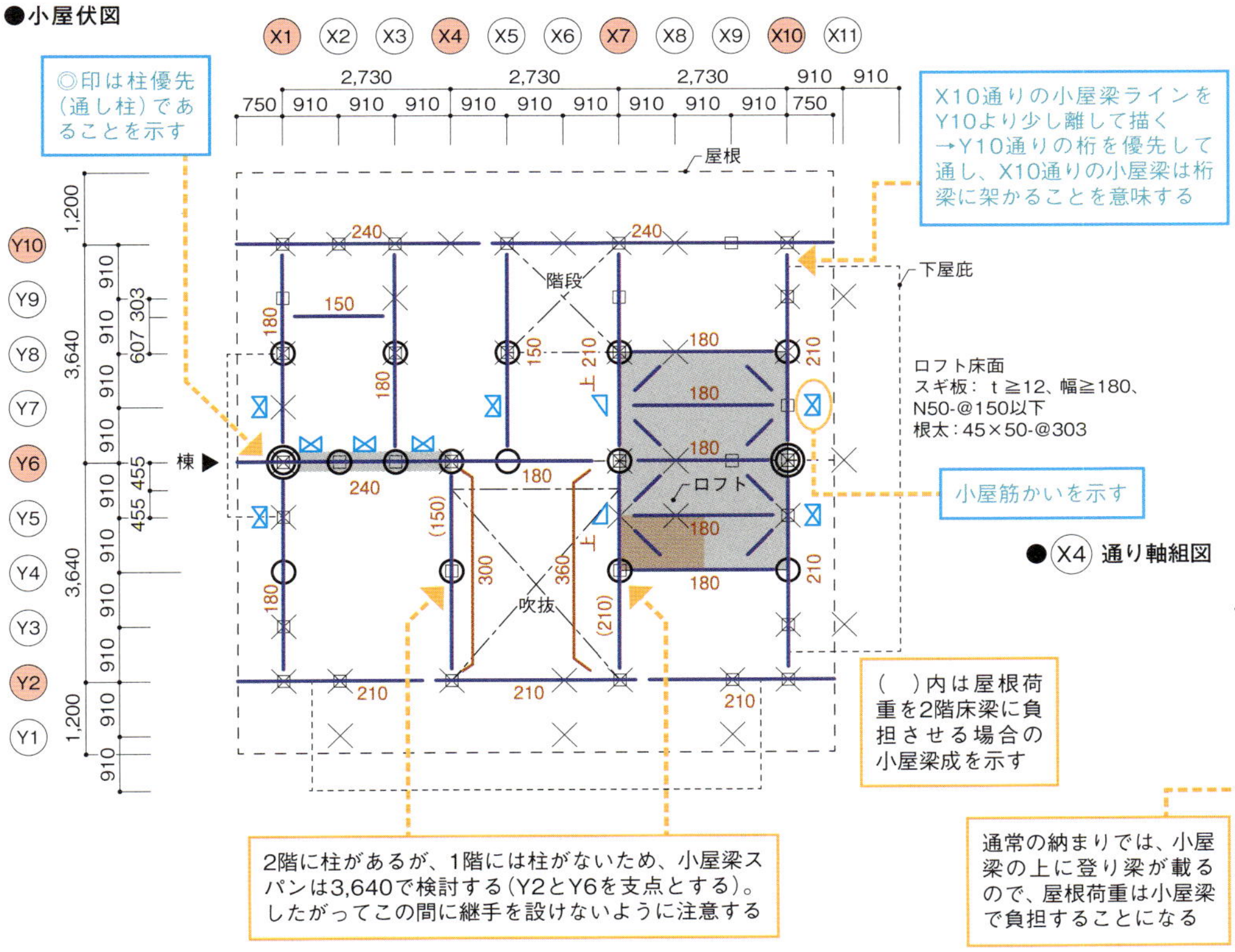

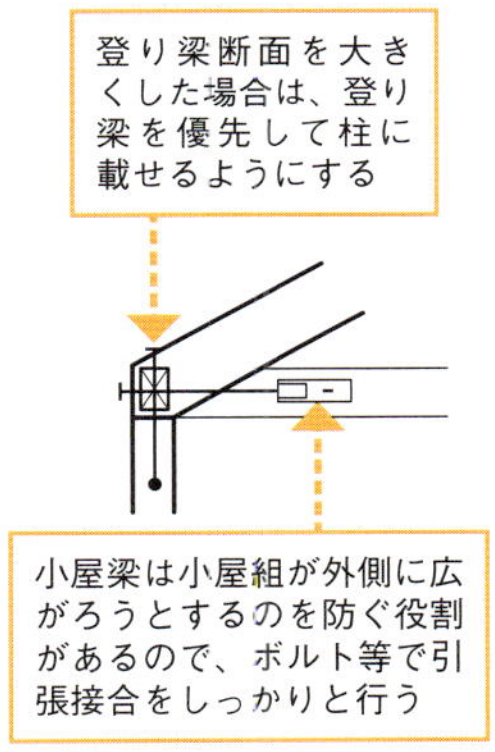

●X4 通り軸組図

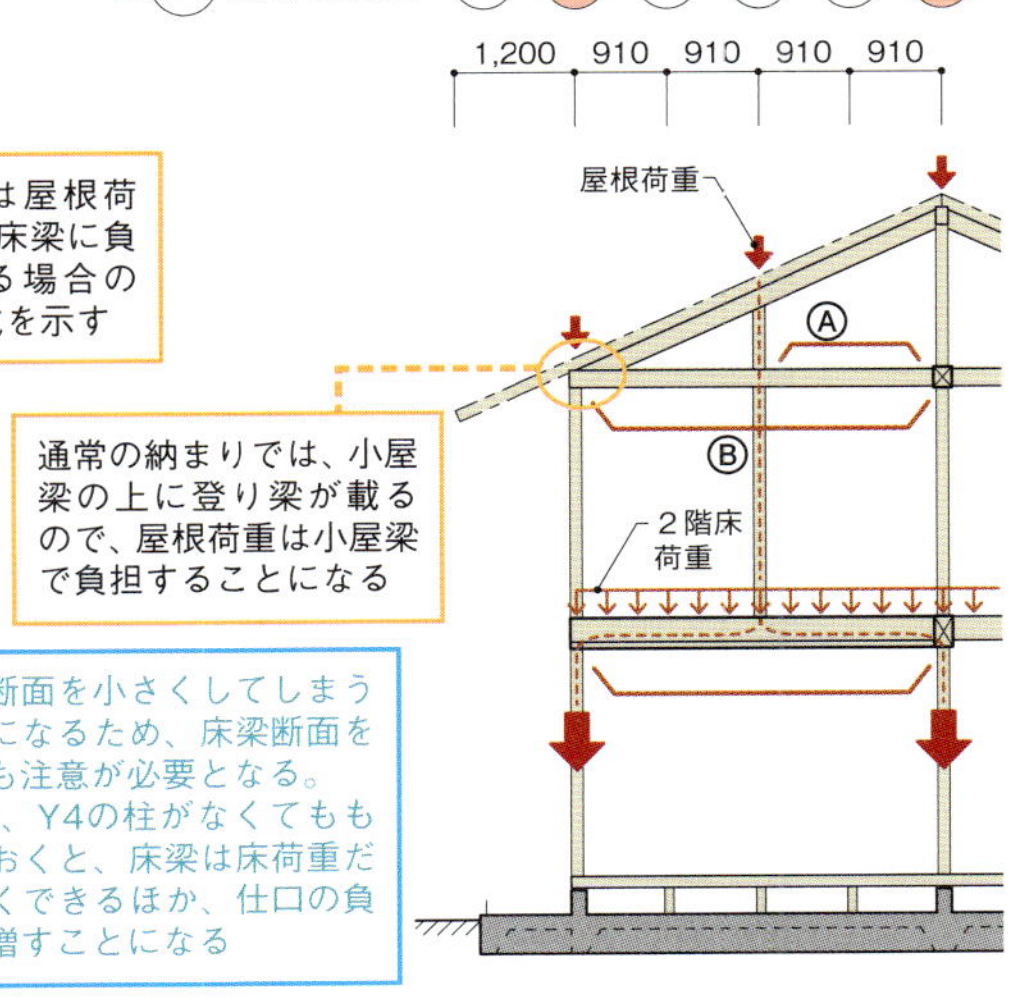

凡例

- ○：小屋束
- □：2階柱
- ×：1階柱
- ◿：小屋筋かい45×90片掛け
- ⊠：小屋筋かい45×90タスキ掛け
- ＼：火打梁
- ↙：登り梁（矢印は水上側）

小屋梁のスパンをⒶのように考えて断面を小さくしてしまうと、屋根荷重は床梁で負担することになるため、床梁断面を大きくするほか、仕口の支持方法にも注意が必要となる。

小屋梁のスパンをⒷのように考えて、Y4の柱がなくてももつように小梁の梁断面を大きくしておくと、床梁は床荷重だけ負担すればよいので、断面を小さくできるほか、仕口の負担も軽減され、架構全体の安全性が増すことになる

図3 2階 床梁の配置計画と注意点

棟木G31や小屋梁G21の断面が小さかったりX1～X4間で継手を設けたりすると、すべての荷重を2階床梁G11で受けることになる。G11の部材断面を大きくするほか、仕口のめり込みに対しても注意が必要

CASE1

●2階床伏図

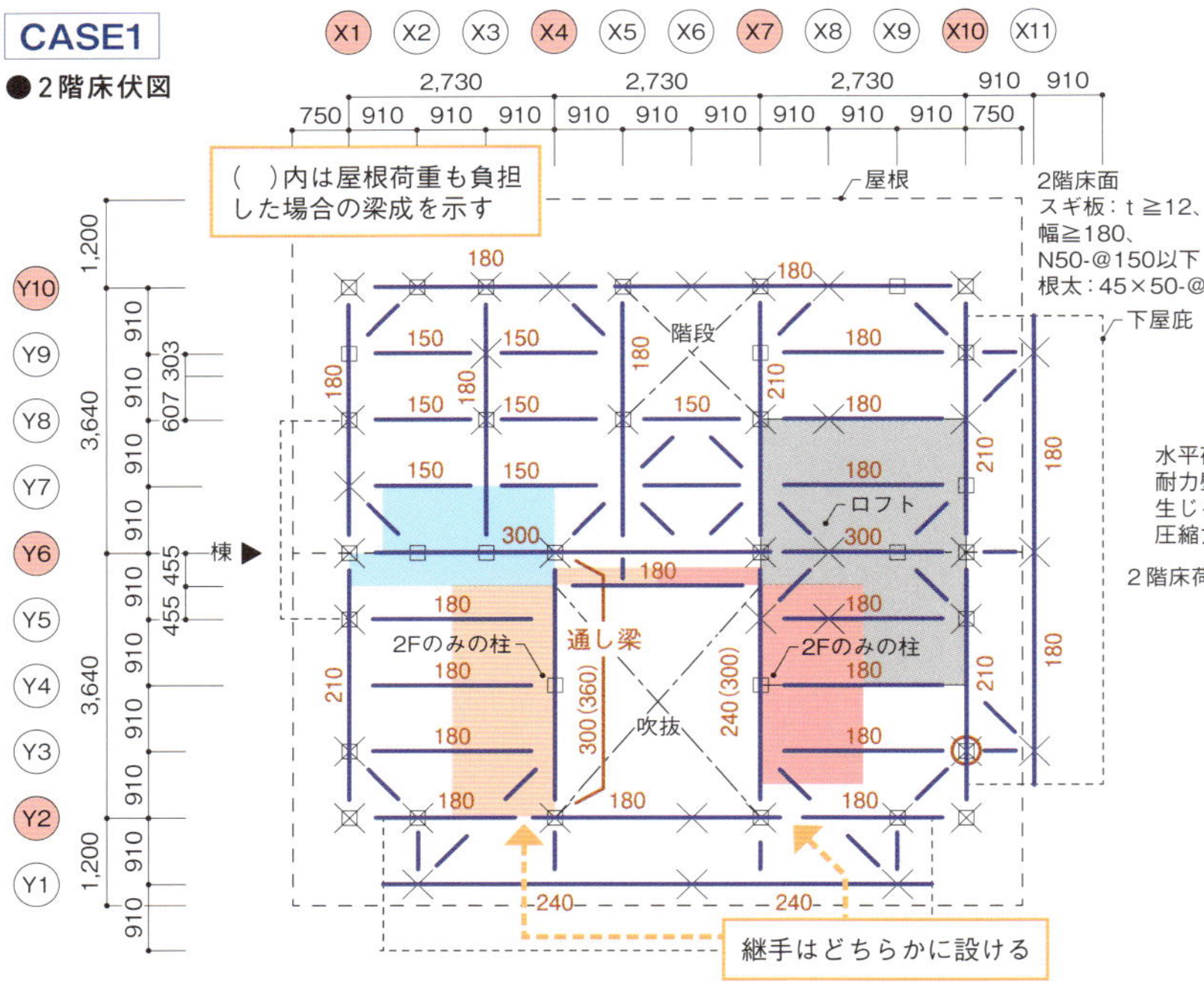

下屋
野地板：
スギ板 t≧9、幅≧180、
N50-@150以下
垂木：
45×90-@455 または
60×75-@455

CASE－1の考え方

- まず、Y2・Y6・Y10の床梁を通す
- 次にX1・X3～X5・X7・X10の床梁を架ける
- その他小梁はすべてX方向に架ける
- 根太または厚板合板はY方向に架ける

小屋伏と整合した形であるが、X4通り・X7通りのY2－Y6間の負担荷重が重くなるため、梁断面および仕口形状に余裕をもたせる必要がある

●Y6通り軸組図

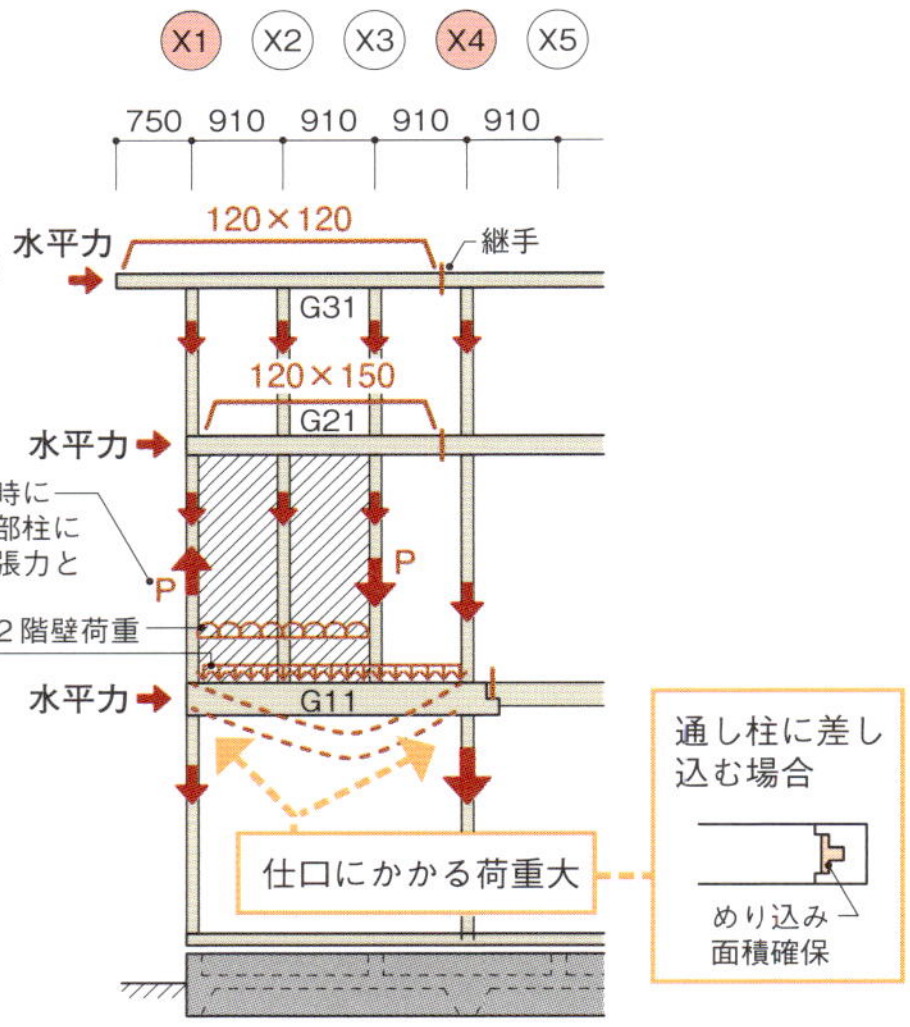

●Y6通り軸組図

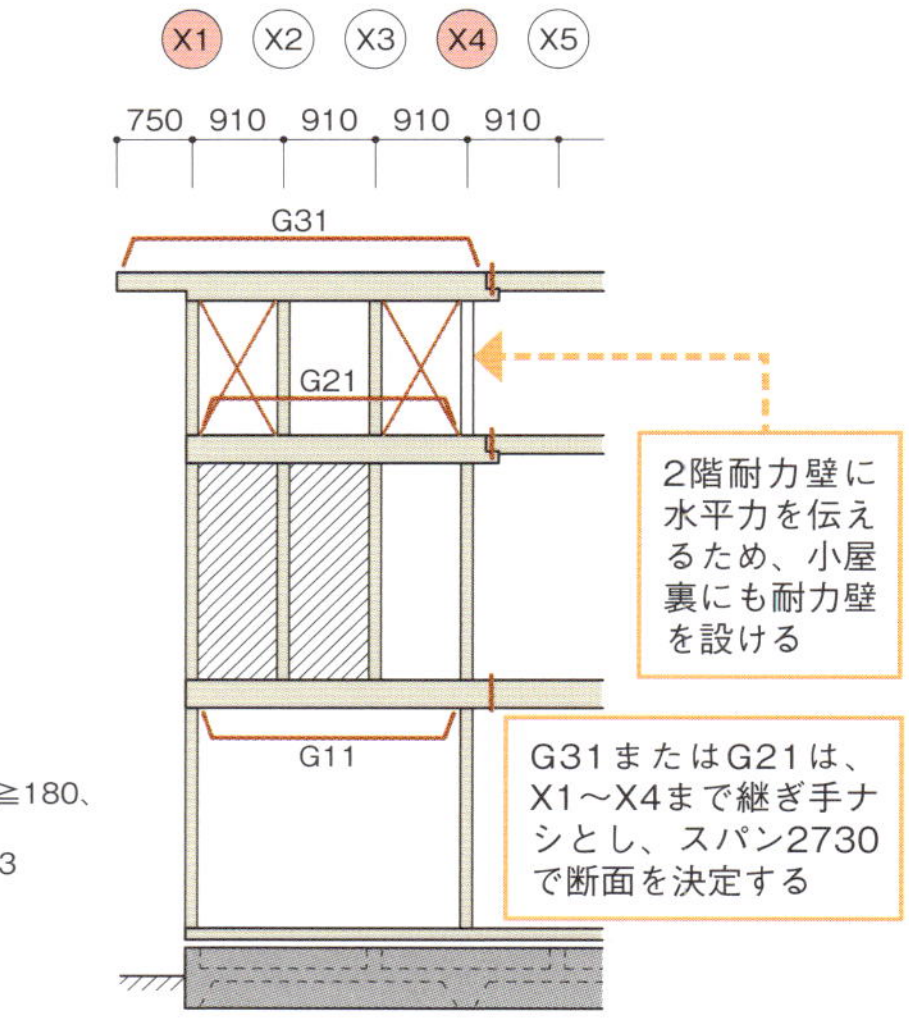

CASE2

●2階床伏図

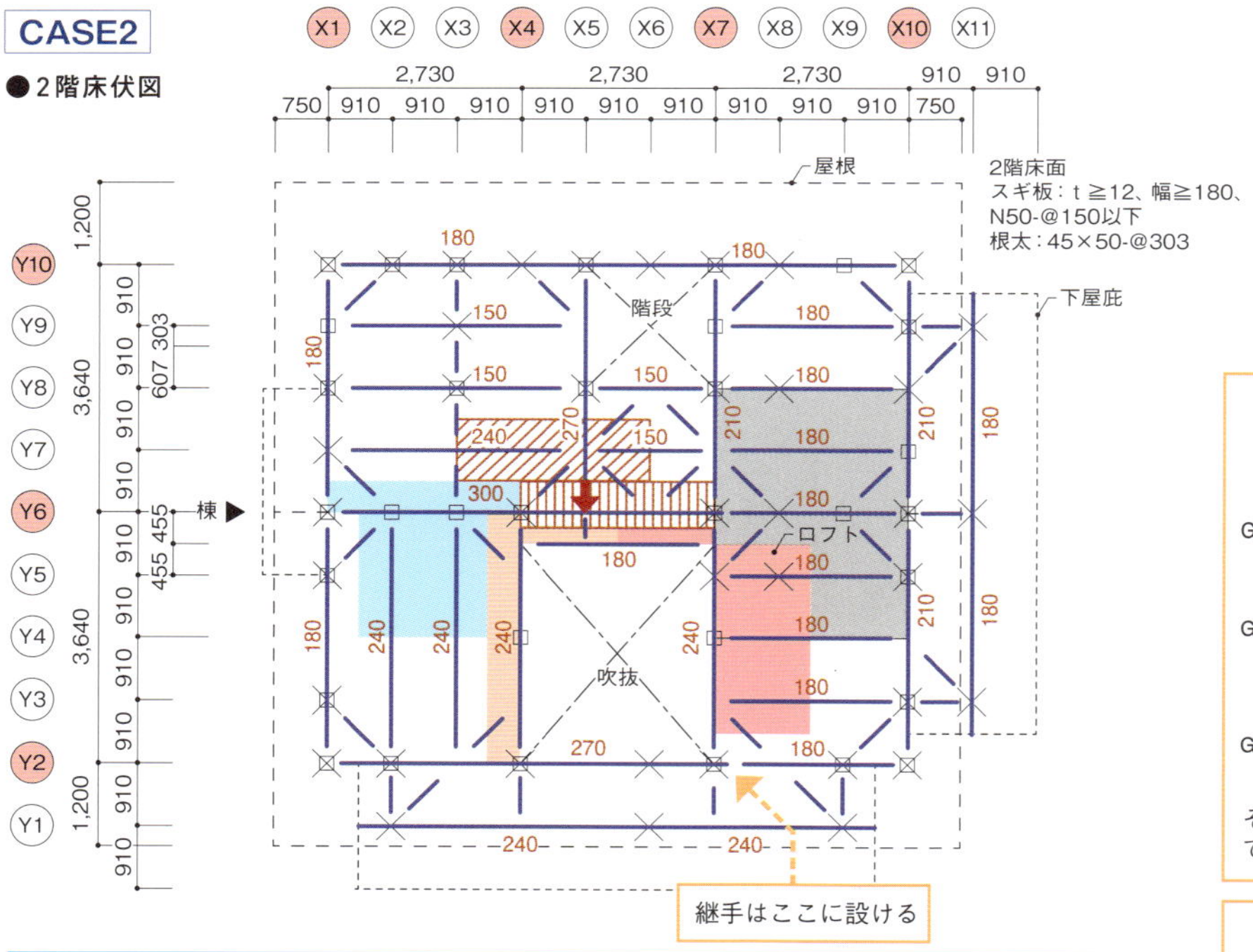

CASE－2の考え方

X4通りの床梁の負担荷重を軽減するため、X1～X4間の小梁をY方向に架けたもの。この場合、Y6通りX1～X4間の床梁の負担荷重が増えるため、Y7通りの床梁をX1～X5間まで通して、Y6通りX1－X4間の負担を減らした。しかしY7通りの小梁はX5通りに架かり、その梁をY6通りの床梁で受けることになるため、あまり良い架け方ではない。小屋伏との整合は△

凡例

- ○：小屋束
- □：2階柱
- ×：1階柱
- ＼：火打梁
- ▨：Y6通りX4－X7間の床梁にかかる集中荷重の範囲
- ▥：Y6通りX4－X7間の床梁にかかる等分布荷重の範囲

荷重の各階処理

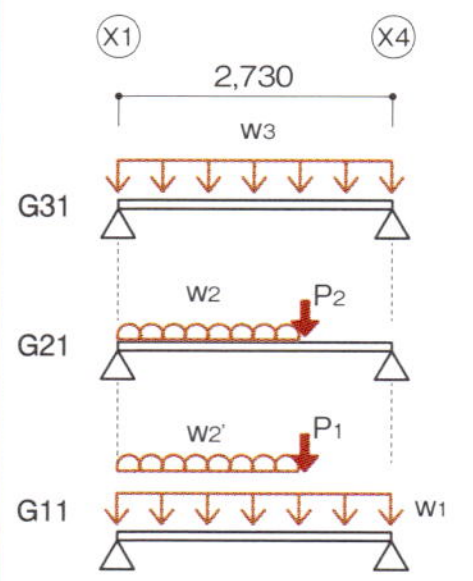

W3＝屋根荷重
W2＝壁荷重（階高の上半分）
P2＝地震時に生じる圧縮力
W2'＝壁荷重（階高の下半分）
P1＝地震時に生じる圧縮力
W1＝床荷重

それぞれの階の負担荷重を、その階の梁で1階まで連続する柱に直接流すように設計する

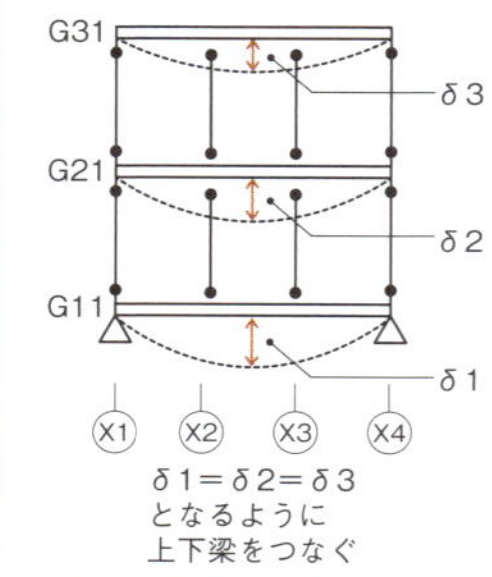

フレーム全体で荷重負担

また、X2、X3の柱頭・柱脚をしっかり接合して、上下の梁をつなぐようにすると、3本の梁で鉛直荷重を分担しながら抵抗できる

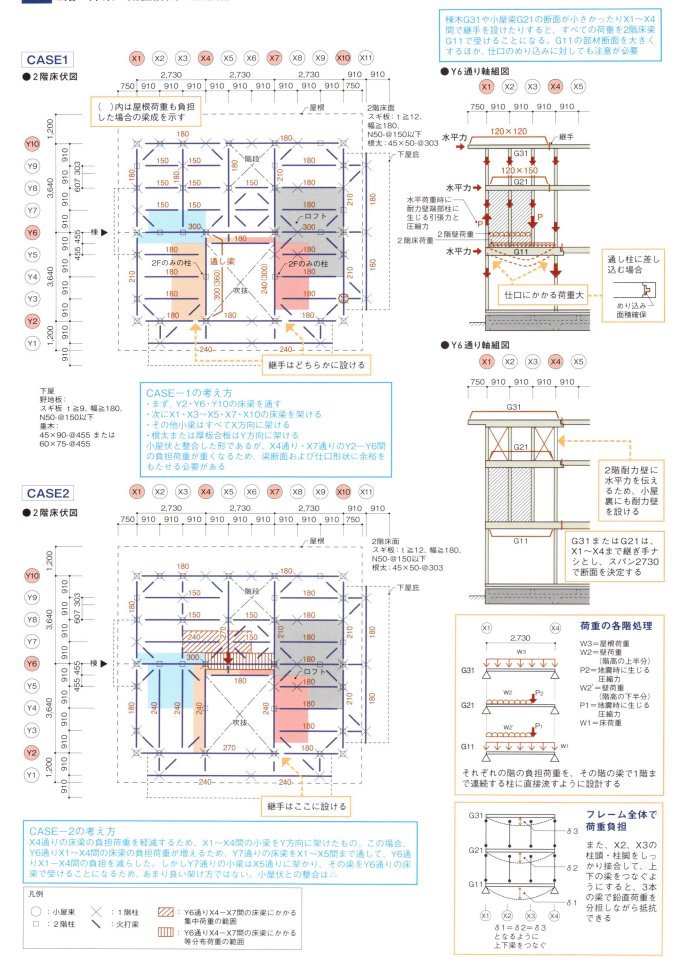

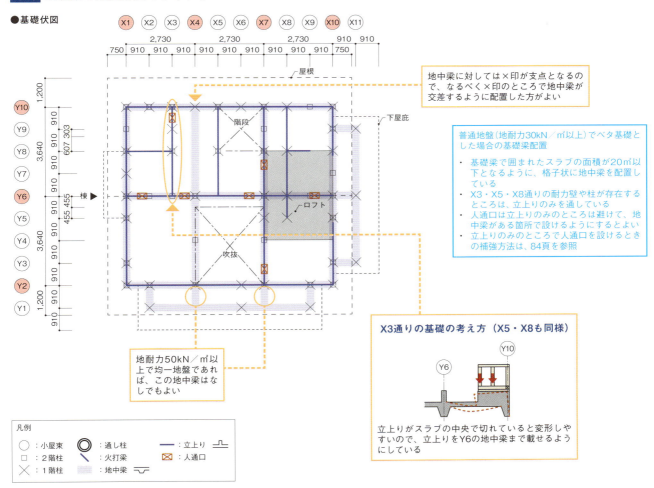

CASE3

●2階床伏図

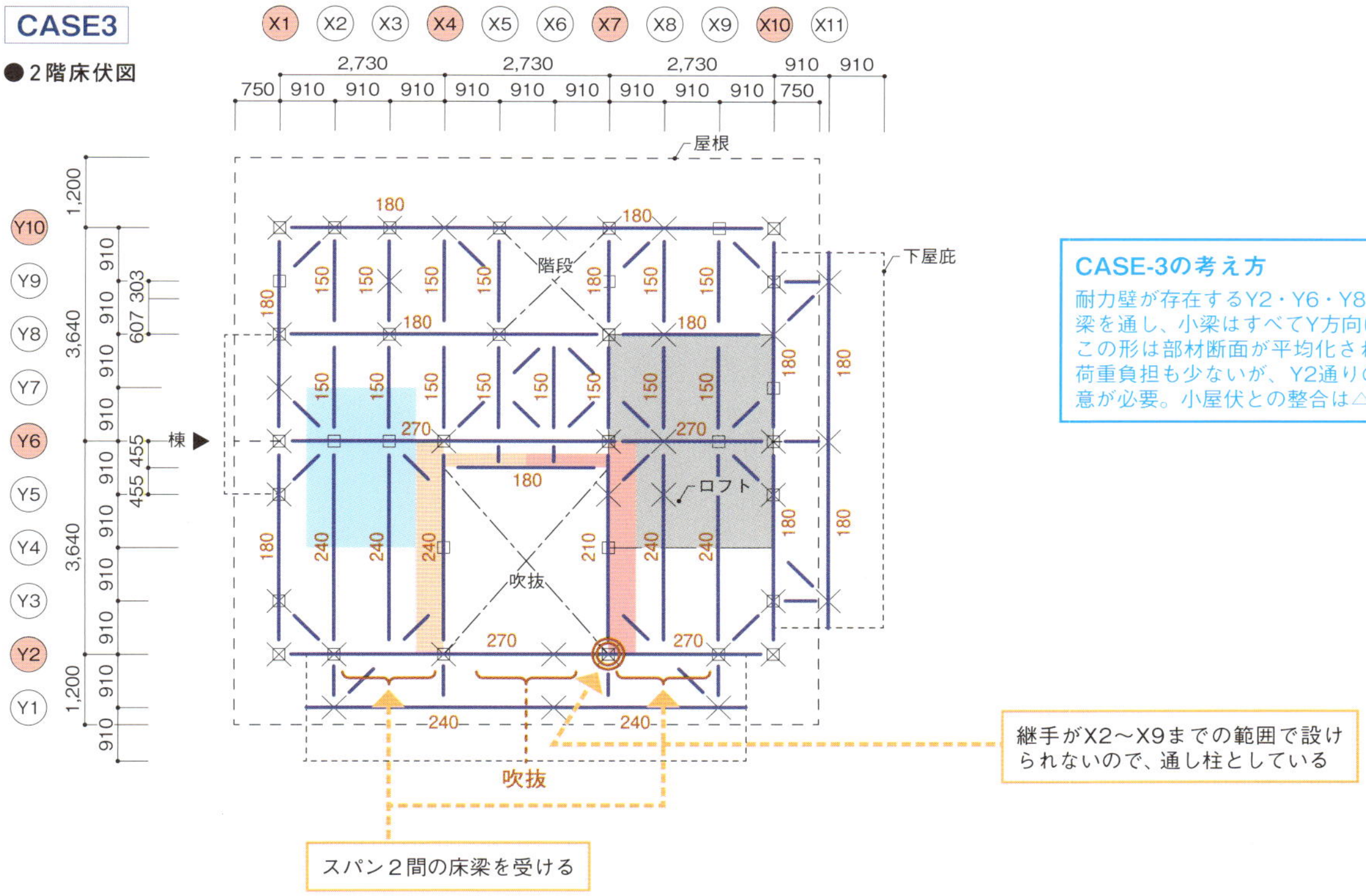
X1 X2 X3 X4 X5 X6 X7 X8 X9 X10 X11
2,730 2,730 2,730 910 910
750 910 910 910 910 910 910 910 910 910 750
Y10 Y9 Y8 Y7 Y6 Y5 Y4 Y3 Y2 Y1
1,200 3,640 3,640 1,200
910 607 303 455 455
屋根
下屋庇
階段
棟
ロフト
吹抜
180 150 240 270 210
吹抜
継手がX2〜X9までの範囲で設けられないので、通し柱としている
スパン２間の床梁を受ける

CASE-3の考え方

耐力壁が存在するY2・Y6・Y8・Y10通りの床梁を通し、小梁はすべてY方向に架けたもの。この形は部材断面が平均化され、各仕口への荷重負担も少ないが、Y2通りの継手位置に注意が必要。小屋伏との整合は△

図4 基礎梁の配置計画のポイント

●基礎伏図

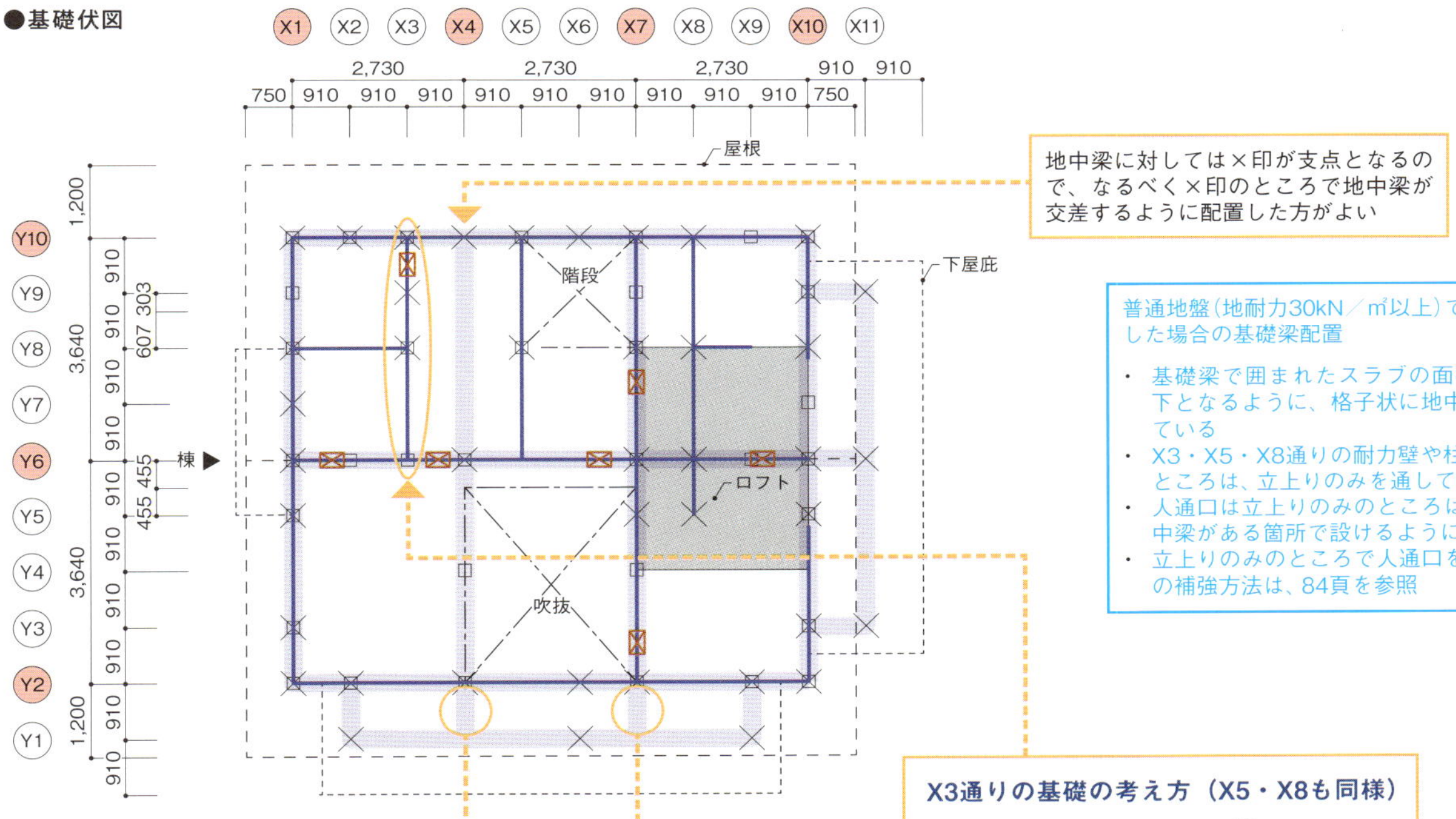
X1 X2 X3 X4 X5 X6 X7 X8 X9 X10 X11
2,730 2,730 2,730 910 910
750 910 910 910 910 910 910 910 910 910 750
Y10 Y9 Y8 Y7 Y6 Y5 Y4 Y3 Y2 Y1
1,200 3,640 3,640 1,200
910 607 303 455 455
屋根
下屋庇
階段
棟
ロフト
吹抜
地中梁に対しては×印が支点となるので、なるべく×印のところで地中梁が交差するように配置した方がよい
地耐力50kN／㎡以上で均一地盤であれば、この地中梁はなしでもよい
凡例
○：小屋束
◎：通し柱
━：立上り
□：２階柱
╲：火打梁
⊠：人通口
×：１階柱
：地中梁

普通地盤（地耐力30kN／㎡以上）でベタ基礎とした場合の基礎梁配置

- 基礎梁で囲まれたスラブの面積が20㎡以下となるように、格子状に地中梁を配置している
- X3・X5・X8通りの耐力壁や柱が存在するところは、立上りのみを通している
- 人通口は立上りのみのところは避けて、地中梁がある箇所で設けるようにするとよい
- 立上りのみのところで人通口を設けるときの補強方法は、84頁を参照

X3通りの基礎の考え方（X5・X8も同様）

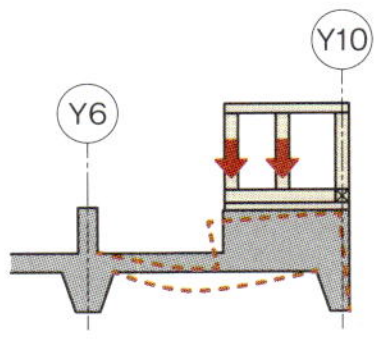
Y10
Y6

立上りがスラブの中央で切れていると変形しやすいので、立上りをY6の地中梁まで載せるようにしている

2
構造計画

04

外周のみの耐力壁や登り梁架構の構造計画のポイント

外周のみに高倍率の耐力壁を配置することになるため、水平構面の剛性を高め、仕口継手の引張耐力も高める。
大黒柱に取り付く梁は負担荷重が重いので仕口形状に要注意。

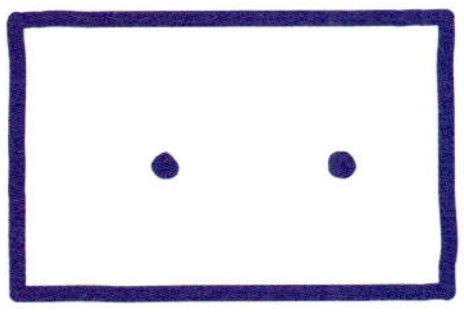

スケルトンインフィルの架構は部材の合理化が図れるが応力が集中しやすい

図1 外周壁のみ耐力壁にする場合の構造計画のポイント

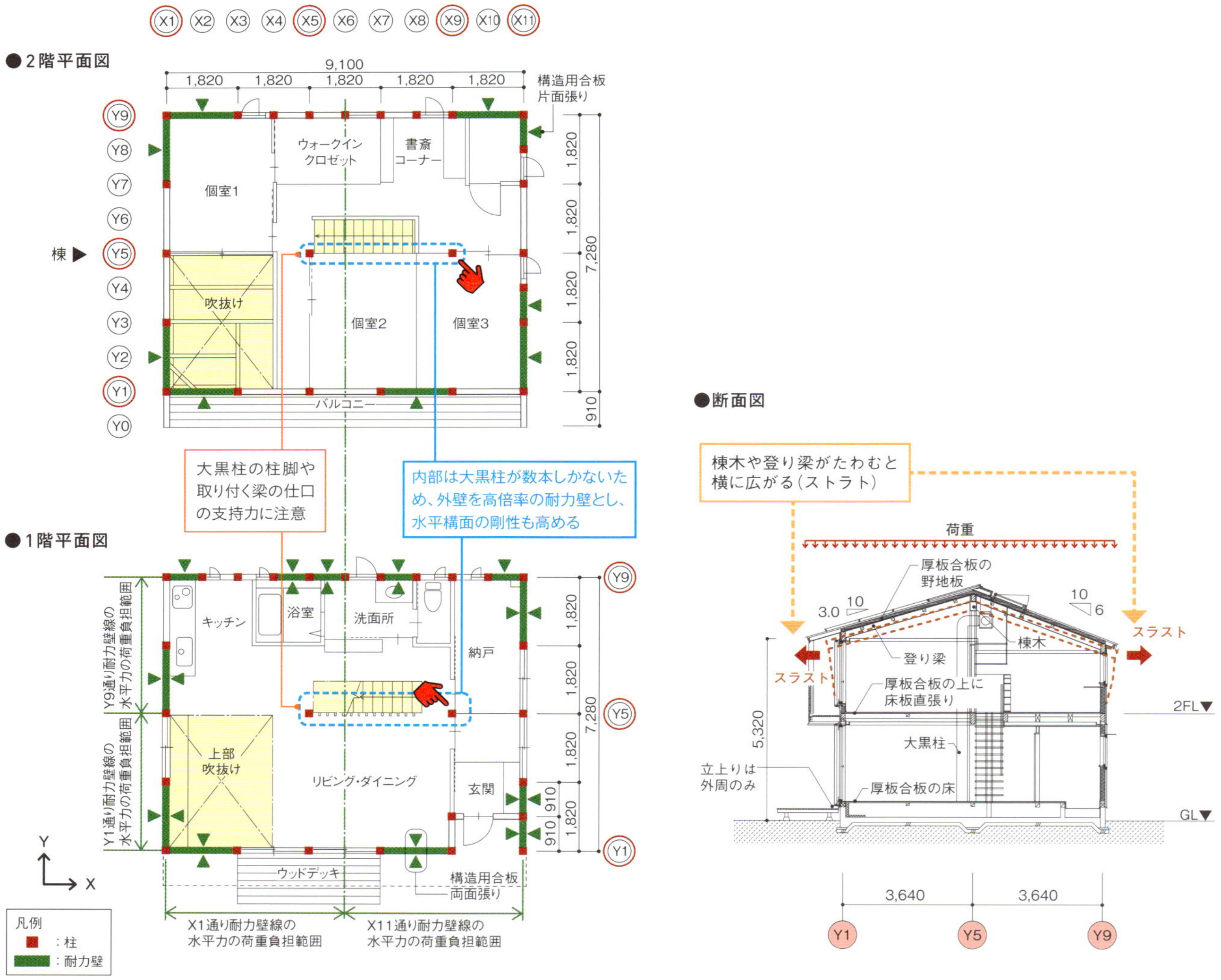

構造以外の内部間仕切や設備などを自由変更できる、スケルトン・インフィルの構造は、耐力壁が外周部のみで、内部は大黒柱が数本しかない［図1］。そのため外壁に高倍率の耐力壁を採用し、耐力壁線間隔が長くなるので、水平構面の剛性も高める必要がある。それに伴い、耐力壁端部柱の引抜力や水平構面の外周梁に生じる引張力も大きくなるため、仕口継手の引張耐力も高めておく。

また常時荷重に対しては大黒柱や接続する大梁の負担荷重が大きくなるため、変形量に注意して断面を決定するとともに、柱との仕口のめり込みも検討して、鉛直荷重の支持力を確保する。プレカットの場合、梁成にかかわらず仕口形状は同一となるため、図面に大入れ寸法を明記して、手加工にしたい。

切妻屋根で登り梁架構の場合、建物の中央付近が外側に広がるのを防ぐため、棟木のたわみを小さく抑え、屋根面の水平剛性も高める。スラストを処理するためのタイバーや水平梁を入れるのも一案である［119頁図5］。

図2 登り梁形式の小屋組計画のポイント

CASE1

登り梁形式

●母屋伏図

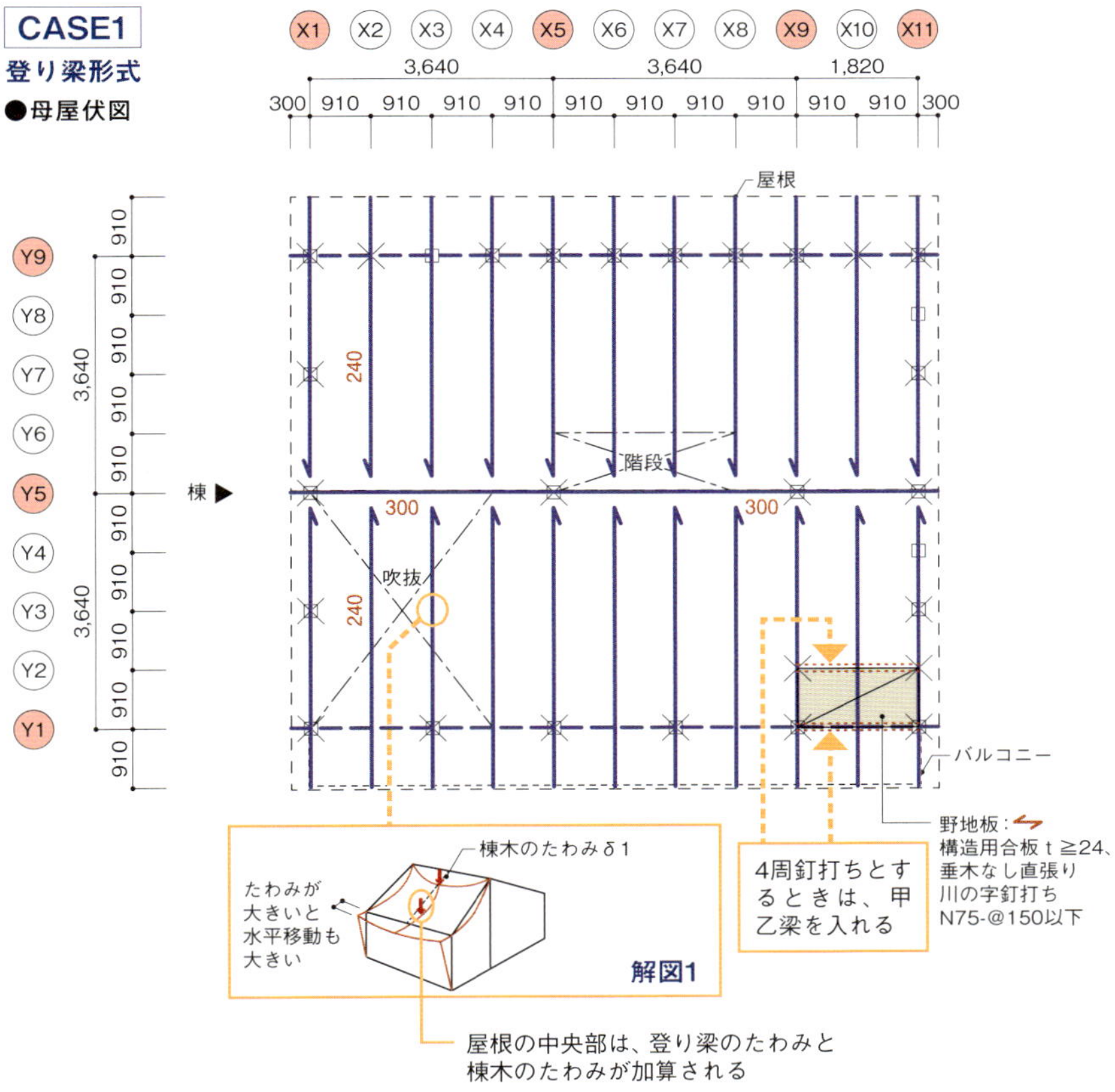

2階をすべて勾配天井としているため、登り梁を910間隔に配置して、厚い野地板を登り梁に直張りする形式。
登り梁をY1・Y9までとして、庇部分は通気層も兼ねた垂木をはねだしとする方法もある（右頁断面図）。
棟木と桁梁の荷重負担が大きいので、断面に余裕をもたせて、たわみを小さく抑えることが、スラストを軽減するために重要なポイントとなる（解図1）

登り梁形式の架構は非対称荷重に弱い構造となる点に注意する

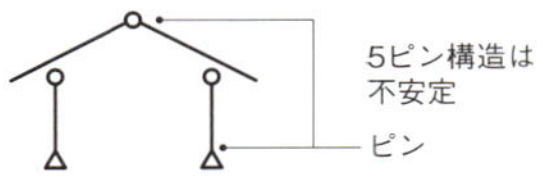

対称荷重のときはまだよいが

水平荷重がかかると倒れてしまう

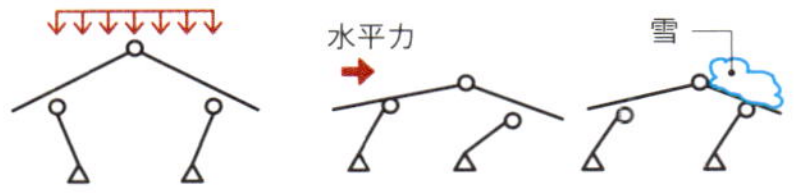

対策

いずれにしても、屋根面の水平剛性を高めることと外周梁の引張接合をしっかりさせることが重要

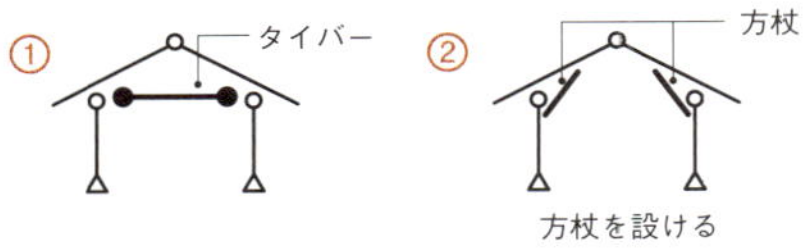

CASE2

母屋・登り梁形式

●母屋伏図

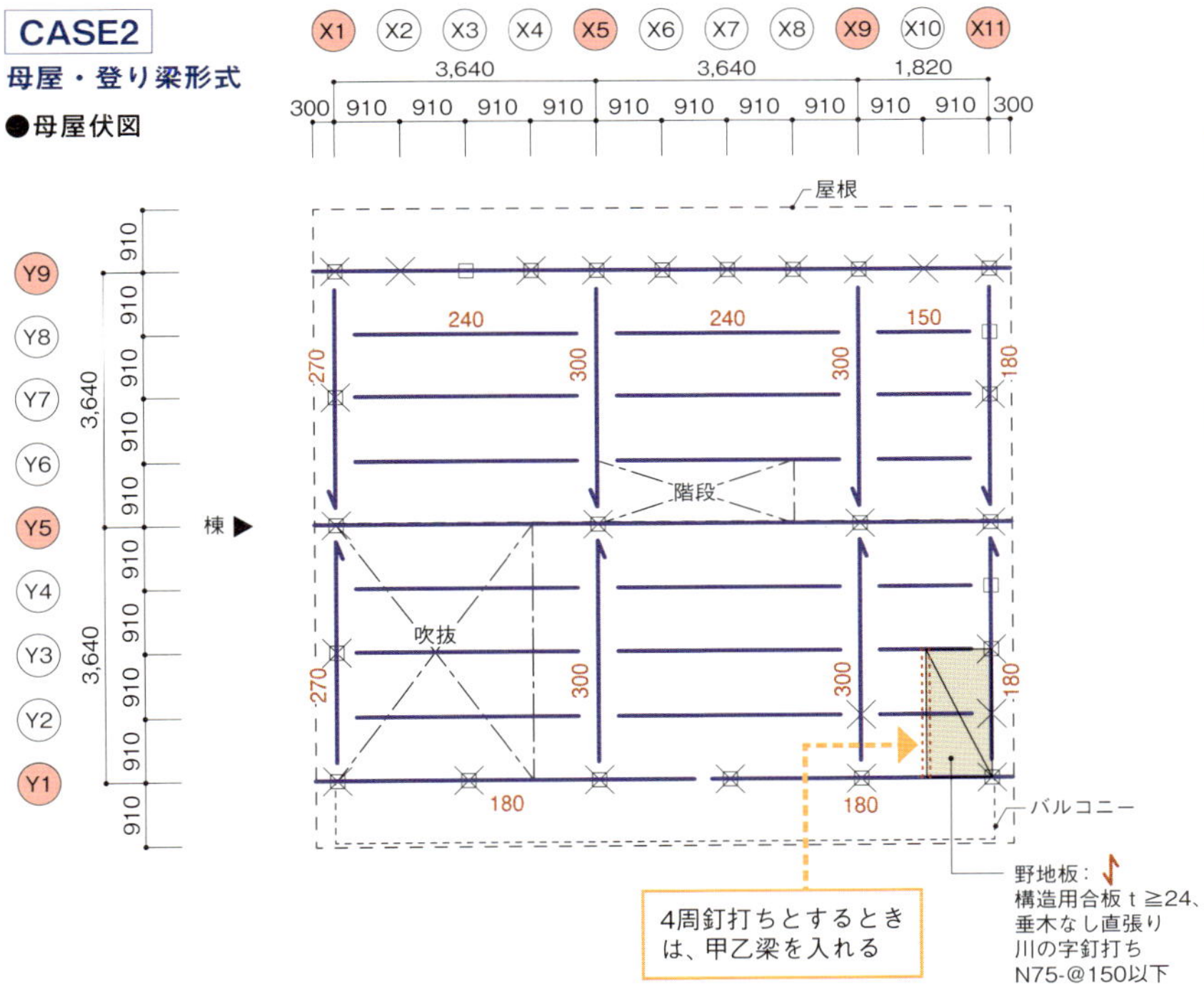

登り梁は主構面のみとし、母屋の上に垂木を架ける形式。
水平構面の剛性を高めるため、厚板合板を母屋に直張りするので、母屋を910間隔に設けている
X5・X9通りの登り梁の負担荷重が大きいため、断面に余裕をもたせてたわみを小さく抑えることが重要

L形金物による転び止め

①登り梁に落し込み、登り梁の成を母屋より＋30以上となるようにする

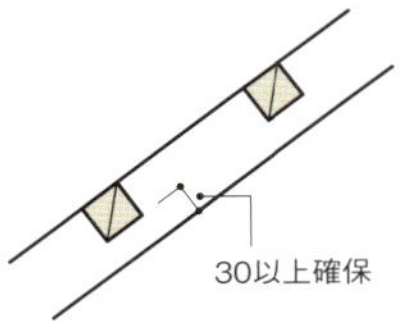

②登り梁に母屋を載せる。母屋の転びを防止する必要がある

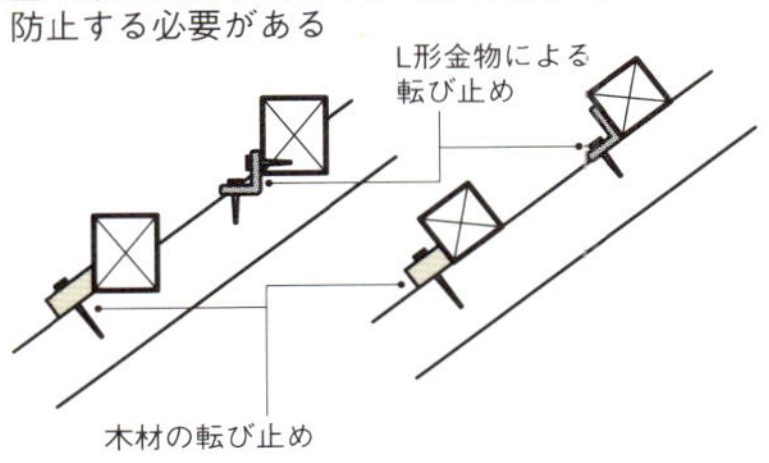

凡例

○：小屋束

□：2階柱

×：1階柱

←：登り梁（矢印は水上側）

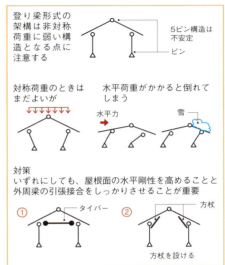

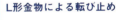

図3 2階床梁の配置計画と注意点

●2階床伏図

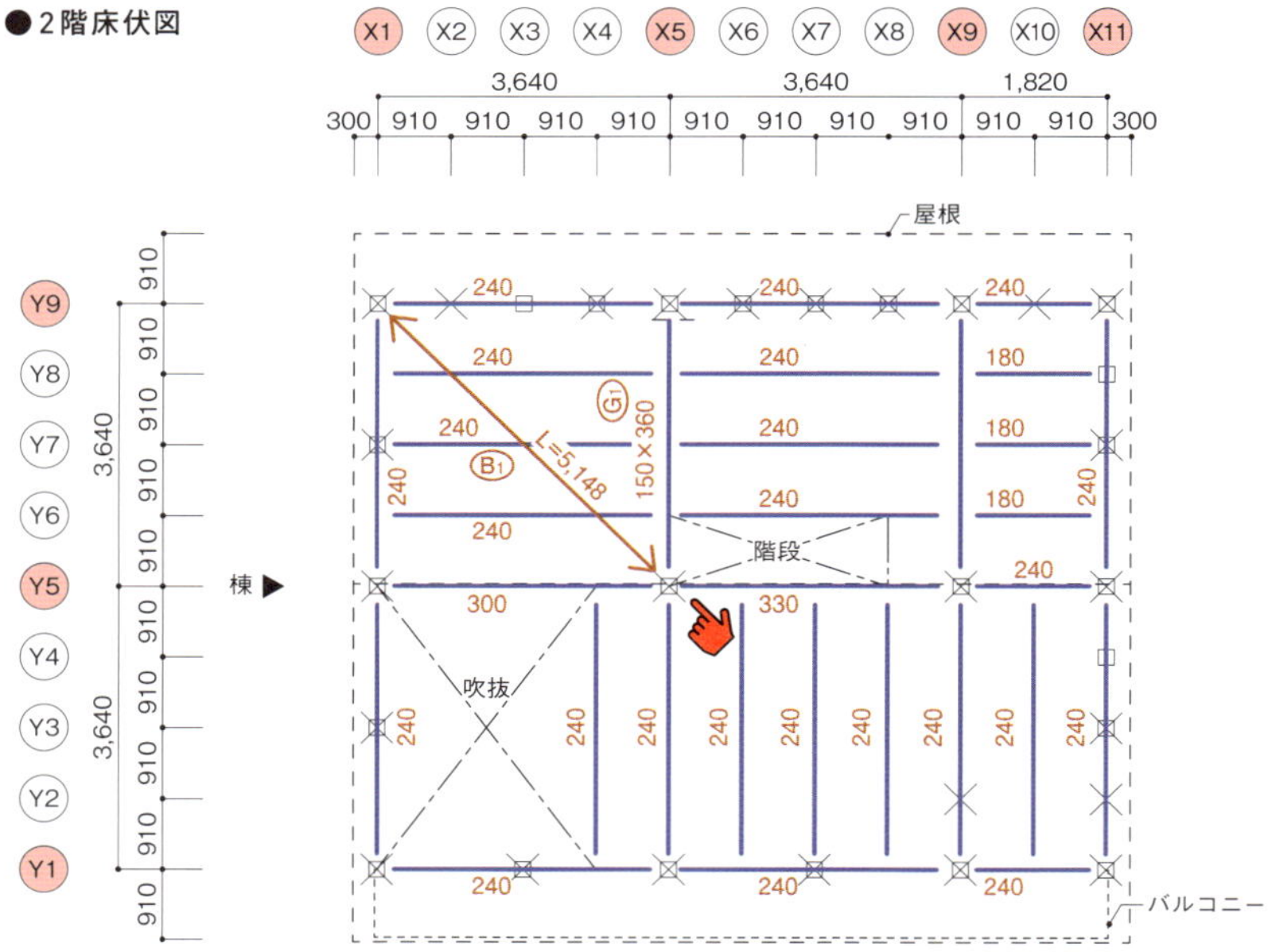

吹抜けの形状と間仕切壁の配置を考慮して、北側はX方向、南側はY方向に、梁を架けたもの。最も負担荷重が大きいG1について、設計例を以下に示す

●仕口の検討

大黒柱が通し柱180角の場合

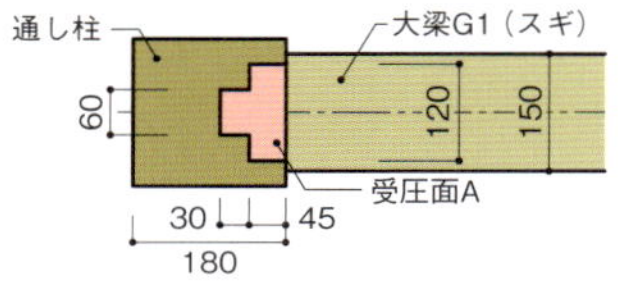

上図のような仕口形状だとすると、
柱と梁が接する受圧面積Aは
$A=120\times45+60\times30=7{,}200\,\mathrm{mm}^2$
スパン表より、仕口にかかるせん断力は
$Q=13.9\,\mathrm{kN}=13{,}900\,\mathrm{N}$
仕口に生じるめり込み応力度は、
$\sigma_{cv}=Q/A=13{,}900/7{,}200=1.93\,\mathrm{N/mm^2}$
スギの長期許容めり込み応力度 $Lf_{cv}=2.2\,\mathrm{N/mm^2}$
したがって $\sigma_{cv}/Lf_{cv}=1.93/2.20=0.88<1.0$ OK

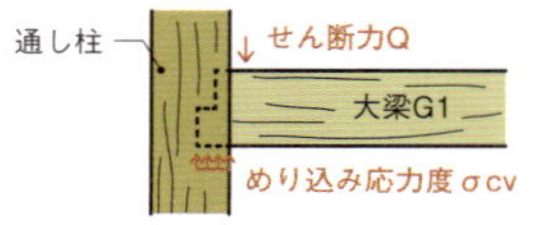

図4 基礎梁の配置計画のポイント

●基礎伏図

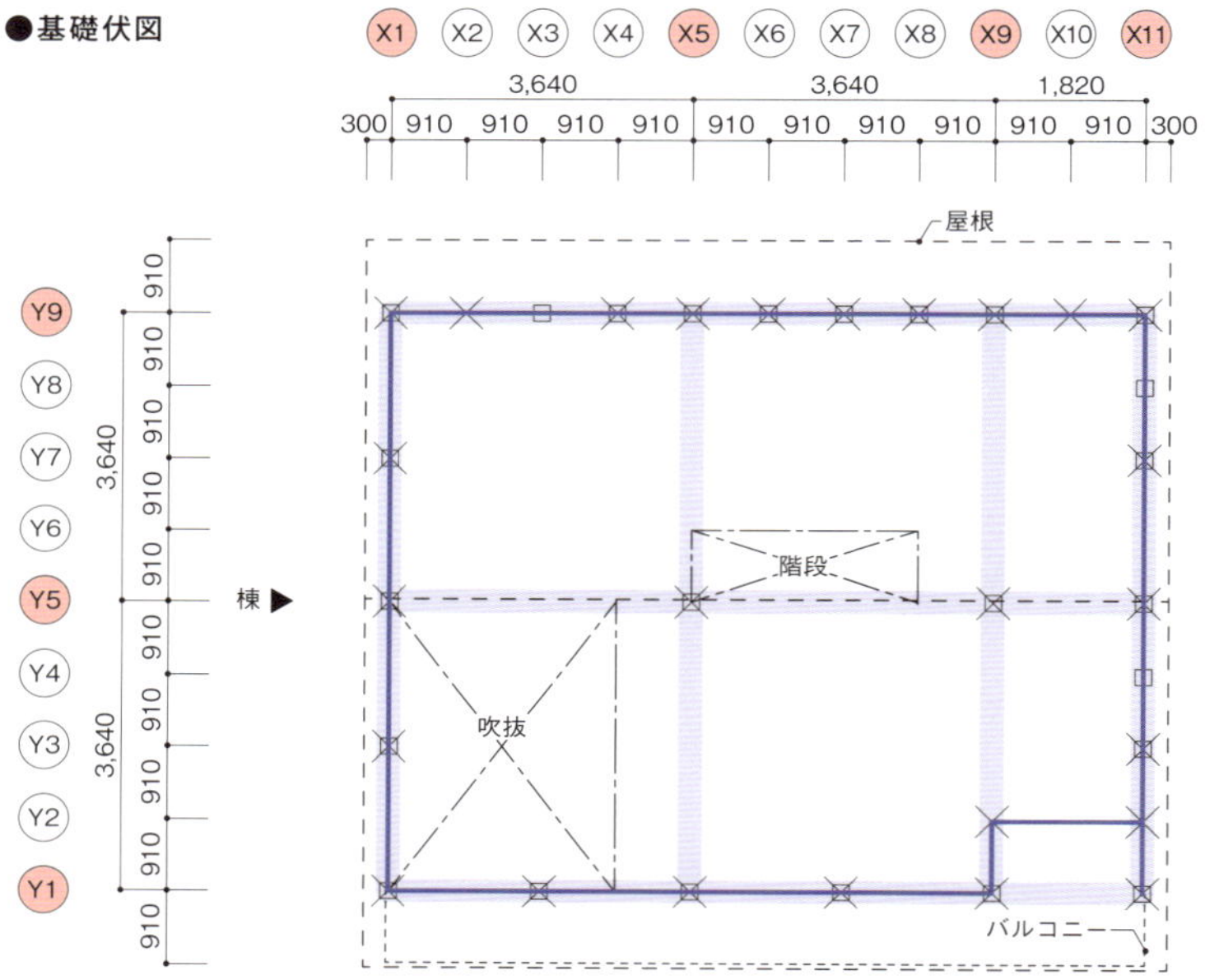

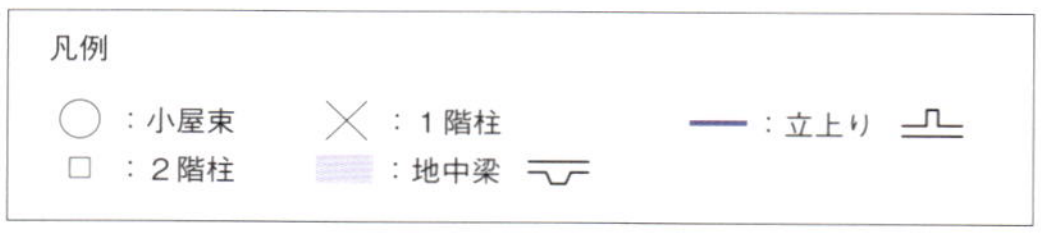

●床梁の断面検討

《G1》
下のスパン表より、
L=3,640、B=3,640の場合
・梁端部に生じるせん断力
　$Q=13.9\,\mathrm{kN}$
・断面は120×360（無等級材-E50）
　このときの梁中央は、
　変形角 $\delta1/L=0.0035\,\mathrm{rad}=1/285$、
　たわみ $\delta1=3{,}640/285=12.8\,\mathrm{mm}$
《B1》
小梁はL=3,640、B=910
下スパン表より、断面は120×240（無等級材E50）、
変形角 $\delta2/L=0.003\,\mathrm{rad}=1/333$、
たわみ $\delta2=3{,}640/333=10.9\,\mathrm{mm}$
X3－Y7のたわみはG1とB1のたわみが加算されるので、
　$\Sigma\delta=\delta1+\delta2=12.8+10.9=23.7\,\mathrm{mm}$
X1－Y9とX5－Y5の対角線距離は、
　$L=3{,}640\times\sqrt{2}=5{,}148\,\mathrm{mm}$
これに対する変形角は
　$\Sigma\delta/L=23.7/5{,}148=1/217>1/250$ NG

大黒柱と基礎の接合

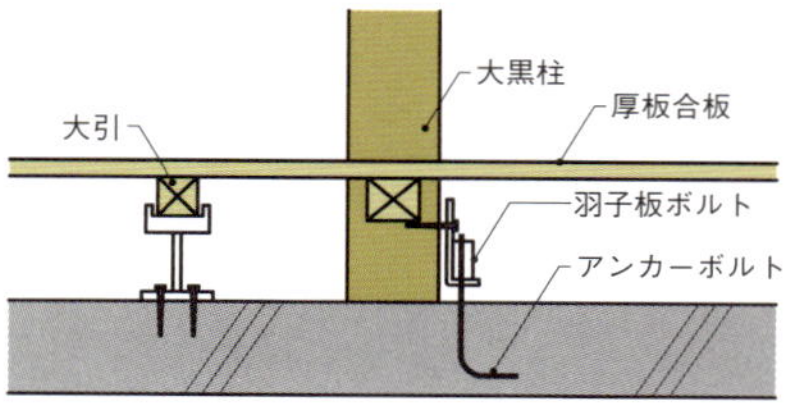

基礎は主構面に地中梁を配置して、立上りは外周のみとしている。大黒柱はスラブに直接載せ、あらかじめスラブ内にセットしたアンカーボルトを、羽子板で柱側面に取り付けて固定している（引抜力は生じないが、水平移動は防止する必要がある）。
1階床組も厚板合板張りとして水平剛性を確保している

『ヤマベの木構造（新版DVD付）』375頁
2階床梁、床の等分布、スパン3,640㎜
部材幅120㎜

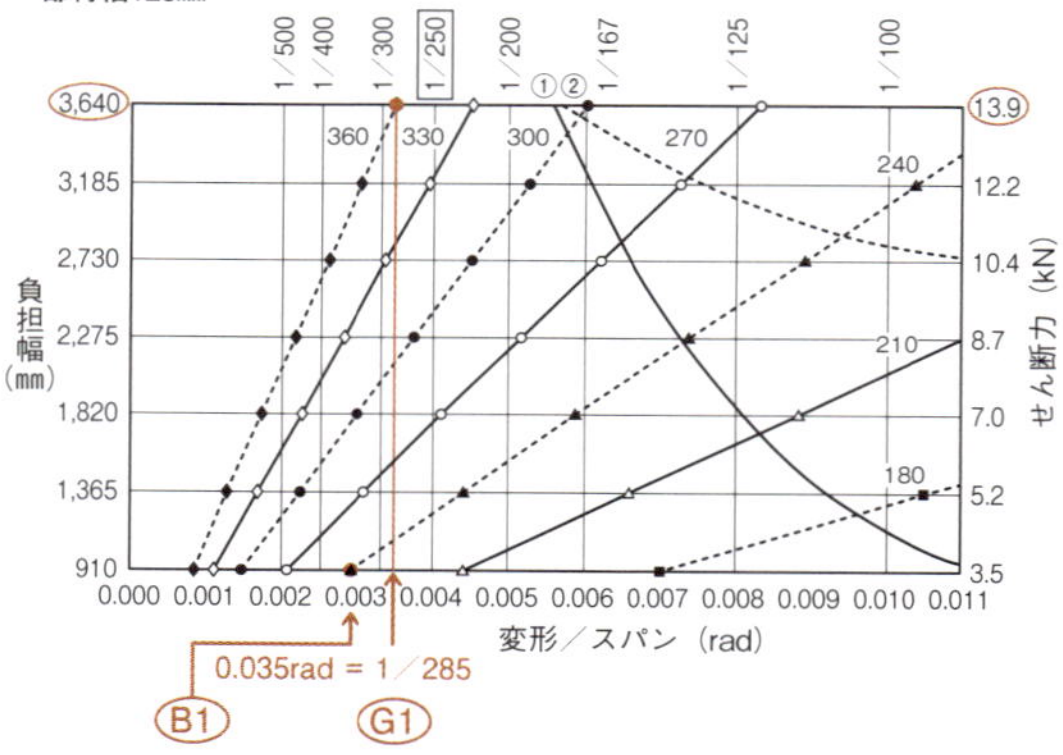

G1:150×360（E70）、B1:120×240（E70）とした場合、
E50／E70=0.71より、
G1のたわみ
$\delta1'=12.8\times0.71\times120/150$
　$=7.3\,\mathrm{mm}$
B1のたわみ
$\delta2'=10.9\times0.71=7.7\,\mathrm{mm}$
よってX3－Y7のたわみは、
　$\Sigma\delta=\delta1'+\delta2'=15.0\,\mathrm{mm}$
　$\Sigma\delta/L=15.0/5148=1/343<1/250$ OK

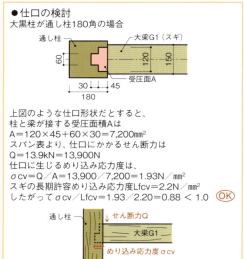

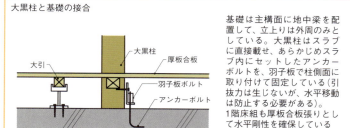

図5　2階床水平構面の検討例

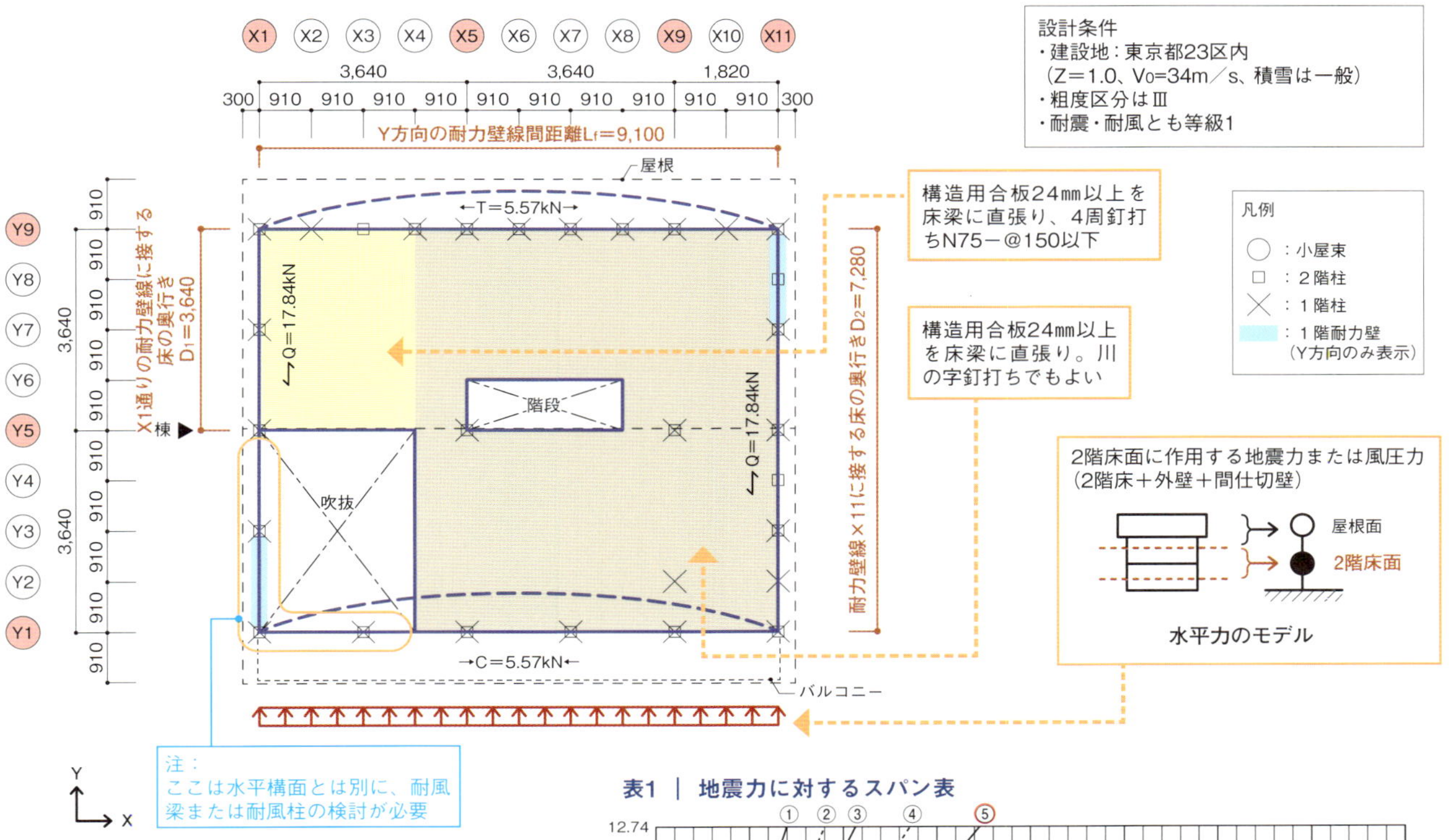

表1 ｜ 地震力に対するスパン表

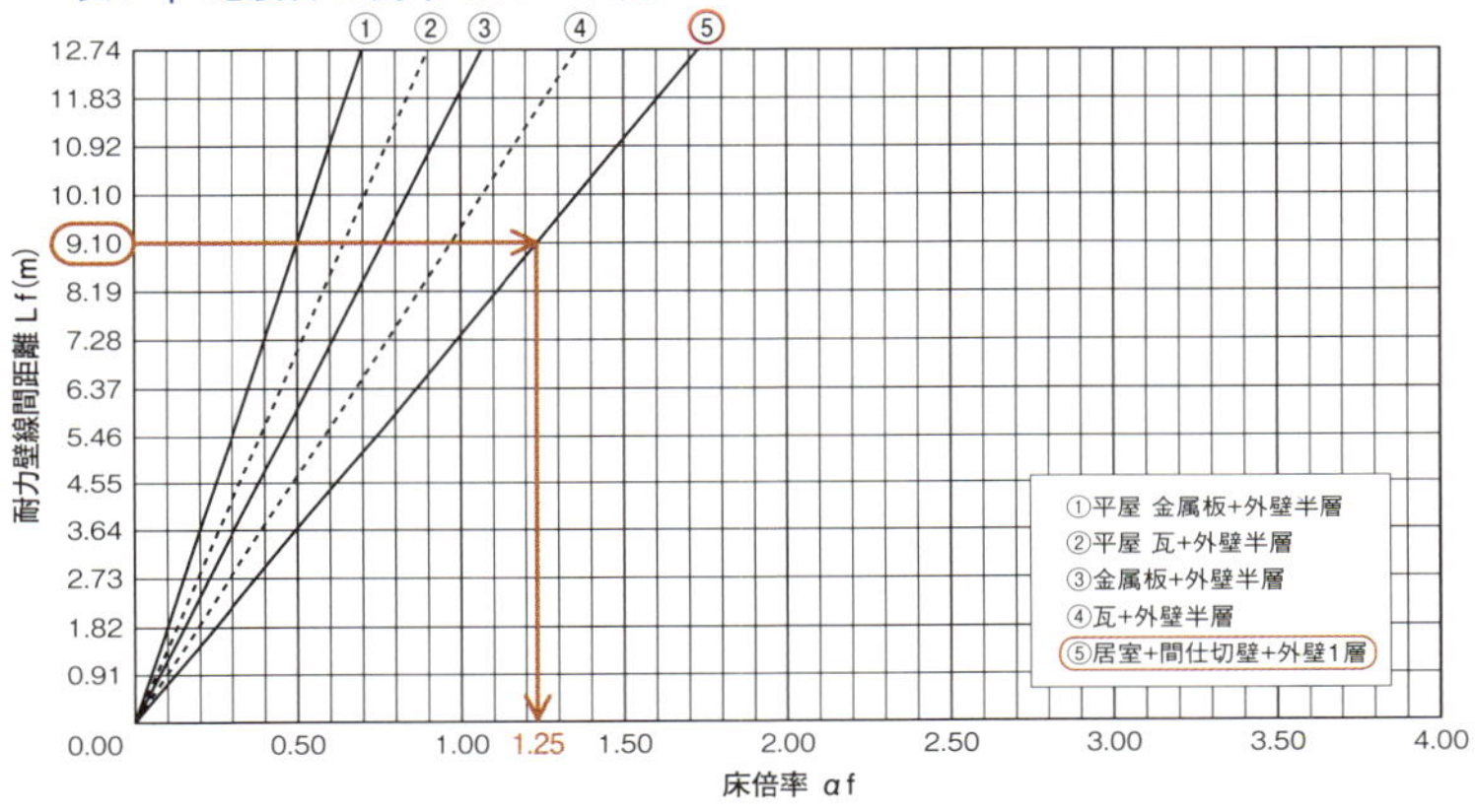

表2 ｜ 風圧力に対するスパン表

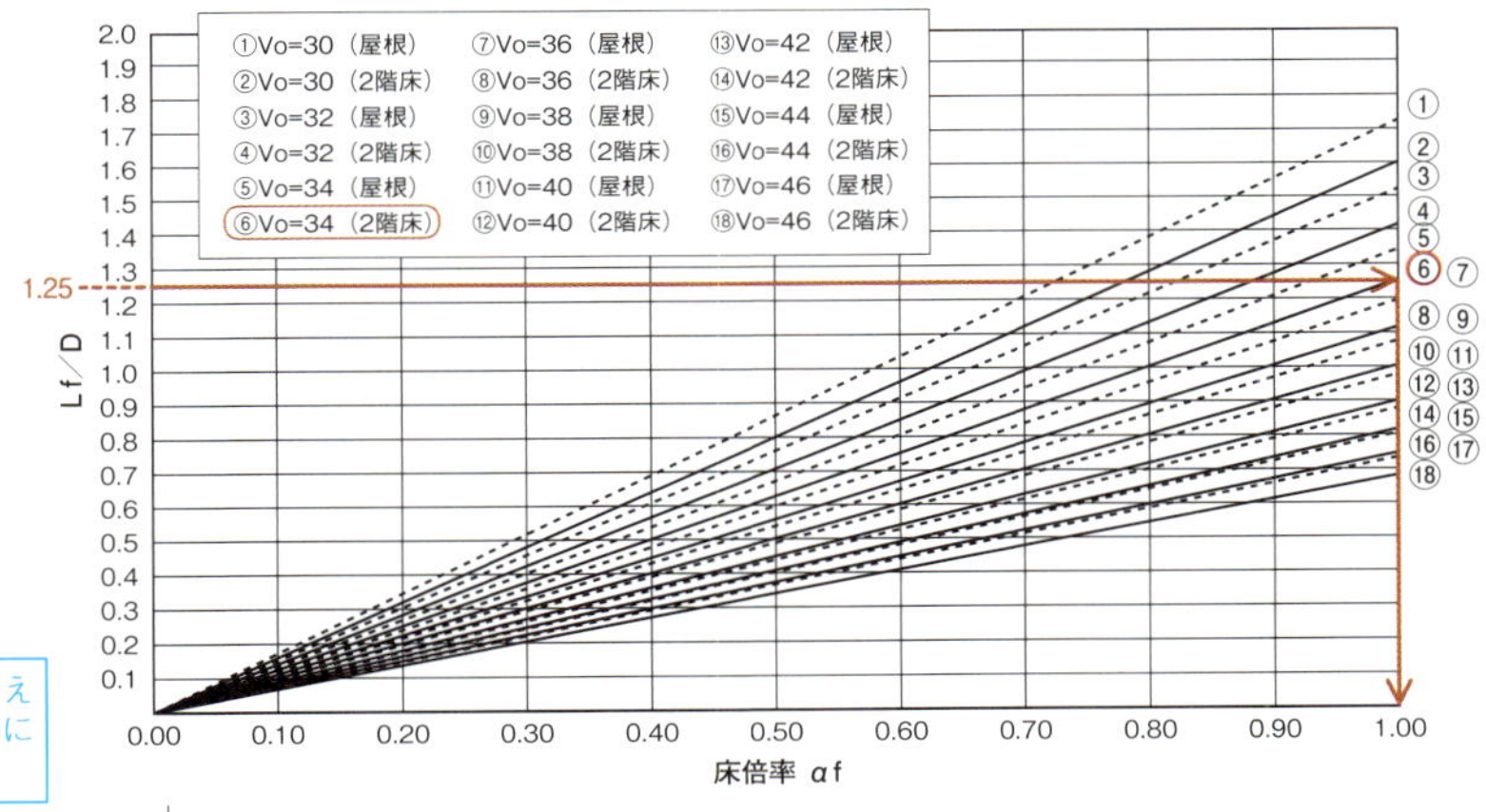

スパン表を用いた設計

大きな吹抜けをもつ2階床の水平構面について、『ヤマベの木構造（新版DVD付）』433頁（図2）と436頁（図3）の水平構面スパン表を用いて設計を行う

A 地震力に対して

表1のスパン表の縦軸Lf＝9.10mとグラフ⑤の交点を読む。
吹抜けがない場合の必要な床倍率は $\alpha f=1.25$
これをせん断力に換算すると、
$Q=\alpha f \cdot P_0 \cdot D=1.25\times1.96\times7.28\text{m}=17.84\text{kN}$
このせん断力はX1通り端とX11通り端の両方に生じる。
X1通り側は耐力壁線に接する床長さが3.64mしかないため、必要な床倍率を求めると、
$\alpha f(X1)=Q／(P_0\times D1)=17.84／(1.96\times3.64)=2.5$
X11通り側はD2=7.28mなので、必要床倍率は
$\alpha f(X11)=1.25$
（具体的な仕様と床倍率は、『ヤマベの木構造（新版DVD付）』431頁参照）

B 風圧力に対して

表2のスパン表の縦軸Lf／D＝9.10／7.28＝1.25と、グラフ⑥の交点を読む。
吹抜けがない場合の必要床倍率は、$\alpha f=1.00$
よって地震力によって水平構面の仕様は決定する

C 水平構面の外周梁の引張接合に対する検討

Aより、外周梁に生じる引張力は、
$T=\alpha f \cdot P_0 \cdot Lf／4=1.25\times1.96\times9.10／4=5.57\text{kN}$
接合部倍率に換算すると、5.57／5.3＝1.05
『ヤマベの木構造（新版DVD付）』431頁の接合部倍率一覧表より、（に）
したがって外周梁の仕口・継手は羽子板ボルトまたは短冊金物で補強する

水平構面に生じる応力

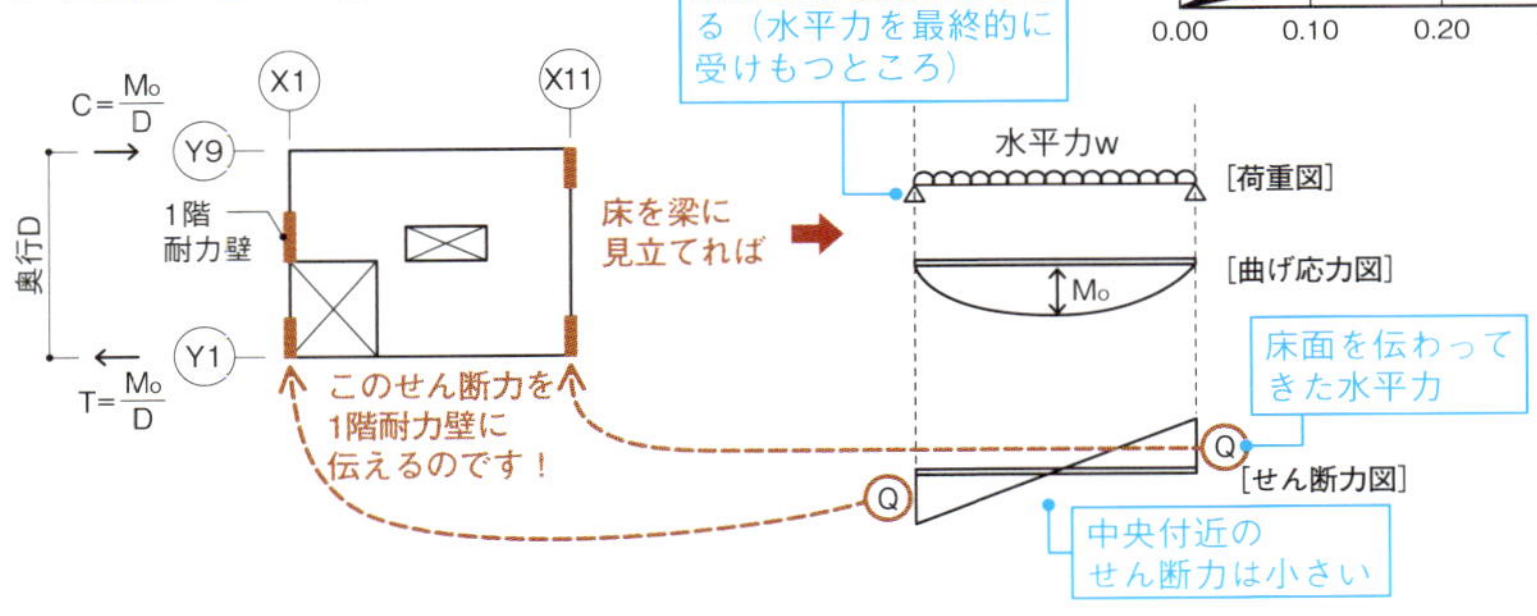

床面に水平力がかかったときの応力図をみると、曲げは中央付近が最大となるが、せん断力は端部が大きく中央部は小さな値となる。したがって中央部の床倍率は低くてもよい。ただし、実際には重量がある限り、「ゼロ」ではないので、極端に床倍率を小さくしないように設計する。端部と同じ床仕様とすれば安全側となる。
曲げは、Y1とY9に生じる縁応力（外周梁に生じる引張力と圧縮力）に影響する外周梁の接合をしっかりさせればよい

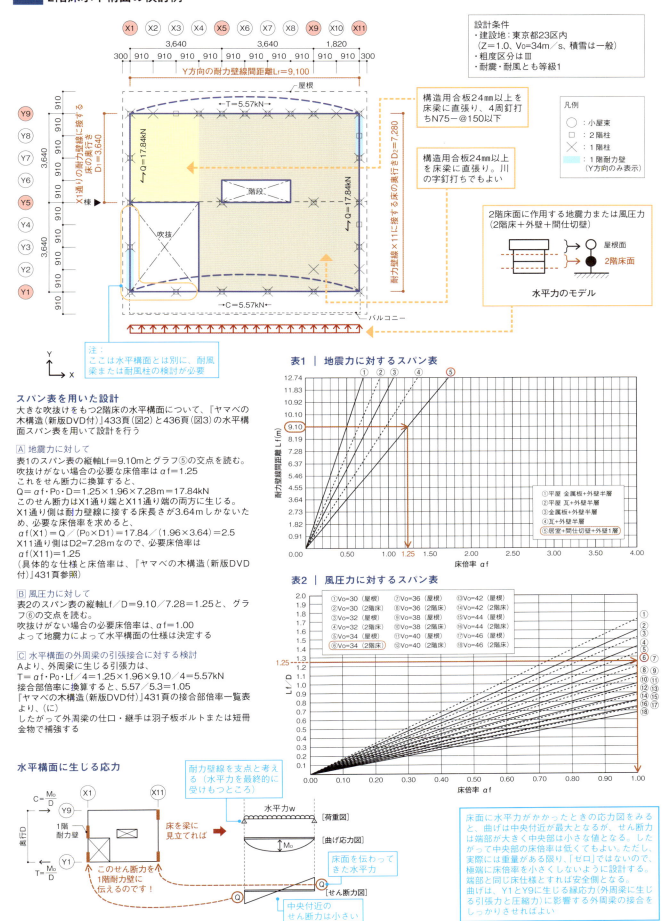

2
構造計画
05

大屋根架構の力の流れ方と構造計画のポイント

耐力壁は、水平構面との連続性と、「水平力の負担範囲」を考えて配置する。

大屋根は2階の屋根と下屋の屋根が一続きのため、下階への力の流し方に注意

図1　大屋根の場合の構造計画のポイント

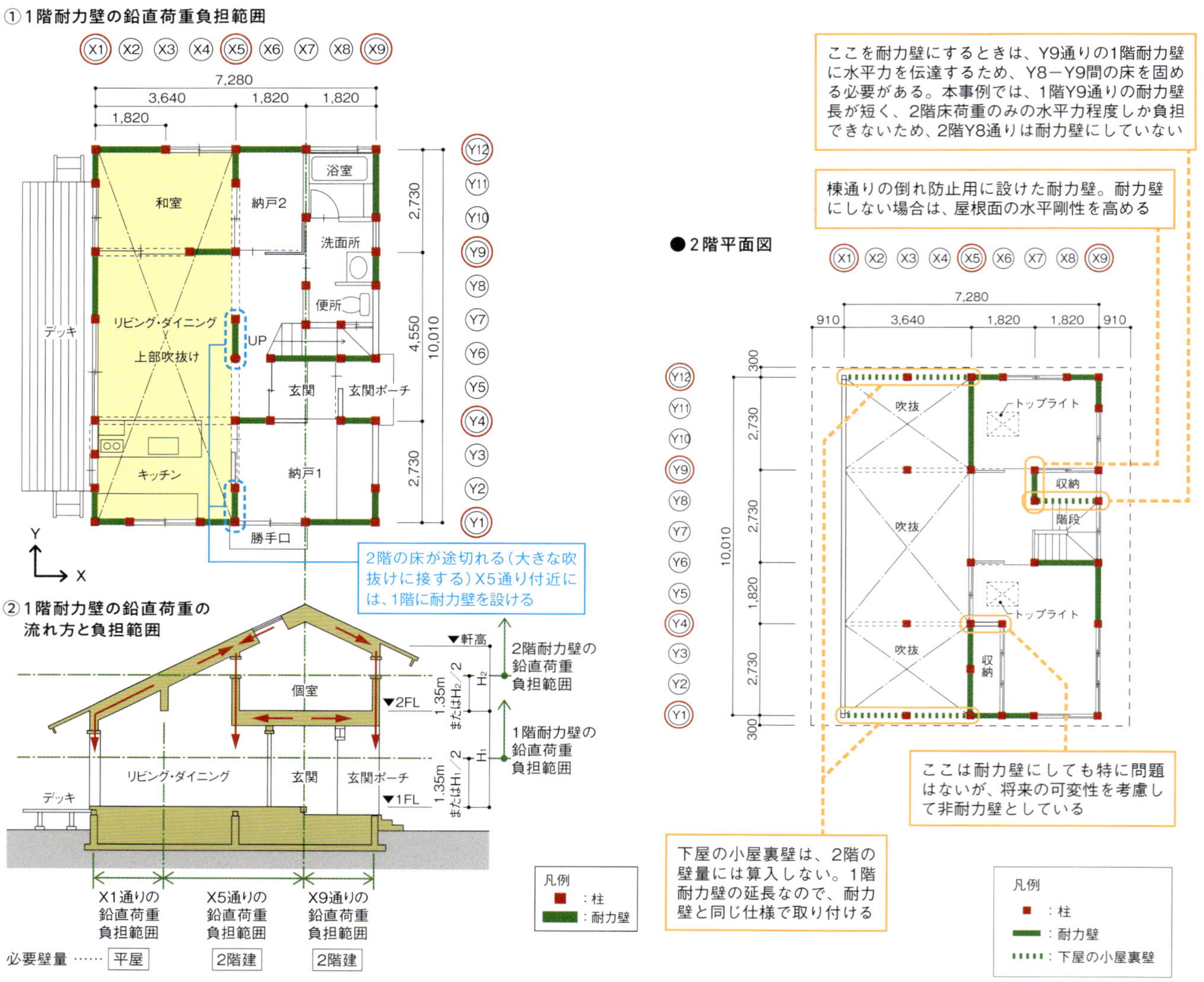

　2階の屋根と下屋の屋根が一続きとなる大屋根の場合は、2階の床面積をどこまでとするかが問題になるが、見付面積と同様に、階高をFL＋1・35mで区切り、FL＋1・35mより上にある面積を2階の壁量検討用床面積とすればよい［図1］。

　2階のねじれを検討する際は、耐力壁線間（Y方向はX5－X9間）をまず4分割し、そこからはみ出る範囲はそれぞれの側端部に加算すればよい。また1階のねじれを検討するときは、分割した範囲に2階床が載らない側端部の必要壁量を平屋とする。

　耐力壁の役割は床面を伝わってきた水平力に抵抗することであるから、「耐力壁が負担する水平荷重」の大きさに応じて壁量（壁長さ×壁倍率）を確保するのが原則である。従って隣り合う耐力壁線との中間で面積を区切り、その面積ごとに必要壁量を満足するのが最も合理的である。壁量が不足する場合は、他の耐力壁線に不足分を伝達する必要があるので、そのぶん水平構面を固めなくてはならない。

図2 小屋組計画のポイント

●母屋伏図

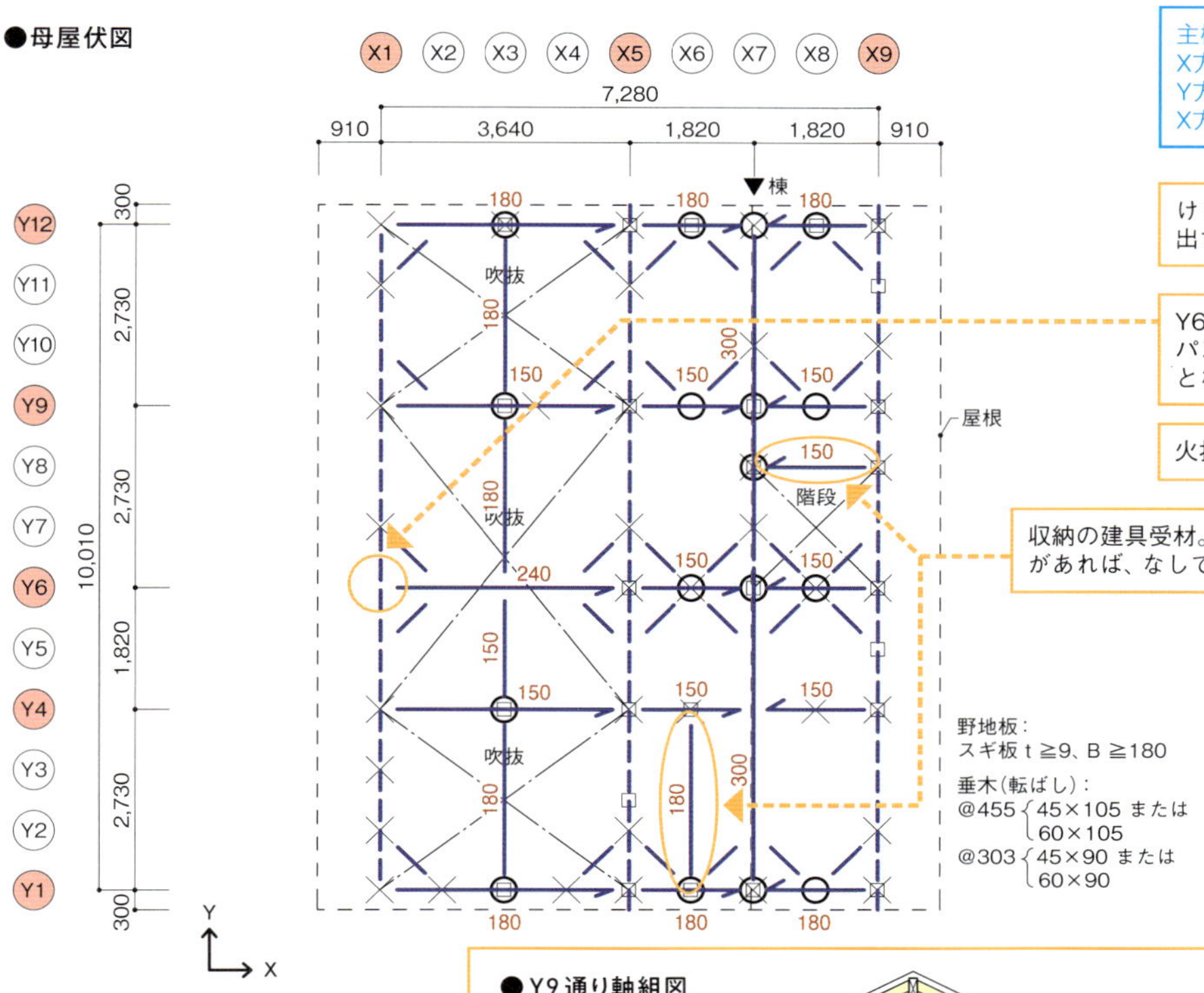

主構面を以下のように考える。
X方向:Y1,Y4,Y6,Y9,Y12
Y方向:X1,X5,X9
X方向の主構面に登り梁を配置

けらばのはねだしが少ないので、野地板のみではね出すこととし、母屋は登り梁に落し込みとしている

Y6通りX1－X5間は小屋梁がないため、登り梁のスパンを3,640㎜で決定する。X1側は柱がなく桁受けとなるので、接合方法と桁断面に要注意

火打は耐力壁線に接するように配置している

収納の建具受材。小屋梁があれば、なしでもよい

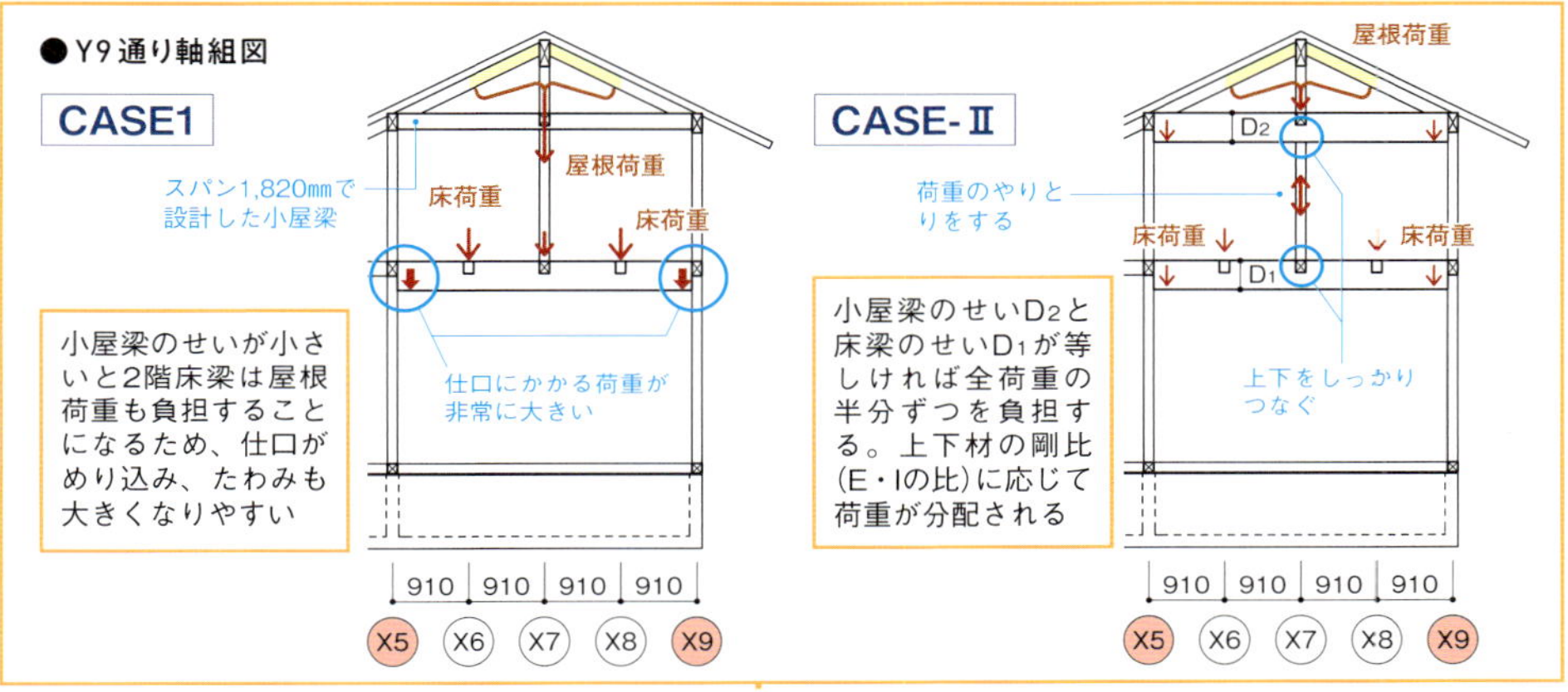

凡例
○：小屋束
□：2階柱
×：1階柱
◁：小屋筋かい45×90片掛け
⊠：小屋筋かい45×90タスキ掛け
＼：火打梁
←：登り梁（矢印は水上側）

●小屋伏図

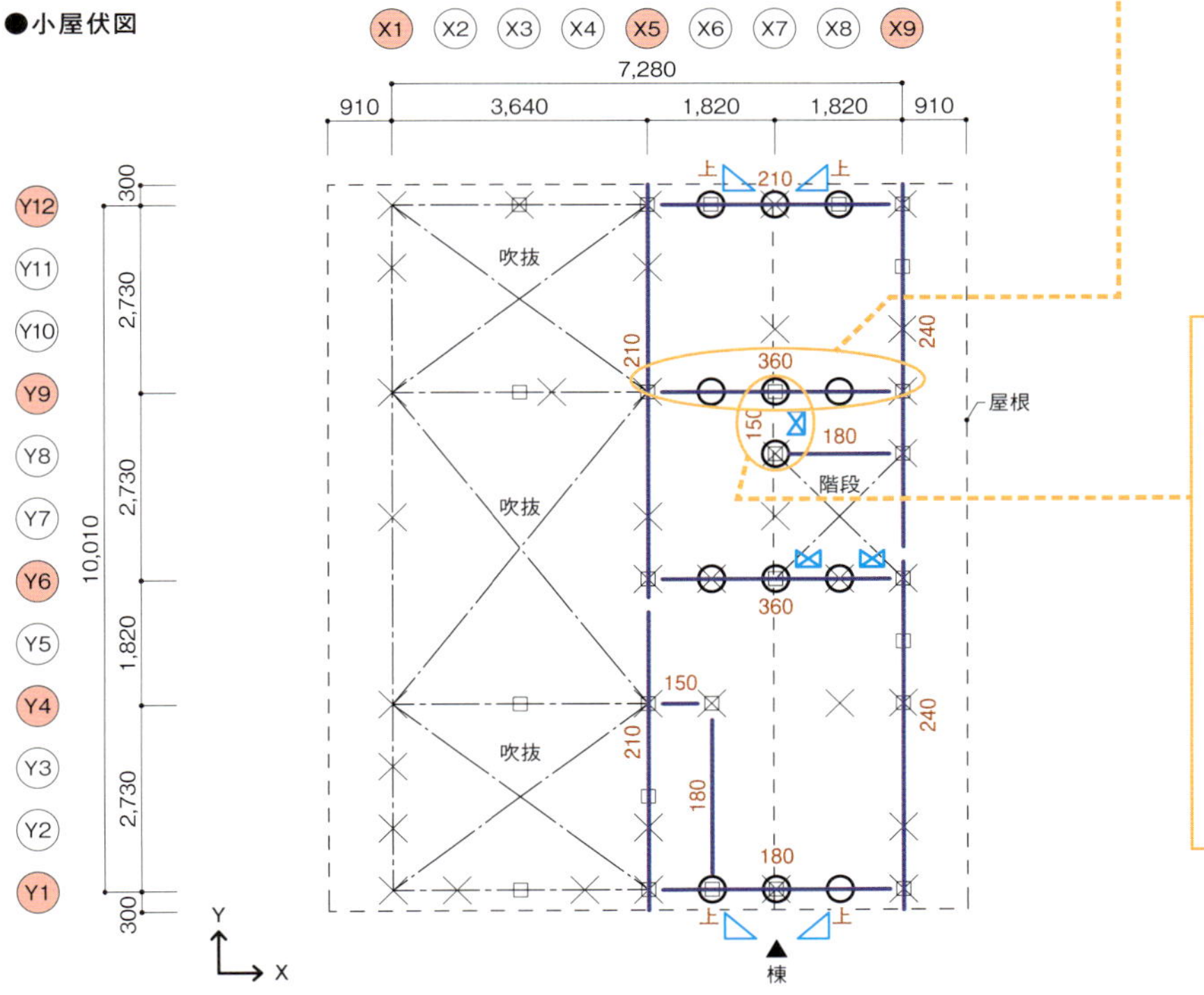

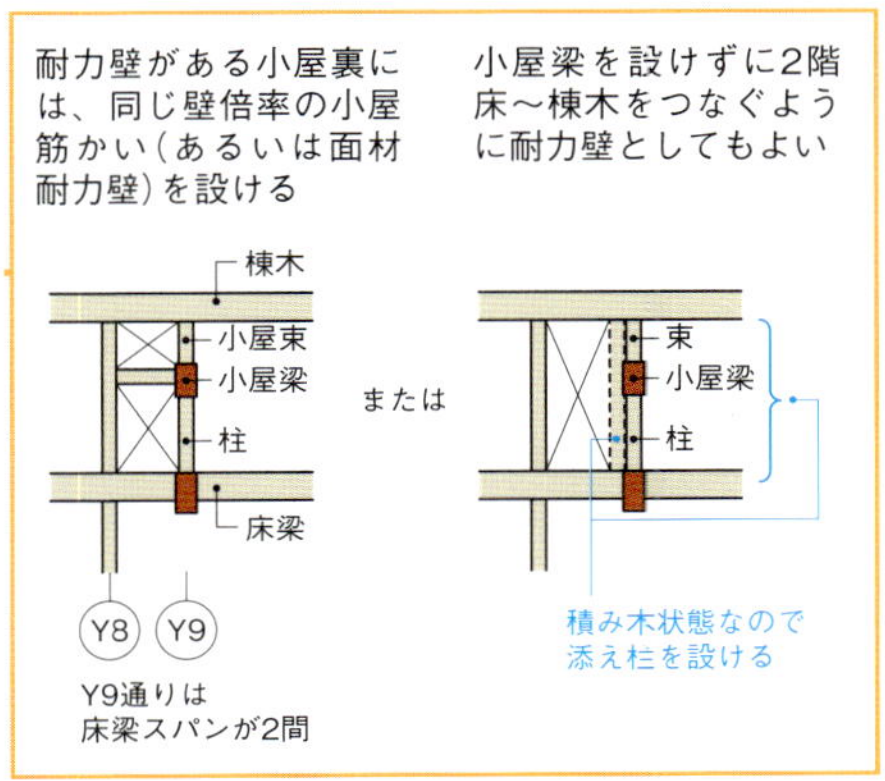

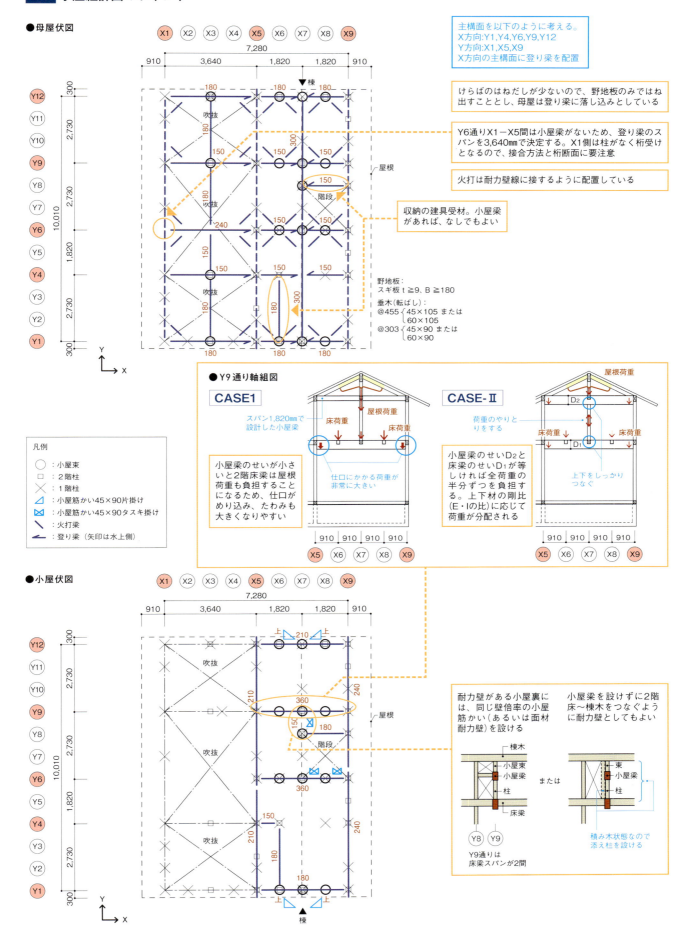

図3 2階床梁の配置計画と注意点

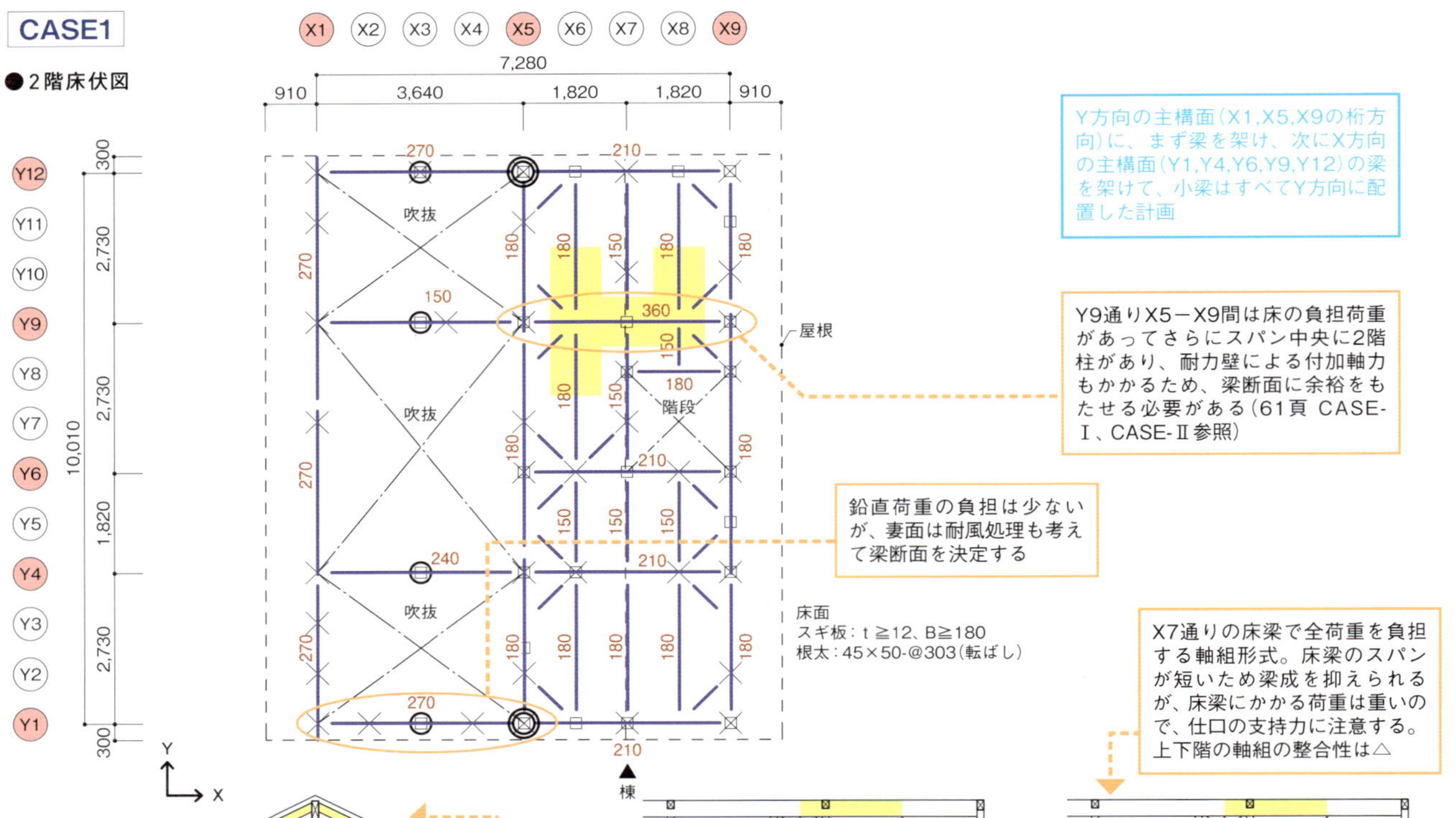
CASE1
●2階床伏図
X1 X2 X3 X4 X5 X6 X7 X8 X9
7,280
910 3,640 1,820 1,820 910
Y12 Y11 Y10 Y9 Y8 Y7 Y6 Y5 Y4 Y3 Y2 Y1
300 2,730 2,730 1,820 2,730 300
10,010
270 210 150 360 240 180 150 210 270
吹抜
階段
屋根
Y
X
棟
Y方向の主構面(X1,X5,X9の桁方向)に、まず梁を架け、次にX方向の主構面(Y1,Y4,Y6,Y9,Y12)の梁を架けて、小梁はすべてY方向に配置した計画
Y9通りX5－X9間は床の負担荷重があってさらにスパン中央に2階柱があり、耐力壁による付加軸力もかかるため、梁断面に余裕をもたせる必要がある(61頁 CASE-Ⅰ、CASE-Ⅱ参照)
鉛直荷重の負担は少ないが、妻面は耐風処理も考えて梁断面を決定する
床面
スギ板：t≧12、B≧180
根太：45×50-@303(転ばし)
X7通りの床梁で全荷重を負担する軸組形式。床梁のスパンが短いため梁成を抑えられるが、床梁にかかる荷重は重いので、仕口の支持力に注意する。上下階の軸組の整合性は△

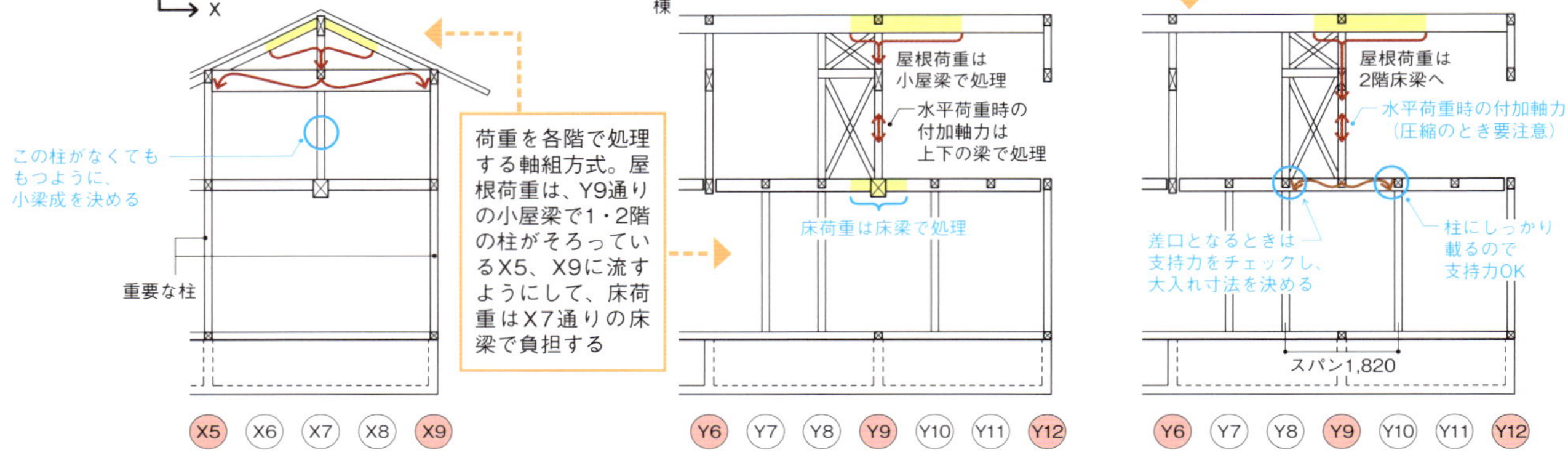
この柱がなくてももつように、小梁成を決める
重要な柱
荷重を各階で処理する軸組方式。屋根荷重は、Y9通りの小屋梁で1・2階の柱がそろっているX5、X9に流すようにして、床荷重はX7通りの床梁で負担する
屋根荷重は小屋梁で処理
水平荷重時の付加軸力は上下の梁で処理
床荷重は床梁で処理
屋根荷重は2階床梁へ
水平荷重時の付加軸力(圧縮のとき要注意)
差口となるときは支持力をチェックし、大入れ寸法を決める
柱にしっかり載るので支持力OK
スパン1,820
X5 X6 X7 X8 X9
Y6 Y7 Y8 Y9 Y10 Y11 Y12
Y6 Y7 Y8 Y9 Y10 Y11 Y12

CASE2のY9通り軸組図　CASE1のX7通り軸組図　CASE2のX7通り軸組図

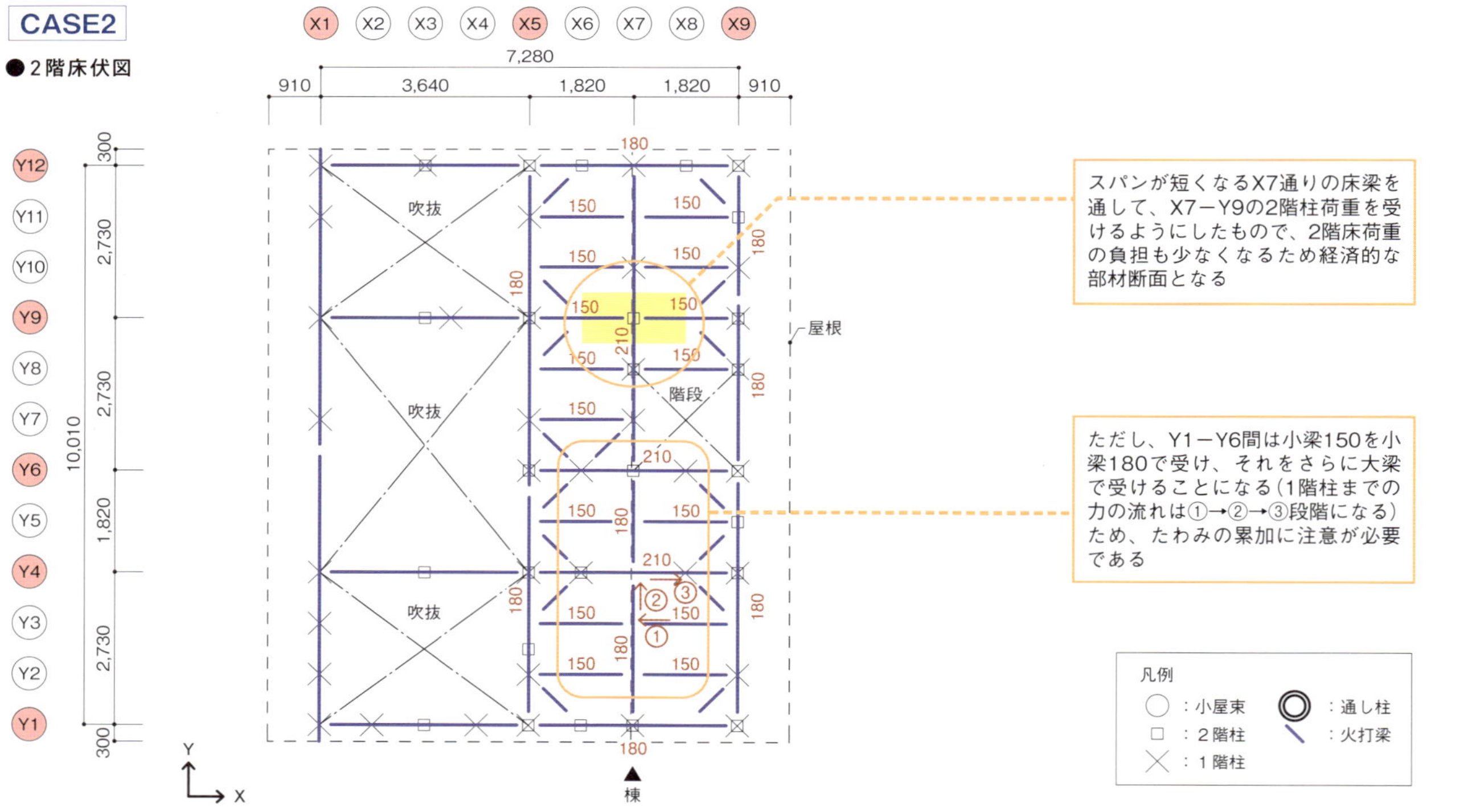
CASE2
●2階床伏図
X1 X2 X3 X4 X5 X6 X7 X8 X9
7,280
910 3,640 1,820 1,820 910
Y12 Y11 Y10 Y9 Y8 Y7 Y6 Y5 Y4 Y3 Y2 Y1
300 2,730 2,730 1,820 2,730 300
10,010
180 150 210
吹抜
階段
屋根
Y
X
棟
① ② ③
スパンが短くなるX7通りの床梁を通して、X7－Y9の2階柱荷重を受けるようにしたもので、2階床荷重の負担も少なくなるため経済的な部材断面となる
ただし、Y1－Y6間は小梁150を小梁180で受け、それをさらに大梁で受けることになる(1階柱までの力の流れは①→②→③段階になる)ため、たわみの累加に注意が必要である
凡例
○：小屋束
□：2階柱
×：1階柱
◎：通し柱
＼：火打梁

図4 土台と基礎梁の配置計画のポイント

●土台伏図

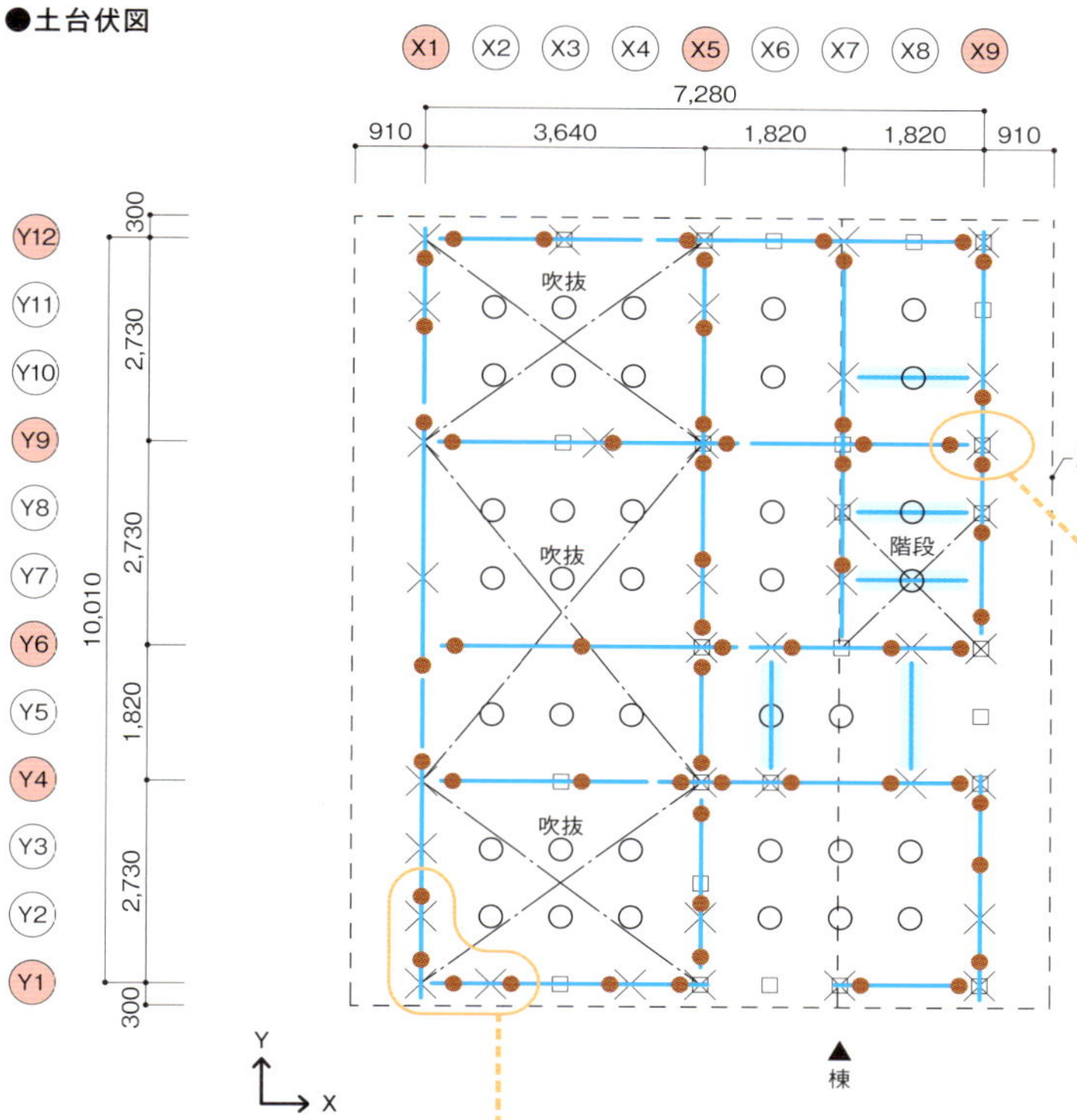

土台は主構面を優先して配置するほか、柱や耐力壁や間仕切壁の下にも設ける。構造的に重要な軸組には基礎梁や立上りを通すが、間仕切受けなど荷重負担がごく少ない土台(図中)の下は立上りを設けず、床束で支持してもよい

人通口がアンカーボルトと干渉しないように、耐力壁配置図、土台伏図、基礎伏図の3つを見比べながら、アンカーボルトと人通口の位置を調整する(アンカーボルトの設け方は112頁参照)

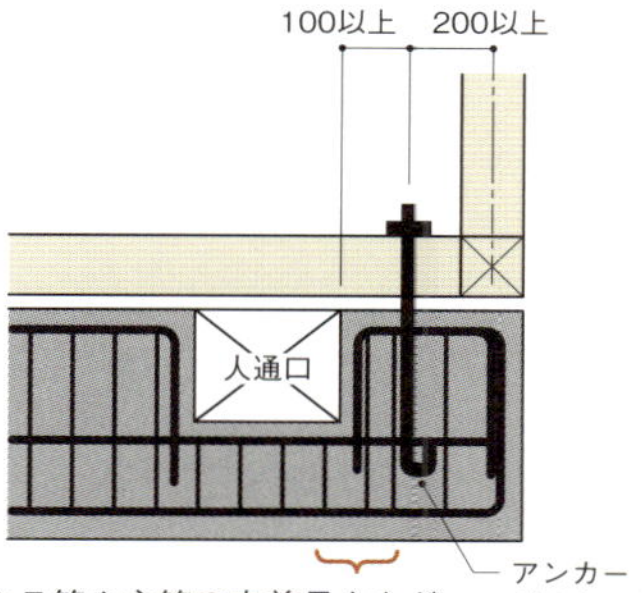

タテ筋や主筋の定着長さなど鉄筋のかぶりを確保する

交差部の優先順位の考え方

① 耐力壁がある方を通す
② 両側に耐力壁が取り付く場合は、壁倍率が高い方を通す

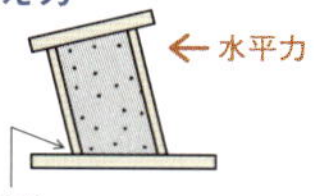

土台継手の考え方

以下の場所の近接は避ける
・ 大黒柱など負担荷重が大きい柱
・ 壁倍率の高い耐力壁が取り付く柱(水平荷重時の付加軸力が大きい柱)

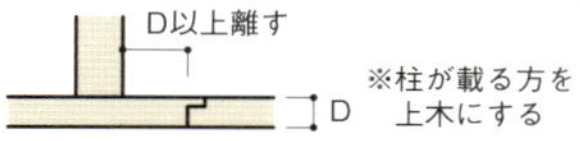

●基礎伏図

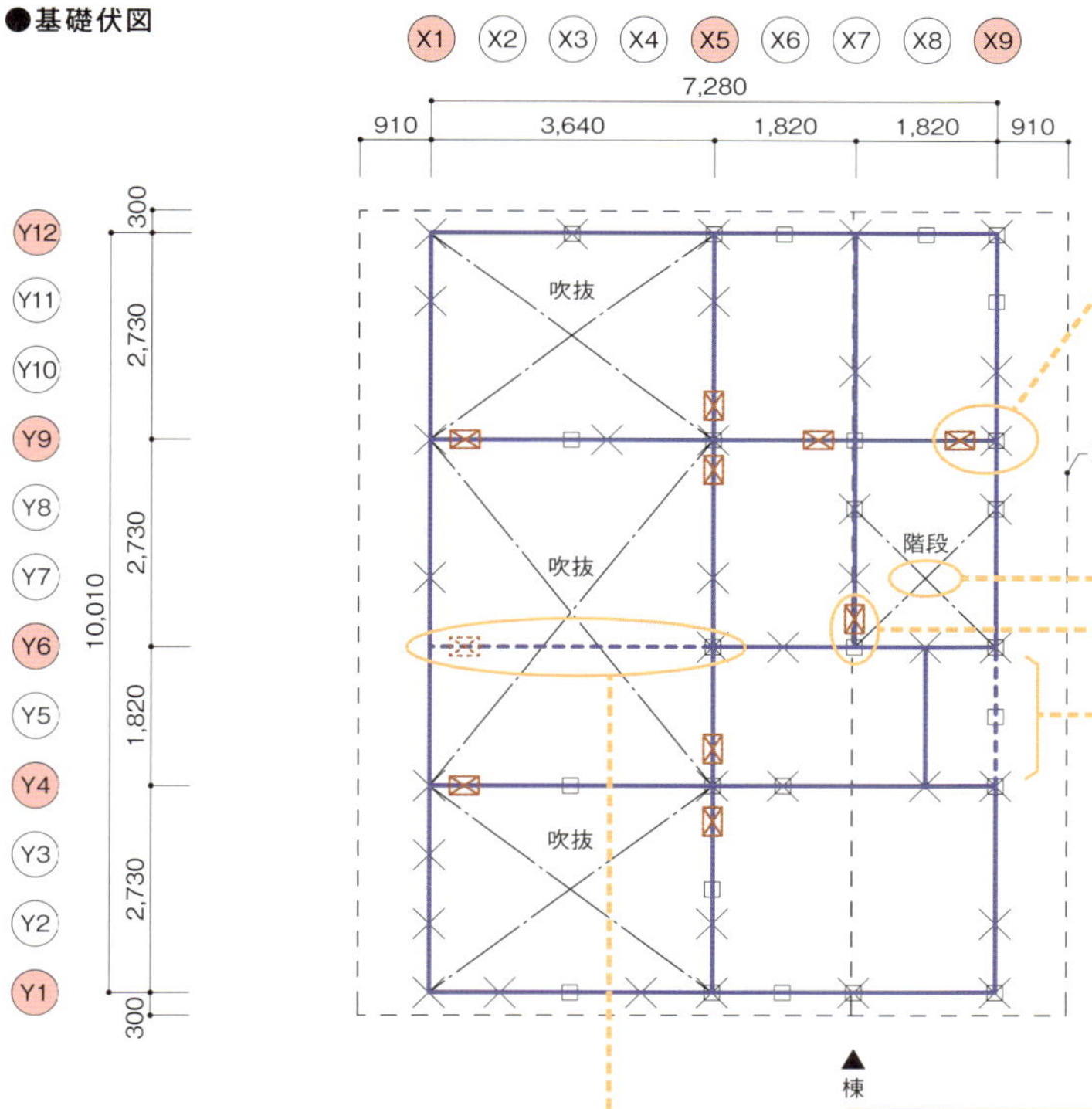

この事例は逆スラブタイプのベタ基礎である。まず、主構面に基礎梁を配置する。次に主構面から外れたところにある柱や間仕切壁などを受ける立上りを配置する。人通口は柱と耐力壁の直下を極力避け、曲げ応力の小さいところに設けるようにする。また主構面や耐力壁近傍は、極力立上りを連続させるように配慮する

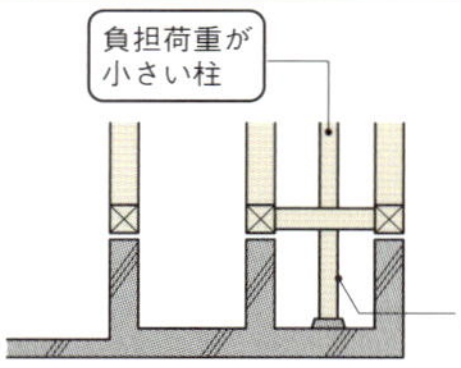

階段受けなど荷重負担が少ない柱の下は、立上りを設けず床束で土台を支持してもよい

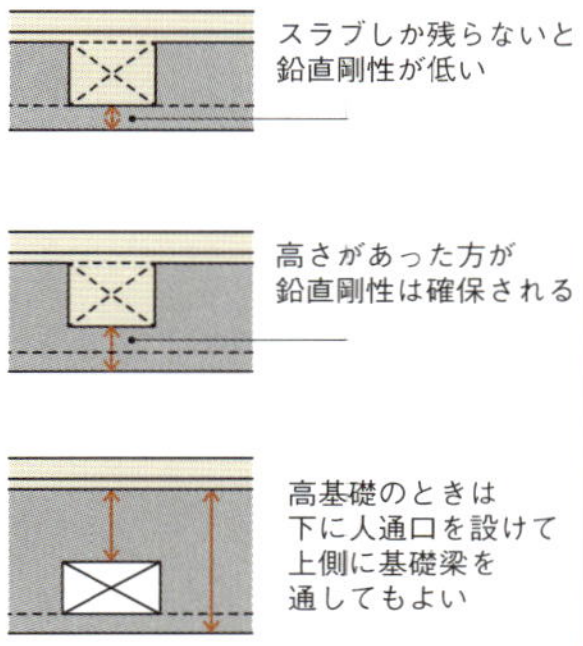

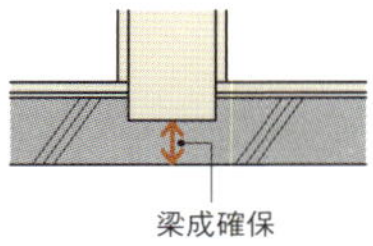

玄関のスラブ下から耐圧版までは地中梁を通す

硬い地盤のときは立上りなしでもよいが、地耐力30kN/m²程度のときは立上りを格子状にして、基礎全体の鉛直剛性を高めておいた方がよい

凡例
- ○:小屋束
- □:2階柱
- ×:1階柱
- ―:土台
- ●:アンカーボルト
- ○:床束(@910以下)
- ―:立上り
- ⊠:人通口

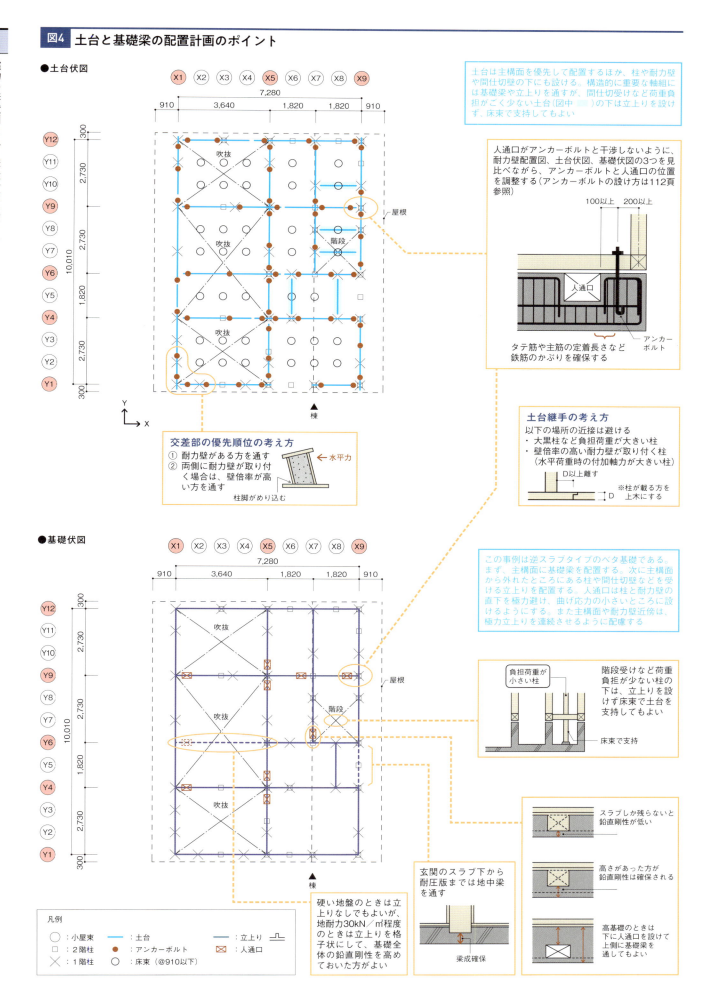

2
構造計画

06 狭小間口はどのように架構計画を考える？

短辺方向の耐力壁が上下階でそろわないことが多いので、屋根や床面の水平剛性を高める。また、軸組を上・下階で揃えるようにすることも重要

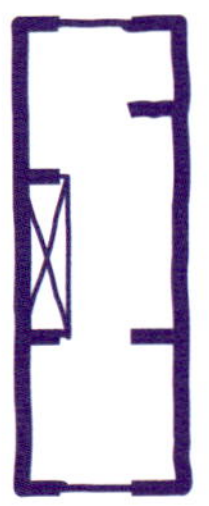

短辺方向は動線上耐力壁を設けにくいうえ、通風や採光のために床が分断されやすい

図1 狭小間口の場合の構造計画のポイント

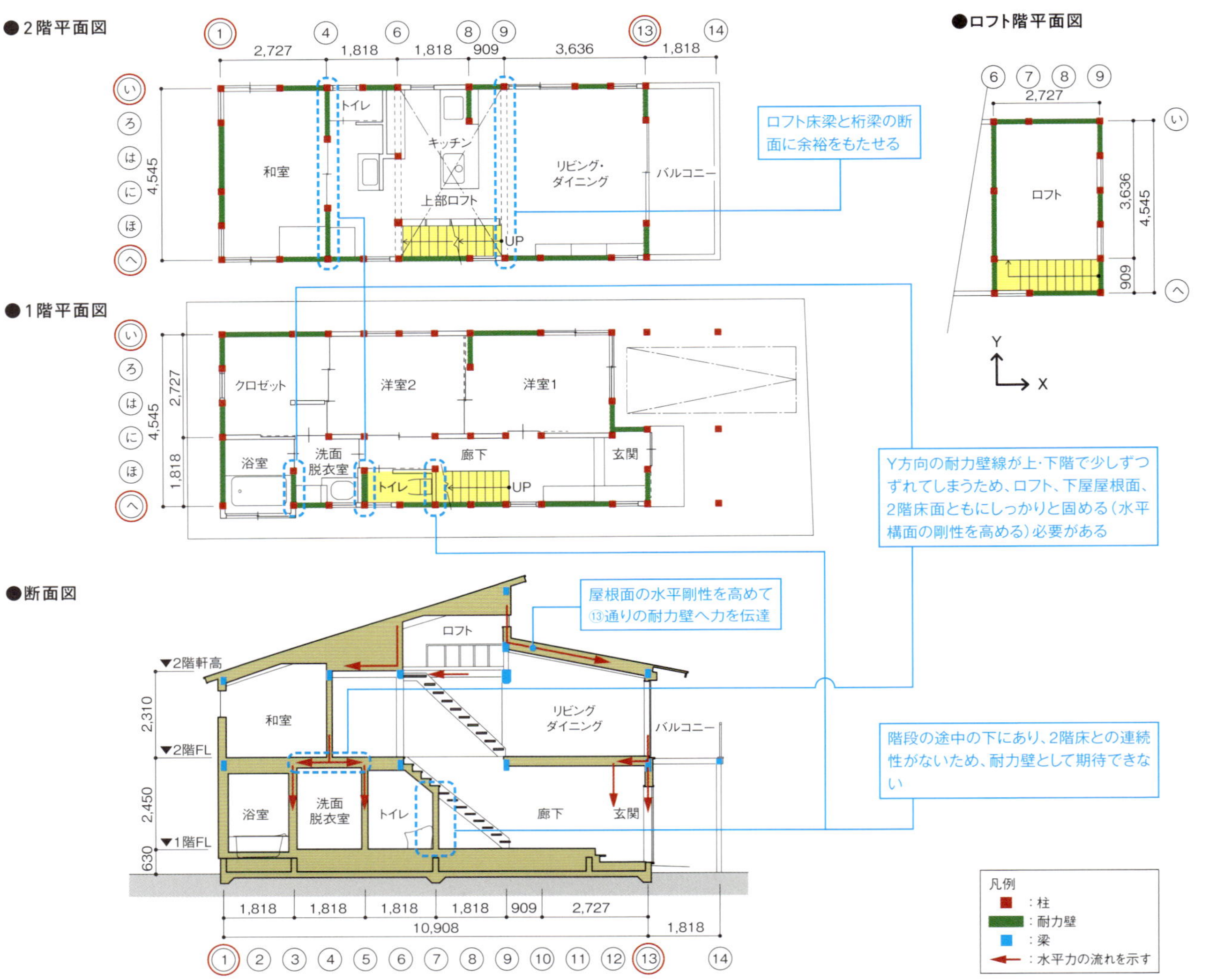

狭小間口の場合、長辺方向は壁が多くなるためほとんど問題ないが、短辺方向には動線上、耐力壁を設けにくく、通風や採光のために床が分断されやすいなど注意すべき点が多い。

図はロフトと吹抜けをもつ、2階建て住宅である。

耐力壁線の位置は、ロフト階は6通りと9通りだが、2階は1、4、8、13通りとなる。8通りの耐力壁は短く、ロフトの床荷重分程度しか負担できないため、ロフト階9通りの耐力壁が負担した水平力を13通りの耐力壁に伝達できるよう、屋根面の水平剛性を高める。また9通りは、階下に柱がない梁上耐力壁となるため、桁梁やロフト床梁の断面に余裕をもたせる。

同様に、ロフト階6通りの耐力壁が負担した水平力を、2階4通りの耐力壁に伝達するため、4～6通り間の天井面の水平剛性を高めるとよい。

1階もY方向は壁が少ないため、各壁の倍率を高くせざるを得ない。柱頭・柱脚の接合部、そして耐力壁線となる軸組の各接合部は、しっかりと留める。

図2 小屋組計画のポイント

●母屋伏図

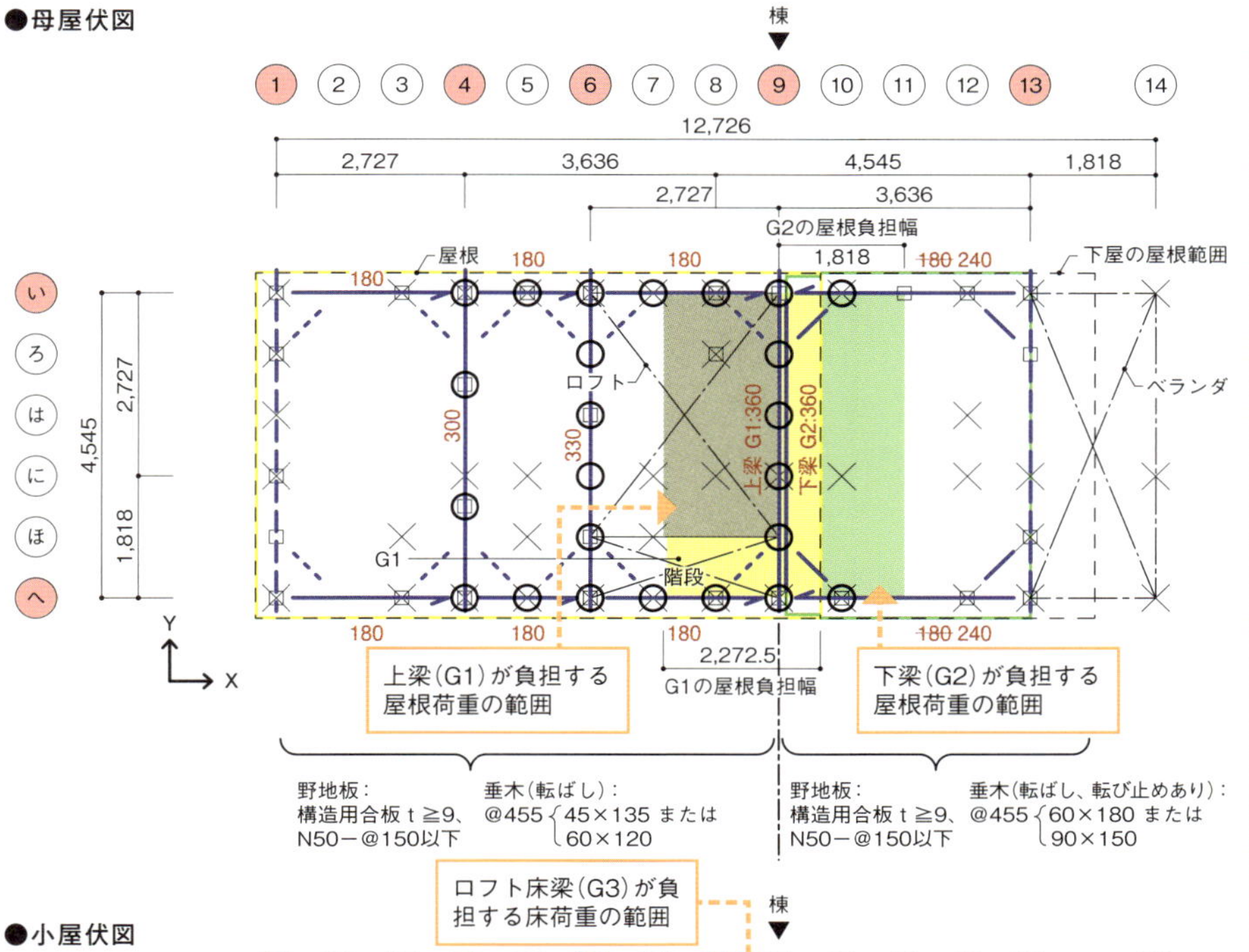

●小屋伏図

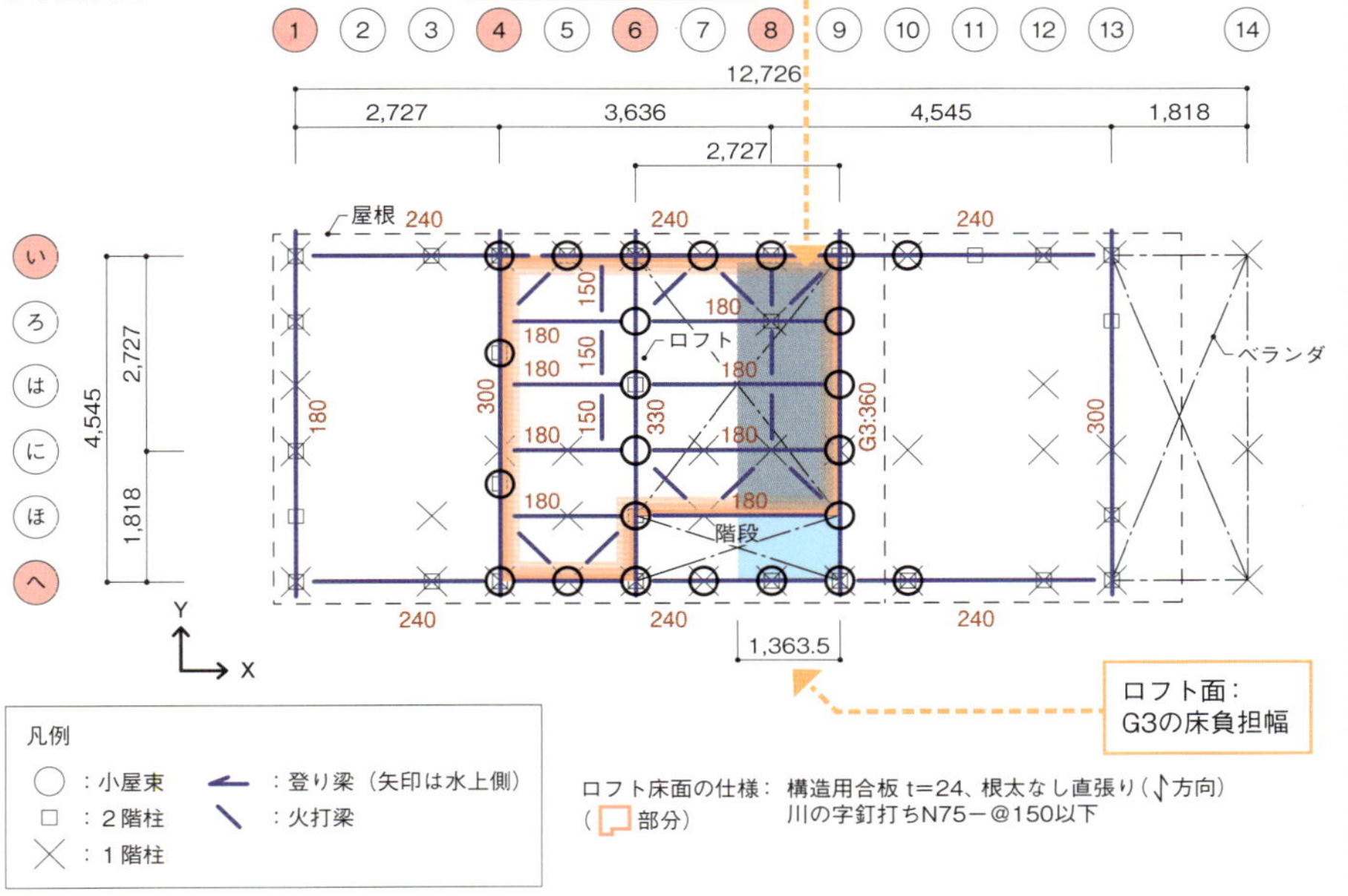

●2階伏図

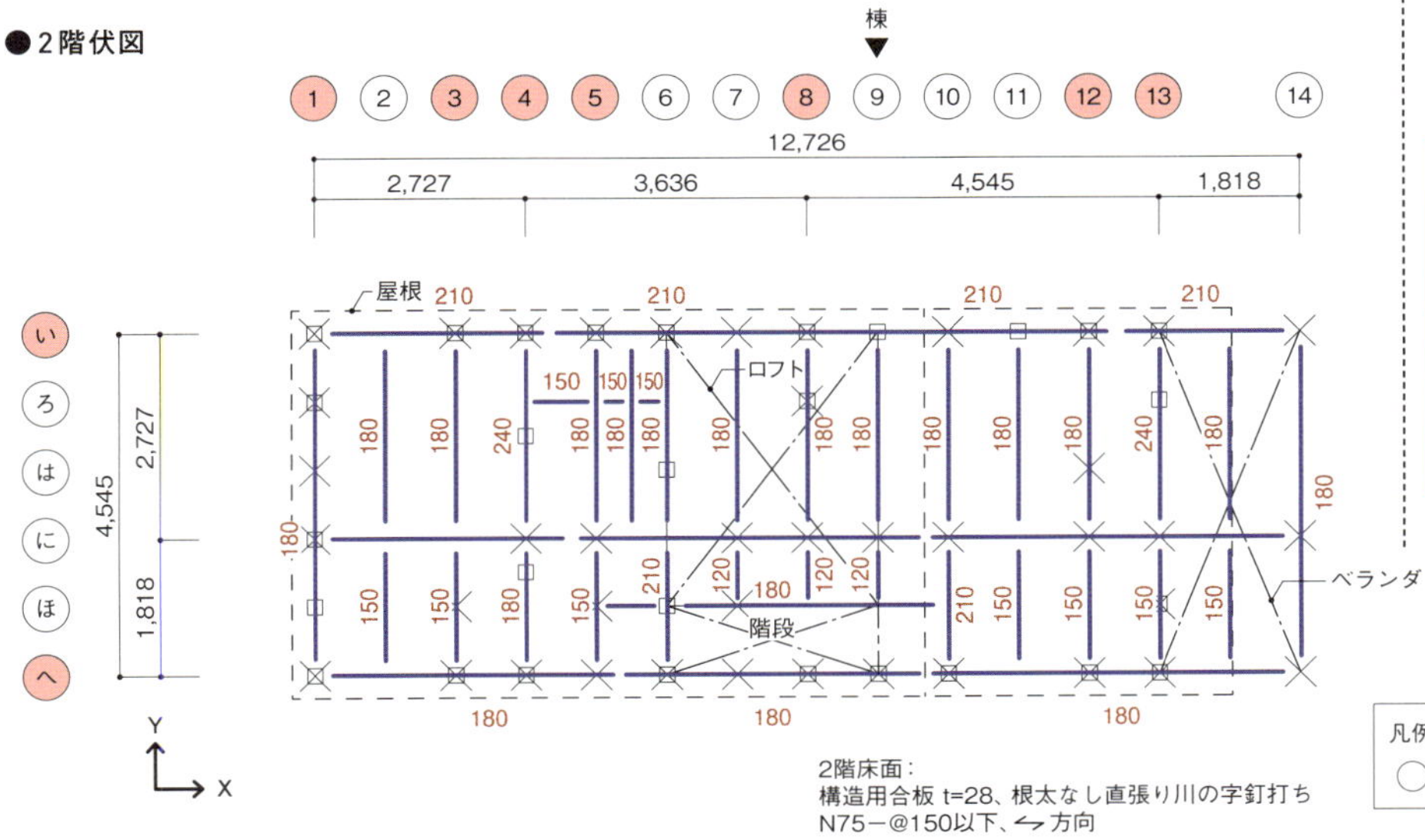

凡例
○：小屋束　□：2階柱　×：1階柱

9通りのロフト床～母屋の設計について

CASE1

●9通り軸組図

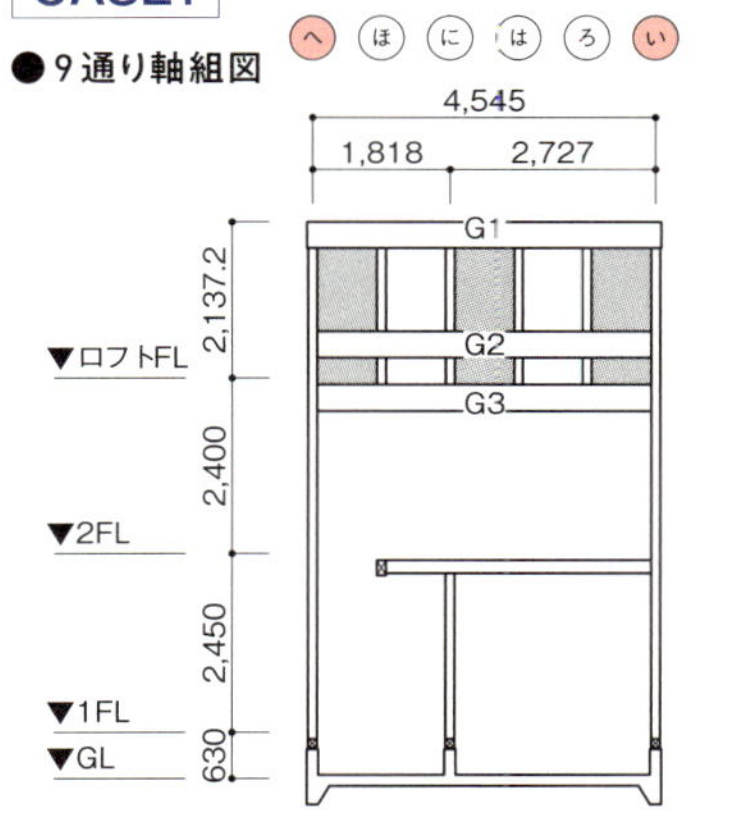

9通りの軸組図を書いてみると、小屋部分はロフトの床梁G3、下屋の屋根を受ける梁G2、軒桁（棟木）G1の3本の梁が存在する。この軸組はロフトの外壁面で耐力壁も設けているので、スパンが4.55mも飛んでいるG3がすべての荷重を負担すると、断面が大きくなるうえに仕口の負担も大きい。このような場合は、G1とG2のスパンを4.55mとして、屋根荷重 はG1、下屋の屋根荷重はG2、ロフト荷重はG3で、それぞれ1階まで連続する柱に伝達させるとよい。【荷重の各階処理】

CASE2

●9通り軸組図

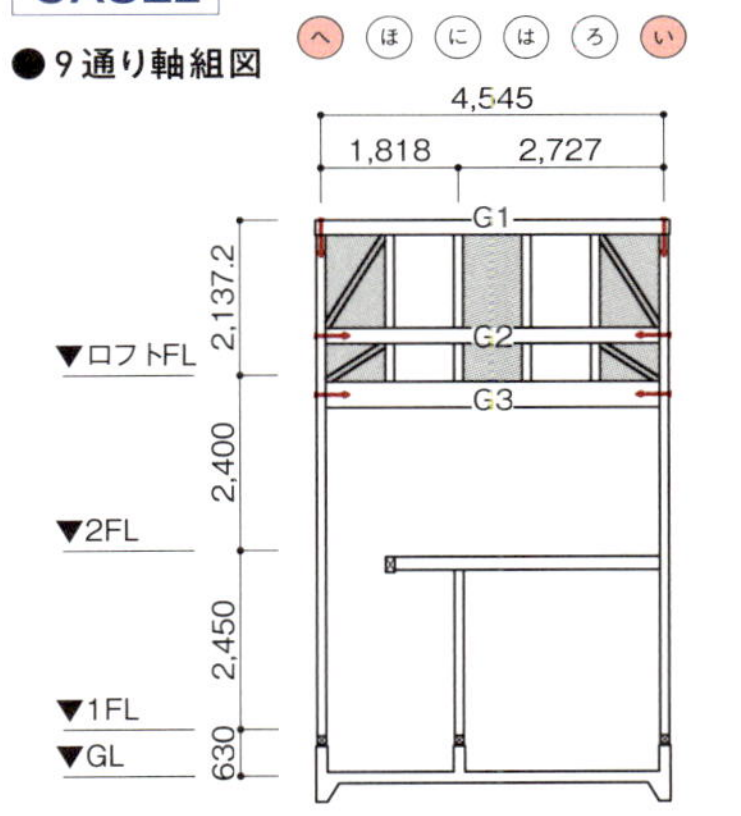

G1とG2の両端部に方杖を設けて有効スパンを短くすれば、梁断面をCASE1よりも小さく抑えることができる。この場合、方杖に圧縮力が生じ、柱を押し広げようとする力が働くため、梁端部をボルト等で接合し、しっかりと引寄せておく必要がある。また、方杖は常時圧縮力を受ける部材となるため、耐力壁とは別に設けるものとし、部材断面も座屈を考慮して90角以上とする

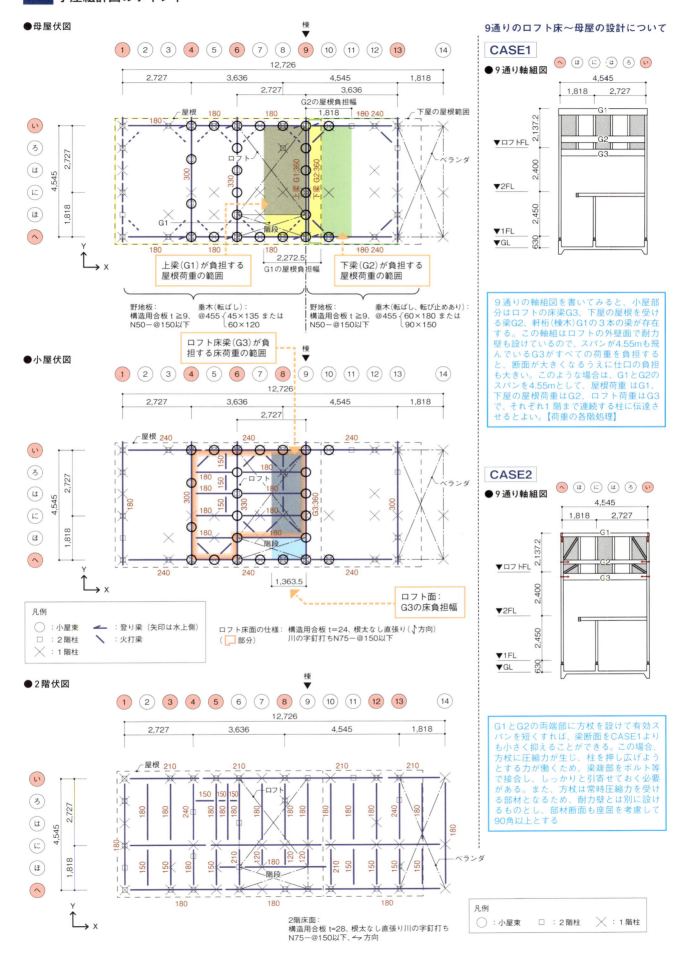

図3 『ヤマベの木構造 新版DVD付』のスパン表を用いた梁の断面設計

母屋・棟木・小屋梁　負担幅1,820㎜

●金属板屋根の等分布

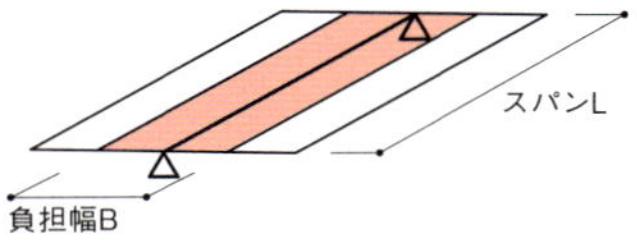

●荷重

①：長期曲げ限界　②：長期せん断限界

	部位	固定従量 DL(N／㎡)	積載荷重 LL(N／㎡)	負担幅 B(m)	負担幅 D(m)	荷重
応力用	屋根W_1	600	0	1.82	－	1,092N／m
	壁W_2	0	0	0	－	0
	壁P	0	0	0	0	0
たわみ用	屋根W_1	600	0	1.82	－	1,092N／m
	壁W_2	0	0	0	－	0
	壁P	0	0	0	0	0

●部材幅120㎜

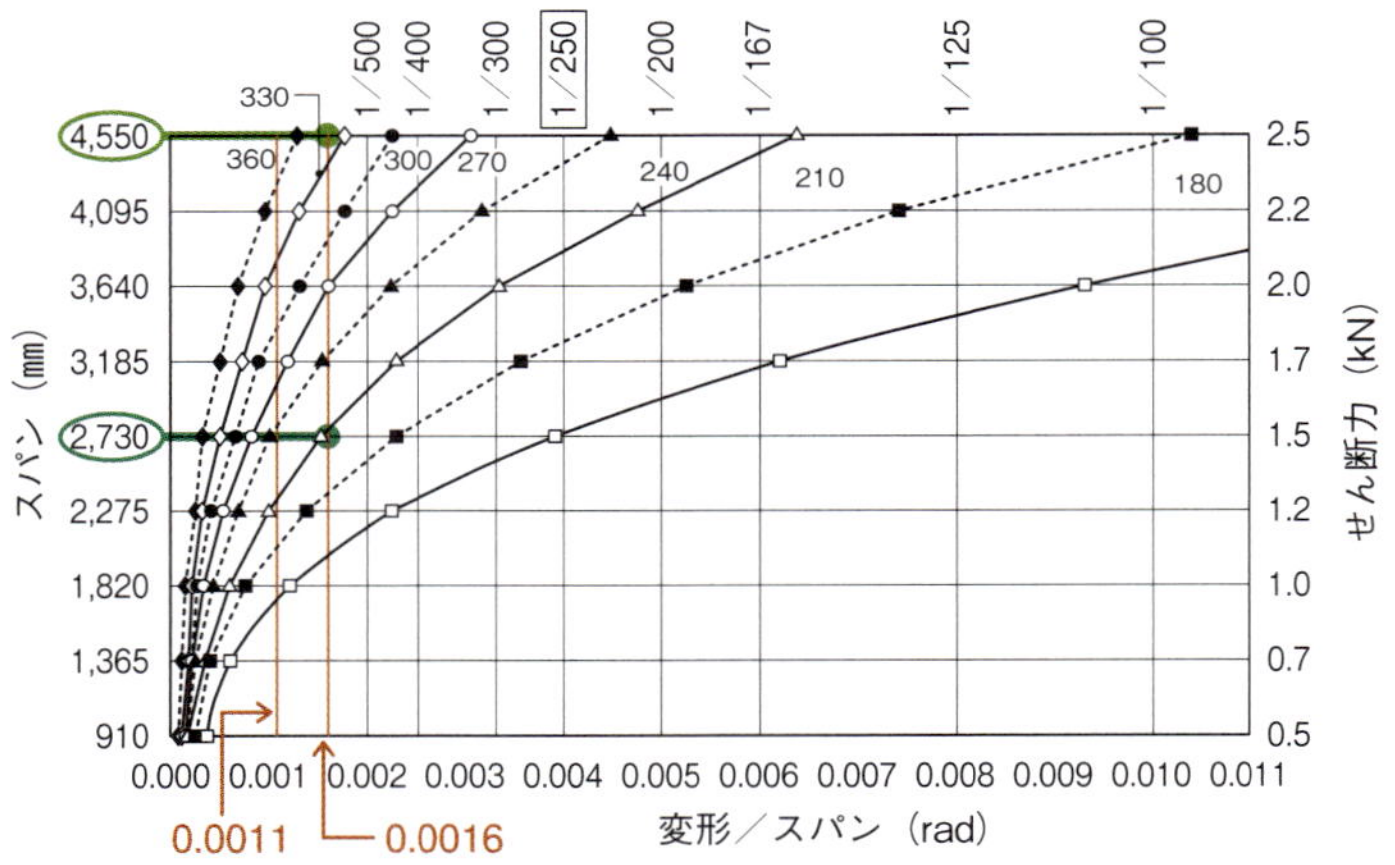

● G1の設計

スパン表は、ヤマベ新版373頁 母屋・棟木・小屋梁 金属板屋根の等分布

負担巾1,820mm、部材幅120mmとする。

スパンL=4,550mm、樹種はスギ無等級材

変形制限は、スパン中央で1cm以下(1/(455.0/1.0)＝1/455)とする。

負担荷重は、

屋根600N/㎡×負担巾B＝2.727/2+0.909＝2.2725m

外壁1000N/㎡×負担巾B＝1.50/2＝0.75m(壁高さの半分)

よってスパン表の荷重；屋根600N/㎡×負担巾B＝1.82mに対する比率は、

(0.6 x 2.2725+1.0 x 0.75)/(0.6 x 1.82)＝1.94倍。

したがってスパン表を引くときは、この荷重増分比を考慮する。

換算変形角＝1/(455 x 1.94)＝1/883＝0.0011radより、

グラフの横軸で0.0011radのところに縦線を引き、グラフの縦軸4,550mmとの交点を読むと、梁成は360よりも大きくなる。

そこで、部材のヤング係数をE70として再検討してみる。

スパン表のヤング係数との比率は、70/50＝1.4であるので、

換算変形角＝1/(455 x 1.94÷1.4)＝1/631＝0.0016radより、

グラフの横軸で0.0016radのところに縦線を引き、グラフの縦軸4,550mmとの交点を読むと、梁成は360となる。

CASE2のときは、CASE1と変形角を同値に設定したとすると、同スパン表の縦軸2,730mmとの交点を読めばよい。

すると、無等級材なら梁成は240、E70なら210となる。

同様に検討すると、

G2、G3ともに、E70材で梁成は360となる。

＊G3は、ヤマベ新版366頁の2階床梁 床の等分布 のスパン表を用いる。

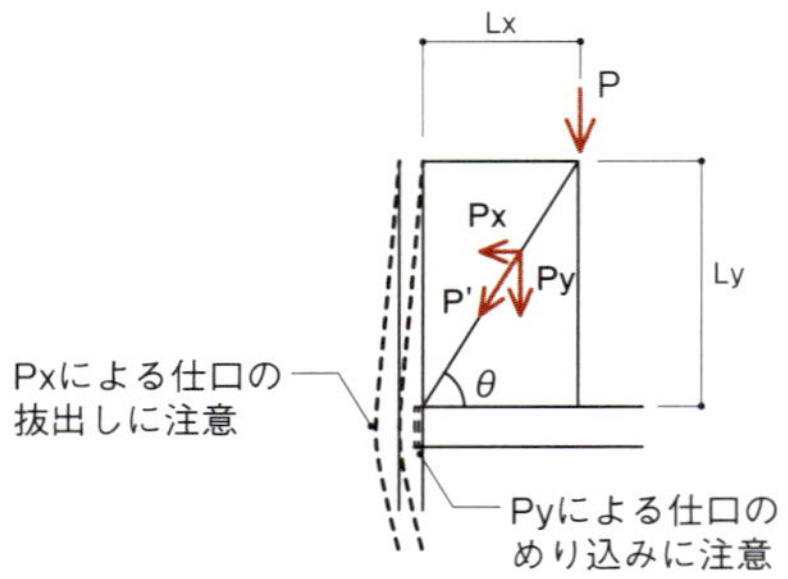

●引きボルトの設計例

方杖が取り付く柱頭にかかる荷重は、

屋根600N/㎡×負担巾(B＝2.727/2+0.909＝2.2725m)＝1.36kN/m

外壁1000N/㎡×負担巾(B＝1.50/2＝0.75m)＝0.75kN/mより、

P=(1.36+0.75)x(0.909+2.727)/2＝3.84kN

方杖に生じる圧縮力はP'＝P/sinθ

また、Py＝P、Px＝P/tanθであるので、

引きボルトはPx以上の引張耐力とする。

tanθ＝Ly/Lx　より、

Px＝3.84/(1290/789)＝3.84 x 0.61＝2.35kN

羽子板ボルトの短期許容引張耐力は、sTa＝7.5kN

(平12建告1460号(に)、ヤマベ新版426頁参照)

木材の許容応力度における荷重継続期間係数は、

長期：1.1、短期：2.0　であるため、(ヤマベ新版022頁参照)

羽子板ボルトの長期許容引張耐力は、

$_{L}Ta$＝7.5 x 1.1/2.0＝4.1kN＞Px

したがって、羽子板ボルト1本以上で梁端部と通し柱を接合する。

図4 水平力の流れと水平構面の設計

●断面でみる水平力の流れと水平構面の設計モデル

●矩計図

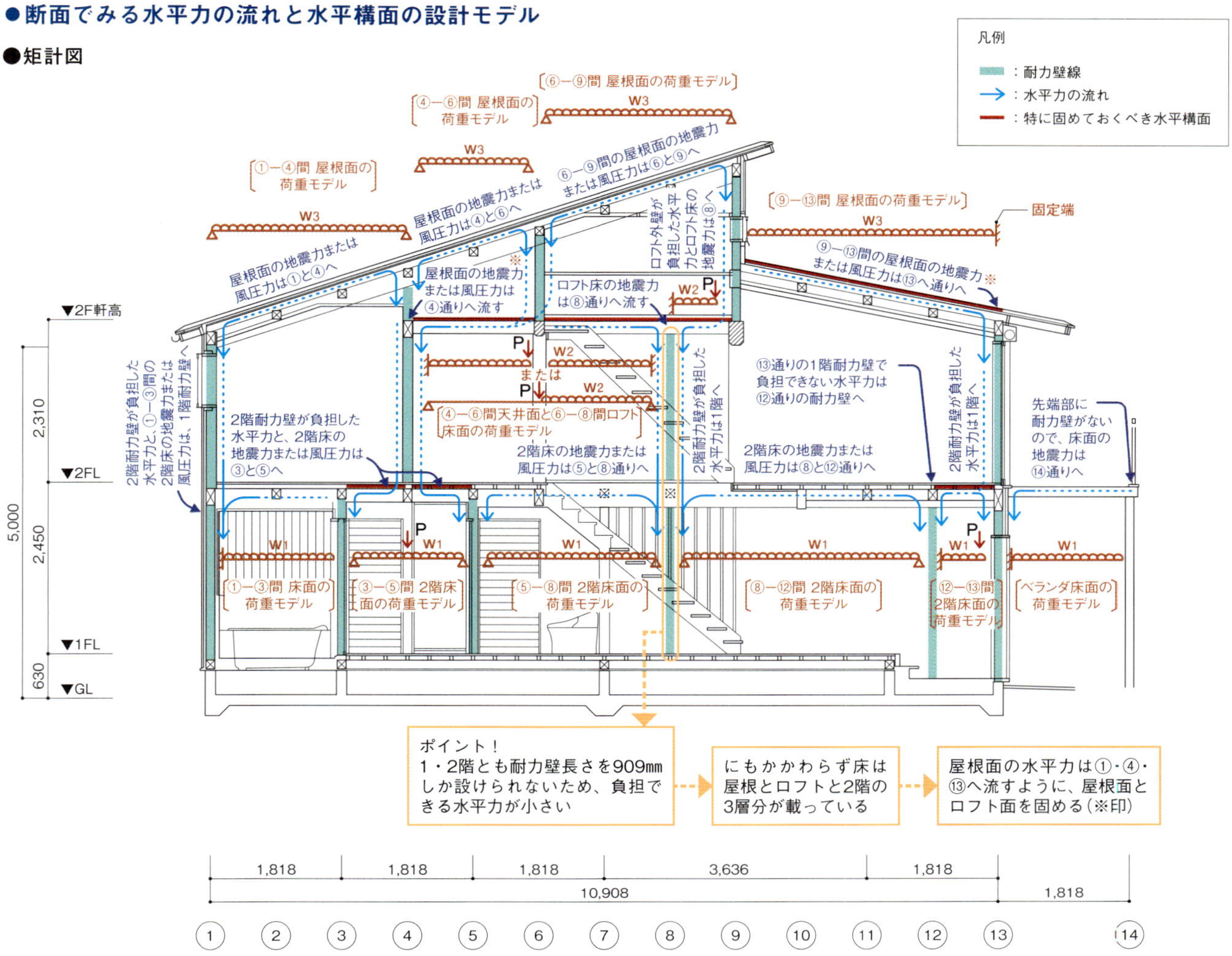

●水平構面スパン表のモデル図

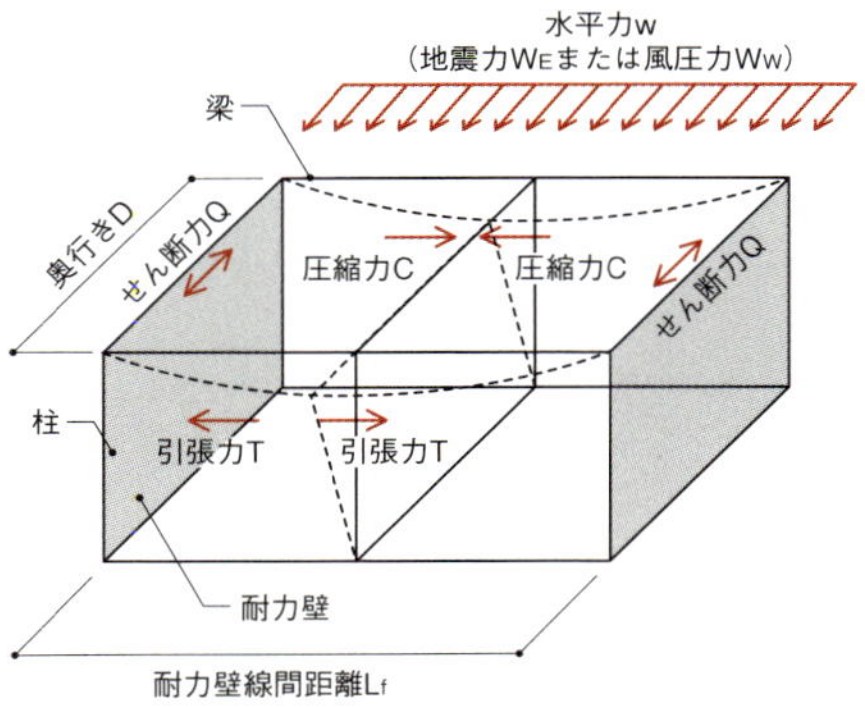

●応力図

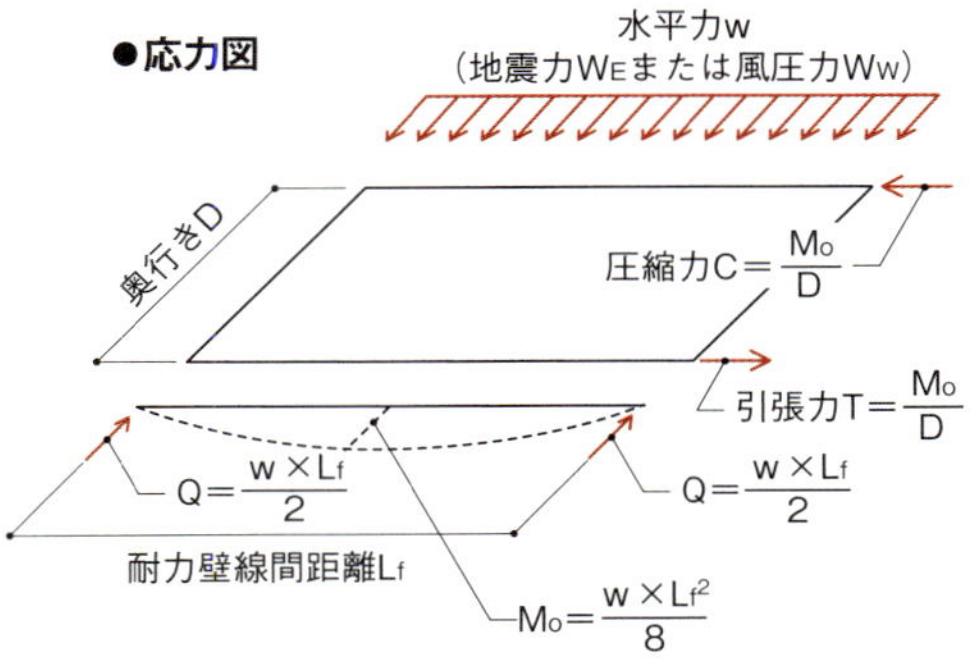

●片持ちモデルの場合の換算方法

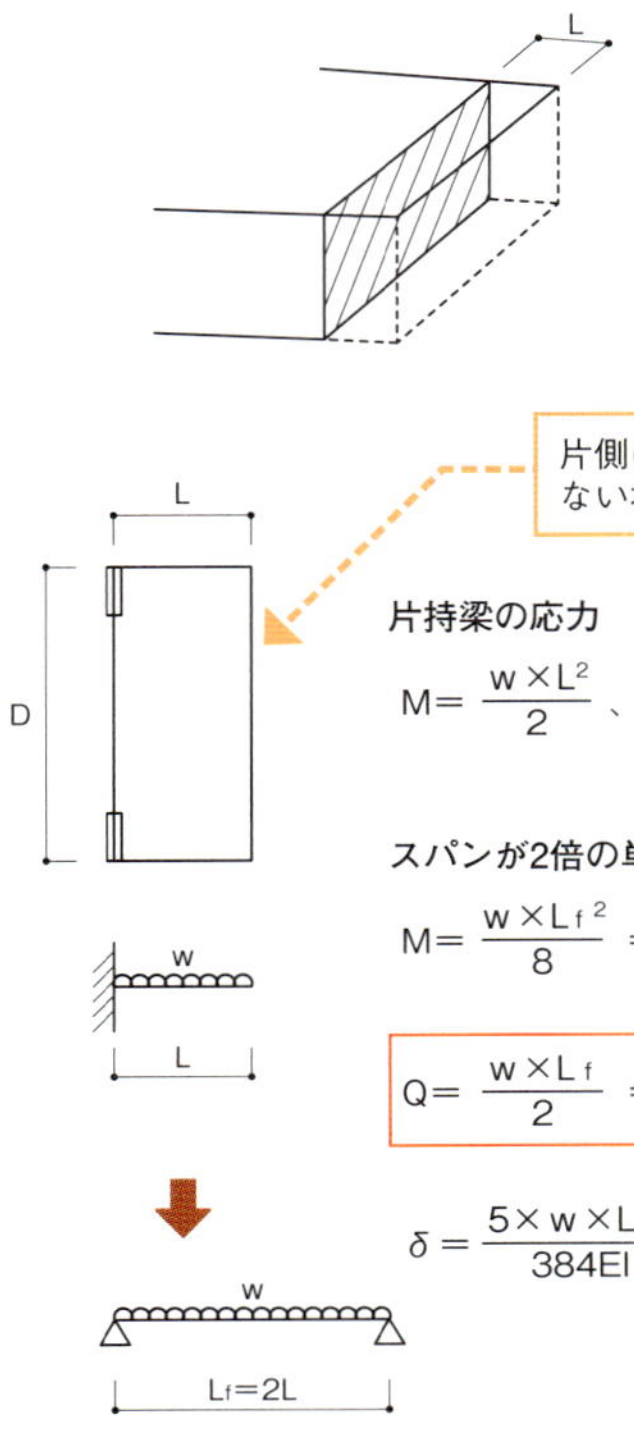

床倍率の検討は、せん断力のチェックを行っているので、片持ちモデルとなるときは、Lf＝2×Lとしてスパン表を読めばよい

片側に耐力壁がない場合

片持梁の応力

$M=\dfrac{w\times L^2}{2}$ 、 $Q=w\times L$ 、 $\delta=\dfrac{w\times L^4}{8EI}$

スパンが2倍の単純梁の応力

$M=\dfrac{w\times L_f{}^2}{8}=\dfrac{w\times(2L)^2}{8}=\dfrac{w\times L^2}{2}$

$Q=\dfrac{w\times L_f}{2}=\dfrac{w\times(2L)}{2}=w\times L$

片持梁の応力と等しい

$\delta=\dfrac{5\times w\times L_f{}^4}{384EI}=\dfrac{5\times w\times(2L)^4}{384EI}=\dfrac{w\times L^4}{4.8EI}$

片持梁よりも大きな変形

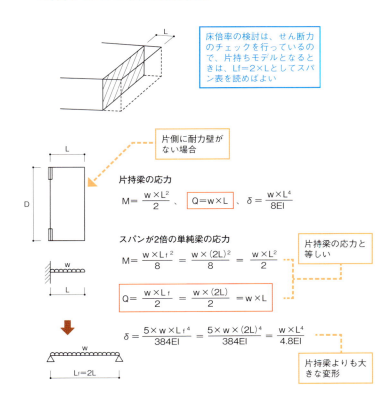

図5 屋根面の設計

8通りの耐力壁は、1、2階とも長さが909mmしか設けられず、水平力をあまり負担できないため、できる限り屋根面の水平力を2階の1、4、13通りの耐力壁に伝達するように水平構面を設計する。

● 9-13間の屋根面の設計

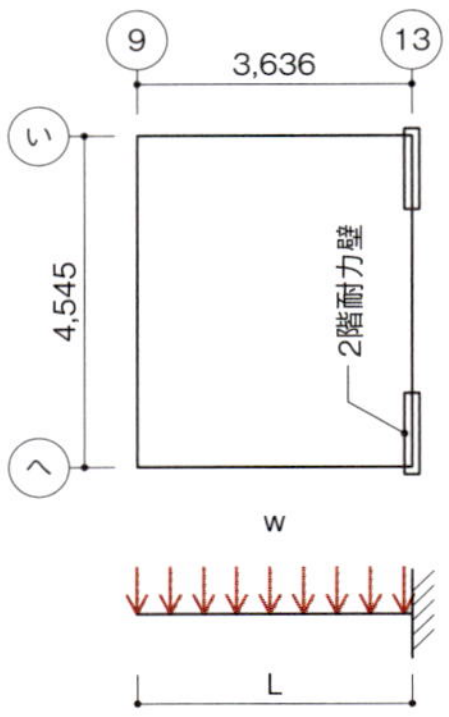

水平構面の設計は、下階の耐力壁線を支持点とした単純梁あるいは片持梁にモデル化して考えるとよい。9-13間は、屋根面の水平力を13通りの2階耐力壁に伝達するようにしたいので、左図に示すような13通りを固定端とした片持梁モデルで考える。
水平力は地震力と風圧力のうち、大きなほうで設計する。
なお、地震地域係数はZ=1.0、積雪は一般区域、建設地の基準風速はV_0＝34m/s、地表面粗度区分はⅢ、耐震および耐風等級はどちらも等級Ⅰとする。
また、水平構面スパン表および水平構面の仕様は、参考文献Ⅰ；「ヤマベの木構造新版DVD付」（以降、ヤマベ新版と呼ぶ）による。

1）地震力に対する必要床倍率の算定

水平構面スパン表は、ヤマベ新版433頁のグラフを用いる。（70頁図8参照）
このスパン表は単純梁モデルで作成しているため、片持梁モデルのときは耐力壁線間距離L_f＝2×Lとして読みかえるとよい。（67頁図4参照）
したがって、
L_f＝2×L＝2×3.636＝7.272m　より、
グラフの縦軸L_f＝7.28mと、③金属板＋外壁半層　との交点を読むと、
地震力に対する必要床倍率$_E\alpha_f$＝0.61

2）風圧力に対する必要床倍率の算定

水平構面スパン表は、ヤマベ新版436頁のグラフを用いる。（71頁図9参照）
地震力と同様にL_f＝7.272m、D＝4.545m　→　L_f/D＝7.272/4.545＝1.60
グラフの横軸L_f/D＝1.60と、⑤V_0＝34［屋根］　との交点を読むと、
風圧力に対する必要床倍率$_W\alpha_f$＝1.18

$_E\alpha_f < _W\alpha_f$　より、風圧力にて決定する。
仕様はヤマベ新版431頁のNo.17（面材張り屋根面、30°以下、構造用合板9mm以上、垂木@500以下、転ばし、N50-@150、転び止めあり、床倍率α_{f1}＝1.00）に加え、傾斜面の四隅に火打を設けることとする。
火打1本当りの負担面積は、3.636m×4.545m/4本＝4.13㎡　・・・平均負担面積5㎡以下
勾配低減係数は「木造軸組工法住宅の許容応力度設計（2017年版）」より、cosθ
屋根勾配が2寸の場合は、θ＝$\tan^{-1}$（2/10）＝11.31°→　cosθ＝0.98
よって、火打水平構面の必要床倍率は（$_W\alpha_f-\alpha_{f1}$）/cosθ＝（1.18-1.00）/0.98＝0.183　より、
火打水平構面はNo.27（α_{f2}＝0.24）とする必要がある。（70頁図7参照）
したがって火打が取り付く、い、へ通りの登り梁せいを180から240に変更する。
（火打を増やして負担面積を小さくしてもよい）

● 4-9間の屋根面とロフト床面の設計

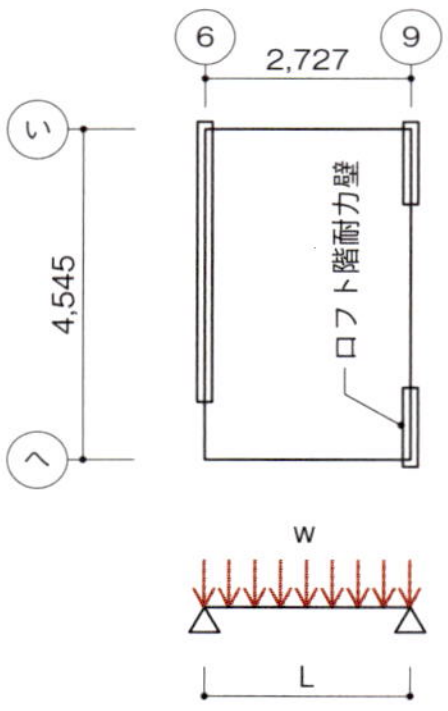

4-9間は、屋根面の支持点を4と9としたスパンL_f＝4.545mの単純梁モデルで設計してもよいが、本事例では、9通りのロフト階耐力壁が負担する水平力を軽減するため、6通りのロフト階耐力壁で屋根面の水平力を一度受けて、4-6間の水平面を介して4通りの2階耐力壁に伝達するように設計してみることとする。

《6-9間の屋根面の検討》

1）地震力に対する必要床倍率の算定
水平構面スパン表：ヤマベ新版433頁のグラフ、③金属板＋外壁半層
L_f＝L＝2.727m　より、グラフの縦軸L_f＝2.73m
∴地震力に対する必要床倍率$_E\alpha_f$＝0.23（70頁図8参照）

2）風圧力に対する必要床倍率の算定
水平構面スパン表：ヤマベ新版436頁のグラフ、⑤V_0＝34［屋根］
L_f＝2.727m、D＝4.545m　→　L_f/D＝2.727/4.545＝0.60
∴風圧力に対する必要床倍率$_W\alpha_f$＝0.45　（71頁図10参照）

$_E\alpha_f < _W\alpha_f$　より、風圧力にて決定する。
仕様はヤマベ新版431頁のNo.15（面材張り屋根面、30°以下、構造用合板9mm以上、垂木@500以下、転ばし、N50-@150以下、床倍率α_f＝0.70）とする。（70頁図7参照）

《4-6間のロフト床面（天井面）の検討》

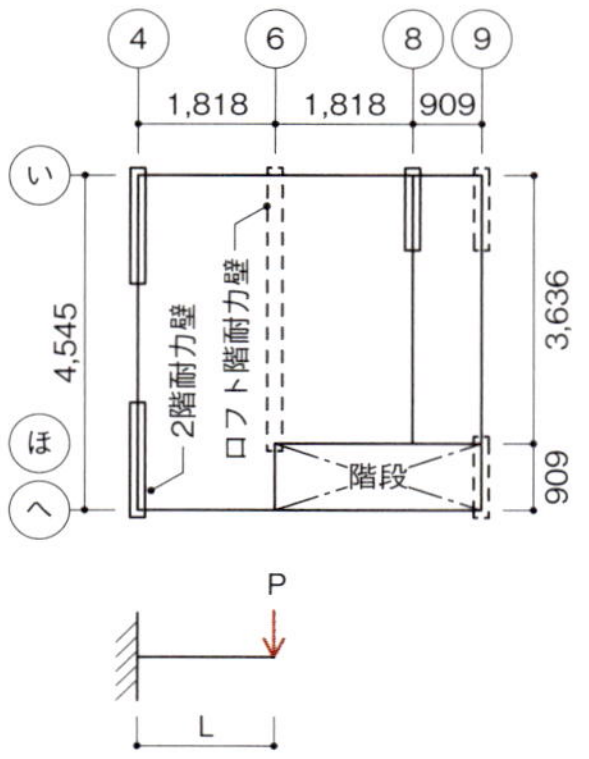

8通りの2階耐力壁の負担を軽減するため、6通りのロフト階耐力壁が負担した水平力は、すべて4通りの2階耐力壁に伝達するように設計する。したがって左図に示すように、4通りを支点とし先端部に集中荷重を受ける片持梁モデルで検討する。

水平構面スパン表は、ヤマベ新版437頁のグラフを用いる。（72頁図11参照）
ロフト階の耐力壁の　壁倍率α＝2.0、壁長L＝3.636mとすると、
4通り側の床長さD_f＝4.545m
L/D_f＝3.636/4.545＝0.80　と、α＝2.0との交点を読むと
必要床倍率α_f＝1.60

仕様はヤマベ新版431頁のNo.8（面材張り床面、構造用合板24mm以上、根太なし直張り川の字釘打ち、N75-@150以下、床倍率α_f＝1.80）とする。（70頁図7参照）

図6 2階床面の設計

2階と1階の耐力壁線がずれる3-5間と、耐力壁が13通りにしか設けられないベランダ部分について、水平構面の設計を行ってみる。

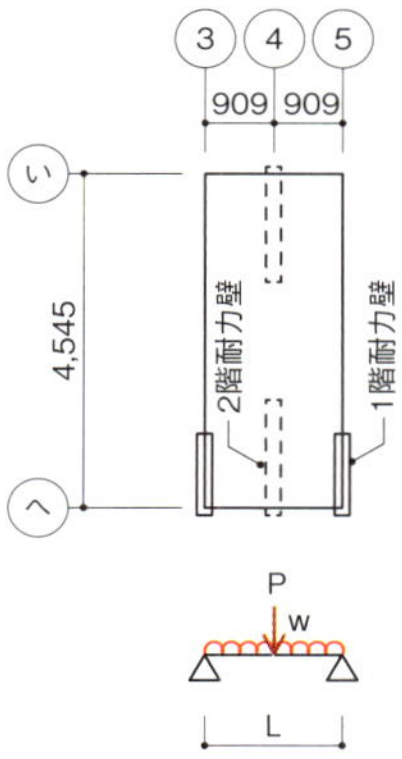

● 3-5間の床面の設計

1階に耐力壁がある3通りと5通りを支持点とした単純梁モデルで考える。この床面に作用する等分布荷重(地震力または風圧力のうち大きいほう)に加えて、4通りの2階耐力壁の負担水平力が集中荷重として梁の中央部に働くことになる。

1)地震力に対する必要床倍率の算定

水平構面スパン表：ヤマベ新版433頁のグラフ、⑤居室+間仕切壁+外壁1層
L_f＝L＝1.818m　より、グラフの縦軸L_f＝1.82m
∴地震力に対する必要床倍率$_E\alpha_f$＝0.26　(70頁図8参照)

2)風圧力に対する必要床倍率の算定

水平構面スパン表：ヤマベ新版436頁のグラフ、⑥V_0＝34〔2階床〕
L_f＝1.818m、D＝4.545m　→　L_f/D＝1.818/4.545＝0.40
∴風圧力に対する必要床倍率$_W\alpha_f$＝0.32　(71頁図10参照)

$_E\alpha_f < {}_W\alpha_f$　より、風圧力にて決定する。

3)上下階の構面ずれに対する必要床倍率の算定

水平構面スパン表は、ヤマベ新版437頁のグラフを用いる。
4通りの2階耐力壁の　壁倍率α＝2.0、壁長L＝2.727m
この水平力を3通りと5通りに半分ずつ振分けるので、壁長はL＝2.727/2＝1.3635mと読みかえる。
3通り5通りとも、床長さD_f＝4.545m
L/D_f＝1.3635/4.545＝0.30
この値と、α＝2.0との交点を読むと、必要床倍率$_{EW}\alpha_f$＝0.60　(72頁図11参照)

したがって、3-5間の必要床倍率α_f＝$_W\alpha_f$+$_{EW}\alpha_f$＝0.32+0.60＝0.92
仕様はヤマベ新版431頁のNo.3(面材張り床面、構造用合板または構造用パネル12mm以上、根太@340以下、転ばし、N50-@150以下、床倍率α_f＝1.00)とする。(70頁図7参照)

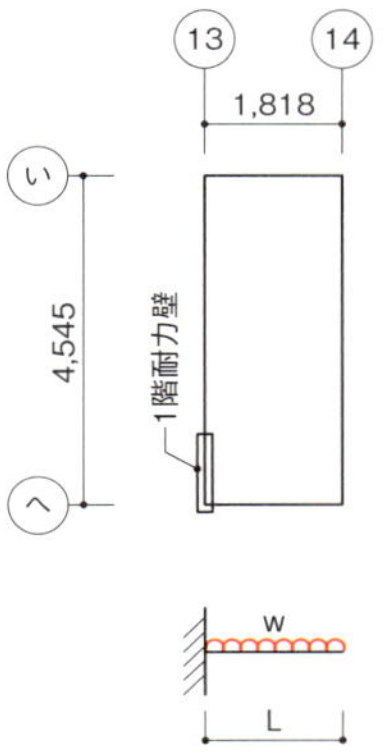

● 13-15間のベランダ床面の設計

ベランダ部分は、1階耐力壁が14通りに設けられないため、13通りを支持点とした片持梁モデルにて設計する。なお、ベランダの手摺は縦格子で風が通り抜けるため、地震力に対してのみ検討を行うこととする。

水平構面スパン表：ヤマベ新版433頁のグラフ、⑤居室+間仕切壁+外壁1層
片持梁モデルのため、L_f＝2×L＝2×1.818＝3.636m　より、グラフの縦軸L_f＝3.64m
∴地震力に対する必要床倍率$_E\alpha_f$＝0.50　(70頁図8参照)

仕様はヤマベ新版431頁のNo.22(火打水平構面、Zマーク鋼製火打または木製火打90×90以上、平均負担面積2.5㎡以下、梁せい150mm以上、床倍率α_f＝0.60)とする。(70頁図7参照)

図7 水平構面の仕様と床倍率

→ ④-9間ロフト床と天井面（番号8）

2階床面 ←（番号3）

番号		水平構面の仕様	床倍率	⊿Qa[kN／m]
1		構造用合板または構造用パネル12mm以上、根太@340以下、落とし込み、N50-@150以下	2.00	3.92
2		構造用合板または構造用パネル12mm以上、根太@340以下、半欠き、N50-@150以下	1.60	3.14
3		構造用合板または構造用パネル12mm以上、根太@340以下、転ばし、N50-@150以下	1.00	1.96
4		構造用合板または構造用パネル12mm以上、根太@500以下、落とし込み、N50-@150以下	1.40	2.74
5		構造用合板または構造用パネル12mm以上、根太@500以下、半欠き、N50-@150以下	1.12	2.20
6		構造用合板または構造用パネル12mm以上、根太@500以下、転ばし、N50-@150以下	0.70	1.37
7		構造用合板24mm以上、根太なし直張り4周釘打ち、N75-@150以下	4.00	7.84
8	面材張り床面	構造用合板24mm以上、根太なし直張り川の字釘打ち、N75-@150以下	1.80	3.53
9		幅180mmスギ板12mm以上、根太@340以下、落とし込み、N50-@150以下	0.39	0.76
10		幅180mmスギ板12mm以上、根太@340以下、半欠き、N50-@150以下	0.36	0.71
11		幅180mmスギ板12mm以上、根太@340以下、転ばし、N50-@150以下	0.30	0.59
12		幅180mmスギ板12mm以上、根太@500以下、落とし込み、N50-@150以下	0.26	0.51
13		幅180mmスギ板12mm以上、根太@500以下、半欠き、N50-@150以下	0.24	0.47
14		幅180mmスギ板12mm以上、根太@500以下、転ばし、N50-@150以下	0.20	0.39
15		30°以下、構造用合板9mm以上、垂木@500以下、転ばし、N50-@150以下	0.70	1.37
16		45°以下、構造用合板9mm以上、垂木@500以下、転ばし、N50-@150以下	0.50	0.98
17	面材張り屋根面	30°以下、構造用合板9mm以上、垂木@500以下、転ばし、N50-@150以下、転び止めあり	1.00	1.96
18		45°以下、構造用合板9mm以上、垂木@500以下、転ばし、N50-@150以下、転び止めあり	0.70	1.37
19		30°以下、幅180mmスギ板9mm以上、垂木@500以下、転ばし、N50-@150以下	0.20	0.39
20		45°以下、幅180mmスギ板9mm以上、垂木@500以下、転ばし、N50-@150以下	0.10	0.20
21		Zマーク鋼製火打または木製火打90×90以上、平均負担面積2.5m^{2}以下、梁せい240mm以上	0.80	1.57
22		Zマーク鋼製火打または木製火打90×90以上、平均負担面積2.5m^{2}以下、梁せい150mm以上	0.60	1.18
23		Zマーク鋼製火打または木製火打90×90以上、平均負担面積2.5m^{2}以下、梁せい105mm以上	0.50	0.98
24		Zマーク鋼製火打または木製火打90×90以上、平均負担面積3.75m^{2}以下、梁せい240mm以上	0.48	0.94
25	火打水平構面	Zマーク鋼製火打または木製火打90×90以上、平均負担面積3.75m^{2}以下、梁せい150mm以上	0.36	0.71
26		Zマーク鋼製火打または木製火打90×90以上、平均負担面積3.75m^{2}以下、梁せい105mm以上	0.30	0.59
27		Zマーク鋼製火打または木製火打90×90以上、平均負担面積5.0m^{2}以下、梁せい240mm以上	0.24	0.47
28		Zマーク鋼製火打または木製火打90×90以上、平均負担面積5.0m^{2}以下、梁せい150mm以上	0.18	0.35
29		Zマーク鋼製火打または木製火打90×90以上、平均負担面積5.0m^{2}以下、梁せい105mm以上	0.15	0.29

注　上表の床倍率は、『木造軸組工法住宅の許容応力度設計（2008年版）』（（公財）日本住宅・木材技術センター）に示された短期許容せん断耐力⊿Qaを、1.96[kN／m]で除した値である

→ ⑨-⑬間の屋根面（番号17・27）

ベランダ床面 ←（番号22）

①-⑨間の屋根面 ←（番号15）

図8 地震力に対する水平構面スパン表①積雪：一般、耐震等級1

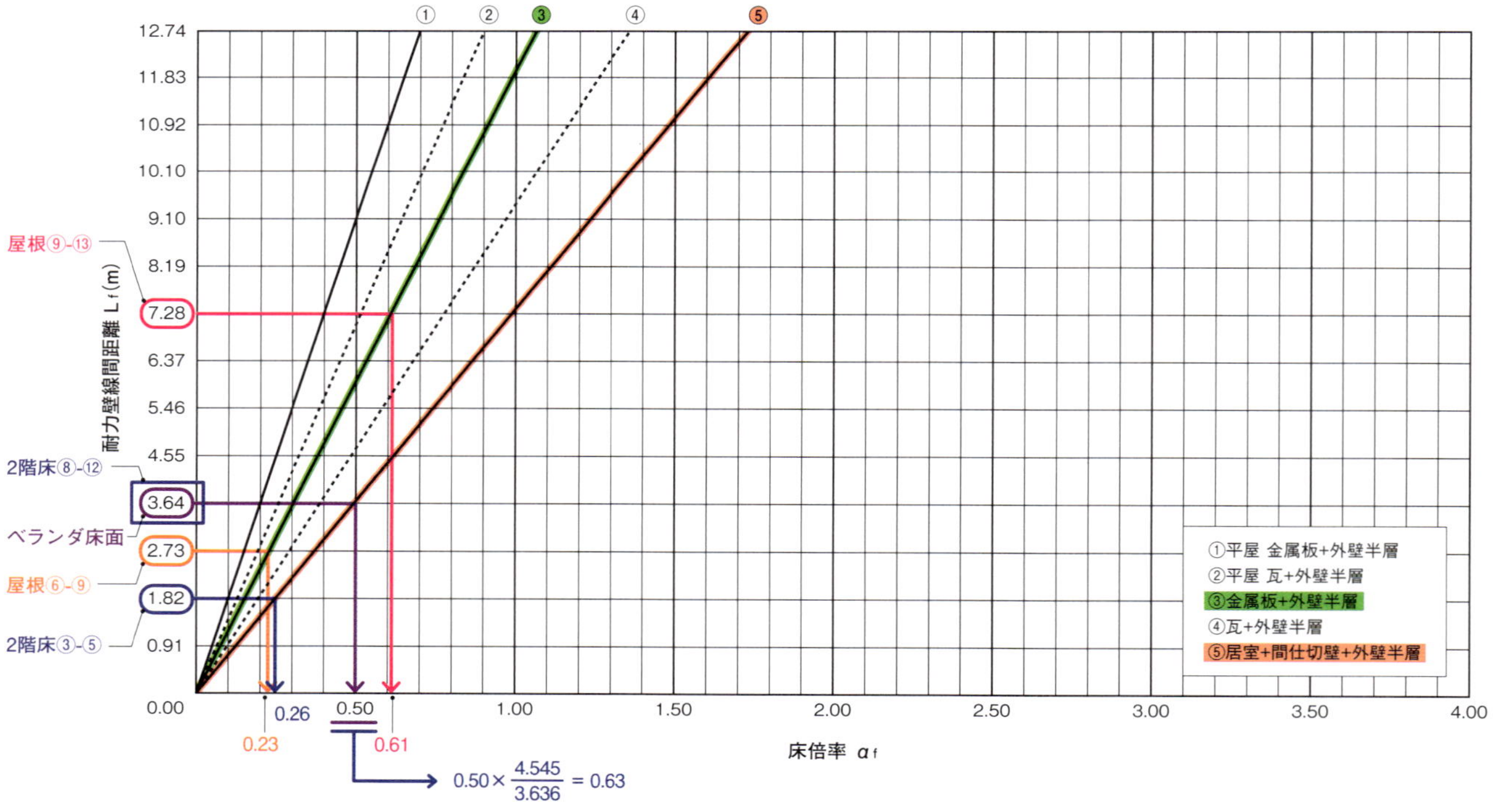

図9 風圧力に対する水平構面スパン表③粗度区分III、耐風等級1

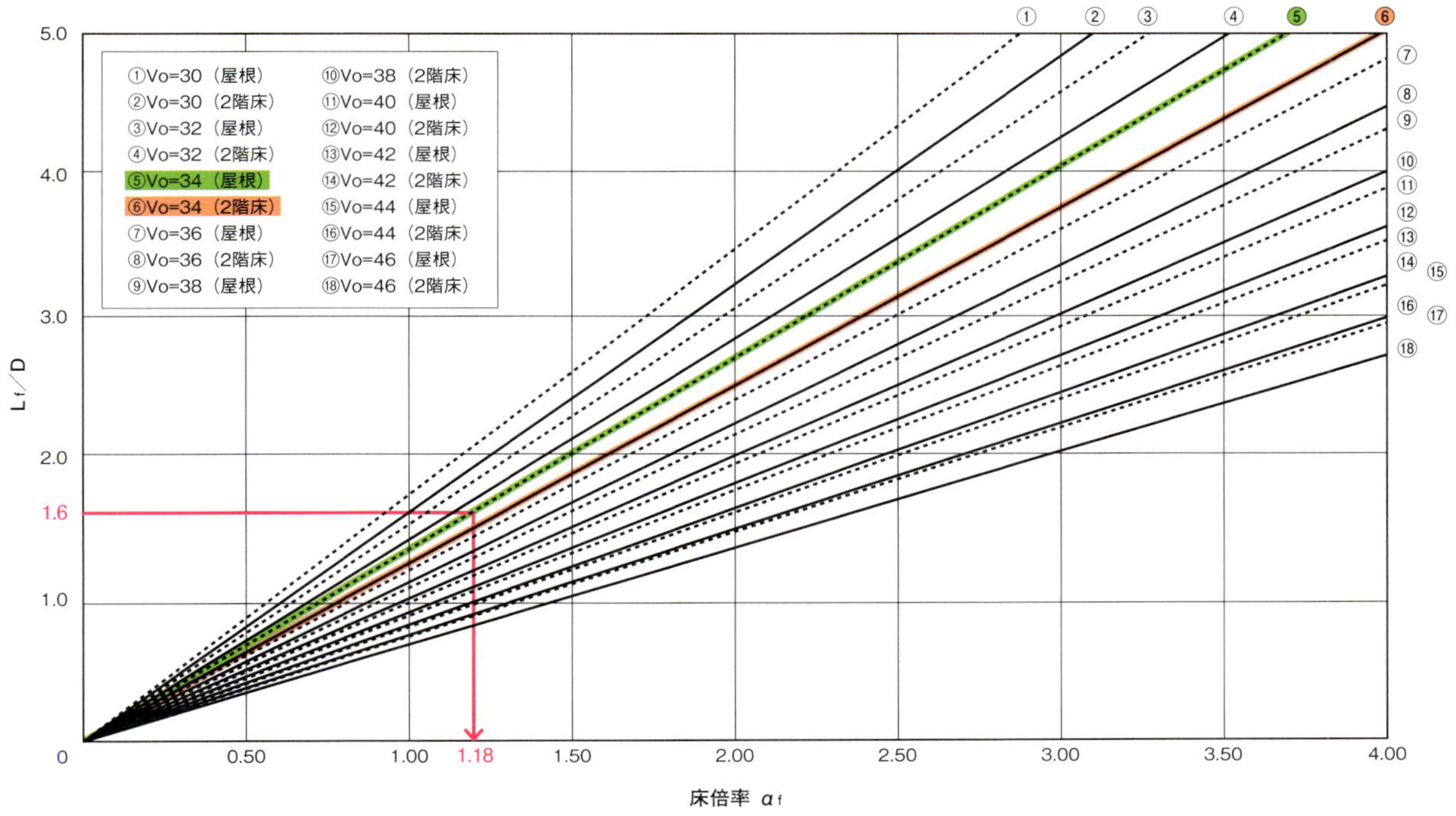

図10 風圧力に対する水平構面スパン表④粗度区分III、耐風等級1（スパン表③の拡大版）

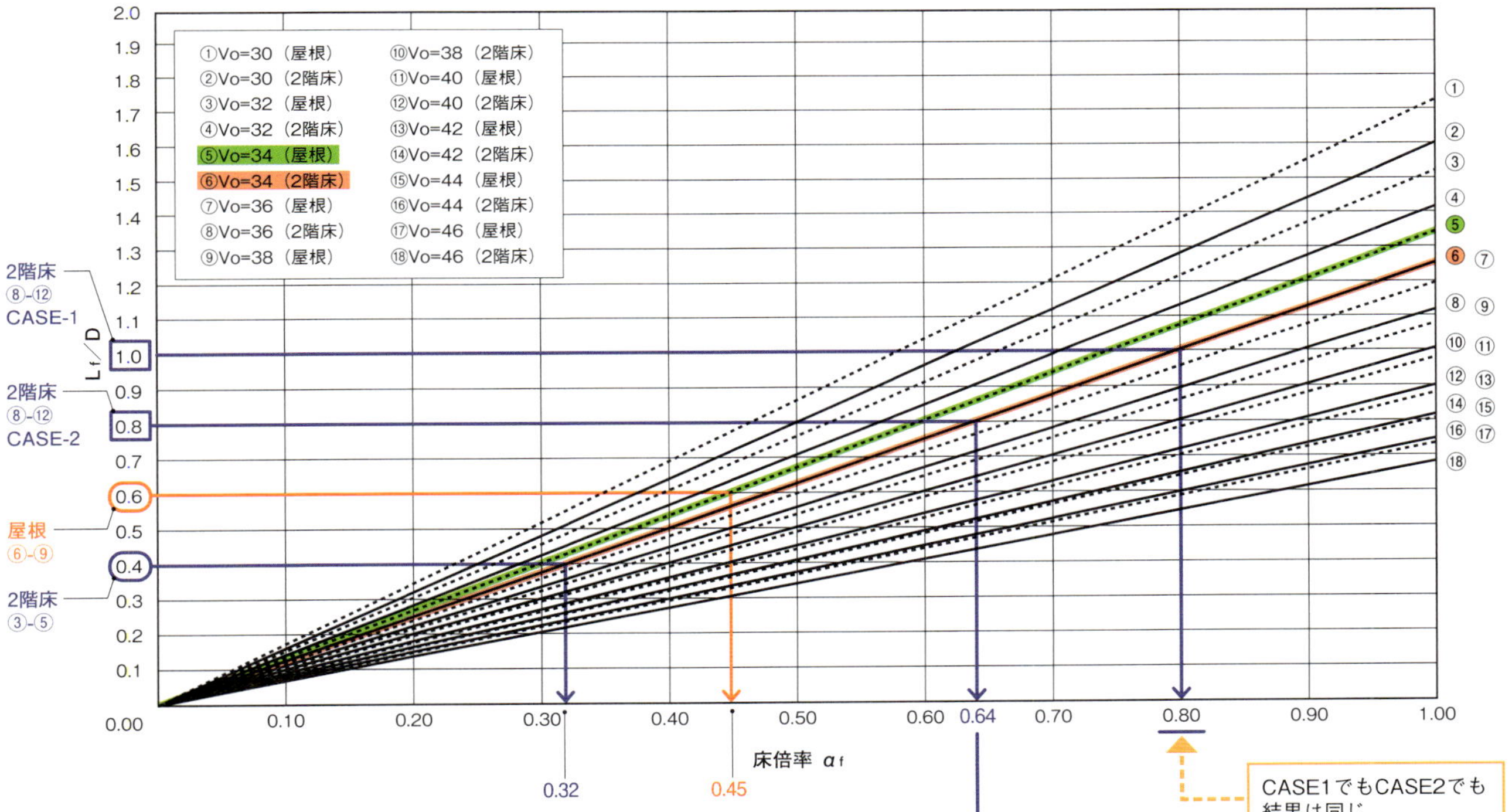

CASE1でもCASE2でも結果は同じ

$0.64 \times \frac{4.545}{3.636} = 0.80$

⑧通り側の床の奥行

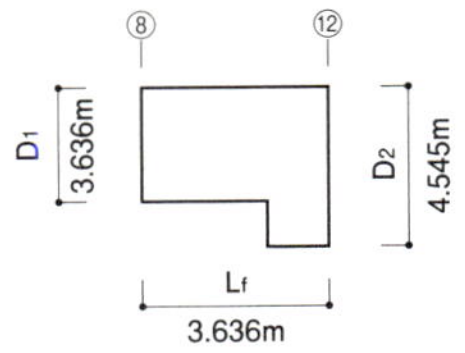

CASE-1は、$L_f / D_1 = 3.636 / 3.636 = 1.0$

としてグラフを読む方法

CASE-2は、$L_f / D_1 = 3.636 / 4.545 = 0.8$

としてグラフを読み、その数値に

⑧側は D_2 / D_1 の割増を乗じる方法

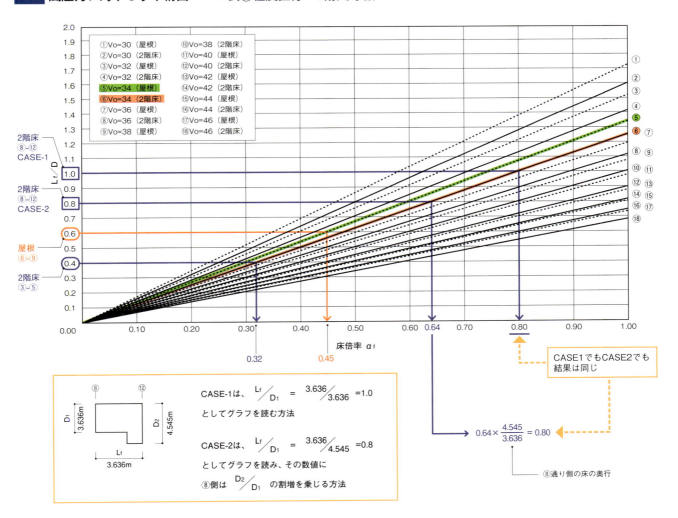

図11 2階と1階の壁線が一致しない場合の水平構面スパン表

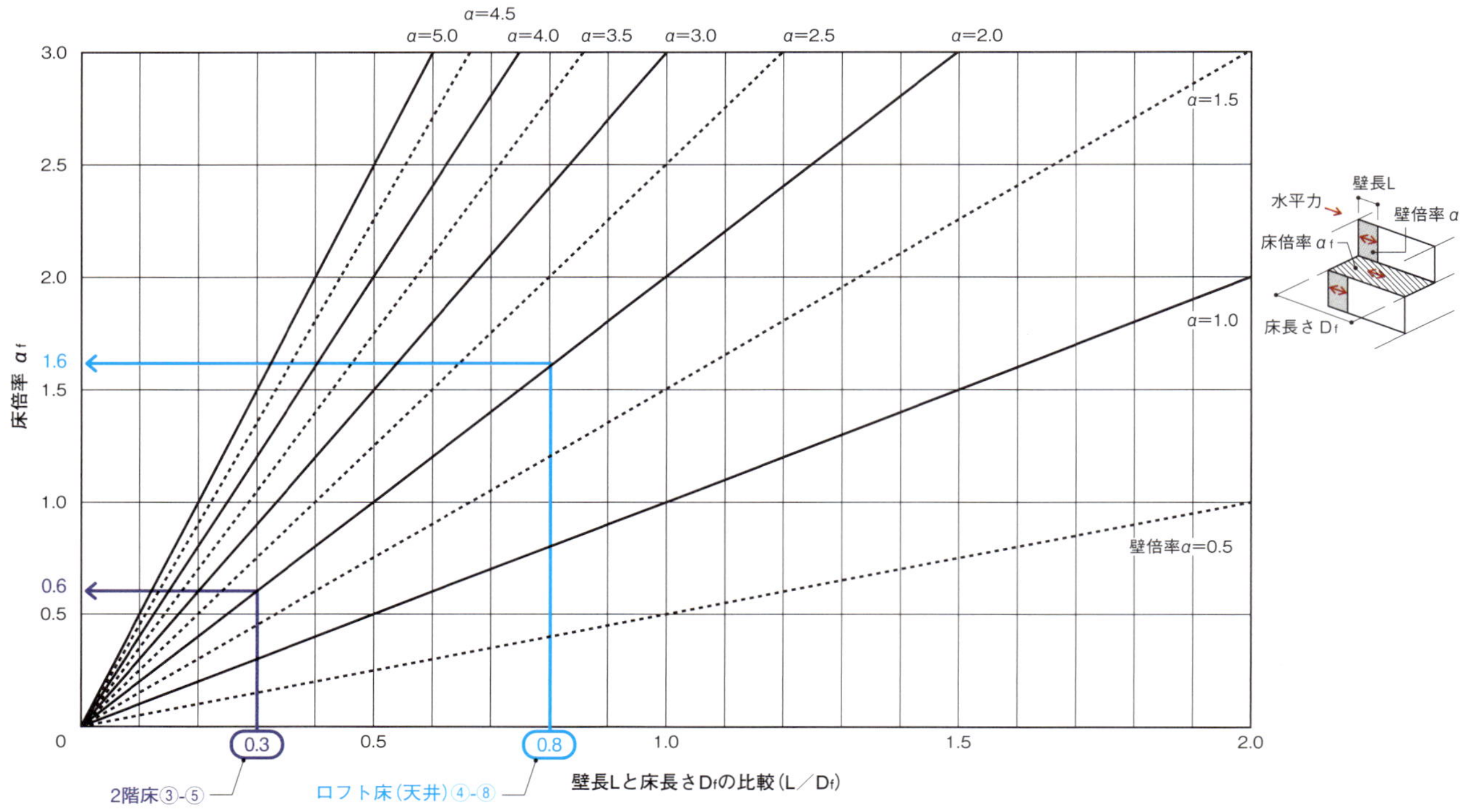

図12 狭小間口の建物における軸組の検証

図A

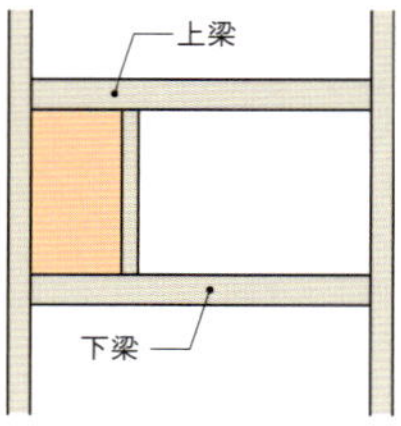

狭小間口の建物は、短辺方向の耐力壁を設けにくく、壁長さが短く高倍率となるうえ、上下階で耐力壁線を揃えることが難しい。このような建物形状のときは、図Aに示すように、耐力壁の上下の梁は継手の無い1本物でほぼ同断面として、耐力壁の両端部に生じる付加軸力(圧縮力や引張力)を上下の梁で処理するとよい。

図Bや図Cのように下梁ですべての荷重を支持する方法は、荷重負担が大きい下梁に不具合が生じやすいうえ、下梁に少しでも不具合が生じると全体も不具合を引起すことになる。それに比べ図1の方法は下梁の負担荷重が少ないので不具合が生じにくいうえ、上梁に余力があるため下梁の不具合による全体への影響も少ない。強度を確保していても、建物全体の安全率で考えると、図Aと図B、Cとの差は大きいのである。

ここでは、図A～図Cの軸組に水平力が作用したときの変形と応力について、解析した結果を比べてみることとする。

図B

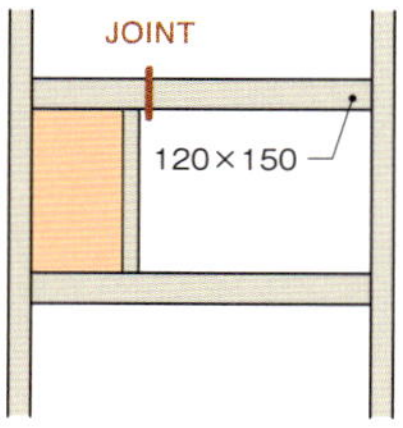

図13のCASE-1～3は何れも、スパンが4550mm、荷重の負担巾が2730mmの2階床梁の上に、長さ1365mm壁倍率4の耐力壁が載っている。

CASE-1は小屋梁・床梁とも継手ナシで同断面とした軸組、
CASE-2は小屋梁に継手を設けて床梁断面を大きくした軸組、
CASE-3は耐力壁がスパン中央に載り、小屋梁は継手ありで床梁断面はCASE-2と同じ軸組
である。

CASE-2とCASE-3は2階の柱間隔の違いで小屋梁断面は異なるが、床梁は常時かかる荷重がほぼ同じであるため同断面となっている。

荷重を負担する梁の断面2次モーメントIを比較すると、上下2本を加算したCASE-1よりも下梁のみのCASE-2、3のほうが1.3倍大きいため、床梁のたわみは鉛直荷重時も水平荷重時もCASE-1のほうが大きな値となっている。

図C

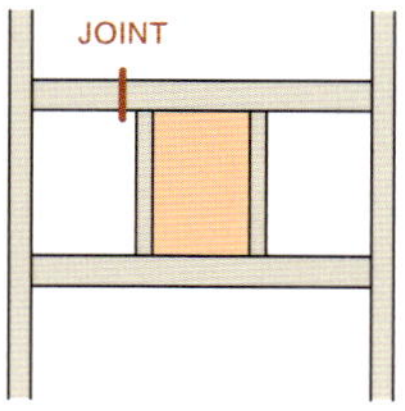

いっぽう応力を比較すると、CASE-1は上下の梁に生じる曲げモーメントとせん断力がほぼ等しいが、CASE-2とCASE-3は当然ながら下梁の応力が大きい。壁が中央に載るCASE-3は、常時荷重の応力はCASE-2よりも大きいが、水平荷重時は一方の柱に圧縮力が生じても、もう一方の柱には逆向きの引張力が働くため、CASE-2よりも応力は小さくなっている。

ただし、常時荷重によるたわみは大きいので、載っている耐力壁の見かけの剛性は低くなっており、2階の壁量に余裕を持たせる必要がある。

特に端部に生じるせん断力を比較すると、CASE-2は長期(常時荷重)・短期(常時荷重＋水平荷重)ともにCASE-1の約1.5倍、CASE-3は長期が約1.6倍、短期は1.2倍の値となっている。したがって床梁端部の仕口は、このせん断力をしっかりと支持できるように大入れ寸法などを確保する必要がある。

図13 検証モデル図

●検証モデル伏図

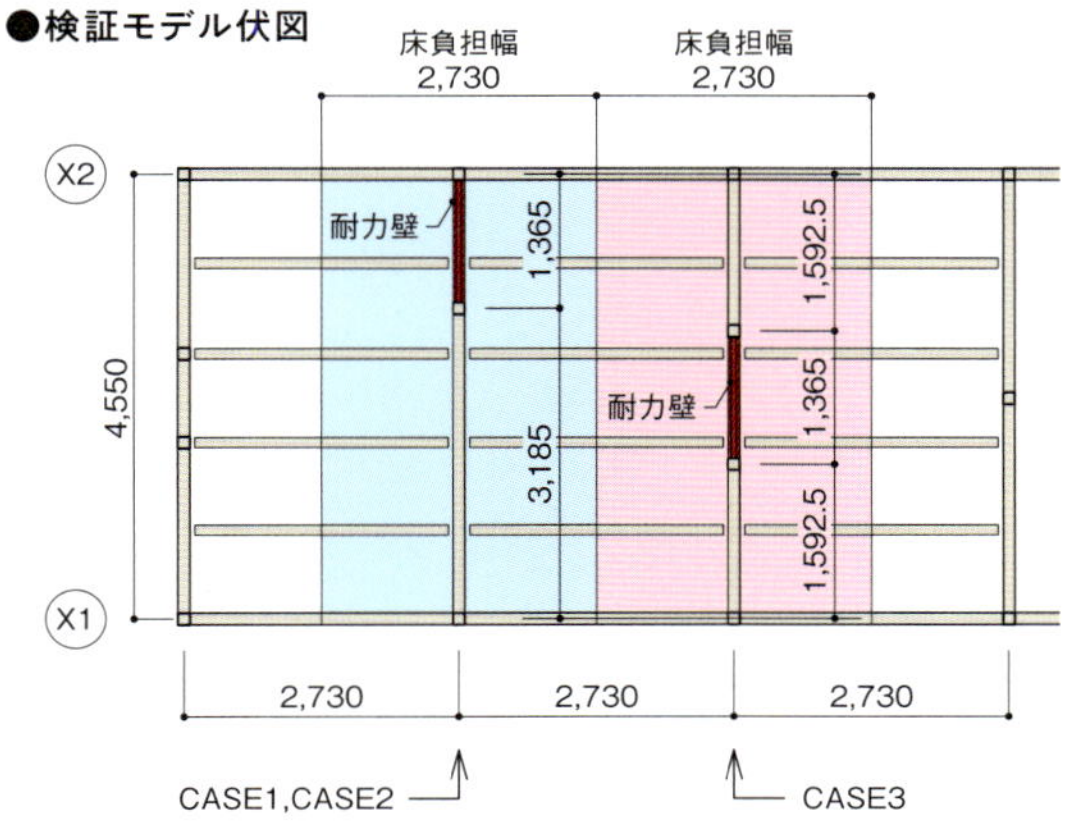

検証計算条件

使用樹種　柱、梁　杉　　E=686.5kN／㎠(E70)
床荷重
固定荷重 800N／㎡　応力用積載荷重 1,300N／㎡　たわみ用積載荷重 600N／㎡
壁荷重600N／㎡
耐力壁　壁倍率　α=4.0
水平力　Q=4.0×1.96×1.365=10.7kN(耐力壁の許容せん断力)

○ 印の管柱梁接合部は変形、応力に対し確実に緊結されているものとする

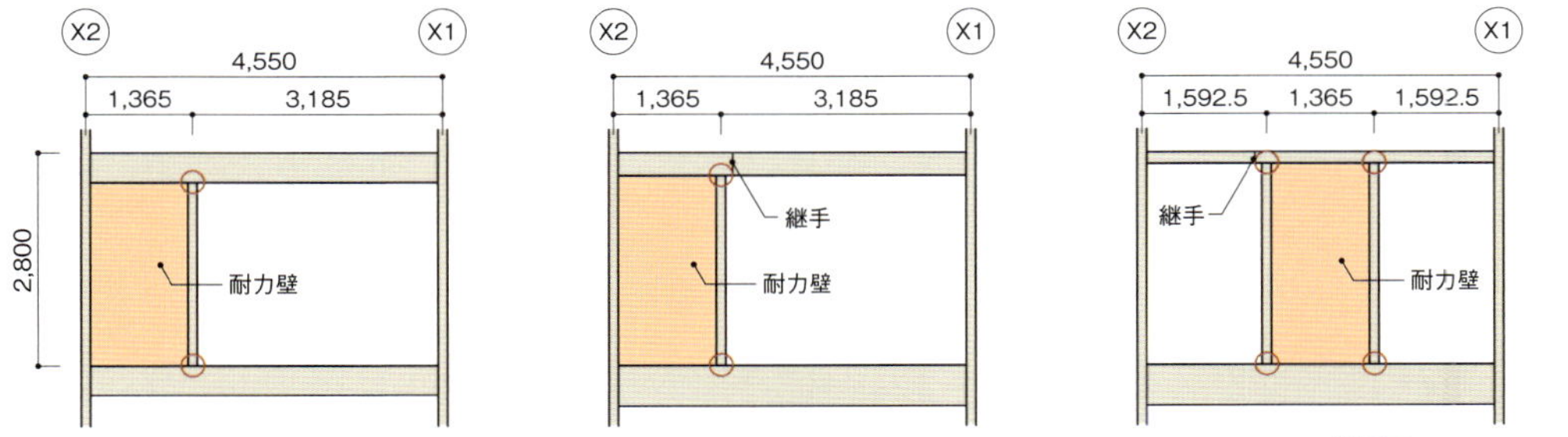

CASE1 軸組図
上下梁同一断面

CASE2 軸組図
下梁>上梁(継手有)　耐力壁スパン端部

CASE3 軸組図
下梁>上梁(継手有)　耐力壁スパン中央

図14 各検証モデルの変形と応力

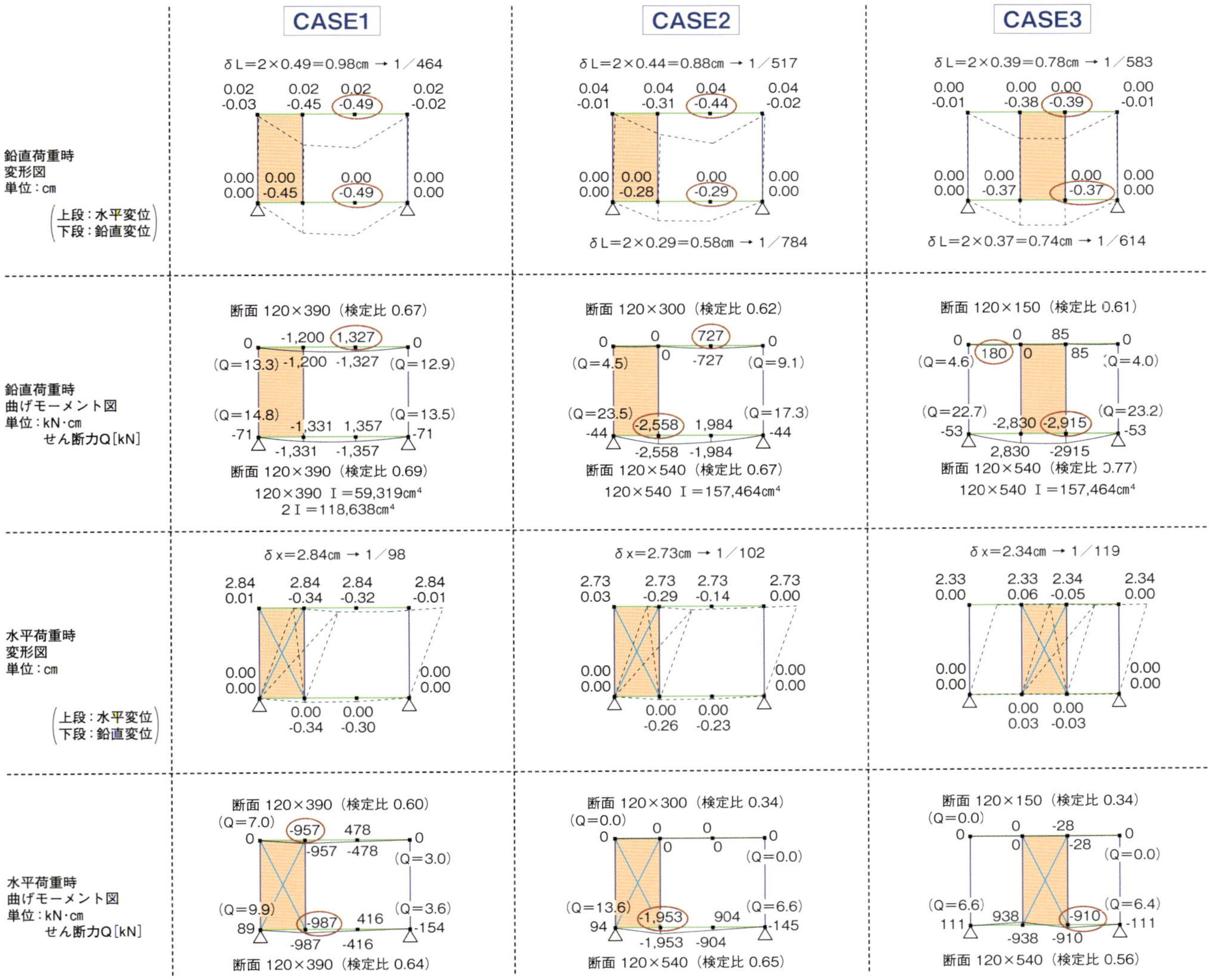

2
構造計画

07 L形プランやセットバックで注意することは?

平年・立面形状や吹抜の位置など水平構面の連続性を見ながらまとまったブロックに分割して、それぞれで壁の配置を検討する

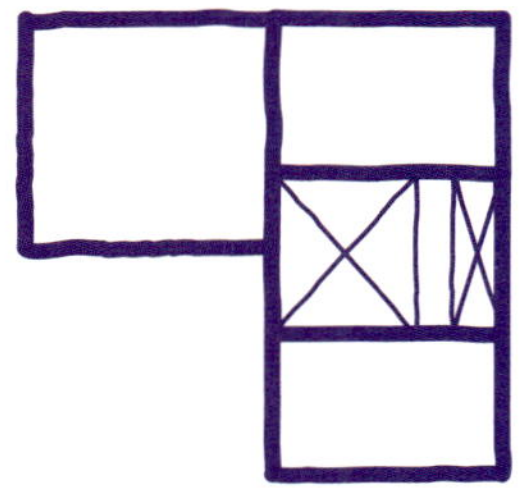

L形の平面形状は耐力壁が偏りやすい。吹抜けがある場合には、床構面から下階の耐力壁への力の伝達方法に注意が必要

図1 吹抜けをもつL形プランの場合

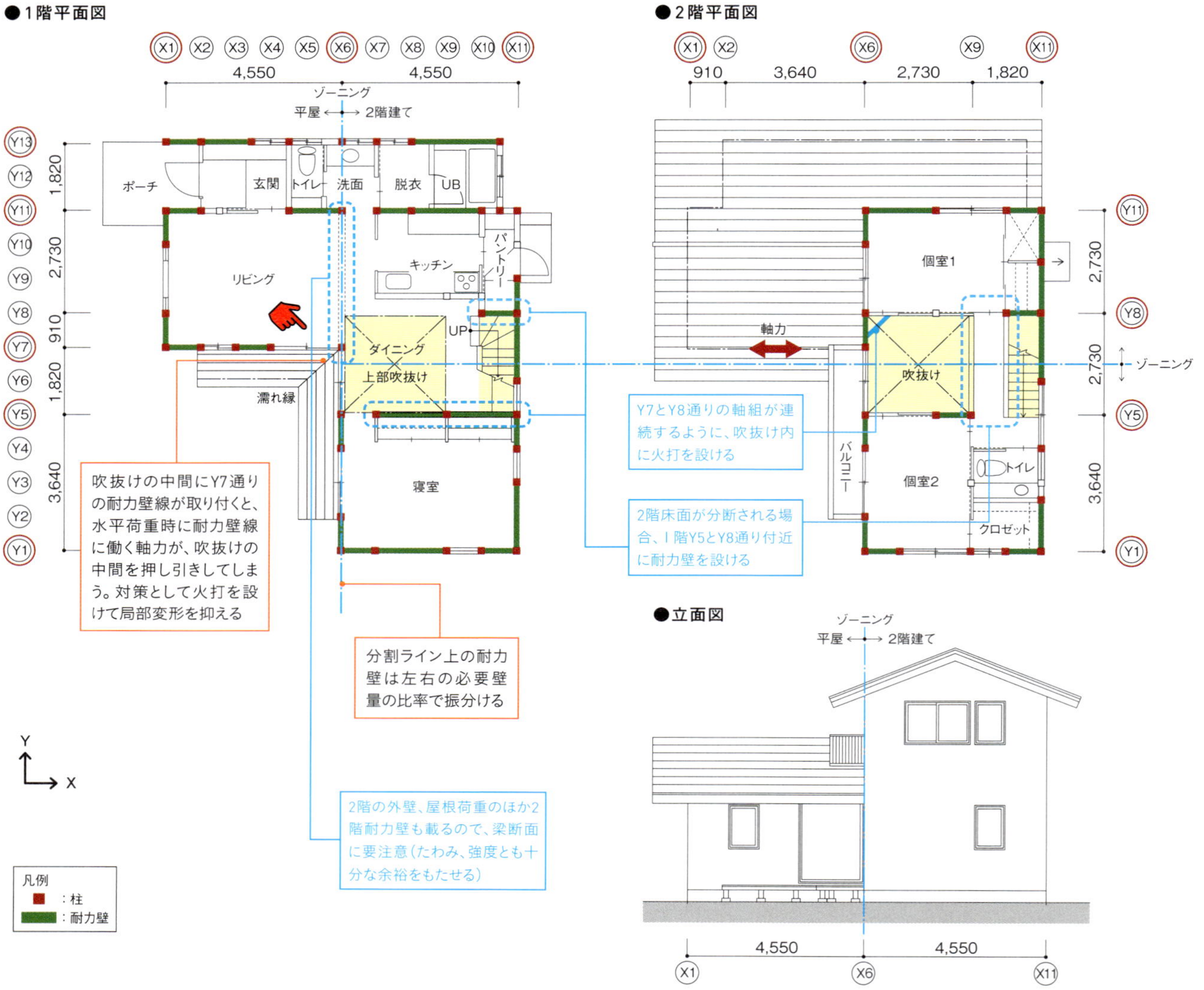

平面形がL字形の場合、まとまったブロックに分割して、それぞれで壁の配置を検討したほうがよい［48頁］。

一部2階建ての場合は、平屋部分と2階建て部分に分けて考える。このとき分割ライン上の耐力壁は、それぞれの必要壁量の比率で振分けるとよい。

この事例の場合、2階建て部分の中央部は、吹抜けと階段でほぼ分断されている。そのため、1階のY5とY8通り付近に耐力壁を設ける必要がある。しかしY8通りの壁はプラン上、少ししか設けられない。その場合は、2階床から平屋部分の屋根面を通って、壁量に余裕があるY7通りの耐力壁に水平力を負担させたいので、Y7通りとY8通りの軸組が連続するように、吹抜け内に火打を設ける。

2階のX6通りで、Y7からY11通り間にある外壁は、スパン2間の梁上に載っている。この部分は外壁荷重と屋根荷重、そして2階耐力壁の端部の柱に働く軸力も受けるため、2階床梁の断面と端部の支持方法への配慮が不可欠である［76頁図3］。

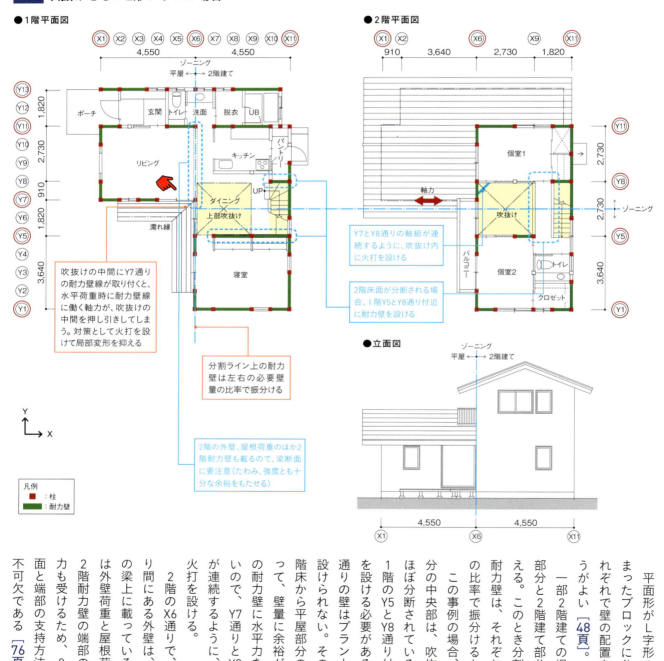

図2 小屋組計画のポイント

●2階母屋伏図

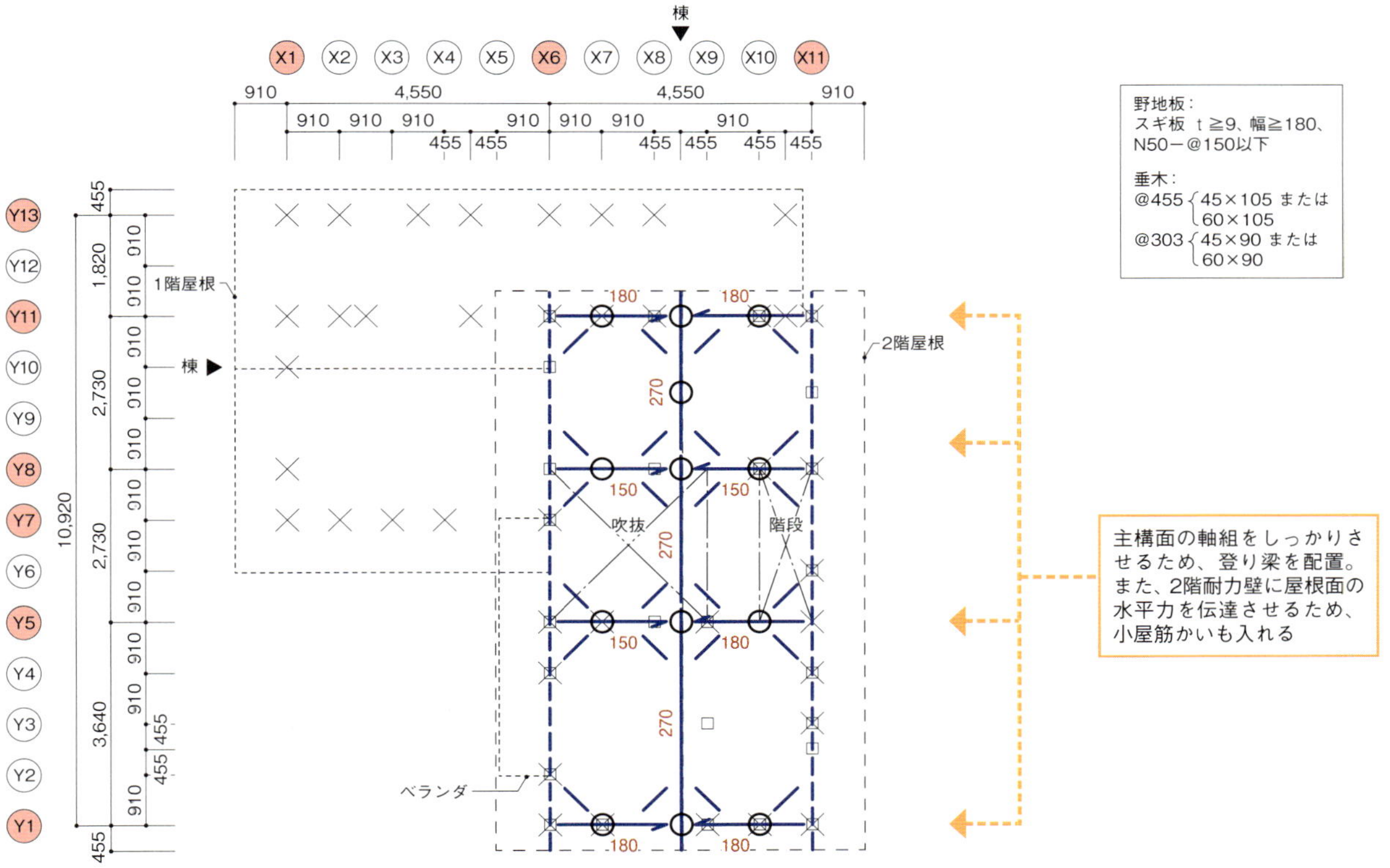

●2階小屋、1階母屋伏図

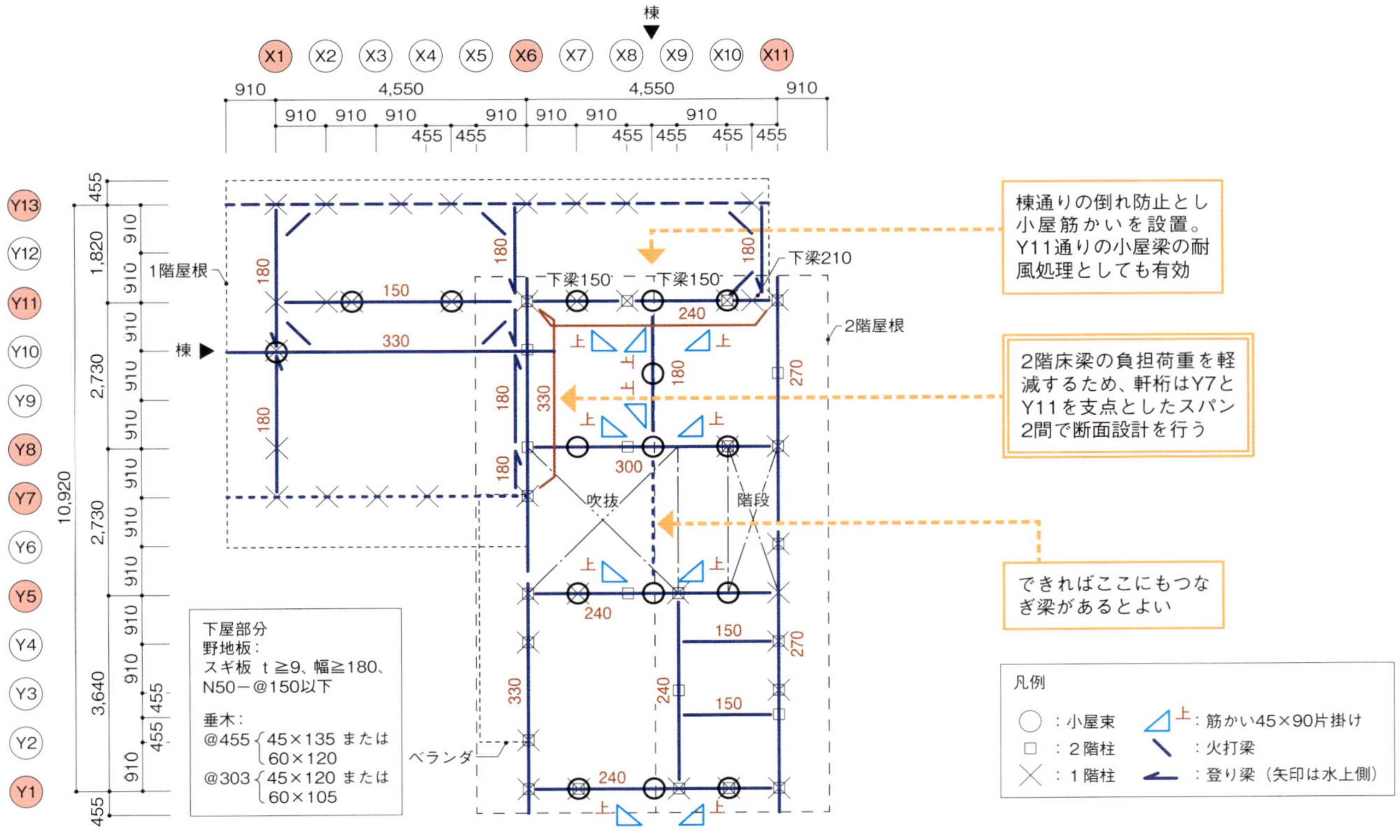

図3 下屋の小屋組と2階床梁の配置計画と注意点

CASE1

●1階小屋、2階床伏図

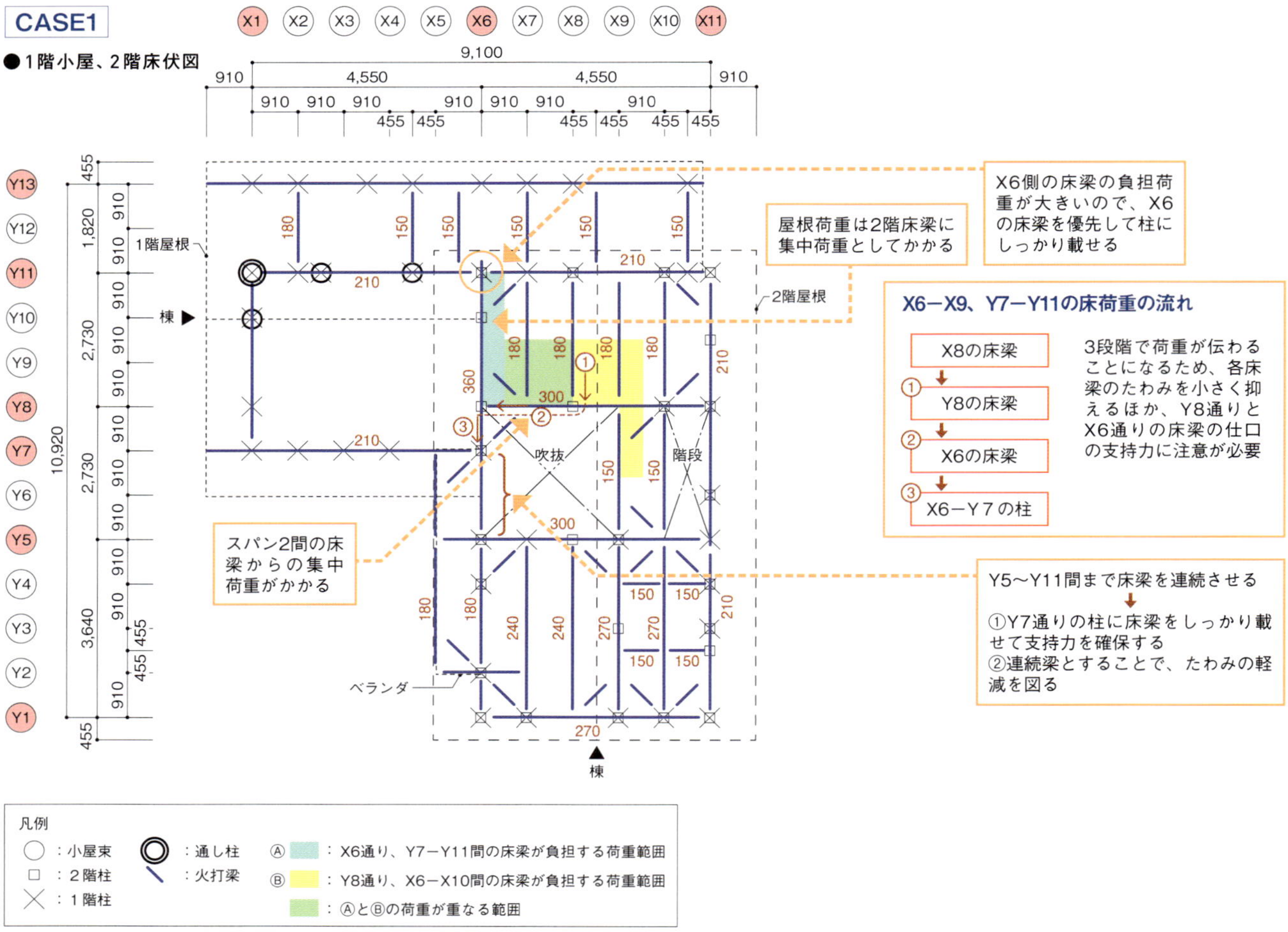

X1 X2 X3 X4 X5 X6 X7 X8 X9 X10 X11
Y13 Y12 Y11 Y10 Y9 Y8 Y7 Y6 Y5 Y4 Y3 Y2 Y1
9,100
10,920
1階屋根
2階屋根
棟
吹抜
階段
ベランダ
X6側の床梁の負担荷重が大きいので、X6の床梁を優先して柱にしっかり載せる
屋根荷重は2階床梁に集中荷重としてかかる
X6−X9、Y7−Y11の床荷重の流れ
X8の床梁
① Y8の床梁
② X6の床梁
③ X6−Y７の柱
3段階で荷重が伝わることになるため、各床梁のたわみを小さく抑えるほか、Y8通りとX6通りの床梁の仕口の支持力に注意が必要
スパン2間の床梁からの集中荷重がかかる
Y5〜Y11間まで床梁を連続させる
①Y7通りの柱に床梁をしっかり載せて支持力を確保する
②連続梁とすることで、たわみの軽減を図る
凡例
○：小屋束
□：２階柱
×：１階柱
◎：通し柱
／：火打梁
Ⓐ：X6通り、Y7−Y11間の床梁が負担する荷重範囲
Ⓑ：Y8通り、X6−X10間の床梁が負担する荷重範囲
：ⒶとⒷの荷重が重なる範囲

CASE2

●1階小屋、2階床伏図

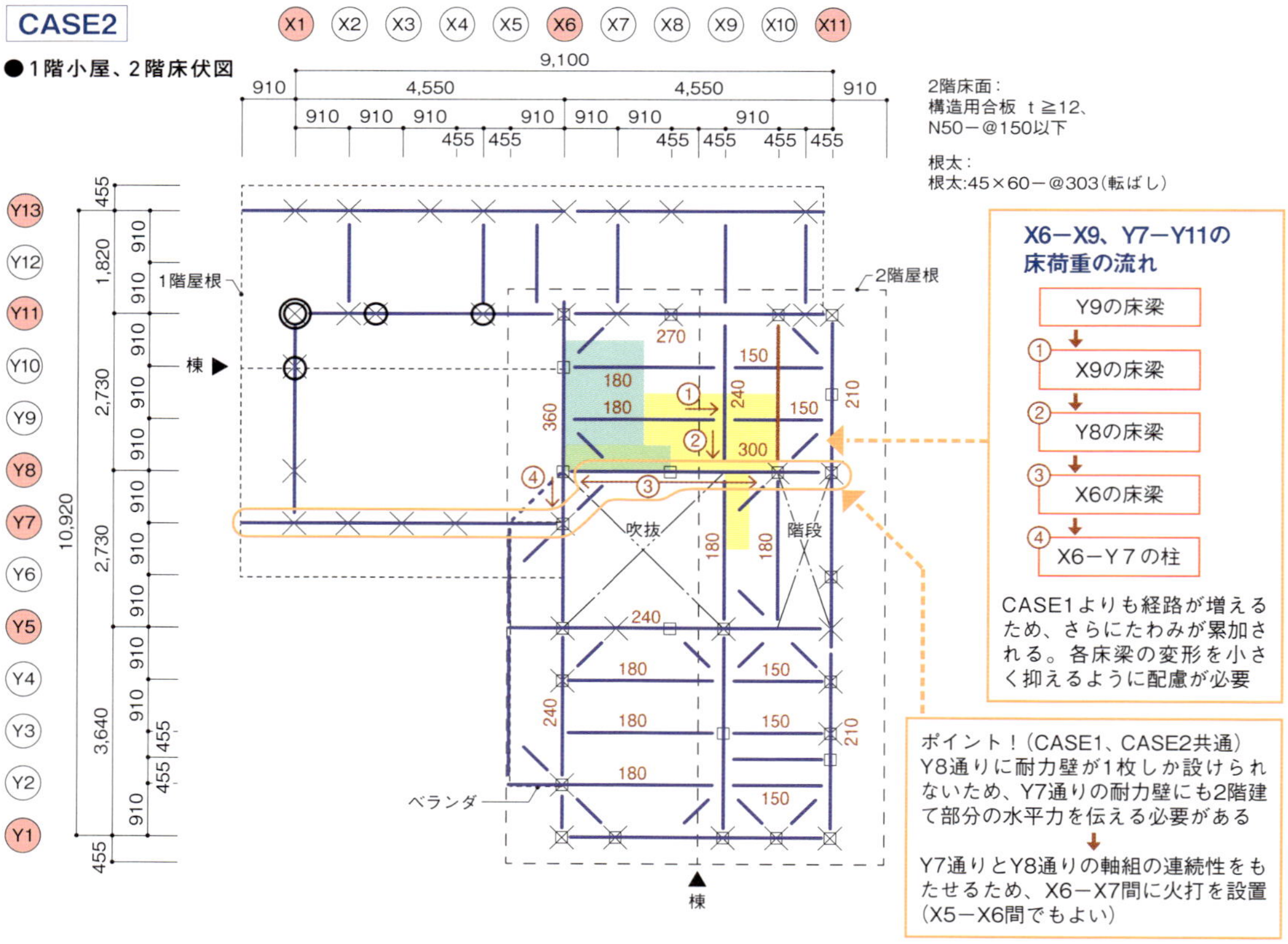

X1 X2 X3 X4 X5 X6 X7 X8 X9 X10 X11
Y13 Y12 Y11 Y10 Y9 Y8 Y7 Y6 Y5 Y4 Y3 Y2 Y1
9,100
10,920
1階屋根
2階屋根
棟
吹抜
階段
ベランダ
2階床面：
構造用合板 t≧12、
N50−@150以下
根太：
根太:45×60−@303（転ばし）
X6−X9、Y7−Y11の床荷重の流れ
Y9の床梁
① X9の床梁
② Y8の床梁
③ X6の床梁
④ X6−Y７の柱
CASE1よりも経路が増えるため、さらにたわみが累加される。各床梁の変形を小さく抑えるように配慮が必要
ポイント！（CASE1、CASE2共通）
Y8通りに耐力壁が1枚しか設けられないため、Y7通りの耐力壁にも2階建て部分の水平力を伝える必要がある
Y7通りとY8通りの軸組の連続性をもたせるため、X6−X7間に火打を設置（X5−X6間でもよい）

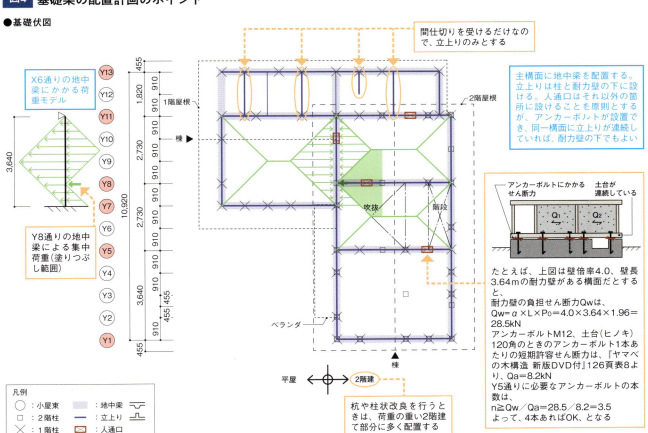

●Y8通り軸組図

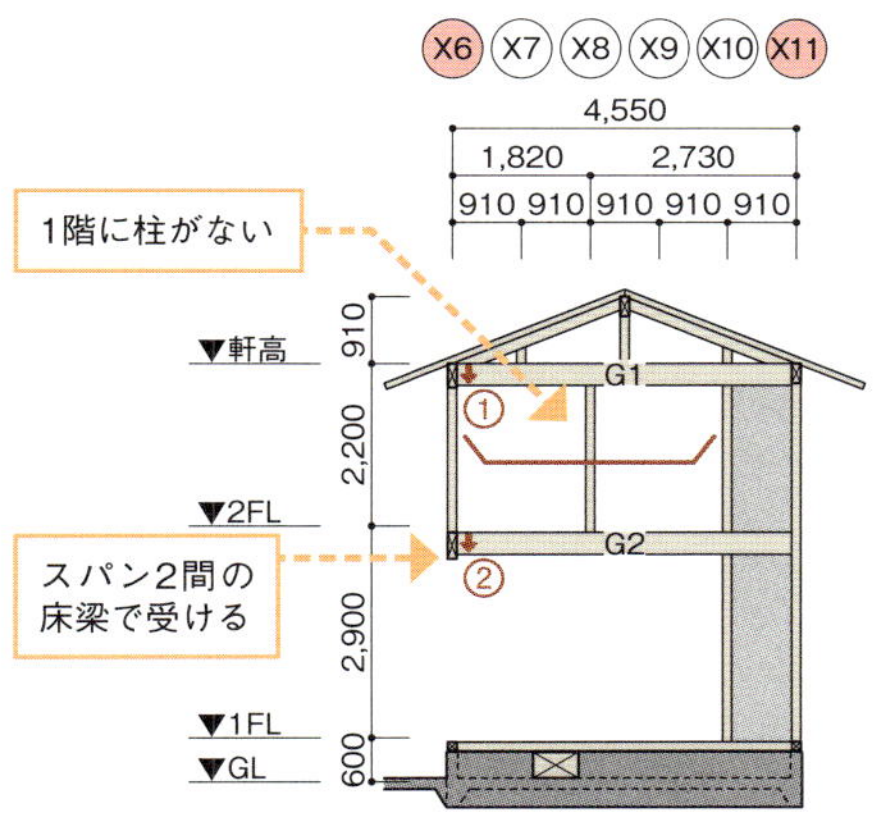
X6 X7 X8 X9 X10 X11
4,550
1,820 2,730
910 910 910 910 910
1階に柱がない
▼軒高
▼2FL
▼1FL
▼GL
910
2,200
2,900
600
G1
G2
スパン2間の床梁で受ける

●X6通り軸組図

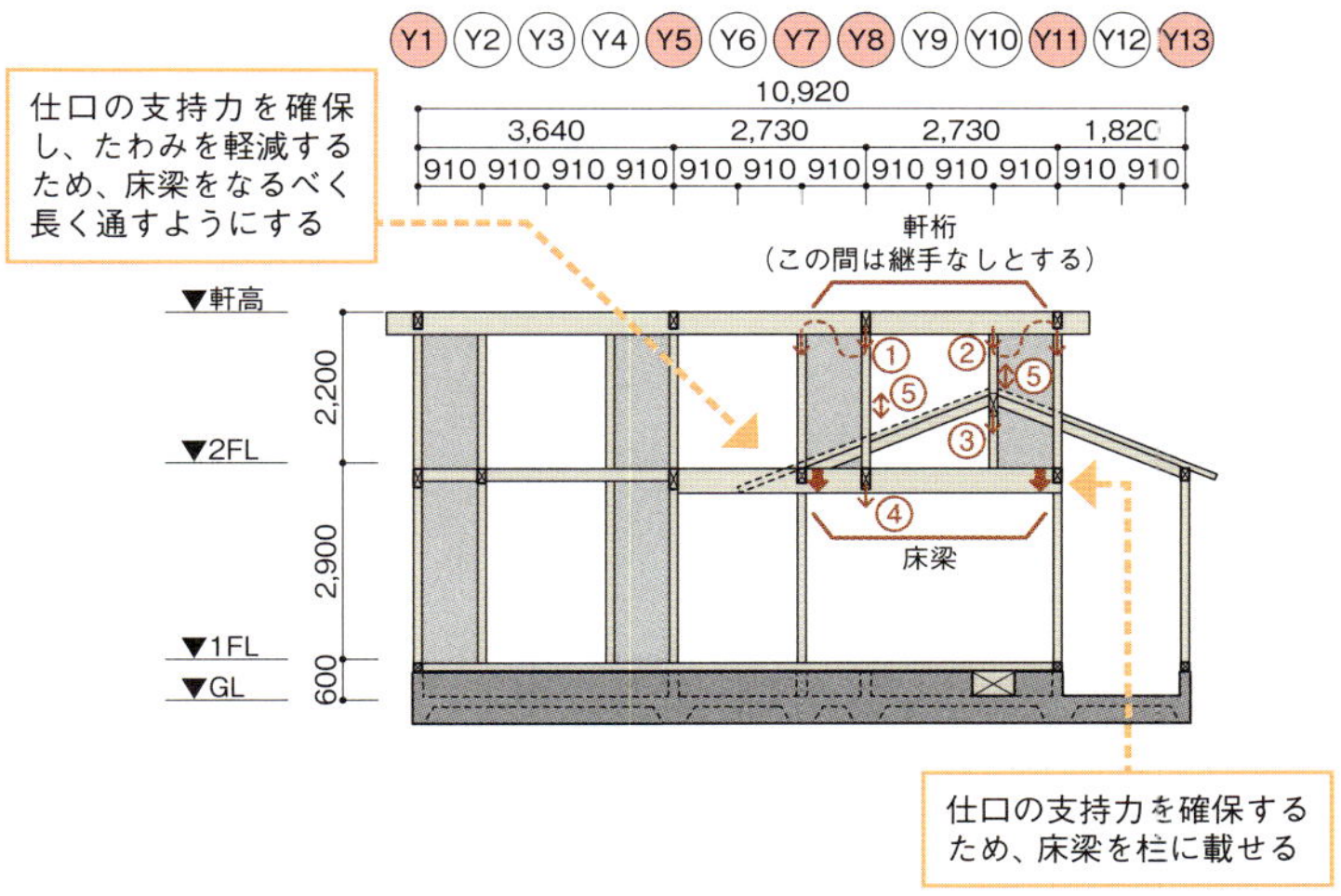
Y1 Y2 Y3 Y4 Y5 Y6 Y7 Y8 Y9 Y10 Y11 Y12 Y13
10,920
3,640 2,730 2,730 1,820
仕口の支持力を確保し、たわみを軽減するため、床梁をなるべく長く通すようにする
軒桁
（この間は継手なしとする）
▼軒高
▼2FL
▼1FL
▼GL
2,200
2,900
600
床梁
仕口の支持力を確保するため、床梁を柱に載せる

Y8通りとX6通りの軸組図を見ると、X6通りの床梁にかかる荷重が非常に大きいことが分かる

Y8通りは、スパン2間の床梁G2の中間に柱が載っているので、G2梁の負担を軽減し、X6通りの床梁の負担荷重も軽減するため、G1梁はX8の柱がなくてももつように考え、スパン2間で断面設計を行う

X6通りは、
軒桁のスパンをY8ーY11として断面設計をしてしまうと、床梁には以下の荷重がかかる

屋根荷重①＋②
＋
下屋屋根荷重③
＋
床荷重④
＋
耐力壁端部柱の付加軸力⑤

よって、断面を大きくする必要があるほか、仕口（Y7、Y11）にかかる荷重に対して、かなり慎重に設計を行う必要がある

実際に検討してみると、③と④の荷重だけでも負担が大きいので、①と②は小屋レベルでY7とY11の柱に流れるように設計し、床梁の荷重負担を軽減したほうがよい

図4 基礎梁の配置計画のポイント

●基礎伏図

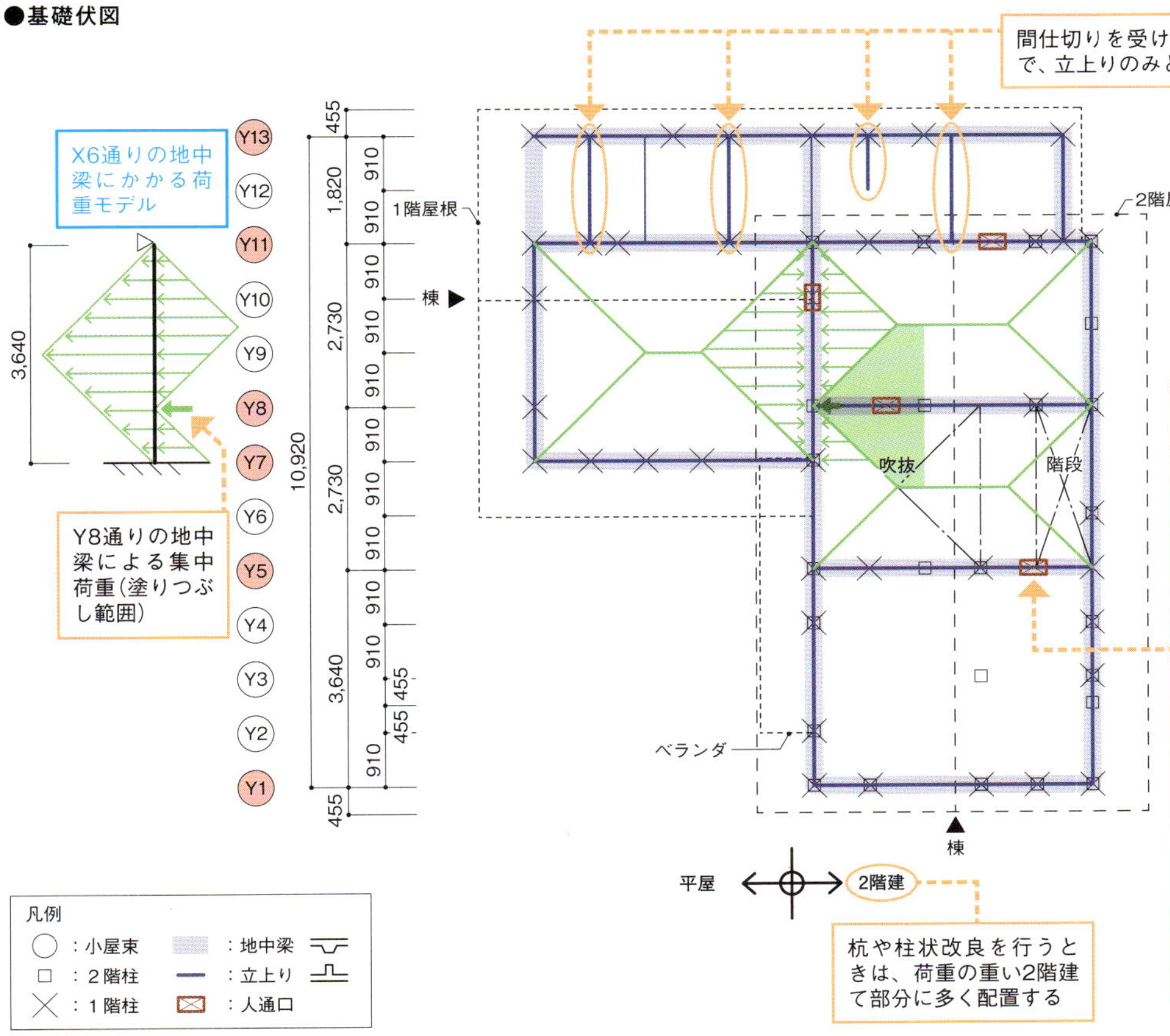
X6通りの地中梁にかかる荷重モデル
3,640
Y8通りの地中梁による集中荷重（塗りつぶし範囲）
Y13 Y12 Y11 Y10 Y9 Y8 Y7 Y6 Y5 Y4 Y3 Y2 Y1
455 1,820 2,730 2,730 3,640 455
10,920
間仕切りを受けるだけなので、立上りのみとする
1階屋根
2階屋根
棟
吹抜
階段
ベランダ
平屋
2階建
杭や柱状改良を行うときは、荷重の重い2階建て部分に多く配置する
凡例
○：小屋束
□：2階柱
×：1階柱
：地中梁
：立上り
：人通口

主構面に地中梁を配置する。立上りは柱と耐力壁の下に設ける。人通口はそれ以外の箇所に設けることを原則とするが、アンカーボルトが設置でき、同一構面に立上りが連続していれば、耐力壁の下でもよい

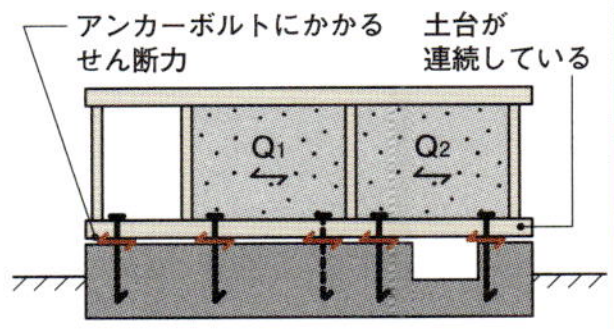
アンカーボルトにかかるせん断力
土台が連続している
Q1
Q2

たとえば、上図は壁倍率4.0、壁長3.64mの耐力壁がある構面だとすると、
耐力壁の負担せん断力Qwは、
$Qw=\alpha \times L \times P_0=4.0\times3.64\times1.96=$28.5kN
アンカーボルトM12、土台（ヒノキ）120角のときのアンカーボルト1本あたりの短期許容せん断力は、『ヤマベの木構造 新版DVD付』126頁表8より、Qa=8.2kN
Y5通りに必要なアンカーボルトの本数は、
$n\geqq Qw／Qa=28.5／8.2=3.5$
よって、4本あればOK、となる

3

各構造要素の設計ポイント

3-1
基礎

01

木造住宅の基礎はスラブ状のベタ基礎でOK?

スラブ(版)だけでは鉛直剛性が低いため、地中梁や立上りなどの基礎梁を格子状に設ける

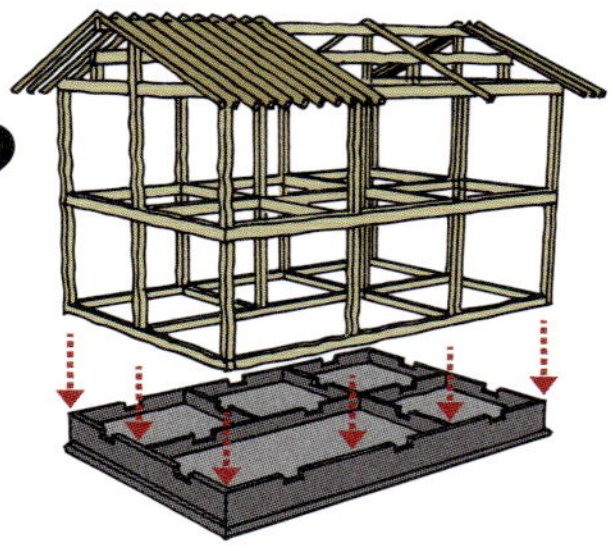

上部建物の柱からの鉛直荷重は、基礎梁に伝わり地盤に流れる

図1 基礎の鉛直荷重と水平力に対する役割

①鉛直荷重

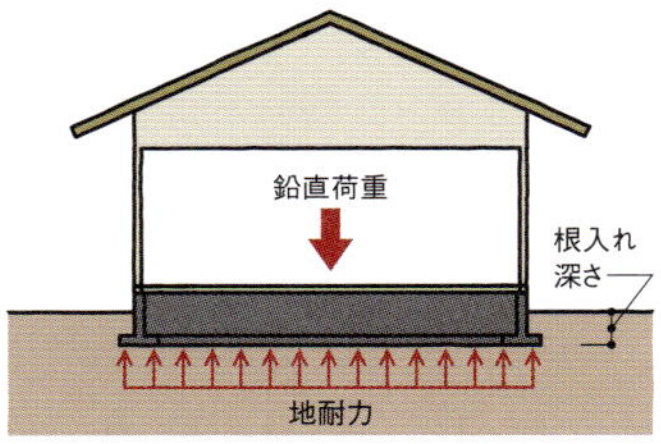

鉛直荷重(常時)に対して
・建物重量を地盤に伝達する
・長期の不同沈下を防止する
→基礎立上り(基礎梁)による剛性の確保
→杭基礎の採用

②水平力

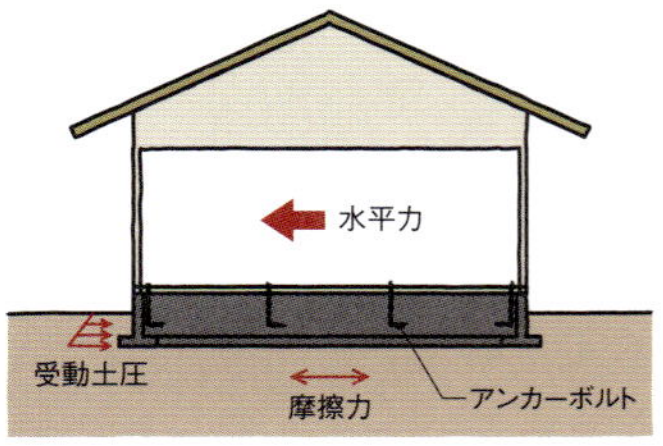

水平力(地震・台風)に対して
・水平力を地盤に伝達する
→アンカーボルトを介して伝達
・不同沈下の防止
→基礎立上り(基礎梁)による剛性の確保
→杭基礎の採用

図2 木造住宅における基礎の種類

①直接基礎

A.布基礎

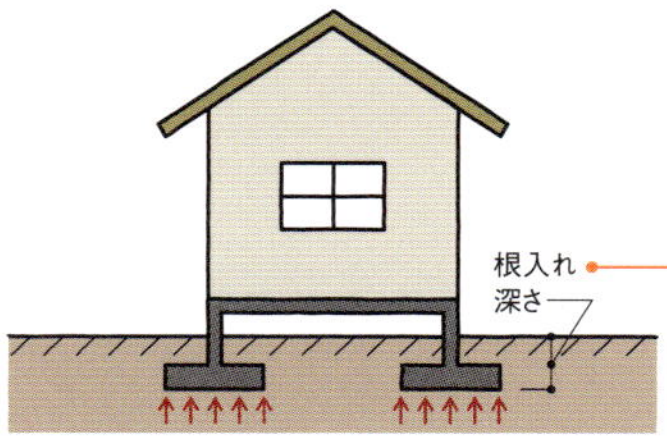

建物の主要構面の下に、布状に逆T字形の基礎梁を配置する方法。地耐力が比較的高い地盤で採用

フーチング下端の根入れ深さは、凍結深度以深とする

B.ベタ基礎

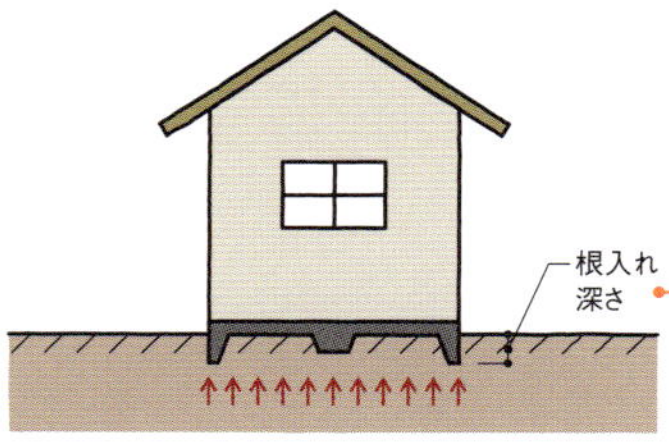

建物の下に全面的に耐圧版を設ける方法。スラブ厚150㎜程度で、立上りと地中梁を適宜配置する

根入れ深さは外周部のみ凍結深度以深とする(建物内の基礎下への水の浸入を防止する)

②杭基礎

C.支持杭・柱状改良

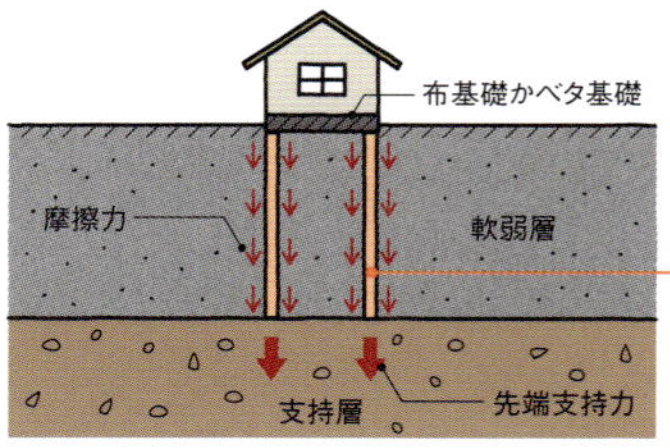

鋼管杭は種類が多い。住宅用は直径100〜150㎜程度、長さは7m程度。柱状改良は、液状の固化材を土と攪拌して固める工法。直径は600㎜程度

木造は建物重量が軽いため、支持杭ではなく地盤改良的な扱いとして細径の鋼管杭を用いることが多い

D.摩擦杭

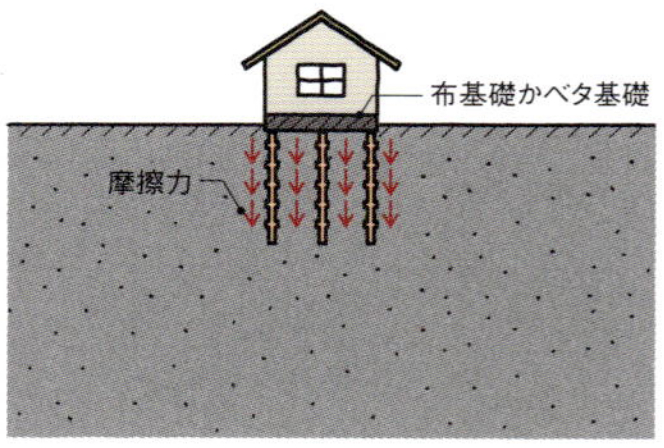

軟弱層が20m以上続くような敷地に採用される工法。杭周面の摩擦力を増すため凸凹形状に突起を付けた杭で、RC製が多い。径は細い部分で300〜500㎜、長さは4〜8m程度

基礎には、地震力が働いても平面形状が崩れず、上部建物と一体化して動くことが求められる[図1]ため、上部構造と連動した計画が必要。木造住宅の基礎形式は、直接基礎、柱状改良または杭基礎、の2つに大別できる[図2]。どの形式を採用するかは、表1・2や図3などを踏まえ、地盤調査データと建物形状から決定する。

布基礎とベタ基礎の大きな違いは、接地面積の大きさである。建物重量を接地面積で除した値を「接地圧」といい、これが地耐力以下となるように耐圧版の面積を確保する。布基礎とベタ基礎を比較すると、ベタ基礎のほうが接地面積が大きいため、接地圧の値は小さくなり、地耐力が低くても対応できる。

基礎の鉛直剛性を高めるには、スラブ厚さを増すだけでは不十分で、地中梁や立上りなどの基礎梁を連続して格子状に設けるのが最も有効。特に軟弱地盤や地耐力にバラつきのある地盤では、鉛直方向の剛性を高めて不同沈下を抑える。ベタ基礎でも基礎梁に細心の注意が必要。

表1 布基礎とベタ基礎の長所と短所

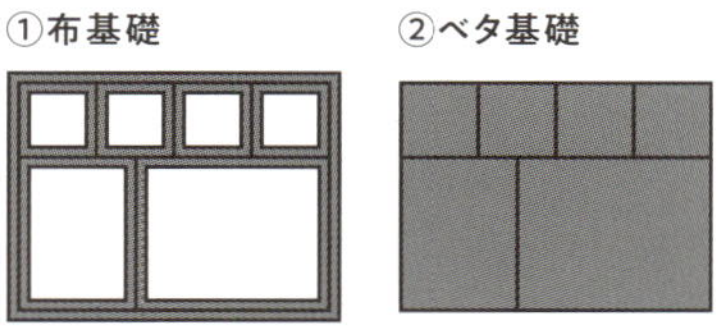

部で建物の重量を受ける。ベタ基礎は接地面積が大きい

基礎形式	長所	短所
布基礎	・連続性があり平面的に閉じていれば、鉛直方向・水平方向ともに剛性が高い ・鉄筋量やコンクリート量が少ない	・根切り量が多い ・形状が複雑で施工しにくい ・型枠量が多い ・床下の湿気対策が必要
ベタ基礎	・根切り量や型枠量が少ない ・形状が単純で配筋作業など施工がしやすい ・床下の湿気対策になる	・コンクリート量が多い ・条件によっては不同沈下を起こす

表2 基礎形式の選択目安

長期許容支持力	布基礎	ベタ基礎	杭基礎
$f<20\text{kN}/\text{m}^2$	×	×	○
$20\text{kN}/\text{m}^2 \leqq f<30\text{kN}/\text{m}^2$	×	○	○
$30\text{kN}/\text{m}^2 \leqq f$	○	○	○

30kN／m²以上の長期許容支持力があれば、一般的には杭や改良は不要だが、不均質地盤や傾斜地では注意が必要

図3 木造住宅の基礎形式決定までの流れ［※1］

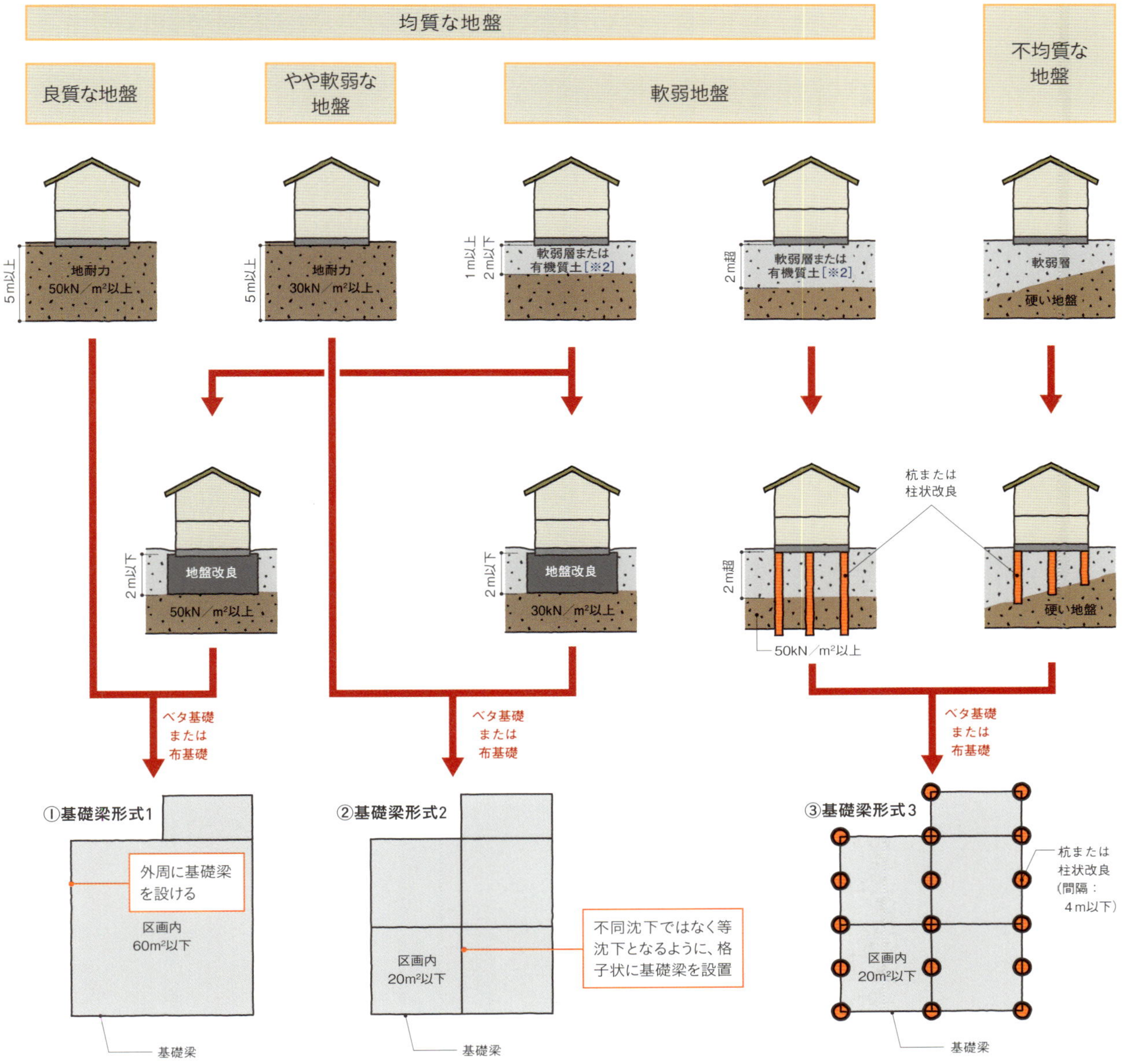

※1 このフローはあくまでも一例であり、実際の設計では、地盤性状・建物形状・用途・コストなどを総合的に判断する必要がある
※2 腐植土含む

3-1
基礎

02

SWS試験データとグラフからどこまで分かる?

地盤支持力、自沈層の沈下量を換算し、地盤改良や杭が必要かどうかチェックできる

スクリューウェイト貫入試験（SWS試験）風景。ハンドルを回して計測している

表1 木造住宅で使用される地盤調査方法の種類（平13国交告1113号）

ボーリング調査	ロータリーボーリング
	ハンドオーガーボーリング
動的貫入試験	標準貫入試験
静的貫入試験	スクリューウェイト貫入(SWS)試験[※]
	コーン貫入試験
ベーン試験	—
土質試験	物理試験
	力学試験
	動的試験
物理探査	表面波探査
	PS検層
	常時微動測定など
平板載荷試験	—

図1 敷地状況を目視でチェックする

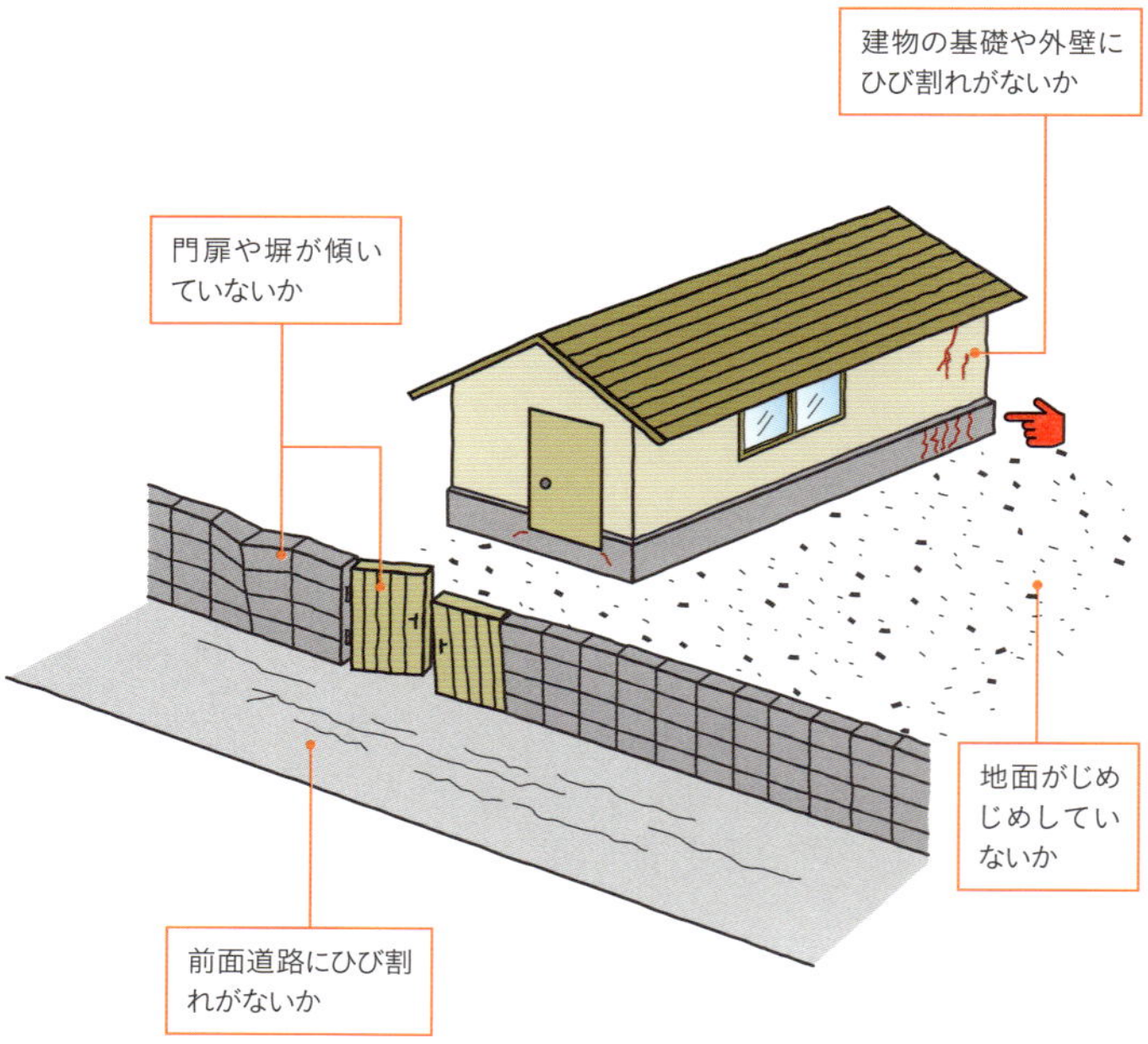
建物の基礎や外壁にひび割れがないか
門扉や塀が傾いていないか
地面がじめじめしていないか
前面道路にひび割れがないか

敷地の地盤状況は、地形図や地名を確認したり、昔から住んでいる近隣住民の話を聞いたりするほか、地盤調査を行って、総合的に判断する［図1］。

木造住宅で使用される地盤調査方法には、表1の方法がある。このなかで一般的なものは、標準貫入試験、ボーリング調査、平板載荷試験、表面波探査法、スクリューウェイト貫入試験（以下、SWS試験）などである。特に後者2つは比較的簡便なため、よく採用される調査方法である。

表面波探査法は物理探査法の一種で、起振器で人為的に振動を与え、その振動の伝わり方で地盤の締まり具合を測定する方法である。専門家でなければ測定内容を判定できないのが難点である。

SWS試験は図2のような試験機を回転させながら地盤の締まり具合を測定する方法で、手動式と機械式がある。この試験では土質構成までは調査できないが、先端のスクリューポイントに付着した土や回転時に手に伝わる感触で、粘性土か砂質土かを判定できる。調査可能な深さは5～10mくらいまでで、調査結果の誤差もあるため、重量構造物には適さない。しかし比較的安価で敷地内の数カ所を調査できることから、木造住宅には適した地盤調査方法といえる。

表2はデータの一例で、以下の3点に注目する。

①土質：粘性土か砂質土か
②自沈層の有無と沈下速度（表内の「備考」欄）
③1m当たりの半回転数

このうち自沈層とは、試験機を回転させなくても沈下してしまう地層のことで、半回転数Naが0の部分を指す。

次に、地層構成概念図［図3①］を描き、長期許容支持力と沈下量を求めて、地盤改良の要否や基礎形状を決定する。

図3②は主な支持力算定式をグラフにしている。圧密沈下量を推定した図3③では、基礎底面から2mまでの範囲と基礎下2～5mまでの範囲に、自沈層が存在したときの圧密沈下量推定式をグラフにしている。建物重量は、木造3階建てを想定している。

※「スウェーデン式サウンディング試験」は、2020年10月よりJIS規格における名称が「スクリューウェイト貫入試験」となった

表2 試験データから読み取れること

スクリューウェイト貫入試験　記録用紙　　＊ ▭ の部分は、半回転数0部分(自沈層)を示す

調査名(　T　)邸　敷地(　埼玉県朝霞市　)　試験年月日　R4年4月1日
天候(　晴　)　測定地点(No. 2)　最終貫入深さ(8.2m)　水位(GL－1.8m)

荷重 Wsw (kN)	半回転数 Na (回)	貫入深さ D (m)	貫入量 L (cm)	1mあたりの半回転数 Nsw(回)[＊]	推定土質 推定水位	備考	推定地耐力 fe (kN／m²)
0	0	0.25	25	0		掘削	
0.50	0	0.50	25	0		無回転緩速	
0.75	0	0.75	25	0	粘性土	無回転緩速	
1.00	2	1.00	25	8	〃	—	43
1.00	8	1.25	25	32	〃	—	58
1.00	5	1.50	25	20	〃	—	51
1.00	0	1.75	25	0	〃	無回転緩速	
1.00	0	2.00	25	0	〃	無回転緩速	
0.75	0	2.25	25	0	〃	無回転緩速	
0.75	0	2.50	25	0	〃	無回転緩速	
1.00	3	2.75	25	12	〃	—	46
1.00	3	3.00	25	12	〃	—	46
1.00	4	3.25	25	16	〃	—	48
1.00	5	3.50	25	20	〃	—	51
1.00	0	3.75	25	0	〃	無回転緩速	
1.00	0	4.00	25	0	〃	無回転緩速	
1.00	0	4.25	25	0	〃	無回転緩速	
1.00	0	4.50	25	0	〃	無回転緩速	
1.00	0	4.75	25	0	〃	無回転緩速	
1.00	36	8.00	25	144	〃	—	130
1.00	99	8.20	25	396	〃	—	291

スクリューポイントにローム付着
1回目のすぐ近くで表土を掘削してから測定　GL＝1回目GL－110

図3②より求めた支持力を記入。場合により、換算N値が記入されていることもある

ロッドの沈下の様子などを記入。おもりの重さが100kgf(荷重1.0kN)で「ゆっくり」なら、地耐力は30kN／㎡程度見込める。「急速」や、おもりが100kgf未満のときはかなり軟弱な地盤のため要注意

おもりの重さを示す。100kgfなら1.0kN、75kgfなら0.75kNとなる

ハンドルを180°まわした回数を示す

地表面からの深さ

ロッドの目盛ごとに測定

25cm(貫入量L)ごとに測定した半回転数を1m当たりに換算した値

粘性土か砂質土かをみる

図2 SWS試験装置

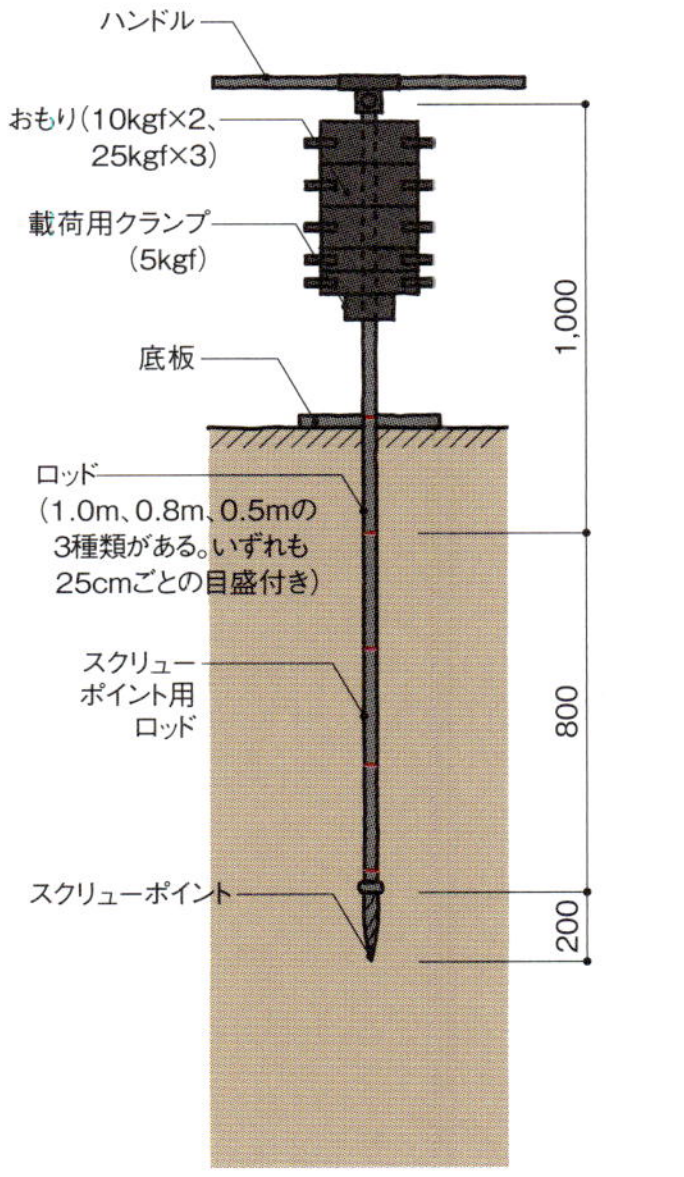

・スクリューポイントを取り付けたロッドの頭部に100kgfのおもりを載せる
・ハンドルを取り付けて右回転させ、ロッドに付いている目盛(25cm)ごとに半回転数を記録する
・試験中の音や抵抗の具合、スクリューポイントに付いた土などから土質を判断する

図3 SWS試験データから地耐力と圧密沈下量を推定する

①地層構成概念図

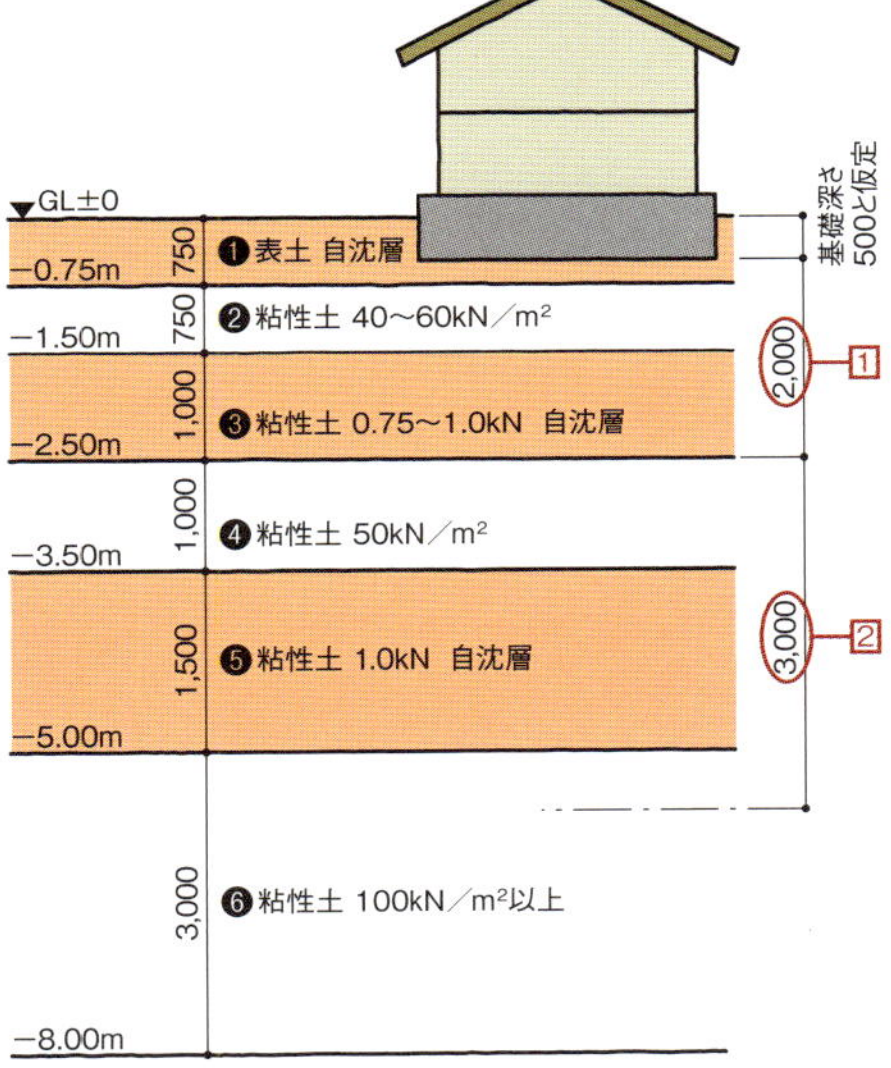

1｜基礎底面から2.0mの範囲の自沈層厚さ：1.25m
(③のグラフより、推定圧密沈下量約5.6cm)
2｜基礎底面から2.0m深さから3.0mの範囲の自沈層厚さ：1.5m(推定圧密沈下量約1.6cm)
したがって、推定圧密沈下量＝5.6＋1.6＝7.2cm＞5cm
許容沈下量を5cmとすると、当該地盤の沈下量は許容値を超えているため、地盤改良を行うことになる
注：許容沈下量は設計者判断による

基礎下2～5mの判定対象となる沈下層は、荷重が0.50kN以下(平13国交告1113号)であるが、本事例では設計者判断により、すべての自沈層を対象としている

②試験データから長期許容支持力を換算する[※1・2]

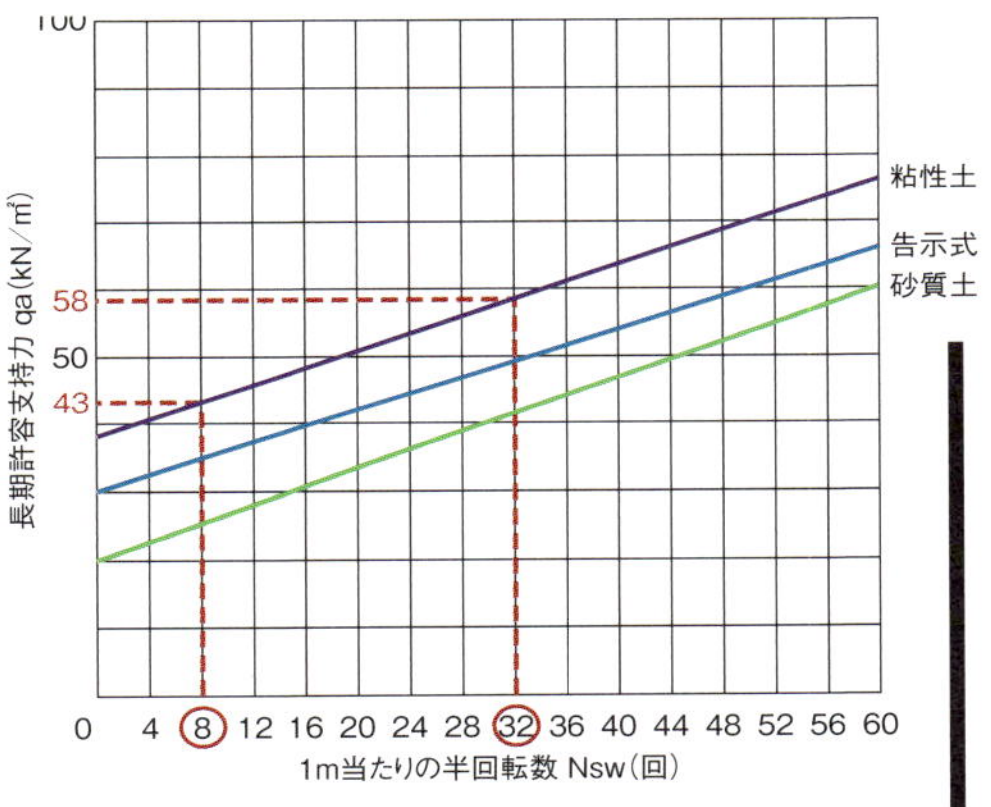

地層構成概念図の❷の地層の支持力を求めてみる。土質は粘性土である。
表2より、貫入深さD＝0.75～1.50mの範囲の、1m当たりの半回転数Nswは8～32である。グラフの横軸が8のラインと粘性土のラインの交点の縦軸の目盛を読むと、qa＝43kN／㎡。同様に、Nsw＝32のときは、qa＝58kN／㎡。したがって、❷の地層の支持力は、40～60kN／㎡となる

③自沈層の圧密沈下量を推定する[※3・4]

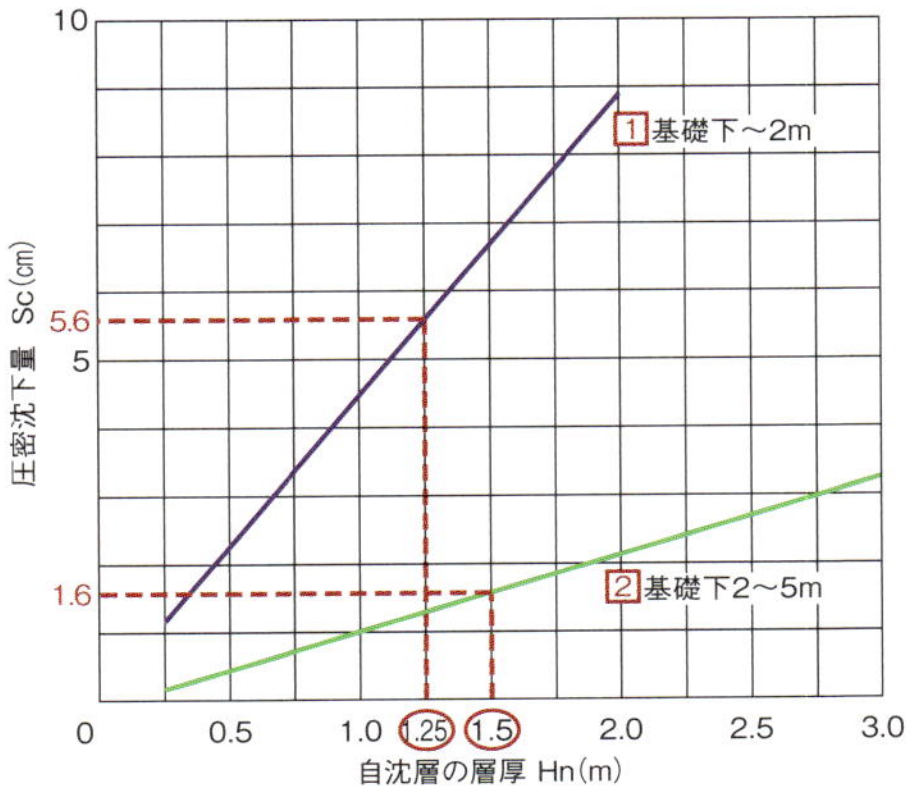

地層構成概念図より、基礎下から2mの範囲の自沈層厚さは1.25m。グラフの横軸1.25mのラインと、直線1の交点の縦軸の目盛を読むと、この地層の圧密沈下量はSc＝5.6cm。次に、基礎下2mから5mの範囲の自沈層厚さは1.5mで、直線2との交点を読むとSc＝1.6cm。したがって、当該地盤の推定圧密沈下量は5.6＋1.6＝7.2cmとなる

※1 粘性土：『小規模建築物基礎設計指針』2008年版、砂質土：qa＝N×10、告示式：平13国交告1113号第2 (3) 式による
※2 告示では土質に関係なく1つの式が示されているが、粘性土と砂質土では同じ抵抗でも地耐力が異なるので、粘性土か砂質土かを区別して支持力を求める
※3 地盤の沈下には即時沈下と圧密沈下の2種類がある。圧密沈下は粘性土中の水分が長い時間をかけて抜け出すため、長年の沈下によって建物が歪み、有害となることが多い
※4 算定式出典：「スウェーデン式サウンディングで自沈層が認められた地盤の許容応力度と沈下の検討」(田村昌仁・枝広茂樹・人見孝・泰樹一郎、建築技術2002年3月号)

3-1
基礎

03

基礎の配筋は告示どおりに行えばよい？

告示で示している配筋は基本のみで、基礎梁のスパンや、梁に囲まれたスラブの大きさによって変わる。また、基礎梁の設け方や人通口を設ける位置は、告示では規定しないので、設計者がしっかり考えなければならない

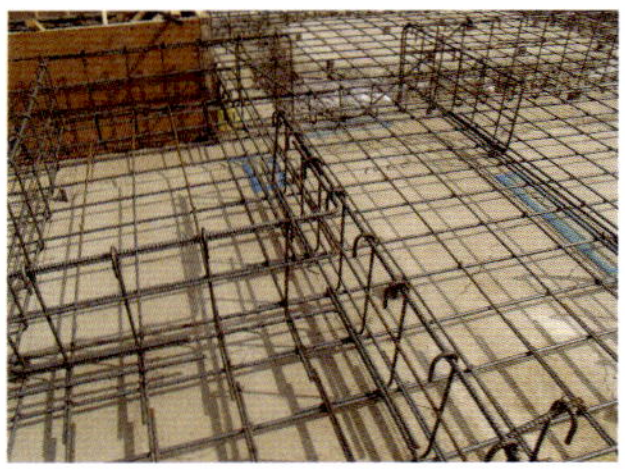

ベタ基礎の配筋風景。せん断補強筋の先端にはフックが付いている

断ひび割
る補強筋

図1 耐力壁の下には基礎梁を配置する

①基礎伏図

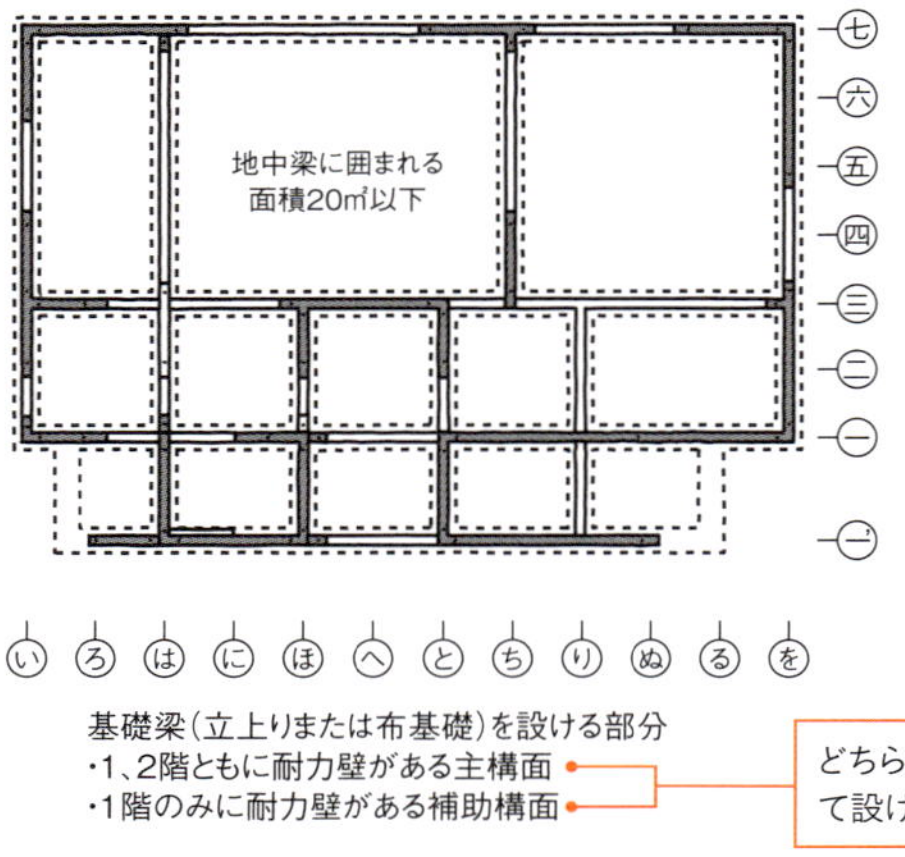
どちらも連続させて設ける

②1階平面図

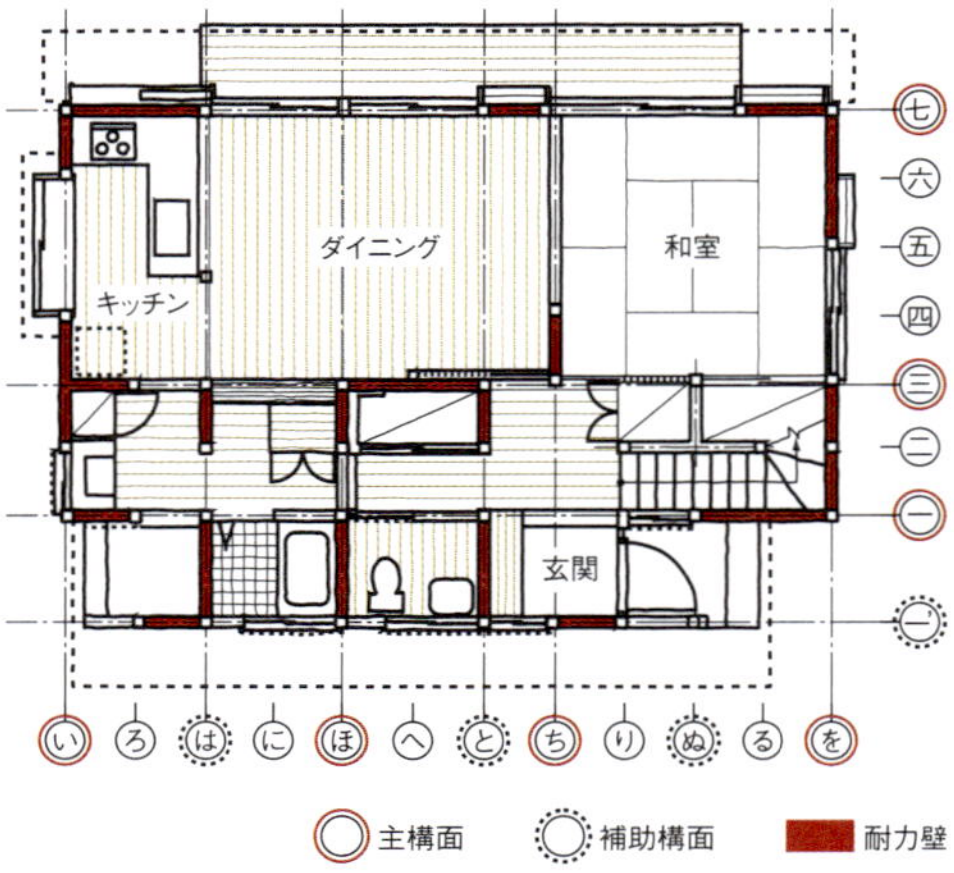

図2 平12建告1347号に基づく基礎の仕様

①布基礎

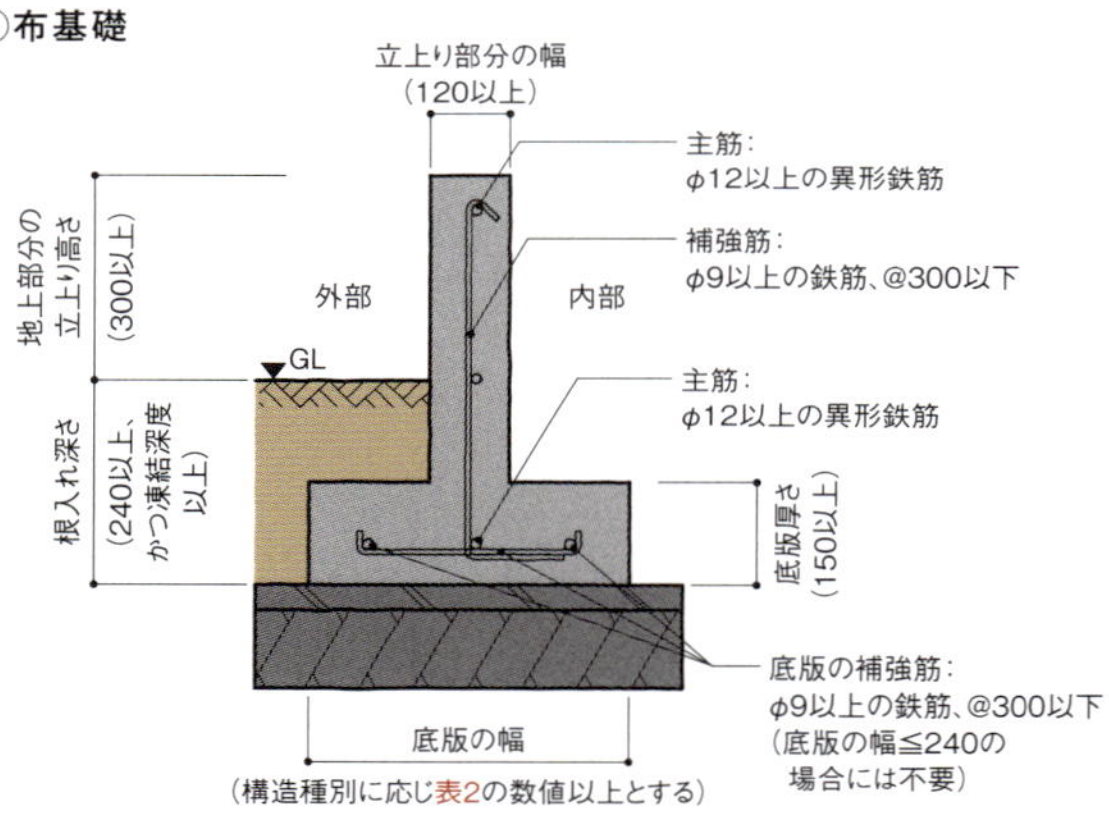

②ベタ基礎

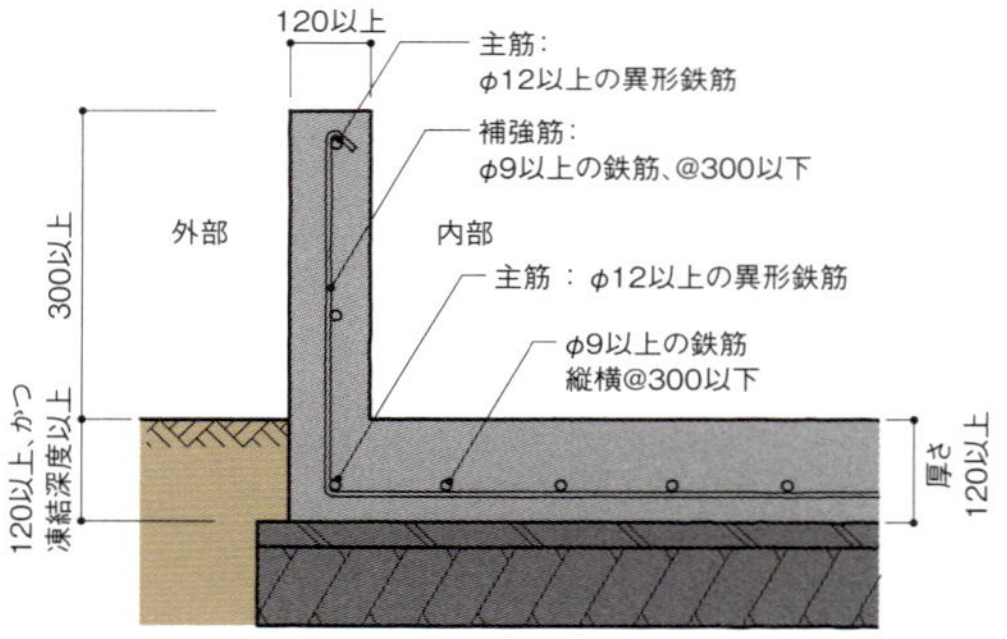

③開口部廻り補強

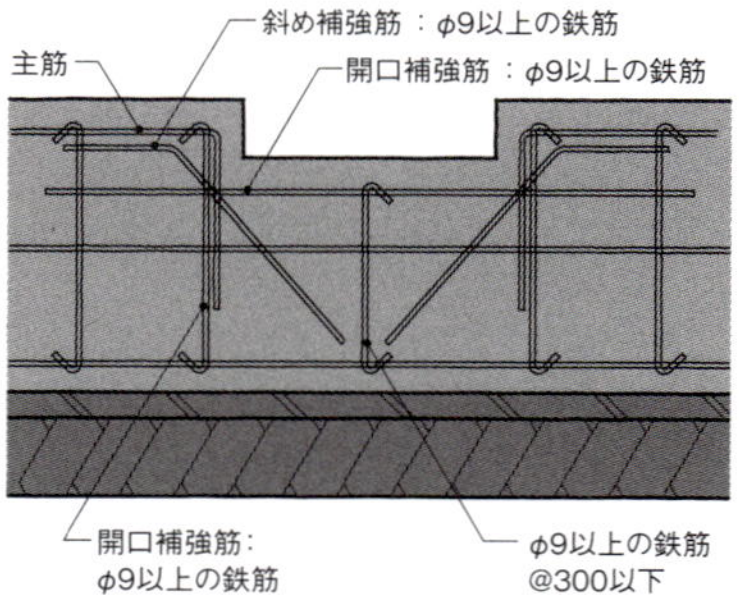

表2 布基礎の底盤の幅（平12建告1347号）

地盤の長期に生ずる力に対する許容応力度（kN／㎡）	建築物の種類		
	木造またはS造その他これに類する重量の小さな建築物		その他の建築物
	平屋	2階建て	
30以上50未満	30cm	45cm	60cm
50以上70未満	24cm	36cm	45cm
70以上	18cm	24cm	30cm

表1 基礎の構造形式目安

地盤の長期に生ずる力に対する許容応力度（kN／㎡）	杭基礎	ベタ基礎	布基礎
20未満	○	×	×
20以上30未満	○	○	×
30以上	○	○	○

基礎梁の配置は、主構面・補助構面と一致させ、立上りは柱と耐力壁の下に設けるのが原則である［図1］。基礎形状は、告示により地耐力に応じて規定されている［図2、表1・2］が、実務では基礎に働く力をよく考えて配筋を決定すべきである。

　コンクリートは圧縮力に強く引張力に弱いため、無筋コンクリートは引張側にひび割れが生じ、非常に脆《もろ》い。この欠点を補うため、引張力に強い鉄筋を入れたのが鉄筋コンクリートである［図3］。そのため、基礎に発生する応力のうち引張力が生じる部分に、鉄筋を有効に配置するとよい［図4］。

　鉄筋は場所に応じて名称がある［図5］。構造上最も重要な鉄筋は曲げ補強筋で、主筋ともいう。次に重要なのが、せん断補強筋（あばら筋）で、脆性破壊であるコンクリートのせん断破壊を防ぐ。

　これらの鉄筋が有効に働くには、①鉄筋の定着長さ・継手長さ、②鉄筋どうしの間隔、③鉄筋のかぶり厚さ、を確保することが重要である。

図3　鉄筋コンクリートの構造をおさらい

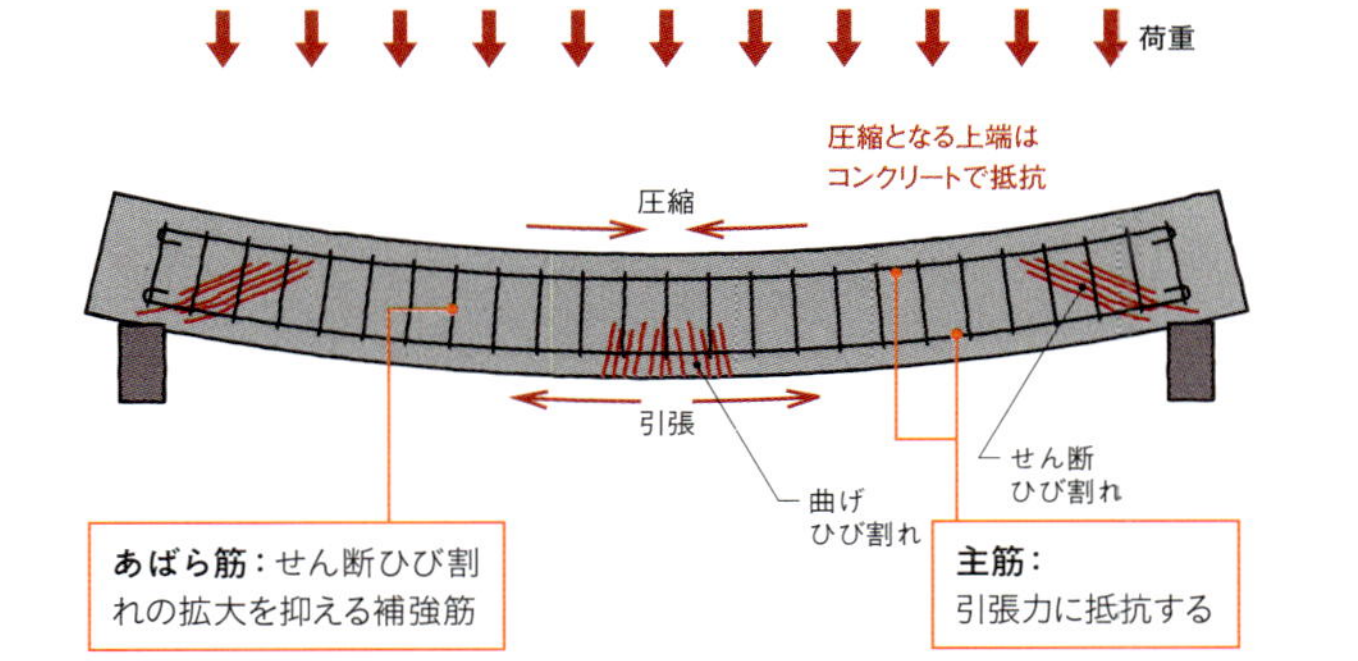
荷重
圧縮となる上端はコンクリートで抵抗
圧縮
引張
曲げひび割れ
せん断ひび割れ
あばら筋：せん断ひび割れの拡大を抑える補強筋
主筋：引張力に抵抗する

図4　基礎と配筋にかかる力

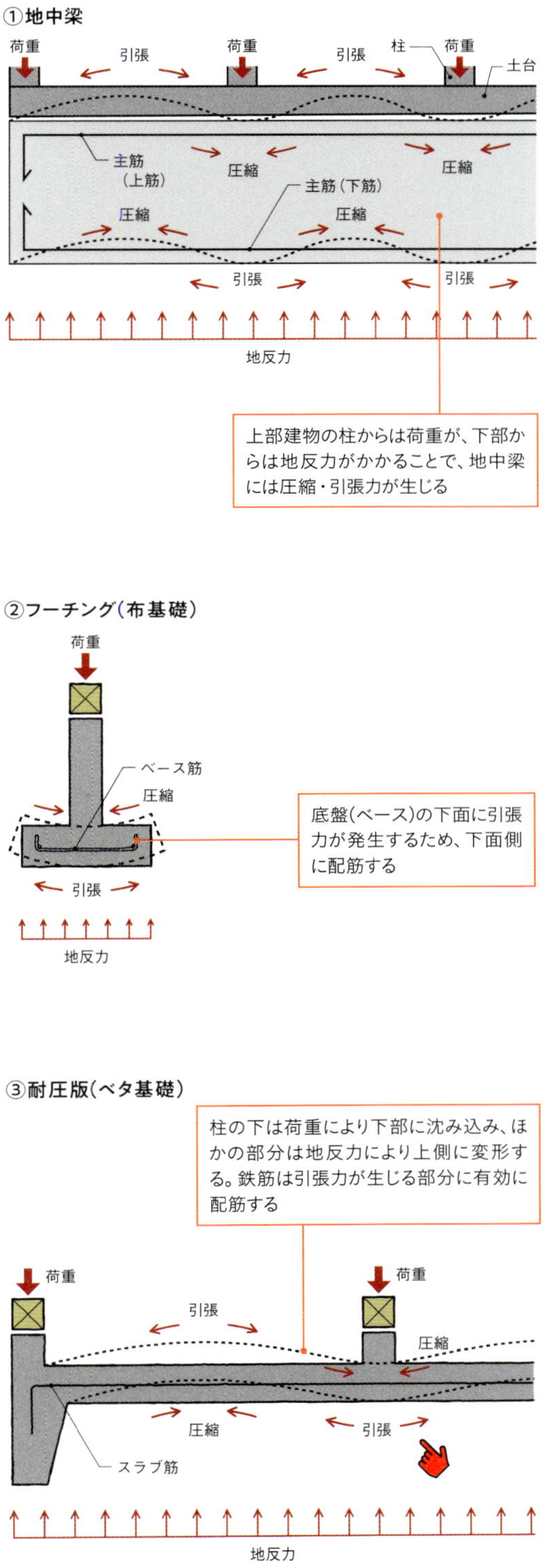
①地中梁
荷重
引張
柱
土台
主筋（上筋）
圧縮
主筋（下筋）
地反力
上部建物の柱からは荷重が、下部からは地反力がかかることで、地中梁には圧縮・引張力が生じる
②フーチング（布基礎）
荷重
ベース筋
圧縮
引張
地反力
底盤（ベース）の下面に引張力が発生するため、下面側に配筋する
③耐圧版（ベタ基礎）
柱の下は荷重により下部に沈み込み、ほかの部分は地反力により上側に変形する。鉄筋は引張力が生じる部分に有効に配筋する
荷重
引張
圧縮
スラブ筋
地反力

図5　配筋の種類とその役割

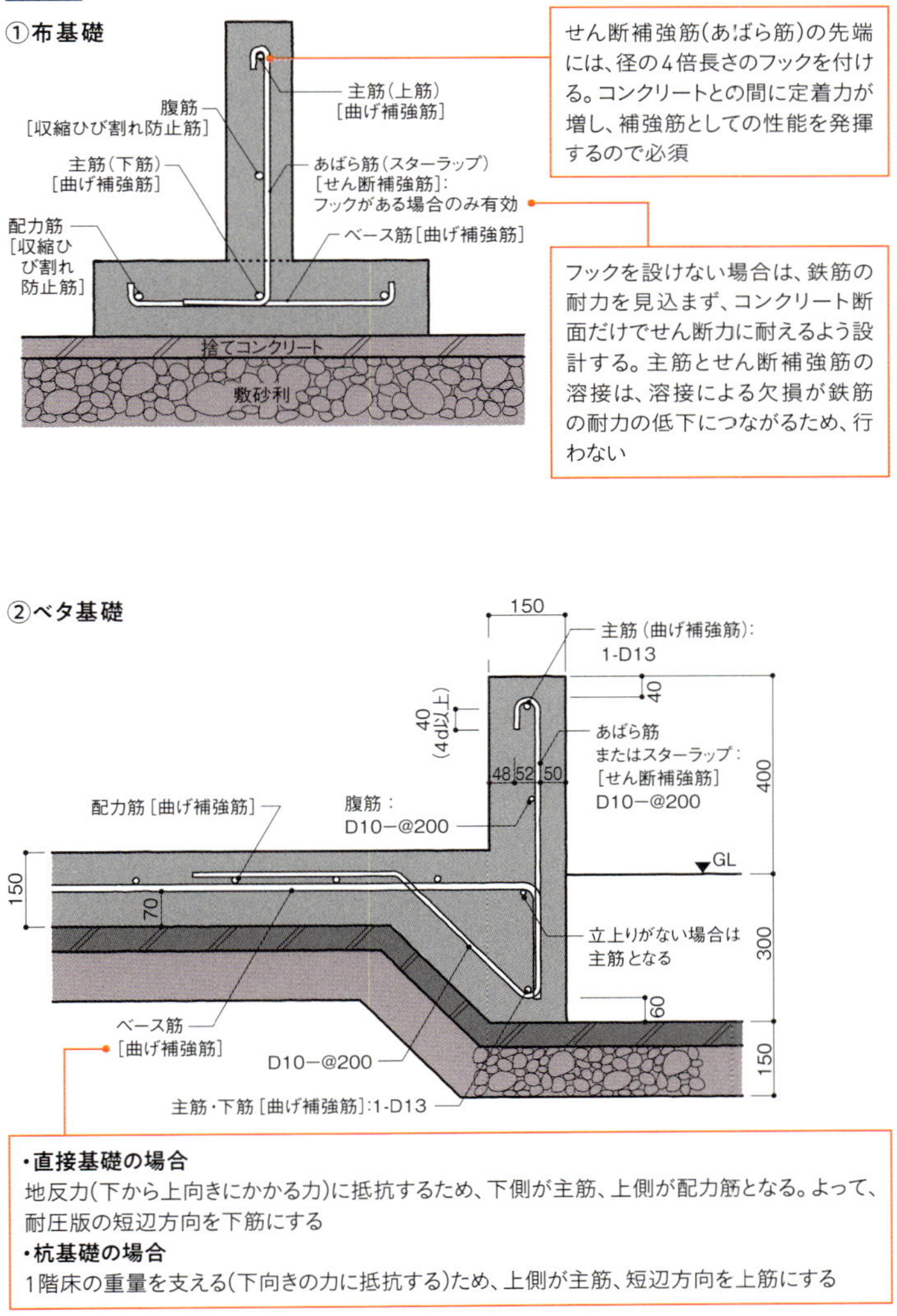
①布基礎
腹筋［収縮ひび割れ防止筋］
主筋（上筋）［曲げ補強筋］
主筋（下筋）［曲げ補強筋］
あばら筋（スターラップ）［せん断補強筋］：フックがある場合のみ有効
配力筋［収縮ひび割れ防止筋］
ベース筋［曲げ補強筋］
捨てコンクリート
敷砂利
せん断補強筋（あばら筋）の先端には、径の4倍長さのフックを付ける。コンクリートとの間に定着力が増し、補強筋としての性能を発揮するので必須
フックを設けない場合は、鉄筋の耐力を見込まず、コンクリート断面だけでせん断力に耐えるよう設計する。主筋とせん断補強筋の溶接は、溶接による欠損が鉄筋の耐力の低下につながるため、行わない
②ベタ基礎
150
主筋（曲げ補強筋）：1-D13
40
40（4d以上）
あばら筋またはスターラップ：［せん断補強筋］D10−@200
48 52 50
400
配力筋［曲げ補強筋］
腹筋：D10−@200
GL
150
70
立上りがない場合は主筋となる
300
60
ベース筋［曲げ補強筋］
D10−@200
150
主筋・下筋［曲げ補強筋］：1-D13
・直接基礎の場合
地反力（下から上向きにかかる力）に抵抗するため、下側が主筋、上側が配力筋となる。よって、耐圧版の短辺方向を下筋にする
・杭基礎の場合
1階床の重量を支える（下向きの力に抵抗する）ため、上側が主筋、短辺方向を上筋にする

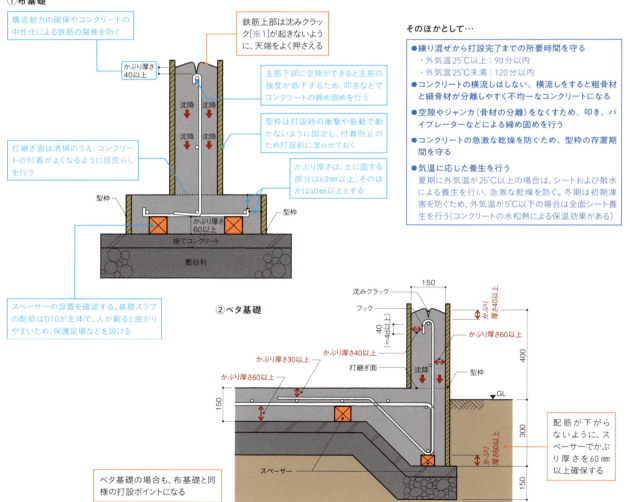

3-1
基礎

04

基礎のコンクリートの耐久性を高めるには?

**コンクリートのかぶり厚さを確保し、
水セメント比を低く抑えて中性化の進行速度を遅らせる**

ベタ基礎のコンクリート打設風景。コンクリートは横流しせず、ホースをこまめに回して入れている

表1 JASS5によるコンクリートの品質と耐用年数

区分	耐用年数	強度	水セメント比	養生期間
短期	30年	Fc18	W/C≦65%	5日以上
標準	65年	Fc24	W/C≦55～58%	5日以上
長期	100年	Fc30	W/C≦49～52%	7日以上
超長期	200年	Fc36[*]	W/C≦55%	7日以上

* かぶり厚さ10mm増しならFc30

図1 コンクリートを構成するもの

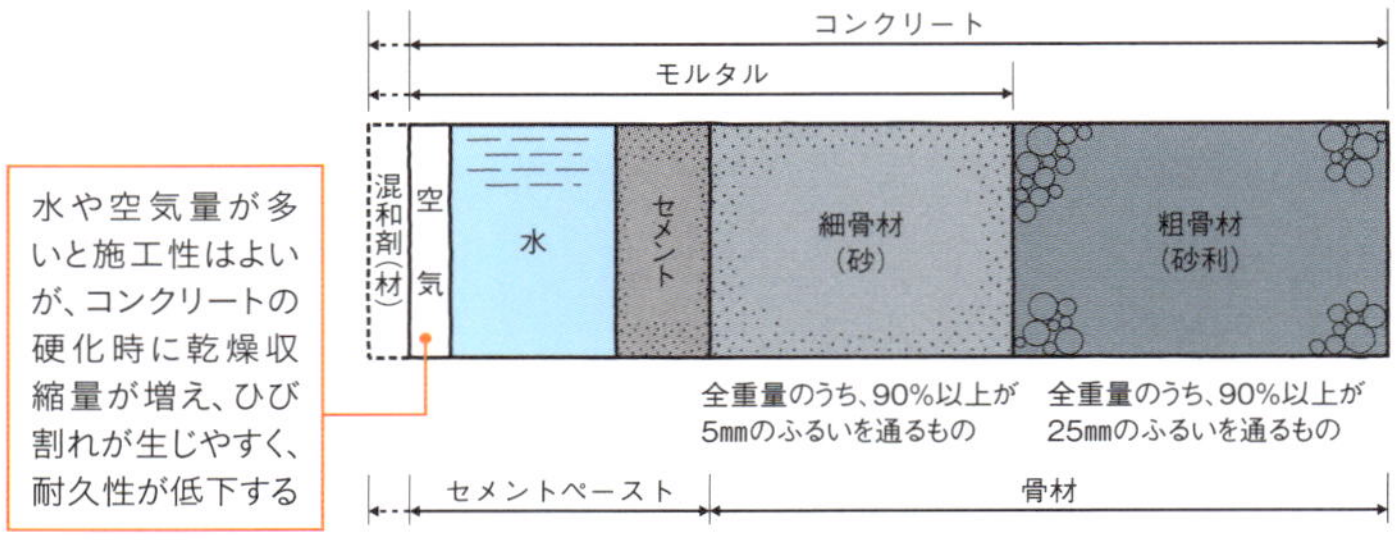

水や空気量が多いと施工性はよいが、コンクリートの硬化時に乾燥収縮量が増え、ひび割れが生じやすく、耐久性が低下する
コンクリート
モルタル
混和剤(材)
空気
水
セメント
細骨材
(砂)
粗骨材
(砂利)
全重量のうち、90%以上が5㎜のふるいを通るもの
全重量のうち、90%以上が25㎜のふるいを通るもの
セメントペースト
骨材

図2 コンクリートの打設と養生のポイント

①布基礎

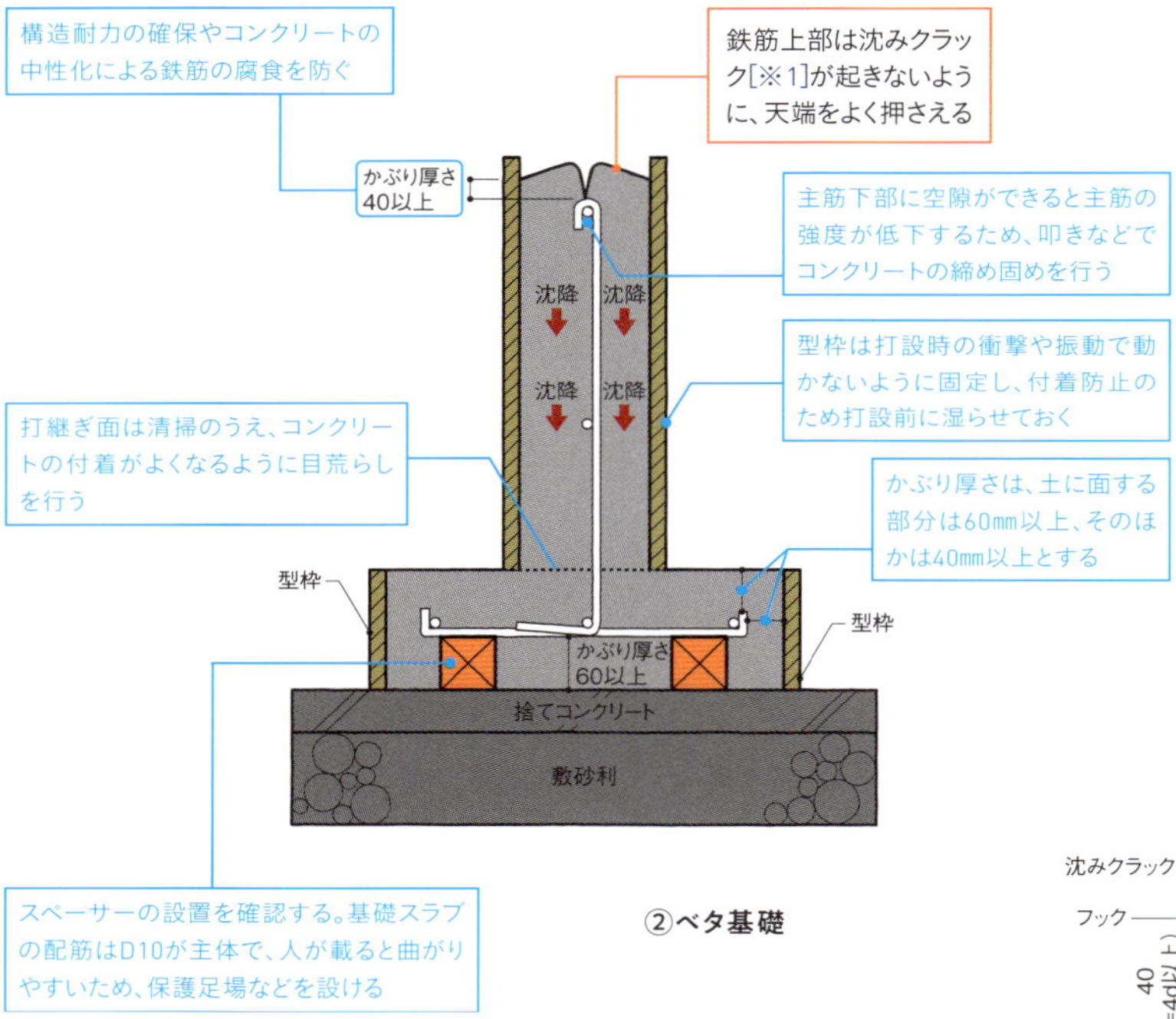

構造耐力の確保やコンクリートの中性化による鉄筋の腐食を防ぐ
鉄筋上部は沈みクラック[※1]が起きないように、天端をよく押さえる
かぶり厚さ40以上
主筋下部に空隙ができると主筋の強度が低下するため、叩きなどでコンクリートの締め固めを行う
沈降
沈降
沈降
沈降
型枠は打設時の衝撃や振動で動かないように固定し、付着防止のため打設前に湿らせておく
打継ぎ面は清掃のうえ、コンクリートの付着がよくなるように目荒らしを行う
かぶり厚さは、土に面する部分は60㎜以上、そのほかは40㎜以上とする
型枠
型枠
かぶり厚さ60以上
捨てコンクリート
敷砂利
スペーサーの設置を確認する。基礎スラブの配筋はD10が主体で、人が載ると曲がりやすいため、保護足場などを設ける

そのほかとして…

- **練り混ぜから打設完了までの所要時間を守る**
  - ・外気温25℃以上:90分以内
  - ・外気温25℃未満:120分以内
- **コンクリートの横流しはしない。横流しをすると粗骨材と細骨材が分離しやすく不均一なコンクリートになる**
- **空隙やジャンカ(骨材の分離)をなくすため、叩き、バイブレーターなどによる締め固めを行う**
- **コンクリートの急激な乾燥を防ぐため、型枠の存置期間を守る**
- **気温に応じた養生を行う**
  夏期に外気温が25℃以上の場合は、シートおよび散水による養生を行い、急激な乾燥を防ぐ。冬期は初期凍害を防ぐため、外気温が5℃以下の場合は全面シート養生を行う(コンクリートの水和熱による保温効果がある)

②ベタ基礎

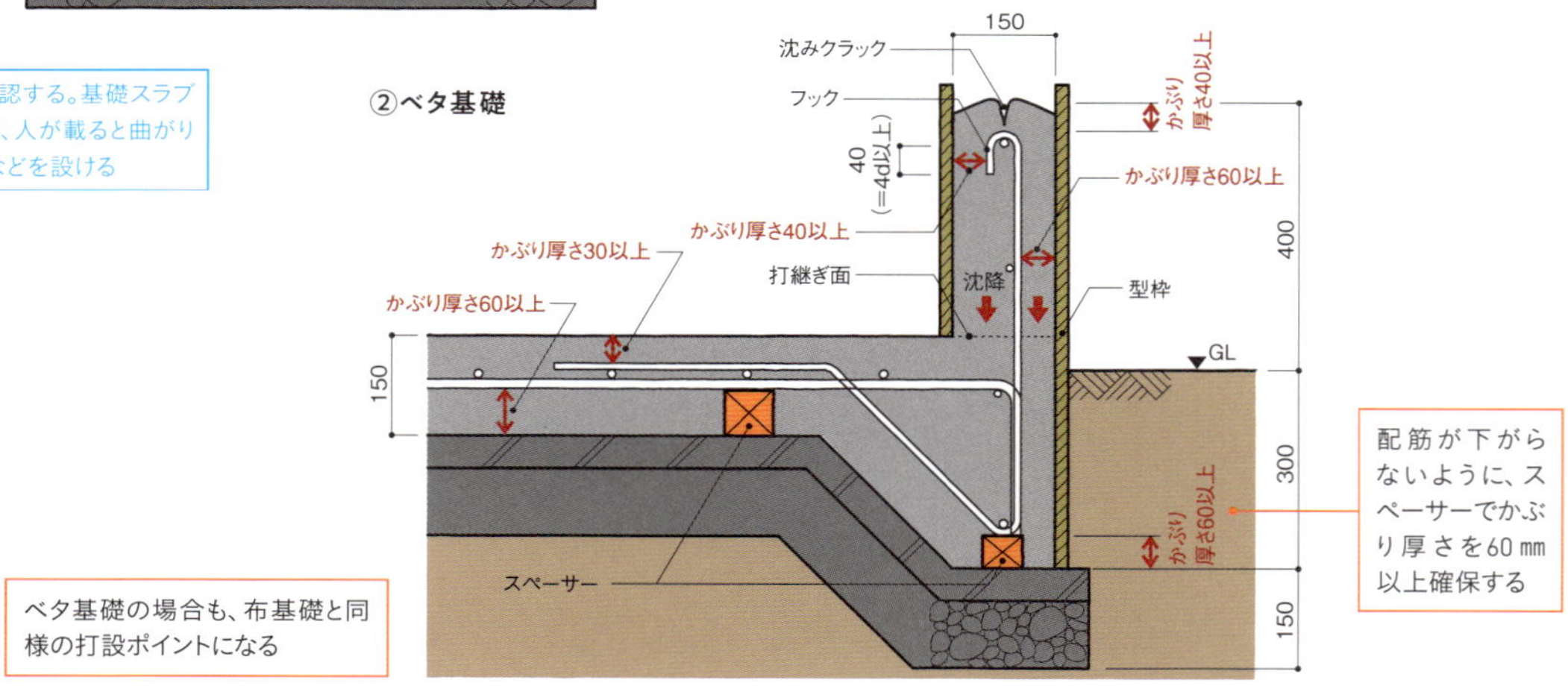

150
沈みクラック
フック
40
(=4d以上)
かぶり厚さ40以上
かぶり厚さ60以上
かぶり厚さ40以上
かぶり厚さ30以上
かぶり厚さ60以上
打継ぎ面
沈降
型枠
GL
400
300
150
150
かぶり厚さ60以上
スペーサー
配筋が下がらないように、スペーサーでかぶり厚さを60㎜以上確保する
ベタ基礎の場合も、布基礎と同様の打設ポイントになる

※1 打設後にコンクリート部分は水が抜けて沈降するが、鉄筋上部はコンクリートの沈降が少ないため、コンクリート打設後の押さえが足りないとクラックが生じる

コンクリートはセメント・骨材・水などの材料で構成されている［図1］。このうち単位水量と空気量が少ないほど、密実で強度も耐久性も高いコンクリートとなる。材料の標準的な配合は、建物の耐用年数に応じてJISやJASS5で示されている［表1］。

最近は高耐久対応と称して、必要以上に強度を高める傾向があるが、施工が雑では意味がない。それよりも水分と空気量の少ないコンクリートを、密実に打つことが重要である［図2］。

表2は、ひび割れの種類とその原因を示したものだ。事前に少し配慮するだけでひび割れは軽減できるので、ここに示した予防対策はしっかり行いたい。

コンクリートの耐久性は、中性化が指標となる。中性化とは、炭酸ガスなどによりコンクリートのアルカリ性が失われること［図3］。コンクリート自体の強度は変わらないが、鉄筋がさびることに問題がある。中性化の速度は水分量の影響を受け、水セメント比が大きいほど進行が速い［図4］。

図4 水セメント比と中性化の進行速度

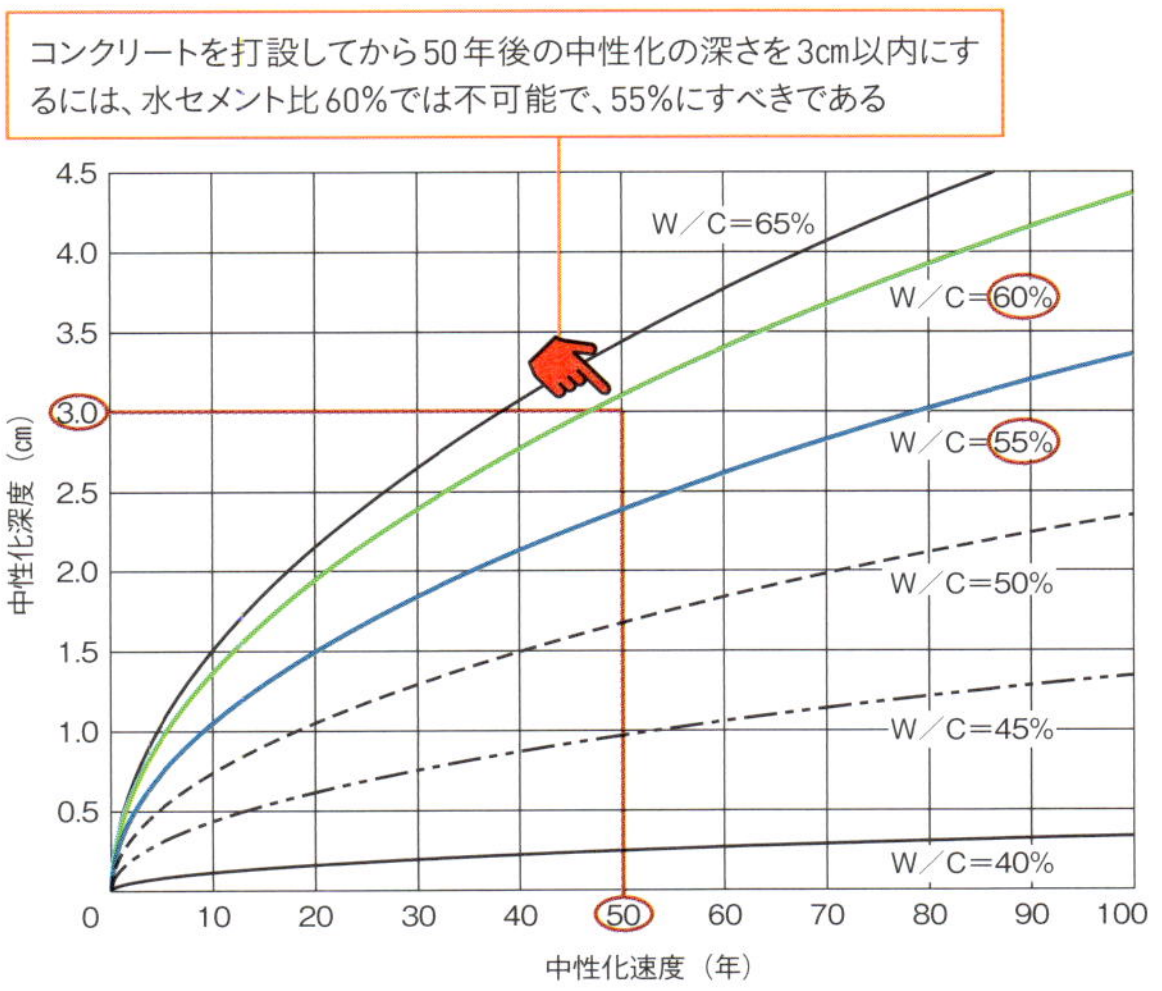
コンクリートを打設してから50年後の中性化の深さを3cm以内にするには、水セメント比60%では不可能で、55%にすべきである
W／C=65%
W／C=60%
W／C=55%
W／C=50%
W／C=45%
W／C=40%
中性化深度（cm）
中性化速度（年）
0
0.5
1.0
1.5
2.0
2.5
3.0
3.5
4.0
4.5
10
20
30
40
50
60
70
80
90
100

図3 コンクリートの中性化の進み方

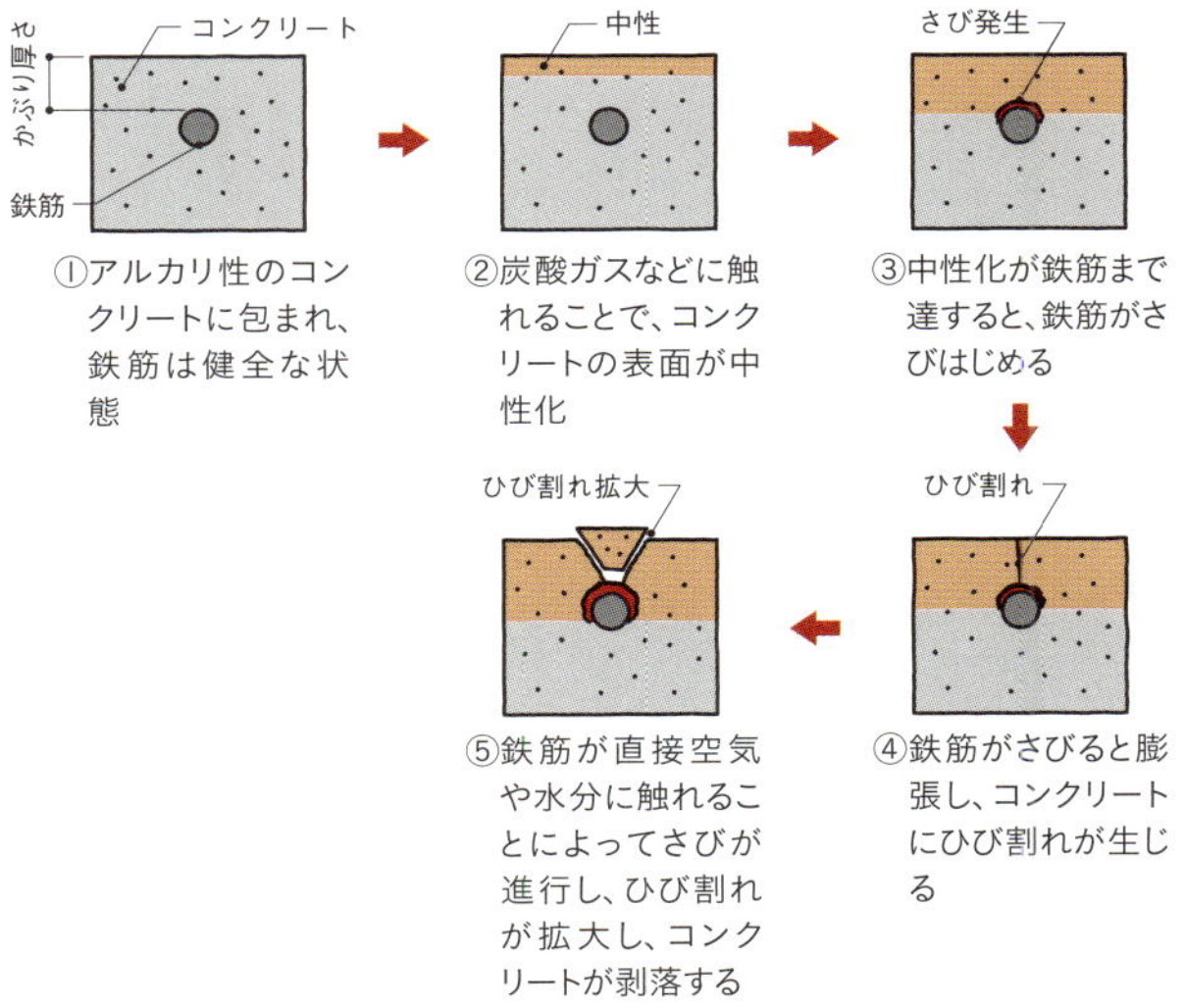
かぶり厚さ
コンクリート
鉄筋
①アルカリ性のコンクリートに包まれ、鉄筋は健全な状態
中性
②炭酸ガスなどに触れることで、コンクリートの表面が中性化
さび発生
③中性化が鉄筋まで達すると、鉄筋がさびはじめる
ひび割れ
④鉄筋がさびると膨張し、コンクリートにひび割れが生じる
ひび割れ拡大
⑤鉄筋が直接空気や水分に触れることによってさびが進行し、ひび割れが拡大し、コンクリートが剥落する

表2 コンクリートのひび割れの原因とその対策

ひび割れ状況	原因	予防・対策
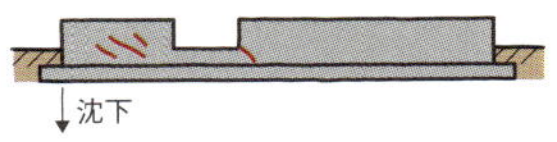 沈下	不同沈下	・地盤調査を行ったうえで基礎計画を行う ・上部構造の重心位置にも配慮する
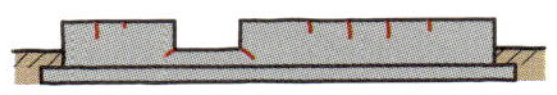	乾燥収縮	・初期の急激な乾燥防止（シート養生など） ・水分量を少なくして密なコンクリートを打設する
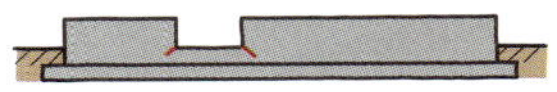	乾燥収縮による応力集中	開口部補強筋を入れる
	開口部の断面欠損によるせん断剛性不足	・基礎梁成を確保する ・あばら筋（スターラップ）を細かく入れる
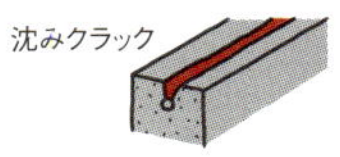 沈みクラック	打設と養生不足	・打設時にバイブレーターや叩きにより空気を放出させる ・打設後、鏝で押さえる
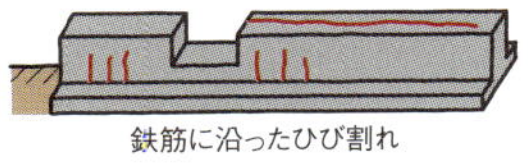 鉄筋に沿ったひび割れ	かぶり厚さ不足	・かぶり厚さを確保する ・打設時に鉄筋が動かないように結束する
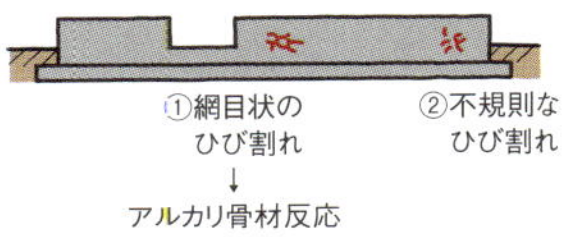 ①網目状のひび割れ ↓ アルカリ骨材反応 ②不規則なひび割れ	①骨材不良（アルカリ骨材反応） ②セメント不良 ・練り混ぜすぎ ・長い運搬時間 ・混和剤の不良	・よい材料を使う（配合計画） ・練り混ぜすぎない→運搬時間の短縮 ・早期脱型による養生不足をなくす
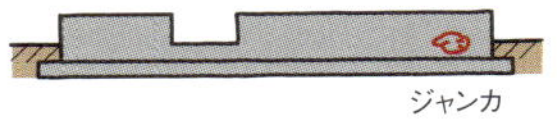 ジャンカ	打設不良	・打設時にコンクリートの横流しをせず、打設ホースをこまめに回して入れる ・打設時によく叩き、バイブレーターなどによる締め固めを行う

注：補修が必要なひび割れ幅の目安は0.3mm以上といわれている［※2］

※2 ひび割れ幅が0.3mm以上のときはエポキシ樹脂を注入して空気と水の浸入を防ぐ。また、中性化が進行している場合は、アルカリ付与を行い、進行を止める

3-1
基礎

05

基礎の点検口は柱間の中央に配置すればよい？

**点検口は曲げ応力の小さいところに設ける。
ただし原則として設けられない場合もある**

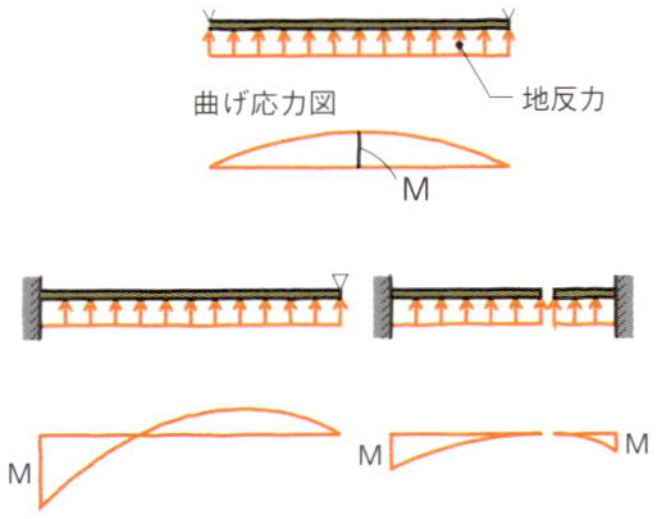

曲げ応力図
地反力
M
M
M
M

地反力による曲げ応力図の形状は、耐力壁や柱などの条件によって変わる

図 点検口位置をパターン別に考える

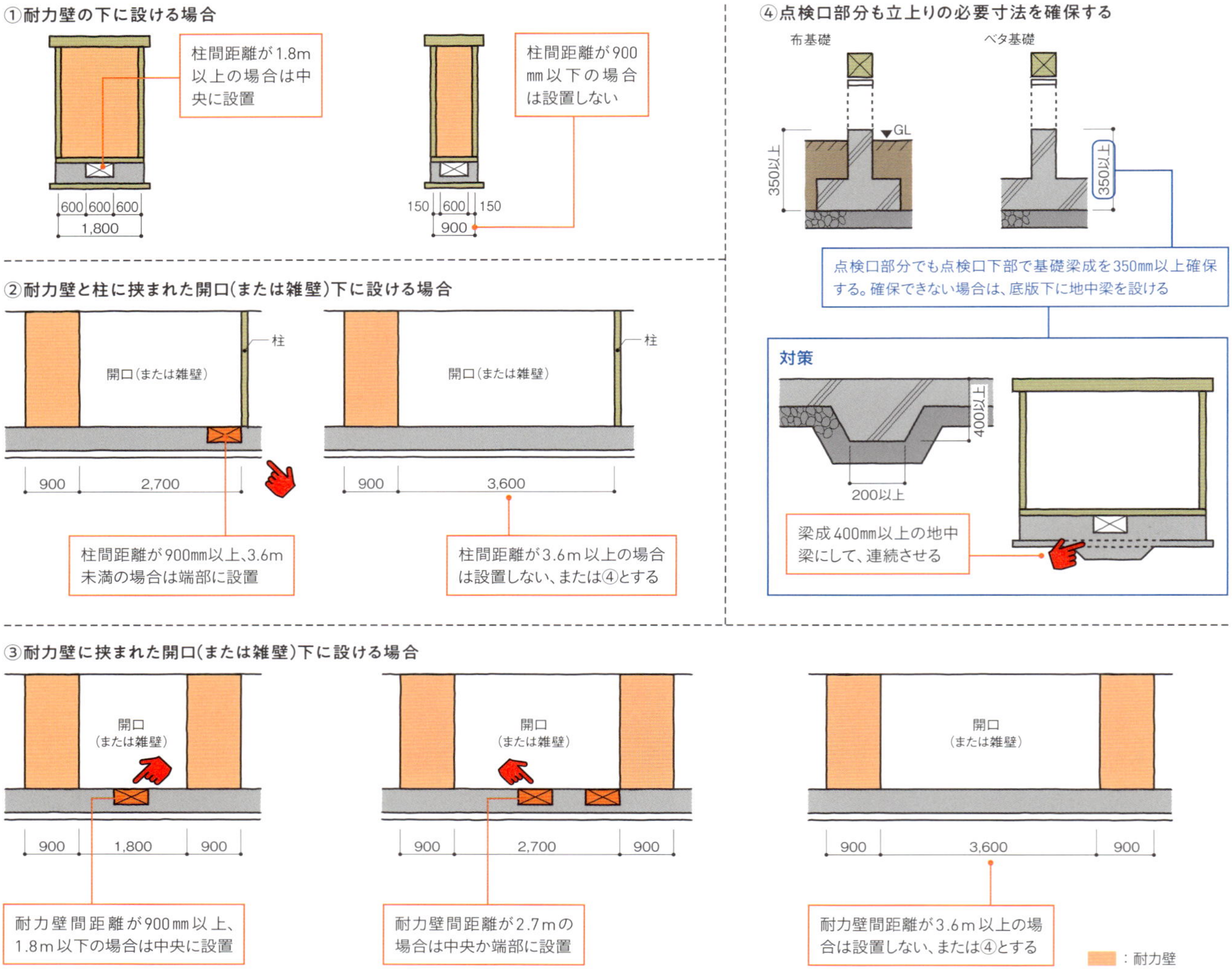

①耐力壁の下に設ける場合
柱間距離が1.8m以上の場合は中央に設置
600 600 600
1,800
柱間距離が900mm以下の場合は設置しない
150 600 150
900
②耐力壁と柱に挟まれた開口(または雑壁)下に設ける場合
柱
開口(または雑壁)
900 2,700
柱間距離が900mm以上､3.6m未満の場合は端部に設置
柱
開口(または雑壁)
900 3,600
柱間距離が3.6m以上の場合は設置しない､または④とする
③耐力壁に挟まれた開口(または雑壁)下に設ける場合
開口
(または雑壁)
900 1,800 900
耐力壁間距離が900mm以上､1.8m以下の場合は中央に設置
開口
(または雑壁)
900 2,700 900
耐力壁間距離が2.7mの場合は中央か端部に設置
開口
(または雑壁)
900 3,600 900
耐力壁間距離が3.6m以上の場合は設置しない､または④とする
：耐力壁
④点検口部分も立上りの必要寸法を確保する
布基礎
ベタ基礎
GL
350以上
350以上
点検口部分でも点検口下部で基礎梁成を350mm以上確保する。確保できない場合は、底版下に地中梁を設ける
対策
400以上
200以上
梁成400mm以上の地中梁にして、連続させる

点検口は基礎梁を切り欠き、基礎の耐力を著しく低下させることになるため、その設け方には注意を要する。

耐力壁の下に設ける場合は、柱間1間以上の耐力壁中央に設けることを原則とする。柱間が900mm以下の場合、基礎梁の残りが150mm以下になり、耐力壁が負担したせん断力を基礎に伝達できないので、原則として点検口を設けない[図①]。

開口部の下に設ける場合は、地中梁に生じる曲げ応力をよく考える必要がある。柱間2間の中央上端は、曲げ応力が最大となる個所であるから、絶対に点検口を設けてはならない。スラブ筋を補強しても、構造的にはひび割れが若干少なくなる程度で、あまり効果はない。どうしても点検口が必要な場合は、耐圧版下に地中梁を設け、基礎梁を連続させておく[図④対策]。

基礎の剛性確保のため、点検口部分でも基礎梁の成は最低でも350mm確保したい。高さの関係などから確保できない場合は、根入れを深くする、地中梁を設けるなどをするとよい。

Column ｜ 注意が必要な地盤とその対策

❶ 不安定な擁壁

予想される現象

・地震や雨水で擁壁が水平に移動し、建物が傾く
・地震や雨水による擁壁の崩壊で、建物に大きな損傷が生じるおそれがある

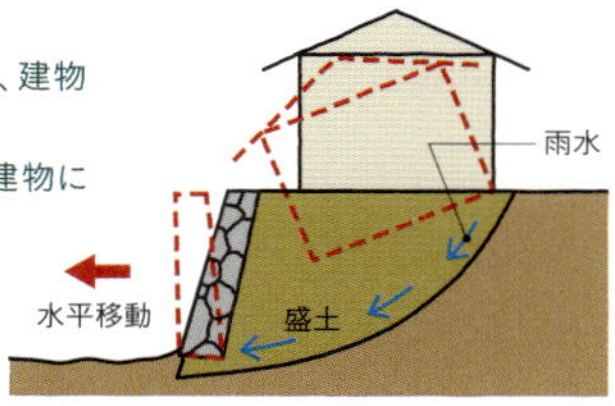

対策

・基礎、地中梁の剛性を高めて不同沈下を防止する
・擁壁を補強(アースアンカーなど)または新設する

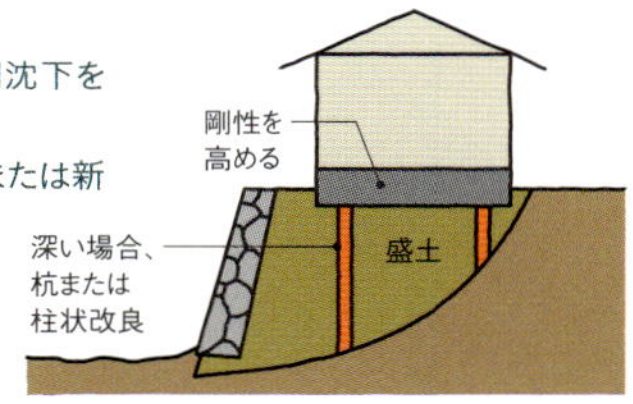

❷ 傾斜した基盤上にある、厚さが異なる盛土地盤

予想される現象

・場所により盛土の層厚が異なるため不同沈下が生じやすい
・傾斜地のため、地滑りを起こす可能性がある

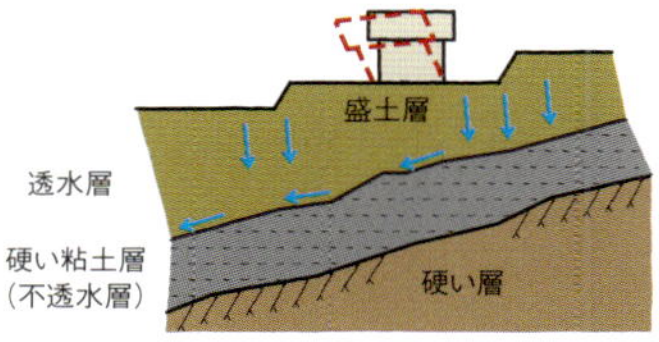

対策

・基礎、地中梁の剛性を高めて不同沈下を防止する
・杭または柱状改良などにより、良好な地層に支持させる
・軟弱地盤の層厚が薄い場合、表層改良を行う

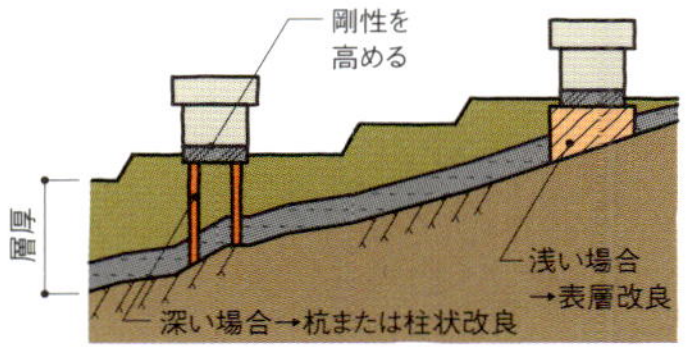

❸ 盛土と切土が混在している地盤

予想される現象

・盛土部分の沈下量が大きくなり、不同沈下が生じやすい
・盛土と切土で地盤の揺れが異なる(盛土のほうが大きい)
・雨水の浸透で盛土部分が滑落しやすい

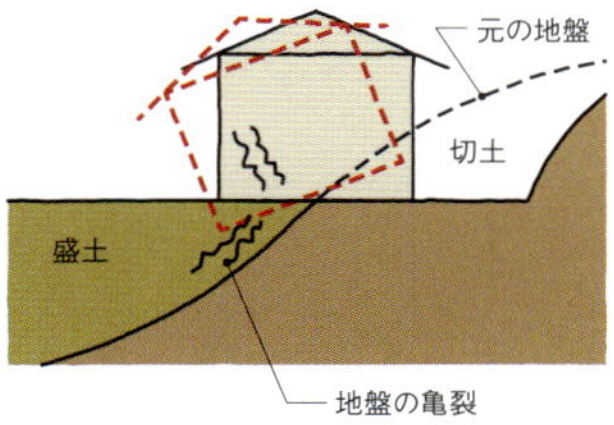

対策

・盛土部分を地盤改良する
・盛土部分に杭を打設する
・基礎、地中梁の剛性を高めて不同沈下を防止する

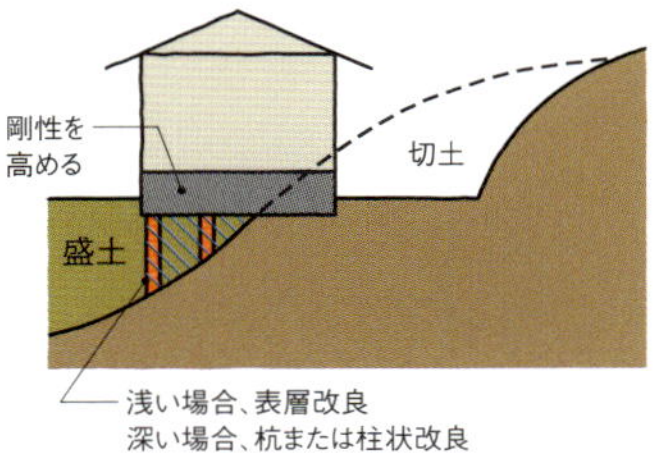

❹ 水田や湿地の上の盛土で、沈下が進行中の地盤

予想される現象

・圧密沈下量が大きくなる
・引込み管が破損するおそれがある
・建物の沈下量に偏りがある場合、不同沈下が生じやすい

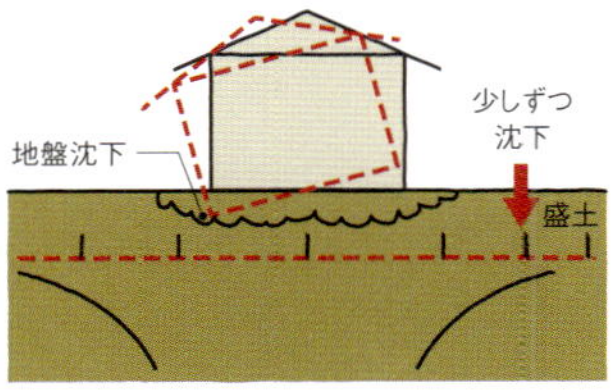

対策

・基礎、地中梁の剛性を高めて不同沈下を防止する
・杭または柱状改良などにより、良好な地層に支持させる
・軟弱地盤の層厚が薄い場合、表層改良を行う

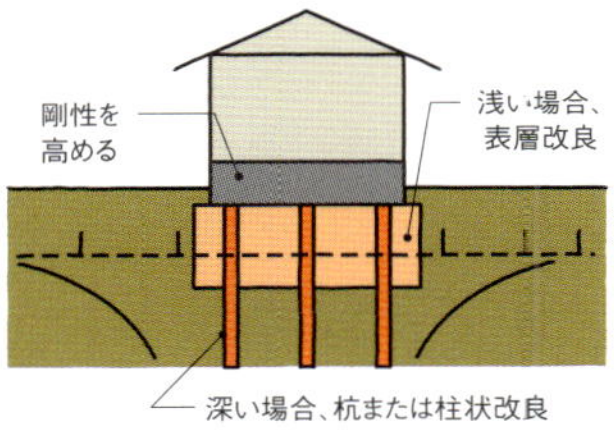

❺ 液状化のおそれのある地盤

予想される現象

・地下水位が高く、緩い砂質地盤では、地震時に地下水の水圧が高まり、砂の粒子間の結合と摩擦が低下して砂層が液状化する。これにより建物の傾斜や沈下、転倒が発生する

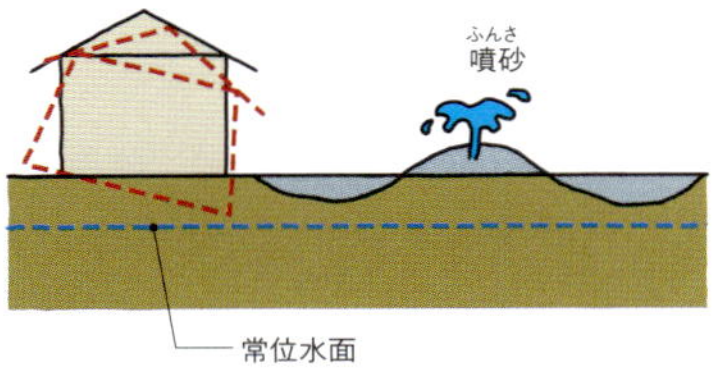

対策

・基礎、地中梁の剛性を高めて不同沈下を防止する

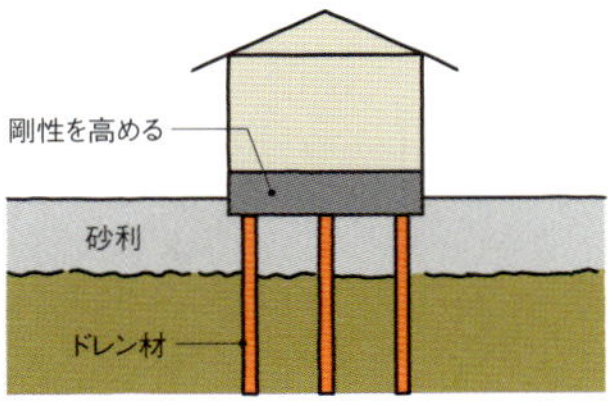

❻ 深い沖積層(シルト、ピート)上の地盤

予想される現象

・圧密沈下量が大きくなる
・引込み管が破損するおそれがある
・地盤の揺れの周期が長い。建物の損傷が進み、周期が増大してくると共振現象を起こし、建物の損傷も大きくなる

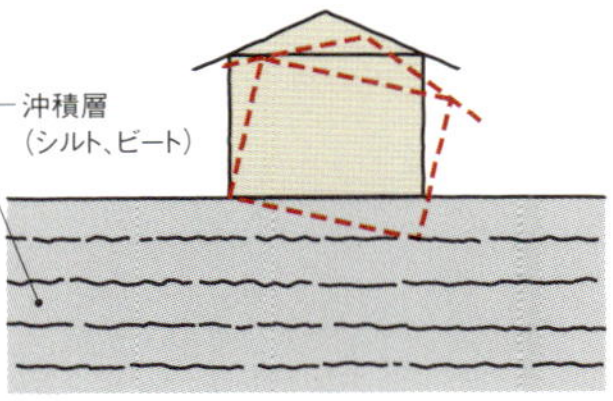

対策

・基礎、地中梁の剛性を高めて不同沈下を防ぐ
・摩擦杭などで建物を支持させる
・建物の強度と剛性を高めるため壁を増やし、揺れの固有周期を短くする
・共振現象に対処するため、建物の耐力を向上させる

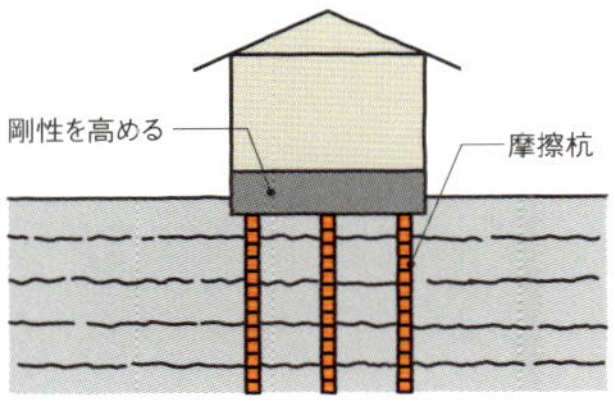

3-2
軸組

01

柱通し・梁通し それぞれの特徴は?

柱通しは床面の水平剛性が高くなり、
梁通しは通し柱や受け梁の断面欠損を小さく抑えられる

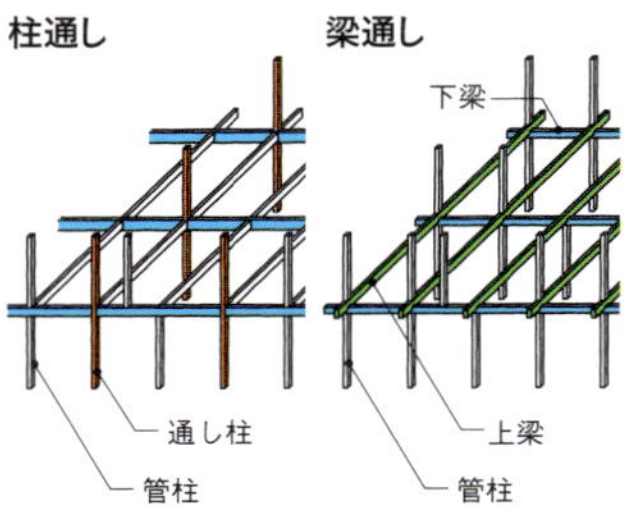

柱通しは横架材の天端がそろい、梁通しは積み上げ方式

①柱通しの軸組

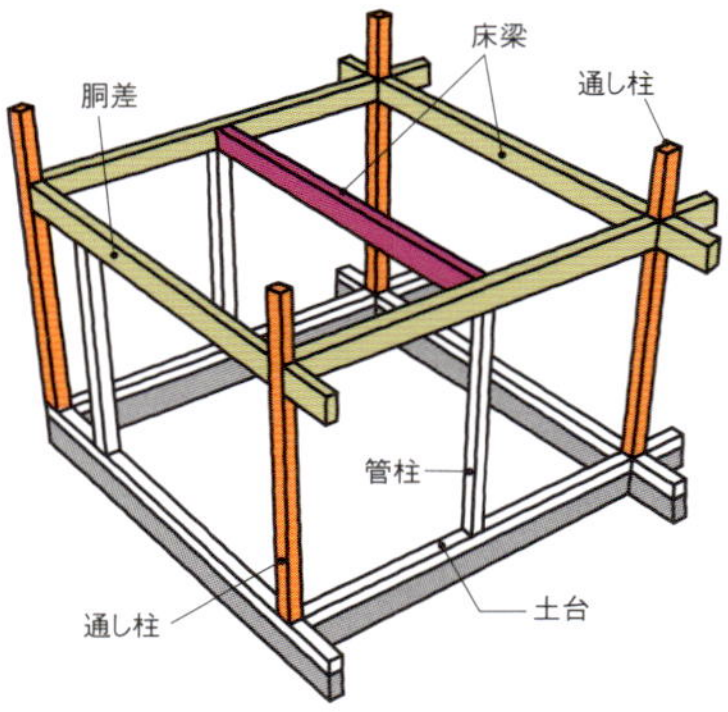

特徴
通し柱を2間あるいは1間半グリッドに設け、2階床梁(胴差)を差し込む構法

長所
定尺材を有効利用できるほか、直交する梁の天端がそろうため、床面の水平剛性が高くなる

注意点
通し柱と胴差との仕口や、受け梁の断面欠損が大きい。仕口の引張耐力を確保することが重要

②梁通しの軸組

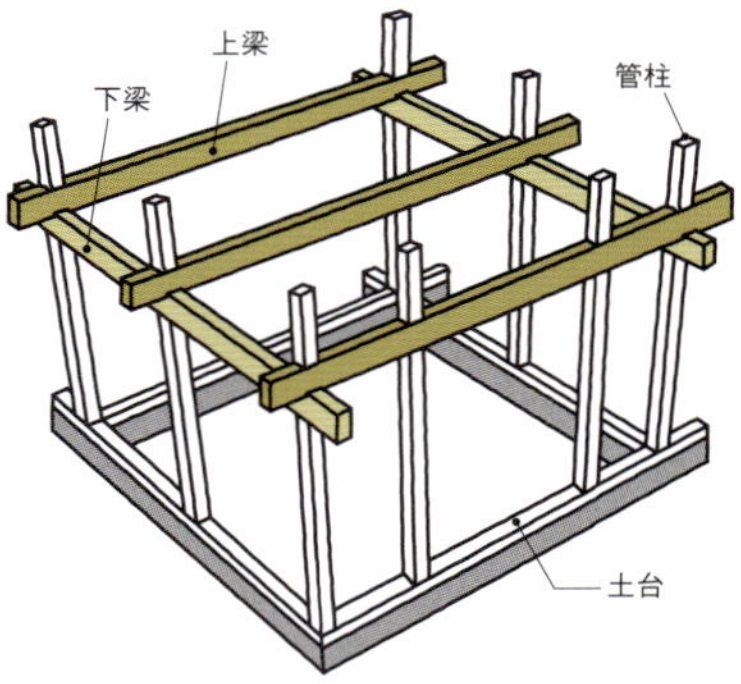

特徴
柱はすべて管柱とし、梁を優先して通す構法。直交する梁どうしの仕口は渡《わた》り腮《あご》となる

長所
積み上げ方式のため施工性がよい。通し柱や受け梁の断面欠損を小さく抑えられる

注意点
床面の水平剛性は低い。継手は曲げ応力の小さい個所に設け、かつ引張耐力を確保することが重要

③柱通しと梁通し(渡り腮)を組み合わせた軸組

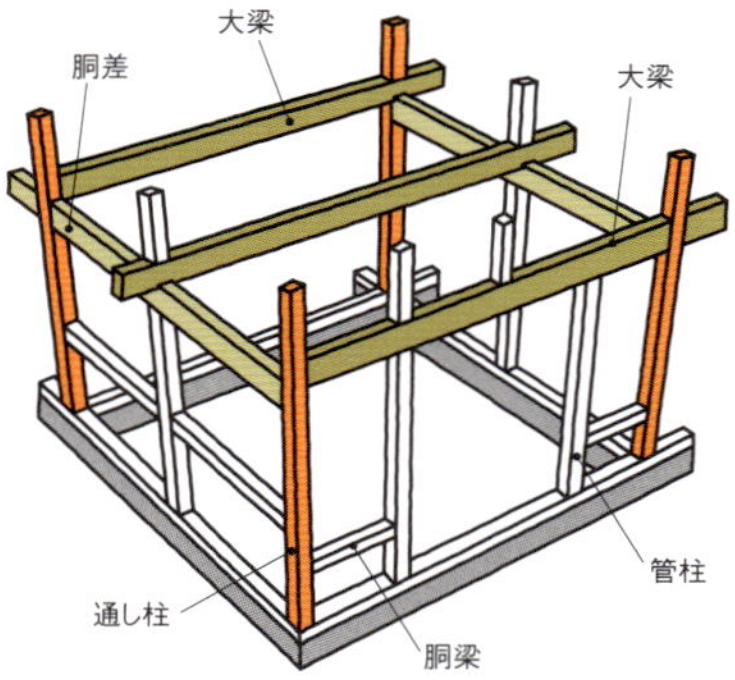

特徴
直交する梁の天端レベルをずらして通し柱に差し込む構法

長所
通し柱や受け梁の断面欠損を小さく抑えられる

注意点
床面の水平剛性は低い。継手と仕口の引張耐力を確保することが重要

④場当たり的な軸組

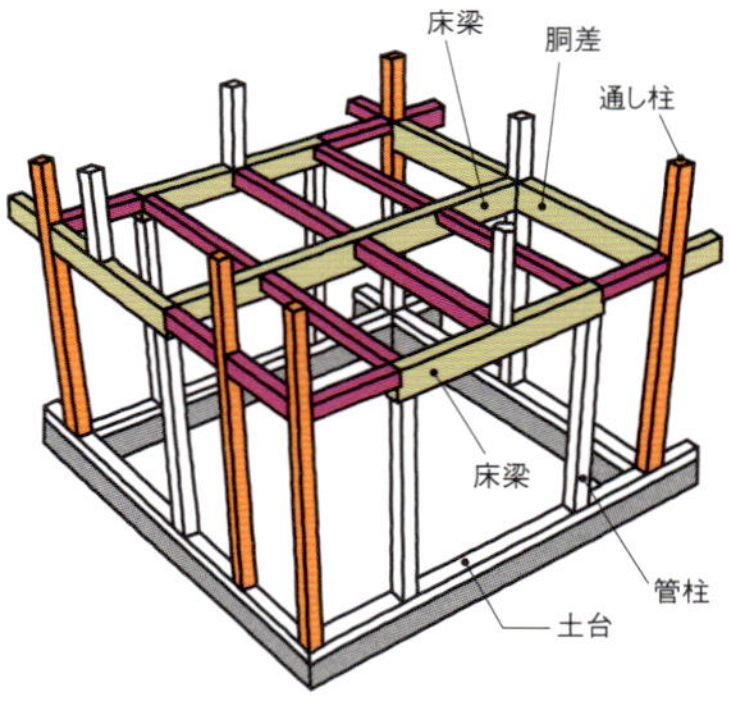

特徴
間取りが優先され、通し柱は通せるところだけに設置。スパンごとに必要最小限の成で設けた梁はブツブツと切れている

長所
材積が少なくて済む

注意点
全体的な架構計画がない。接合個所が多く、施工手間がかかるうえ、構造的にも力の流れが合理的でない

3-2 軸組

02

柱がもつ4つの役割とは?

建物重量の支持、水平力や耐力壁端部に生じる圧縮・引張力への抵抗、外周部の風圧力への抵抗がある

通し柱と管柱は、鉛直荷重や引抜力を円滑に伝達できるように調整し、配置している

図1 柱の役割は4つある

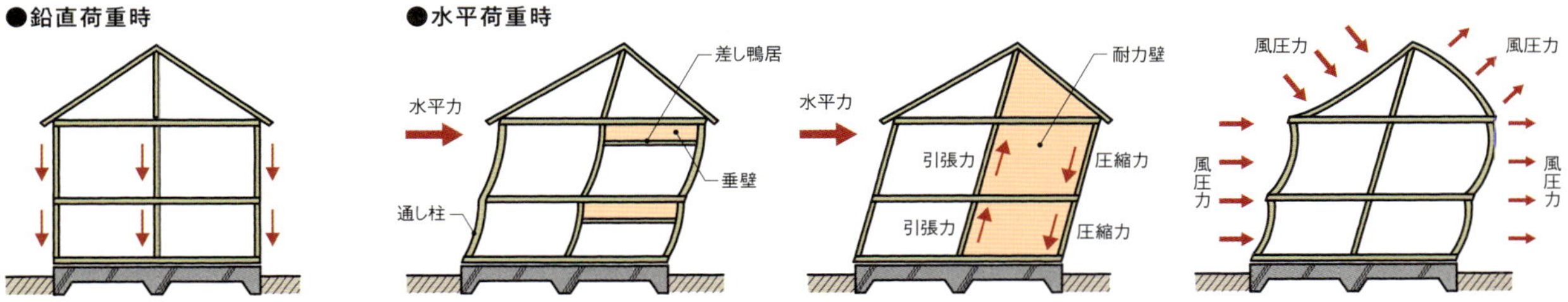

①建物重量を支持

②水平力に抵抗(太い柱の場合)

③耐力壁端部に生じる圧縮力・引張力に抵抗

④外周部(外柱)は風圧力に抵抗

水平抵抗力は、耐力壁のほうがはるかに効率よく経済的である。柱の場合、径が240㎜以上で重い鉛直荷重が作用し、また太い貫でつながれていないと、ほとんど効果が期待できない

図3 上下柱の「ずれ」を「連続」と考えられるのはどこまでか?

①RC造の場合
ずれは2Dまで

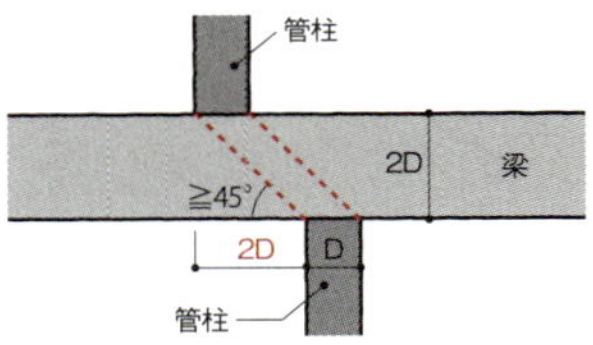

②木造の場合
ずれはD/2まで

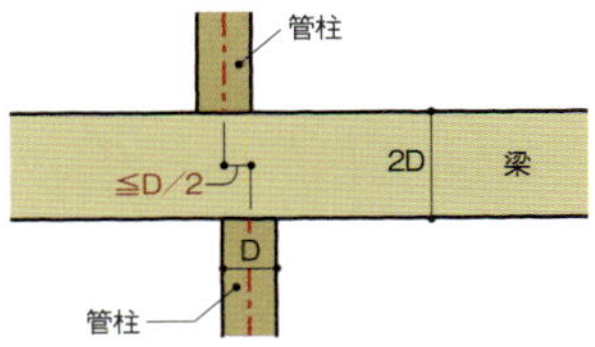

RC造やS造は、荷重が柱面から45°の角度で広がり下階へ伝わるため、この範囲内に下階柱があればよい。しかし木材には繊維方向があるため、柱幅の半分程度は重なっていたほうがよい

図2 通し柱と管柱の考え方

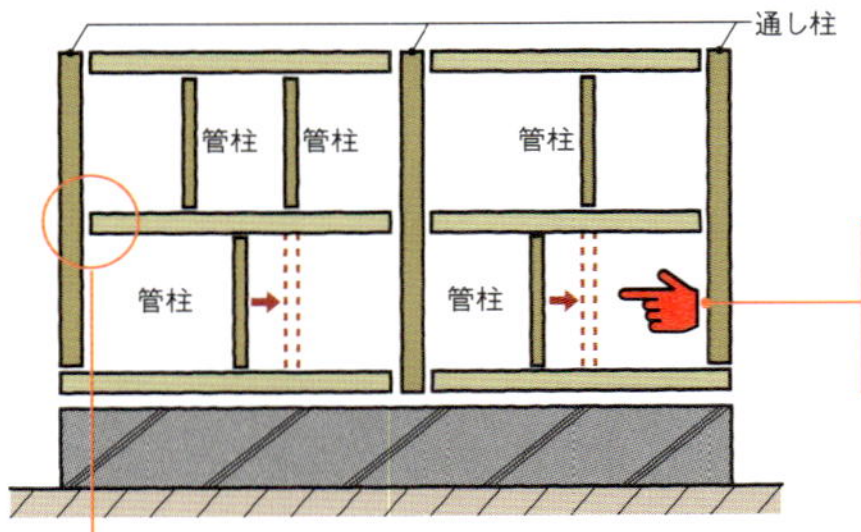

柱は上下で連続するように、できるだけ調整する

上下の管柱を金物で接合し、荷重の伝達が円滑にできれば、通し柱は構造的には管柱でもよい

ちなみに間柱の役割は・・・

・鉛直荷重
長さに対して断面が小さく座屈しやすいため、鉛直荷重支持にはあまり期待できない。主に合板などの継目材の役割を担う

・水平力
外壁面では風圧力に抵抗する重要な構造部材となる

柱には構造的に、図1の4つの役割がある。これを踏まえて、通し柱と管柱の構造的な特徴を比較する［図2・3、92頁図4］。

①柱と梁の接合部

通し柱の軸組では床梁が柱の位置で分断されるので、梁どうしをつなぐ。管柱の軸組では上下の柱をつなぐ。

②柱脚

木材の強度は繊維方向が最も強く、繊維と直角の方向は弱い。鉛直支持能力は柱勝ちのほうが高く、土台通しのときはめり込みの検討が必要。

③耐力壁が取り付く場合

水平荷重時の引抜力には、どちらも金物などで接合する。圧縮力に対しては、土台のめり込みの検討を行う。水平荷重時には、筋かいが梁を突き上げたり、柱を押したりするため、接合部が外れないように留める。

④水平構面

水平力がかかると、水平構面の外周には圧縮力と引張力が働く。柱通しの軸組では床梁との仕口、梁通しの軸組では梁の継手で、引張耐力を確保する。

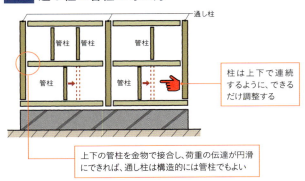

図4 通し柱と管柱の構造的な注意ポイント

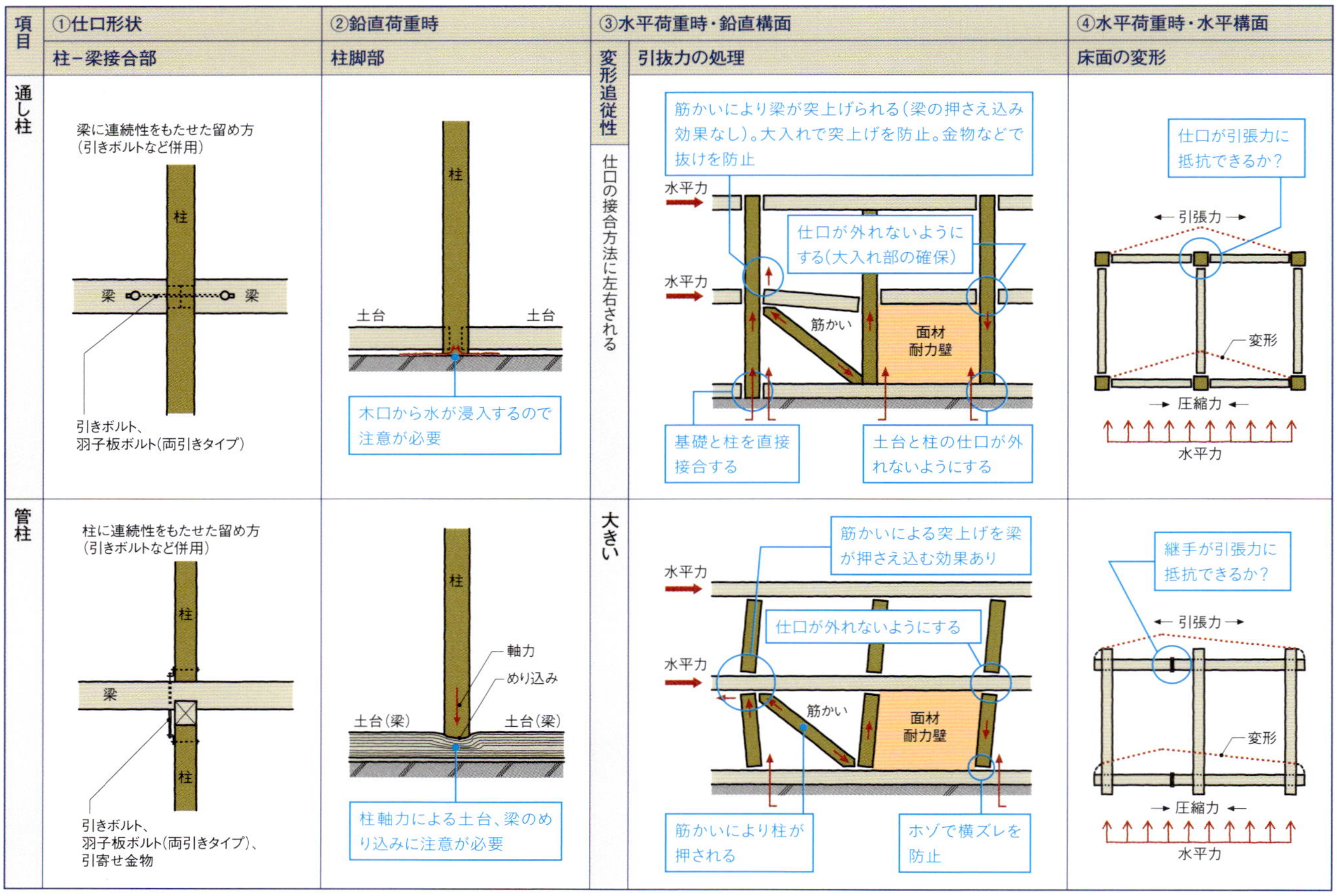

Column ｜ 背割りで柱の強度は落ちない? 干割れで梁は折れない?

表 背割りの有無と構造性能の関係をチェックする

	断面積 (cm^2)	圧縮力に関する断面性能		曲げに関する断面性能		変形に関する断面性能	
		断面2次半径 (cm)		断面係数 (cm^3)		断面2次モーメント (cm^4)	
	A	ix	iy	Zx	Zy	Ix	Iy
①背割りなし	144	3.46	3.46	288	288	1,728	1,728
②背割りあり	139.8	3.46	3.51	279.5	287.8	1,677	1,727
③貫通割れ	135.6	3.46	1.63	271.2	127.7	1,627	360

貫通割れの部材に圧縮力がかかると、割れと直角の方向に座屈しやすい

貫通割れと直角の方向に曲げの力(風圧力)を受けると、強度が約半分になる。貫通割れが想定される場合は、背割れを外壁面に対して垂直に入れたほうがよい

貫通割れと直角の方向に曲げの力を受けると、たわみが4倍以上大きくなる。貫通割れが想定される場合は、背割れを外壁面に対して垂直に入れたほうがよい

木材は水分を含むため、乾燥に伴って干《ひ》割《わ》れが生じる。背《せ》割《わ》りとは、木材のある一面から材心まで人為的に割れ目を設けて、木材の水分を除去する乾燥方法の1つである。

背割りや干割れが強度に及ぼす影響を比較したのが、左表である。①背割りなし、②背割りあり、③貫通割れ、の3タイプについて、それぞれ断面性能を比較する。

背割りありは背割りなしとほとんど性能が等しいので問題ないが、貫通割れは完全に断面が分断しているため、見かけの断面積は同じでも、座屈やX軸方向の曲げ・変形に対する性能はかなり小さい。

そのため、荷重のかかる方向と貫通割れの方向が平行な場合は特に問題ないが、荷重の方向と割れの方向が直交する場合は、強度・変形とも著しく性能が低下するので、補強を行う。

そのほか、ボルトや込栓などの接合具が割れと干渉すると、接合部の引張耐力に影響するので注意したい。

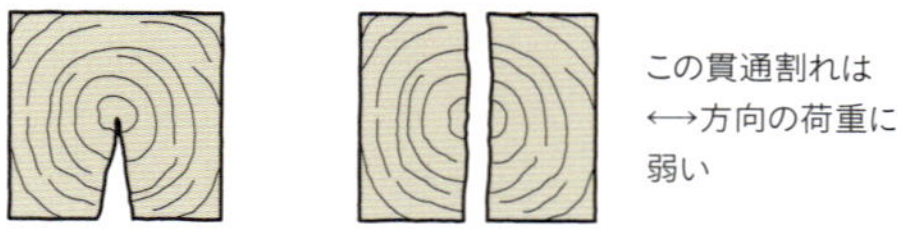

背割り　　貫通割れ

3-2 軸組

03 通し柱は仕口の欠損部分で折れてはいけない？

折れても部材がばらばらに動かないよう、金物補強してあればよい

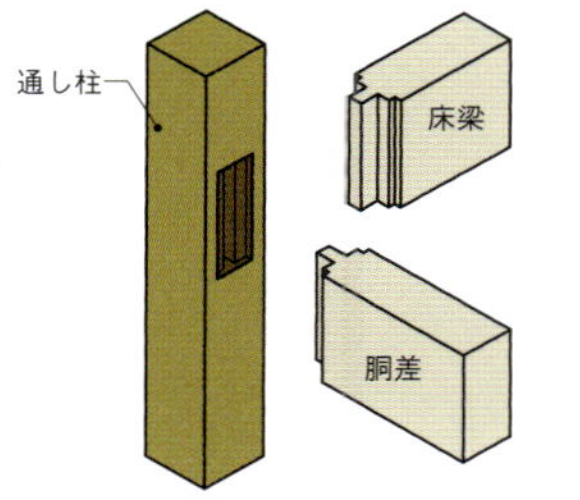
通し柱
床梁
胴差

通し柱は、床梁や胴差との接合による欠損が生じることを念頭において計画する

図1 通し柱の仕口の耐力を検証

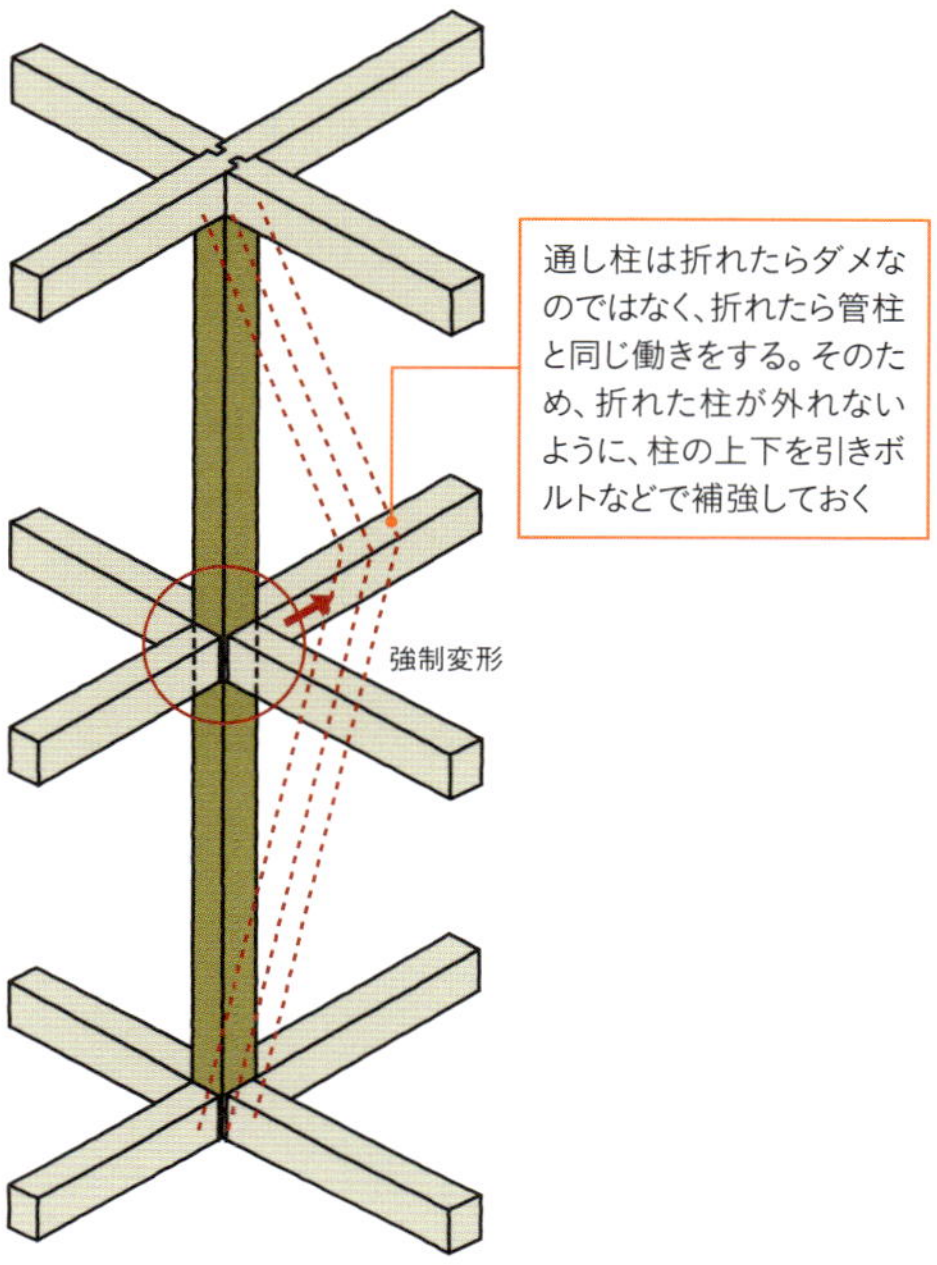
通し柱は折れたらダメなのではなく、折れたら管柱と同じ働きをする。そのため、折れた柱が外れないように、柱の上下を引きボルトなどで補強しておく
強制変形

仕口加工を施した通し柱の曲げ試験の様子。いずれも仕口部分から破損している

A 120㎜角 四方差し
●仕口断面図

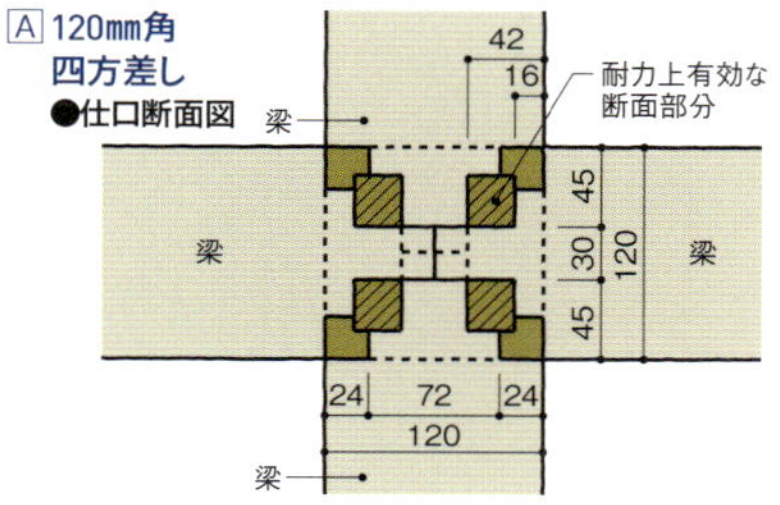
梁
42
16
耐力上有効な断面部分
45
30
45
120
24
72
24
120

柱の断面性能

	断面積	断面係数	断面二次モーメント
①欠損なし	144cm²	288cm³	1,728cm⁴
②仕口▨部	36cm²	78cm³	351cm⁴
②／①	0.25	0.27	0.20

B 105㎜角 二方差し
●仕口断面図

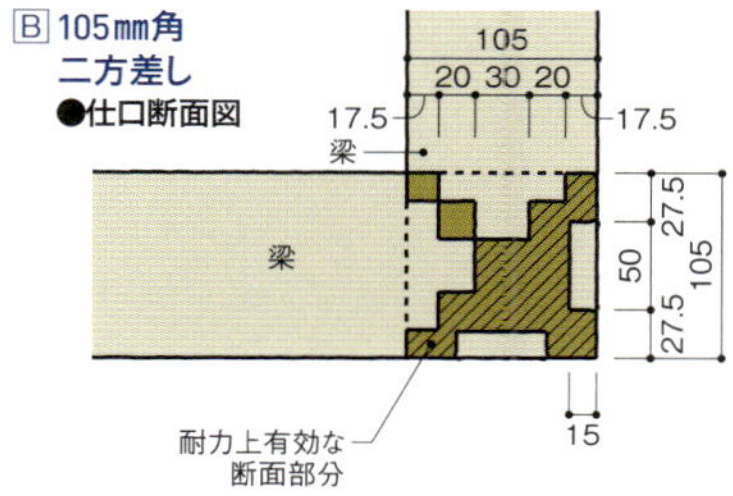
105
20 30 20
17.5
17.5
梁
27.5
50
27.5
105
15
耐力上有効な断面部分

柱の断面性能

	断面積	断面係数	断面二次モーメント
①欠損なし	110cm²	193cm³	1,013cm⁴
②仕口▨部	59cm²	84.3cm³	492cm⁴
②／①	0.53	0.44	0.49

AとBの断面性能を比較すると、②仕口部の断面係数がほぼ等しく、破壊強度もほぼ等しい

図2 通し柱の仕口の曲げ試験

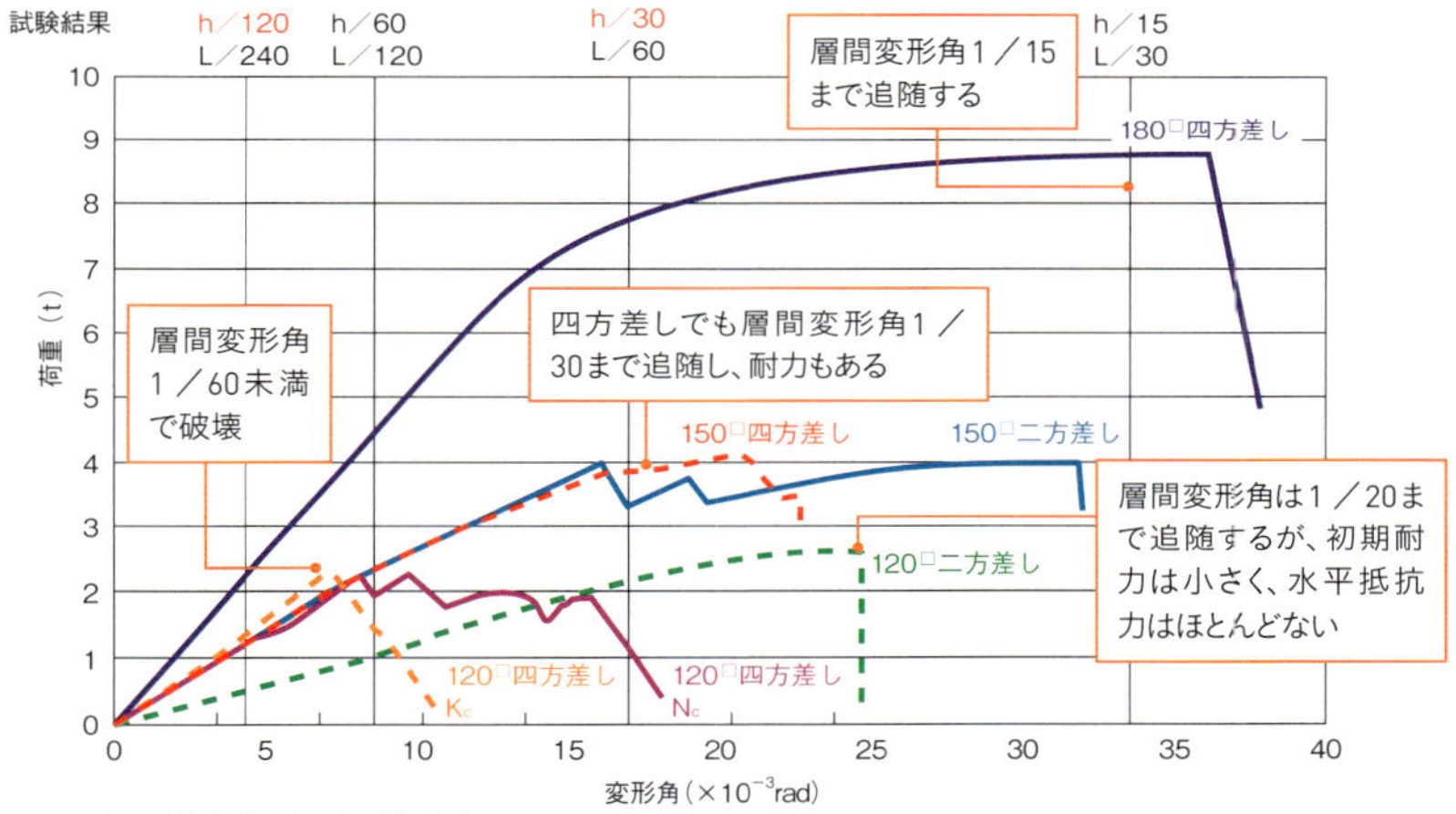
試験結果
h／120 L／240
h／60 L／120
h／30 L／60
h／15 L／30
層間変形角1／15まで追随する
180□四方差し
四方差しでも層間変形角1／30まで追随し、耐力もある
層間変形角1／60未満で破壊
150□四方差し
150□二方差し
120□二方差し
層間変形角は1／20まで追随するが、初期耐力は小さく、水平抵抗力はほとんどない
120□四方差し Kc
120□四方差し Nc
荷重（t）
変形角（×10⁻³rad）

Kc：高温乾燥材、Nc：天然乾燥材
注 h／120：層間変形角1／120に該当する
L／120：スパンLに対する変形角が1／120であることを示す

令43条5項に、「階数が2以上の建築物におけるすみ柱またはこれに準ずる柱は、通し柱としなければならない」とあるが、同項のただし書きにより、上下の管柱を金物で接合して円滑な荷重伝達ができれば、通し柱とする必要は必ずしもない。

水平力が作用し、1階と2階の変形角が異なる場合、通し柱と2階床梁との仕口には曲げ応力が作用する。120㎜角で四方差しの通し柱における曲げに対する断面性能は、欠損なしの20%程度まで低下する[図1]。

図2は、仕口のある通し柱の曲げ試験結果である。一般的な木造住宅の層間変形角は、中地震時で1／120、大地震では1／30程度であるため、120㎜角で四方差しの通し柱は、大地震時には折れてしまうことになる。

よって、通し柱は最低でも150㎜角以上とすべきである。それより小さい場合は、大地震時に仕口部が折れやすいので、構造的には管柱とみなし、仕口部が折れても部材がばらばらに動かないよう、上下階の柱を金物などで接合すべきである。

3-2
軸組

04

横架材の設計で注意すべきことは？

クリープ現象や、大梁に取り付く小梁の変形量には大梁の変形量が加算されることに注意する

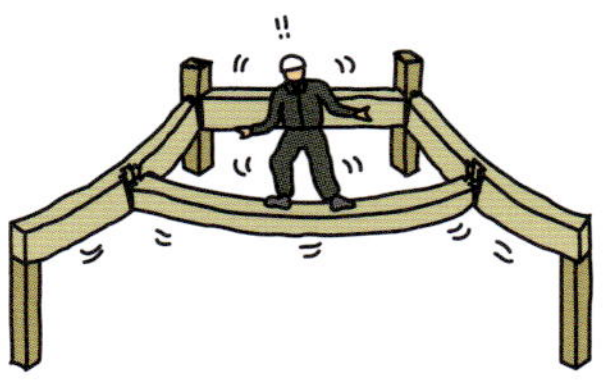

梁の架け方は、たわみ量を考えながら計画する

横架材とは水平に架けられた部材の総称［図1］で、主な構造的役割は4つある［図2］。

鉛直荷重に対しては、強度と変形の検討を行う。コンクリートなどほかの材料と比べて、木材は含水率などの諸条件により変形しやすいため、横架材では特にたわみに注意する。

荷重が長期間かかることで変形が進行することを、クリープ現象と呼ぶ［Column参照］。建築基準法の告示では木材の変形増大係数を2として、変形量がスパンの1／250以下となるよう規定している。ただし告示はあくまでも最低限の規定。本来は実際の使用状況に応じて、設計者が変形制限を設定すべきである。大梁に小梁が取り付く場合、どちらも基準値ぎりぎりで設計すると、大梁の変形量が小梁に加わるため、実際の小梁中央のたわみは1／250よりも大きくなる［図3］。

荷重は床→根太→小梁→大梁→柱と流れる［41頁］。後者になるほど構造上の重要性が高いので、小梁よりも大梁を慎重に設計するとよい。

図1 横架材の種類（在来軸組構法）

横架材とは建物に水平に架かる部材の総称

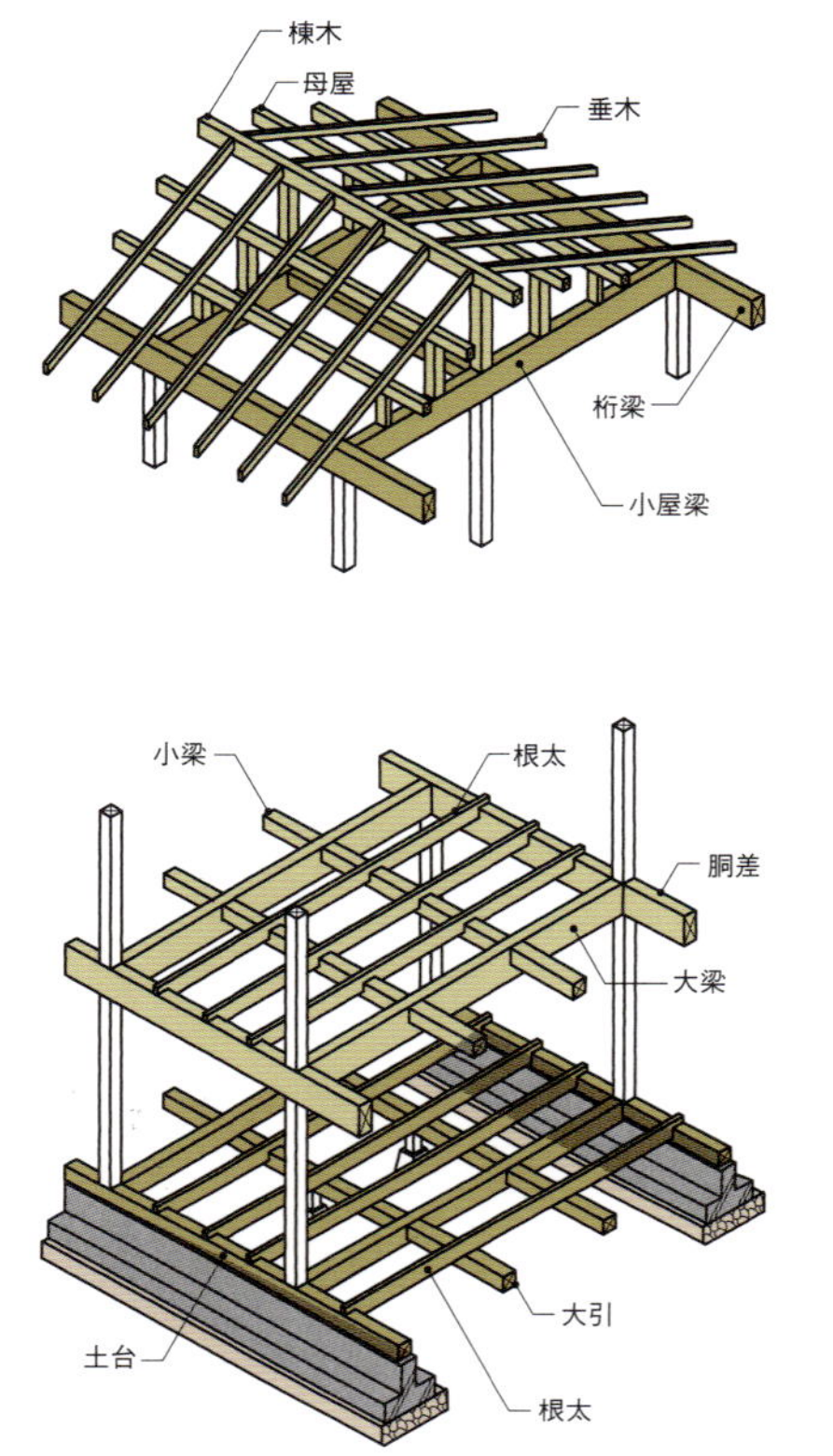
棟木
母屋
垂木
桁梁
小屋梁
小梁
根太
胴差
大梁
大引
土台
根太

図2 横架材の役割は4つ

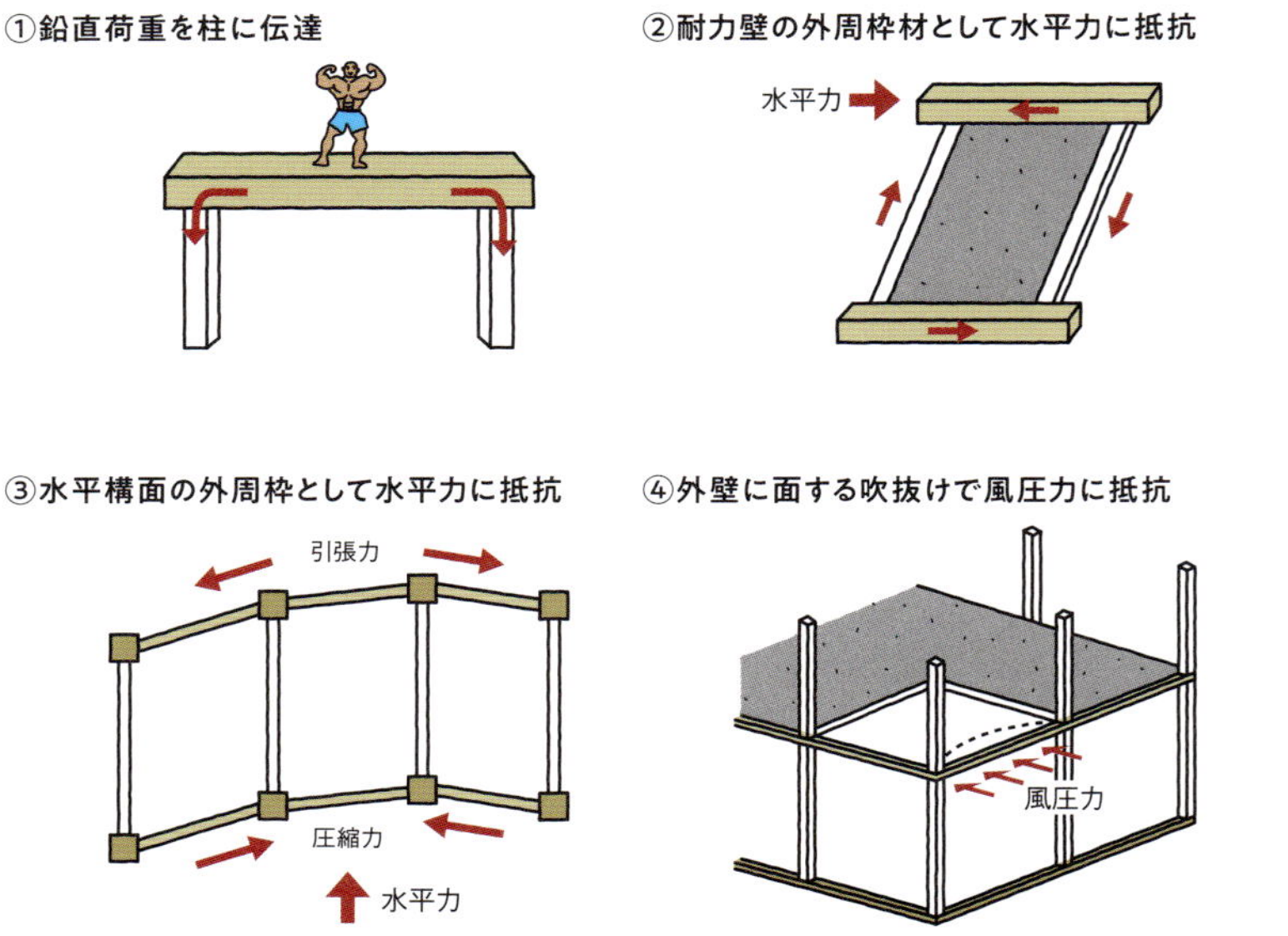
①鉛直荷重を柱に伝達
②耐力壁の外周枠材として水平力に抵抗
水平力
③水平構面の外周枠として水平力に抵抗
引張力
圧縮力
水平力
④外壁に面する吹抜けで風圧力に抵抗
風圧力

図3 小梁では変形量が多くなる

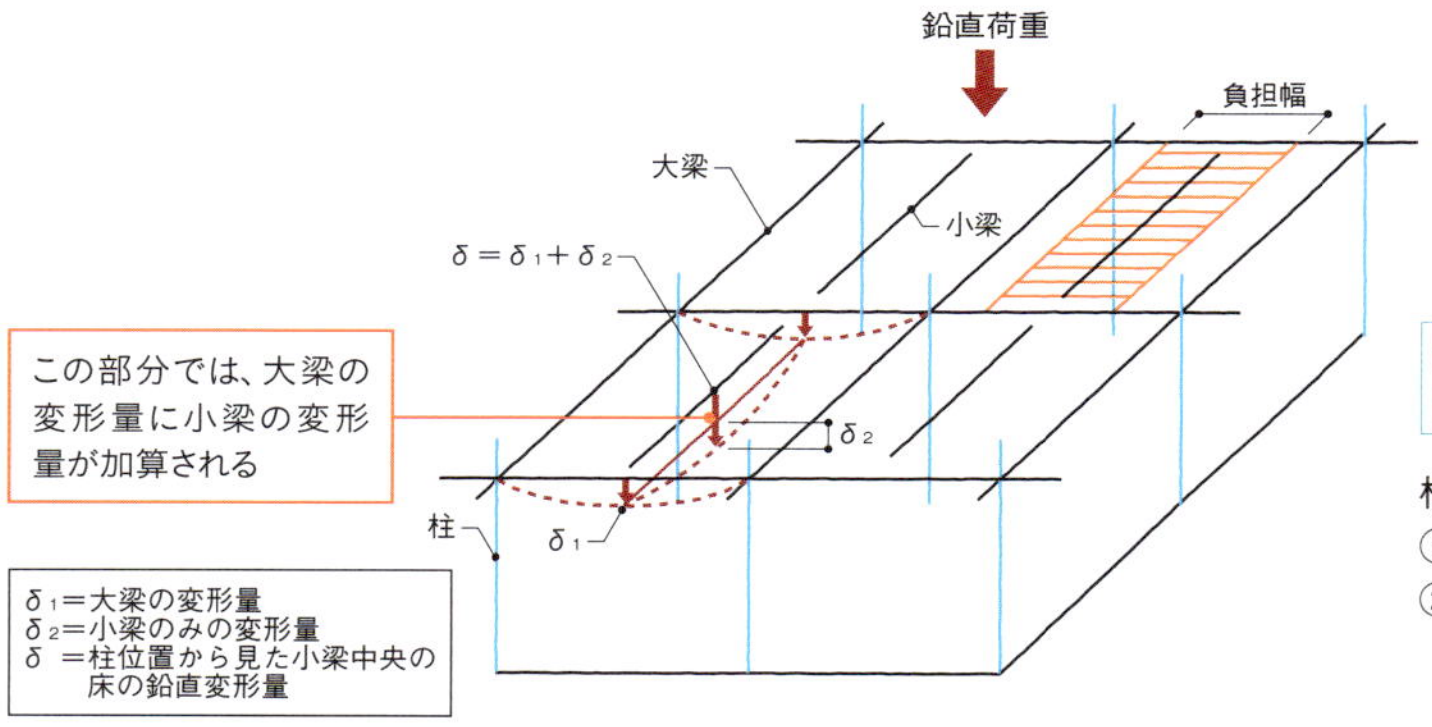
鉛直荷重
負担幅
大梁
小梁
$\delta=\delta_1+\delta_2$
この部分では、大梁の変形量に小梁の変形量が加算される
δ_2
柱
δ_1
δ_1＝大梁の変形量
δ_2＝小梁のみの変形量
δ ＝柱位置から見た小梁中央の床の鉛直変形量

力の流れ
床→根太→小梁→大梁→柱

横架材の検討
①強度
②変形（居住性）
変形制限は変形増大係数を2としてスパンの1／250以下

各接合部には微小なめり込みが発生しているため、接合部数が多くなるほど、めり込み変形量の累積も増えることになる。

したがって、図4④のような梁の架け方は、力の流れを順に追っていくと、中央の梁1本でほとんどの荷重を支えることになるうえ、さらに個々の小梁のたわみと仕口のめり込みが加算されるため、構造的には不合理であると言わざるを得ない。

図4 小梁の架け方で負担荷重は大きく変化する

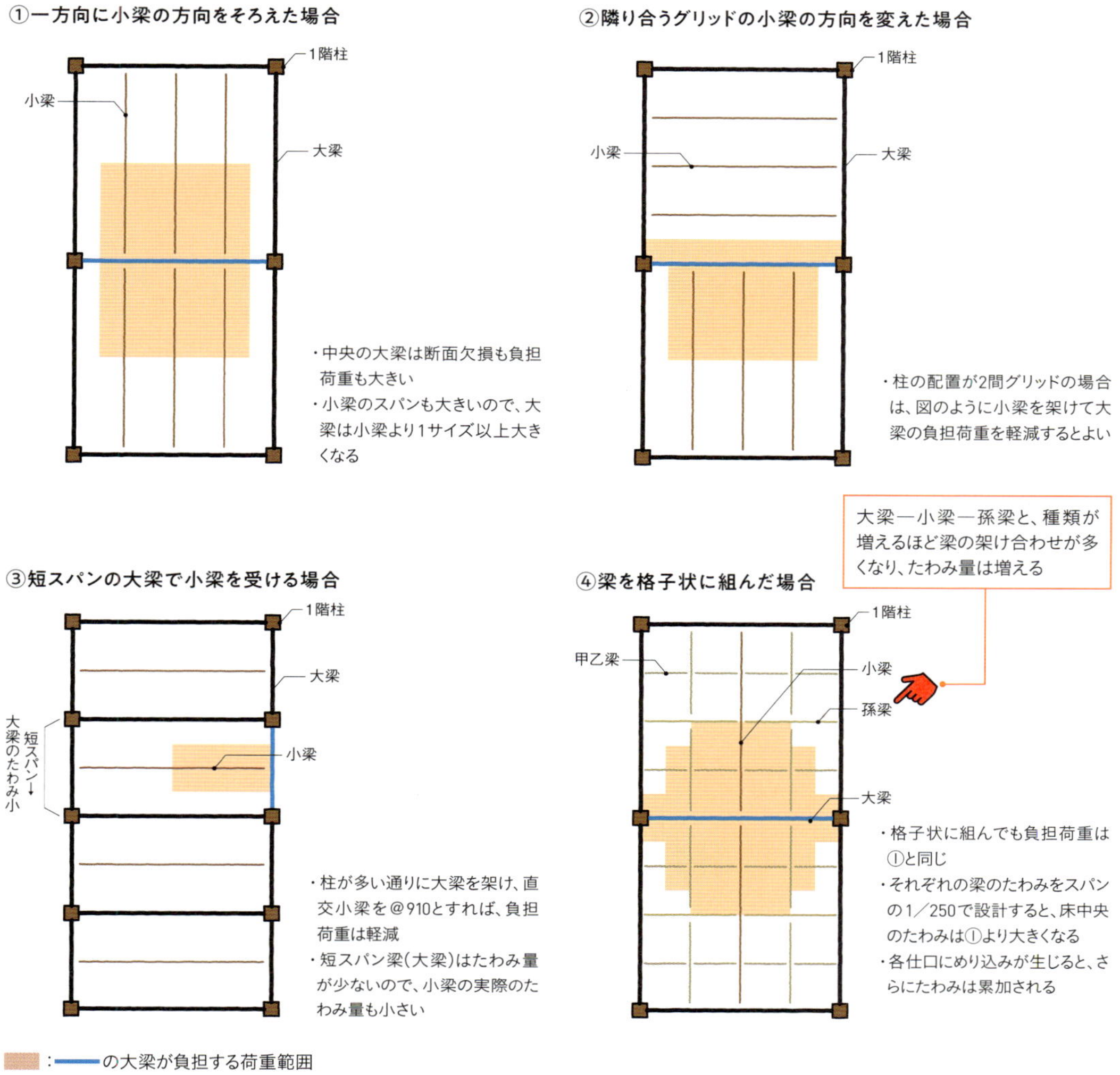
①一方向に小梁の方向をそろえた場合
1階柱
小梁
大梁
・中央の大梁は断面欠損も負担荷重も大きい
・小梁のスパンも大きいので、大梁は小梁より1サイズ以上大きくなる
②隣り合うグリッドの小梁の方向を変えた場合
1階柱
小梁
大梁
・柱の配置が2間グリッドの場合は、図のように小梁を架けて大梁の負担荷重を軽減するとよい
③短スパンの大梁で小梁を受ける場合
1階柱
大梁
短スパン
大梁のたわみ小
小梁
・柱が多い通りに大梁を架け、直交小梁を@910とすれば、負担荷重は軽減
・短スパン梁(大梁)はたわみ量が少ないので、小梁の実際のたわみ量も小さい
④梁を格子状に組んだ場合
大梁—小梁—孫梁と、種類が増えるほど梁の架け合わせが多くなり、たわみ量は増える
1階柱
甲乙梁
小梁
孫梁
大梁
・格子状に組んでも負担荷重は①と同じ
・それぞれの梁のたわみをスパンの1／250で設計すると、床中央のたわみは①より大きくなる
・各仕口にめり込みが生じると、さらにたわみは累加される
：━━の大梁が負担する荷重範囲

Column ヤング係数とクリープ現象をおさらい

①ヤング係数

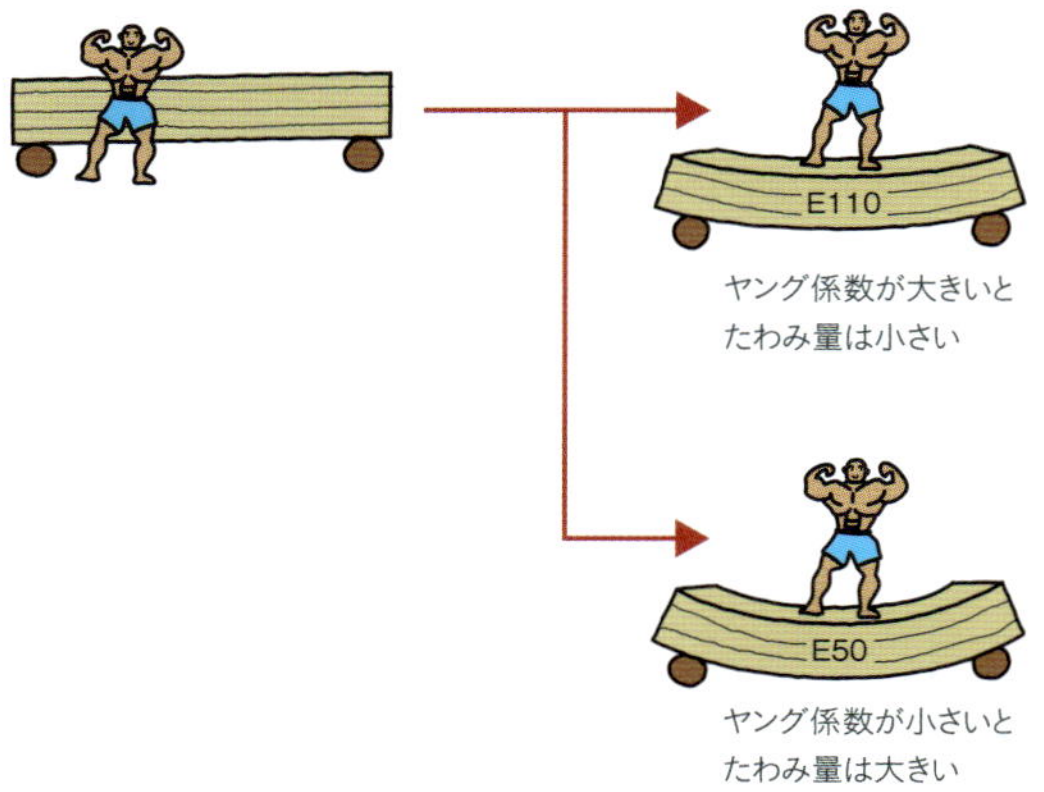
E110
ヤング係数が大きいとたわみ量は小さい
E50
ヤング係数が小さいとたわみ量は大きい

梁に荷重が加わると、梁は変形してたわむ。この変形量は部材の長さや断面形状のほか、材質(変形のしやすさ)によっても変化する。荷重を除くと元に戻ることのできる範囲から、ヤング係数が求められる

②クリープ現象

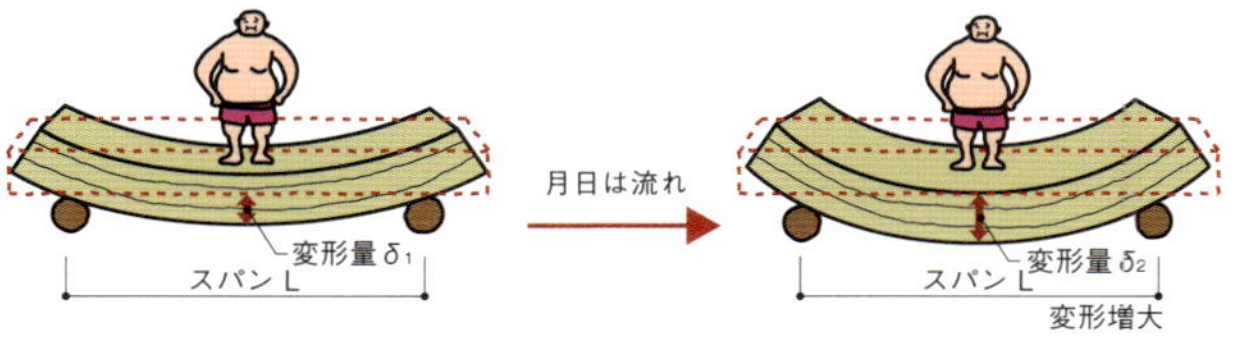
変形量 δ₁
スパン L
月日は流れ
変形量 δ₂
スパン L
変形増大

長期間荷重がかかり続けると、変形量は増大する

●乾燥材と未乾燥材のたわみの違い[※]

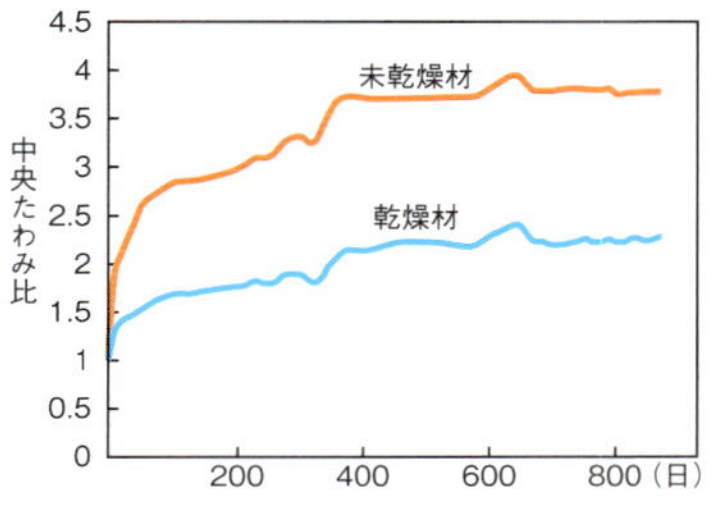
4.5
4
3.5
3
2.5
2
1.5
1
0.5
0
中央たわみ比
200
400
600
800（日）
未乾燥材
乾燥材

荷重が長期間加わることでたわみが進行することを、クリープ現象という。施工時の木材の含水量が高いと、クリープ変形も大きくなる。未乾燥材を使用する際は、断面を大きくするなどで初期たわみを小さく抑えたり、むくりをつけるなどの配慮が必要

※ 出典：『軸組構造体の変形挙動報告書』((公財) 日本住宅・木材技術センター)

3-2
軸組
05

鉛直荷重に対して仕口が耐力不足の場合は?

大入れ寸法を増す、腮付きの梁受け金物を用いる、梁通しにするなどがある

I-Ⅲ-X-3
117.1kN

鉛直荷重に対する梁仕口の試験風景。仕口には、めり込みが生じた

写真1 大入れ蟻掛け仕口をもつ梁の曲げ試験の様子。仕口が下がることで耐力が決まる

図1 鉛直荷重による接合部への力のかかり方

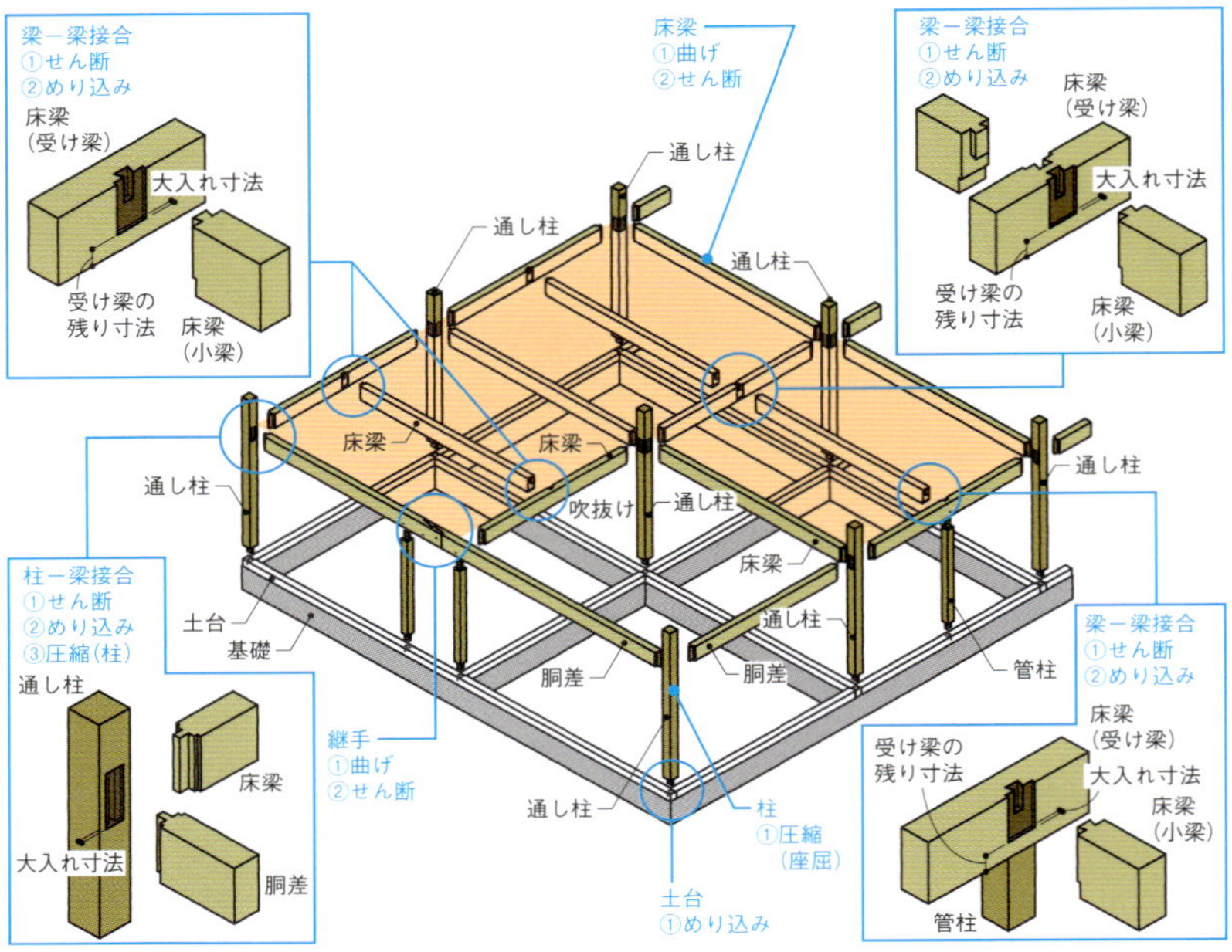

梁ー梁接合
①せん断
②めり込み
床梁
(受け梁)
大入れ寸法
受け梁の
残り寸法
床梁
(小梁)
床梁
①曲げ
②せん断
通し柱
通し柱
通し柱
梁ー梁接合
①せん断
②めり込み
床梁
(受け梁)
大入れ寸法
受け梁の
残り寸法
床梁
(小梁)
床梁
床梁
通し柱
吹抜け
通し柱
通し柱
床梁
通し柱
土台
基礎
胴差
胴差
管柱
柱ー梁接合
①せん断
②めり込み
③圧縮(柱)
通し柱
床梁
大入れ寸法
胴差
継手
①曲げ
②せん断
通し柱
柱
①圧縮
(座屈)
土台
①めり込み
梁ー梁接合
①せん断
②めり込み
床梁
(受け梁)
受け梁の
残り寸法
大入れ寸法
床梁
(小梁)
管柱

図3 引寄せ金物の仕様上の注意点

梁せいが300㎜未満:金物1本使用
梁せいが300㎜以上:金物2本使用

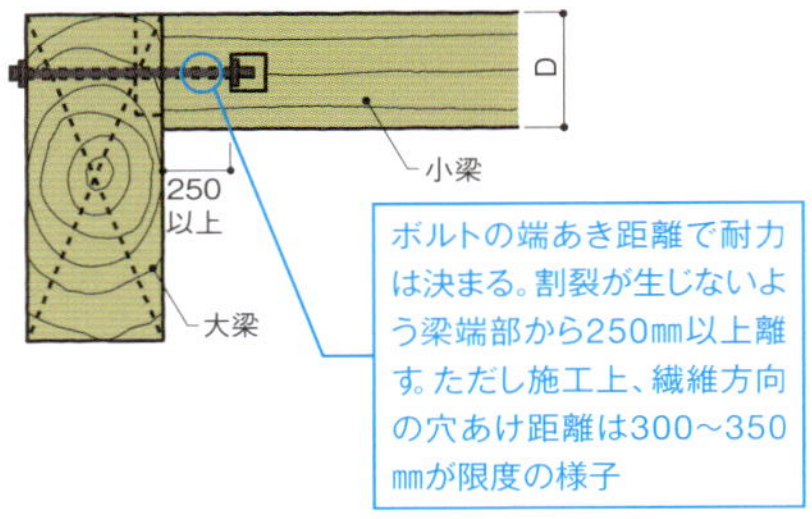

D
250
以上
小梁
大梁
ボルトの端あき距離で耐力は決まる。割裂が生じないよう梁端部から250㎜以上離す。ただし施工上、繊維方向の穴あけ距離は300~350㎜が限度の様子

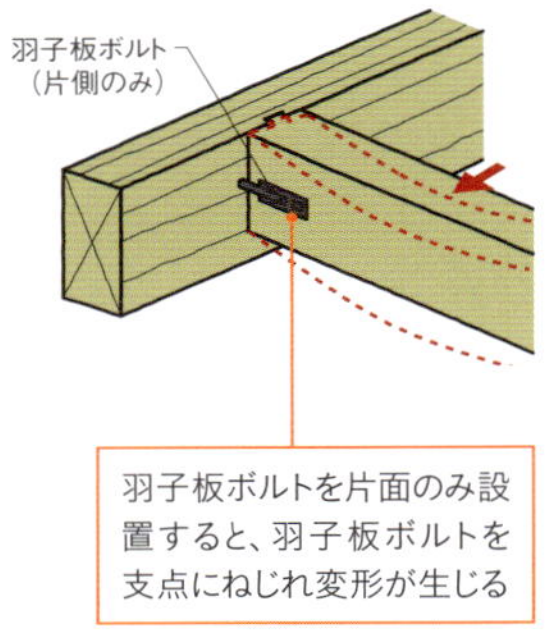

羽子板ボルト
(片側のみ)
羽子板ボルトを片面のみ設置すると、羽子板ボルトを支点にねじれ変形が生じる

図2 荷重を受けた梁の仕口の動きに注意

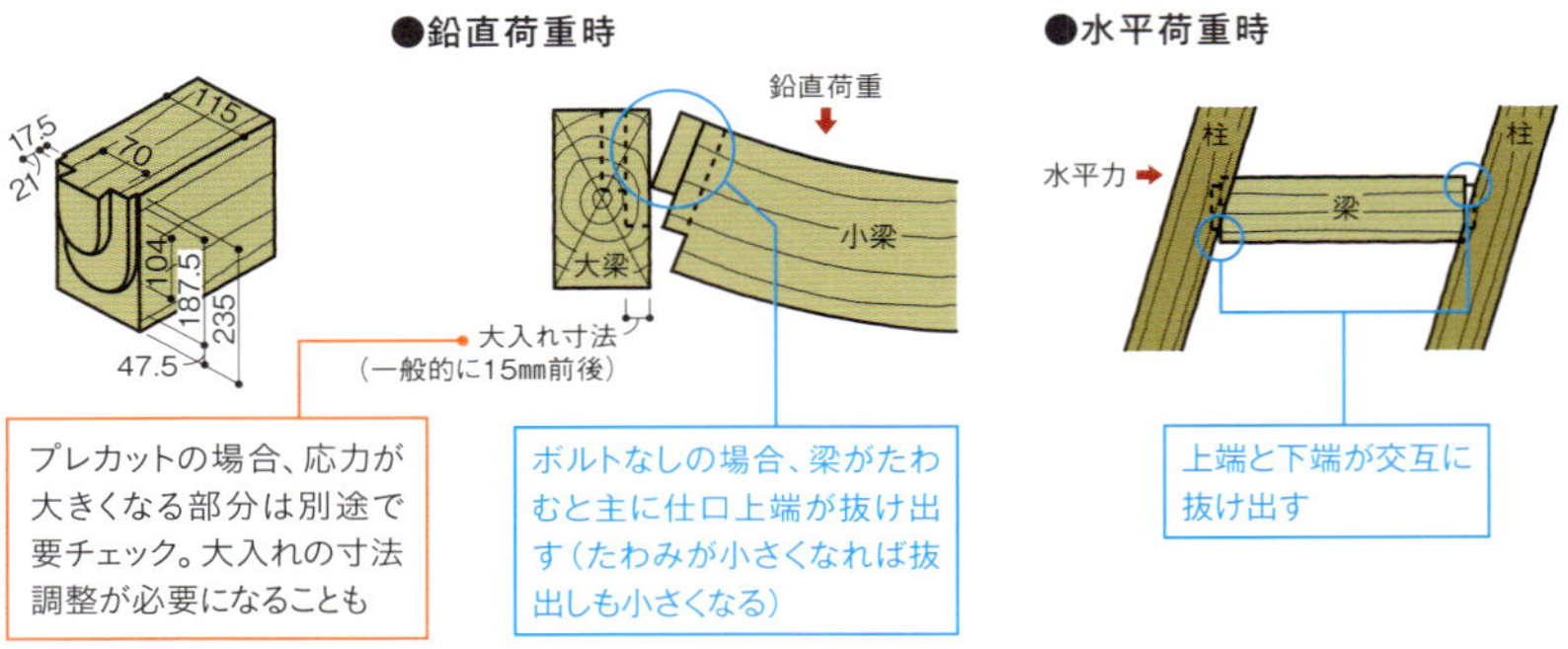

●鉛直荷重時
●水平荷重時
17.5
21
70
115
104
187.5
235
47.5
鉛直荷重
大梁
小梁
大入れ寸法
(一般的に15㎜前後)
水平力
柱
柱
梁
プレカットの場合、応力が大きくなる部分は別途で要チェック。大入れの寸法調整が必要になることも
ボルトなしの場合、梁がたわむと主に仕口上端が抜け出す(たわみが小さくなれば抜出しも小さくなる)
上端と下端が交互に抜け出す

梁断面を設計する際、支持点の接合方法は重要だ［図1］。部材の強度や変形に十分な余裕があっても、支持点に変形や破壊が生じては意味がない。

大入れ蟻掛け仕口をもつ梁の曲げ試験結果をみると、梁自体はほとんど変形せず、仕口部がめり込んで破壊してしまう［写真1］。一般に大入れ寸法は梁成の大小に関係なく同一形状のため、大きな梁断面が必要な場合は、仕口が耐力不足となるおそれがある。その場合は、大入れ寸法を増す、腮《あご》付きの梁受け金物を用いる、梁通しとする（補強柱を据える）などの対応が必要。羽子板ボルトはあくまで仕口が外れないようにするためだけのもので、仕口のせん断耐力を増す助けにはならない。

引寄せ金物は、梁の端部からの端あき寸法を確保する。金物が側面に取り付く場合は、たわみが大きいとねじれを生じやすい［図3］ため、断面に余裕をもたせてたわみを抑える、負担荷重が大きい梁の場合は両側から挟み込んで偏心が生じないようにするなどの配慮をしたい。

3-2
軸組

06 梁の継手の位置はどこでもよい？

曲げ応力とせん断力が小さい部分に設置する

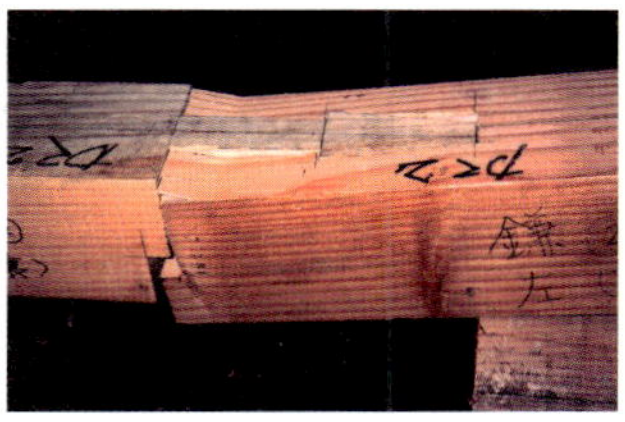

鎌継ぎの梁の曲げ試験後の破壊状況。曲げ強度はほとんど期待できない

表 継手の曲げ試験結果（断面120×150㎜、スギ）

継手の種類		最大荷重 P	無継手 P0との比率 P／P0	継手の種類		最大荷重 P	無継手 P0との比率 P／P0
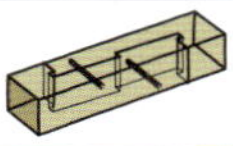	追掛大栓	3,161kg	16.5％	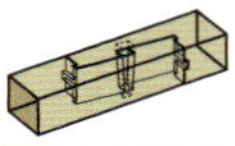	金輪 縦	2,345kg	12.2％
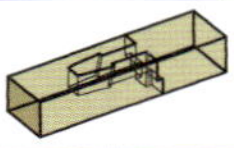	鎌	714kg	3.7％	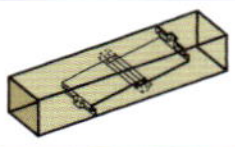	金輪 横	1,081kg	5.6％

注：筆者が主催する大工塾での実験データ（1998～1999年）による

鎌継ぎの曲げ強度は、無垢断面の3.7％程度しかない

図1 鉛直荷重に対する継手の設け方

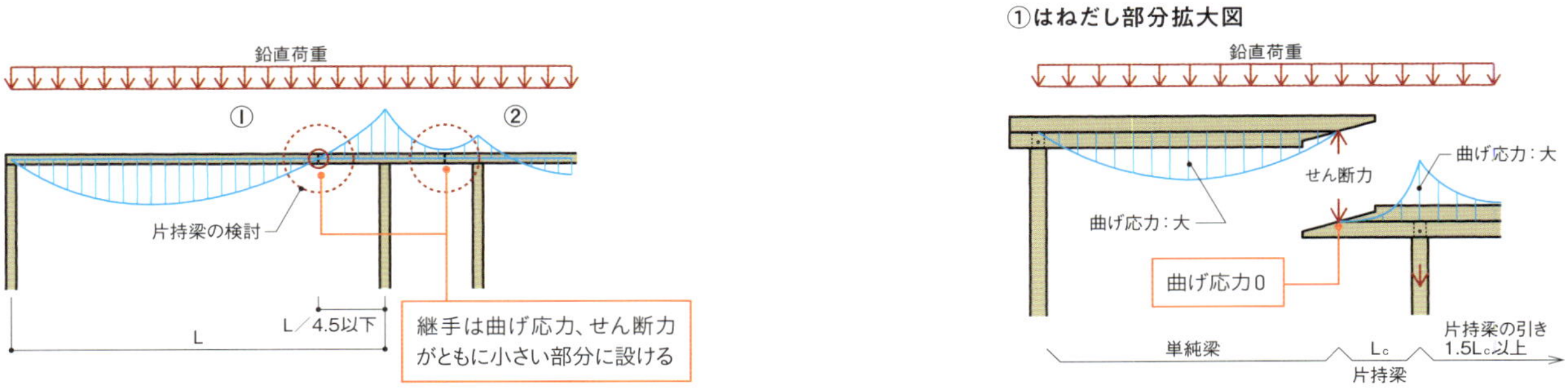

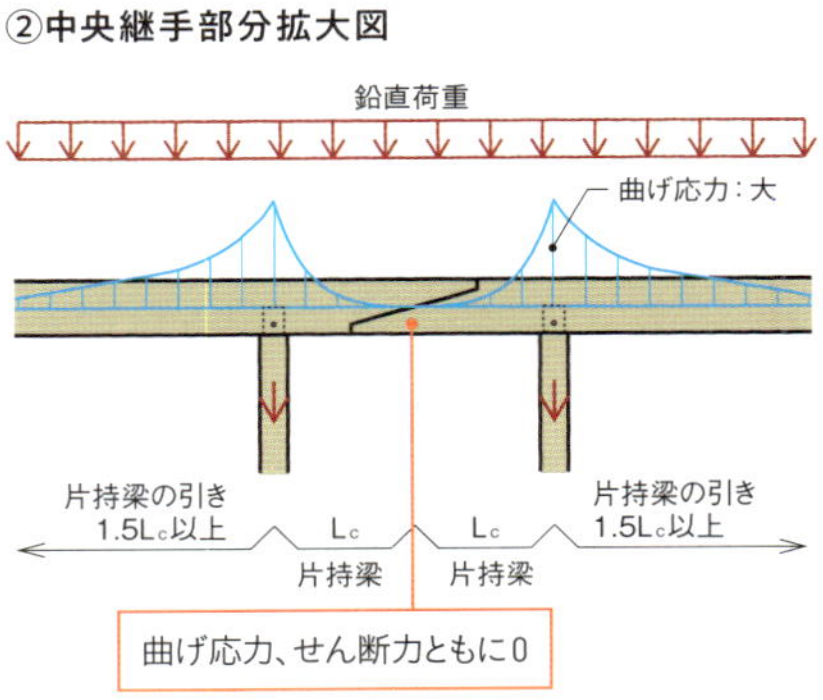

図2 小屋梁に継手を設ける場合

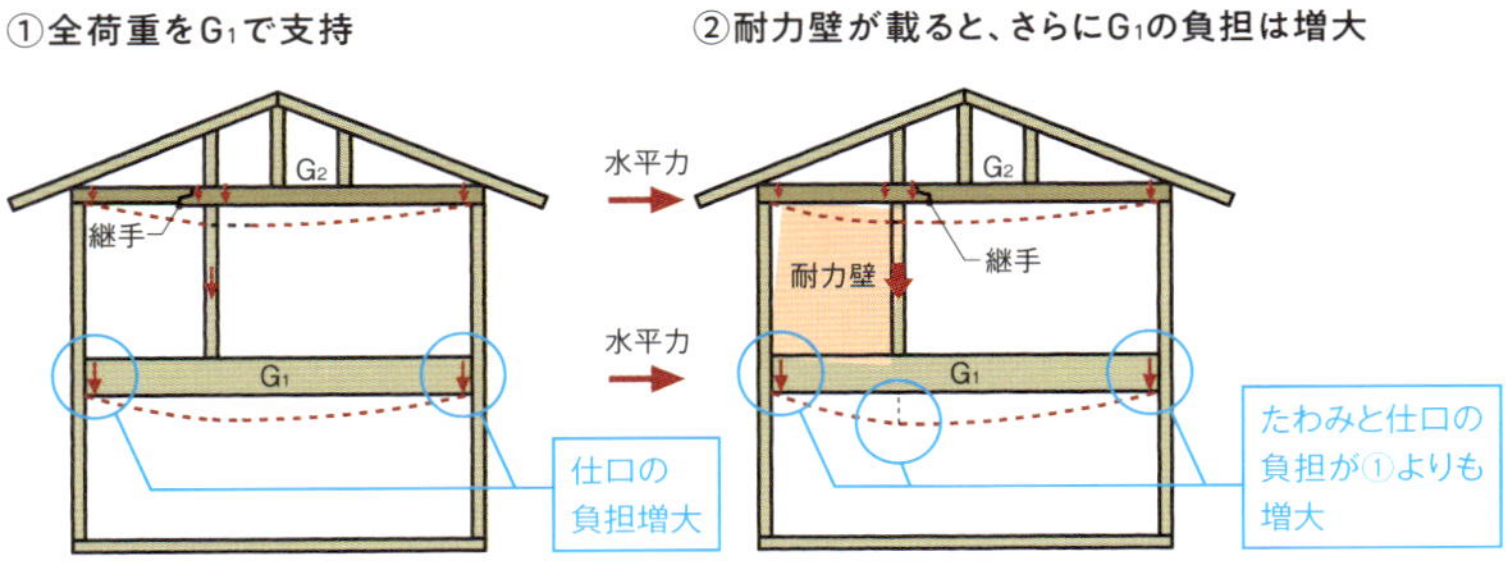

梁の断面が決まると、次に継手をどこに設けるかを検討する。

筆者がかかわった今までの実験によれば、鉛直荷重に対する継手の曲げ強度は、無垢断面と比べて最大でもその15％程度しかない【表】。長スパン梁の中央部は曲げ応力が大きいので【図1】、継手は荷重負担の少ない短スパン部分に設けるのが大原則となる。

このことを念頭に置いて、伏図と軸組図を描き、力の流れを見ながら継手位置を検討する。平面上で注意すべきことは、直交梁を受ける梁や、外壁に面する吹抜け部分（耐風梁となる部分）には、継手を設けないことである。立面的には、梁の中間に柱が載っている個所は厳禁で、さらにその上の小屋梁も極力継手を設けないほうがよい。

小屋梁に継手を設けると、床梁ですべての荷重を支持することになる。大断面になり、仕口強度にも注意を要する【図2①】。2階に耐力壁が載れば、水平荷重時には耐力壁の回転による軸力も加わり、たわみと仕口の負担も増大してしまう【図2②】。

3-2
軸組

07

岡立ち柱となる場合の対処法は?

小屋梁・床梁の断面を大きくしたり、小屋梁と床梁を壁でつないで合成梁にしたりするとよい

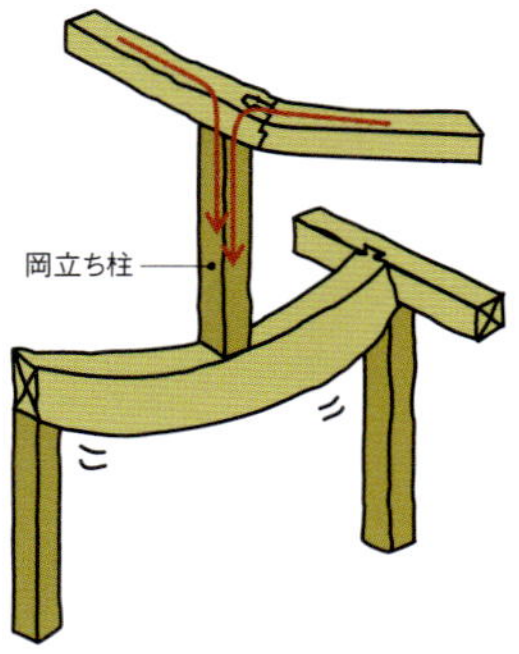
岡立ち柱

桁梁から岡立ち柱に伝わった荷重が、梁中央にかかるため、梁の曲げ応力は大きくなる

図 2階柱が岡立ち柱となる場合の対処方法

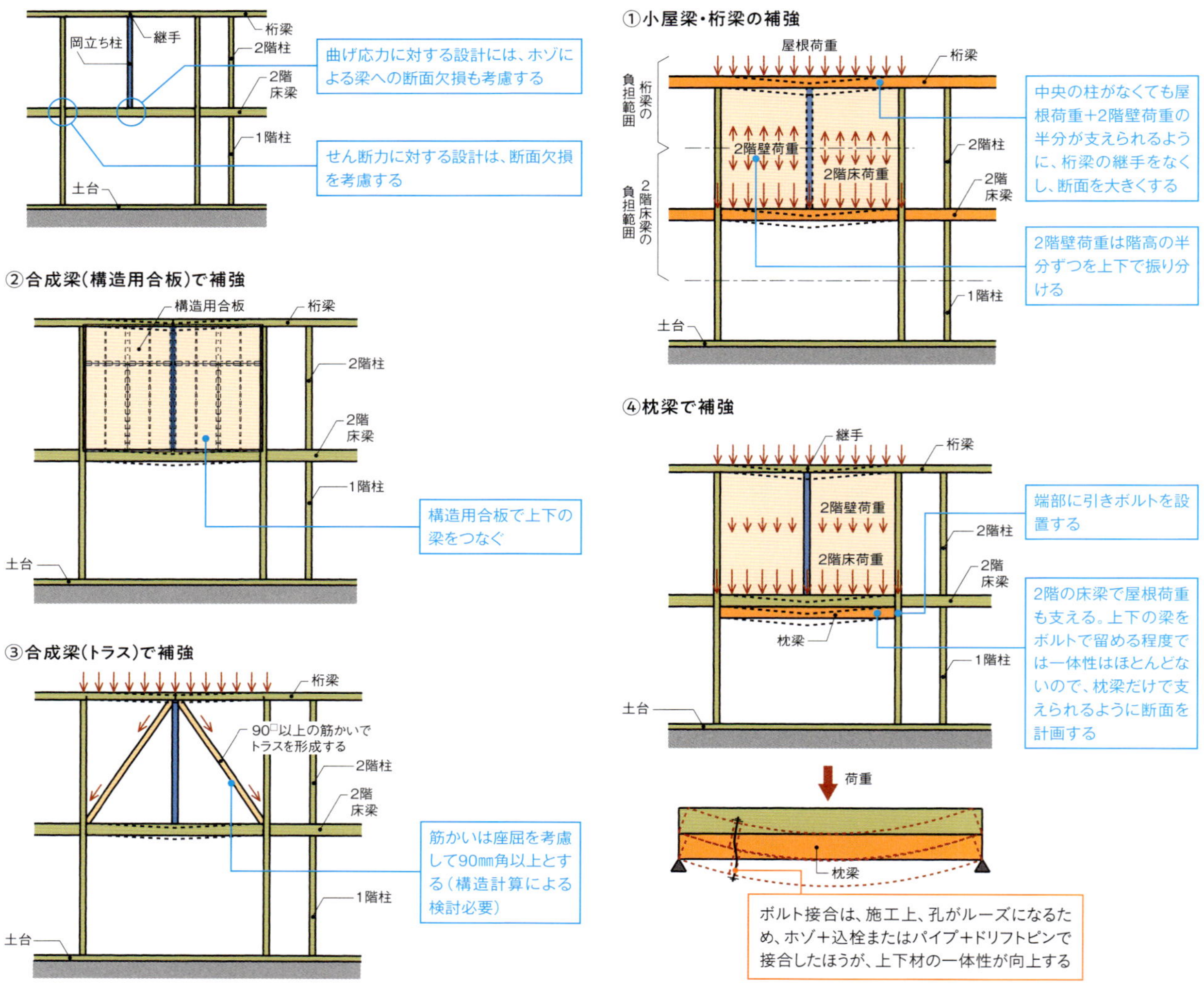

岡立ち柱
継手
桁梁
2階柱
2階床梁
1階柱
土台
曲げ応力に対する設計には、ホゾによる梁への断面欠損も考慮する
せん断力に対する設計は、断面欠損を考慮する
①小屋梁・桁梁の補強
屋根荷重
桁梁の負担範囲
2階床梁の負担範囲
2階壁荷重
2階床荷重
2階柱
2階床梁
1階柱
土台
中央の柱がなくても屋根荷重+2階壁荷重の半分が支えられるように、桁梁の継手をなくし、断面を大きくする
2階壁荷重は階高の半分ずつを上下で振り分ける
②合成梁(構造用合板)で補強
構造用合板
桁梁
2階柱
2階床梁
1階柱
土台
構造用合板で上下の梁をつなぐ
③合成梁(トラス)で補強
桁梁
90□以上の筋かいでトラスを形成する
2階柱
2階床梁
1階柱
土台
筋かいは座屈を考慮して90㎜角以上とする(構造計算による検討必要)
④枕梁で補強
継手
桁梁
2階壁荷重
2階床荷重
2階柱
2階床梁
枕梁
1階柱
土台
端部に引きボルトを設置する
2階の床梁で屋根荷重も支える。上下の梁をボルトで留める程度では一体性はほとんどないので、枕梁だけで支えられるように断面を計画する
荷重
枕梁
ボルト接合は、施工上、孔がルーズになるため、ホゾ+込栓またはパイプ+ドリフトピンで接合したほうが、上下材の一体性が向上する

計画上どうしても2階柱の直下に1階柱が設けられない場合は、2階床梁を補強する。屋根、2階の壁、2階の床などの荷重が2階床梁にかかるため、これらを考慮した設計とする。

梁の中央に柱が載ると、梁には最大曲げ応力が、梁の端部には大きなせん断力がかかるので、それぞれの仕口に生じる欠損を考慮して設計する。

2階床梁のスパンが3mを超えると、曲げ応力やせん断力への備えは、かなり厳しい。この場合は、梁上に載っている柱がないものと仮定して、小屋梁と床梁の断面を検討するとよい。屋根荷重は2階床梁を介さないで1階の柱に流れるため、2階床梁の負担荷重が軽減され、仕口の負担も減り、建物全体としては安全率が高くなる[図①]。

小屋梁と床梁を壁でつなぎ、合成梁とする方法もある[図②、③]が、接合方法を構造計算で検討する必要がある。枕梁を入れる場合、ボルトで上下梁をつなぐ程度では一体性はほとんどない。枕梁だけで応力を処理できるよう断面を決定する[図④]。

3-2
軸組

08 水平力に対する軸組の設計で大切なことは何か？

耐力壁構面の軸組の一体性を保つことと、水平構面の外周枠が外れないこと。そのため継手の位置と、引張接合が重要になる

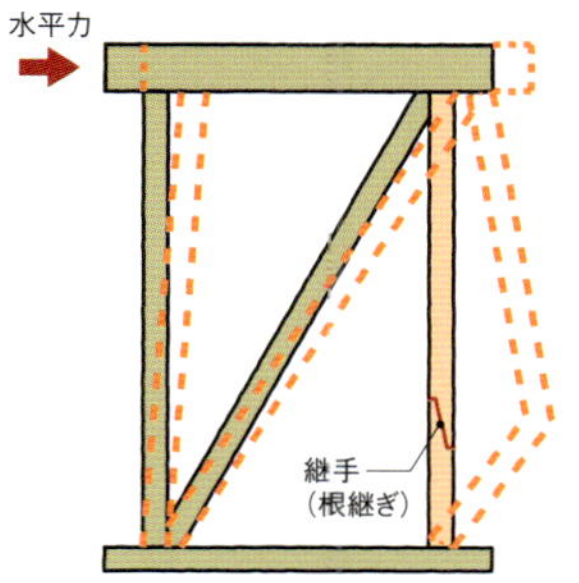
水平力
継手
（根継ぎ）

柱に根継ぎがあると、水平力を受けたときに、継手部分で折れてしまう

図2 耐力壁内に継手が…という場合の対処方法

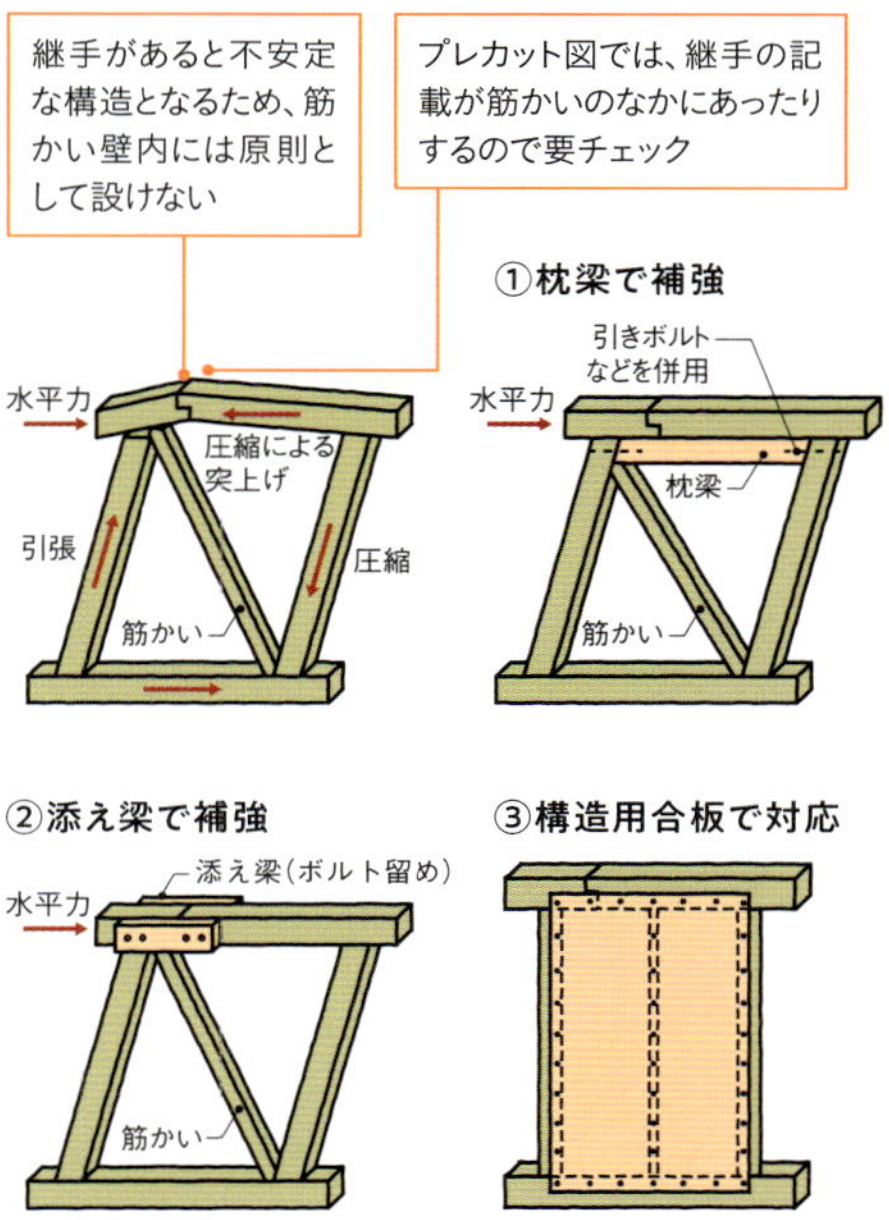
継手があると不安定な構造となるため、筋かい壁内には原則として設けない
プレカット図では、継手の記載が筋かいのなかにあったりするので要チェック
①枕梁で補強
水平力
圧縮による突上げ
引張
圧縮
筋かい
水平力
引きボルトなどを併用
枕梁
筋かい
②添え梁で補強
水平力
添え梁（ボルト留め）
筋かい
③構造用合板で対応

図1 接合部の形状と補強方法

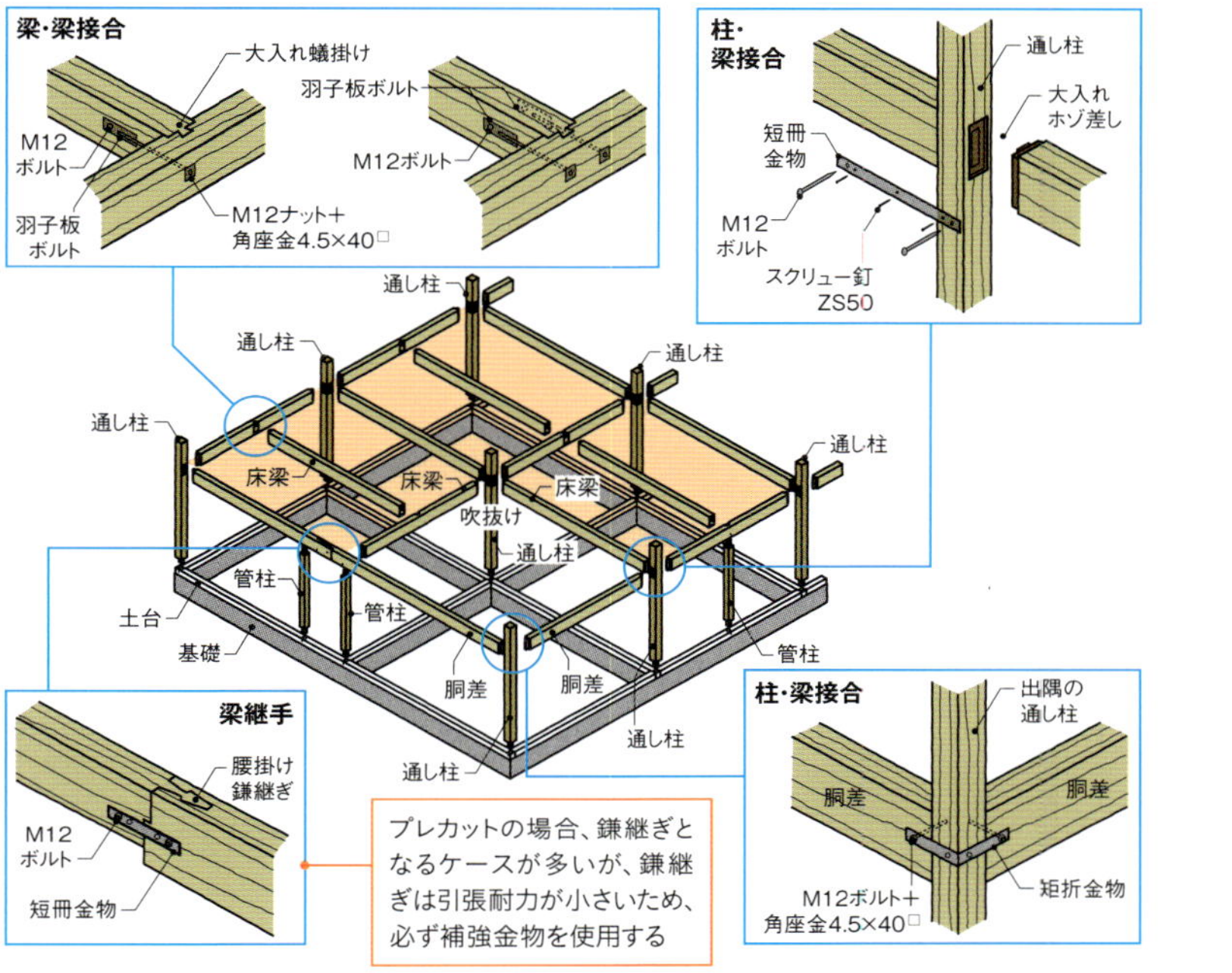
梁・梁接合
大入れ蟻掛け
羽子板ボルト
M12ボルト
M12ボルト
羽子板ボルト
M12ナット＋角座金4.5×40□
柱・梁接合
通し柱
大入れホゾ差し
短冊金物
M12ボルト
スクリュー釘ZS50
通し柱
通し柱
通し柱
通し柱
通し柱
床梁
床梁
床梁
吹抜け
通し柱
管柱
管柱
土台
基礎
胴差
胴差
管柱
通し柱
通し柱
梁継手
腰掛け鎌継ぎ
M12ボルト
短冊金物
プレカットの場合、鎌継ぎとなるケースが多いが、鎌継ぎは引張耐力が小さいため、必ず補強金物を使用する
柱・梁接合
出隅の通し柱
胴差
胴差
M12ボルト＋角座金4.5×40□
矩折金物

図3 継手と火打梁

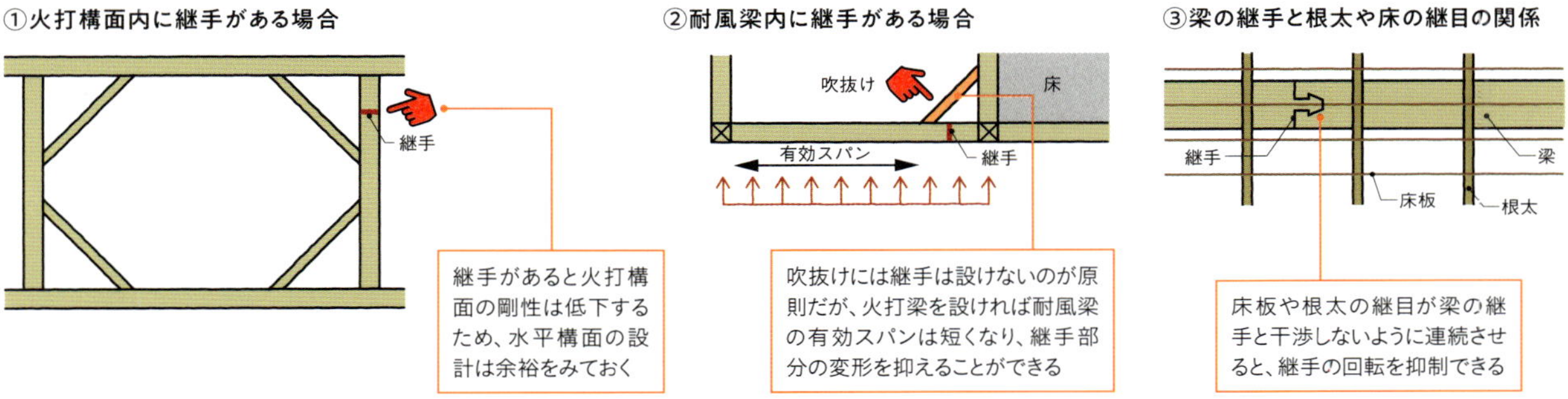
①火打構面内に継手がある場合
継手
継手があると火打構面の剛性は低下するため、水平構面の設計は余裕をみておく
②耐風梁内に継手がある場合
吹抜け
床
有効スパン
継手
吹抜けには継手は設けないのが原則だが、火打梁を設ければ耐風梁の有効スパンは短くなり、継手部分の変形を抑えることができる
③梁の継手と根太や床の継目の関係
継手
梁
床板
根太
床板や根太の継目が梁の継手と干渉しないように連続させると、継手の回転を抑制できる

水平力に対する軸組の設計で重要なことは、主な抵抗要素である耐力壁が有効に働くように、耐力壁を有する軸組がしっかりしていることと、水平構面の外周枠が外れないことである。つまり、仕口・継手の接合方法が問題となる［図1］。

耐力壁は、その外周枠が外れないように、原則として継手を設けない。特に筋かいは、三角形のトラス部材の中間に継手があると不安定な構造となるので、極力避ける。しかし鉛直荷重の支持力確保のため、やむを得ず筋かい軸組内に継手を設ける場合は、枕梁や添え梁で補強して、継手部の回転を防止する［図2①、②］。耐力壁に面材を用いる場合は、釘を多数打ち、継手の回転を拘束するため、あまり問題にはならない［図2③］。

筋かいと同様に、火打梁と継手の干渉が問題になることがある［図3①］。床板が連続で張られていれば、継手の回転はある程度拘束されるが、床板がない吹抜け部分などでは火打構面の剛性が低下するので、水平構面の設計に余裕をもたせる。

3-2
軸組

09 水平力に対して接合部で注意すべき点は？

接合部は大きな軸力が作用するため、耐力壁構面内の継手や仕口は、高い耐力の接合仕様にする

鎌継の引張耐力試験の様子。アゴ部分で抵抗するので乾燥収縮すると耐力は激減する

表 仕口・継手の短期許容引張耐力

種類		方法	短期許容引張耐力(kN)
継手	腰掛け鎌継ぎ 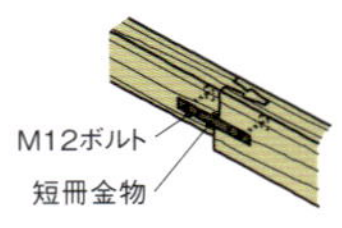 M12ボルト 短冊金物	裏側は角座金4.5×40㎜角を介してナット締め	10.1
		短冊金物2枚で挟み、2面せん断ボルト接合	15.9
仕口	大入れ蟻掛け 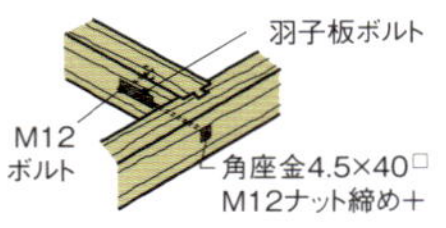 羽子板ボルト M12 ボルト 角座金4.5×40□ M12ナット締め+	裏側は角座金を介してナット締め	10.1
	大入れ蟻掛け 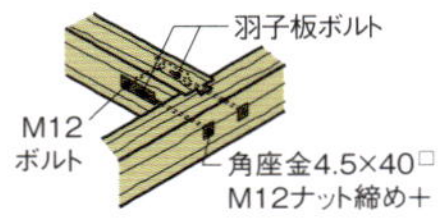 羽子板ボルト M12 ボルト 角座金4.5×40□ M12ナット締め+	羽子板ボルト2個で2面せん断ボルト接合	15.9
	大入れホゾ差し 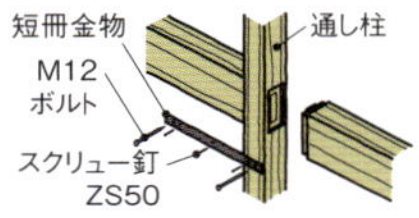 短冊金物 通し柱 M12 ボルト スクリュー釘 ZS50	横架材どうしを短冊金物でつなぎ、双方にボルト締め	7.5
		上記に加え、双方の横架材にスクリュー釘打ち	8.5
	大入れホゾ差し 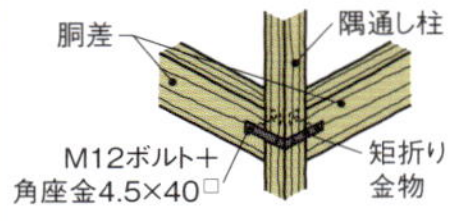 胴差 隅通し柱 M12ボルト+ 角座金4.5×40□ 矩折り 金物	出隅の通し柱を挟んで直交する胴差どうしを矩折り金物でつなぎ、双方にボルト締め	7.5
	大入れホゾ差し 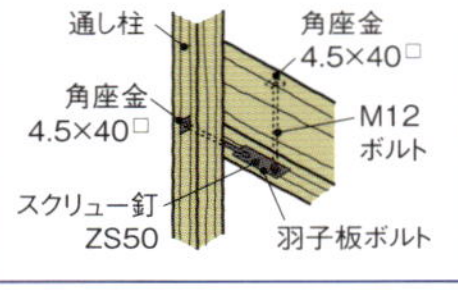 通し柱 角座金 4.5×40□ 角座金 4.5×40□ M12 ボルト スクリュー釘 ZS50 羽子板ボルト	横架材の下端を羽子板ボルト締めにし、通し柱に羽子板ボルトの一端を貫通させ、角座金を介してナット締め	7.5
		上記に加えて羽子板から横架材にスクリュー釘を1本打ち	8.5

図1 耐力壁構面の変形時の注意ポイント

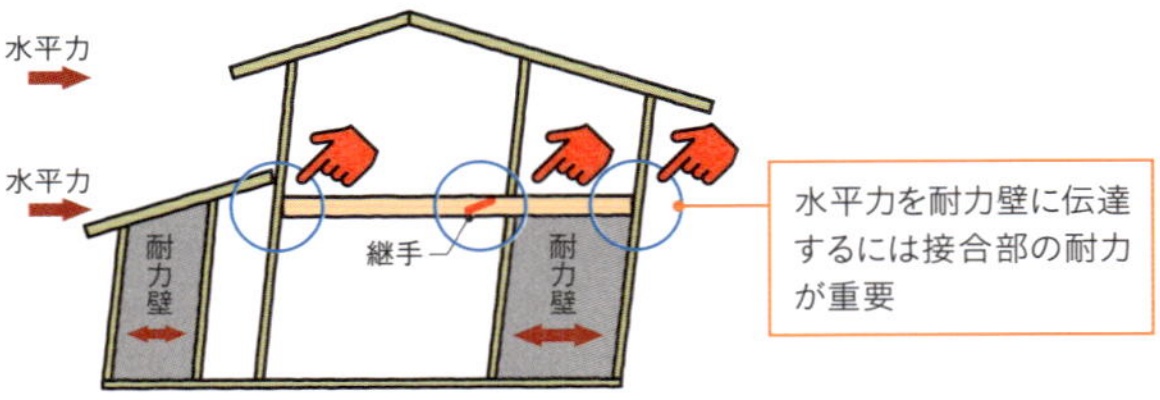
水平力
水平力
耐力壁
継手
耐力壁
水平力を耐力壁に伝達するには接合部の耐力が重要

図2 構法別水平構面の変形のしかた

①柱通し構法

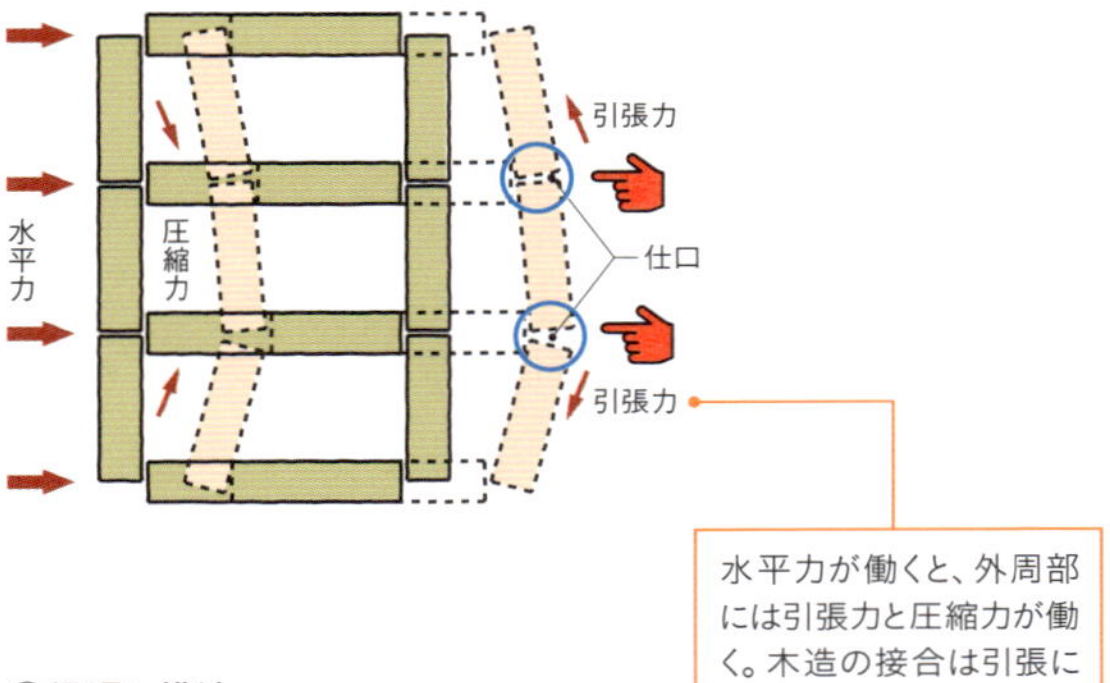
水平力
圧縮力
引張力
仕口
引張力
水平力が働くと、外周部には引張力と圧縮力が働く。木造の接合は引張に弱いため、要注意

②梁通し構法

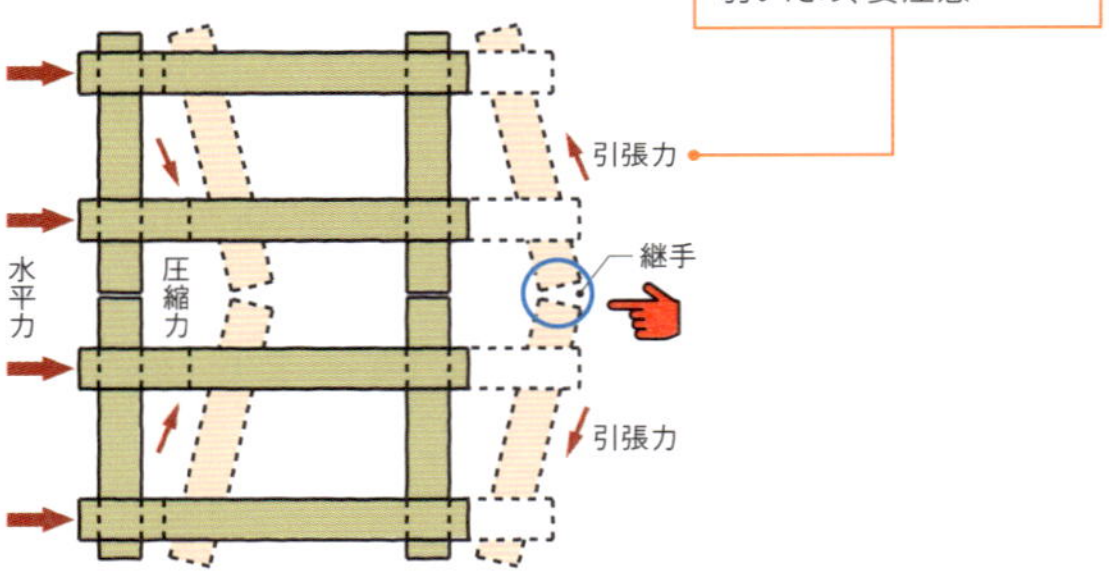
水平力
圧縮力
引張力
継手
引張力

接合部を耐力壁構面全体から考えてみる。地震や強風時の水平力を耐力壁に伝達する際、軸組には大きな軸力が作用する[図1]。そのため、耐力壁構面内の継手や仕口は、耐力の高い接合仕様とする。特に木造は引張に弱いため、金物を使用することで確実に対処する。

下屋部分に耐力壁を設ける場合は、2階床梁と下屋の小屋梁とが連続するように接合する、小屋裏に壁を設けるなどの配慮が必要である。

一方、水平構面は水平力が作用すると図2のように変形し、外周部には圧縮・引張の軸力が発生する。変形しても接合部が外れないようにするため、柱通しの軸組であれば仕口が、梁通しの軸組であれば継手が、これらの軸力に対して十分な耐力(特に引張耐力)を有するようにする。

一般的な仕口や継手の引張耐力は、グレー本[※]に示されている[表]。蟻継ぎや鎌継ぎは、乾燥収縮によって継ぎ目部分が緩みやすいので、金物の併用が必須となる。

※『木造軸組工法住宅の許容応力度設計（2017年版）』(公財) 日本住宅・木材技術センター発行

3-2
軸組
10

吹抜けの設計で構造上注意すべきことは？

外壁面では風圧力に対する耐風処理を忘れずに行うこと。
耐風柱と耐風梁のどちらを優先させた方が合理的かは、柱・梁のスパンと負担幅により決まる

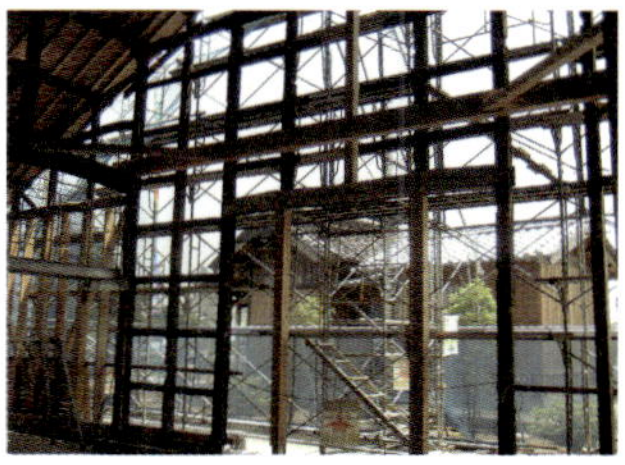

火打を設けた耐風処理の一例

図1 耐風柱で風圧力に抵抗する設計方法

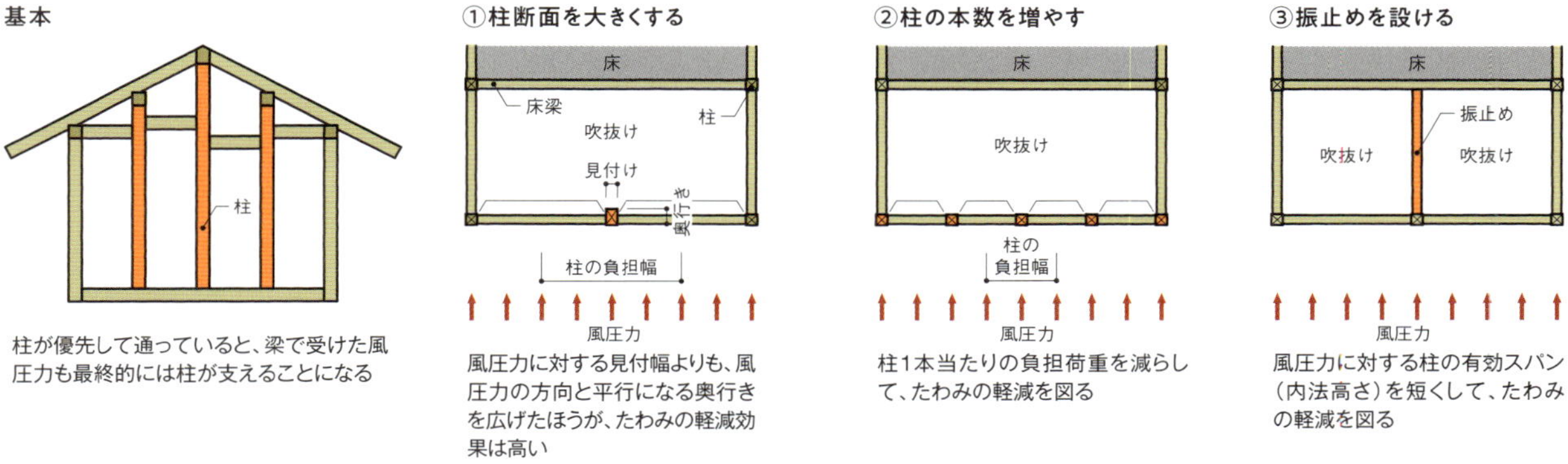
基本
柱
柱が優先して通っていると、梁で受けた風圧力も最終的には柱が支えることになる
①柱断面を大きくする
床
床梁
吹抜け
柱
見付け
奥行き
柱の負担幅
風圧力
風圧力に対する見付幅よりも、風圧力の方向と平行になる奥行きを広げたほうが、たわみの軽減効果は高い
②柱の本数を増やす
床
吹抜け
柱の負担幅
風圧力
柱1本当たりの負担荷重を減らして、たわみの軽減を図る
③振止めを設ける
床
振止め
吹抜け
吹抜け
風圧力
風圧力に対する柱の有効スパン（内法高さ）を短くして、たわみの軽減を図る

図2 耐風梁で風圧力に抵抗する設計方法

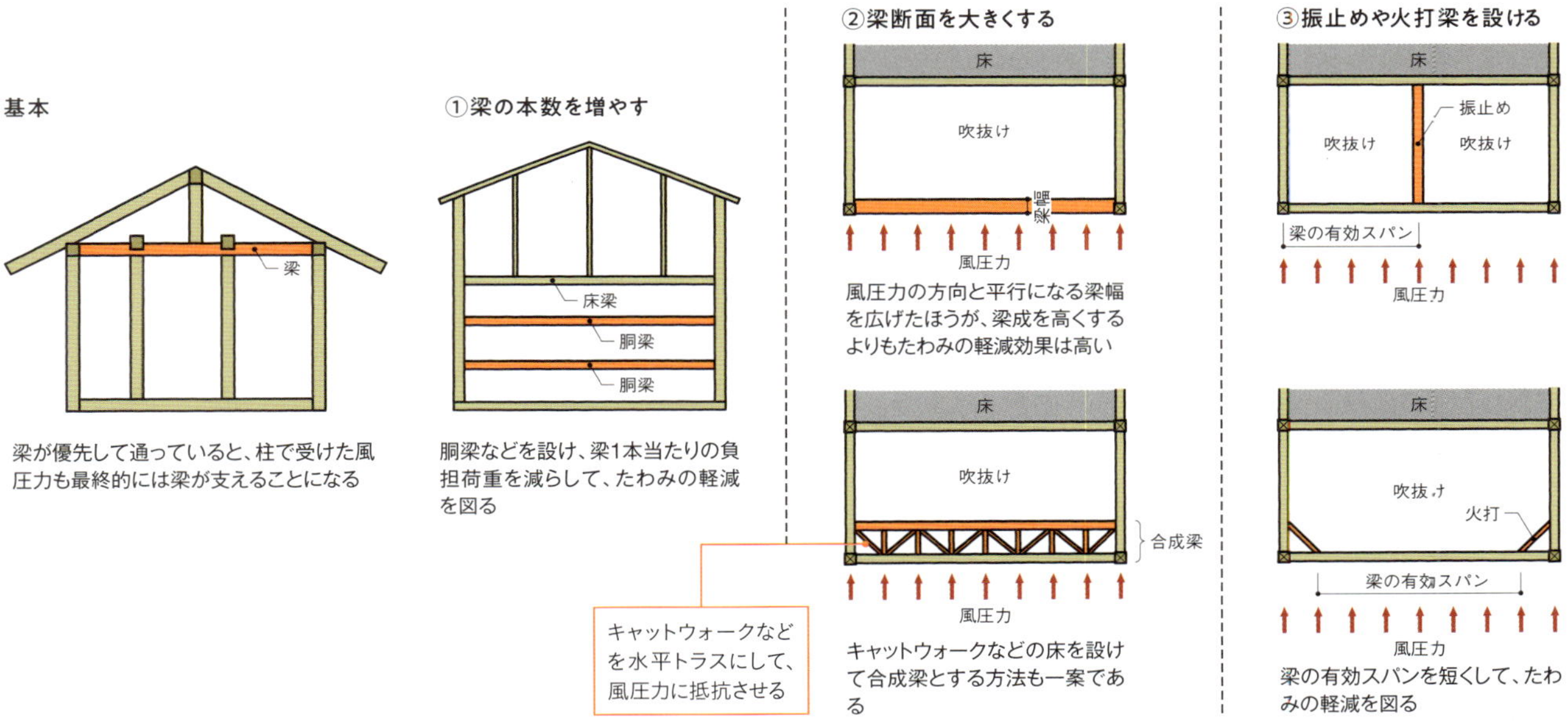
基本
梁
梁が優先して通っていると、柱で受けた風圧力も最終的には梁が支えることになる
①梁の本数を増やす
床梁
胴梁
胴梁
胴梁などを設け、梁1本当たりの負担荷重を減らして、たわみの軽減を図る
②梁断面を大きくする
床
吹抜け
梁幅
風圧力
風圧力の方向と平行になる梁幅を広げたほうが、梁成を高くするよりもたわみの軽減効果は高い
床
吹抜け
合成梁
風圧力
キャットウォークなどの床を設けて合成梁とする方法も一案である
キャットウォークなどを水平トラスにして、風圧力に抵抗させる
③振止めや火打梁を設ける
床
振止め
吹抜け
吹抜け
梁の有効スパン
風圧力
床
吹抜け
火打
梁の有効スパン
風圧力
梁の有効スパンを短くして、たわみの軽減を図る

外壁ぎわに吹抜けを設ける場合、外壁面の柱や梁は風圧力に抵抗する役割をもつ。最終的に風圧力に抵抗するのは、柱が通し柱であれば柱、管柱であれば梁となり、優先して組まれているものが主に抵抗することになる[図1基本、図2基本]。風圧力に抵抗する役割の横架材を、耐風梁という。

風圧力に対する柱・間柱の必要断面は、柱・間柱の間隔（力の負担幅）と横架材間長さ（柱・間柱の支点間距離）に関係する。したがって、柱に平角材を用いる、柱間隔を狭くする、床梁や小屋梁レベルに振止め材を設ける、などの対策が必要となる[図1①〜③]。

一方、耐風梁の設計では、水平力は梁幅方向に作用するので、梁幅を増やす、キャットウォークなどの床を外壁面に設ける、振止めを設けるなどの対応が必要になる。火打を設けるのも有効スパンを短くする効果がある[図2①〜③]。その際、端部の仕口が抜け出さないよう接合するとともに、耐風梁内で継手を設けない配慮も必要だ。

3-2
軸組

11

接合部の抵抗の仕方はどれも一緒?

仕口にかかる力のうち軸力のみに抵抗するタイプと、曲げ応力も負担するタイプの2つに分類できる

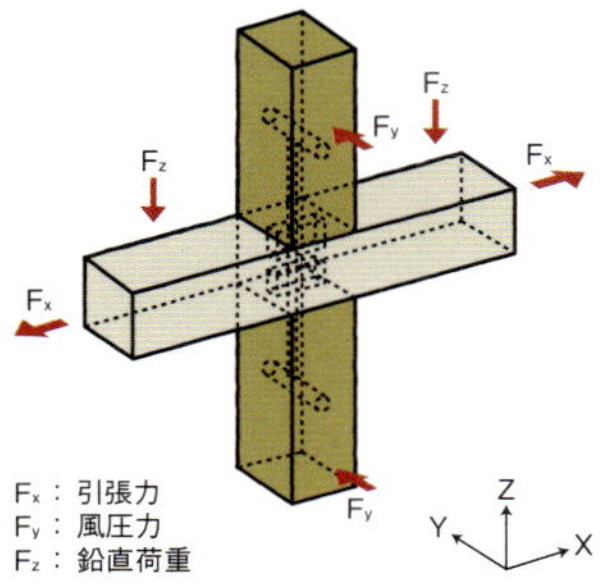

F_z
F_y
F_x
F_z
F_x
F_y
Z
Y
X
F_x：引張力
F_y：風圧力
F_z：鉛直荷重

柱・梁の接合部には引張力・風圧力・鉛直荷重がかかる

図2 柱通しタイプの仕口の種類(在来軸組構法)

①金物を併用する接合

㋐羽子板ボルト

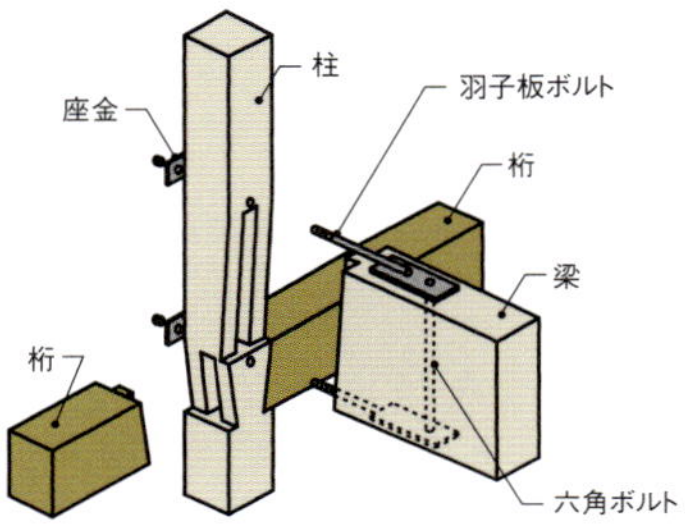

柱
座金
羽子板ボルト
桁
梁
桁
六角ボルト

一般的に使用される

引張力：羽子板ボルトで抵抗
風圧力、鉛直荷重：大入れ部分で抵抗
注意：羽子板ボルトが梁表面に見えてしまう

㋑両引きボルト

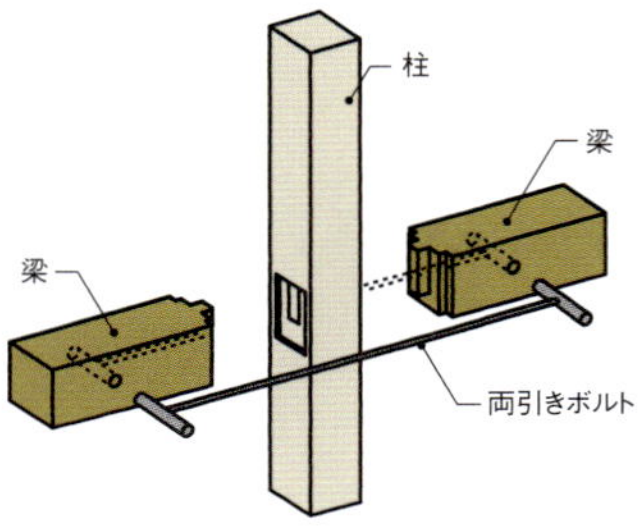

柱
梁
梁
両引きボルト

プレカットで対応可能

引張力：引きボルトで抵抗
風圧力、鉛直荷重：大入れ部分で抵抗
注意：ガタが生じやすいため増締めできるタイプがよい

②金物のみの接合

㋐クレテックタイプ

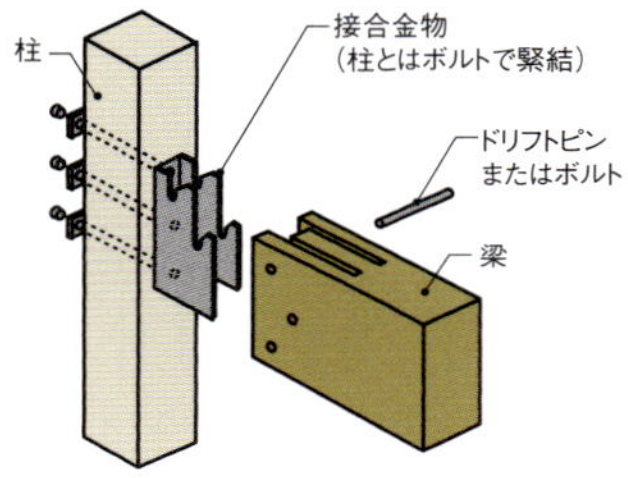

柱
接合金物
(柱とはボルトで緊結)
ドリフトピン
またはボルト
梁

集成材で使用

引張力：ドリフトピンのせん断力(繊維方向へのめり込み)と、ボルトの座金のめり込みで抵抗
風圧力：ボルトの繊維に直角の方向のめり込みで抵抗
鉛直荷重：ドリフトピンの繊維に直角の方向のめり込みと、ボルトの繊維方向へのめり込みで抵抗
注意：梁成で決まる金物の仕様は、梁に作用する荷重によっては支持力不足となる場合があるため、耐力表で確認する

突起のある接合金物の場合

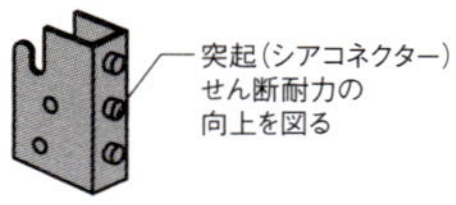

突起(シアコネクター)
せん断耐力の
向上を図る

㋑ハンガータイプ

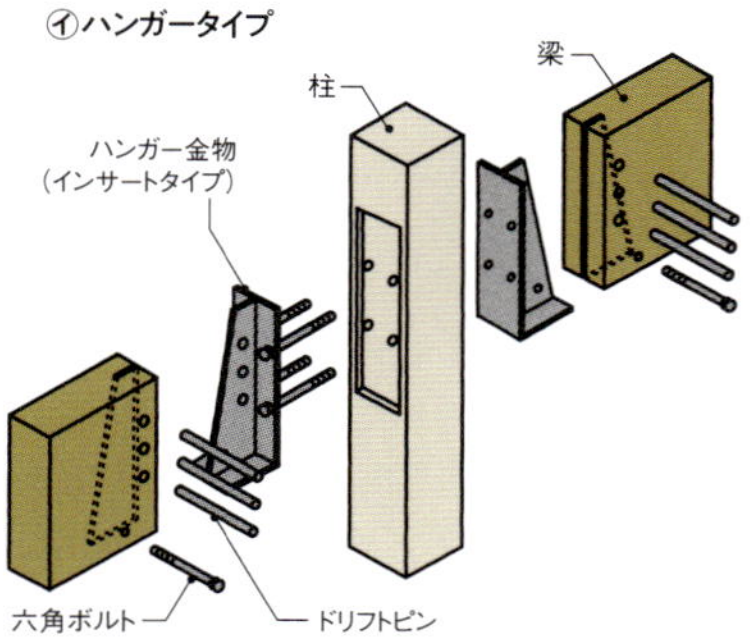

梁
柱
ハンガー金物
(インサートタイプ)
六角ボルト
ドリフトピン

中大規模建築物の大梁に使用する。プレカットで対応不可。抵抗形式はクレテックタイプと同様。

鉛直荷重：梁の下端に腮を設けて支持力をアップ
注意：梁下端にプレートが見えてしまう

③金物を使用しない接合

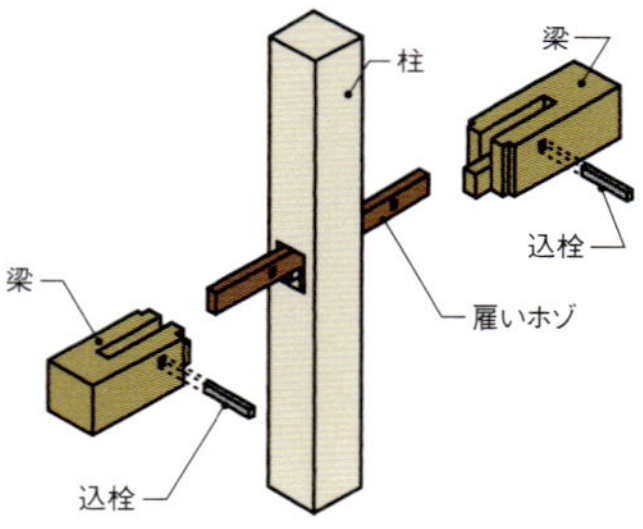

梁
柱
込栓
梁
雇いホゾ
込栓

雇いホゾを用いた込栓打ち(または車知栓締め)

引張力：ホゾと込栓(車知栓)で梁の抜出しを防止
風圧力、鉛直荷重：大入れ部分がめり込み抵抗
注意：鉛直荷重に対して、梁成に関係なく耐力が決まるので、重い荷重がかかる場合には要注意

図1 木造の構造形式

①在来軸組構法

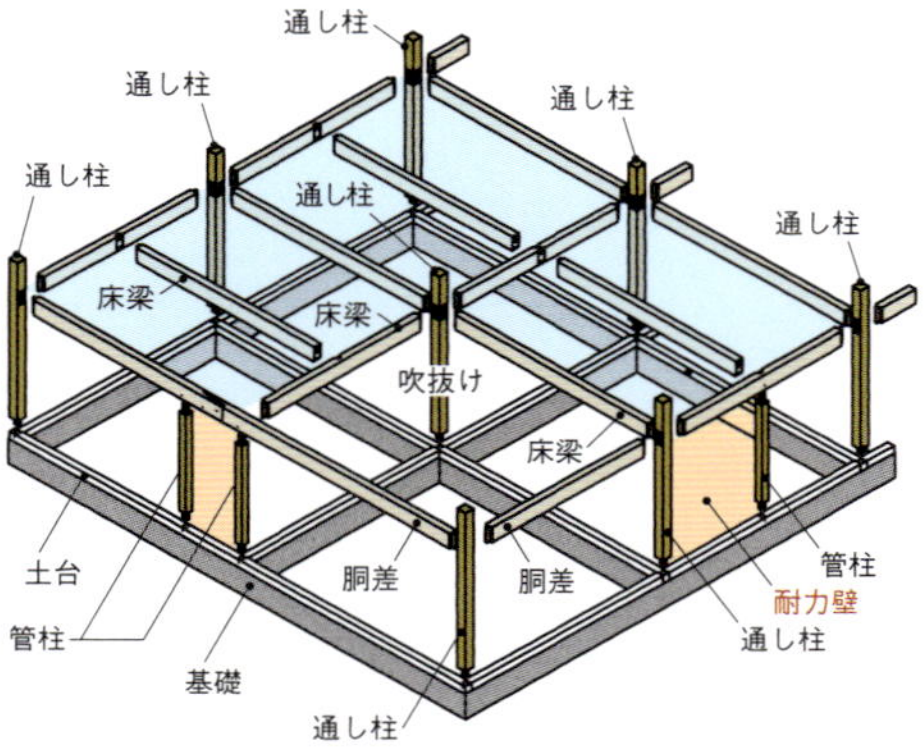

通し柱
通し柱
通し柱
通し柱
通し柱
通し柱
床梁
床梁
吹抜け
床梁
土台
管柱
胴差
胴差
管柱
耐力壁
通し柱
基礎
通し柱

軸組は鉛直荷重を支えるもので、水平力に対しては耐力壁で抵抗する

②ラーメン架構

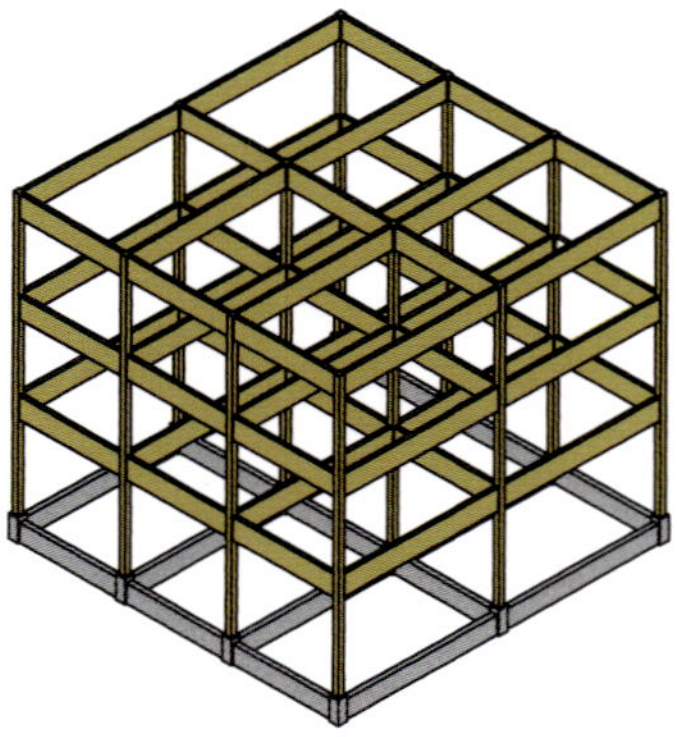

軸組のみで水平力にも抵抗できるように接合したもの

接合部の役割は、負担した力をほかの部材に伝達することだが、木造では建物全体の強度や変形を左右するため、特に重要な部分となる。また、RC造やS造よりも接合部の形状が複雑で、種類も多いのが特徴だ。

接合部は、一般住宅で用いられる軸力のみに抵抗するタイプと、ラーメン架構に用いられる曲げ応力も負担できるタイプに大きく分類できる［図1］。

前者には柱通しタイプ［図2］と梁通しタイプ［図3］がある。いずれも分断された部材をつなぐことを第一に考え、次に鉛直荷重の支持、耐力壁端部に生じる引抜力への抵抗、面外に作用する風圧力への抵抗など力の流れ方を考え、大入れ寸法やホゾの断面、金物の仕様を決定する。後者は、ボルト・ドリフトピン・釘・ダボなどの接合具を複数本使用して、軸力とモーメントの両方に抵抗できるように接合する方法である［図4］。①木材のみを重ね合わせるタイプ、②鋼板を挿入するタイプ、③引きボルトタイプ、の3種類がある。

図3 梁通しタイプの仕口の種類（在来軸組構法）

①金物を併用する接合

ア短冊金物

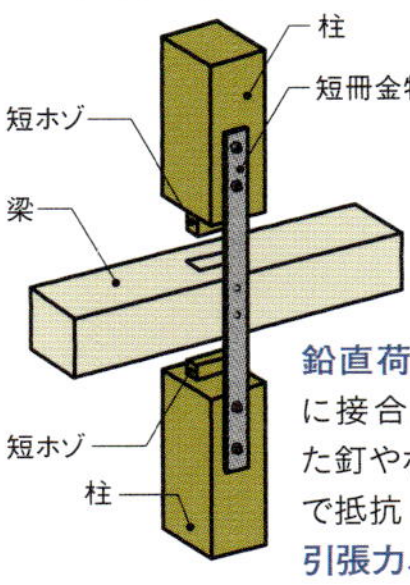

鉛直荷重：柱の引抜力に接合金物を取り付けた釘やボルトのせん断力で抵抗

引張力、風圧力：短ホゾで抵抗

イ引寄せ金物

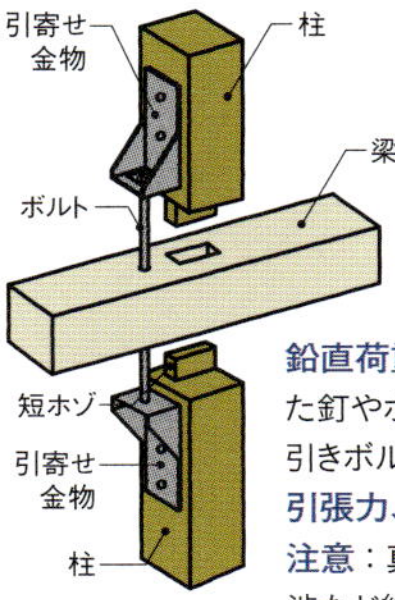

鉛直荷重：柱の引抜力には柱に取り付けた釘やボルトの繊維方向へのめり込みと、引きボルトの引張耐力で抵抗

引張力、風圧力：短ホゾで抵抗

注意：真壁造の場合、筋かい金物との干渉など納まりに注意

ウ両引きボルト

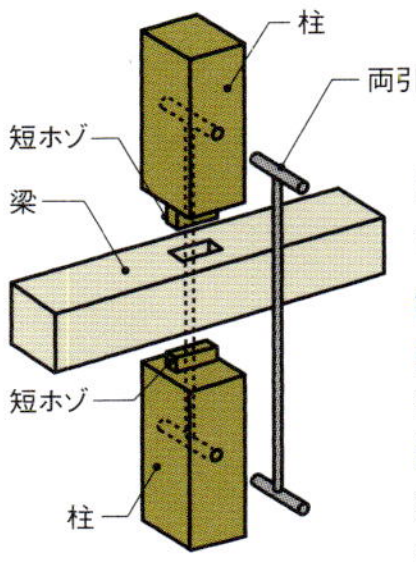

意匠性を考慮し、柱断面内に引きボルトを設置した方法

鉛直荷重：引きボルトで抵抗

引張力、風圧力：短ホゾで抵抗

注意：ボルト先端の鋼棒が繊維方向にめり込んで抵抗するため、柱の端あき距離を十分確保する

②金物を使用しない接合

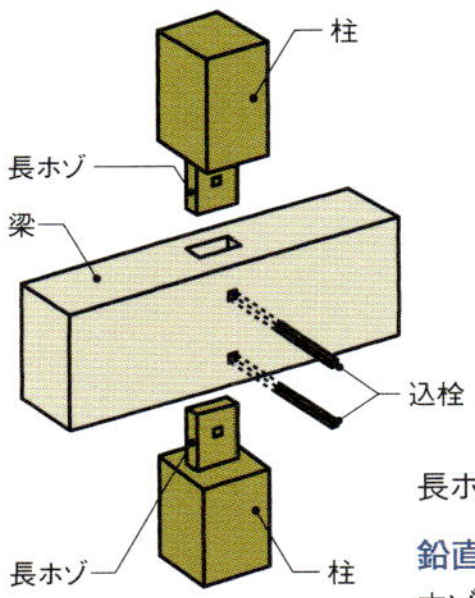

長ホゾに込栓打ちが一般的

鉛直荷重：柱に生じる引抜力に長ホゾと込栓で抵抗

引張力、風圧力：ホゾで抵抗

注意：長ホゾの余長の確保が重要（梁の上下に柱が付く場合、梁成は180mm以上必要）。出隅で梁が交差して込栓が打てない場合、近傍に竪貫を設置

③金物のみの接合

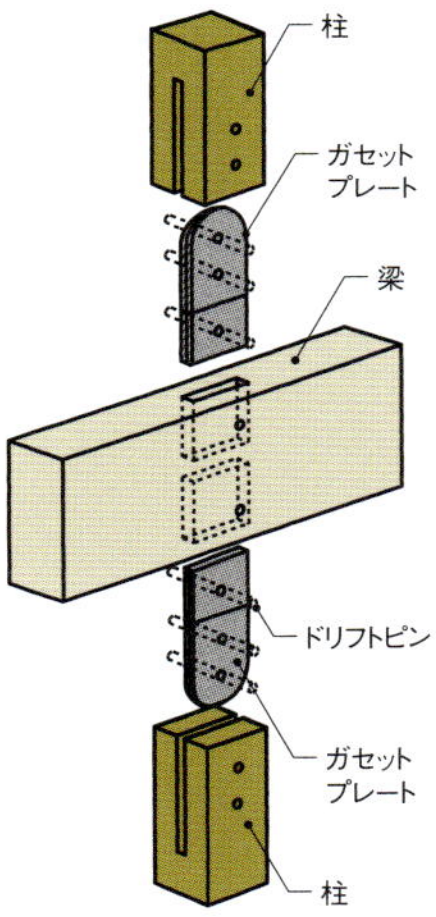

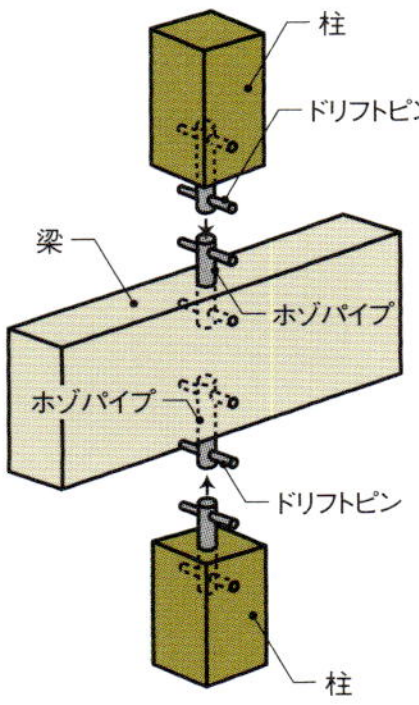

意匠性、施工性に優れる

鉛直荷重：ドリフトピンが繊維方向にめり込んで抵抗

引張力、風圧力：ホゾパイプとプレートが抵抗

注意：ドリフトピンの径が細く、柱が繊維方向に引き裂かれやすくなる傾向があるため、ピンの間隔や柱の端あき距離を十分確保する。ガタが生じると耐力が発揮できないため、加工精度に注意する

図4 曲げ抵抗タイプの接合部の種類（ラーメン架構）

木材の異方性や材料ごとの性能のバラつきから、接合具の耐力が位置ごとに異なることや、すべりが生じることに配慮した設計が必要

①合わせ梁型モーメント接合

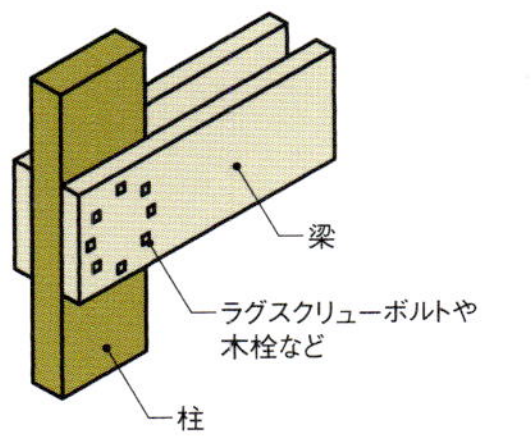

②鋼板挿入ドリフトピン、鋼板添え板ボルト型モーメント接合

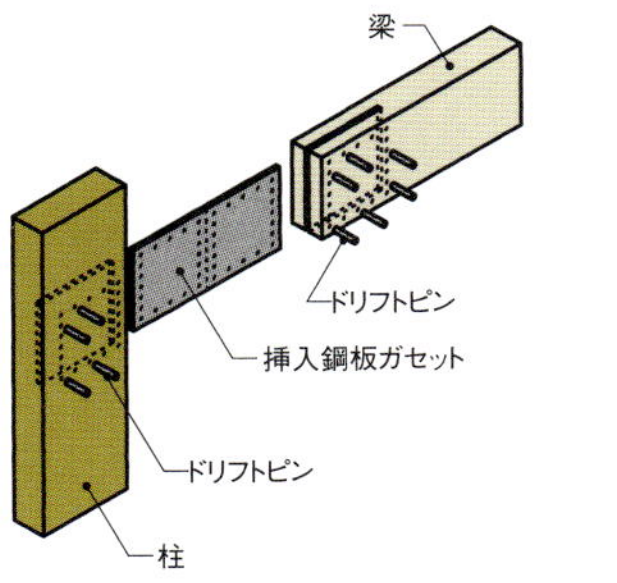

③引きボルト型モーメント接合

ア柱通しタイプ

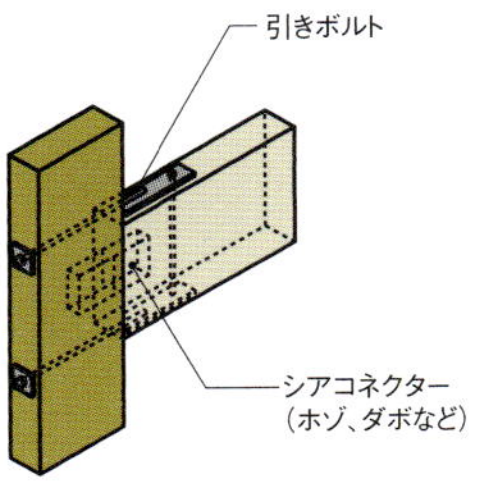

イ梁通しタイプ

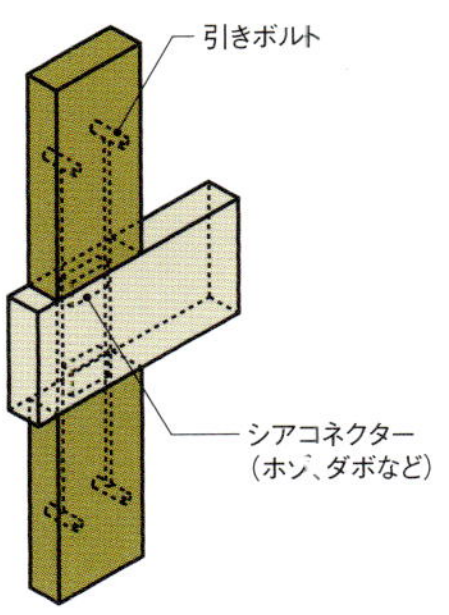

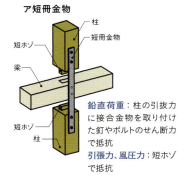

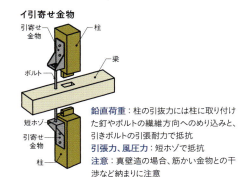

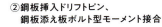

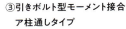

3-3
耐力壁

01

耐力壁が果たす役割とは?

水平力(地震力・風圧力)に対して抵抗する。剛性の低い耐力壁の場合、柱脚の損傷は軽微で、壁材が損傷する

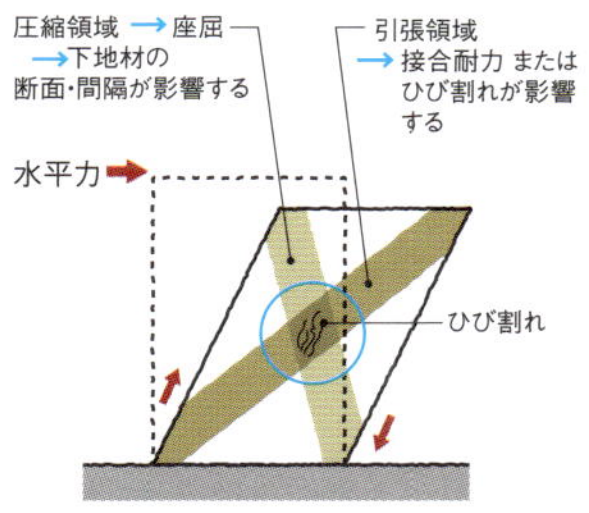

圧縮領域→座屈
→下地材の断面・間隔が影響する
引張領域
→接合耐力 またはひび割れが影響する
水平力
ひび割れ

土壁の場合、圧縮力の作用でひび割れが浮き上がる

図2 耐力壁は力のかかる方向に配置

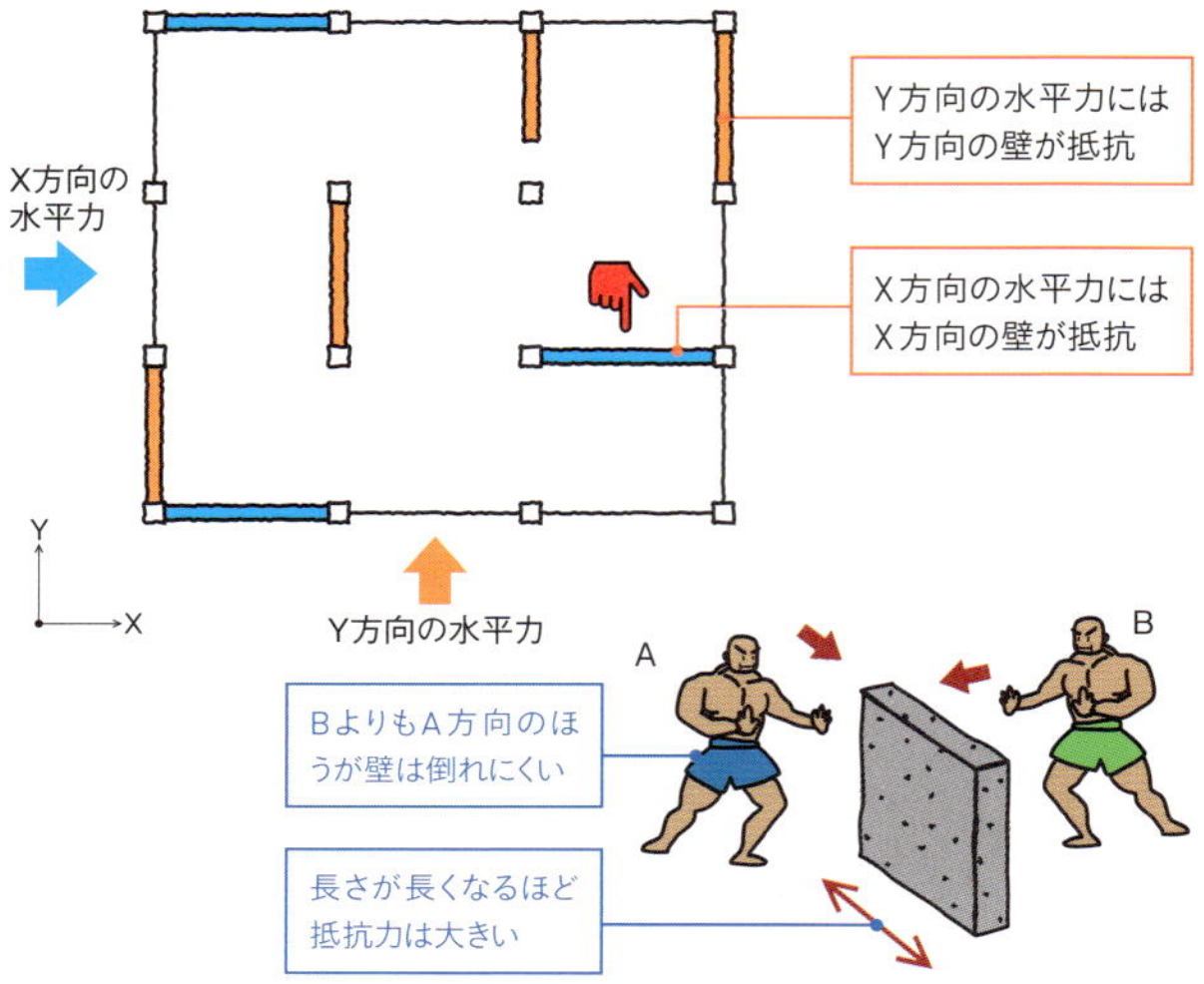

X方向の水平力
Y方向の水平力には
Y方向の壁が抵抗
X方向の水平力には
X方向の壁が抵抗
Y
X
Y方向の水平力
A
B
BよりもA方向のほうが壁は倒れにくい
長さが長くなるほど抵抗力は大きい

図1 軸組のみでは水平力への抵抗は難しい

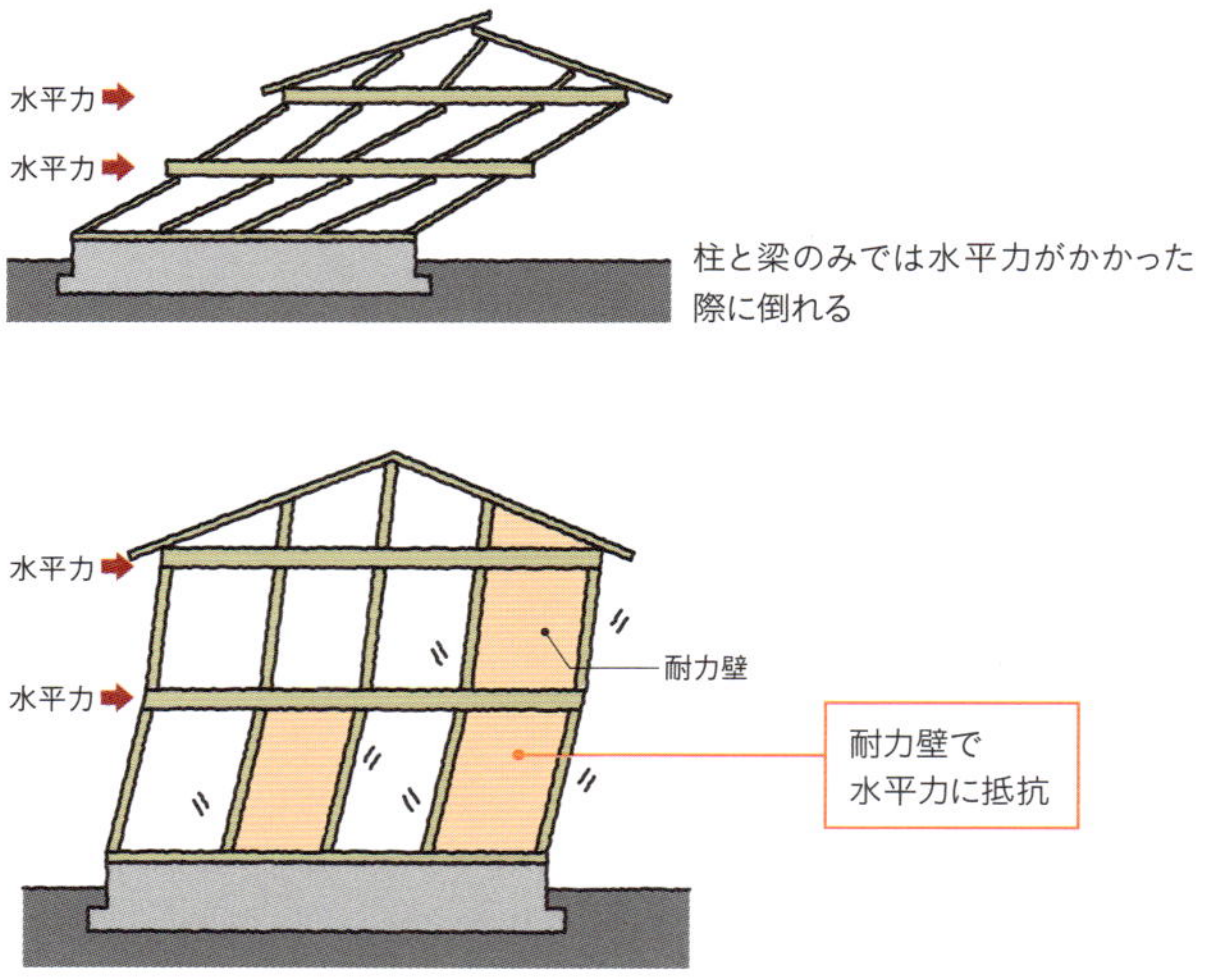

水平力
水平力
柱と梁のみでは水平力がかかった際に倒れる
水平力
水平力
耐力壁
耐力壁で水平力に抵抗

図3 耐力壁の抵抗形式は3種類

	1.せん断系		2.軸力系	3.曲げ系
種類	①面材 構造用合板や石膏ボードなどパネルを軸組に釘留めしたもの	②塗り壁 土塗壁など木材や竹で組まれた下地の上に土などを塗ったもの	筋かい 木材を軸組の対角線に配置したもの	貫・面格子など 木材をかみ合わせて壁を構成するもの
姿図	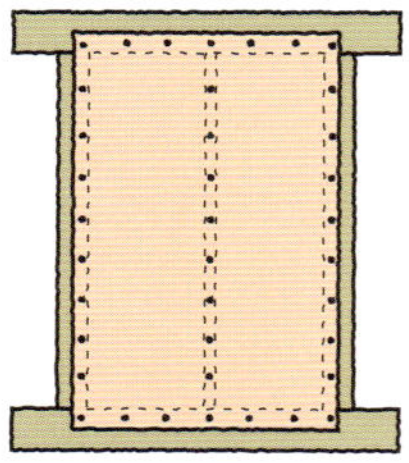	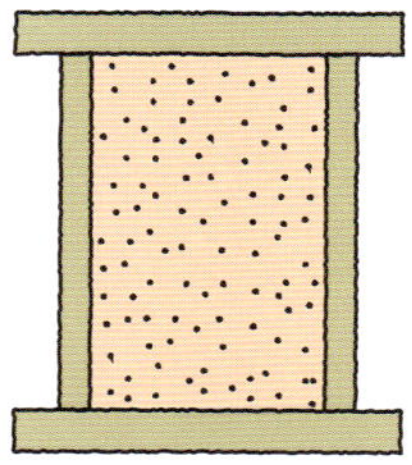	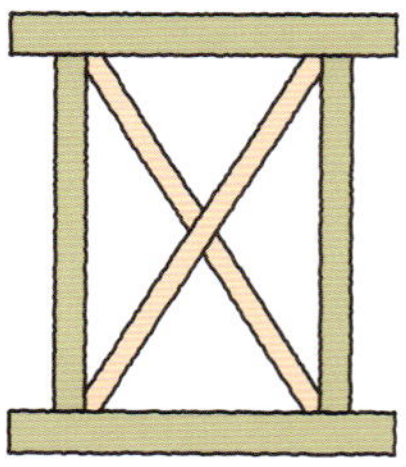	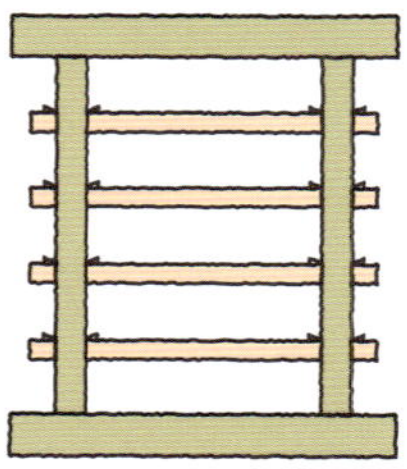
耐力決定の要素[*]	◎釘の大きさと留め付け間隔 △面材の板厚と強度	○塗り厚	○筋かいの留め付け方 ○筋かいの板厚	○貫の幅 △貫の成

* 最も耐力を決定する要素となるものを◎、順に○、△となる

耐力壁は、地震力や風圧力などの水平力に対して、建物が倒壊しないように抵抗する最も重要な構造要素である［図1］。

小規模住宅では壁量計算で耐震性を確保するが、その際、水平力の加力方向に抵抗する耐力壁の向きに注意する［図2］。

耐力壁は抵抗形式別に、以下の3つに大別できる［図3］。

①せん断系：面材・塗り壁

面材（構造用合板や石膏ボードなど）を横架材や柱に釘留めしたものは、釘の太さ・長さと間隔が耐力に影響する。また、土壁やモルタル塗りなどの湿式壁は、土やセメントの強度と塗厚が耐力を左右する。

②軸力系：筋かい

圧縮力に対しては筋かいの厚みと座屈長さ（間柱間隔）が、引張力に対しては端部の接合が耐力に影響する。

③曲げ系：貫・面格子など

部材どうしをかみ合わせるもので、抵抗力はめり込み面積に比例する。強度は低めだが、非常にねばりがある。部材を乾燥させ、各接点に隙間を生じさせないようにしたい。

3-3 耐力壁

02

壁倍率を高くするときに注意すべきことは?

壁倍率を高くしていくと、壁面の変形は小さくなる。
一方、耐力壁の周辺部材に大きな応力が発生し、特に接合部に損傷が生じる

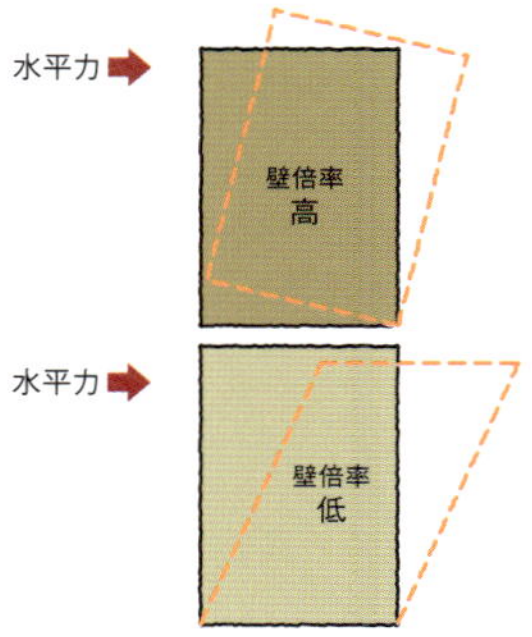
水平力
壁倍率
高
水平力
壁倍率
低

壁倍率によって変形と
浮き上がり方が変わる

図2 建築基準法上の片筋かいの壁倍率の考え方

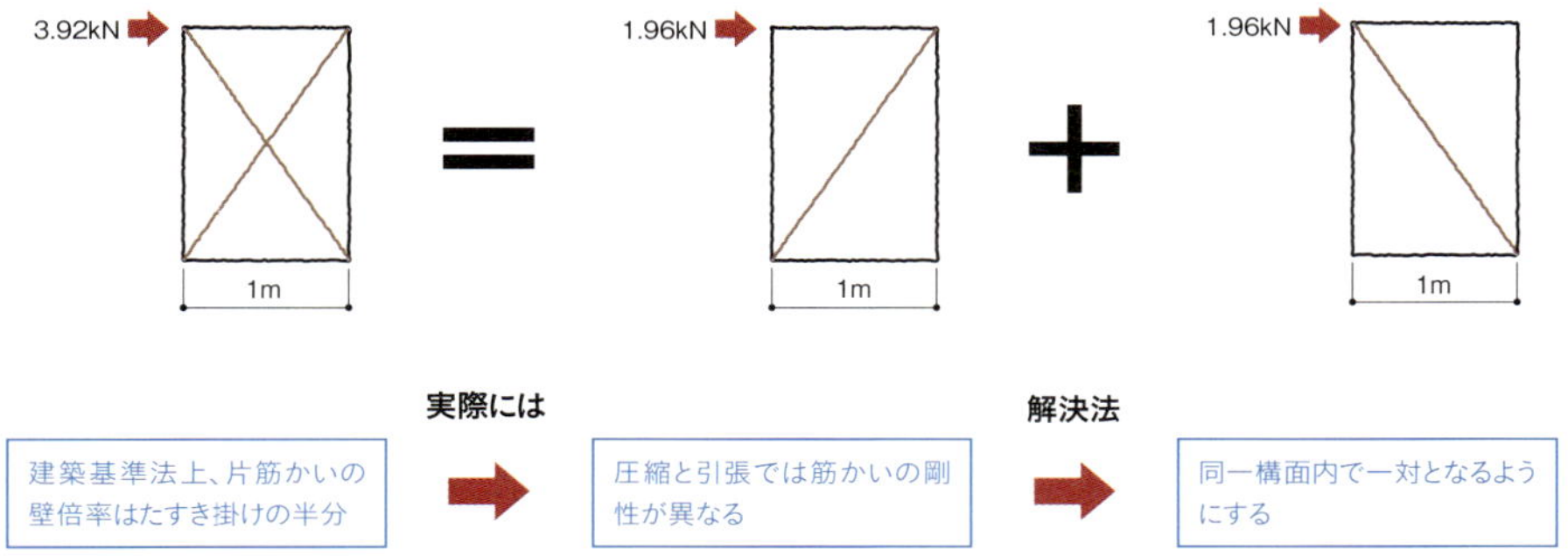
3.92kN
1m
=
1.96kN
1m
+
1.96kN
1m
実際には
解決法
建築基準法上、片筋かいの壁倍率はたすき掛けの半分
圧縮と引張では筋かいの剛性が異なる
同一構面内で一対となるようにする

図1 壁倍率1が示すもの

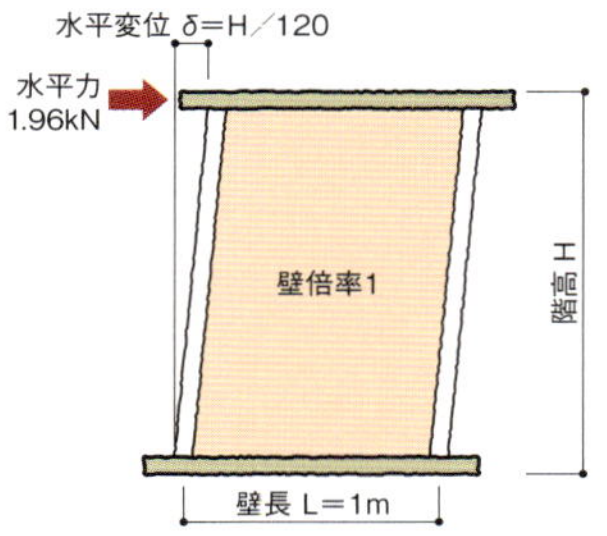
水平変位 δ=H／120
水平力
1.96kN
壁倍率1
階高 H
壁長 L=1m

壁倍率1とは、頂部の変形量が階高の1／120のときの耐力が、壁長さ1m当たり1.96kNであることを示す

図3 壁倍率とプランの比較

①壁倍率2(=400kg／m：3.92kN／mの水平力に耐えられる)の場合の耐力壁配置

②壁倍率5(=約1t／m：9.87kN／mの水平力に耐えられる)の場合の耐力壁配置

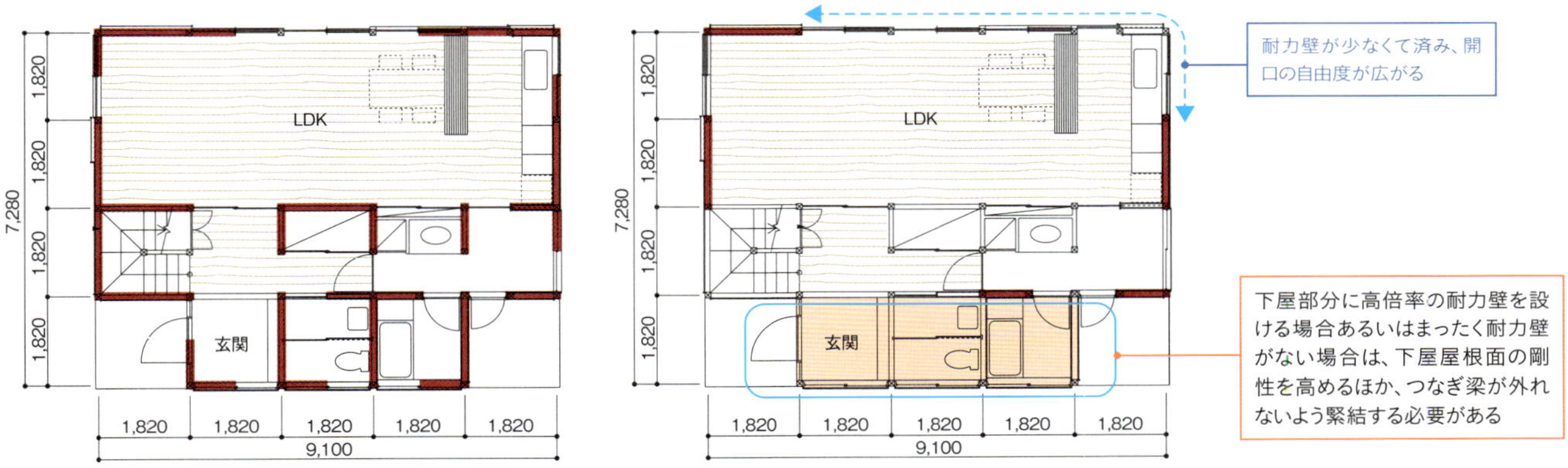
LDK
玄関
1,820
7,280
1,820
1,820
1,820
1,820
1,820
9,100
耐力壁が少なくて済み、開口の自由度が広がる
下屋部分に高倍率の耐力壁を設ける場合あるいはまったく耐力壁がない場合は、下屋屋根面の剛性を高めるほか、つなぎ梁が外れないよう緊結する必要がある

壁倍率の上限はなぜ5まで？

令46条4項の壁量計算に用いることができる耐力壁は、大臣認定が必要で、壁倍率の上限を5としている。壁倍率が高くなると、耐力壁の周辺部材（軸組、床、接合部など）にも大きな応力が発生するが、壁量計算では水平構面などの詳細な検討は省略してよいため、これら周辺部材の安全性を考慮して定めている［※2］。

壁倍率は耐力壁の強さを表す指標で、令46条では耐力壁の仕様に応じて0.5～5.0までの数値が規定されている。

壁倍率1とは、層間変形角が1／120ラジアン［※1］のときの水平耐力が、壁長さ1m当たり1・96kNであることを意味する［図1］。壁倍率2であれば3・92kN／mの耐力があり、数値が高くなるほど強い壁であるといえる。

図3に示す建物に地震力が作用した場合に、建物の傾斜角が1／120ラジアン以下となるようにするには、壁倍率2の耐力壁なら図3①のような配置となり、壁倍率5であれば図3②のような配置となる。

壁倍率を高くすれば耐力壁の量は少なくて済み、開放的な空間が得られる。しかし耐力壁構面間隔が長くなるので、床面の水平剛性を高め、外周梁の接合部が引張力によりはずれてしまわないように、しっかり留めておく。さらに壁1枚当たりの負担も大きくなるため、耐力壁の外周枠となる軸組の接合部も緊結を強化する。

※1 層間変形角1／120ラジアンとは、中地震時（震度5弱程度）に対する木造の許容値で、壁量計算は中地震で建物が損傷しないことを検討していることになる。なお、壁倍率は所定の試験結果に基づき、最大耐力や最大変形角に対する安全率も考慮して決定するため、壁量計算は大地震時（震度6強程度）の倒壊防止の検討も同時に行っていることになる

※2 令46条2項により、許容応力度計算など壁量規定を外した設計を行う場合は、周辺部材の検討も行うため、より強度の高い耐力壁を用いることができる

3-3
耐力壁

03

効率のよい耐力壁をつくるポイントは？

筋かいは傾斜角45°が最も効率がよい。角度が大きくなる（垂直に近づいていく）と、水平抵抗力は小さくなる。一方、面材は四周を釘留めしないと耐力壁にならない

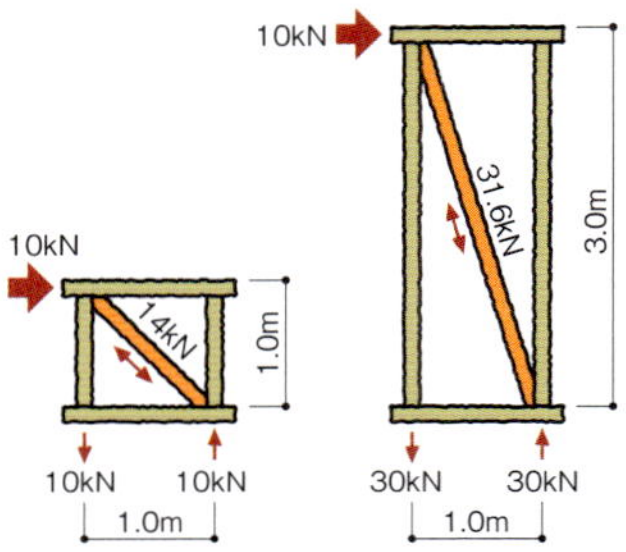

同じ水平力が働いても、筋かいが長くなるほど筋かいにかかる力は大きくなる

写真 軸組の種類と変形

①ピン接合の軸組

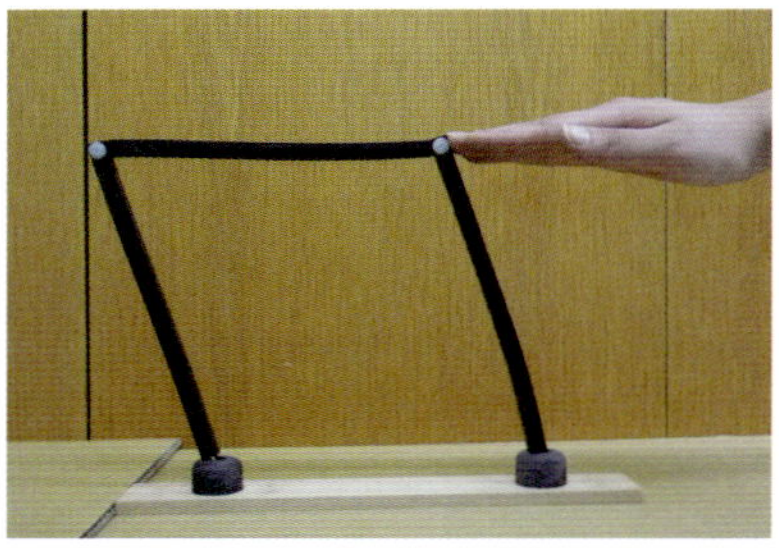

柱、梁ともに直線のまま変形している

②剛接合のラーメンフレーム

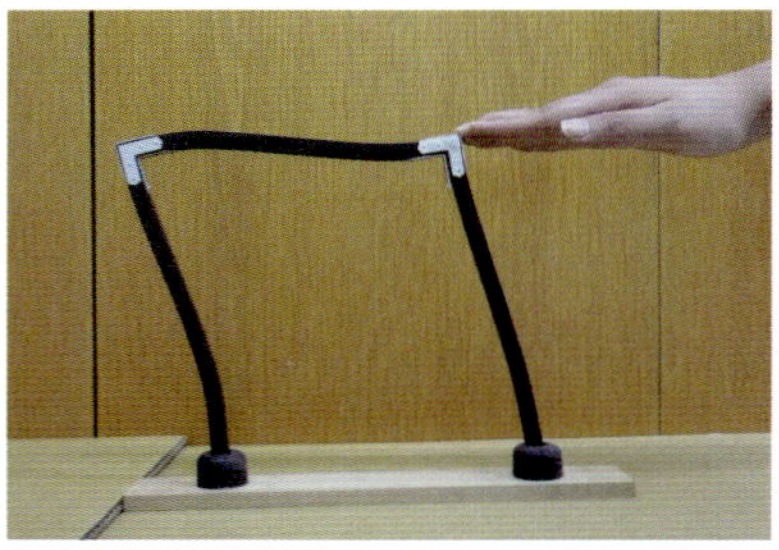

柱、梁ともにS字形に変形している。ピン接合より水平抵抗力は高いが、全体としての変形は大きい

③面材壁の軸組

対角線に生じるしわが、ひび割れや釘の浮きの原因となる。全体の変形量は①②よりも格段に小さい

④上部が開口となっている

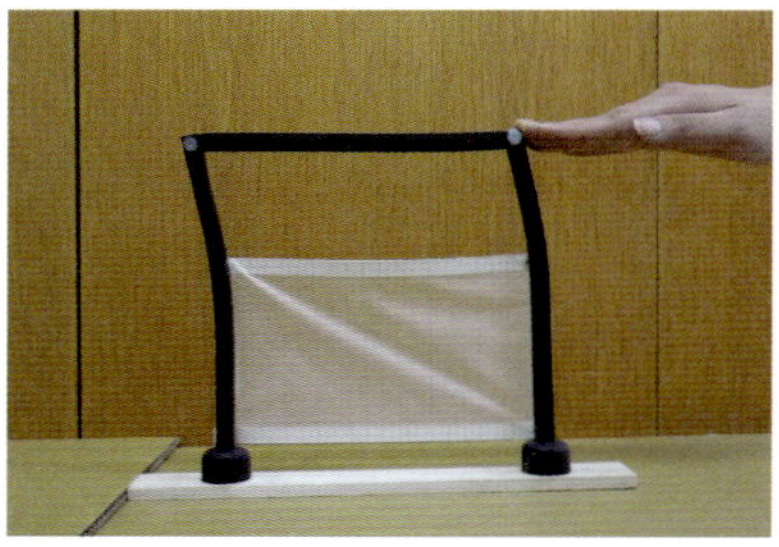

壁で拘束されていない部分の柱が大きく曲げ変形している（天井や床下に壁がないと、抵抗力が小さい）

⑤圧縮筋かい

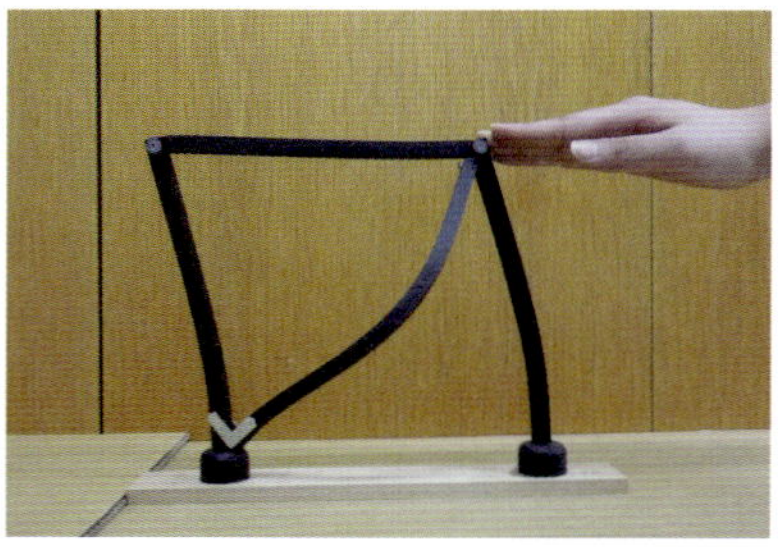

筋かいの座屈を間柱などで防止することが、耐力を発揮させるポイント

⑥引張筋かい

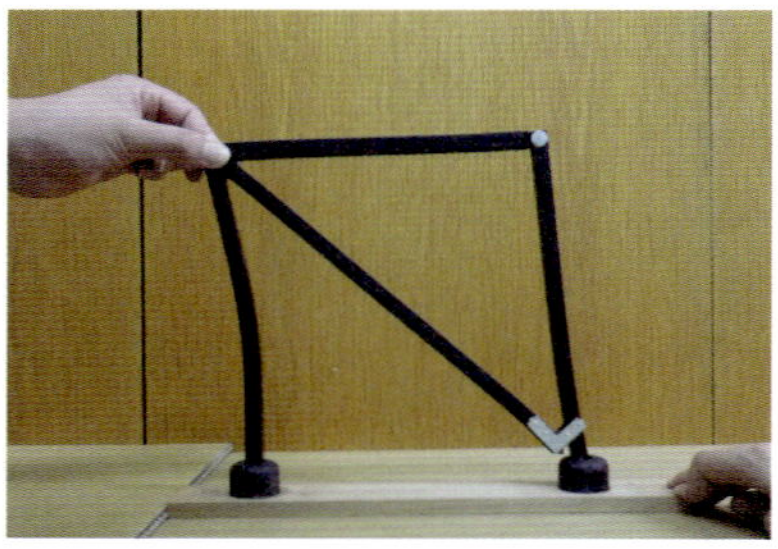

接合部の抜出しを防ぐことがポイントになる

図1 耐力壁とみなせる条件

①筋かいの場合

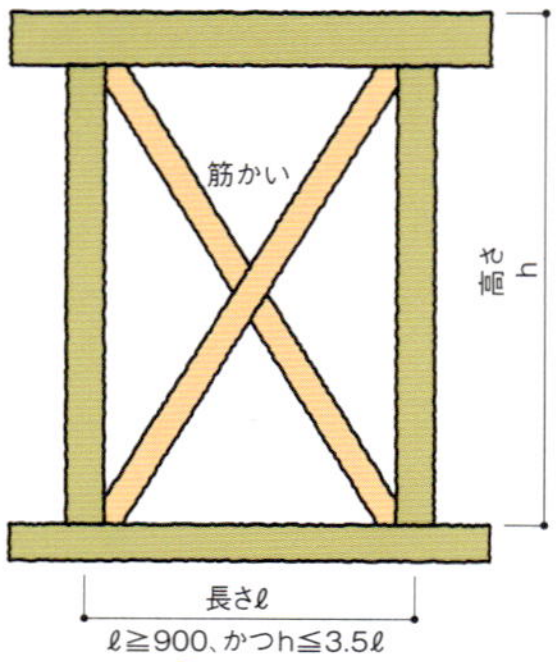

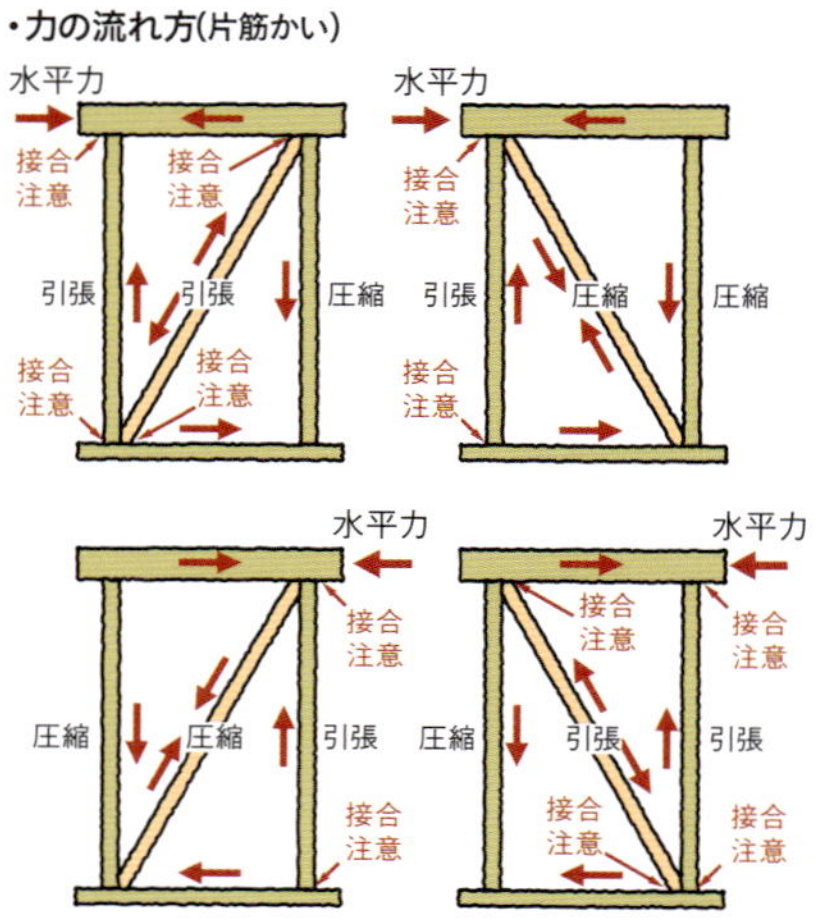

幅が900mm以下（600mm以上）となる部分に耐力壁を設けたい場合は、面材耐力壁で対応する

②面材耐力壁の場合

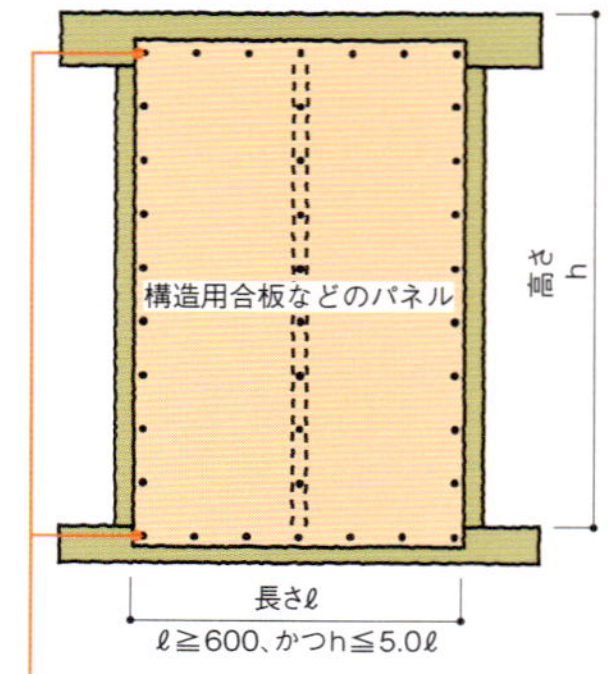

上下横架材と柱の両方に釘留めしないと耐力壁にならない

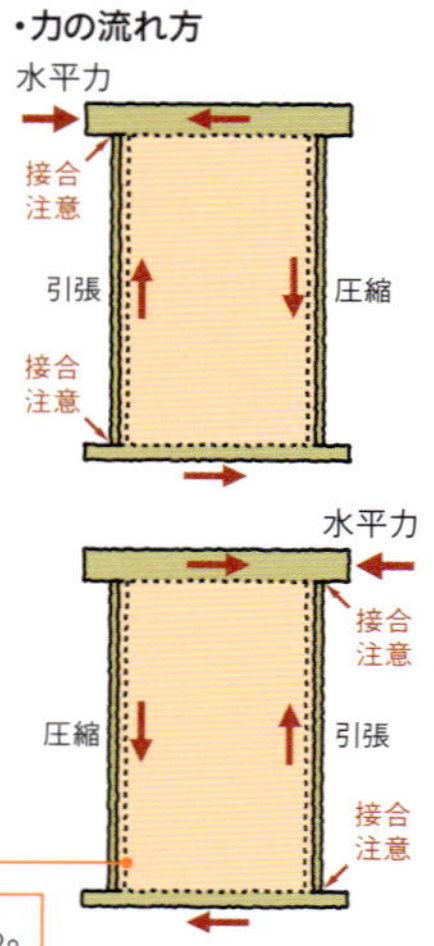

面材壁の四周を力が流れる。耐力は釘留めにかかっている

耐力壁とみなせる最低限の幅は、筋かいならば900㎜以上で、高さとの比が1／3.5以上とする。一方、構造用合板などの面材の場合、幅は600㎜以上、高さとの比は1／5.0以上［図1］。耐力壁は無開口が原則だが、換気口程度の小開口ならば、補強を行えば耐力壁とみなせる［図2］。

筋かいは、圧縮筋かいと引張筋かいで耐力が異なる性質がある。鉄筋ブレースや90㎜角以下の筋かいではその耐力差が顕著であるため、たすき掛けにするか、同一構面内で一対となるように配置して、左右に揺すられたときに建物の耐力に強弱の差ができないように配慮する。

面材耐力壁では、釘の径や間隔に注意する。釘は長さが短くなると径も細くなり、所定の耐力が得られないため、面材の厚さより釘が長い場合は、面材から出た部分を90度曲げておく。

釘の端あき距離の確保や、釘の打込みすぎにも注意する（釘の頭部が面材にめり込むと耐力が急激に低下する）［図3］。そのほか、耐力壁の上下階への影響にも留意する［図4］。

図2 耐力壁への小開口の設け方

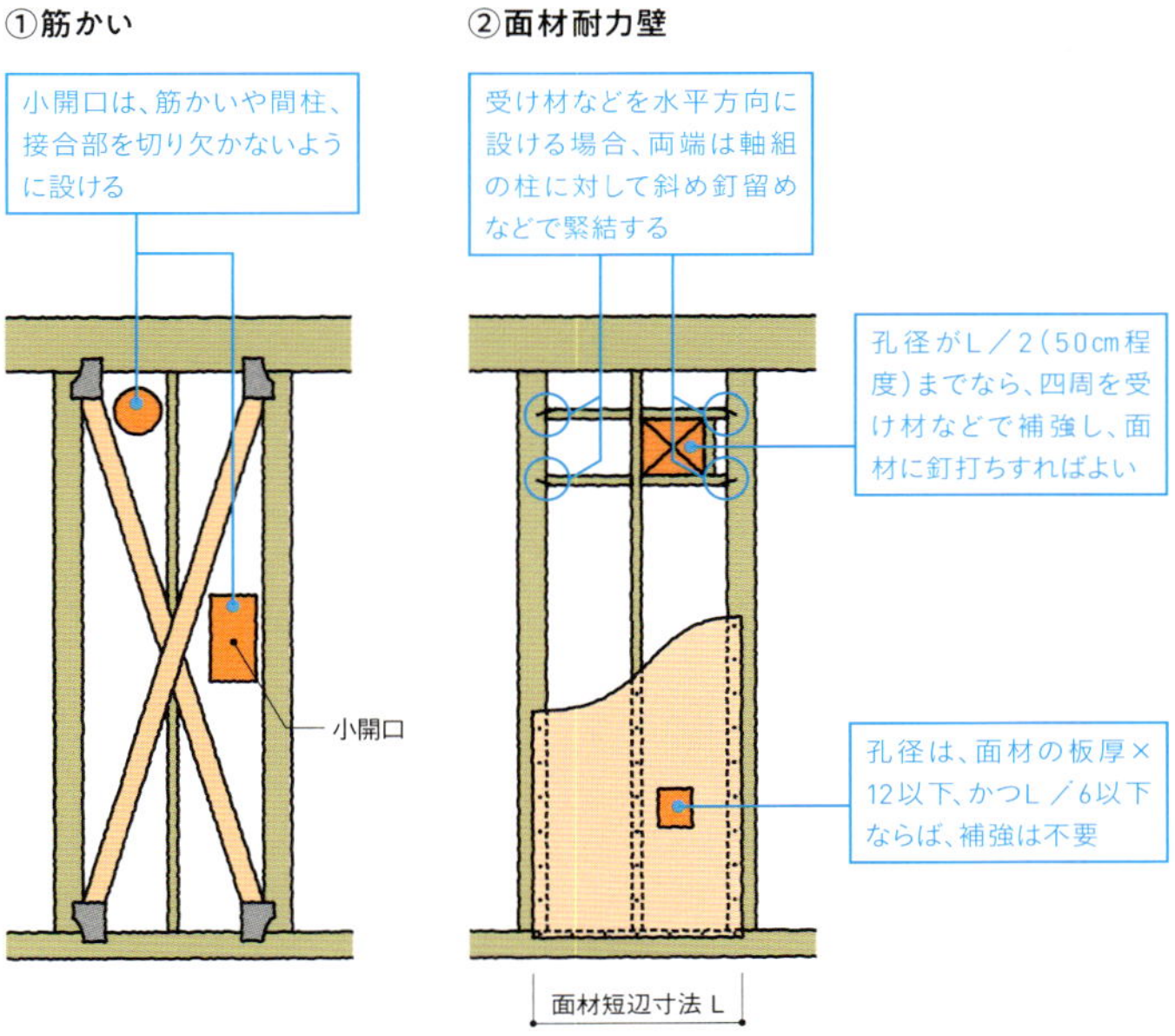
①筋かい
小開口は、筋かいや間柱、接合部を切り欠かないように設ける
小開口
②面材耐力壁
受け材などを水平方向に設ける場合、両端は軸組の柱に対して斜め釘留めなどで緊結する
孔径がL／2（50㎝程度）までなら、四周を受け材などで補強し、面材に釘打ちすればよい
孔径は、面材の板厚×12以下、かつL／6以下ならば、補強は不要
面材短辺寸法 L

図3 釘接合部でよくある問題

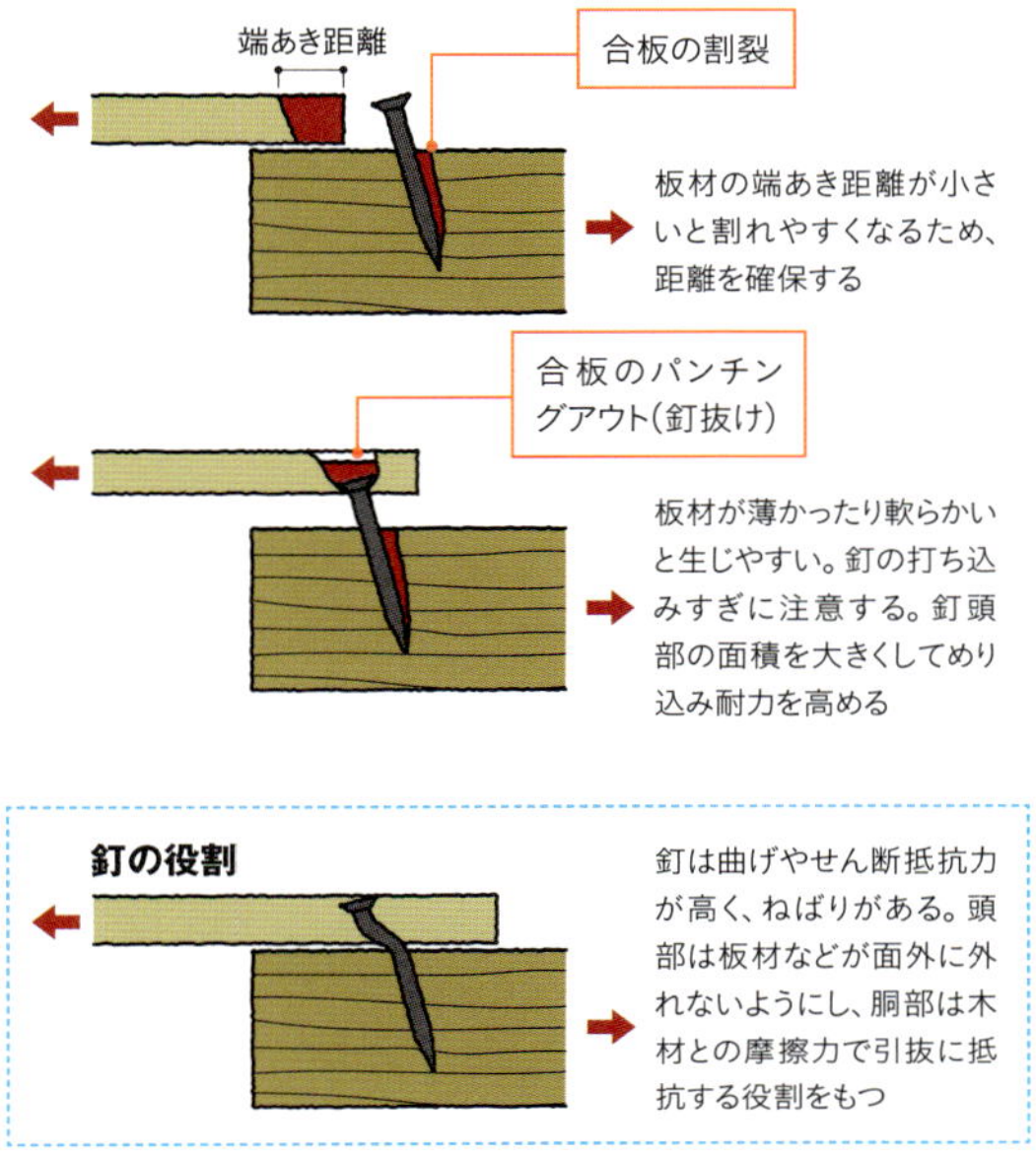
端あき距離
合板の割裂
板材の端あき距離が小さいと割れやすくなるため、距離を確保する
合板のパンチングアウト（釘抜け）
板材が薄かったり軟らかいと生じやすい。釘の打ち込みすぎに注意する。釘頭部の面積を大きくしてめり込み耐力を高める
釘の役割
釘は曲げやせん断抵抗力が高く、ねばりがある。頭部は板材などが面外に外れないようにし、胴部は木材との摩擦力で引抜に抵抗する役割をもつ

図4 耐力壁の配置は、軸組図でもチェックする

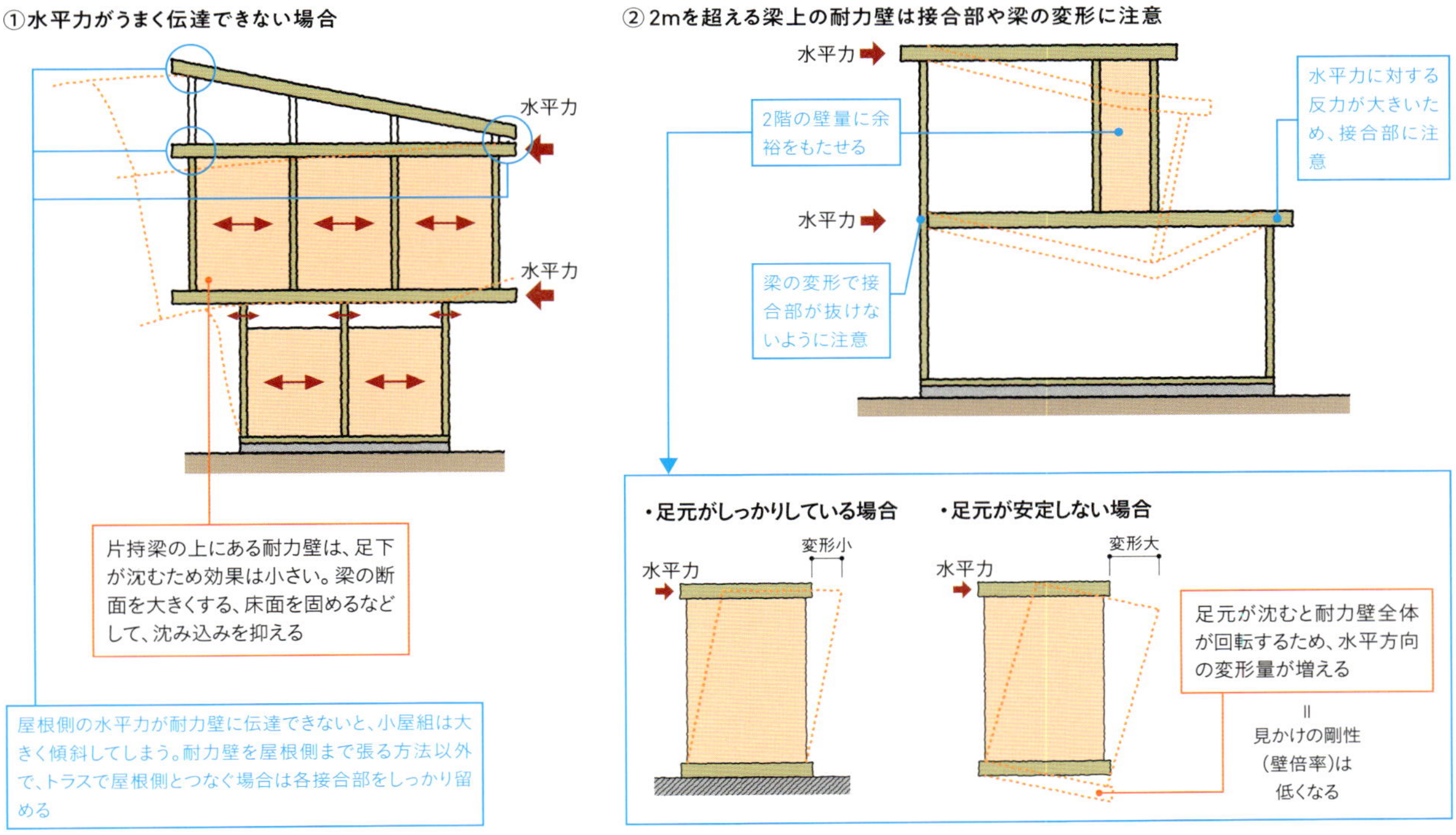
①水平力がうまく伝達できない場合
水平力
水平力
片持梁の上にある耐力壁は、足下が沈むため効果は小さい。梁の断面を大きくする、床面を固めるなどして、沈み込みを抑える
屋根側の水平力が耐力壁に伝達できないと、小屋組は大きく傾斜してしまう。耐力壁を屋根側まで張る方法以外で、トラスで屋根側とつなぐ場合は各接合部をしっかり留める
②2mを超える梁上の耐力壁は接合部や梁の変形に注意
水平力
2階の壁量に余裕をもたせる
水平力に対する反力が大きいため、接合部に注意
水平力
梁の変形で接合部が抜けないように注意
・足元がしっかりしている場合
水平力
変形小
・足元が安定しない場合
水平力
変形大
足元が沈むと耐力壁全体が回転するため、水平方向の変形量が増える
॥
見かけの剛性（壁倍率）は低くなる

3-3
耐力壁

04 壁量計算方法が風と地震で異なるのはなぜ?

**風圧力は風を受ける見付面積に係数を乗じる。
一方、地震力は建物重量に比例し、建物重量は床面積にほぼ比例するため、
地震力の壁量計算は床面積に係数を乗じている**

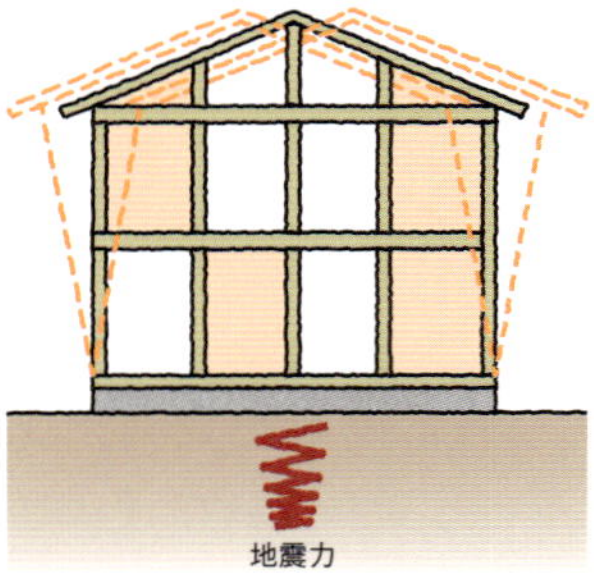

地震力に対する必要壁量は、必要壁量係数×床面積で、XY方向とも同じ値になる

図1 壁量は 耐力の合計>水平力とする

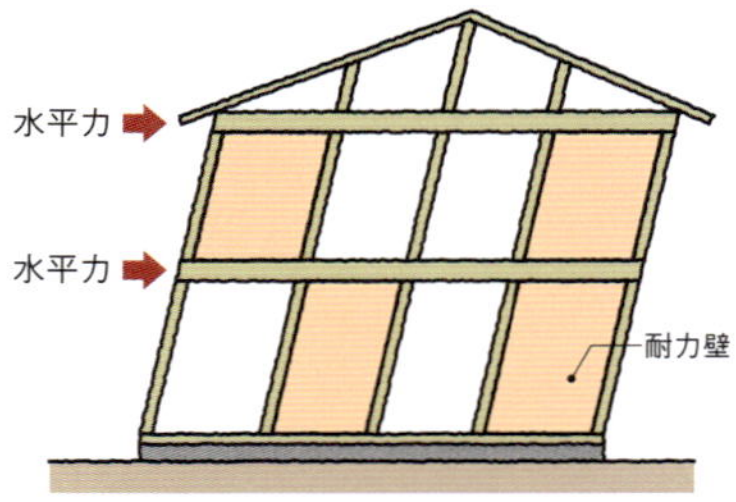

水平力に抵抗するため、壁の耐力の合計>水平力となるよう壁の量を増やす

図2 各階の耐力壁が負担する荷重範囲

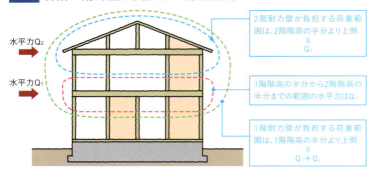

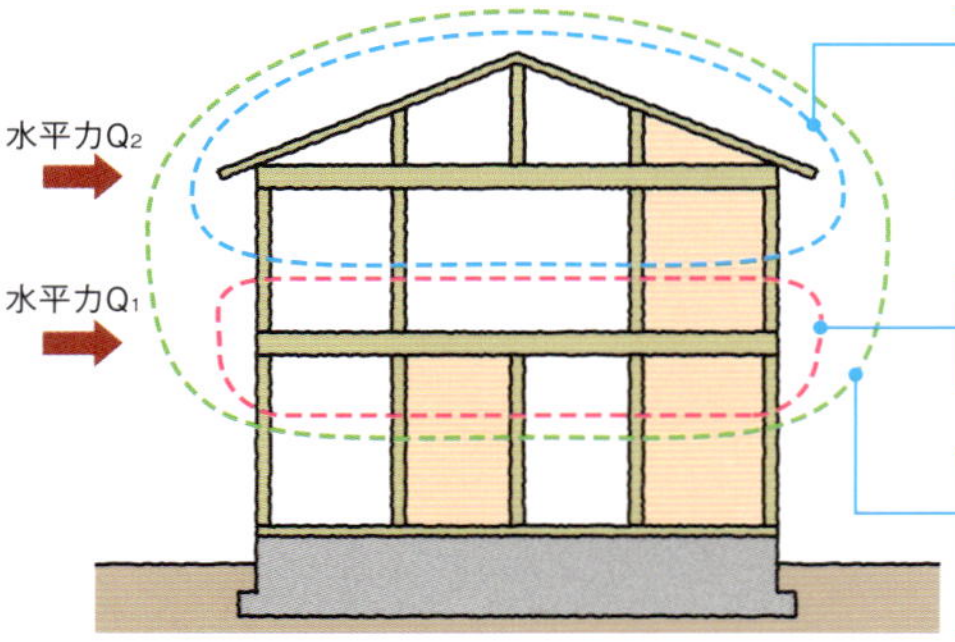

図3 見付面積の算定方法

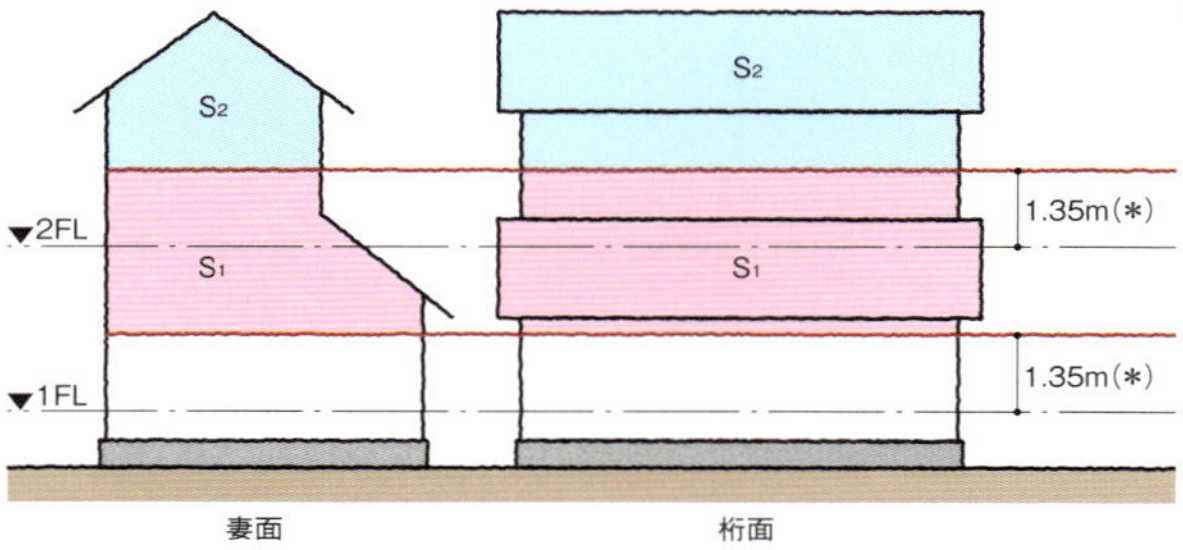

* 1.35mの値は、階高を2.7mと仮定したときの半分の高さからきている

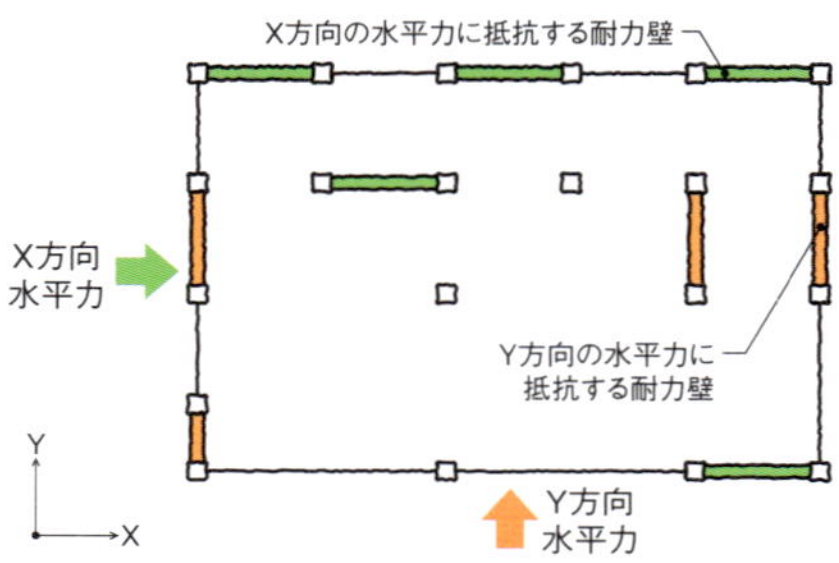

表1 地震力に対する必要壁量[※1](2025年3月末までの令46条4項表2)

建物	床面積に乗ずる数値(cm／㎡)		
軽い屋根	11	15 29	18 34 46
重い屋根	15	21 33	24 39 50

地震力は下階になるほど係数が大きくなる

注:特定行政庁が指定する軟弱地盤区域の場合は1.5倍にする

表2 風圧力に対する必要壁量(昭56建告1100号第三第1項第二号)

	区域	見付面積に乗ずる数値(cm／㎡)
(1)	一般地域	50
(2)	特定行政庁が指定する地域	特定行政庁が定める数値(50を超え75以下)

係数が1、2階とも同じだが、見付面積を加算している(2階:S2、1階:S2+S1)ので、1階の必要壁量は2階より大きくなる

　壁量計算は、建物の水平耐力(存在壁量)が、建物に作用する水平力(必要壁量)を上回ることを確認する簡易計算である[図1]。耐力壁が負担する水平力の範囲は、図2・3に示すように、その階高の半分より上、となる(見付面積算定時の1・35mは、法規制定当時の階高が一般的に2.7mで、その半分以上という意味である)。

　必要壁量とは建物に作用する水平力を換算したもので、地震力と風圧力に対してそれぞれ必要壁量の値が決められている。

　許容応力度計算では、建物重量に係数を乗じて地震力を求める。建物重量は床面積にほぼ比例することから、簡易計算の壁量計算では、地震力の必要壁量係数を床面積に乗じた値としている[表1]。一方、許容応力度計算の風圧力は、受風面積(見付面積)に係数を乗じて求め、壁量計算も同様としている[表2]。地震力の必要壁量は床面積に比例するため、X・Y方向とも同じ値だが、風圧力は見付面積に比例するため、方向で値が異なる。

※1 近年は仕上げの種類や建物形状が多様化していることから、2025年4月1日以降は実際の建物重量を集計して地震力を算出する方法に改正された(昭56建告1100号第三第1項第一号)

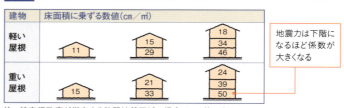

3-3
耐力壁

05

壁量検討用の床面積の算定で注意することは?

検討する階の階高の半分より上を見て、重量が重くなる要因があればその面積を加算する

壁量計算における床面積の算入・不算入の範囲は、建築面積や延べ面積とは異なり、「見上げ」で考える

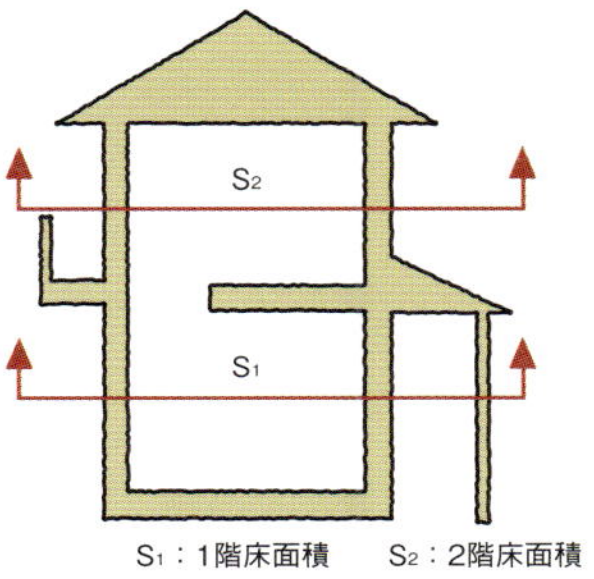
S2
S1
S1：1階床面積　S2：2階床面積

図　床面積の算定で入れるもの、入れないもの

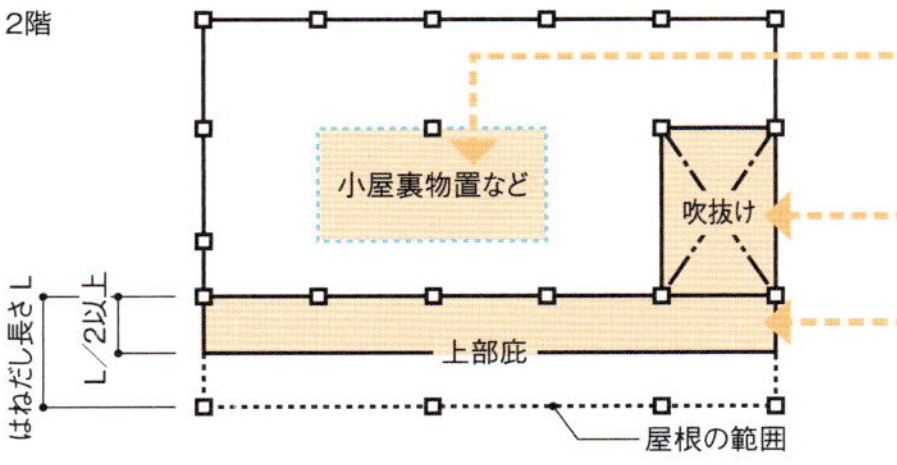
2階
小屋裏物置など
吹抜け
上部庇
屋根の範囲
はねだし長さL
L／2以上

❶ 小屋裏の考え方

小屋裏利用の物置など(昭56建告1100号第三第2項)
a＝A×h／2.1[＊]
a：階の床面積に加える面積(㎡)
A：当該物置などの水平投影面積(㎡)
h：当該物置などの内法高さの平均値(平均天井高)(m)
ただし、同一階に複数個の物置などを設ける場合はそれぞれのhの最大値をとる

＊ Aの面積が、Aがある階の床面積の1／8以下の場合、a＝0とすることができる

❷ 吹抜けの考え方

上に屋根があるため、2階の床面積に算入

❸ 玄関の考え方

上に屋根があるため、1階の床面積に算入

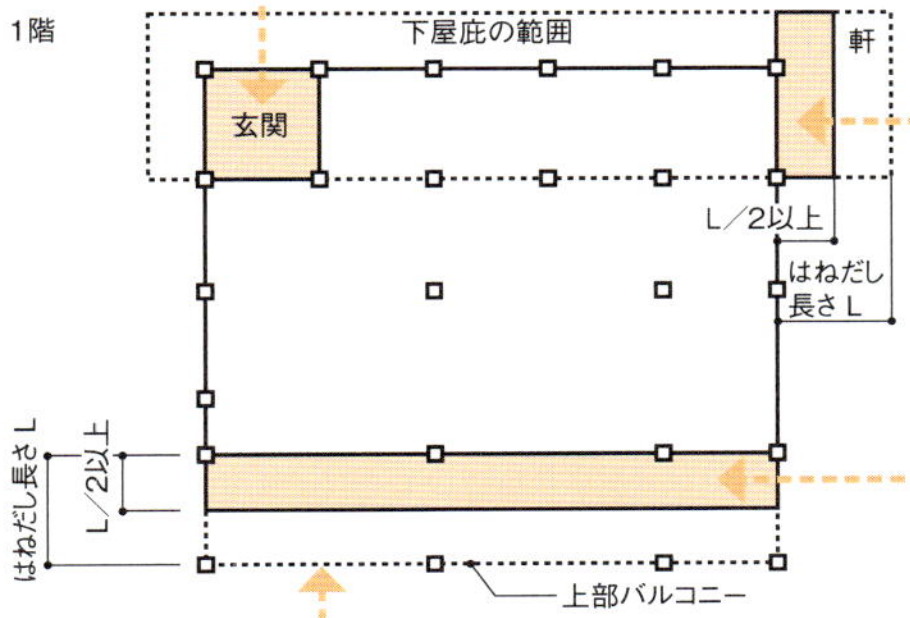
1階
下屋庇の範囲
軒
玄関
L／2以上
はねだし長さL
はねだし長さL
L／2以上
上部バルコニー

❹ 軒や庇の出の考え方

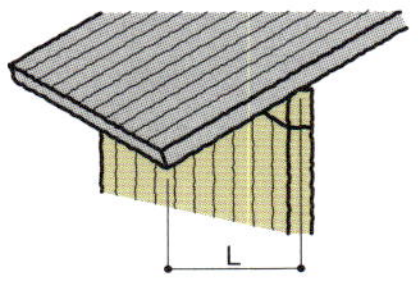
L

・床面積に乗ずる値を算出するときは床面積に算入しなくてもよい
・必要壁量を算出するときはL／2以上を床面積に算入
・実荷重を算出するときはすべて算入

❺ バルコニーの床がスノコ程度の場合

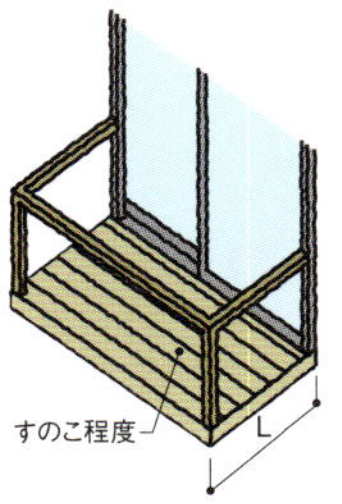
すのこ程度
L

・床面積に乗ずる値を算出するときは床面積に算入しなくてもよい
・必要壁量を算出するときはL／2以上を床面積に算入
・実荷重を算出するときはすべて算入

❻ バルコニーの仕上げがモルタル塗りなどの場合

左官材などで重い場合は、はねだし長さ(L)に関係なくすべて算入

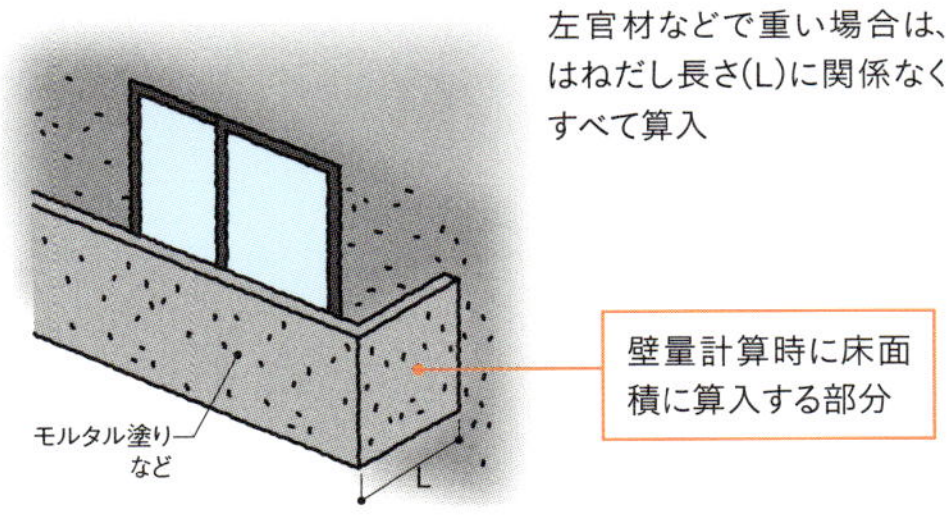
壁量計算時に床面積に算入する部分
モルタル塗りなど
L

：壁量検討用の床面積に算入される部分

壁量を検討する際の床面積の算入・不算入の考え方は、建築面積や延べ面積とは異なる。前述のように「壁量検討用の床面積」は、地震力を算定していることになるため、建物重量を考えて床面積を扱う［図］。

耐力壁が負担する水平力の範囲は108頁図2のとおりであるから、階高の半分より上にある荷重（面積）が「壁量検討用床面積」になる。

たとえば、2階建ての小屋裏に設けたロフトや物置などは、2階の耐力壁が負担しなくてはならない地震力に加算される。当然、2階に載っているものは1階にも加算される。

バルコニーは、2階の階高の半分より下にあるので、1階の床面積に加算する。

なお、「床面積に乗ずる値」を算出する際の床面積は、小屋裏物置等や庇や軽いバルコニーを加算しなくてもよいことになっているが、必要壁量（必要な壁長さ）を算出する際は、これらの面積を算入する必要がある。

3-3
耐力壁

06 建物にねじれが起きるのはどんな場合?

耐力壁のバランスが悪いと、建物が長方形でも水平力に対してねじれが生じる

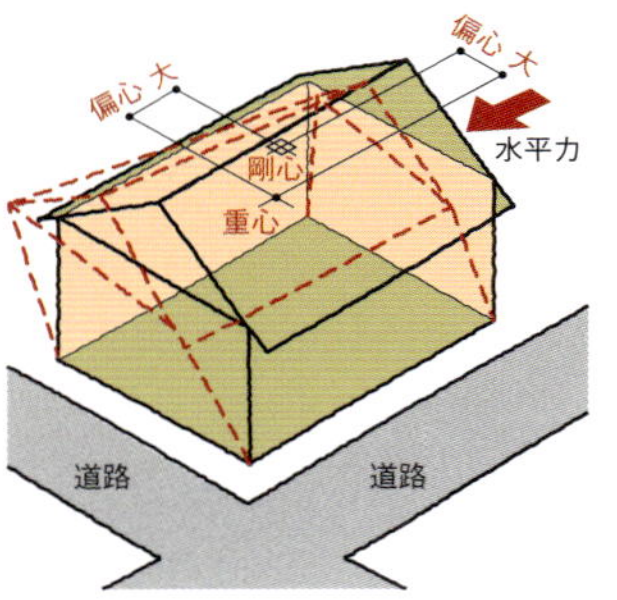

偏心大
偏心大
剛心
重心
水平力
道路
道路

2方向道路に面して大開口を設けた建物では、地震時にねじれが生じて倒壊したりする。耐力壁の配置に注意が必要

図1 耐力壁の配置のキホン

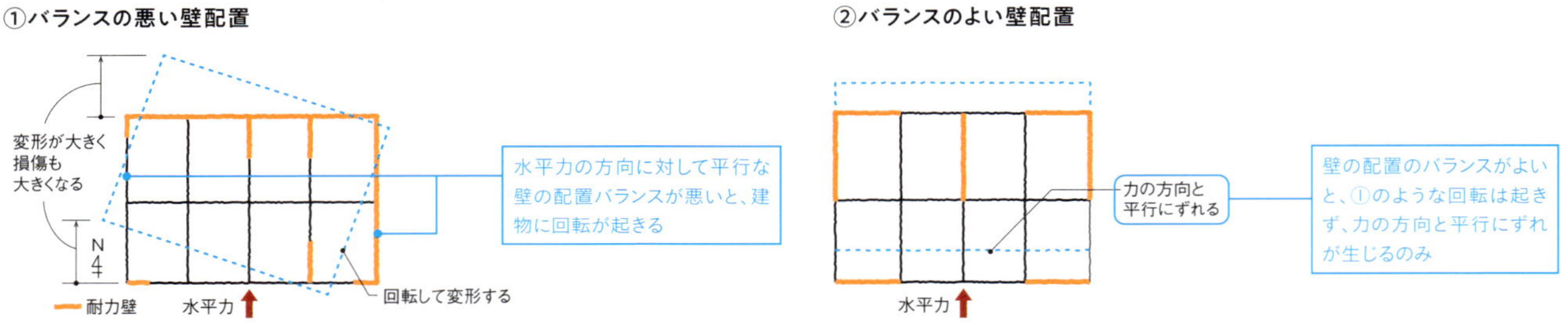

①バランスの悪い壁配置
変形が大きく損傷も大きくなる
N/4
耐力壁
水平力
回転して変形する
水平力の方向に対して平行な壁の配置バランスが悪いと、建物に回転が起きる
②バランスのよい壁配置
力の方向と平行にずれる
水平力
壁の配置バランスがよいと、①のような回転は起きず、力の方向と平行にずれが生じるのみ

図2 ねじれが起きやすい狭小間口プランと対策

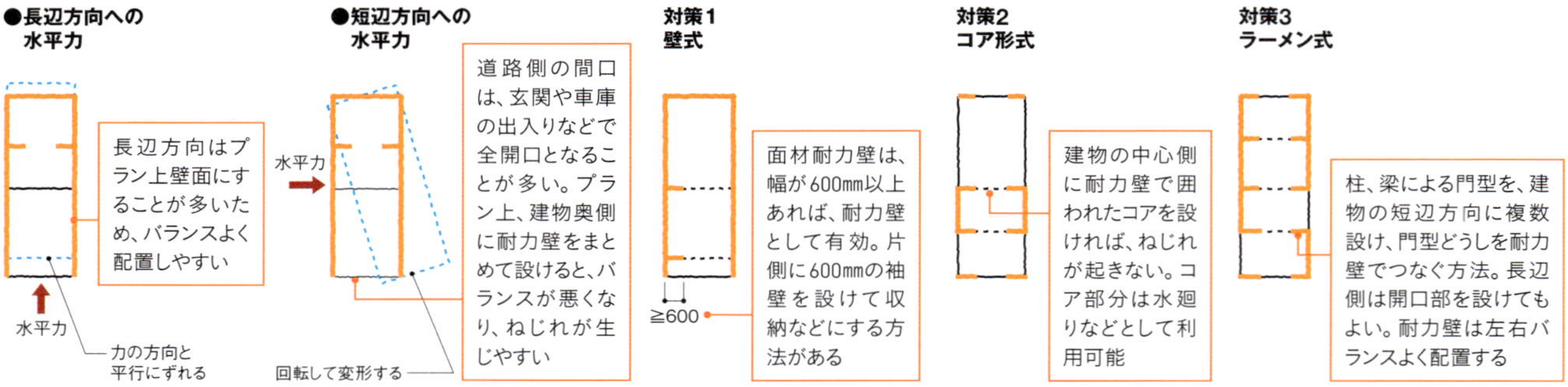

●長辺方向への水平力
長辺方向はプラン上壁面にすることが多いため、バランスよく配置しやすい
水平力
力の方向と平行にずれる
●短辺方向への水平力
水平力
回転して変形する
道路側の間口は、玄関や車庫の出入りなどで全開口となることが多い。プラン上、建物奥側に耐力壁をまとめて設けると、バランスが悪くなり、ねじれが生じやすい
対策1 壁式
≧600
面材耐力壁は、幅が600mm以上あれば、耐力壁として有効。片側に600mmの袖壁を設けて収納などにする方法がある
対策2 コア形式
建物の中心側に耐力壁で囲われたコアを設ければ、ねじれが起きない。コア部分は水廻りなどとして利用可能
対策3 ラーメン式
柱、梁による門型を、建物の短辺方向に複数設け、門型どうしを耐力壁でつなぐ方法。長辺側は開口部を設けてもよい。耐力壁は左右バランスよく配置する

図3 4分割法 存在壁量と必要壁量の算定方法(各階・各方向について算定)

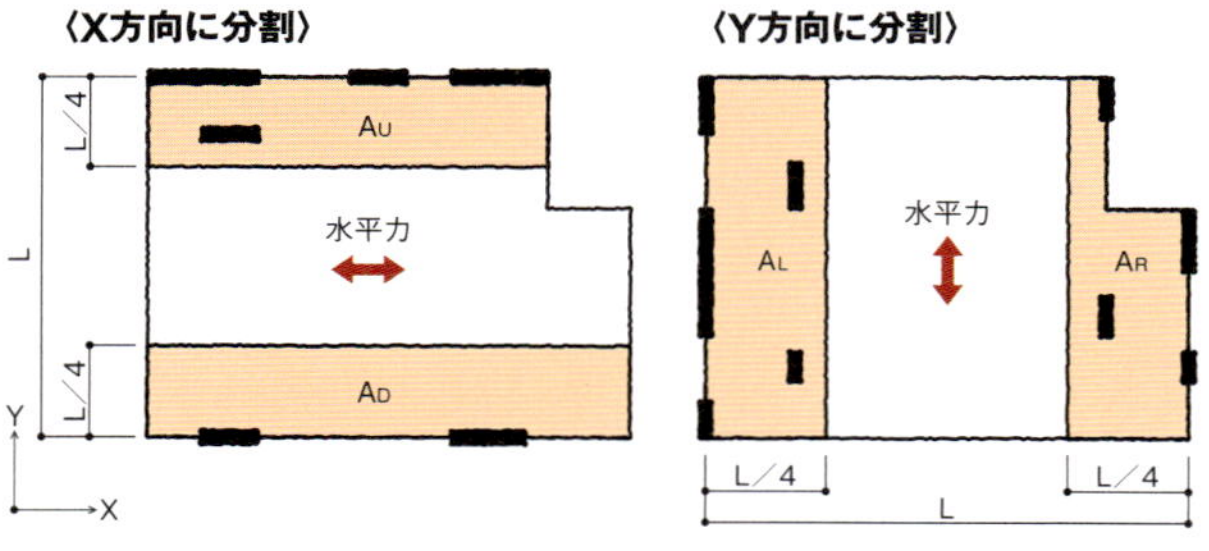

〈X方向に分割〉
L/4
AU
水平力
L
L/4
AD
Y
X
〈Y方向に分割〉
AL
水平力
AR
L/4
L/4
L

凡例:U:上側端部、D:下側端部、L:左側端部、R:右側端部
必要壁量:側端部分(　部分)の床面積×地震力に対する必要壁量
存在壁量:側端部分(　部分)に存在する耐力壁の長さ×壁倍率

・X方向の水平力
上下に4分割:X方向の壁や配置を見る
・Y方向の水平力
左右に4分割:Y方向の壁や配置を見る

・壁量充足率の算定

$$\text{壁量充足率}=\frac{\text{存在壁量}}{\text{必要壁量}}$$

注:充足率が両端とも1を超える場合、壁率比のチェック不要

・壁率比のチェック[※]

$$\text{壁率比}=\frac{\text{壁量充足率(小さいほうの数値)}}{\text{壁量充足率(大きいほうの数値)}}\geqq 0.5$$

小さい数値が大きい数値の1/2以上であればOK

壁量が足りている建物でも、耐力壁が偏って配置されていると、耐力壁に均等に力が流れず、ねじれて倒壊することがある[35頁写真⑥、⑦]。たとえば、南側を開放して北側に壁を多く配置したプランなどでは、水平力が作用すると建物にねじれが生じる[図1①]。

市街地などに多い狭小間口の建物も要注意だ。長辺方向に働く水平力に対しては問題ないが、短辺方向に揺すられると、ねじれて倒壊につながる危険性が高くなる[図2]。このような危険を避けるには、収納などの仕切壁を耐力壁として、分散あるいはコア形式に配置[図2対策1、2]する対策や、短辺方向をラーメン架構とする[図2対策3]対応などが必要となる。

木造住宅用に考案された、ねじれを防ぐ簡易な検討方法として、「耐力壁を釣合いよく配置する規定」(昭56建告1100号第4)があり、4分割法と呼ばれる[図3]。この方法は、建物の長さを4等分し、その側端部分にある壁量の充足率とバランスをチェックするものである。

※ 充足率が両端とも1を超えて壁率比が0.5未満の場合、偏心はしているのでねじれは生じるが、その値が小さいため、検討は省略可能。ただし、耐力壁に水平力(地震力や風圧力)を無理なく均等に伝達させるように、配置計画を行う

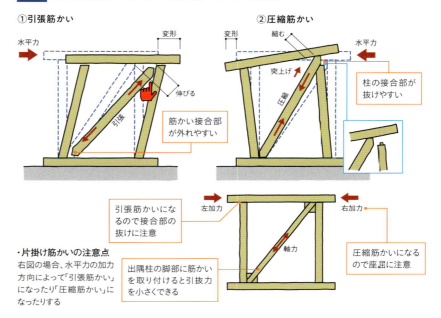

3-3
耐力壁

07

引抜力がかかるとき配慮すべきことは?

常時荷重の負担が少ない出隅部分の壁倍率は低めに、負担荷重が大きい部分の壁倍率は高くする

引抜力を小さく抑えるため、出隅部は片掛け筋かい、中央部はたすき掛け筋かいとしている

図2 耐力面材に水平力が働くときの変形

①アンカーボルトで固定していない場合

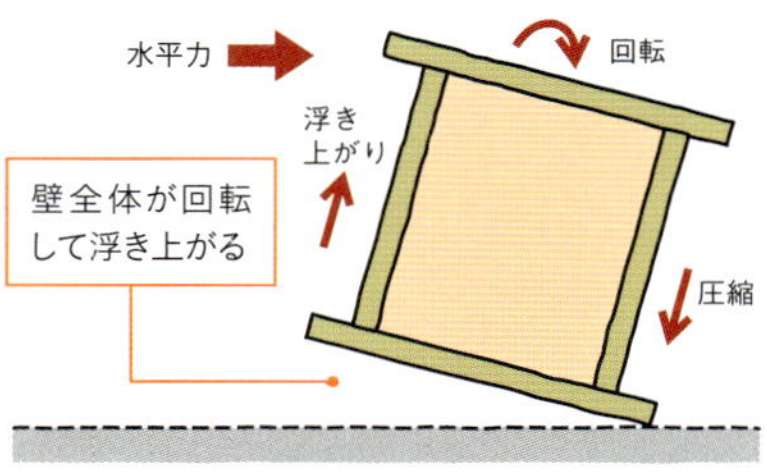
水平力
回転
浮き上がり
壁全体が回転して浮き上がる
圧縮

②アンカーボルトで固定した場合

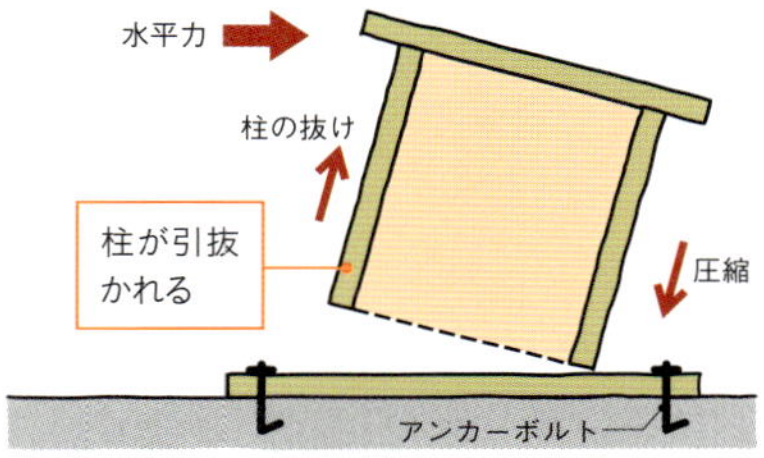
水平力
柱の抜け
柱が引抜かれる
圧縮
アンカーボルト

図1 片掛け筋かいに水平力が働くときの変形

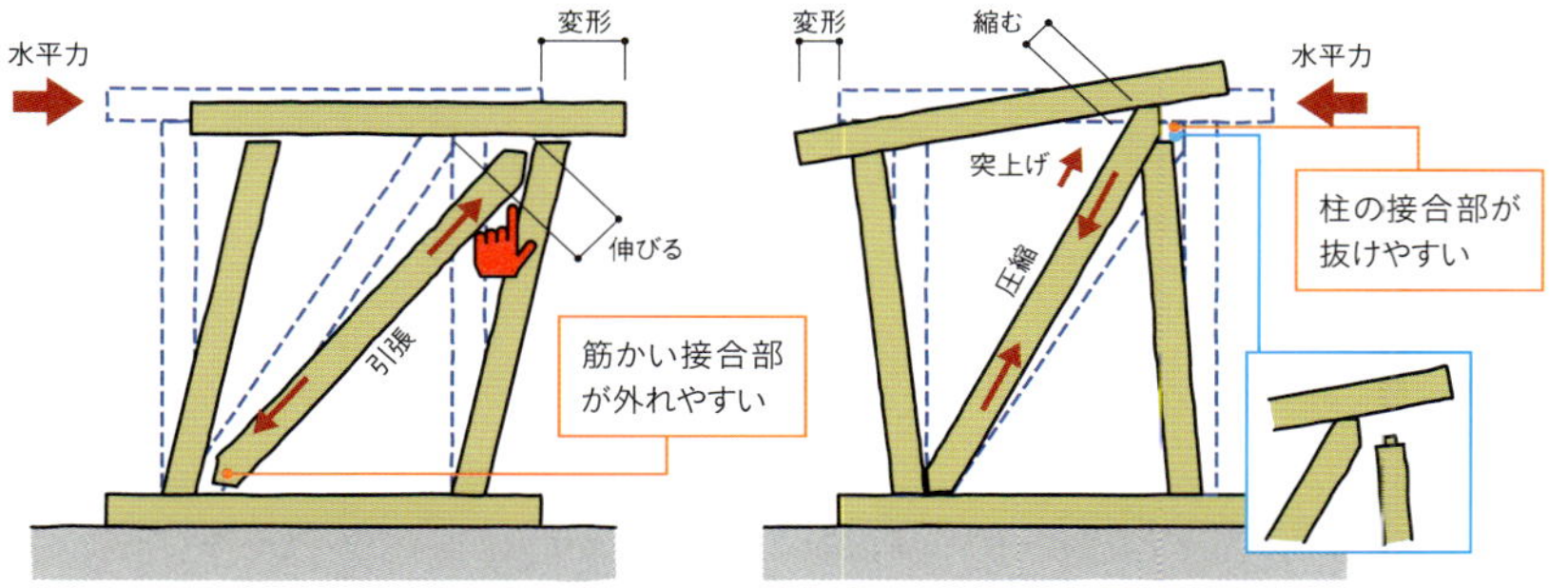
①引張筋かい
水平力
変形
伸びる
引張
筋かい接合部が外れやすい
②圧縮筋かい
変形
縮む
水平力
突上げ
圧縮
柱の接合部が抜けやすい

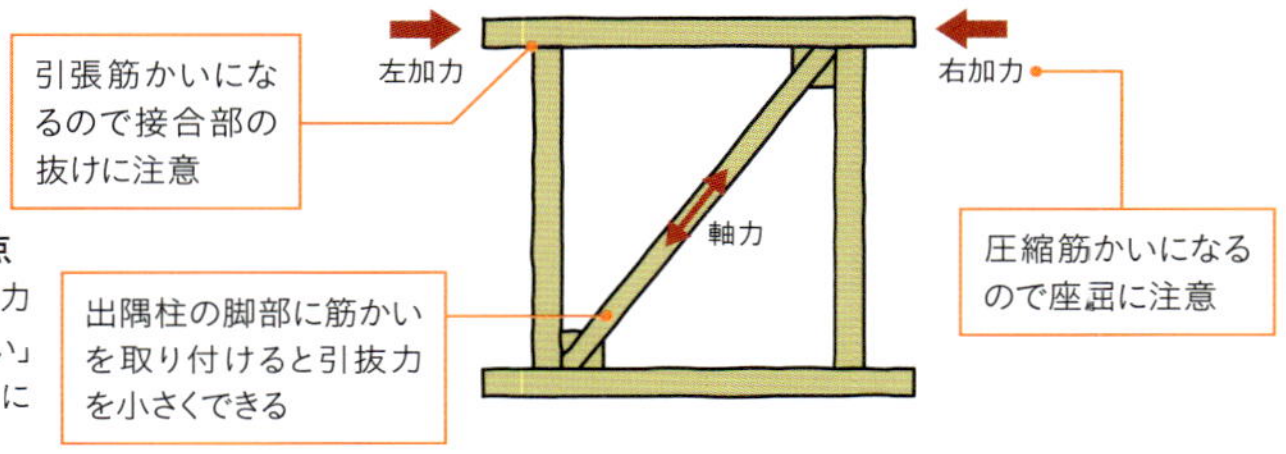
左加力
右加力
引張筋かいになるので接合部の抜けに注意
軸力
圧縮筋かいになるので座屈に注意
出隅柱の脚部に筋かいを取り付けると引抜力を小さくできる

・片掛け筋かいの注意点
右図の場合、水平力の加力方向によって「引張筋かい」になったり「圧縮筋かい」になったりする

図3 引抜力を押さえる常時荷重の負担範囲

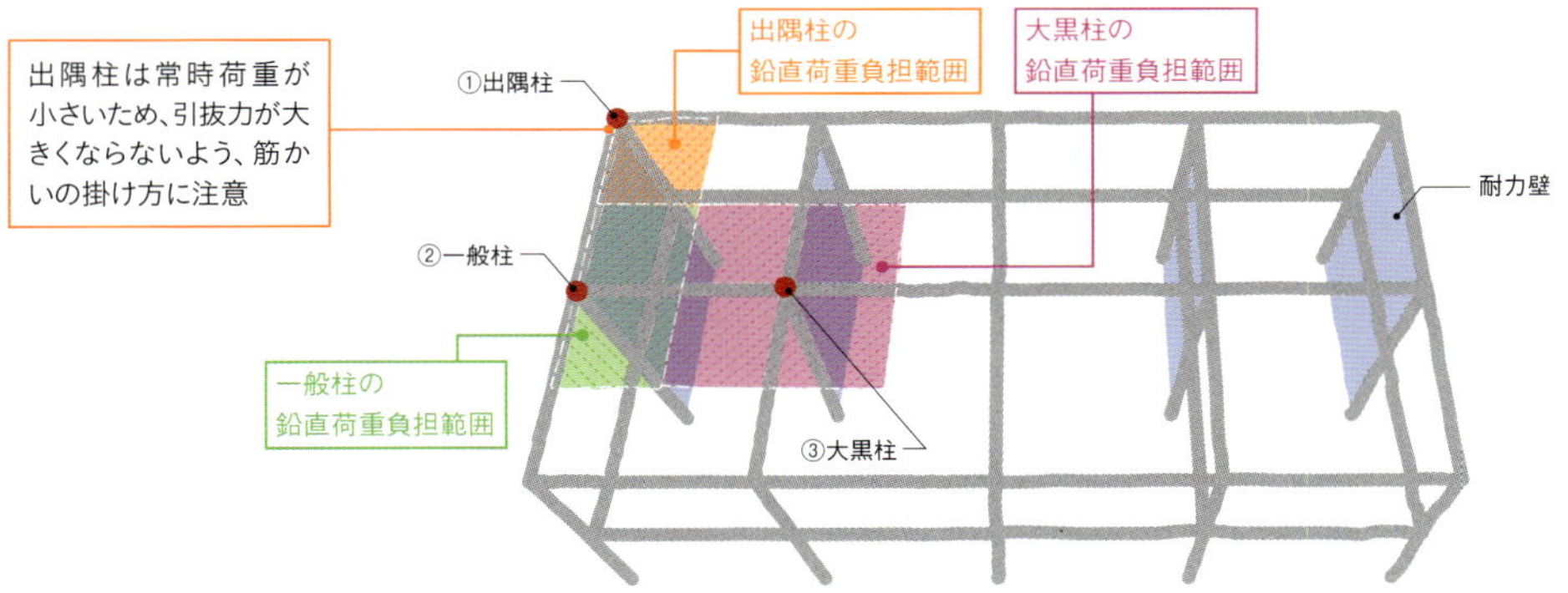
出隅柱は常時荷重が小さいため、引抜力が大きくならないよう、筋かいの掛け方に注意
①出隅柱
出隅柱の鉛直荷重負担範囲
大黒柱の鉛直荷重負担範囲
耐力壁
②一般柱
一般柱の鉛直荷重負担範囲
③大黒柱

耐力壁に水平力が作用すると、図1の力が働く。水平力が左から作用すれば、左側の柱には引張力、右側の柱には圧縮力が働く。また、軸組の対角が伸びる方向に筋かいがあれば引張力が、縮む方向にあれば圧縮力がそれぞれ働く。水平力は左右交互に作用するので、右から水平力が作用したときは、逆の応力が働くことになる。

柱には自重などの常時荷重も作用しているので、引抜力は引張力から常時荷重を差し引いた値となる。常時荷重が小さい出隅柱は引抜が生じやすい[図3]ため、出隅柱の脚部に片掛け筋かいを取り付け、引抜力を小さくするなど配慮したい。

また、引抜力は壁の強さと高さに比例するため、壁倍率の値が大きいほど、壁高さが高いほど引抜力は大きくなる。

片掛け筋かいの場合、突上げ力が働く圧縮筋かいのほうが、引抜力が大きい。対策として、負担荷重の少ない出隅部分の壁倍率を低めに抑え、負担荷重が大きい部分の壁倍率を高くするとよい。

3-3
耐力壁

08 アンカーボルトの設置方法で注意点はある？

水平力による引抜力への抵抗のほか、横ずれによるせん断力への抵抗も考慮する

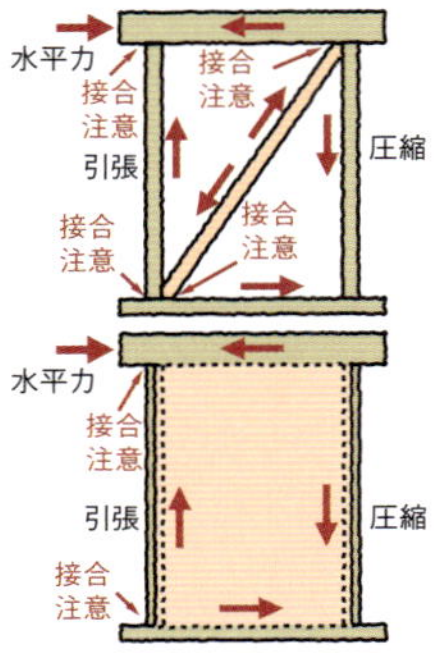

耐力壁まわりの接合部には、引抜力やせん断力が生じる

図2 アンカーボルトの設置位置

①耐力壁の両端の柱下部に近接した位置

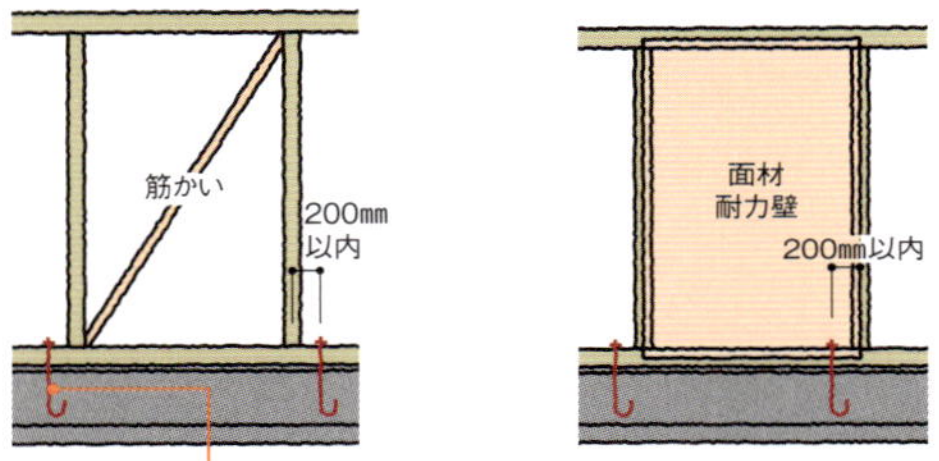

柱からアンカーボルトが離れるほど、曲げ応力は大きくなるため、柱心から200㎜以内で対応する

②土台端部

③土台継手部分

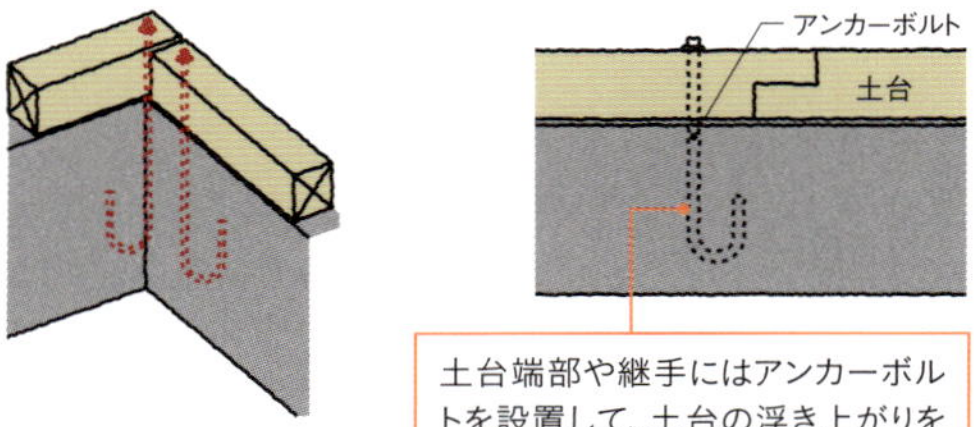

土台端部や継手にはアンカーボルトを設置して、土台の浮き上がりを押さえ、水平力を基礎に伝達する

④上記①～③以外は3m以下のピッチ（3階建てでは2m以下）

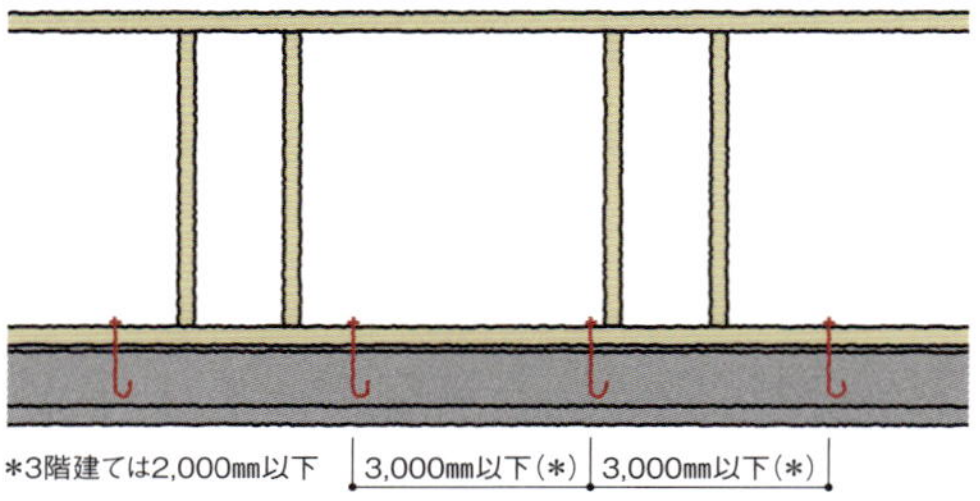

*3階建ては2,000㎜以下

図1 水平力に抵抗するアンカーボルトのメカニズム

①土台通しの場合

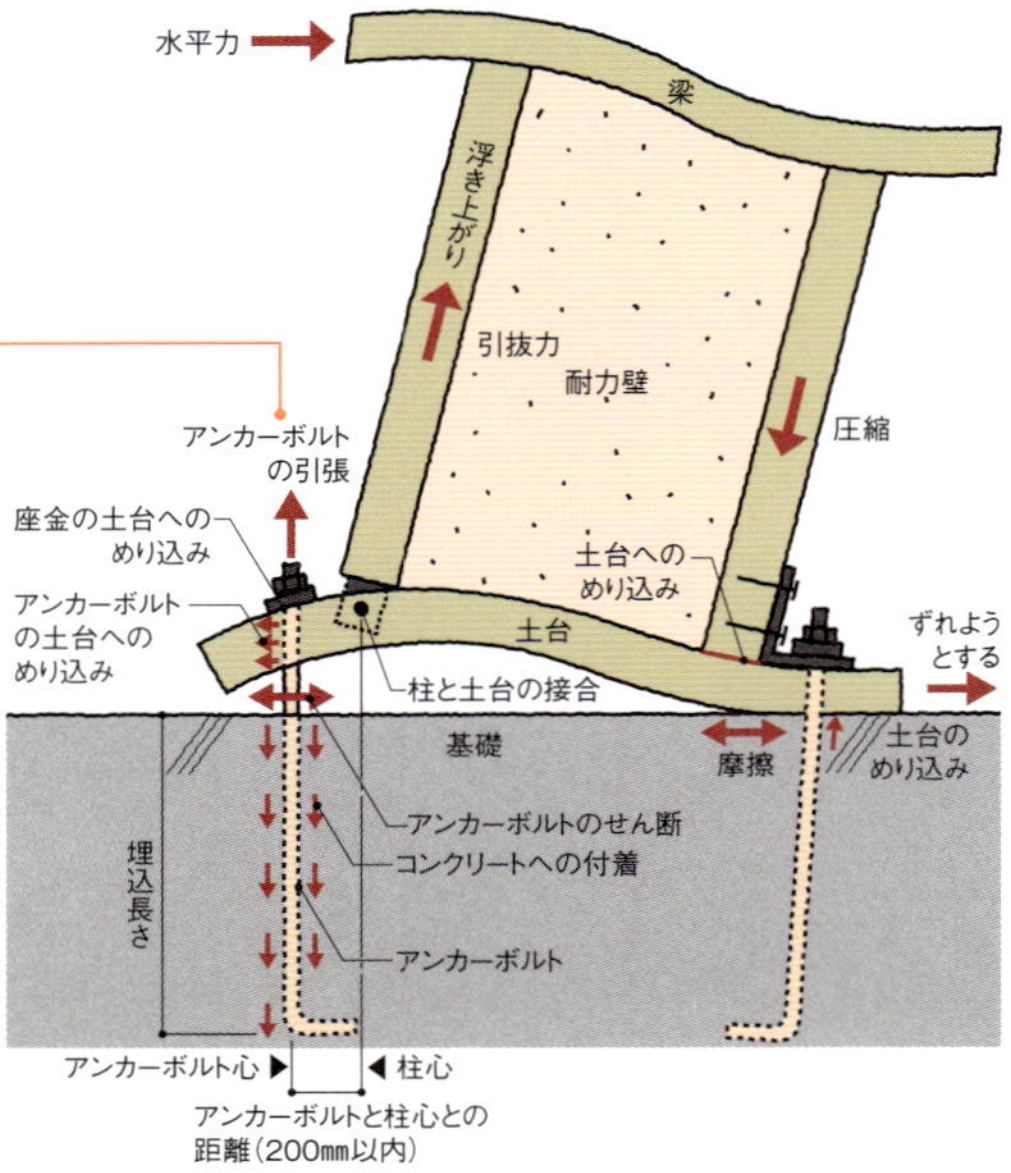

アンカーボルトに伝わった力（引抜力）を、基礎から地盤へスムーズに伝達するため、アンカーボルト自体の引張に対する抵抗力（引張耐力）と、アンカーボルトと基礎の固定度（コンクリートとの付着耐力）に注意

②柱勝ちの場合

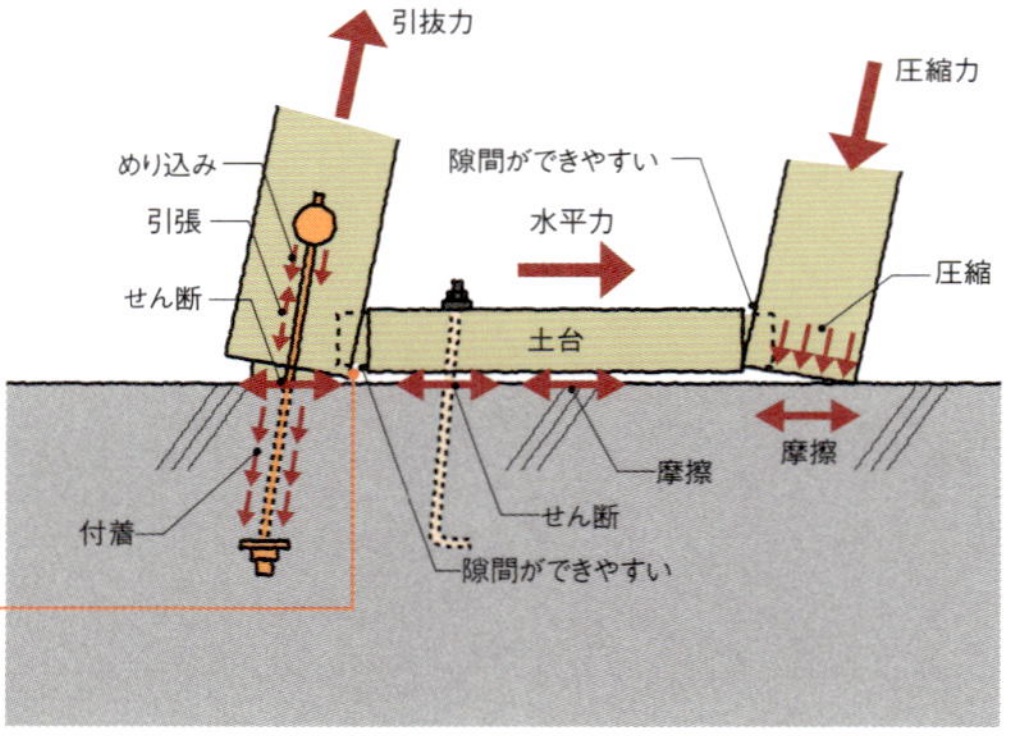

水平力を繰返し受けると、柱と土台の接合部に隙間ができてガタが生じやすい。土台を通すほうが、耐力壁の性能は安定している

アンカーボルトには、地震力や風圧力が作用したときに建物の浮き上がりやずれを防止する役割がある。

耐力壁に水平力が作用すると、耐力壁端部の一方の柱には引抜力が、他方の柱には圧縮力が生じる。同時に、土台と基礎との間には水平力が働く。

引抜力に抵抗するメカニズムは図1に示すとおりで、なかでもコンクリートとの付着耐力の確保が重要となる。そのため、アンカーボルトの埋込み長さの確保、施工時のボルトの固定が求められる。コンクリート打設時に動くものや後からボルトを埋め込んだものは、付着性能が著しく低下するため、引抜力に抵抗できない。

横ずれを防ぐため、引抜用とは別に、せん断抵抗用のアンカーボルトの設置も重要［図2］。特に壁倍率が高い壁には水平力が集中するため本数を増やす。アンカーボルトは配置が複雑である。基礎伏図や土台伏図（継手やアンカーボルト位置を記載）も描き、事前に位置やレベルなどを検討すべきだ［図3］。

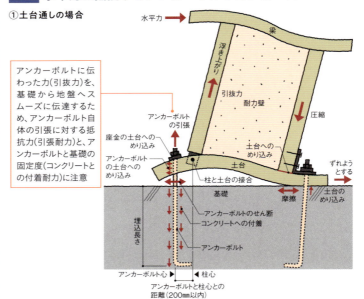

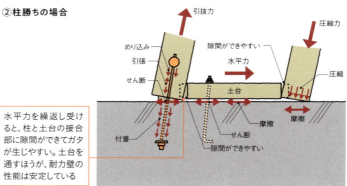

図3 アンカーボルトを設ける際の注意点

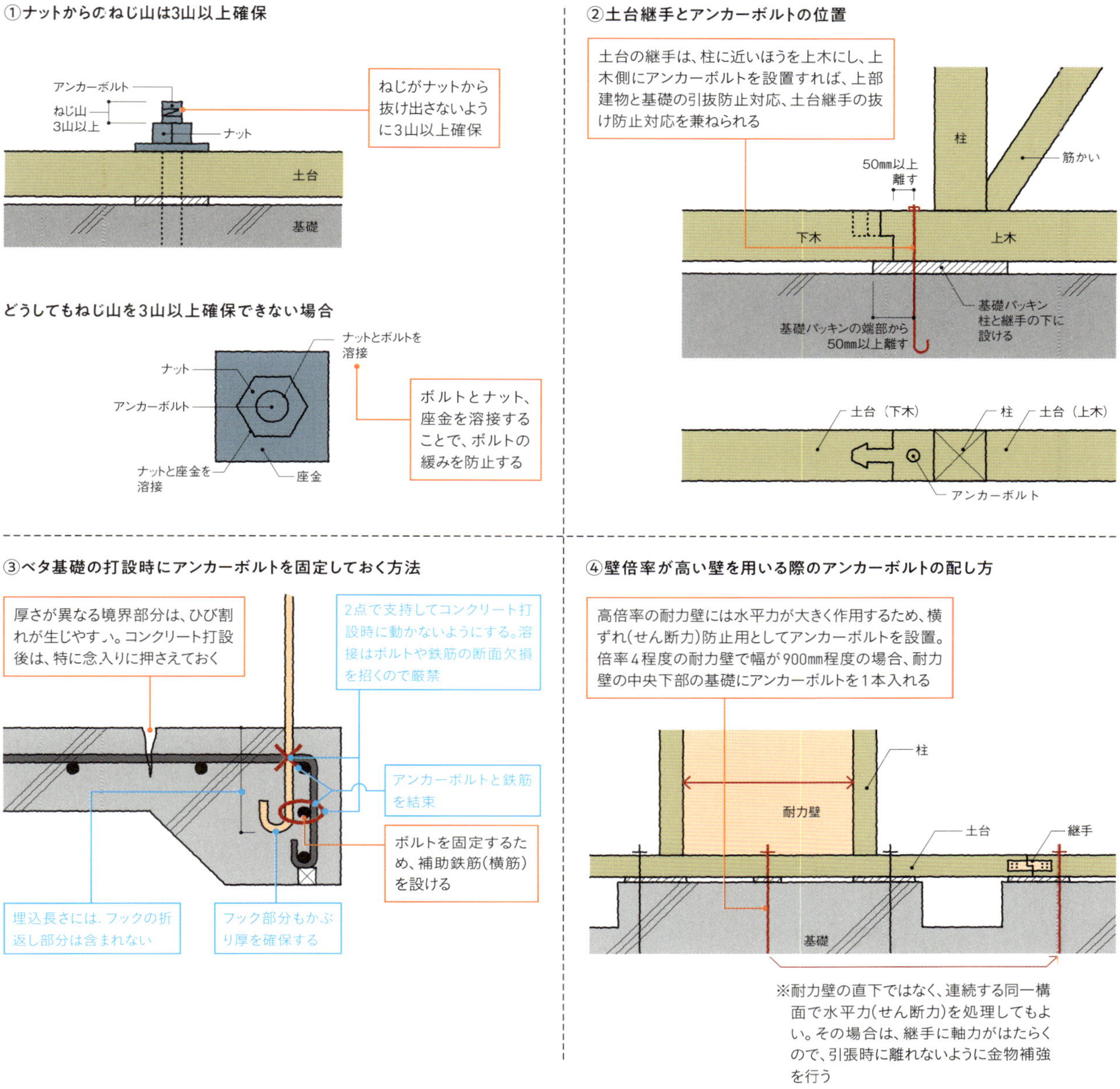
①ナットからのねじ山は3山以上確保
アンカーボルト
ねじ山
3山以上
ナット
土台
基礎
ねじがナットから抜け出さないように3山以上確保
どうしてもねじ山を3山以上確保できない場合
ナット
アンカーボルト
ナットと座金を溶接
座金
ナットとボルトを溶接
ボルトとナット、座金を溶接することで、ボルトの緩みを防止する
②土台継手とアンカーボルトの位置
土台の継手は、柱に近いほうを上木にし、上木側にアンカーボルトを設置すれば、上部建物と基礎の引抜防止対応、土台継手の抜け防止対応を兼ねられる
柱
筋かい
50㎜以上離す
下木
上木
基礎パッキンの端部から50㎜以上離す
基礎パッキン柱と継手の下に設ける
土台（下木）
柱
土台（上木）
アンカーボルト
③ベタ基礎の打設時にアンカーボルトを固定しておく方法
厚さが異なる境界部分は、ひび割れが生じやすい。コンクリート打設後は、特に念入りに押さえておく
2点で支持してコンクリート打設時に動かないようにする。溶接はボルトや鉄筋の断面欠損を招くので厳禁
アンカーボルトと鉄筋を結束
ボルトを固定するため、補助鉄筋（横筋）を設ける
埋込長さには、フックの折返し部分は含まれない
フック部分もかぶり厚を確保する
④壁倍率が高い壁を用いる際のアンカーボルトの配し方
高倍率の耐力壁には水平力が大きく作用するため、横ずれ（せん断力）防止用としてアンカーボルトを設置。倍率4程度の耐力壁で幅が900㎜程度の場合、耐力壁の中央下部の基礎にアンカーボルトを1本入れる
柱
耐力壁
土台
継手
基礎
※耐力壁の直下ではなく、連続する同一構面で水平力（せん断力）を処理してもよい。その場合は、継手に軸力がはたらくので、引張時に離れないように金物補強を行う

Column | アンカーボルトの台直しはNGです

台直《だいなお》しとは、アンカーボルトが所定の位置からずれてしまったときに、ボルトを折り曲げて無理矢理正規の位置に直すことである。

ボルトに無理な力を加えることによる品質低下も問題だが、このように折り曲げられたボルトに引抜力がかかると、まっすぐ伸びようとして、ねじれるような力が発生する。そうすると、耐力試験とは異なる応力になるため、取り付けビスが容易に外れたり、所要の耐力が発揮できなかったり、最悪の場合は柱を折ってしまうおそれもある。

位置ずれに対応できる便利な金物もあるが、上記と同様の抵抗メカニズムになることを考えると、アンカーボルトの配置も土台伏図などに描いて事前に位置を検討し、打設時には治具を用いて適切な設置を行うことが大切である。

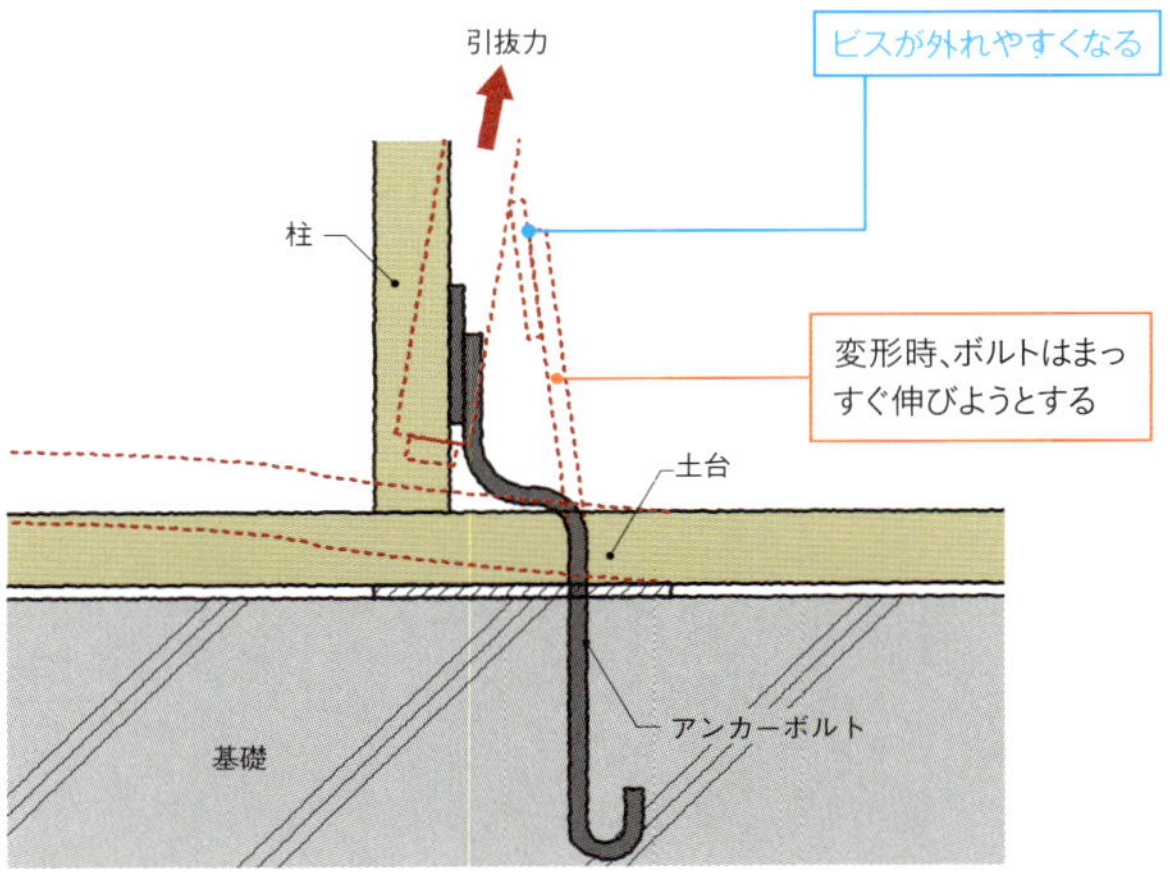
引抜力
ビスが外れやすくなる
柱
変形時、ボルトはまっすぐ伸びようとする
土台
アンカーボルト
基礎

3-4
水平構面

01

水平構面の役割とは?

鉛直荷重を支え、水平力を耐力壁に伝達する

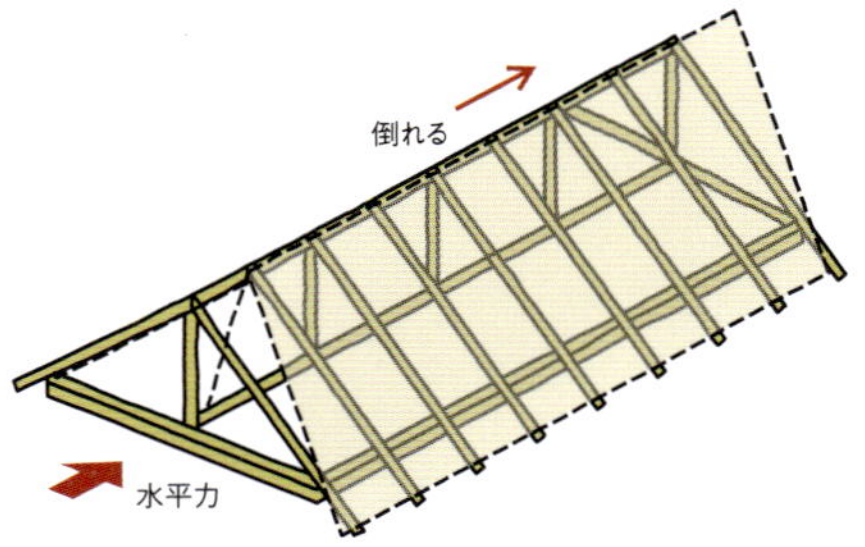

倒れる
水平力

小屋組は特に桁行方向の水平力による倒れに注意

図1 「水平構面」の2つの役割

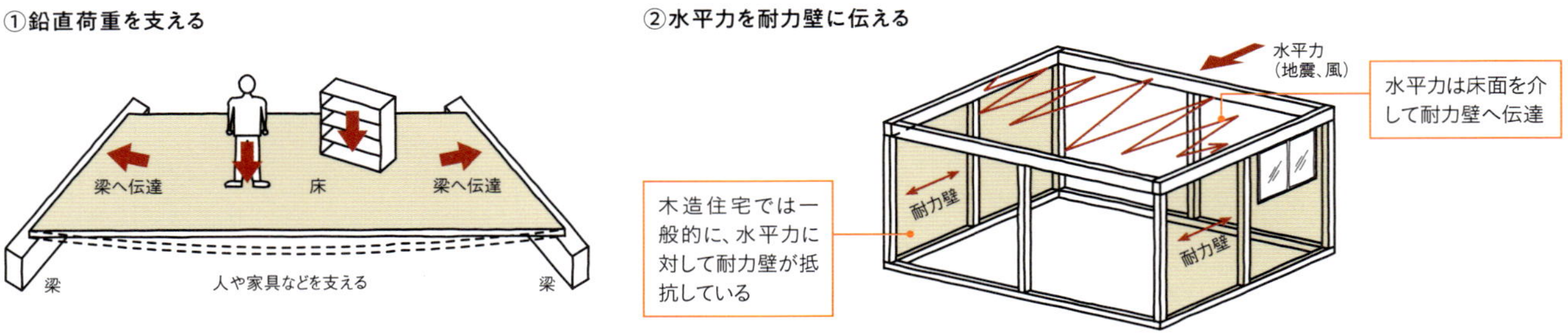

①鉛直荷重を支える
梁へ伝達
床
梁へ伝達
梁
人や家具などを支える
梁
②水平力を耐力壁に伝える
水平力
(地震、風)
水平力は床面を介して耐力壁へ伝達
木造住宅では一般的に、水平力に対して耐力壁が抵抗している
耐力壁
耐力壁

図2 小屋組の「水平剛性」を向上させる方法

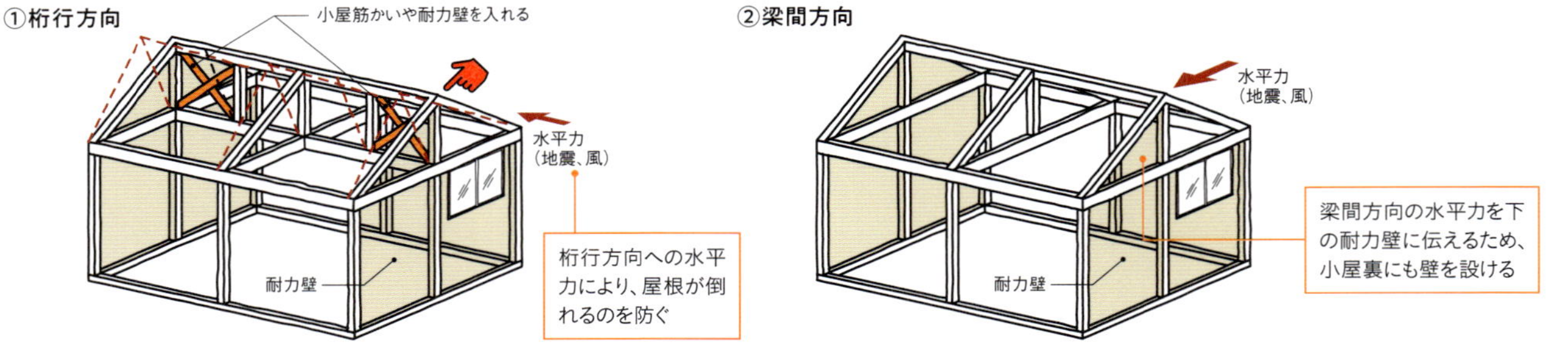

①桁行方向
小屋筋かいや耐力壁を入れる
水平力
(地震、風)
桁行方向への水平力により、屋根が倒れるのを防ぐ
耐力壁
②梁間方向
水平力
(地震、風)
梁間方向の水平力を下の耐力壁に伝えるため、小屋裏にも壁を設ける
耐力壁

図3 屋根の「水平力」を伝達するには

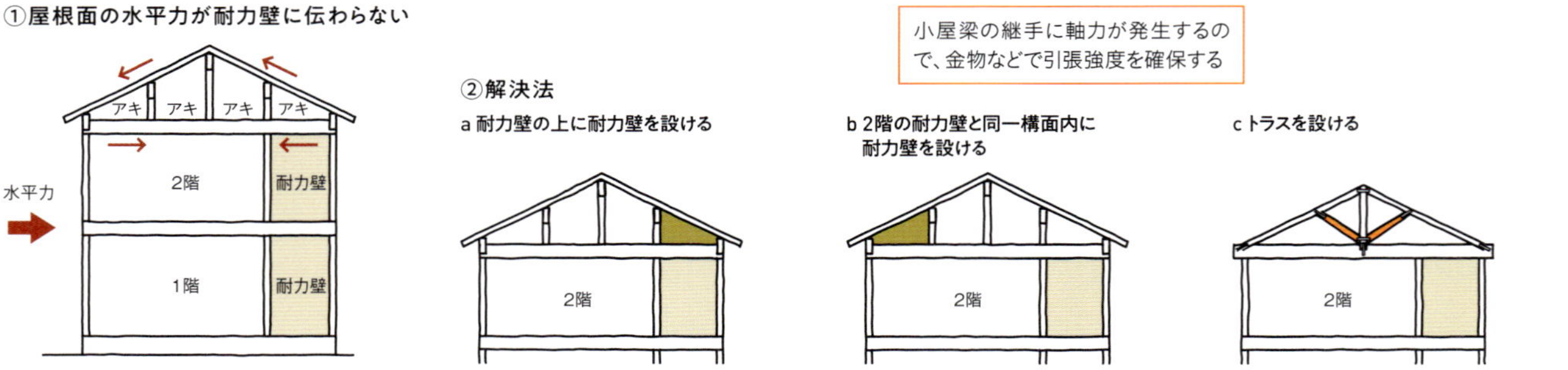

①屋根面の水平力が耐力壁に伝わらない
アキ
アキ
アキ
アキ
水平力
2階
耐力壁
1階
耐力壁
②解決法
a 耐力壁の上に耐力壁を設ける
2階
小屋梁の継手に軸力が発生するので、金物などで引張強度を確保する
b 2階の耐力壁と同一構面内に
耐力壁を設ける
2階
c トラスを設ける
2階

「水平構面」とは床組や小屋組のように、水平に配置される構成要素のこと。これは自重や積載物などの鉛直方向の荷重を支えると同時に、地震や風圧などの水平力を耐力壁に伝達する重要な役割を担っている[図1]。

特に、小屋組の場合は「風による吹上げ」を考慮しつつ、桁行方向・梁間方向それぞれに屋根にかかる水平力を2階の耐力壁に確実に伝える構造が求められる。つまり、「小屋組全体での水平剛性」を意識する必要があるのだ[図2]。

たとえば図3①のように、2階の耐力壁が小屋梁下端までしかないと、屋根面の水平力を2階の耐力壁にうまく伝達できない。このような状態を解消するために、いくつかの方法が考えられる。

まず、2階耐力壁の直上に同等の小屋裏壁を設ける方法がある[図3②a]。または、2階耐力壁に水平力を伝達する小屋裏壁を同一構面内に設けてもよい[図3②b]。ほかに、小屋組をトラス構造にする方法もある[図3②c]。

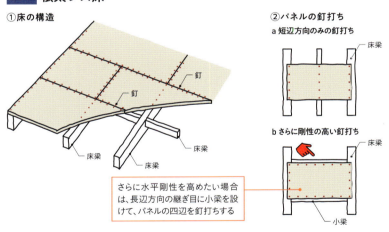

3-4 水平構面

02 床組の水平剛性を高めるには、どうしたらよい?

根太の転びを抑えるか、根太レスにする

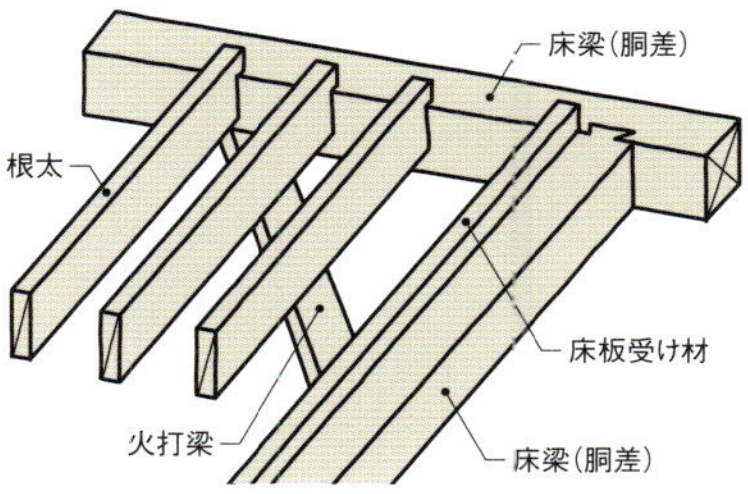
床梁(胴差)
根太
床板受け材
火打梁
床梁(胴差)

根太と火打は切欠き禁止。根太を落とし込む場合、火打梁が取り付く梁成は根太せい+火打せい以上必要となる

図1 根太組の床

①床の構造

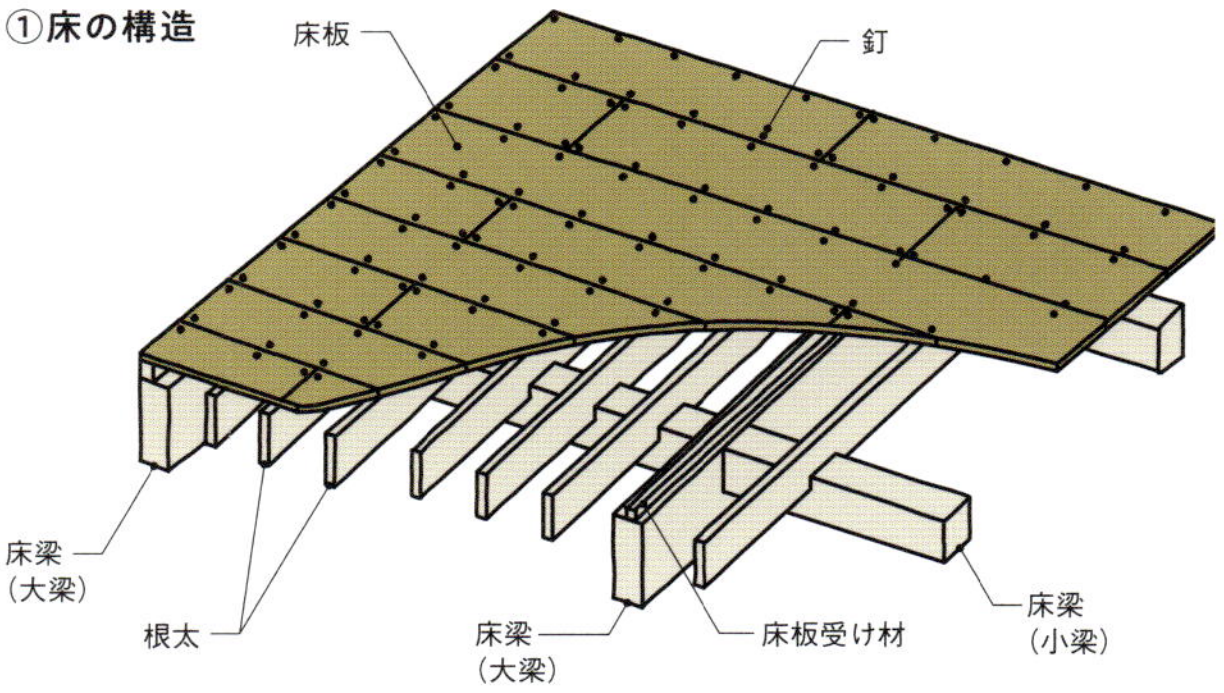
床板
釘
床梁(大梁)
根太
床梁(大梁)
床板受け材
床梁(小梁)

常時かかる荷重による床のたわみは、居住性に大きく影響する。床中央部のたわみは、床板・根太・小梁・大梁のそれぞれの変形量の合計となるので[94頁図3]、梁を建築基準法ぎりぎりの変形量で計画すると、床中央部では非常に大きな値となってしまう

②根太の架け方

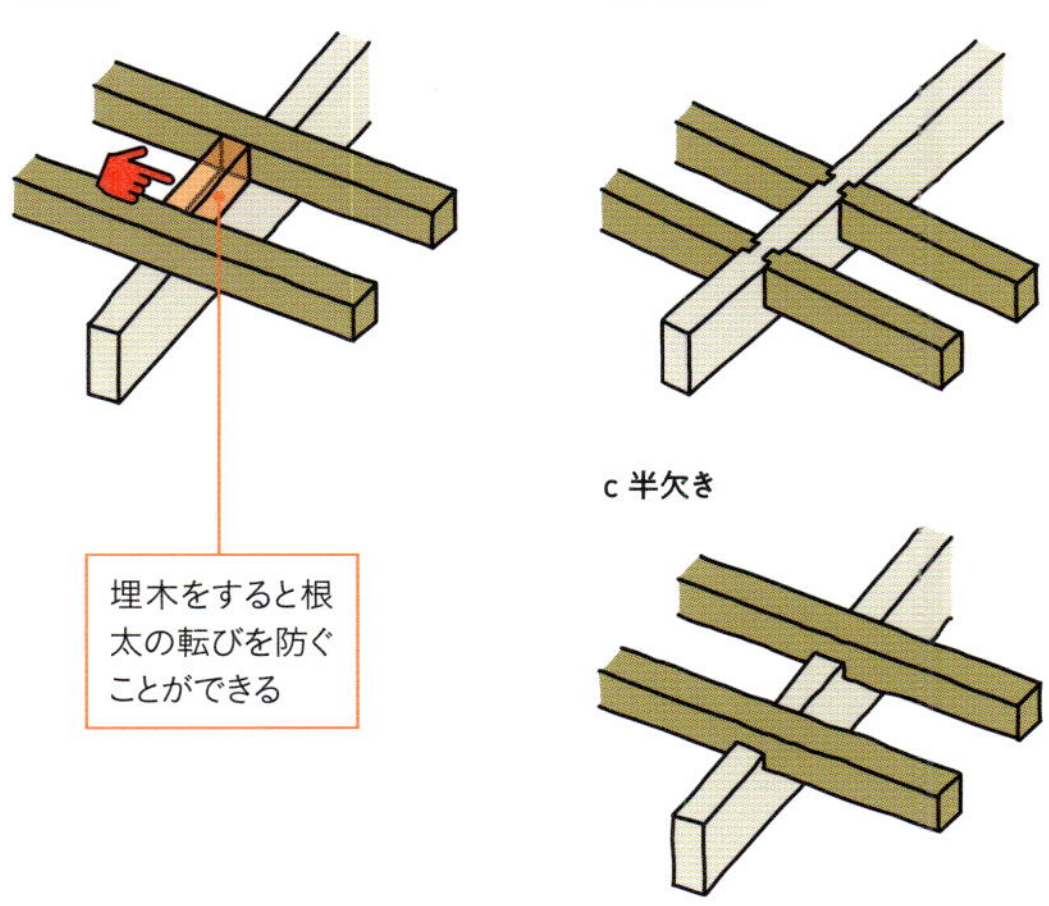
a 転ばし
b 落とし込み
c 半欠き

埋木をすると根太の転びを防ぐことができる

図3 火打梁の設け方

火打梁を設けた水平構面の剛性は、火打梁1本当たりの負担面積が小さいほど高くなる

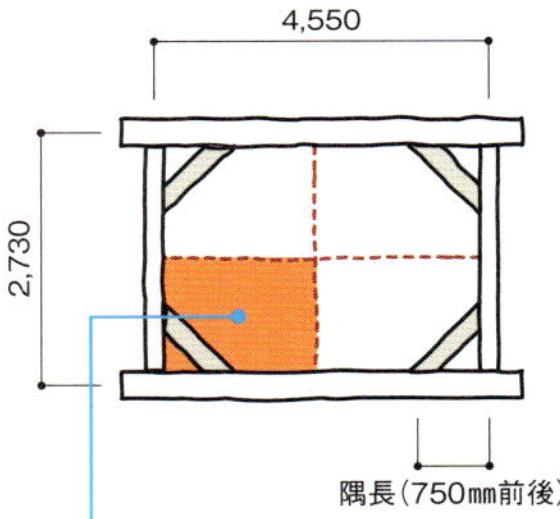
4,550
2,730
隅長(750㎜前後)

上図のように火打梁を設けた場合の、火打梁1本当たりの負担面積は、4.55m×2.73m÷4本=3.11㎡となる

図2 根太レス床

①床の構造

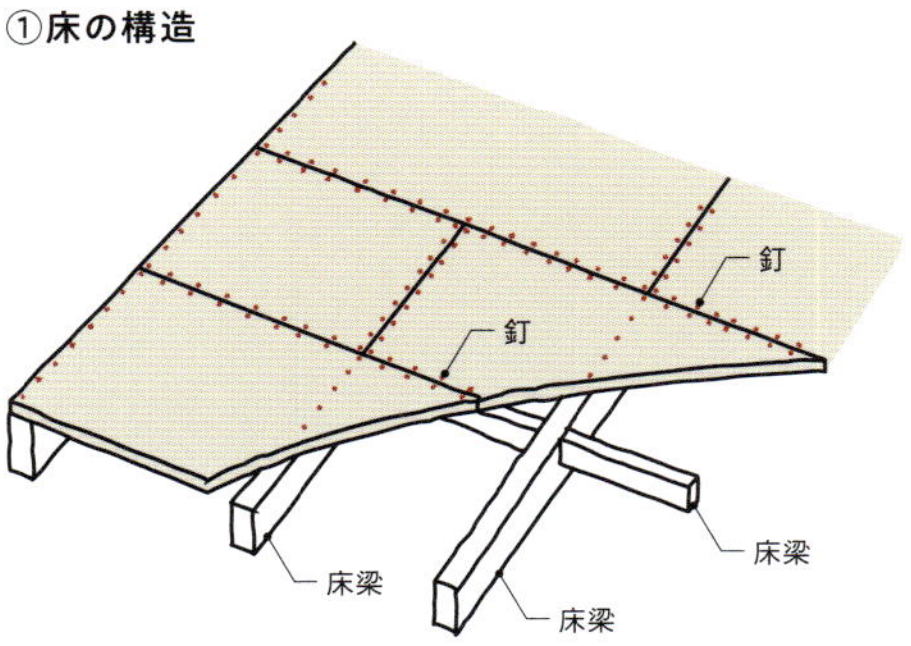
釘
釘
床梁
床梁
床梁

②パネルの釘打ち

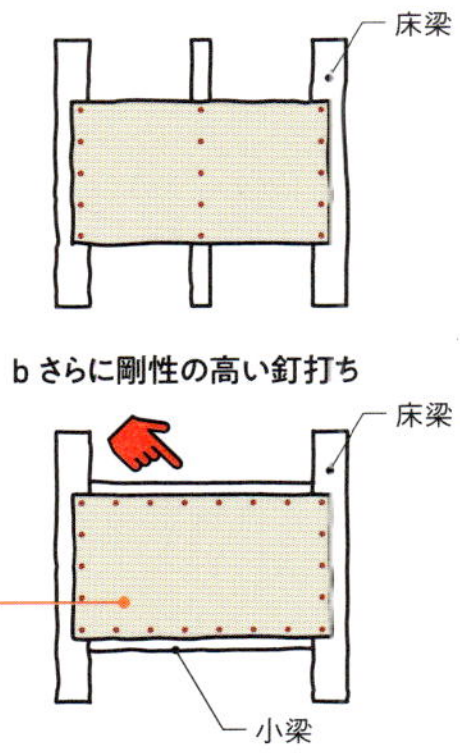
a 短辺方向のみの釘打ち
床梁
b さらに剛性の高い釘打ち
床梁
小梁

さらに水平剛性を高めたい場合は、長辺方向の継ぎ目に小梁を設けて、パネルの四辺を釘打ちする

床組の種類は大きく2つある。床梁の上に根太を架け、その上に床板を張る「根太組の床」[図1]と、根太を省略し、厚い床板を床梁に直接釘打ちする「根太レス床」だ[図2]。

根太の架け方は、転ばし、落し込み、半欠き、の3種類に分けられる[図1a~c]。

鉛直荷重の伝達能力を考慮すると、梁に載る断面の大きい転ばしや半欠きがよい。しかし水平剛性に対しては、根太の転びがない落し込みと根太レス床が優れている。根太レスの床板は、一般的にはパネルの短辺方向のみ釘打ちをする[図2a]。

なお、転ばしや半欠きで水平剛性を高めたい場合は、床板と梁との隙間を埋木や面戸板などで埋めて、根太の転びを防ぐとよい[図1a]。特に、耐力壁の存在する構面は大きな軸力が作用するので、このような対策が必要になることもある。

そのほか、水平剛性を高めるには火打梁を入れるという方法もある[図3]。火打梁は、主構面の四隅に設けることを原則とする。

3-4
水平構面

03

床倍率とは何を示す数値なのか？

床の剛《かた》さの指標。数値が大きいほど剛な床となる

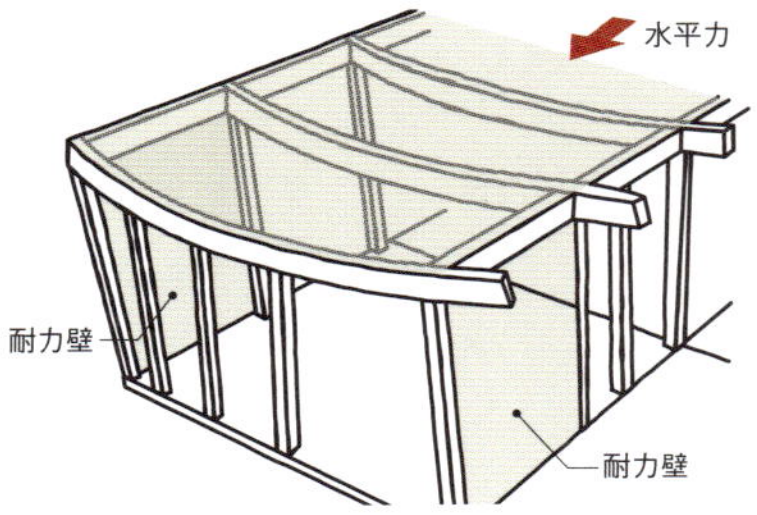

床組や小屋組は、鉛直荷重を支えるほか、水平力を下階の耐力壁に伝達する役割も担う

図1 床倍率の考え方

床倍率1の床

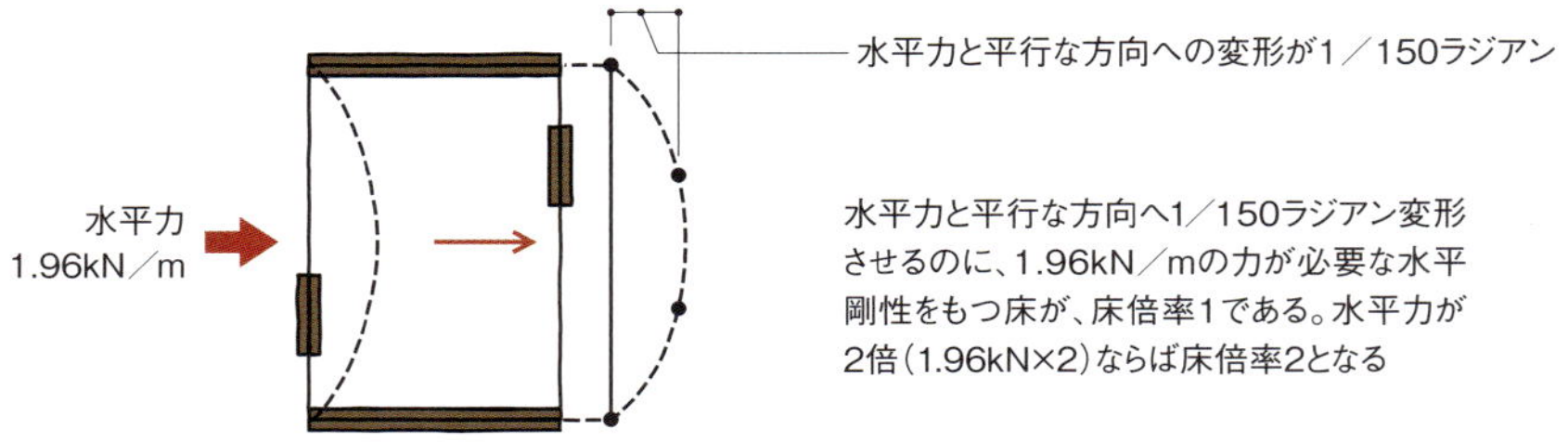

水平力と平行な方向へ1／150ラジアン変形させるのに、1.96kN／mの力が必要な水平剛性をもつ床が、床倍率1である。水平力が2倍（1.96kN×2）ならば床倍率2となる

図2 小屋組みの床倍率は勾配面と水平面の加算値

①小屋組の床倍率

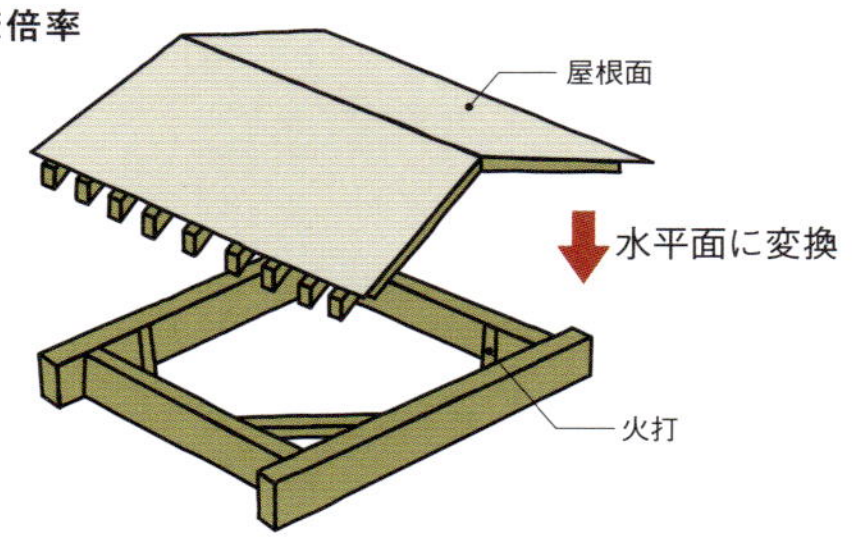

②垂木は勾配がきつくなるほど転びやすい

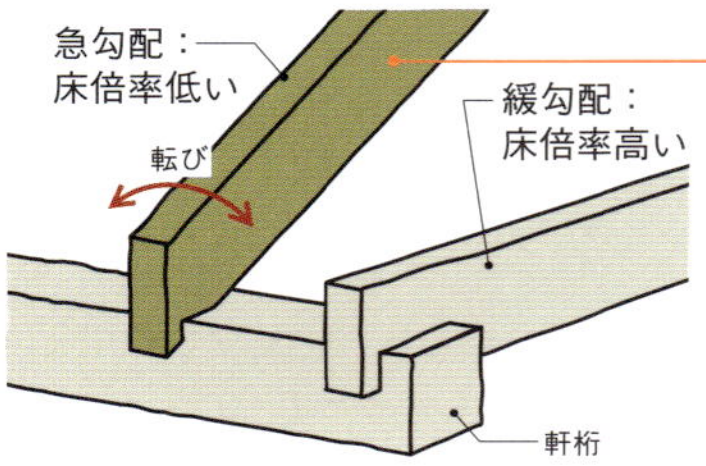

垂木は床組の根太に相当する。勾配がきつくなるほど転びやすくなるため、同じ仕様でも急勾配ほど床倍率は低い値となる

図3 風圧力における床の奥行と水平剛性の関係

①床の奥行が短い場合

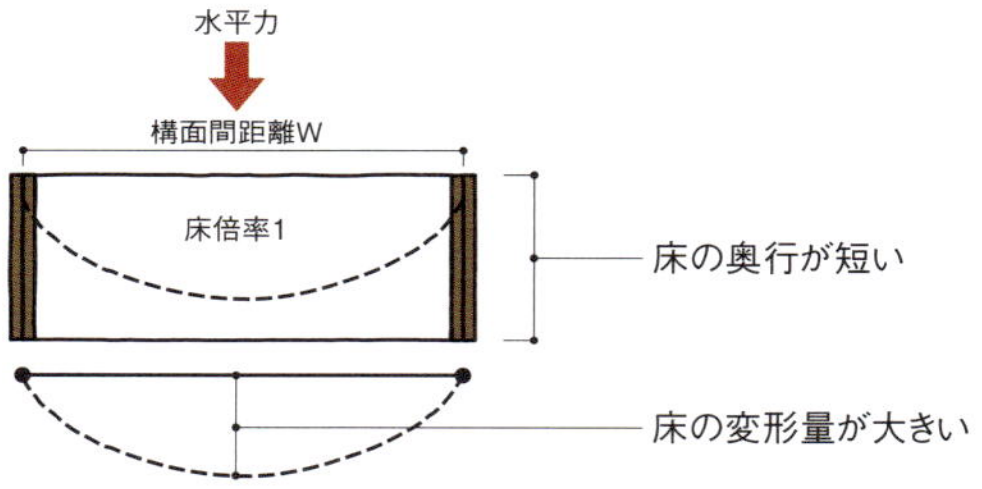

②床の奥行が長い場合

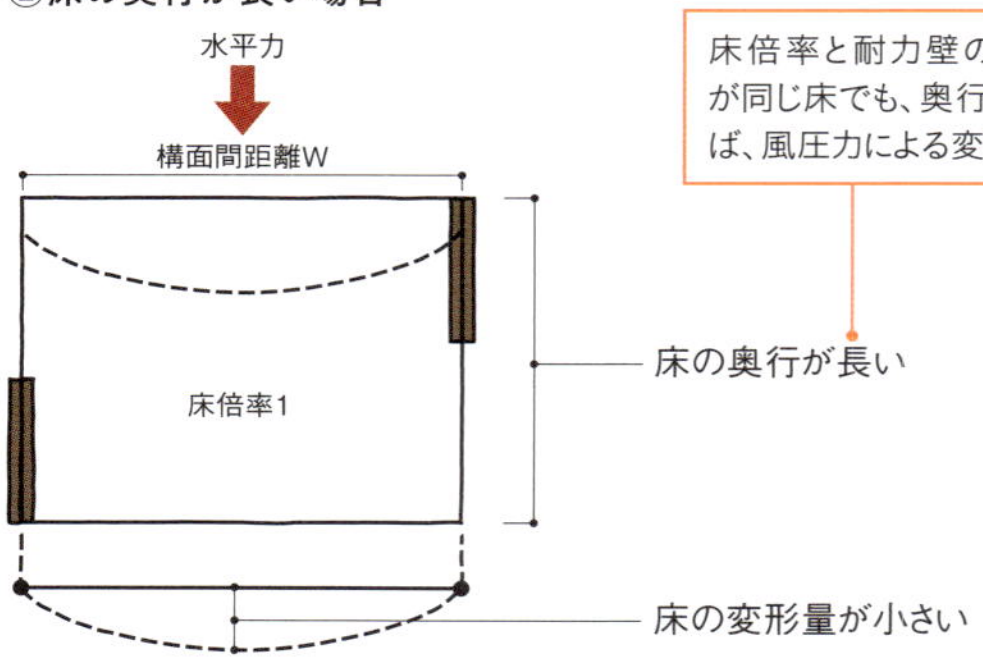

床倍率と耐力壁の構面間距離が同じ床でも、奥行の長さが違えば、風圧力による変形量は変わる

床倍率とは、水平力に対する水平構面の剛《かた》さの指標のことである。床倍率1は、1m当たり1・96kNの水平力が床の奥行方向に作用したとき、変形角が1／150ラジアンとなる床のこと[図1]。耐力壁の壁倍率と同様に、床倍率が高いほど床の水平剛性が高く、変形しにくい。床倍率の高い水平構面を用いると、壁の構面間隔を長くできる。

また、小屋組の床倍率は、勾配屋根の剛性を水平面に置き換えて考える。そのため、屋根面（勾配面）の床倍率は小屋梁のレベル（水平面）に設けた火打梁に加算して考えることができる[図2]。ただし、小屋筋かいや耐力壁が小屋組の構造に組み込まれていることが大前提である。

水平構面の設計で注意したいのは、風圧力が奥行方向に作用したとき、同じ床倍率でも、床面の奥行によって変形量が違うことだ。床面の奥行が短いと水平方向への変形量は大きく、長いと変形量は小さくなる[図3]。奥行が短い建物では床倍率に気をつけよう。

3-4 水平構面

04 地震力と風圧力の違いは床面に関係あるのか?

地震力は床面積に比例する。風圧力は床面積ではなく見付面積に比例するため、奥行が大きくなれば変形量は小さくなる

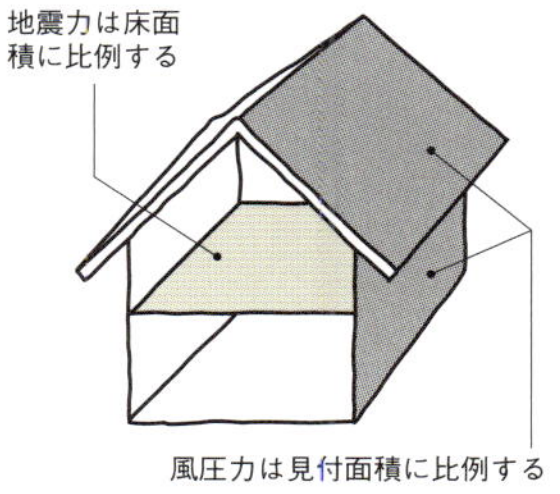
地震力は床面積に比例する
風圧力は見付面積に比例する

水平力には地震力と風圧力があり、力の性質が異なる

図1 地震力と風圧力の力の違い

地震力・風圧力・構面間距離・床倍率のうち、奥行のみを2倍にする

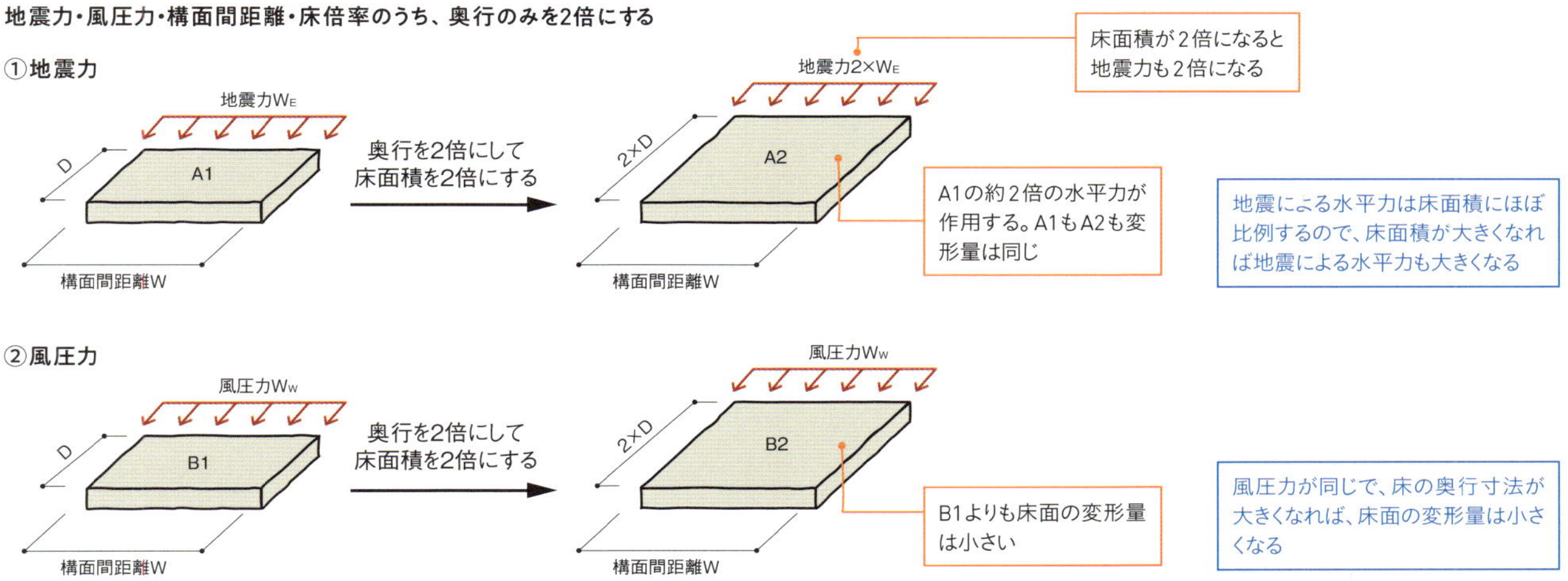
①地震力
地震力W_E
D
A1
構面間距離W
奥行を2倍にして床面積を2倍にする
地震力2×W_E
2×D
A2
構面間距離W
床面積が2倍になると地震力も2倍になる
A1の約2倍の水平力が作用する。A1もA2も変形量は同じ
地震による水平力は床面積にほぼ比例するので、床面積が大きくなれば地震による水平力も大きくなる
②風圧力
風圧力W_W
D
B1
構面間距離W
奥行を2倍にして床面積を2倍にする
風圧力W_W
2×D
B2
構面間距離W
B1よりも床面の変形量は小さい
風圧力が同じで、床の奥行寸法が大きくなれば、床面の変形量は小さくなる

図3 上下階の耐力壁線がずれる場合

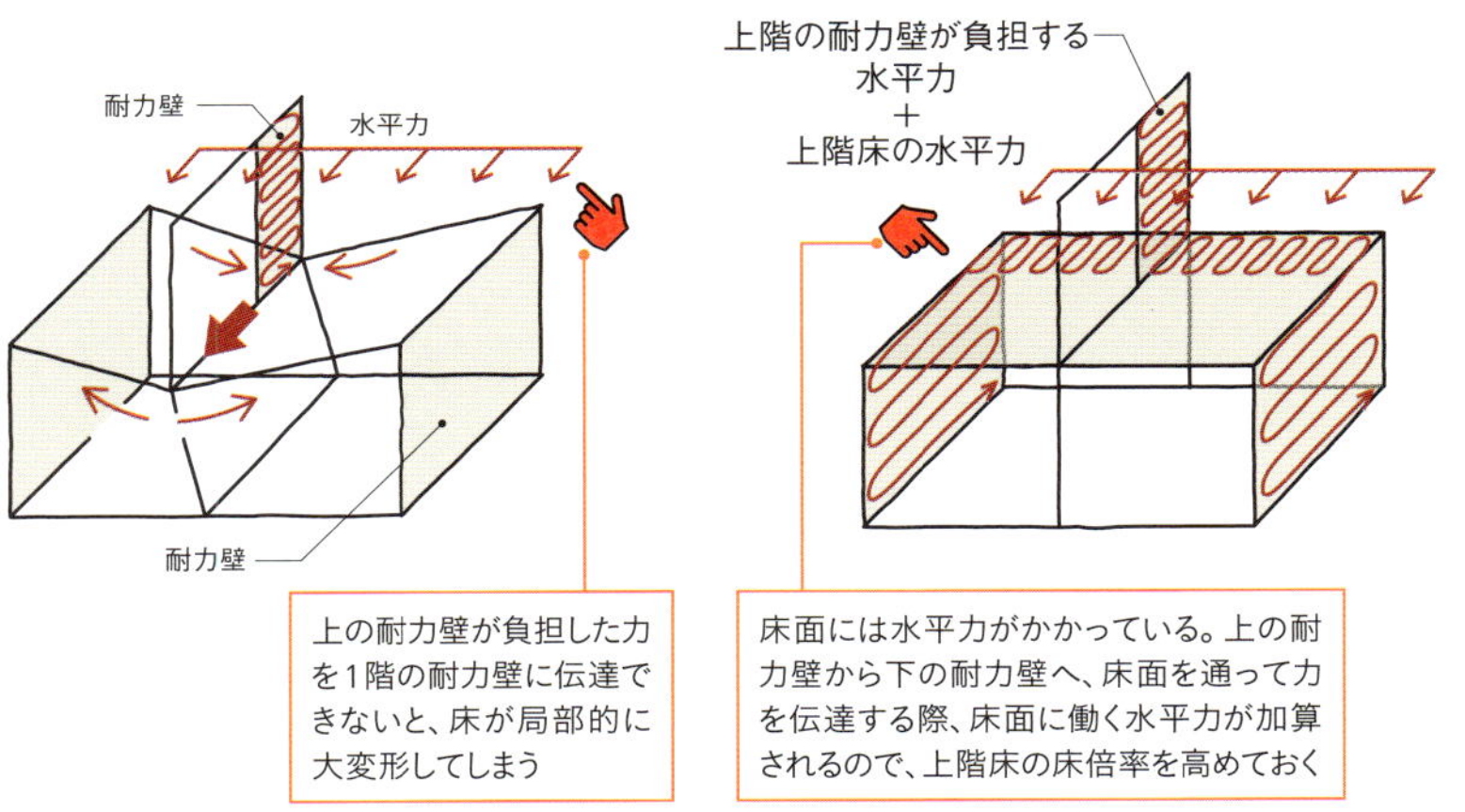
①下階の耐力壁に力が伝達できない場合
②床面を伝わって下階の耐力壁に力を伝達する場合
耐力壁
水平力
耐力壁
上の耐力壁が負担した力を1階の耐力壁に伝達できないと、床が局部的に大変形してしまう
上階の耐力壁が負担する水平力
+
上階床の水平力
床面には水平力がかかっている。上の耐力壁から下の耐力壁へ、床面を通って力を伝達する際、床面に働く水平力が加算されるので、上階床の床倍率を高めておく

図2 水平構面にかかる縁応力に注意する

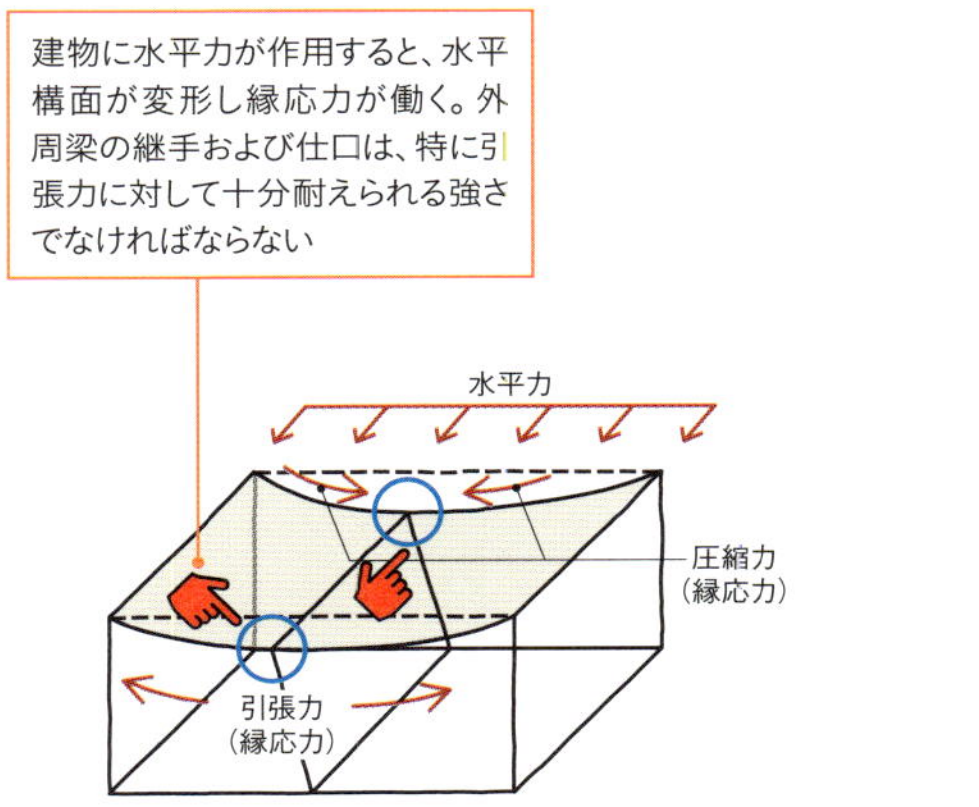
建物に水平力が作用すると、水平構面が変形し縁応力が働く。外周梁の継手および仕口は、特に引張力に対して十分耐えられる強さでなければならない
水平力
圧縮力
(縁応力)
引張力
(縁応力)

水平構面が伝達すべき水平力には地震力と風圧力があり、この2つは力の性質が異なる。

地震による水平力は建物の重量に比例し、建物の重量は床の面積にほぼ比例する。つまり地震による水平力は、建物の床面積にほぼ比例するといえる［図1①］。

一方、風圧力は、見付面積に比例する。一定の風圧力を受けていても奥行の短い床は変形量がより大きくなるため、高い床倍率が必要になる。奥行が長ければ、その分床倍率は低くてもよい［図1②］。

このように水平構面は、負担する力によって必要とされる床倍率に違いがある。よって、水平構面の設計は、地震力と風圧力のうち、より値が大きいほうで検討を行う。

また、耐力壁構面と外周枠となる梁には縁応力［※］が働くため、外周梁の継手と仕口には強度の確保が求められる［図2］。そのほか上下階で耐力壁線がずれる場合は、床面にかかる水平力の加算［図3］なども忘れずに設計する。

※曲げを受けた部材の縁に生じる引張力と圧縮力のこと

3-4
水平構面

05

水平構面と耐力壁には関係性がある？

耐力壁の剛性が高い場合は水平構面の剛性も高くする。屋根も水平荷重時に均一変形となるよう計画しないと、地震時に損傷を受ける

屋根面の剛性が低かったため、地震時に不均一な変形が生じて瓦が落下した

図 耐力壁と床剛性の関係を比較チェック

①ベース案

存在壁量　：建築基準法の1.0倍
壁倍率　：2.0
屋根面床倍率：0.35

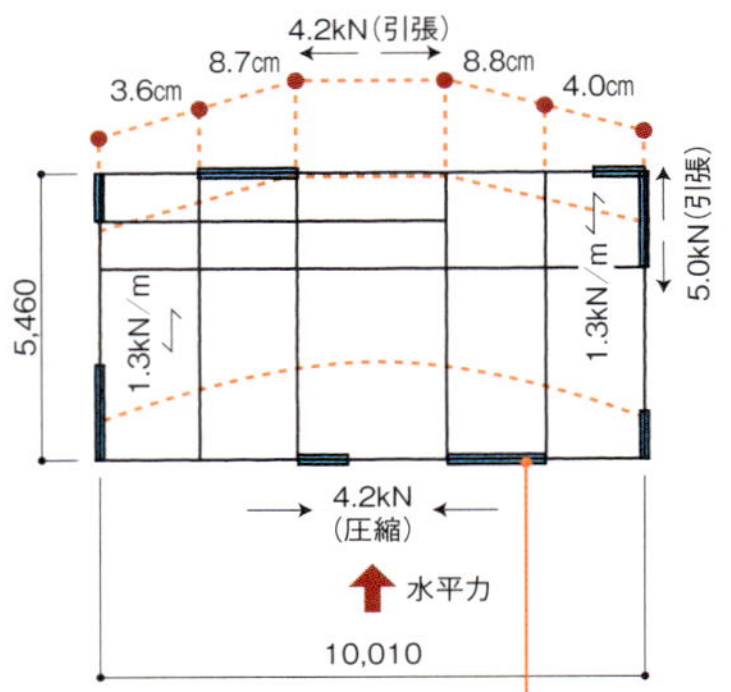

耐力壁を外周のみに設けると、耐力壁の構面間隔が長くなり、屋根（床）面の変形が不均一になる。不均一な変形が屋根の損傷につながる

②①に間仕切壁を入れる

存在壁量　：建築基準法の1.4倍
壁倍率　：2.0
間仕切壁　：1.0
屋根面床倍率：0.35

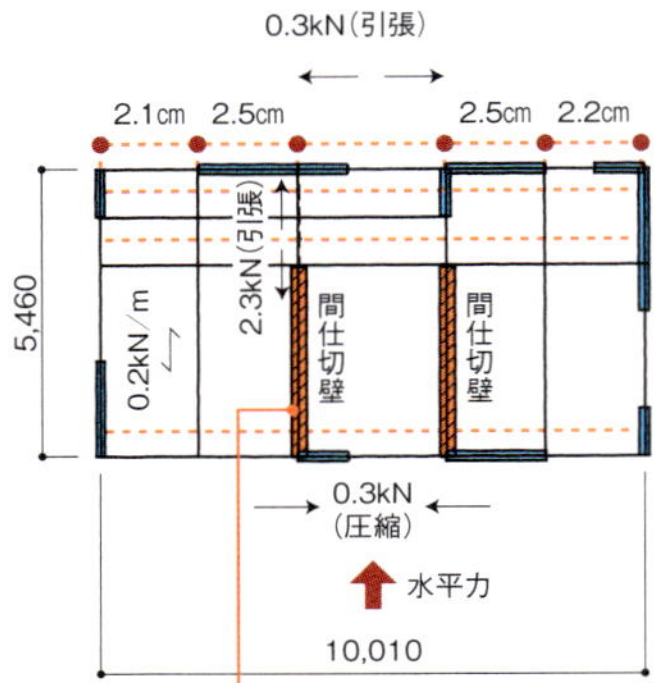

間仕切壁を中間部に入れることで、低倍率の耐力壁でも変形や応力を抑えられる

③①の壁倍率を高くする

存在壁量　：建築基準法の1.4倍
壁倍率　：4.0
屋根面床倍率：0.35

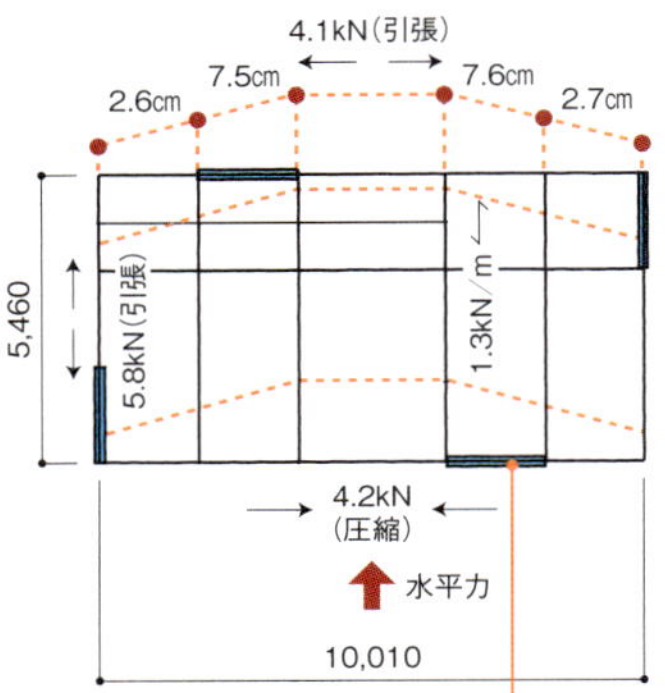

壁倍率を4にしても、耐力壁の構面間隔が長く、床剛性が低いため①とほぼ同じ状況

ここがポイント

剛床とする目的

耐力壁に均等に水平力を分配するために、床面に有害な変形が生じないようにすること

耐力壁の剛性が低く、構面間隔も短い場合

↓

床面の水平剛性は低くてもよい

耐力壁の壁倍率が高く、構面間隔も長い場合

↓

伝達すべき水平力も大きくなるので、床面の水平剛性を高くする必要がある

④③の壁倍率で屋根面床倍率を高くする

存在壁量　：建築基準法の1.4倍
壁倍率　：4.0
屋根面床倍率：2.00

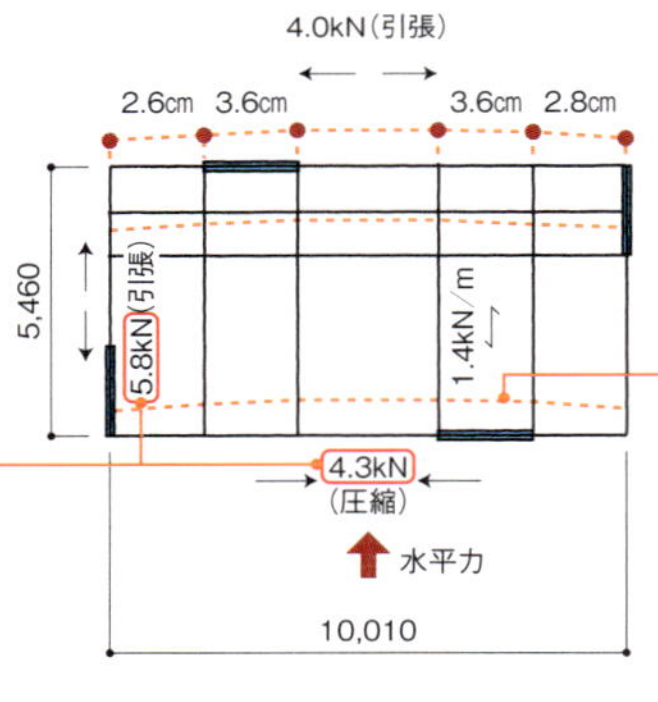

壁倍率4で床倍率2にすると、屋根面の変形は均一になる

外周部と耐力壁構面の梁に生じる軸力が大きいため、仕口や継手の引張耐力を高めておく

壁量計算では、水平力が各耐力壁に均等配分されることが前提。この条件を満たしていないと、壁量が十分でも部分的に損傷が生じるおそれがある。これを防ぐには、床組・小屋組の水平剛性と耐力壁の配置を関連づけて設計することが求められる。

一般的に、2階建ての2階は必要壁量が少ないため、外周部のみで壁量を満足でき、耐力壁の構面間隔は長くなる傾向がある。すると水平力により屋根面は、中央部が大きく変形する［図①］。この現象が、地震時の瓦の落下を引き起こすのである。

図①に倍率1.0の間仕切壁を追加してみると、変形は均一になり、各部に生じる応力も小さな値となった［図②］。接合耐力は低くてもよいのである。

一方、図①の壁倍率を高くするだけでは、屋根面の変形は値が少し小さくなるだけで、不均一のままであった［図③］。

壁倍率を高める場合、床倍率も高めなければ均一変形にはならない［図④］。水平構面が耐力壁に伝達する水平力は大きいので、接合部はしっかり留める。

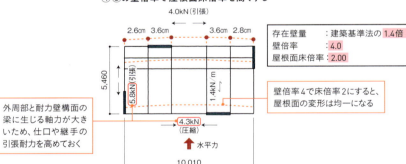

3-4
水平構面
06

小屋組は屋根の重さに耐えられればよい？

**水平力によるたわみに注意する。
特に、登り梁を露しにする場合は、スラスト［※1］対策を忘れない**

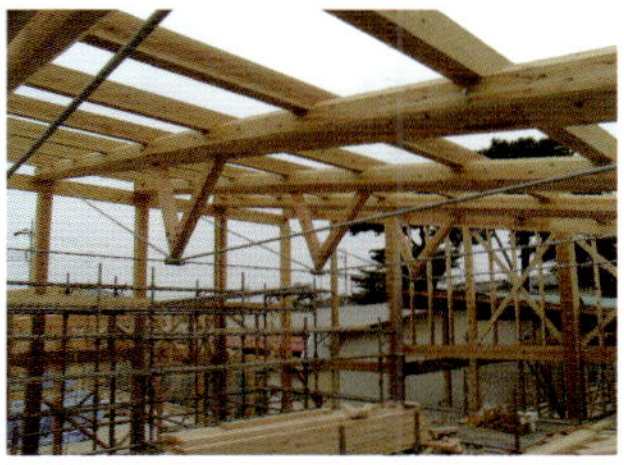

タイバー（棒鋼）を用いて、登り梁のスラスト対策を行っている

図4 水平力の伝達に問題のある耐力壁例

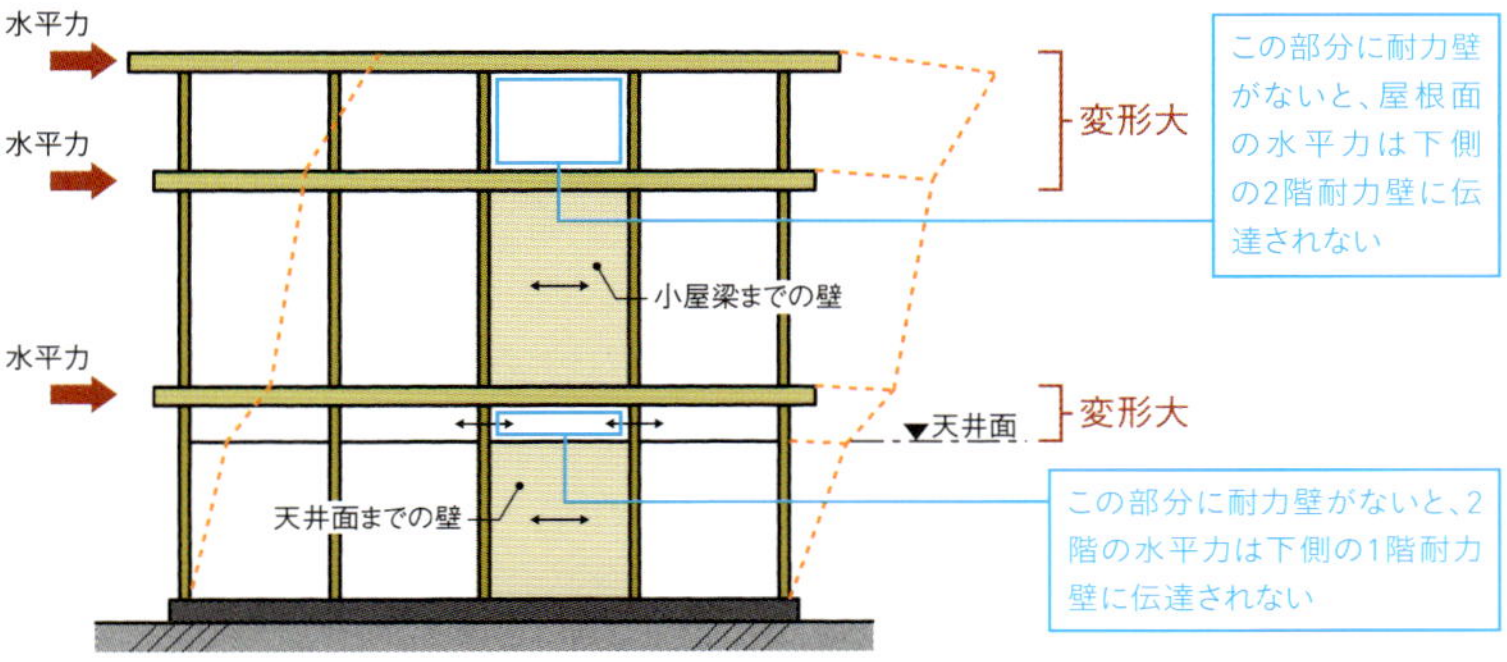
水平力
水平力
水平力
変形大
この部分に耐力壁がないと、屋根面の水平力は下側の2階耐力壁に伝達されない
小屋梁までの壁
天井面
変形大
天井面までの壁
この部分に耐力壁がないと、2階の水平力は下側の1階耐力壁に伝達されない

図5 登り梁架構で発生するスラストの処理方法

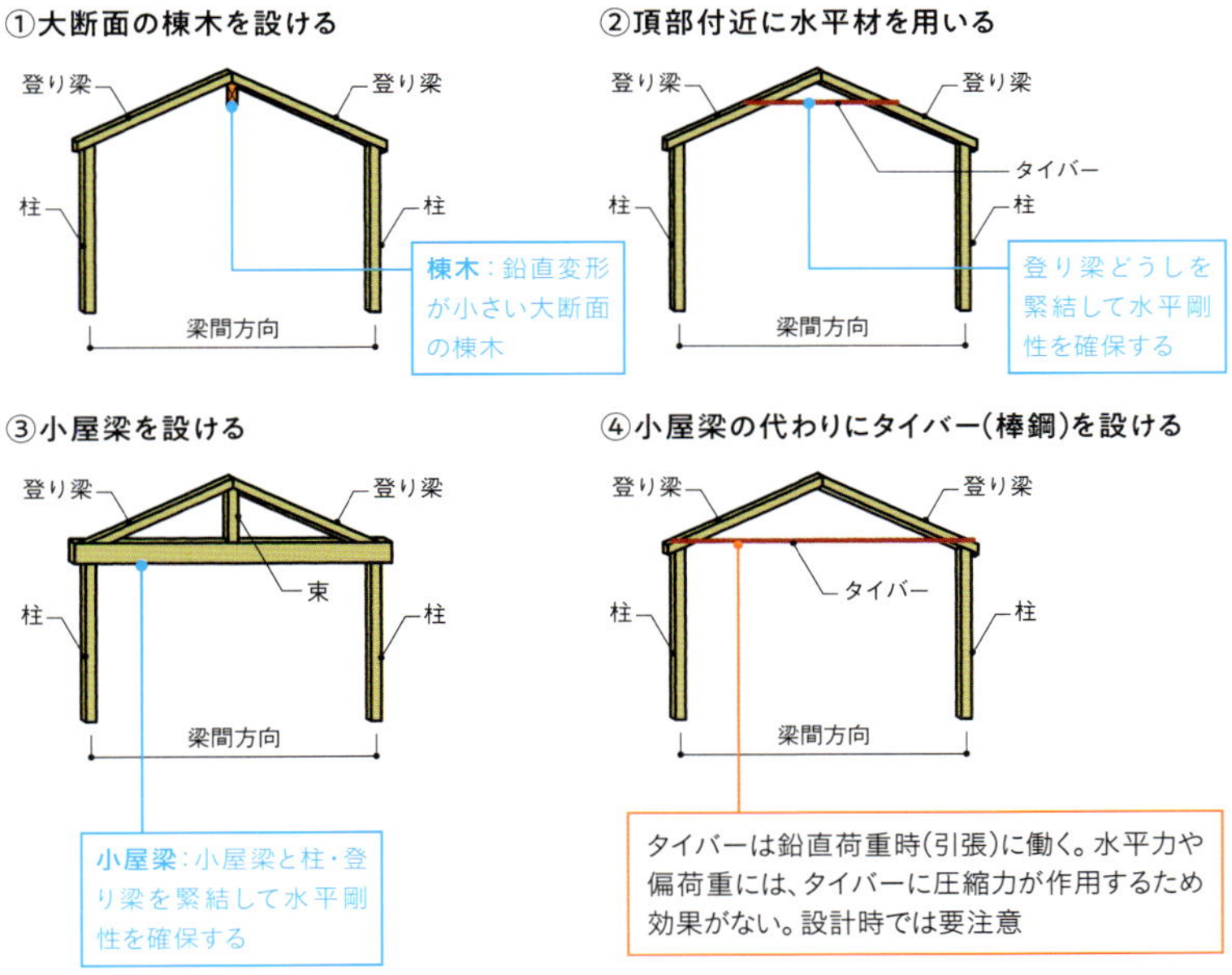
①大断面の棟木を設ける
登り梁
登り梁
柱
柱
梁間方向
棟木：鉛直変形が小さい大断面の棟木
②頂部付近に水平材を用いる
登り梁
登り梁
タイバー
柱
柱
梁間方向
登り梁どうしを緊結して水平剛性を確保する
③小屋梁を設ける
登り梁
登り梁
束
柱
柱
梁間方向
小屋梁：小屋梁と柱・登り梁を緊結して水平剛性を確保する
④小屋梁の代わりにタイバー(棒鋼)を設ける
登り梁
登り梁
タイバー
柱
柱
梁間方向
タイバーは鉛直荷重時(引張)に働く。水平力や偏荷重には、タイバーに圧縮力が作用するため効果がない。設計時では要注意

図1 軒先の吹上げに注意する

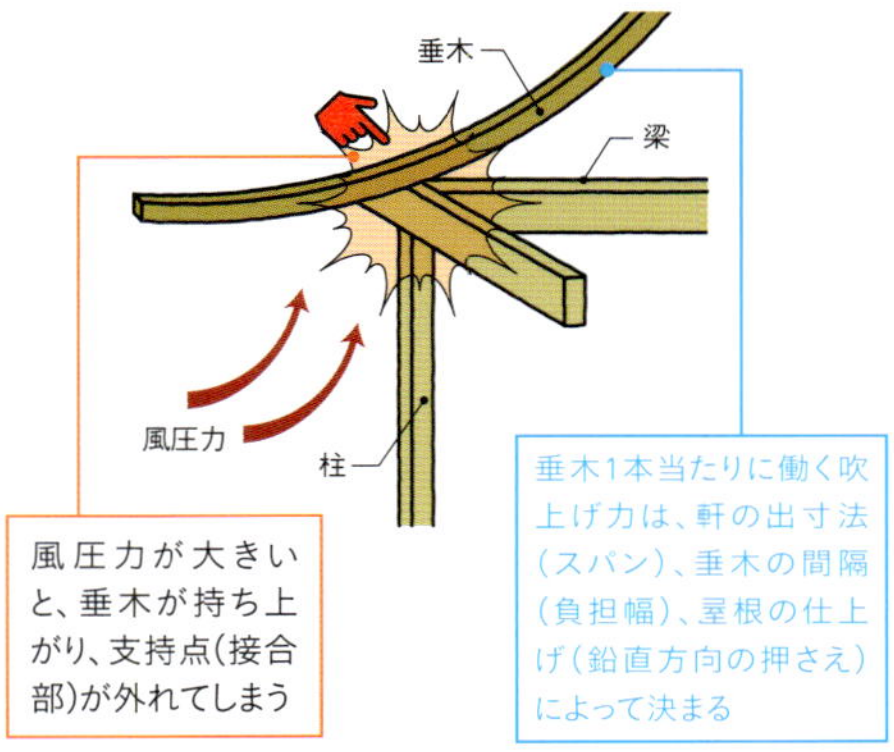
垂木
梁
風圧力
柱
風圧力が大きいと、垂木が持ち上がり、支持点(接合部)が外れてしまう
垂木1本当たりに働く吹上げ力は、軒の出寸法（スパン）、垂木の間隔（負担幅）、屋根の仕上げ（鉛直方向の押さえ）によって決まる

図2 棟木がたわむとスラストが発生

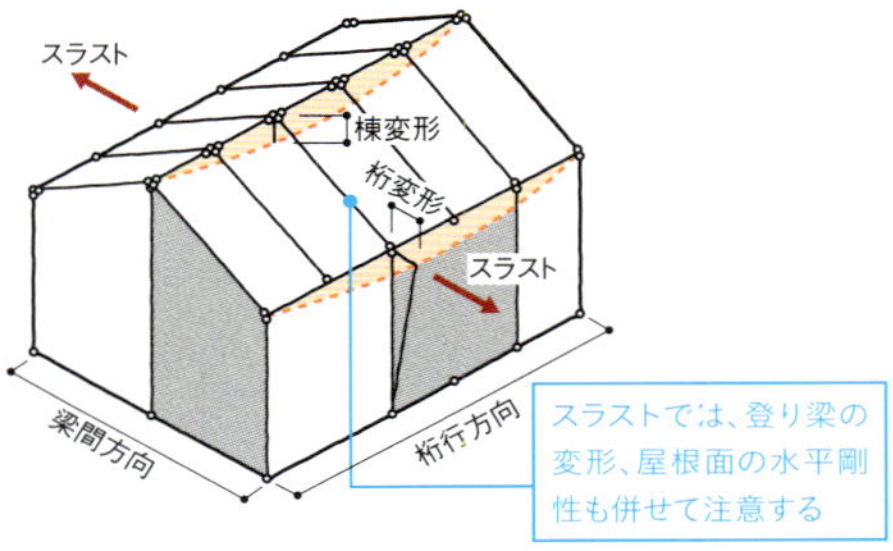
スラスト
棟変形
桁変形
スラスト
梁間方向
桁行方向
スラストでは、登り梁の変形、屋根面の水平剛性も併せて注意する

図3 小屋組の横倒れ

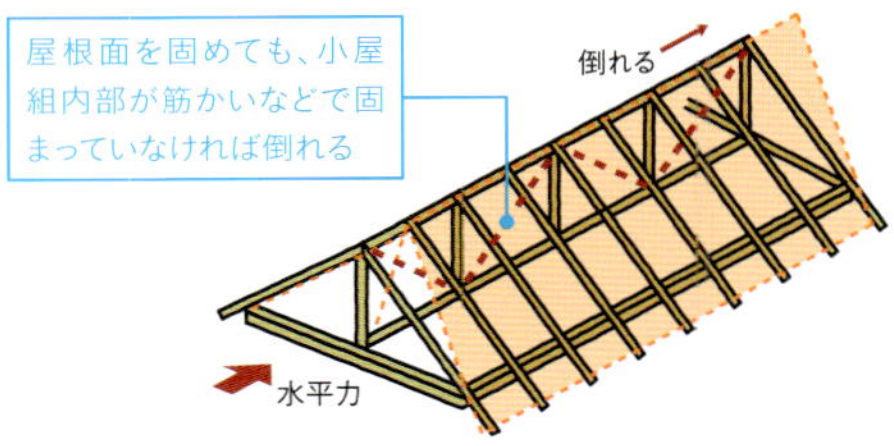
屋根面を固めても、小屋組内部が筋かいなどで固まっていなければ倒れる
倒れる
水平力

軒先はデザイン上なるべく薄くするなど、小屋組の構造は安易に考えられがちだ。しかし実際には、構造上厳しい条件下に置かれ、目立ちにくい所でさまざまな問題を抱えている。

まず挙げられるのが、軒先の垂木の支持方法である。支持点が暴風時の吹上げで外れることのないように、軒桁に金物でしっかり留めておこう［図1］。

次に、小屋組部材の断面不足がある。上に人が載ることはまれなので、部材断面は小さいことが多い。だが棟木などが過大にたわむと、外壁を押し出し、ひび割れや雨漏りの原因になったり、数十年に一度の大雪で潰れたりする［図2］。桁行方向に雲筋かい［※2］がないことで、大きく傾くケースや［図3］、小屋裏に壁がないために、2階の耐力壁がほとんど効いていない事例も多い［図4］。

さらに、小屋組＝三角形＝トラスだから強い、という勘違いもある。登り梁のような架構には、その支持点にスラストが生じる。スラストを軽減するには、図5の対策が必要である。

※1 棟木がたわむと桁梁が押されて、水平方向に広がろうとする。その広がろうとする力をスラストという
※2 別名小屋筋かい。小屋組が倒れないように、小屋束や母屋などに斜めに打ち付ける筋かいのこと

3-4
水平構面

07

小屋組の形式で異なる注意すべき点は何か？

和小屋では小屋梁の断面確保や小屋筋かい、スラスト対策などがあり、洋小屋では接合部や合掌尻の補強などがある

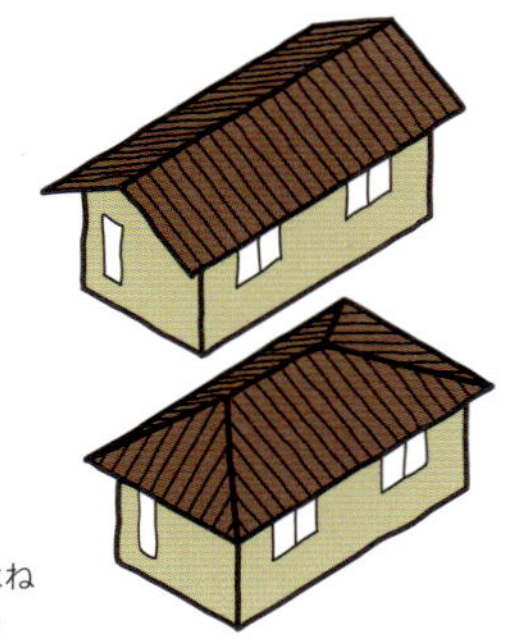

屋根形状によって軒のはねだし部分の処理が異なる

図1 和小屋と洋小屋は梁にかかる力が異なる

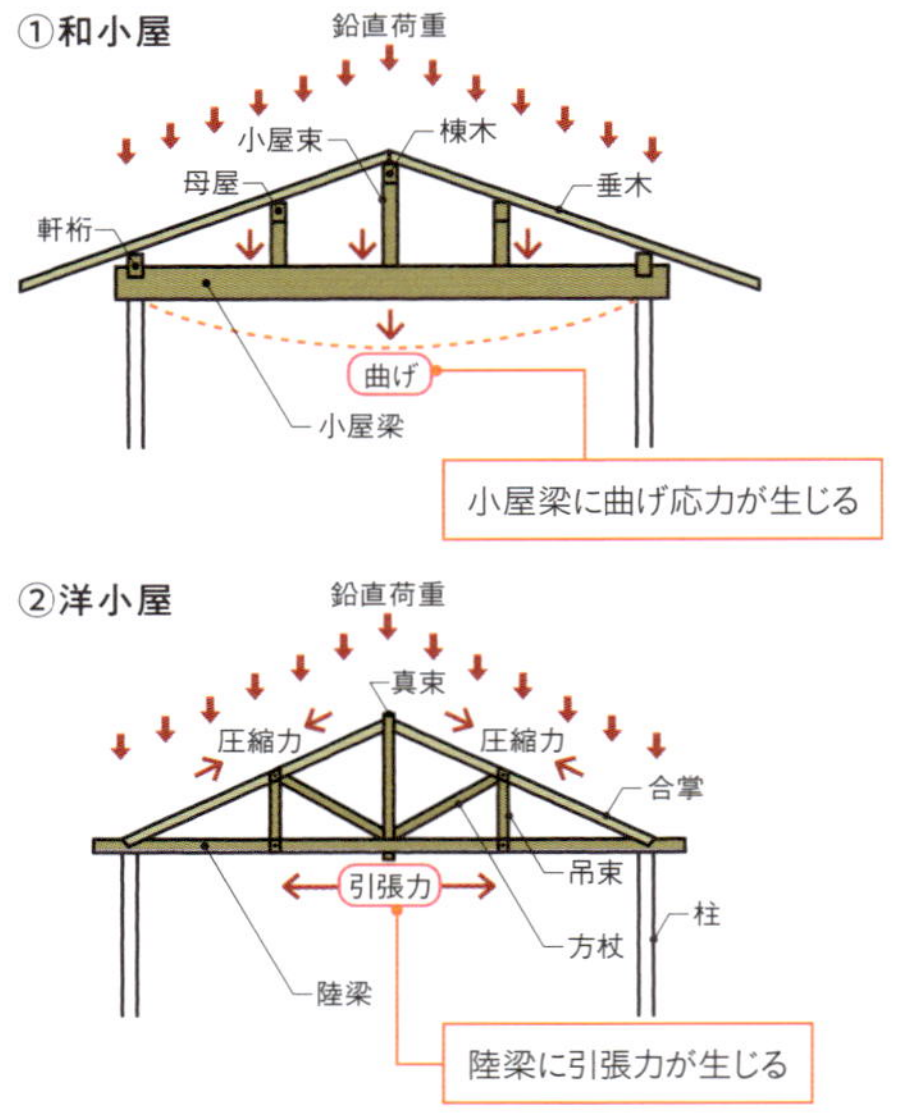

①和小屋
鉛直荷重
小屋束
棟木
母屋
垂木
軒桁
曲げ
小屋梁
小屋梁に曲げ応力が生じる
②洋小屋
鉛直荷重
真束
圧縮力
圧縮力
合掌
吊束
引張力
柱
方杖
陸梁
陸梁に引張力が生じる

図2 和小屋（母屋・垂木形式）のチェックポイント

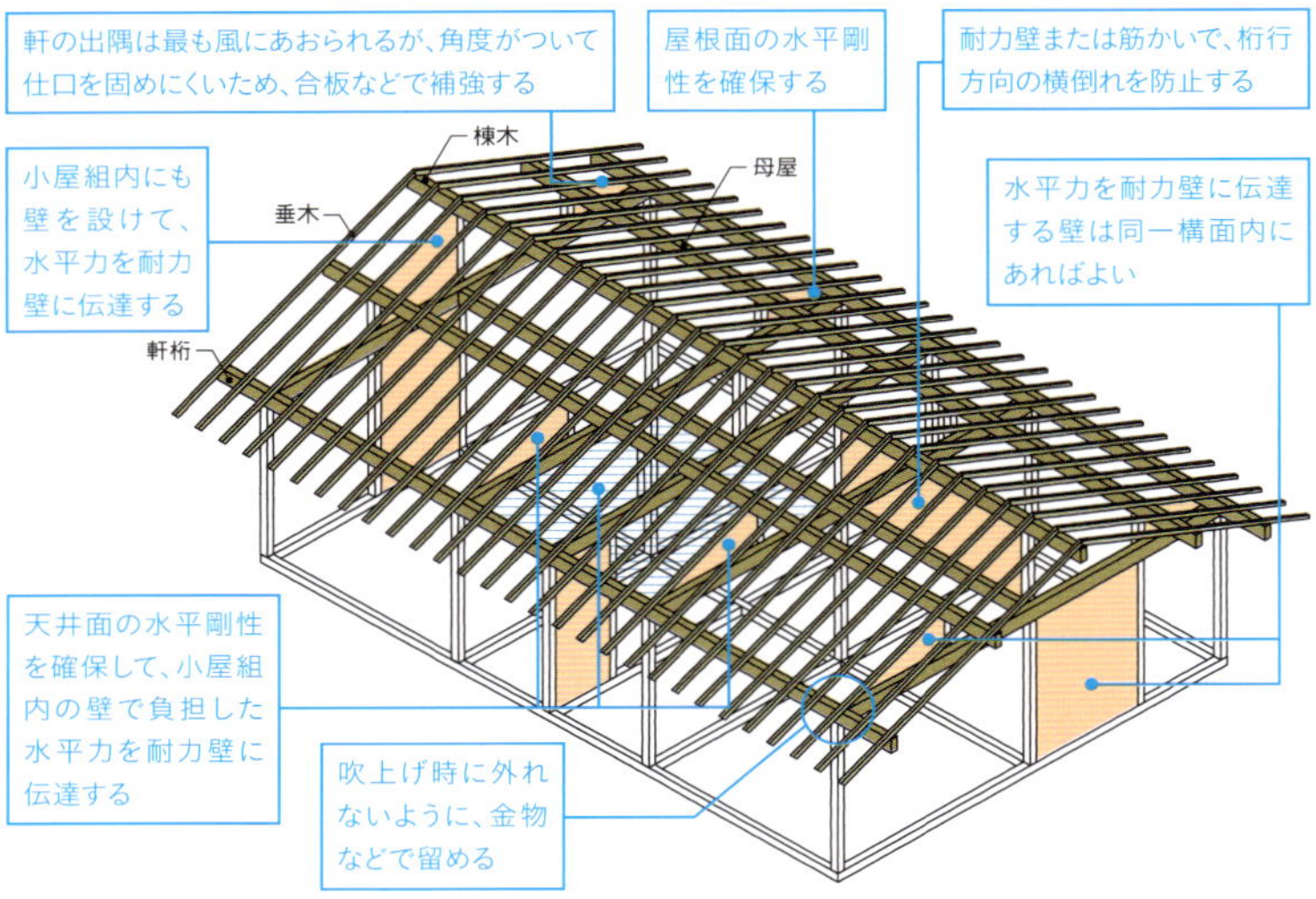

軒の出隅は最も風にあおられるが、角度がついて仕口を固めにくいため、合板などで補強する
屋根面の水平剛性を確保する
耐力壁または筋かいで、桁行方向の横倒れを防止する
小屋組内にも壁を設けて、水平力を耐力壁に伝達する
棟木
母屋
垂木
軒桁
水平力を耐力壁に伝達する壁は同一構面内にあればよい
天井面の水平剛性を確保して、小屋組内の壁で負担した水平力を耐力壁に伝達する
吹上げ時に外れないように、金物などで留める

図3 和小屋（登り梁形式）のチェックポイント

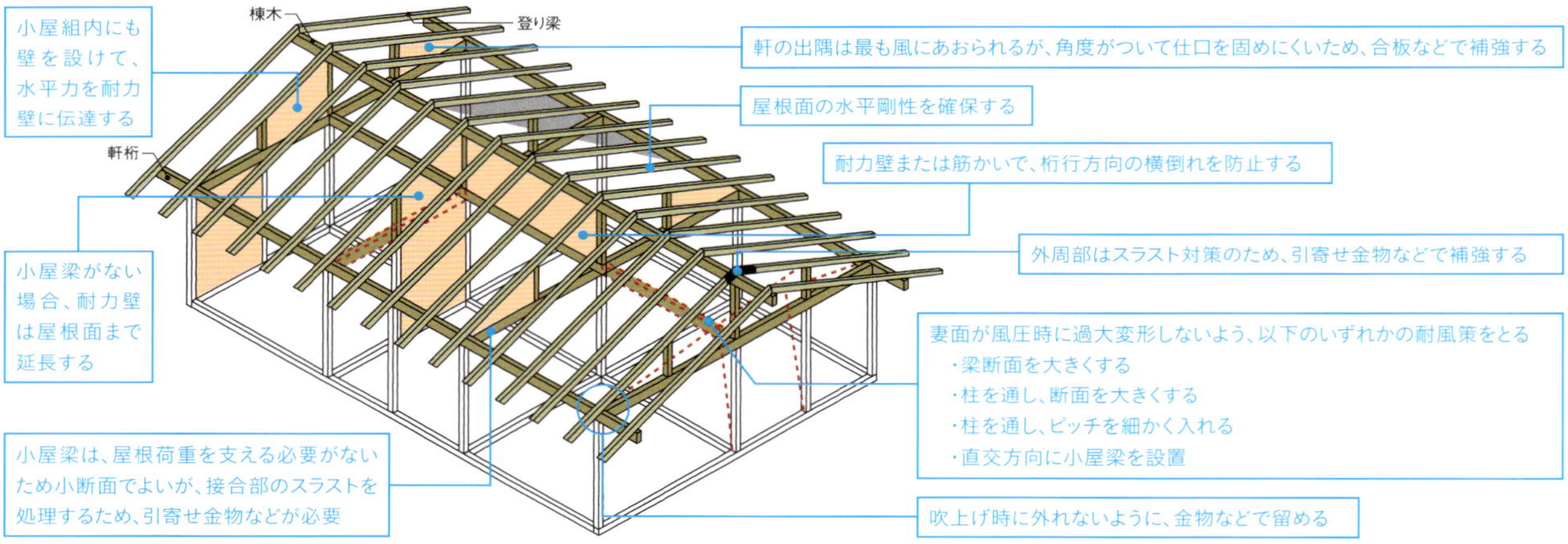

小屋組内にも壁を設けて、水平力を耐力壁に伝達する
棟木
登り梁
軒桁
軒の出隅は最も風にあおられるが、角度がついて仕口を固めにくいため、合板などで補強する
屋根面の水平剛性を確保する
耐力壁または筋かいで、桁行方向の横倒れを防止する
外周部はスラスト対策のため、引寄せ金物などで補強する
小屋梁がない場合、耐力壁は屋根面まで延長する
妻面が風圧時に過大変形しないよう、以下のいずれかの耐風策をとる
・梁断面を大きくする
・柱を通し、断面を大きくする
・柱を通し、ピッチを細かく入れる
・直交方向に小屋梁を設置
小屋梁は、屋根荷重を支える必要がないため小断面でよいが、接合部のスラストを処理するため、引寄せ金物などが必要
吹上げ時に外れないように、金物などで留める

小屋組の形式は、和小屋と洋小屋に分類される［図1］。和小屋は、屋根荷重の大方を小屋梁で支えるため、小屋梁の断面が大きくなる。それに対し洋小屋は、部材に軸力のみが作用するため、部材断面は小さくなるが、接合方法に注意する。

和小屋には、母屋・垂木形式と登り梁形式がある［図2・3］。前者は、小屋梁に必要な断面を確保すれば、小屋束の位置は自由となり、さまざまな屋根形状が可能になる。しかし小屋束だけでは水平力に抵抗できないため、小屋筋かいなどの耐力壁を、梁間・桁行両方向に設ける［図2］。一方、後者では小屋梁が省略されることが多く、以下のスラスト対策が必要となる。

①棟木・桁梁のたわみを小さく抑える
②耐力壁を屋根面（登り梁）まで延ばす
③屋根面を固めて水平剛性を確保する
④妻面は耐風処理ができるよう、柱断面を大きくするか、小屋梁を設ける

小屋組全体の水平剛性を考慮

図4 洋小屋のチェックポイント

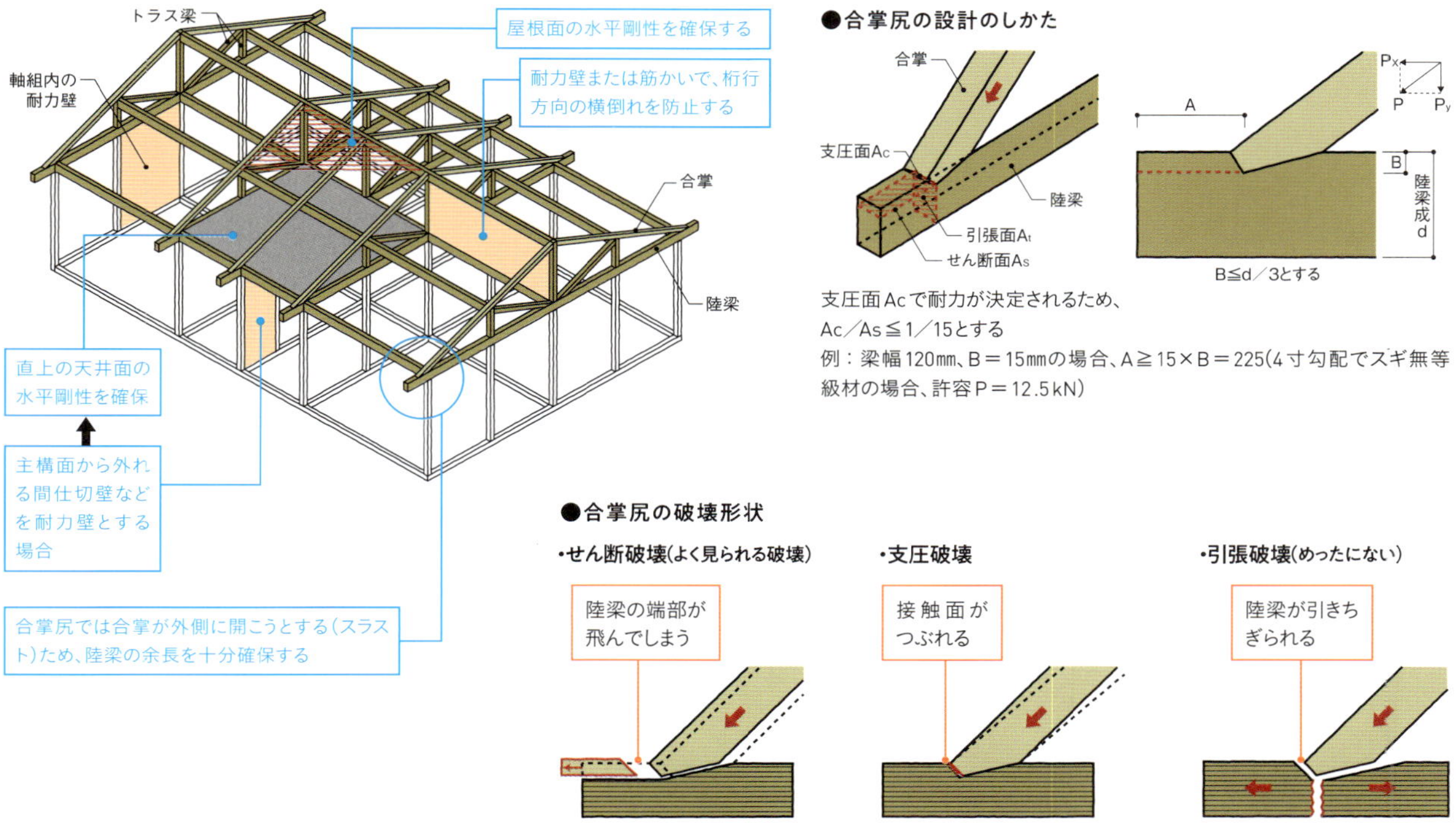
トラス梁
軸組内の耐力壁
屋根面の水平剛性を確保する
耐力壁または筋かいで、桁行方向の横倒れを防止する
合掌
陸梁
直上の天井面の水平剛性を確保
主構面から外れる間仕切壁などを耐力壁とする場合
合掌尻では合掌が外側に開こうとする(スラスト)ため、陸梁の余長を十分確保する
●合掌尻の設計のしかた
合掌
支圧面Ac
陸梁
引張面At
せん断面As
A
B
Px
P
Py
陸梁成d
B≦d／3とする
支圧面Acで耐力が決定されるため、Ac／As≦1／15とする
例：梁幅120㎜、B＝15㎜の場合、A≧15×B＝225(4寸勾配でスギ無等級材の場合、許容P＝12.5kN)
●合掌尻の破壊形状
•せん断破壊(よく見られる破壊)
陸梁の端部が飛んでしまう
•支圧破壊
接触面がつぶれる
•引張破壊(めったにない)
陸梁が引きちぎられる

図5 はねだし部分のチェックポイント

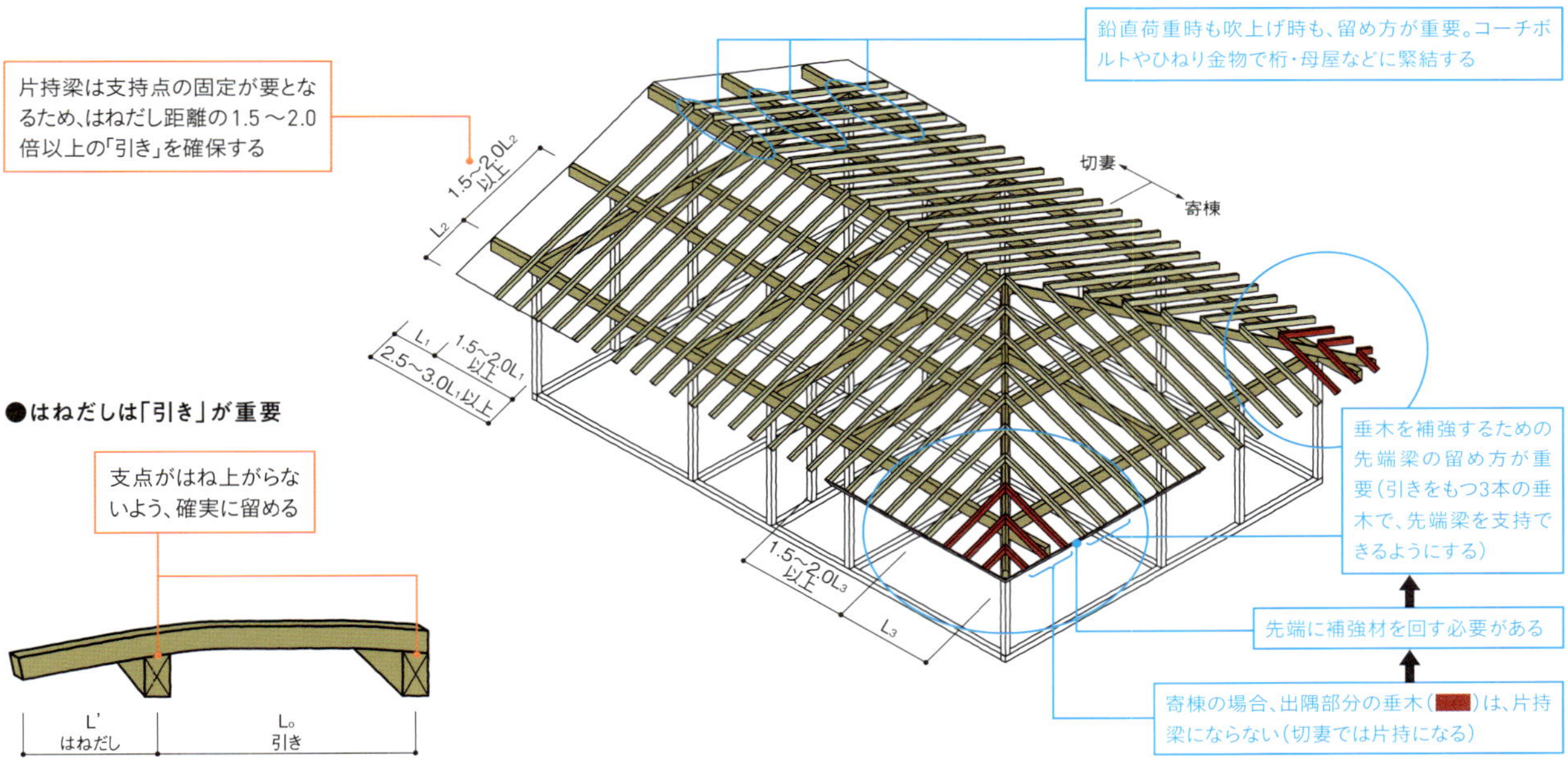
片持梁は支持点の固定が要となるため、はねだし距離の1.5～2.0倍以上の「引き」を確保する
鉛直荷重時も吹上げ時も、留め方が重要。コーチボルトやひねり金物で桁・母屋などに緊結する
1.5～2.0L2以上
L2
L1
1.5～2.0L1以上
2.5～3.0L1以上
切妻
寄棟
1.5～2.0L3以上
L3
垂木を補強するための先端梁の留め方が重要(引きをもつ3本の垂木で、先端梁を支持できるようにする)
先端に補強材を回す必要がある
寄棟の場合、出隅部分の垂木( )は、片持梁にならない(切妻では片持になる)
●はねだしは「引き」が重要
支点がはね上がらないよう、確実に留める
L'
はねだし
L0
引き

し、登り梁形式も2間間隔程度に小屋梁を設けるべきである。

洋小屋は、合掌・束・斜材・陸梁でトラスを構成している[図4]。水平荷重に対して、トラス方向は抵抗できるので、和小屋のように壁を設ける必要はないが、各接合部が引張力と圧縮力に抵抗できるようにする。また、桁行方向は和小屋同様に小屋筋かいや壁を設ける。

トラスの接合部で最も注意すべき部分は、合掌尻[※]である。この部分ではせん断破壊や引張破壊が生じないように断面を決定する。

軒の出は見た目重視で、構造的な配慮が欠けている例が多い。「はね出す」には、反力を処理するための「引き」が必要[図5]。特に、寄棟のように2方向からはね出す出隅は、はねだし梁にならない垂木があるため、垂木先端の鼻隠しや破風板が補強材として重要な役割をもつ。

さらに隅部から少し外れた範囲の垂木は、出隅部分の荷重を負担するため、断面を大きくする、支持点をしっかり留めるなどの配慮が不可欠だ。

※ 洋小屋の合掌と陸梁の接合部のこと

4

耐震診断・補強

4-1 耐震診断

4-2 耐震補強

4-1
耐震診断

01 木造の耐震診断は何をすればよいか？

耐震診断は、大きく表1の3種類ある。よく知られる一般診断のほか、精密診断では、保有水平耐力計算など詳細な計算を行うものもある

表1 木造建築物の耐震診断方法[※1]

簡易診断		居住者向けの診断法で、主に建築年や建物形状などで大雑把な傾向をつかむ程度の診断
一般診断		建築技術者が行う最も汎用性のある診断法で、壁量計算程度の検証を行う
精密診断	1	壁量計算または許容応力度計算[※2]に相当する検証方法
	2	保有水平耐力計算[※3]、限界耐力計算[※4]、時刻歴応答解析[※5]などの高度な検証を行う

表2 年代別にみる木造建物の構造的特徴

年代	明治・大正	1950年(昭和25年)～	1959年(昭和34年)～	1981年(昭和56年)～	2000年(平成12年)～
必要壁量(地震力)床面積に乗ずる値(cm／㎡)	規定なし 建物が古くて図面がない場合、建物の壁量はその建物が建てられた年代から推察できる	軽い屋根 8 / 8 12 / 8 12 16 重い屋根 12 / 12 16 / 12 16 20 注)軟弱地盤の場合は1.5倍する	軽い屋根 12 / 12 21 / 12 21 30 重い屋根 15 / 15 24 / 15 24 33 注)軟弱地盤の場合は1.5倍する	昭和62年～3階建ての規定 軽い屋根 11 / 15 29 / 18 34 46 重い屋根 15 / 21 33 / 24 39 50 注)軟弱地盤の場合は1.5倍する	令46条の壁量規定は変更なし 耐力壁の釣り合いのよい配置の規定 品確法の制定(新たな壁量規定)
必要壁量(風圧力)見付面積に乗ずる値(cm／㎡)	規定なし	規定なし	昭和46年～ 30 / 30 45 2階用 S2 1階用 S2＋S1 床面積のとり方。面積は床レベルで測定 沿岸部：1.5倍、市街地：2／3倍	一般地域：50 指定地域：50～75 S2 2階用 S2 S1 1階用 S2＋S1 2FL 1.35m 1FL 1.35m	令46条の壁量規定は変更なし 品確法の制定(新たな壁量規定)
層間変形角	規定なし	規定なし	中地震時：1／60	中地震時：1／120	中地震時：1／120 大地震時：1／30
基礎	布基礎、ローソク基礎 玉石、布石、レンガ、無筋コンクリート	布基礎、ローソク基礎 石、ブロック、無筋コンクリート	布基礎、ローソク基礎 石、ブロック、無筋コンクリート アンカーボルト(点在)	布基礎、ベタ基礎 鉄筋コンクリート アンカーボルト(点在)	ベタ基礎、布基礎、地盤改良 鉄筋コンクリート(基礎配筋の規定) アンカーボルト
軸組	手加工 スギ、ヒノキ、地松、ケヤキ	手加工 スギ、ヒノキ、地松、ケヤキ	手加工 スギ、ヒノキ、ベイツガ、ベイマツ	手加工、プレカット スギ、ヒノキ、ベイツガ、ベイマツ	プレカット ベイマツ、集成材、スギ、ヒノキ
接合部	伝統的な継手・仕口 ホゾ差し、込栓、楔、和釘、洋釘 官庁系はボルト、帯金物	鎹、鎌 ホゾ差し、洋釘 官庁系はボルト、帯金物	鎹、鎌 ホゾ差し、洋釘 羽子板ボルト、かすがい	鎹、鎌 ホゾ差し、洋釘 羽子板ボルト、かすがい、Z金物	鎹、鎌＋補助金物 ホゾ差し＋補助金物 認定金物(仕口の緊結方法の規定)
耐力壁	土壁、板壁 筋かい(釘止め)	土壁、板壁 筋かい(釘止め)	土壁、板壁 筋かい(釘止め)	石膏ボード、構造用合板 筋かい(釘止め)	構造用合板、新建材パネル 筋かい(金物留め)
床組	根太組、製材板張り、火打なし	根太組、製材板張り、火打なし	根太組、製材板張り、火打	根太組、製材板張り、火打 構造用合板張り	根太レス、厚板合板張り 根太組、製材板張り、火打
小屋組	和小屋、貫、製材板張り 小屋筋かい・火打はなし 官庁系は洋小屋、火打・小屋筋かい	和小屋、貫、製材板張り 小屋筋かい・火打はなし 官庁系は洋小屋、火打・小屋筋かい	和小屋、製材板張り 小屋筋かい・火打の有無半々	和小屋、製材板張り 小屋筋かい・火打	和小屋、製材板張り、合板張り 小屋筋かい・火打 登り梁＋厚板合板張り
主な仕上げ	瓦葺き(土葺き)、銅板葺き、茅・藁葺き 板張り、漆喰塗り	瓦葺き(土葺き)、鉄板葺き 板張り、漆喰塗り、モルタル	瓦葺き(土葺き)、鉄板葺き、セメントスレート 板張り、モルタル、サイディング	金属板葺き、瓦葺き、石綿スレート モルタル、サイディング	金属板葺き、瓦葺き モルタル、サイディング
構法	在来軸組	在来軸組	在来軸組、枠組壁、プレハブ	在来軸組、枠組壁、プレハブ	在来軸組、枠組壁、プレハブ

注)上表は、筆者が今までに耐震診断を行った物件から、おおよその特徴をまとめたものである

耐震診断の目的は大地震時の建物の倒壊を防ぐことで、診断方法は3種類ある［表1］。

耐震診断や耐震補強を行うには、設計者や施工者に高度な技術と判断力が不可欠だ。建物の現状を正しく評価して、何を優先して補強すべきかを検討するほか、構造だけでなく、居住性やデザイン、施工環境への配慮など、施工性、コストを含めた総合的な判断が要求される。

一般的な戸建住宅の場合は、一般診断か精密診断法1の壁量計算でよいが、大規模で架構や形状が特殊な学校などの建物は、許容応力度計算を併用したほうがよい。限界耐力計算は、比較的よい地盤で地震力の軽減が期待できる場合に有効だろう。

診断する建物の壁量は、どの年代の法規規定で建てられたかによるため、建築年は耐震性に最も影響する［表2］。1981～2000年に建設された木造住宅は、耐力壁の配置や接合方法など耐力壁が有効に働くための規定がなかったため、壁量を満足していても、大方の建物が耐震不足なのである［※6］。

※1 木造住宅の耐震診断は、『2012年改訂版 木造住宅の耐震診断と補強方法』((一財) 日本建築防災協会) によるのが一般的｜※2 構造計算の最も基本となる計算方法。各部材や接合部に生じる曲げ応力や軸力を求め、長期および短期許容応力度以下であることを確認する｜※3 許容応力度計算のうち、大地震時に対する計算方法｜※4 建設地の地盤特性を考慮した地震動を与えて、揺れの程度を計算する方法｜※5 過去に記録された特定の地震波を作用させて、時間ごとの応答変形量や応答せん断力の最大値を求める解析｜※6 2017年5月16日に「新耐震基準の木造住宅の耐震性検証法」が (一財) 日本建築防災協会より公開された。概略の内容は、本紙の資料編 ［202頁］ 参照

4-1
耐震診断

02 現地調査で重点的に確認すべきポイントは?

鉛直荷重を安全に支持しているか、耐力壁が有効に働く状況かを確認。現地では天井裏や床下などをチェックして、建物の構造を把握する

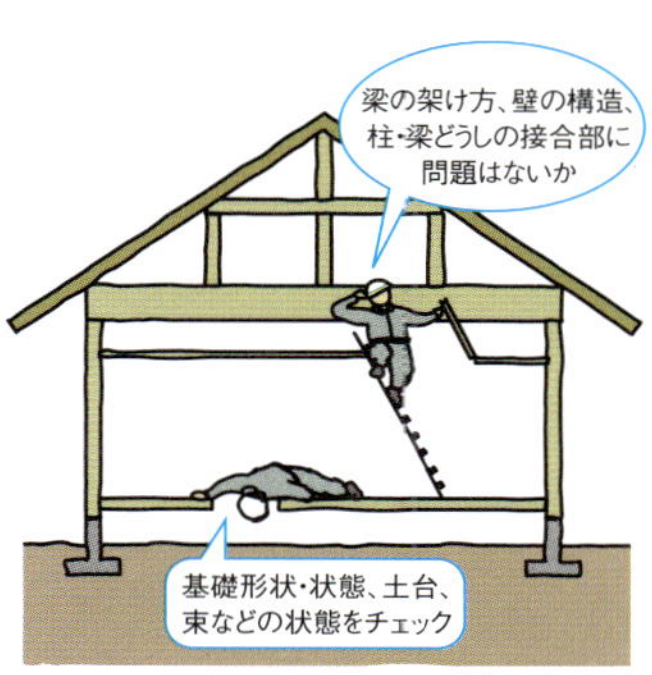
梁の架け方、壁の構造、柱・梁どうしの接合部に問題はないか
基礎形状・状態、土台、束などの状態をチェック

現地調査の場合、室内仕上げで構造が分かりづらい。天井裏や床下などから確認する

表1 耐震診断で確認する項目

項目	確認項目
地盤・基礎	ひび割れ：不同沈下、鉄筋の有無 基礎形式と配置(上部構造との釣り合い)
建物形状	平面形状：L、T、コの字、大きな吹抜けなど 立面形状：セットバック、オーバーハングなど 屋根形状：切妻、寄棟、入母屋など
老朽度	湿気がちではないか(水廻り、1階床下、小屋裏) 部材が腐っていないか、シロアリの被害はないか

項目	確認項目
耐力壁の量	建物重量に見合った量があるか 天井面で切れていないか(壁の強さに関係) 小屋筋かいはあるか
耐力壁の配置	偏っていないか 距離が離れていないか(床面との対応)
接合方法	柱と土台・梁、継手の方法 アンカーボルトの有無と配置

表2 診断に用いる項目と想定される仕様

●無開口壁の基準耐力の考え方[※1]

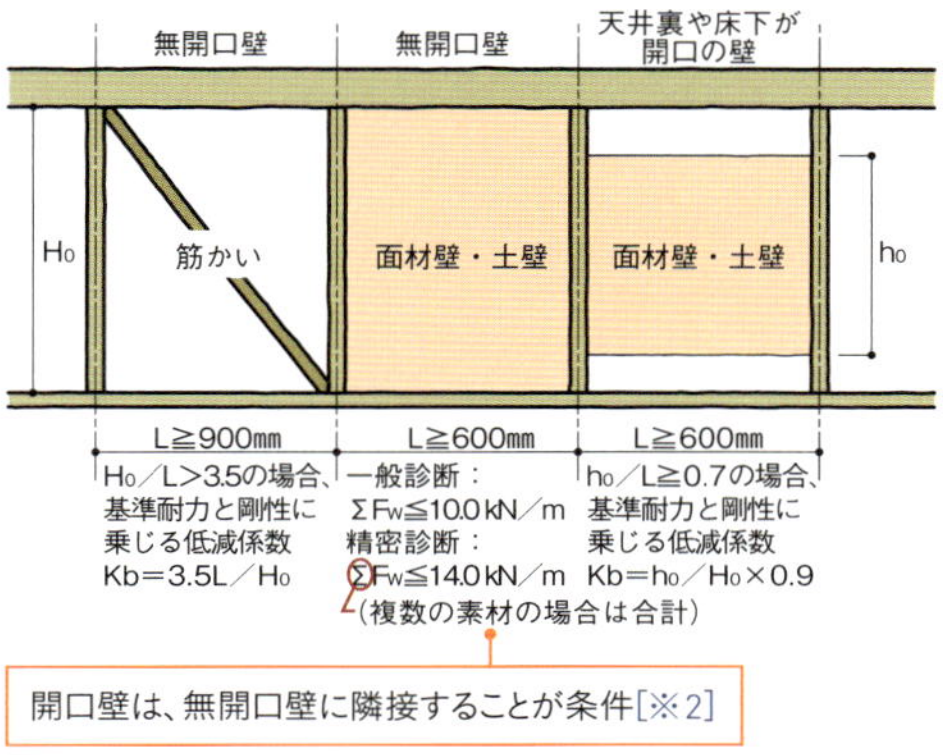
無開口壁
無開口壁
天井裏や床下が開口の壁
H0
筋かい
面材壁・土壁
面材壁・土壁
h0
L≧900mm
L≧600mm
L≧600mm
H0/L>3.5の場合、基準耐力と剛性に乗じる低減係数Kb=3.5L/H0
一般診断：ΣFw≦10.0kN/m
精密診断：ΣFw≦14.0kN/m
(複数の素材の場合は合計)
h0/L≧0.7の場合、基準耐力と剛性に乗じる低減係数Kb=h0/H0×0.9
開口壁は、無開口壁に隣接することが条件[※2]

●開口壁の基準耐力の考え方

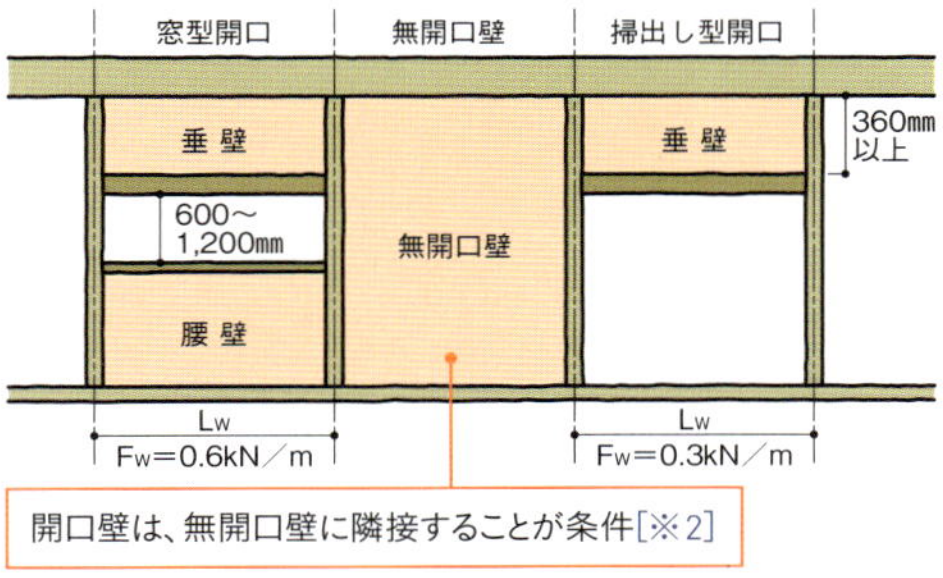
窓型開口
無開口壁
掃出し型開口
垂壁
垂壁
360mm以上
600～1,200mm
無開口壁
腰壁
Lw
Fw=0.6kN/m
Lw
Fw=0.3kN/m
開口壁は、無開口壁に隣接することが条件[※2]

建物仕様	想定する荷重(床面積当り、N/㎡)
軽い建物	屋根：石綿スレート葺き(950)、外壁：ラスモルタル(750)、内壁：ボード壁(200)
重い建物	屋根：桟瓦葺き(1,300)、外壁：土塗壁(1,200)、内壁：ボード壁(200)
非常に重い建物	屋根：土葺き瓦(2,400)、外・内壁：土塗壁(1,200+450)
各建物共通	床荷重(600)、積載荷重(600)

基礎仕様	仕様と健全度	耐震性能
基礎Ⅰ	健全なRC造布基礎 またはベタ基礎	地震動時に曲げ・せん断によって崩壊せず、アンカーボルト・引寄せ金物が抜け出すことなく建物の一体性を保ち、上部構造の耐震性能が十分に発揮できる基礎/耐震補強を実施した壁の直下でも破壊が生じない健全なRC造基礎
基礎Ⅱ	ひび割れのあるRC造の布基礎またはベタ基礎/無筋コンクリート造の布基礎/柱脚に足固めを設けRC造底版に柱脚または足固めなどを緊結した玉石基礎/軽微なひび割れのある無筋コンクリート造の基礎	基礎Iおよび基礎III以外のもの
基礎Ⅲ	玉石、石積、ブロック基礎、ひび割れのある無筋コンクリート造の基礎など	地震時にバラバラになるおそれがあり、建物の一体性を保てない基礎

接合部仕様	仕様と健全度
接合部Ⅰ	平12年建告1460号に適合する仕様
接合部Ⅱ	羽子板ボルト、山形プレートVP、かど金物CP-T、CP-L、込栓
接合部Ⅲ	ホゾ差し、釘打ち、かすがいなど(構面の両端が通し柱の場合)
接合部Ⅳ	ホゾ差し、釘打ち、かすがいなど

床仕様[※3]	主な仕様	想定する床倍率
床仕様Ⅰ	合板	1.0以上
床仕様Ⅱ	火打+荒板	0.5以上1.0未満
床仕様Ⅲ	火打なし	0.5未満

現地調査で確認すべき構造上の注意点は、以下の2つである。

①鉛直荷重を安全に支持しているか

②耐力壁が有効に働く状況か

これらを見極めるため、建物の形状、軸組の組み方、耐力壁の仕様と配置、床や小屋組の構成、基礎形式などを把握する。現地調査では、耐震性に直接影響を与える壁の仕様と配置に加え、床鳴りや傾斜、壁や基礎のひび割れ状況のほか、床下や天井裏を目視し、126・127頁に示す構造的問題点がないかをチェックする[表1]。表2は、評価にかかわる構造要素の仕様である。

なお、事前に各階柱と壁の位置を平面図にプロットしておくと、現地でたわみなど見るべきポイントを絞りやすい。

調査の際、1階と2階の外壁面や柱位置がずれている個所は、周辺の床梁がどのように組まれているか、仕口がめり込んだり抜け出したりしていないかを、重点的に見るべきである。さらに、その上の小屋組と継手位置の把握も、床梁にかかる荷重を知るために重要となる。

※1 低減係数Kbは、精密診断法1より引用
※2 耐力を見込める開口壁は、無開口壁への隣接を原則とする。連続する開口壁長の長さは、Lw≦3.0mとする。無開口壁率による算定方法を採用する場合は、(一財)日本建築防災協会『2012年改訂版 木造住宅の耐震診断と補強方法』を参照すること
※3 幅4m以上の吹抜けがある場合は、床仕様を1段階下げる

図 事例にみるチェックポイント

①平面図	1階は敷地境界線も記載 その階の上にある庇、バルコニー、ロフトは、点線などで記載	➡ 各階平面図に、1階柱と2階柱、その階の壁を記入しておくと、チェックポイントが分かりやすくなる
②立面図		➡ ひび割れ状況を記入する
③地盤資料	近隣データや地形図など	➡ 現地に着くまでの道程は地形を意識し、近隣建物や道路にひび割れがないかなどに注意しながら歩く

石積み擁壁が大きくはらみ出している。診断書に注意事項として記載する

1階の主要な構面

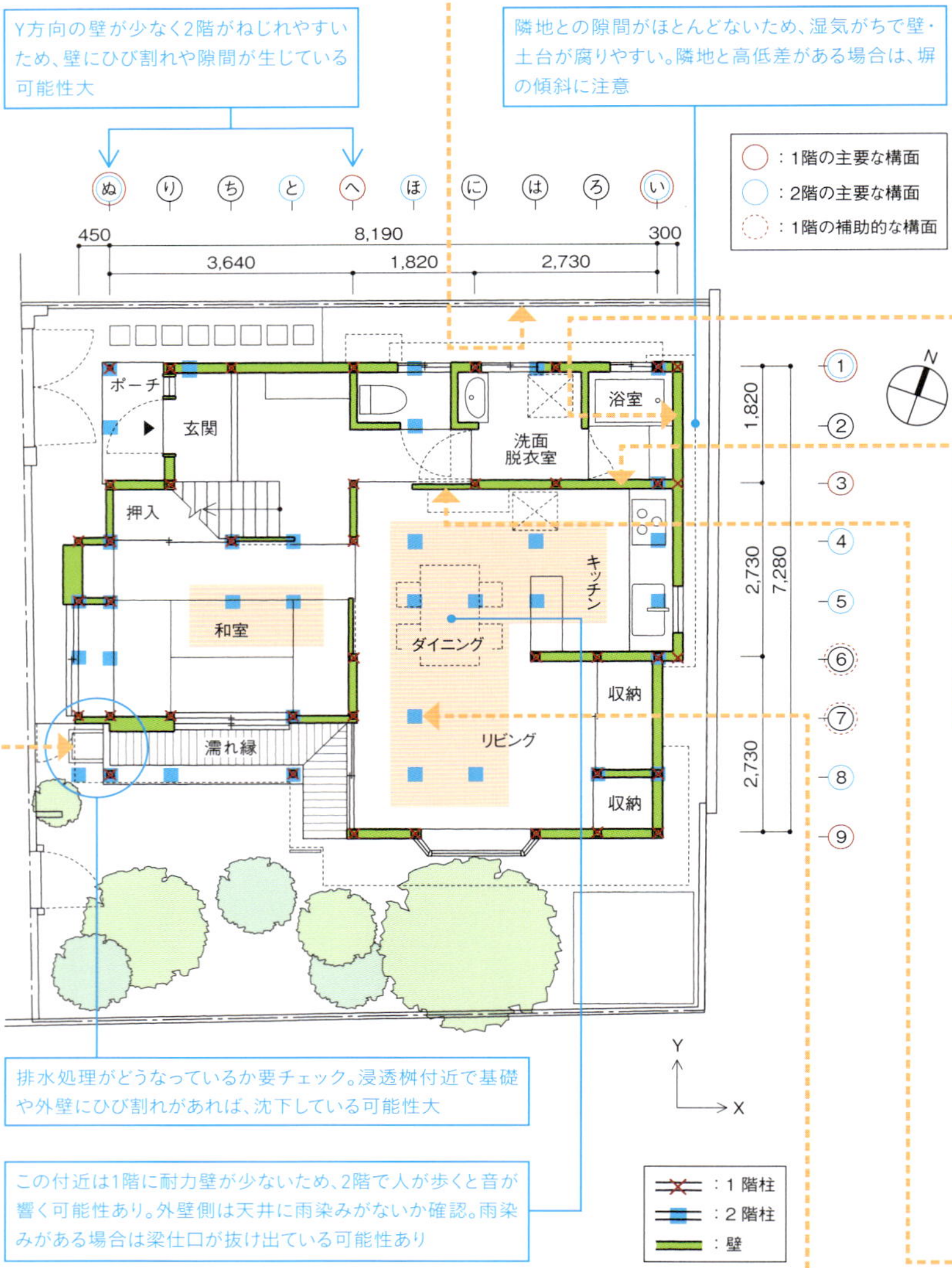

Y方向の壁が少なく2階がねじれやすいため、壁にひび割れや隙間が生じている可能性大
隣地との隙間がほとんどないため、湿気がちで壁・土台が腐りやすい。隣地と高低差がある場合は、塀の傾斜に注意
ぬ
り
ち
と
へ
ほ
に
は
ろ
い
：1階の主要な構面
：2階の主要な構面
：1階の補助的な構面
450
8,190
300
3,640
1,820
2,730
ポーチ
玄関
浴室
洗面
脱衣室
押入
キッチン
和室
ダイニング
収納
リビング
濡れ縁
収納
1,820
2,730
7,280
2,730
1
2
3
4
5
6
7
8
9
N
Y
X
排水処理がどうなっているか要チェック。浸透桝付近で基礎や外壁にひび割れがあれば、沈下している可能性大
この付近は1階に耐力壁が少ないため、2階で人が歩くと音が響く可能性あり。外壁側は天井に雨染みがないか確認。雨染みがある場合は梁仕口が抜けている可能性あり
：1階柱
：2階柱
：壁

在来の浴室廻りは、土台・柱・筋かいなどの腐朽が激しいことが多い

通気口がなくて湿気がこもり、蟻害が激しい床下

浸透桝が建物のすぐ近くにあるため地盤が沈下し、建物に大きな被害をもたらしている

造成時の転圧が不十分で地盤沈下が起き、床束が浮いている

設備業者が改修時にあけた人通口。基礎が無筋であることを証明している

乾燥収縮や断面不足による過大なたわみにより、継手が抜け出ている

壁が天井までしかなく、小屋梁との間に隙間があると、壁の耐力は低下する

負担荷重が大きく、小屋梁が折損。切断面が汚れていないことから、東日本大震災など最近の地震で衝撃がかかり折れたものと推察される

通気口を通すため切り欠かれた筋かい。これでは用をなさない

2階の主要な構面

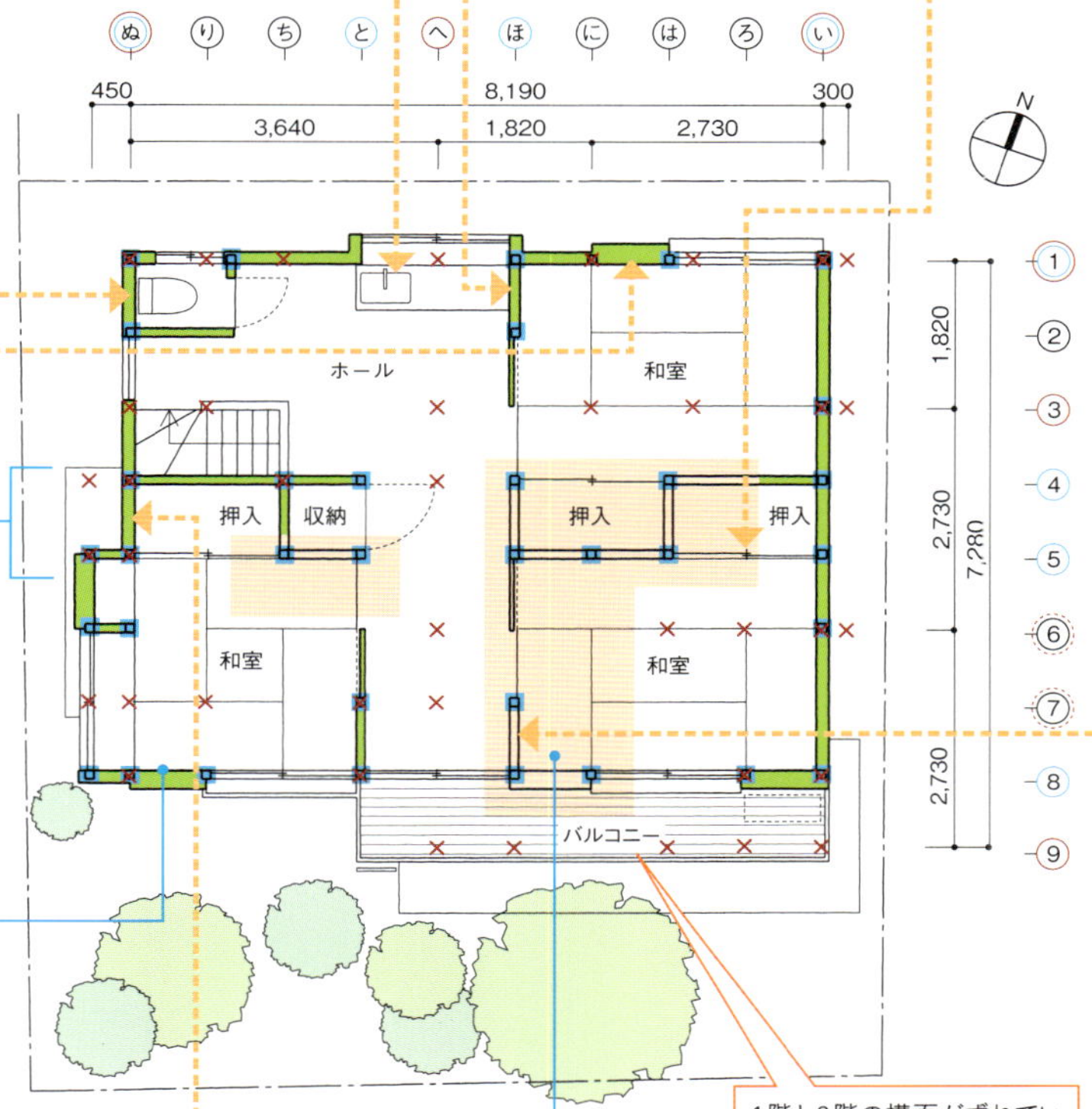

図面から、小屋組はこのラインに荷重が集まるように計画されている可能性あり。1階に柱がない場合はたわみの発生が推察される

梁の継手でよく見かける、蟻継・鎌継・台持継手は引張耐力が小さいが、金物補強がない場合が多く、水平力により損壊が生じやすい

2階柱の下に1階柱がないエリア
- 床の傾斜がある
- 雨漏り跡がある
- 柱を叩くとびりびり響く

などの現象がある場合は、床のたわみが推察されるため、床梁の組み方を調査する。仕口が抜けたり、めり込んだりしている可能性も大

1階と2階の構面がずれている場所は、たわみなどが発生しやすいため、特に注意する

調査前の資料にはとりあえず「らしき」ものをすべて記載。現地調査で構造的に効いているか否かを記入する

×：1階柱
■：2階柱
━：壁

天井脇に雨漏り跡。小屋組や2階の床組の問題が原因であることが多い

釘留めの筋かい。引張には効かず、耐震性に大きく影響する

床梁の仕口がめり込んで受け梁も割れている。梁の架け方に問題があるので、小屋組も含めて検討が必要

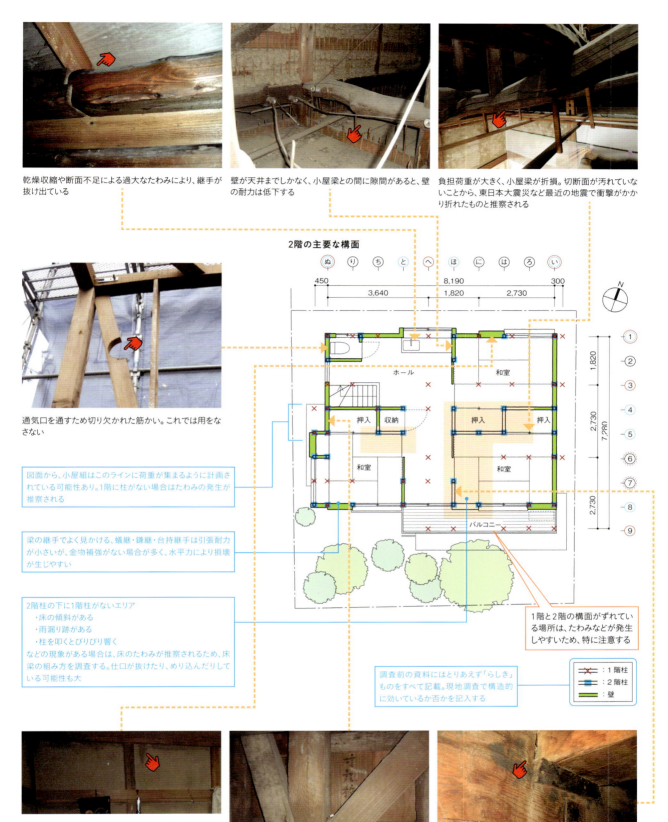

4-1
耐震診断

03 効率よく現地調査を行うために押さえておくべきこと

居住中の住宅では時間の制約があるので、問題点を予想し、補強方法もある程度考えながら現地調査を行うように心掛ける

狭くて暗いうえに障害物も多い中を調査するのはかなりの重労働である

構造的に知りたいこと

建物の構造設計や診断を行う際に知りたいことは、「外力」と「耐力」の2項目である。建物にどのような荷重がかかり、どのように耐えるのか？そのためのさまざまな前提条件を整えていくのが「補強」である。

外力は建物や個々の部材にかかる荷重のことで、鉛直荷重と水平荷重に大別できる［40～41頁］。

鉛直荷重とは、建物自体の重さ（固定荷重）や家具や雪などの積載荷重で常時重力方向に働くものと、水平荷重時に耐力壁の外周柱に生じる引抜力や圧縮力などの変動軸力の2種類がある。

水平荷重は主に地震力と風圧力の2種類である（地下室がある場合は、土圧が常時水平方向に作用する）。

地震力は建物の重さと高さ、地盤の振動性状などが影響する。風圧力は建物の見付面積と、建設地の基準風速が主に影響する。

したがって建物にかかる外力を算出するために知りたい項目は、以下のようになる。

①屋根・床・外壁・内壁などの重さ（仕上げ・仕様）
②各室の用途　→積載荷重
③建設地の垂直積雪量と雪の単位重量
④ピアノ、金庫、太陽光パネルなど、特殊な積載物の重量と設置範囲
⑤建物の平面・断面・立面形状
⑥建設地の住所（地震地域係数、基準風速、標高→積雪荷重）
⑦地形・地盤性状［地盤調査データ、液状化ハザードマップ、J-SHISマップ等。表1］

そのほか、基礎の根入れ深さを検討するため、凍結深度も調べておきたい。

表2の現地調査チェックシートでいうと、建物概要欄と地形・地盤が「外力」にかかわる項目となる。一方、構造的特徴・状況欄は建物の「耐力」にかかわる項目となっている。

耐力とは建物の強さのことで、軸組部材の材料強度と断面寸法、耐力壁の仕様・量・配置、部材どうしの接合方法などが主に影響する［32頁］。また、小屋組や床など水平構面の仕様と吹抜け・セットバックの有無も、耐力壁が有効に配置されているかどうかを判断するために必要な情報である［33、48～49頁］。

耐震診断ではそのほかに、部材の劣化度や基礎仕様も建物の強さを算定するうえで必要な項目となる［131頁表3］。

なお基礎や外壁のひび割れ、床や柱の傾斜を測定するのは、劣化よりもむしろ構造的な問題があるかどうかを判断することが、一番重要な目的である。

表1　地形・地盤性状を大まかに調べる際に参考となる資料

1)国土地理院
https://maps.gsi.go.jp/
標準地図、主題図ー都市圏活断層図、主題図ー明治期の低湿地　など

2)政府地震調査研究推進本部
https://www.jishin.go.jp/
地震評価ー活断層の長期評価　など

3)国土交通省　国土調査［土地分類基本調査・水基本調査等］ホームページ
https://nrb-www.mlit.go.jp/kokjo/inspect/inspect.html
5万分の1都道府県土地分類基本調査　など

4)国立研究開発法人 防災科学技術研究所　J-SHIS 地震ハザードステーション
https://www.j-shis.bosai.go.jp/
表層地盤ー地盤増幅率　など

5)液状化や土砂災害については、各都道府県または市町村のホームページの防災関連情報

そのほか、民間の地盤調査会社のURLでボーリング柱状図等を閲覧できるものもある

表2 木造建築物の耐震診断用現地調査チェックシート

年　　月　　日

診断者			
会社名(担当者)	(担当：　　　　　　)		
連絡先	TEL：　　　　　　FAX：		
現地調査日	年　月　日～　日		
建物概要			
建物名称		地震地域係数： Z=	
所在地		垂直積雪量：　　cm、　凍結深度：　　cm	
建築年	年(平成　年)　月(築　年以上)	増改築の有無：　□有(　年)　□無	
構造・階数	構　造：□木造　□混構造　□その他　(　　　)	階　数：　　階建て	
主な仕上げ	屋　根：	外　壁：	
規模	建築面積：　㎡	延床面積：　㎡	
	軒の高さ：　m	最高高さ：　m	
主な用途	□住宅　□共同住宅　□その他　(　　　)		
図面等の所在	設 計 図：□有(　　　)　□無		
	構 造 図：□有　□無　地盤データ(　　　)：　□有　□無		
構造的特徴・状況			
建物形状等	建物形状：□正方形・長方形(　m x　m) □その他　(　　　)		状況：
	屋根形状：		
地盤	地形：　□平坦・普通　□がけ地・急傾斜		状況：
	地盤：　□良い・普通の地盤 □悪い地盤 □非常に悪い地盤(埋立地、盛土、軟弱地盤)		
基礎	□基礎I　(健全なRC造布、ベタ基礎) □基礎II　(ひび割れのあるRC造、無筋コンクリート) □基礎III　(玉石、石積、ひび割れのある無筋コンクリート)		状況：
軸組	構法：　　材種　：		状況：
	柱：　□120角未満 □120 ～240角(　角) □240角以上	腐朽・蟻害・欠損等： □有(　　　) □無	
耐力壁	壁仕様： 筋かい：　□有(　mm x　mm)　□無 垂壁・腰壁：□有(　　　)　□無		状況：
水平構面	小屋裏：　□床仕様I(合板) □床仕様II(火打 + 荒板) □床仕様III(火打なし)	2階床：　□床仕様I □床仕様II □床仕様III	状況：
	吹抜：　□有(　　　)　□無		
接合部	□接合仕様I　(告示仕様) □接合仕様II　(羽子板、プレート、込栓等) □接合仕様III　(ホゾ、釘打、かすがい等)　※両端通し柱 □接合仕様IV　(ホゾ、釘打、かすがい等)		状況：
その他			
考察			

図1　耐力壁の連続性の確認

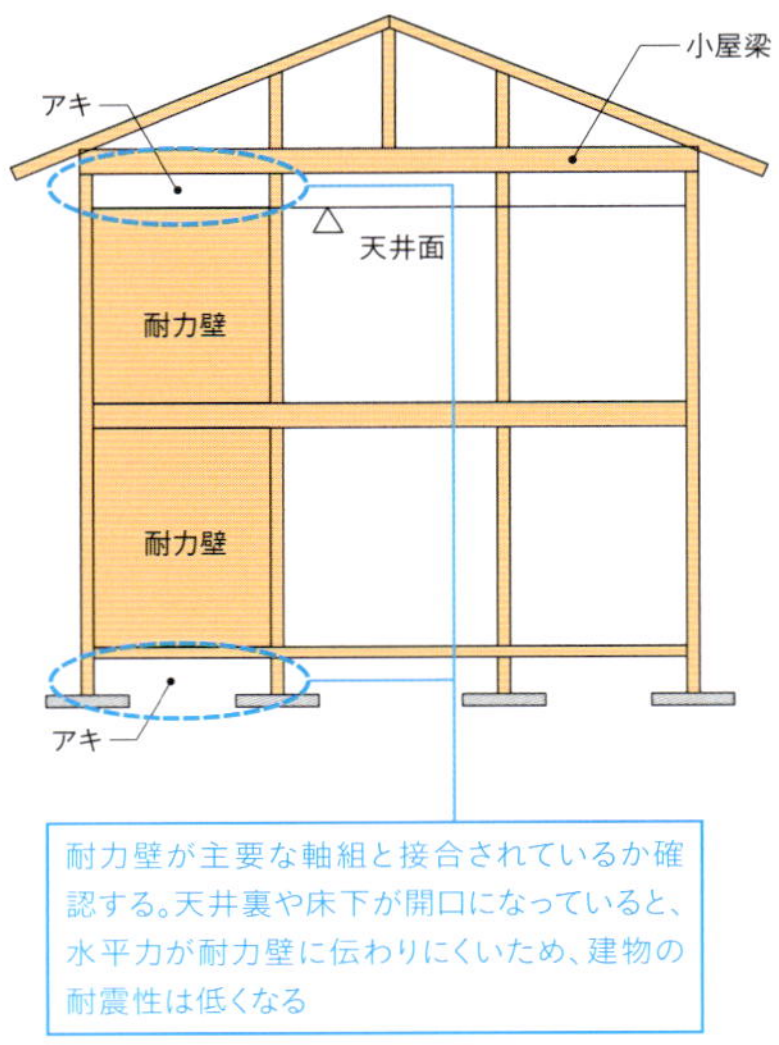
小屋梁
アキ
天井面
耐力壁
耐力壁
アキ
耐力壁が主要な軸組と接合されているか確認する。天井裏や床下が開口になっていると、水平力が耐力壁に伝わりにくいため、建物の耐震性は低くなる

図2　上下階の柱がずれているときの引抜力の伝わり方

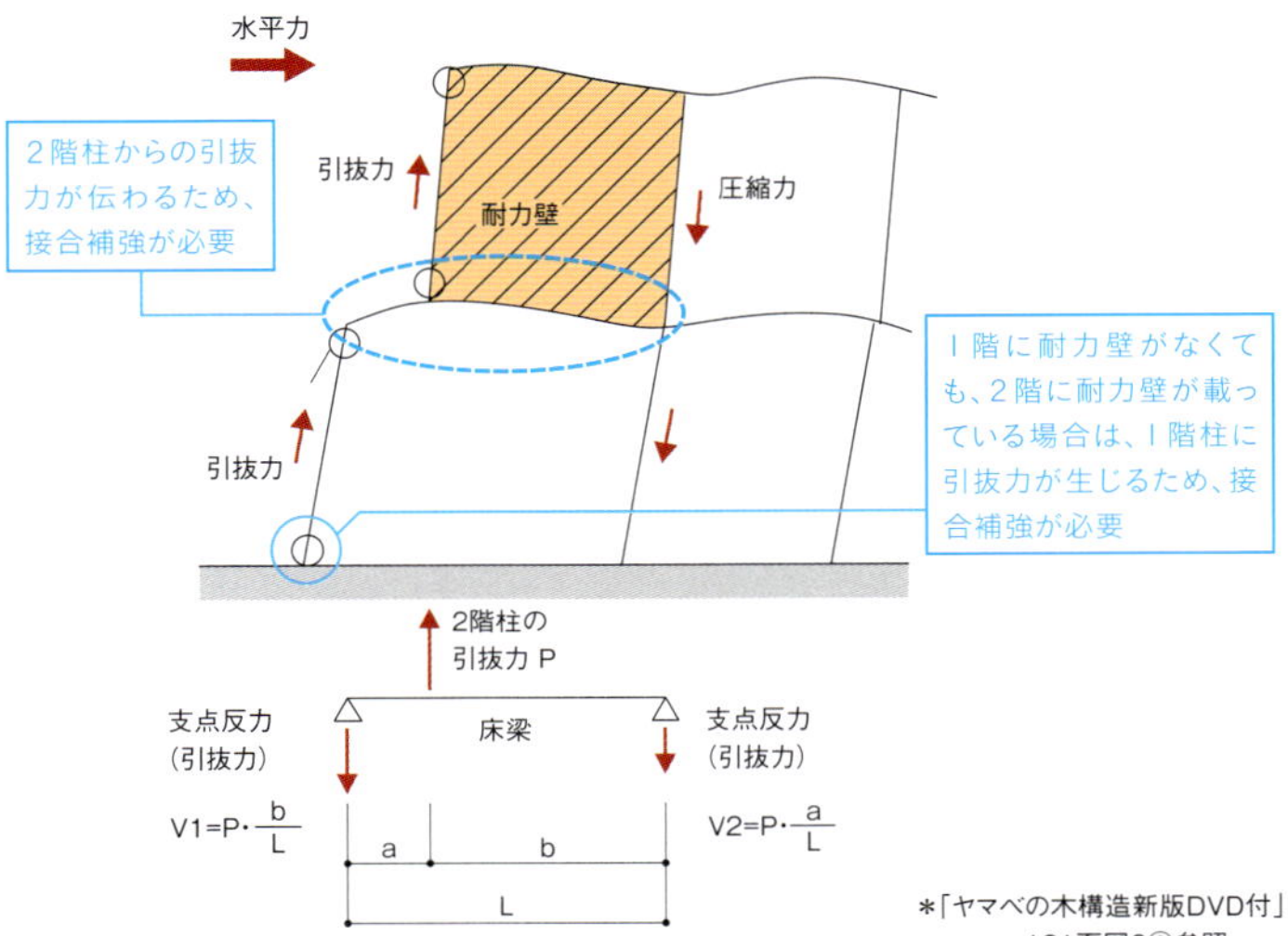
水平力
2階柱からの引抜力が伝わるため、接合補強が必要
引抜力
耐力壁
圧縮力
1階に耐力壁がなくても、2階に耐力壁が載っている場合は、1階柱に引抜力が生じるため、接合補強が必要
引抜力
2階柱の
引抜力 P
支点反力
（引抜力）
床梁
支点反力
（引抜力）
V1=P・b/L
a
b
V2=P・a/L
L

＊「ヤマベの木構造新版DVD付」
121頁図6③参照

構造的な問題の調査と対策

建物に生じる問題点は、建物全体あるいは床の傾斜・床鳴り、大きな横揺れ、ひび割れ・雨漏り、などが代表的である（傾く・揺れる・雨が漏る）。

これらの現象は仕上材の性能や取り付け方法に問題がある場合と、構造的な強度不足が原因となっている場合がある。構造的な原因を大きく分けると、①耐力壁不足、②軸組の強度不足、③基礎の不備、の3項目になる。

【耐力壁不足】

これを細かく見ると、

①壁が少ない
②耐力壁の配置が偏っている
③耐力壁の壁倍率が低い
④耐力壁の周辺部材の接合強度が不足している
⑤耐力壁が効いていない［図1、126・127頁写真］

といったことが挙げられる。

したがって調査時には、耐力壁の仕様と配置を平面図上にプロットするほか、小屋裏や床下を見て、柱頭柱脚の接合状況を確認することも必要になる。また壁が少ない場合は、柱断面と垂壁・腰壁の有無なども調査する。柱断面が150角以上であれば、柱も水平抵抗要素として見込むことができる。

垂壁・腰壁で耐力を見込めるものは、125頁表2の図を参照し、代表的な箇所で高さを測定する。また各部屋の展開写真を撮影しておくと、現地調査時の見落としや記入漏れなどをカバーできる。

耐力壁に関連する接合部では、図2のように、梁上に耐力壁が載る場合に注意が必要である。2階柱に生じる引抜力は床梁を介して周辺の1階柱に伝達されるが、1階に耐力壁がないため1階柱の接合が不十分となることがあるので注意する。

【軸組の強度不足】

軸組の問題としては、床梁の断面不足や、仕口の支持力が不足が第一に挙げられる。これは床梁と小屋梁の架け方、柱と継手の位置に問題があり、そもそも鉛直荷重を支えきれていない、という状況である。

特に上下階の柱位置がずれている場合は要注意だが、上下階の柱が一致していても、梁の架け方や継手位置によっては問題を抱えていることが多々見受けられる［95頁図4、97頁図2］。床組よりもむしろ小屋組に問題があり、小屋組を改修・補強して床梁への負担を軽減したほうが良いこともしばしばある。また、岡建ち柱を受ける梁やスパンの長い梁では、「重ね梁」の強度と剛性が著しく不足していることも多い［98頁、142頁］。

したがって調査時には、小屋伏も含めた各階の伏図を作成したほうがよい。このとき、部材断面のほかに継手の位置もできる限り調べるようにしたい。また床段差があったり、複雑な屋根形状のときは軸組図も必要である。

すべてを調査するのが難しいときは、1階と2階のプランを重ねて見るとよい［126・127頁］。このとき、2階の外壁や間仕切壁の下が広間になっているようなところは、床鳴りや傾斜、雨漏りなどが生じていないか重点的にチェックして、もし問題があるようなら、床や天井を剥がしてその周辺の床梁や小屋梁の

表3 老朽度の調査部位と診断項目　チェックシート

部位		材料・部材等	劣化事象	存在点数 築10年未満	存在点数 築10年以上	劣化点数
屋根葺き材		金属板	変退色、さび、さび穴、ずれ、めくれがある	2	2	2
		瓦・スレート	割れ、欠け、ずれ、欠落がある			
樋		軒・呼び樋	変退色、さび、割れ、ずれ、欠落がある	2	2	2
		縦樋	変退色、さび、割れ、ずれ、欠落がある	2	2	2
外壁仕上げ		木製板、合板	水浸み痕、こけ、割れ、抜け節、ずれ、腐朽がある	4	4	4
		窯業系サイディング	こけ、割れ、ずれ、欠落、シール切れがある			
		金属サイディング	変退色、さび、さび穴、ずれ、めくれ、目地空き、シール切れがある			
		モルタル	こけ、0.3mm以上の亀裂、剥落がある			
露出した躯体			水浸み痕、こけ、腐朽、蟻道、蟻害がある	2	2	2
バルコニー	手摺壁	木製板、合板	水浸み痕、こけ、割れ、抜け節、ずれ、腐朽がある		1	1
		窯業系サイディング	こけ、割れ、ずれ、欠落、シール切れがある			
		金属サイディング	変退色、さび、さび穴、ずれ、めくれ、目地空き、シール切れがある			
		外壁との接合部	外壁面との接合部に亀裂、隙間、緩み、シール切れ、剥離がある		1	1
	床排水		壁面を伝って流れている、または排水の仕組みがない		1	1
内壁	一般室	内壁・窓下	水浸み痕、はがれ、亀裂、カビがある	2	2	2
	浴室	タイル壁	目地の亀裂、タイルの割れがある	2	2	2
		タイル以外	水浸み痕、変色、亀裂、カビ、腐朽、蟻害がある			
床	床面	一般室	傾斜、過度の振動、床鳴りがある	2	2	2
		廊下	傾斜、過度の振動、床鳴りがある		1	1
	床下		基礎のひび割れや床下部材に腐朽、蟻道、蟻害がある	2	2	2
合計						
劣化度による低減係数 $_dK$＝1－劣化点数／存在点数＝						

注1）劣化による低減係数の算出方法
　1．建物の築年数を判断。　（10年未満　又は　10年以上）
　2．存在が確認できた「部位」の「存在点数」に○を付け、その数値の合計を算出。
　3．存在部位の劣化状況を調査。「劣化事象」が認められた場合、「劣化点数」に○を付け、その数値の合計を算出。
　4．2、3の各合計点より「劣化度による低減係数 dK」を算出。　→ $_dK$＝1－「劣化点数の合計」／「存在点数の合計」

注2）算出結果が0.7未満の場合には、0.7とする。
注3）一般診断法により補強設計を行う場合は、補修後の診断における劣化低減係数を0.9以下とする。

架け方と継手位置および仕口の状況を確認すべきである。また増築を行っているときは、**軸組の連続性を確認**するため、既存部と増築部との接合状況を調査する。

軸組の問題を探す手がかりとしては、床や柱の傾斜のほかに、柱を拳で叩いてみる方法もある。荷重がかかっている柱はドンドンという重く硬い感触だが、床《とこ》柱など荷重を受けていない柱は軽い感触となる。また、柱を叩いたときに周辺の床や窓がビリビリと音を立てて揺れる場合は、周辺の小屋梁や床梁の仕口が過大にめり込んだり［127頁右下写真］緩んだり外れかかったりしていることが多い。

そのほかに雨漏りなどの原因として、耐風処理［101頁］が不十分な場合がある。切妻屋根の妻面の小屋裏や、吹抜けが外部に面しているところは、柱・間柱の断面や間隔、小屋梁・胴差の継手位置などを確認する。

小屋組が登り梁形式のときはスラスト処理の問題が考えられるため、棟木のたわみや桁面の壁面や柱が外側に傾斜していないかチェックする［119頁図2］。

もし雨漏りによる腐食などで断面欠損が著しい箇所を発見したときは、柱を立てるなど応急処置を行い、**鉛直荷重を支持する**ことを最優先に考える。

柱の荷重負担状況や梁の継手位置は、上部構造評点に直接影響しないが、鉛直荷重を支持するという構造体が最低限果たすべき役割があり、柱の撤去の可否など改修計画にも大きく影響するので、注意深く調査する必要がある。

写真① 床荷重も大きいうえに屋根荷重もかかり、過大にたわんでいる

写真② 写真①を下から見上げたもの。○印部分に継手があり、外れかかっている。床梁は解体しないとわからないことが多い

写真③ ⇔印部分は重い屋根荷重がかかっているにもかかわらず、下に柱がなく小屋梁断面も小さい。小屋組は小断面材を継ぎはぎしており、不安定なものも多い

写真④ 設備配管で無造作に切断された無筋コンクリートの基礎

【基礎の不備】

玉石やフーチングがないブロック・煉瓦・石積などの基礎や、無筋コンクリートの基礎、また鉄筋コンクリート造であっても、基礎梁の配置がブツ切れの島基礎や、換気口・人通口が荷重負担の重い柱に近接して設けられていると、不同沈下を生じやすい。特に設備配管や電気配線があるところは、無造作に基礎や躯体を切断していることがあるので注意する［写真④、126頁右下写真、127頁左中央写真など］。

不同沈下の有無は1階の床レベルや、基礎のひび割れ状況を見て判断する。ブロックなどの組積タイプのときは目違いの状況などを見る。また外壁がモルタルや漆喰塗などのときは、そのひび割れ状況も参考になる。

そのほか擁壁がある造成地などでは、盛土部分と切土部分の沈下量が異なったり［89頁］擁壁が移動・傾斜したり［35頁写真②、図］することで、不同沈下が生じやすい。

82頁図1に示すように周辺状況を調査したうえで、基礎に87頁表2に示すような構造に起因するひび割れが生じている場合は、ひび割れ補修のほかRC造の基礎梁を格子状に設けるなどの補強を行う。

ひび割れや不同沈下がなく健全な場合は、荷重が増えない限り基礎はそのままでもよい。ただし耐力壁を増設したり壁倍率を高めるなどの補強を行った場合は、地震時に圧縮や引張の変動軸力がかかるため、基礎の補強が必要となる［140頁］。また水平荷重時に足元がバラバラに動かないように（平面剛性を確保する）には、基礎梁を連続的に設けたほうがよい。基礎を新設するのが難しい場合は、主構面に根がらみを連続的に設けるなどの補強を行う［141頁］。液状化の可能性がある地域では、液状化発生後の修復性に配慮し、基礎梁を格子状に設けたRC造のベタ基礎としたほうがよい。

そのほかに、排水処理に問題があって不同沈下を生じている例も少なくない。傾斜地や周辺地盤よりも敷地が下がっているときは勿論のこと、竪樋や浸透桝、外部の水道などが設置されている出隅部分は、基礎下に水が溜まり沈下していることが多い［126頁左下写真］。

このような場合は、外周部に土間コンクリートを廻すなどして、できる限り建物から水を遠ざけるように排水計画を見直したほうがよい［141頁］。

現地での地盤調査は、不同沈下が著しく、根本的に基礎をつくり直したり、地盤補強が必要になりそうな場合に、必ず行うようにする。

【その他 鉄骨材がある場合】

部分的に鉄骨部材が使われている場合は、断面形状のほかに木造部分との接合状況を調査する。

玄関ポーチなど外部に露出する柱のみが鋼管であったり、スパンの長い床梁が鉄骨材であるような場合は、鉄骨部材は鉛直荷重を支えるだけなので、建物全体の構造種別は木造と判断する。このときは当然、木造部分の耐力壁で耐震性を確保する。

一間以上はね出した駐車場やバルコニーなど比較的広範囲を鉄骨フレームとしている場合は、平面混構造とみなされる。このときは木造と鉄骨造は振動性状が異なるため、エキスパンションで分離してそれぞれで水平力に抵抗できるように計画するのが原則である［**図3**］。

鉄骨フレームは溶接状況を確認することが構造的に重要であるが、実際にはその健全性を確認することは難しい。特に木造住宅の一部に取り付くようなフレームは、きちんとした溶接が行われていないものが大多数である。さらに鋼材と木造部分との接合部も、雨水などが浸み込んでボルトや鋼材が錆びたり木材が腐食したりして、ひび割れや過大なたわみを引き起こしていることが多い。

このようにほとんどの場合、鉄骨造部分を撤去したほうがよいことが多いのだが、やむをえず残す場合は、木造部分は全水平力を負担できるように鉄骨造部分の面積も見込んで壁量を確保し、接合部は特に引張接合をしっかりさせる［**49頁図6参照**］ほか、鉄骨造部分は水平ブレースを設けて、木造部分に水平力が伝達できるよう補強を行う。

【改修計画の目安】

建物の耐震性を高めるには、

外力を減らす

耐力を高める

のどちらか、あるいは両方を組み合わせて、外力よりも耐力が上回るようにする。外力を減らすには、屋根や外壁を軽量化する、減築して面積を少なくする、などの方法が考えられる。

耐力を高めるには、耐力壁を増設あるいは高倍率の仕様とする、接合強度を高める（引抜力に見合った金物を取り付ける）、部材断面を大きくする、などの補強を行う。いずれにしても、**負担荷重に応じた補強を行うこと**が重要である。

柱は、荷重を負担していないものは撤去してもよいが、負担荷重の重い柱や、梁の継手が近接する柱は極力残す。また2階の出隅柱の下は柱を設けるようにする。やむを得ず柱を撤去したり岡建ち柱となる場合は、周辺の小屋梁や床梁の補強を慎重に行う必要がある。

図3 鉄骨部分の考え方

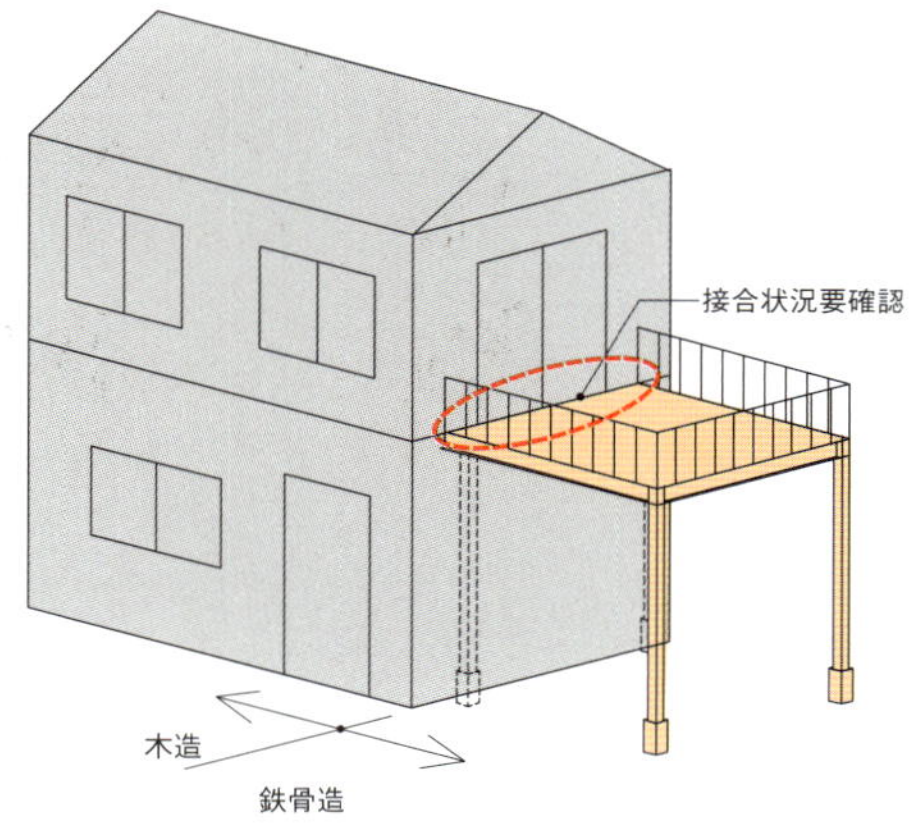

平面混構造のときは、エキスパンション目地を設けて別構造とするのが原則。
鉄骨部分の補強が難しいときは、木造部分の壁量に余裕を持たせる（鉄骨造部分の面積も見込む）

＊エキスパンションの設け方は「ヤマベの木構造新版 DVD付」051頁コラム参照

図4 耐震性を高める補強の例

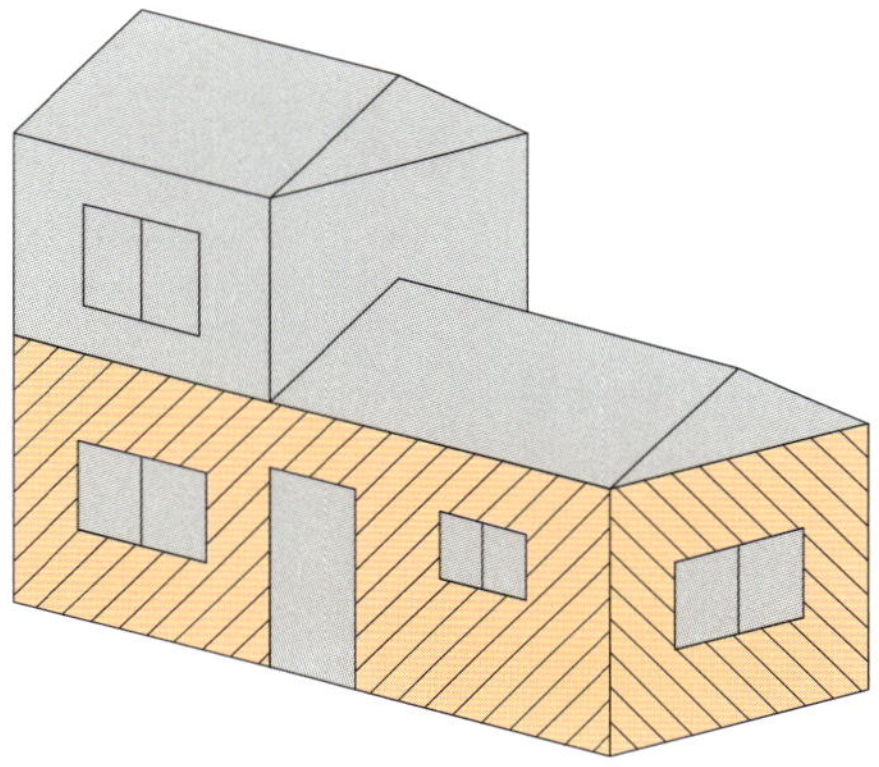

過去の地震被害を見ると、1階が壊れることが圧倒的に多い。これを防ぐには、上図のように1階の外壁面全体に構造用合板などの面材を張るだけでも、かなり補強効果がある

工事費に最も影響するのは、屋根、外壁、基礎である。

一般的には外壁や屋根を変えずに室内側を改修したほうがコストは抑えられるが、雨漏りや断熱改修も兼ねるなら、屋根を葺き替え、壁も外壁側から改修したほうがよいこともある［**図4**］。

屋根や外壁の劣化がなくても、耐震的に軽量化を図りたいこともある。したがって、まず全体的に必要な壁量を算定して、プラン上補強可能かどうか見当を付けておくとよい。

基礎の改修の要否を判断するのも、耐力壁の補強がどのくらいになるかが影響するので、補強方針を立てるにはまずざっと耐力壁の必要量を検討することが基本となる。

4-1
耐震診断

04

耐震診断から診断書まで、注意すべきことは?

数値を出すだけでなく、原因や対策についての考察を充実させる

横架材が抜け出している事例で、上階床のたわみによると推察される

図1 一般診断のフロー

①必要耐力の算定Qr

↓

②保有する耐力の算定edQu=Qu・eKfl・dK

- 壁・柱の耐力 Qu＝Qw＋Qe
- 無開口壁の耐力 Qw
- その他の耐震要素の耐力 Qe
  - 方法1：有開口壁の耐力 Qwo
  - 方法2：柱の耐力 Qc
- 耐力要素の配置等による低減係数 eKfl
- 劣化度による低減係数 dK

↓

③診断結果

- 上部構造評点
  ＝保有する耐力 edQu／必要耐力 Qr
- 地盤・基礎の注意事項

表1 耐震性の判定

上部構造評点	判定
1.5以上	倒壊しない
1.0以上1.5未満	一応倒壊しない
0.7以上1.0未満	倒壊する可能性がある
0.7未満	倒壊する可能性が高い

写真1 柱の折損例。全体的に壁量が少なく、120㎜角以下の細い柱に剛性の高い壁や腰壁が取り付く場合は、このような被害が発生する可能性が高い

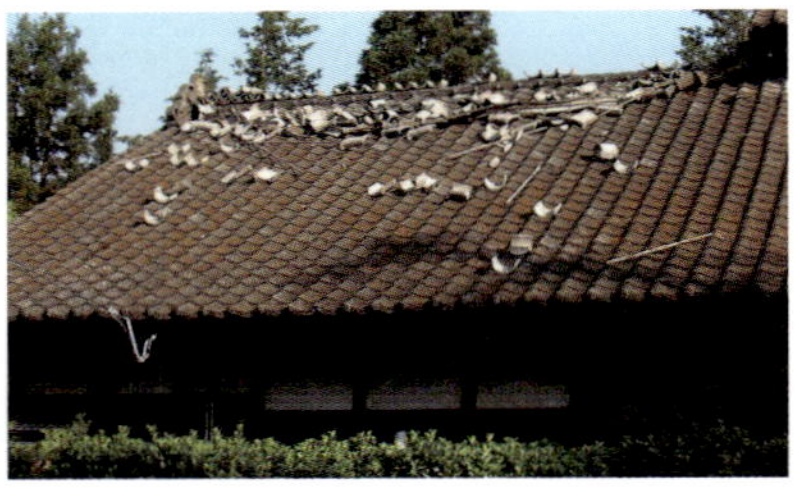

写真2 屋根葺き材の落下被害例。瓦の留め付けの有無のほか、小屋組部材の断面不足や小屋筋かいの有無、2階の耐力壁構面間距離などから推察

図2 耐震診断でよくでるキーワード

1. 壁基準耐力

耐震診断では、大地震時における建物倒壊のおそれの有無のみを判断する。壁基準耐力は、終局耐力から求めた短期許容耐力を採用

注：壁量計算(令46条)の壁倍率から換算される短期許容せん断耐力とは異なり、筋かいは低めに設定されている

●構造用合板の場合

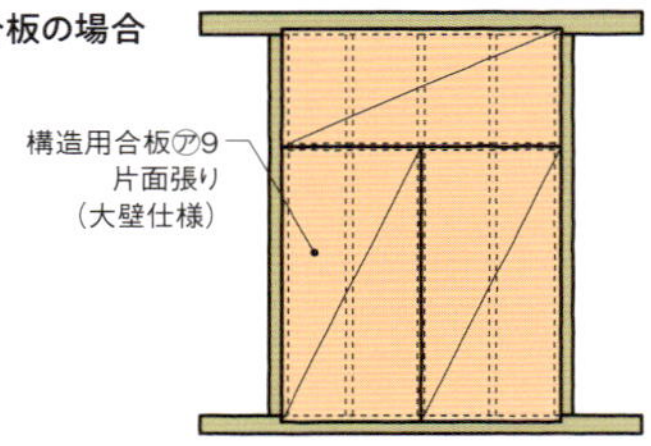
構造用合板⑦9
片面張り
(大壁仕様)

- 壁倍率　2.5
- 短期許容せん断耐力　2.5×1.96=4.90kN／m
- 壁基準耐力　5.20kN／m

●筋かいの場合

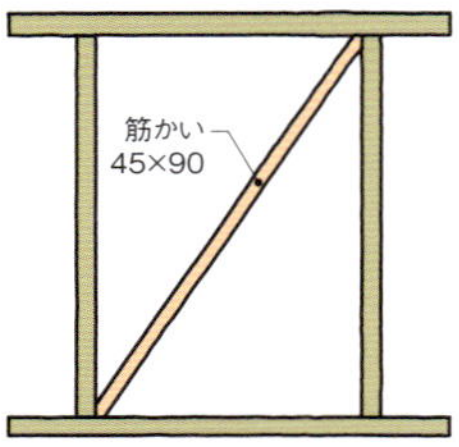
筋かい
45×90

- 壁倍率　2.0
- 短期許容せん断耐力　2.0×1.96＝3.92kN／m
- 壁基準耐力
  - 端部金物(BP2または同等品)　3.20kN／m
  - 端部釘打ち　2.60kN／m

2. 低減係数

建物の劣化状況により、耐震要素の有効性を割り引いて評価するための係数。低減の種類は大きく分けて以下の4つ

①柱頭・柱脚接合部の種類によるもの
②基礎仕様によるもの
③耐力要素の配置によるもの
④部材の劣化によるもの

3. 必要耐力 Qr

極めてまれに起こる大地震に抵抗するために必要な耐力のこと。建物に作用する地震力を意味する。単位はkN

4. 保有する耐力 edQu

現状の建物が地震動に抵抗するために保有している耐力。単位はkN

木造住宅の耐震性の評価は、「上部構造評点」という数値で表される。この評点が1.0以上であれば、大地震時にも倒壊を一応免れるとみなせる［表1］。

診断の手順を図1に示す。必要耐力の算定には、①建物の仕様に応じて床面積当たりの必要耐力表の数値に床面積を乗じる方法、②地震力を算定する方法、の2通りがある。

一般診断法では前者を採用。2階が部分的に載る場合は、1階と2階の面積比を勘案できる品確法に準じた必要壁量の算出方法を採用したほうが合理的だ。

建物が保有する耐力の算定は、無開口の耐力壁だけでなく、新築時の壁量計算では評価しないモルタルなどの仕上げや、腰壁や垂壁、伝統構法に見られる垂壁付きの太い柱などの耐力も見込める。これは、耐震診断が大地震時における倒壊防止を主目的としているためである。

表2は、耐震診断書の記載例である。上部構造評点に反映されなくても構造的に注意を要する事項は考察の欄に記載し、住まい手にしっかり説明する。

表2 診断概要書の書き方

耐震診断概要書(木造)

診断者		
会社名(担当者)	○○建築設計事務所　(担当：○○　○○　一級建築士：0000000)	
連絡先	TEL：03-0000-0000　FAX：03-0000-0000	
現地調査日	2013年11月11日～12日	
建物概要		
建物名称	○○邸	
所在地	東京都○○市△△ 0-0-00　地震地域係数：Z＝1.0　垂直積雪量：30cm	
建築年	1996(平成8)年　3月(築10年以上)　増改築の有無：　☐ 有(　　　年)　☑ 無	
構造・階数	木造　2階建て	
主な仕上げ	屋根：桟瓦葺き(葺き土なし)　外壁：モルタル金鏝押さえリシン吹付け	
規模	建築面積：　66　㎡　延床面積：　98　㎡	
	軒の高さ：　5.2　m　最高高さ：　6.1　m	
主な用途	戸建住宅	
図面等の所在	設計図あり(ただし、構造図なし)	
	近隣地盤データ(ボーリング柱状図)	
構造的特徴・状況		
建物形状等	L形平面の切妻屋根で、部分的に2階が載る 短辺長さは6m以上	
地盤	表層2m～5m粘土、その下は砂礫 盛土・擁壁あり(練石積み、高さ1m程度、目違い・移動などは見られない)	良い・普通の地盤
基礎	鉄筋コンクリート造　(配筋は不明) ベタ基礎	基礎II
軸組	在来軸組構法 柱は105mm角 梁はスギおよび地松、土台はヒノキ	
耐力壁	筋かいはなし 石膏ボードの上、左官仕上げ	
水平構面	小屋組は和小屋で火打あり。小屋筋かいはなし 2階床面は板張り、火打の所在は不明。吹抜けなし	床仕様III
接合部	釘打ち、かすがい	接合部IV
その他	土間部分も上部構造も健全	劣化度：0.9 (築10年以上)
診断概要		
診断方法	☑ 一般診断法　☐ 精密診断法1　☐ 精密診断法2(　　　　　)　☐三次元立体解析	
準拠する規準等	日本建築防災協会発行「木造住宅の耐震診断と補強方法」2012年改訂版	
プログラム	☑ 使用あり　☐ 使用なし　ソフト名：株式会社○○　△△ver.00	

診断結果

階	方向	壁・柱の耐力 Qu(kN)	耐力要素の配置等による低減係数 eKfl	劣化度による低減係数 dK	保有する耐力 edQu(kN)	必要耐力 Qr(kN)	上部構造評点 edQu／Qr	判定
2	X	55.05	1.00	0.90	49.55	133.89	0.37	倒壊する可能性が高い
	Y	54.45	1.00	0.90	49.01	133.89	0.37	倒壊する可能性が高い
1	X	50.89	0.80	0.90	36.64	307.19	0.12	倒壊する可能性が高い
	Y	62.81	1.00	0.90	56.53	307.19	0.18	倒壊する可能性が高い

考察

- 建物の耐震性能は、各階・各方向とも上部構造評点が0.7を下回る結果となりました
- 主な原因としては、耐力要素の不足が第一に挙げられます。また、1階は南側に開口が多く、北側に耐力要素が偏在していることも一因となっています
- したがって建物の耐震性能を向上させるには、既存壁部分を耐力壁仕様にすると同時に、耐力壁廻りの接合補強を行うほか、1階の南側には新規耐力壁を追加することが有効と考えられます。また、屋根を金属板葺きに変更して建物重量を軽減する(地震力を減らす)方法も考えられます
- 小屋組はほぼ問題ありませんが、棟木の通りに小屋筋かいを適宜設けるとよいと思われます。2階床面も現状のままで特に問題ありませんが、外周梁の接合部が外れないよう金物補強が必要と思われます
- 基礎は鉄筋の有無は不明ですが、現状はひび割れもなく健全ですので、特に問題ないと判断されます
- そのほか、部材の腐朽などについては、今回の調査範囲内では見られませんでしたが、補強を行う際に再度確認する必要があります

：必要耐力に影響する項目

：建物の保有する耐力に影響する項目

①建物の重さは、必要耐力に影響する

②短辺長さが4m以下の場合は必要耐力を割増す

③基礎の状況は、壁の耐力に影響する

④柱の太さが120mm角以上あれば、建物の耐力に加算できる可能性がある

⑤耐力壁は仕様だけでなく、横架材との接合状況も確認すること(小屋裏・床下など)

⑥床や小屋組の仕様は、耐力壁が偏在していると、建物の耐力に大きく影響する

⑦柱頭、柱脚の接合状況は、壁の耐力に大きく影響する

⑧**重要!**
数値結果だけではなく、原因や予想される被害、対応策などのコメントを記述し、住まい手にきちんと説明すること

一般診断法の地盤・基礎では、地震時に想定される被害や上部構造に悪影響を及ぼす可能性のある要因を、注意事項として記載する。一方、精密診断法の地盤・基礎では「各部の検討」として、地盤、基礎、水平構面の損傷、柱の折損、横架材接合部の外れ、屋根葺き材の落下の可能性、などについて記載する。水平構面では、耐力壁に水平力が円滑に流れる配慮がなされているか否か、を見極めることが重要である[2、3、6章]。

屋根葺き材の落下の可能性を、瓦の留め付け状況から判断するのは容易ではない。それよりも、2階の耐力壁の構面間距離が長い、小屋組部材が華奢である、小屋筋かいがない、などといった状況から判断したほうがよいだろう[写真2]。

構造設計上で注意すべき項目は、新築時も改修時も原則的には同じである。例示された事項だけにとらわれず、「建物の安全性を確保する」という視点で診断を行うべきである。耐震診断というよりは、「構造診断」と考えよう。

4-2
耐震補強
01

補強計画では どのような検討が必要？

**耐震性を高めるため、部分で考えるのではなく、
軸組・鉛直構面・水平構面・基礎・地盤を関連付けて全体で検討することが重要**

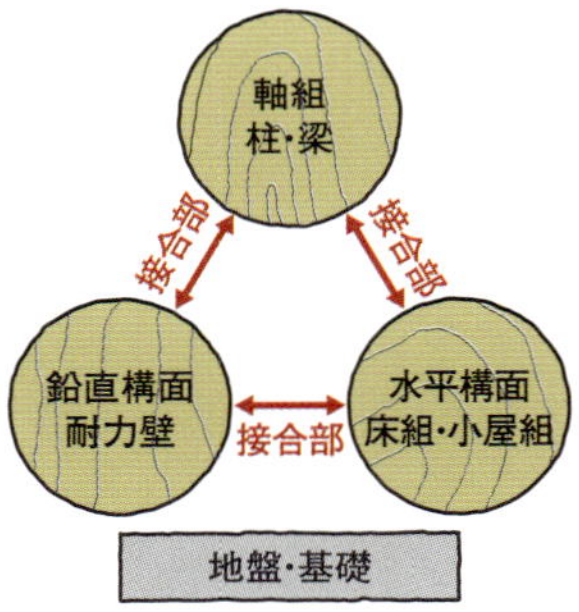

建物の軸組・水平構面・鉛直構面・基礎の関連性から、バランスのよい耐力壁を配置する

図1 耐震性の把握と補強計画のための要点

おおまかな構造計画のイメージ

《地盤と上部構造》

- ●良い地盤 ➡ 壁量はほどほどでもよい ➡ 基礎補強も軽微でよい
- ●悪い地盤 ➡ 壁量を割増 ➡ 基礎もしっかり補強

無筋コンクリートの場合は、鉄筋をホールインアンカーで既存基礎に取り付け、コンクリートを増打ちする

特定行政庁が指定する軟弱地盤区域のほか、第3種地盤に相当する場合は、必要壁量を1.5倍にして設計[108頁表1]

《耐力壁と全体構造》

- ●壁倍率　高 ➡ 水平構面を剛に ➡ 接合耐力もUPさせる ➡ 基礎はRCとする 集中配置タイプ
- ●壁倍率　低 ➡ 水平構面は柔でもよい ➡ 柱と壁は多くなる 分散配置タイプ
  引抜力が小さいので接合も軽微で済む

玉石基礎のまま補強する場合は、引抜力を小さくするため、壁倍率を低くする

壁を減らすために壁倍率を高くすると、耐力壁は変形せず回転して浮き上がろうとする。接合部に引抜が生じるため、接合部を緊結する

表1 補強の優先順位

補強の目的	優先すべき補強部位
鉛直荷重を支える 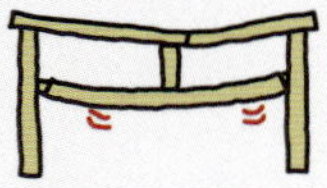	スパンの長い梁 負担荷重の大きい梁
ねじれを防ぐ 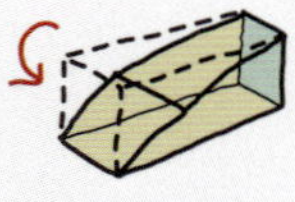	壁長さの少ない南面・道路面など 1階と2階の壁線がずれる範囲 耐力壁線が長くなる範囲
接合部の抜出し防止 	負担荷重の大きい梁の端部 外周梁（建物全体の枠梁） 主構面 高倍率の耐力壁の端部柱
壁量の確保 	2階が載る範囲の1階部分 寝室、キッチン・リビングなど長時間人が居る部屋

図2 補強設計の進め方

建物の現状把握
①地盤の良否、擁壁の有無
②上部構造の特徴と問題点

⬇

耐力壁の配置計画　壁量→バランス
引抜力に対する接合

⬇

軸組の検討　梁断面、柱位置
継手位置・仕口支持力

⬇

水平構面の検討・接合部の検討

⬇

基礎の検討

試行錯誤をしながら、調整していく

耐震性を高めるには、建物の形状・軸組・水平構面・基礎との関連性をよく考えて「バランスよく耐力壁を配置する」ことが最も重要

耐震診断で現状の建物の問題点を整理したら、次に補強計画を行う。補強が必要な建物は、構造上の問題だけではなく、外壁や屋根の防水・断熱、設備配管などの問題も同時に抱えていることが多いため、それらの改修も併せて総合的に検討する。

最初に、建物の安全性を確保するための優先順位を整理する。新築と同様、軸組・耐力壁・水平構面・基礎・地盤を関連付けて全体計画を考える［図1］。

図2は、構造計画の進め方の手順を示す。

まず敷地の地盤状況から、建物の耐震性（つまり壁量）の目安をつかみ、耐力壁を配置する。部屋の形状などから、壁倍率の高い壁を用いたり、耐力壁の構面間距離が長くなったりする場合は、耐力壁に力が集中するため、水平構面、接合部、基礎までしっかりと補強する。逆に壁を多く設置できる場合は力が分散するので、接合部も水平構面も軽微な補強で済む。

コストの制約などで全体を補強できない場合は、表1に示す部位を優先的に補強するとよい。

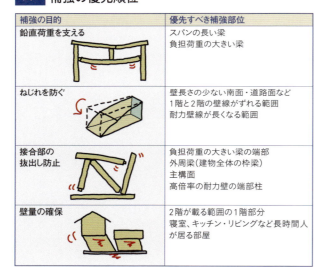

表2 補強方法の分類

補強の目的		補強部位など		具体的な補強方法			
鉛直支持性能の向上	常時荷重に対する安全性の確保	基礎補強		杭の設置 地盤改良 鉄筋コンクリート基礎の増設 基礎梁の設置 ひび割れ補修			無筋コンクリート布基礎やブロック造、玉石、石積みなどを鉄筋コンクリート造基礎にする場合 亀裂部分をVカット後、エポキシ樹脂などを充填する
		軸組補強		柱の設置 添え柱、枕梁[※1]の設置 接合金物の取り付け 梁の掛け替え			
		腐朽部材の交換					
耐震性能の向上	外力の軽減 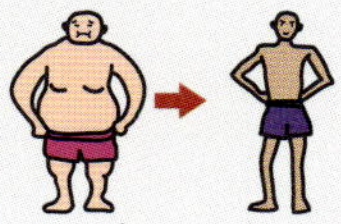 メタボ スリム	地震力の軽減 建物重量の軽量化	屋根仕様の変更	葺き土の撤去 瓦葺きを金属板葺きに変更			地震力は建物重量に比例するため、建物の仕上材の軽量化は耐震性の向上につながる
			壁仕様の変更	土壁、モルタル壁の撤去 乾式工法への変更			
		免震					
		制震					
	耐力の向上  ガリガリ ガッチリ!	耐力要素の増設	耐力壁の設置	開口部を壁にする			
			仕様の変更	高倍率の仕様に変更			
			既存壁の補強	筋かい金物の取り付け パネルの留め付け釘を増打ち 小屋筋かいや、根がらみ[※2]を設置 耐力壁が載る梁を枕梁などで補強、あるいは下階に柱を設置			パネルの四周をしっかりと釘留めすることで、面材耐力壁としての効力が生まれる
			接合補強	耐力壁端部柱に、引抜力に応じた金物を取り付け アンカーボルトを設置			
			基礎補強	鉄筋コンクリート造の基礎を増設			
			フレーム補強	木造	控え壁の設置		
				鉄骨	耐震ポールの設置		
					ラーメンフレームの設置	軸組内部への取り付け 外部取り付け	
	平面形の保持 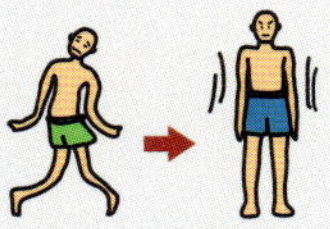 グニャグニャ 背筋ピーン	偏心率の軽減	耐力壁の配置計画の整理	負担荷重に応じて耐力壁を配置			
			水平構面の補強	合板張り、火打の設置 根がらみ、小屋筋かいの設置			
		応力伝達の円滑化	主構面の接合補強	引きボルトなどの取り付け			
		接合部の抜出し防止	外周梁の接合補強				1階床下に腐朽部材が多い場合、床をはがして全体的に土間コンを打つこともある。建物の外周にRC造の犬走りを回すのもよい
		基礎補強		土間コンクリートの設置		内部全面 内部コア配置 外周部	基礎の面剛性を高めることは、足元がバラバラに動かないようにするには有効
				基礎梁を格子状に配置			

表2は、補強方法を構造的な観点から分類したものである。建物の安全性で最優先されるのは、鉛直荷重を支えること。腐朽部材の交換だけでなく、断面不足により接合部が抜出したり、部材が折れている個所を発見したら、すぐに柱を立てる。

耐震性能の向上は、表2に示した3要素に分類できる。

建物に作用する外力（地震力）を軽減する方法では、建物重量の軽量化を図るほか、免震や制振も含まれる。

建物の耐力を高める方法は、耐力壁の増設が一般的だが、鉄骨フレームなどを添えて補強する方法もある。異種構造材を併用する場合は、木造部分との一体性を図るため、接合方法に注意が必要である。

平面形が崩れないように建物の一体性を図る方法では、偏心率を小さく抑えて、ねじれ破壊を防いだり、各軸組がばらばらに動かないように水平構面を固めたり、大きく傾斜しても倒壊しないように、部材をつなぎ留めたりすることも重要だ（特に外周部）。

※1 胴差など横架材の耐力が足りない場合に、梁や桁などの横架材の下に補助的に入れる部材
※2 床下の束が転倒するのを防止するための部材

4-2
耐震補強

02

耐震補強を行うところはどうやって決める?

まず既存建物全体の特徴から補強目的を明確化し、補強場所を決定する。補強は居住性、施工性、コストなどのバランスに配慮して行う

日本の住宅は、2階がセットバックして上下階の軸組が一致せず、構面がずれているものが大多数だ

図 耐震補強方法を部位別にチェックする

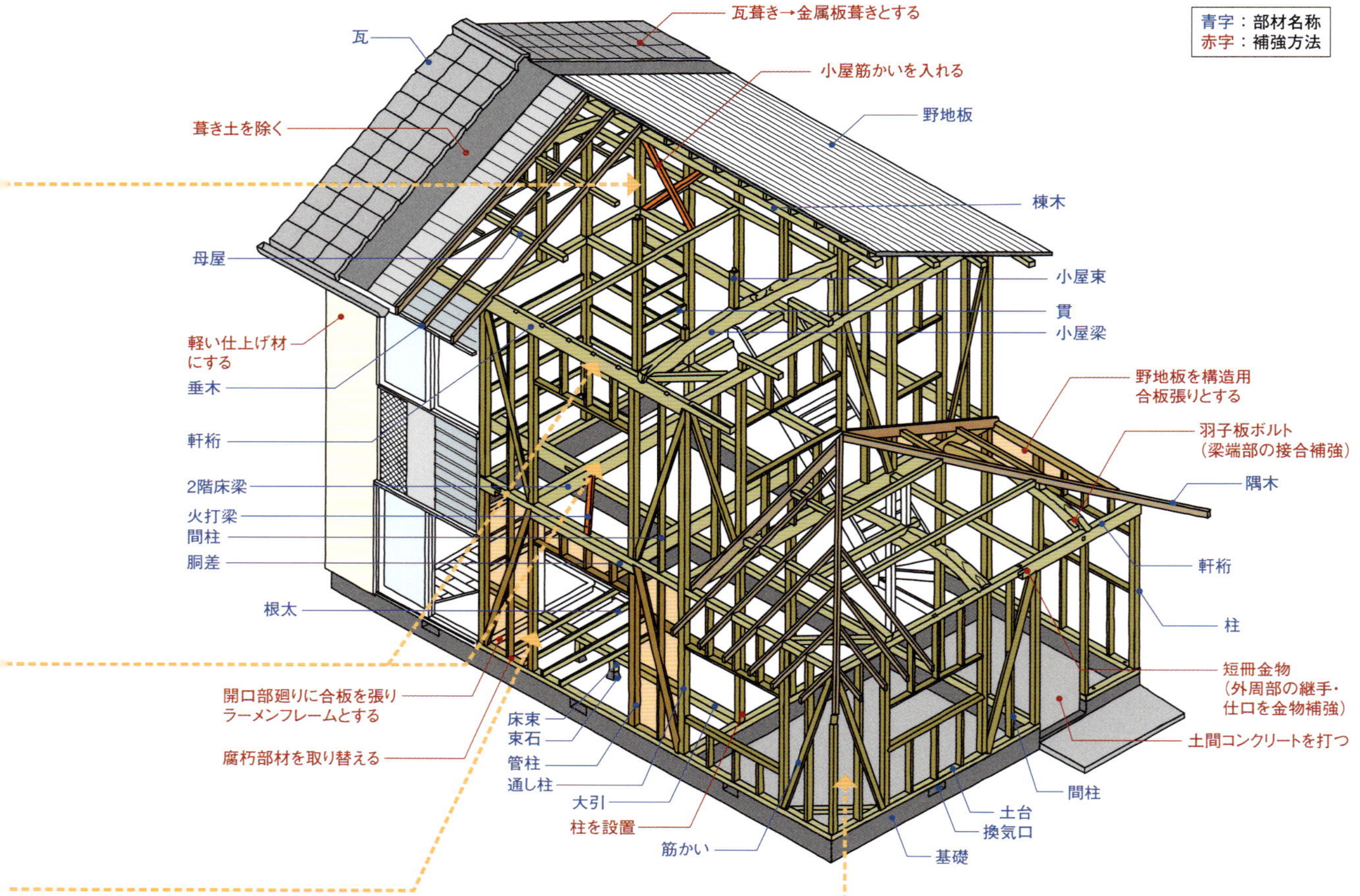

基礎・土台

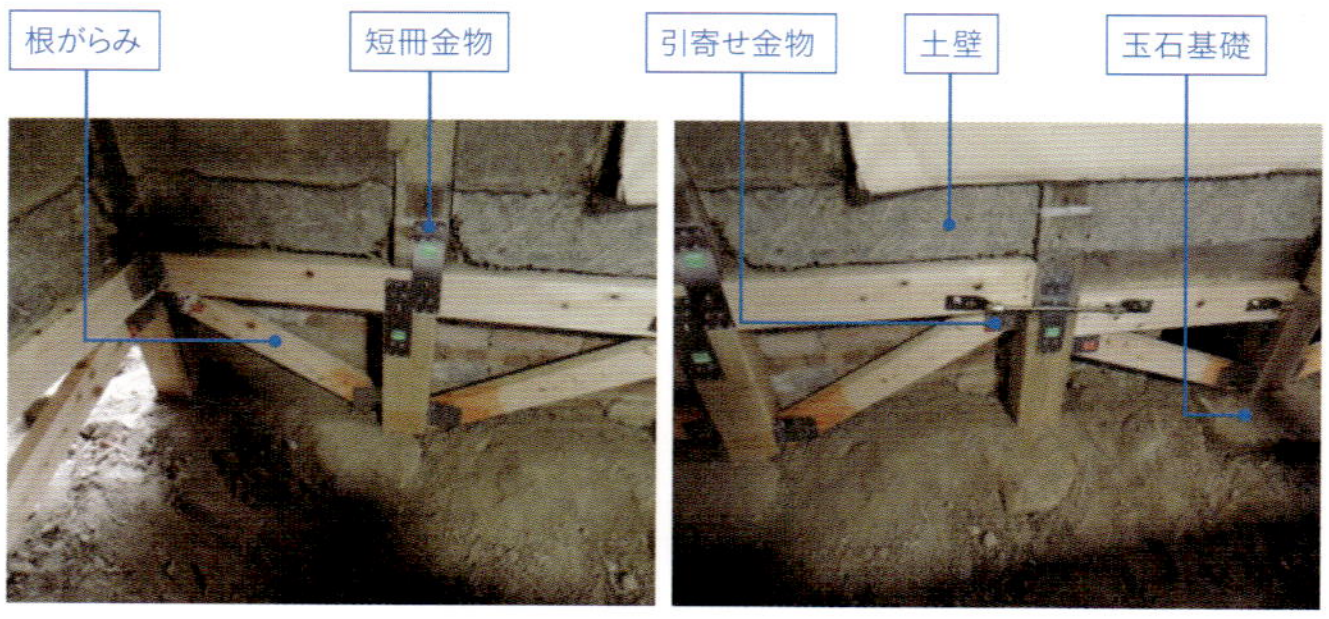

壁倍率1.5程度の筋かいを根がらみとしたもの。既存の玉石基礎のままとするため、玉石基礎に引抜力がほとんど生じないように計画して、壁倍率の低い筋かいを使用している(良好な地盤であることが条件)

大空間となる部屋は、足元の水平剛性も重要なため、土間コンクリートを打つとよい。鉄筋は既存の立上りコンクリートにケミカルアンカーで接合

梁・軒桁

継手部分を短冊金物で補強

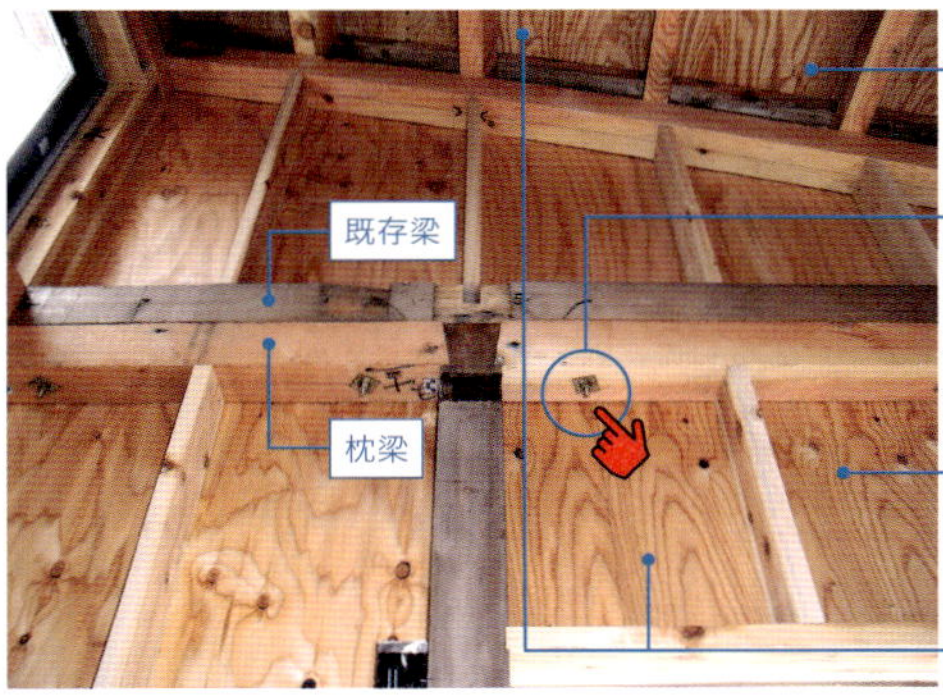
既存梁
枕梁

小屋裏に耐力壁を合板張りで設置

枕梁を既存梁とボルトで接合

間仕切壁としてのほか、柱の根継ぎ部分や断面欠損部分をまたぐように合板を張って、軸組の補強を兼ねている

外壁や野地板を合板張りで補強

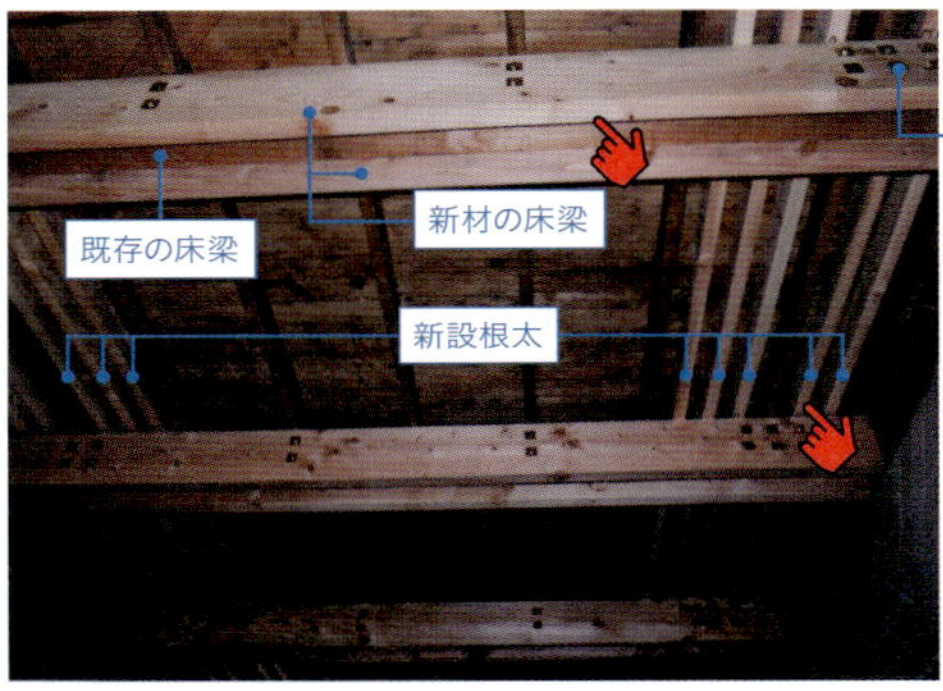
既存の床梁
新材の床梁
新設根太

ボルト接合

壁際に書棚を置くため、根太と床梁を補強。壁際の根太の数を増やし、床梁は新材を両側から挟んでボルト接合している。新材端部は梁受け金物で支持

小屋組

小屋筋かい

棟の通りは倒れやすいため、小屋筋かいを設置

棟の通り
耐力壁がある通り
厚板合板

棟の小屋筋かいからの水平力を耐力壁に伝達するため、厚板合板を設置

柱・筋かい

添え柱

吹抜けとなる妻面は、耐風処理のため添え柱で補強

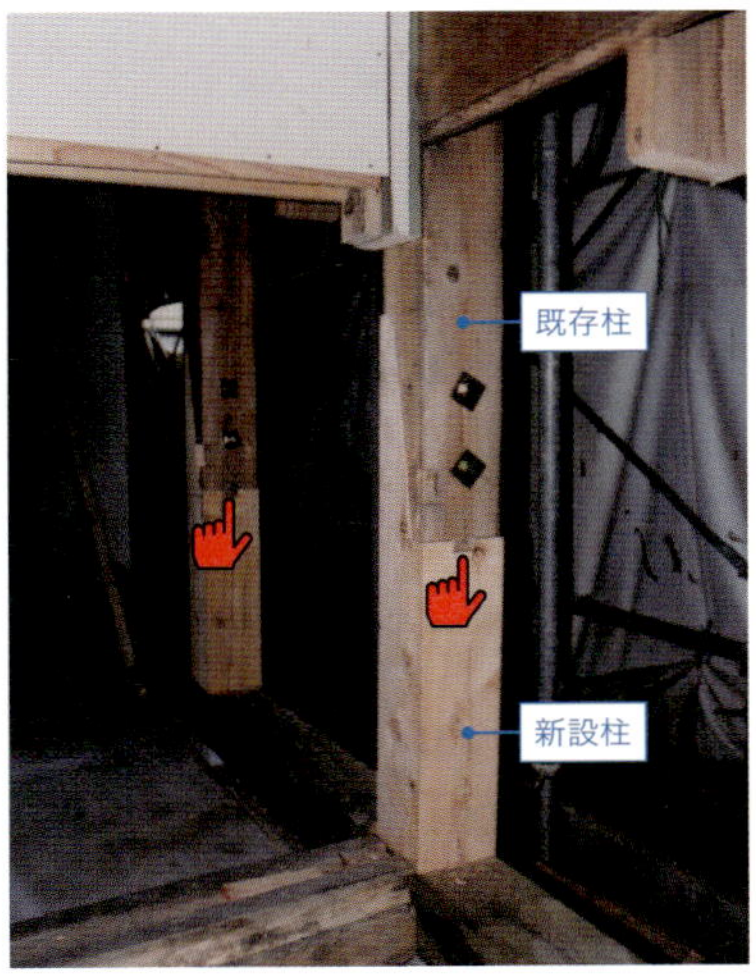
既存柱
新設柱

柱の腐朽部分を撤去して新材を継いでいる(根継ぎ)場合の耐力壁は、面材のほうがよい

新材筋かい

既存筋かいの腐朽部分を切断し、新材を金物にて接合(実験で耐力を確認して使用)

4-2 耐震補強 03

基礎の補強方法

基礎の補強においては、1)常時荷重を支持すること、2)地震時の基礎の水平移動を防ぐ(平面形の一体性を保持する)こと、3)引抜力を処理すること、を主に考える。建物重量が増える場合は底版の面積を増やす。重量が変わらない場合、1)は問題ないが、耐力壁を増設したカ所については、引抜力を押さえることと、耐力壁端部の柱に生じる変動軸力に対して底版の面積を確保する必要がある。そのほかに、寒冷地における凍結対策や、傾斜地では排水処理についても配慮が必要。また、既存基礎の沈下・移動を防ぐため、揚屋をしない限り、現状よりも深く掘れないことを念頭に置かなければならない。

図 基礎の補強

①鉄筋コンクリート基礎の補強

RC造の場合は、鉄筋の錆の発生を抑制することが耐久性に影響するため、ひび割れ補修を行うことが重要。中性化が進行して鉄筋まで到達している場合は、アルカリ付与などの対策が必要になることもある。

また耐力壁の増設や柱の移動に応じて、基礎梁を増設することもある。既存基礎との接合は、一般にケミカルアンカーを用いる

- ジャンカ打継ぎ不良箇所は、脆弱部分を斫り、コンクリートを打設する
- 0.3mm以上のひび割れは、エポキシ樹脂注入などの補修を行う
- 鉄筋の露出部分は防錆処理を行う

②無筋コンクリート基礎の補強

ひび割れが無く建物重量が増えなければ、常時荷重に対しては特に問題ないが、耐力壁の増設に伴い引抜力が生じる箇所については、RC基礎を連続的に抱かせて、引抜力を処理する必要がある。また地震時の基礎の一体性を確保するために、内部あるいは外周にスラブを設けたほうがよいこともある

- 無筋コンクリート造の基礎を新設し、基礎の一体化を図る
- 0.3mm以上のひび割れは補修を行う

無筋コンクリート基礎の補強例

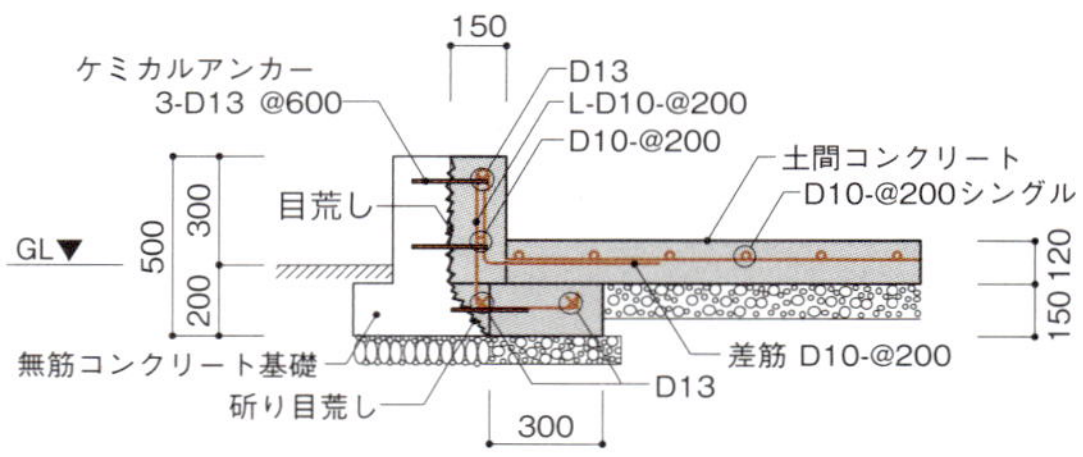

③煉瓦および石積み基礎の補強

組積造は地震時にバラバラに崩れやすいため、RC造の基礎を抱かせて崩壊を防ぐ。引抜力はRC部分で処理するように接合方法を考える必要がある。

また、寒冷地では基礎下の凍結を防ぐため、外構部分で断熱処理を行うなどの配慮が必要である

- 鉄筋コンクリート造の基礎を新設し、基礎の一体化を図る

煉瓦および石積み基礎の補強例

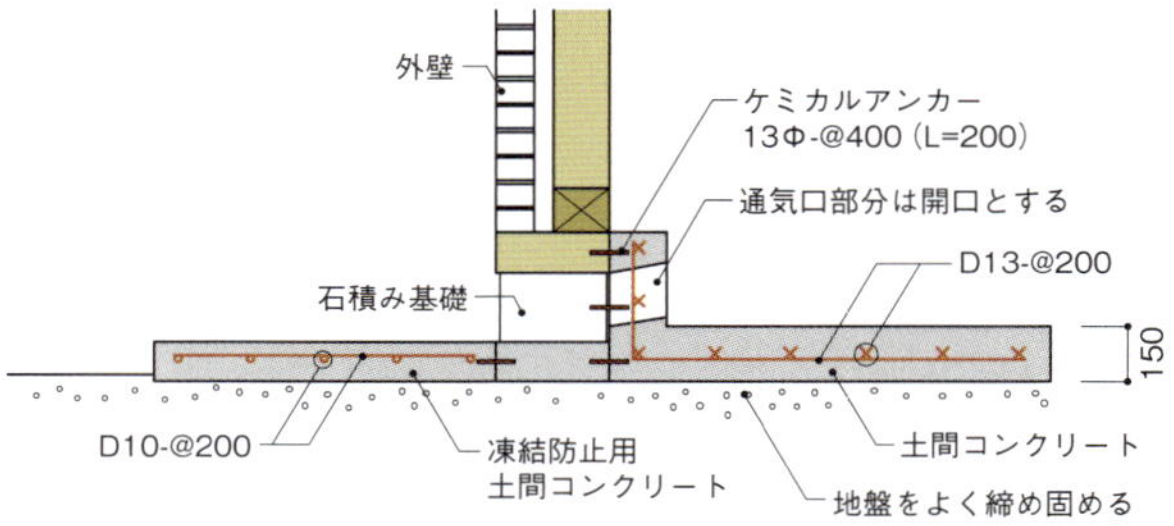

④玉石基礎の補強

礎石は地震時に移動しやすいため、土間コンクリートを廻して拘束する。なお、引抜力が10kN以上となるような場合は、RC造の基礎梁を新設する

- 主構面および耐力壁の直下となる部分は、礎石の水平移動を拘束するため、土間コンクリートを設ける
- 土間コンクリートの幅および長さは、図面あるいは指示書による

土間コンクリートの設置要領（引抜が生じない場合）

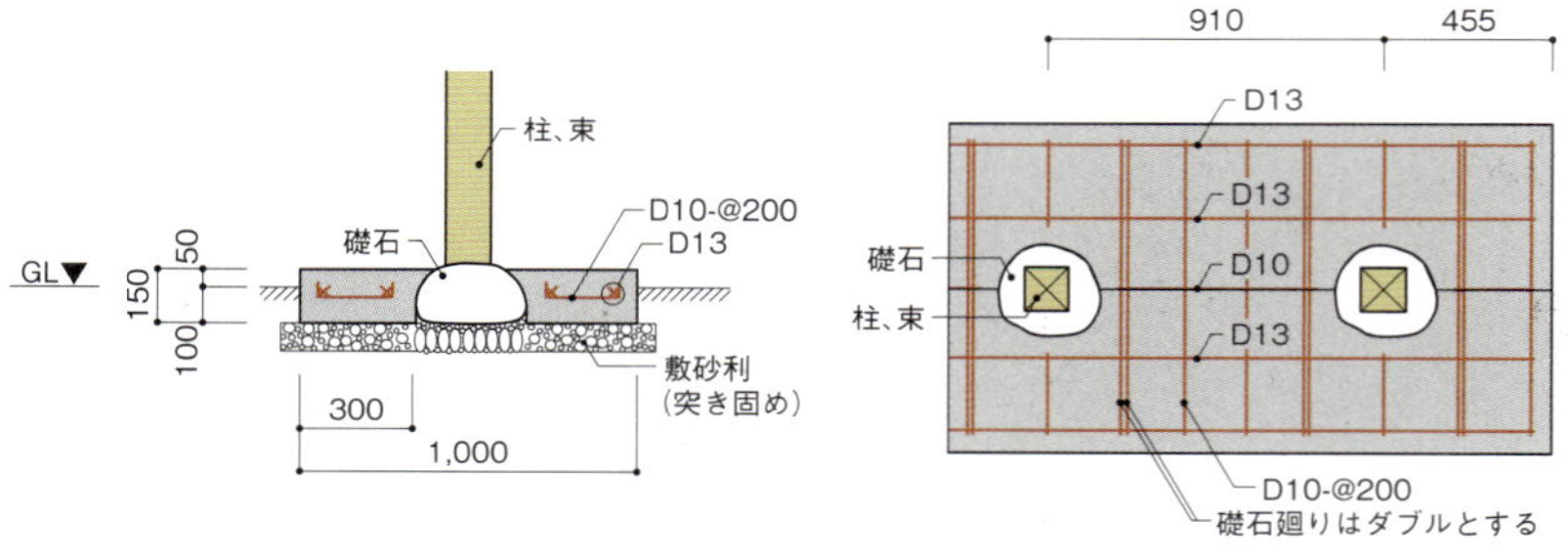

- 耐力壁を設けた軸組の床下部分は、上部の有効壁長と同等以上となるように、筋かいまたは面材壁を設ける
- 引抜力が10kN以上(柱脚の接合仕様が平12建告第160号の「へ」以上)となる場合は、鉄筋コンクリートの立上りを設ける

引抜力10kN未満の接合例

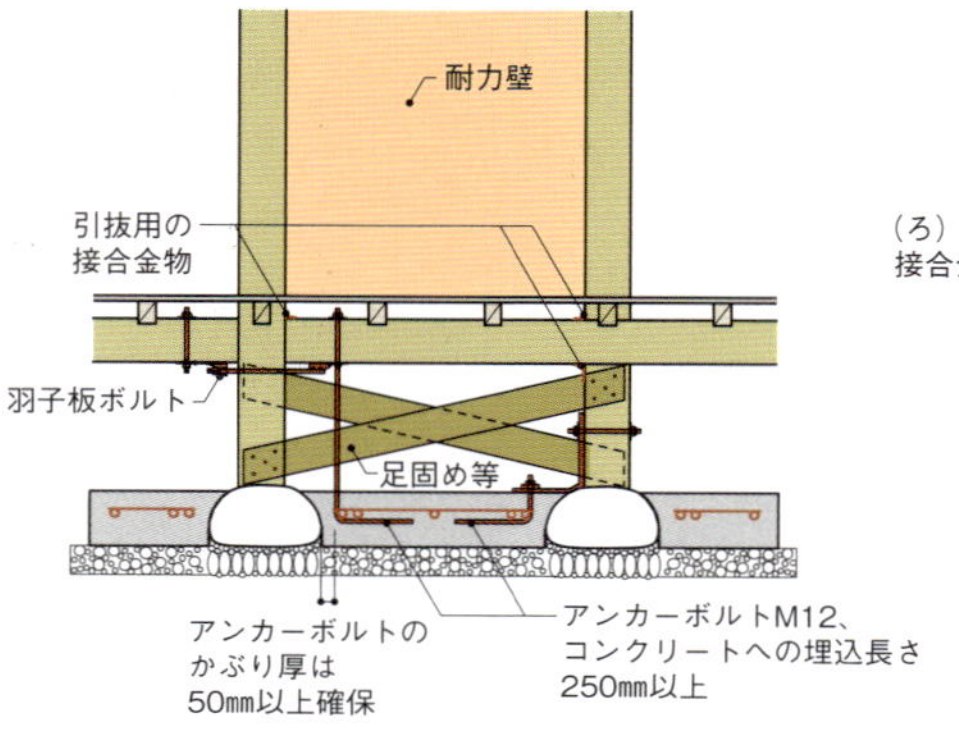

引抜力10kN以上の接合例

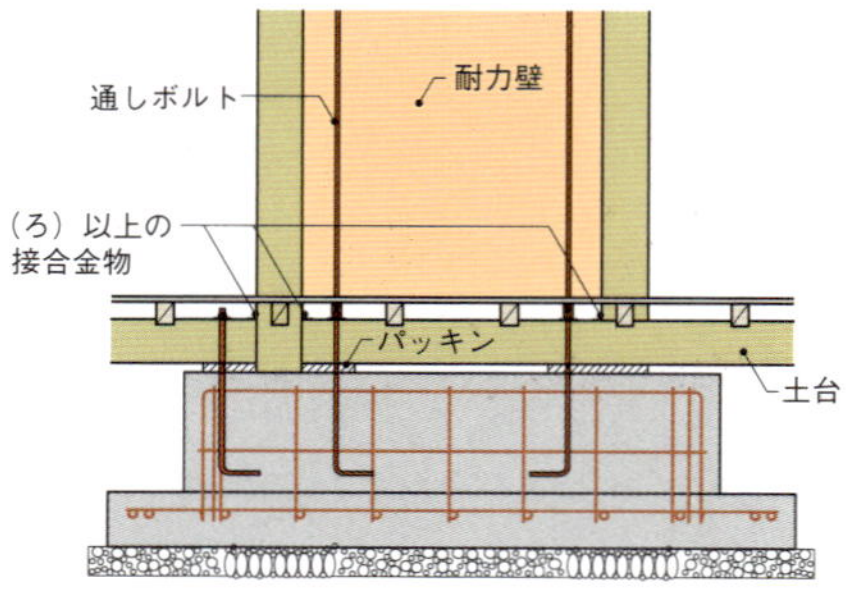

⑤耐力壁の脚部 足固めによる補強

文化財としての価値を損なわないために、束石よりも下にしか基礎を造れない場合の補強方法の一例である。足固めで既存柱を挟みこんで、アンカーボルトを設置している。この方法はアンカーボルトに遊びがあるため、補強耐力壁の壁倍率を2.0程度に抑えて、分散配置したほうがよい。

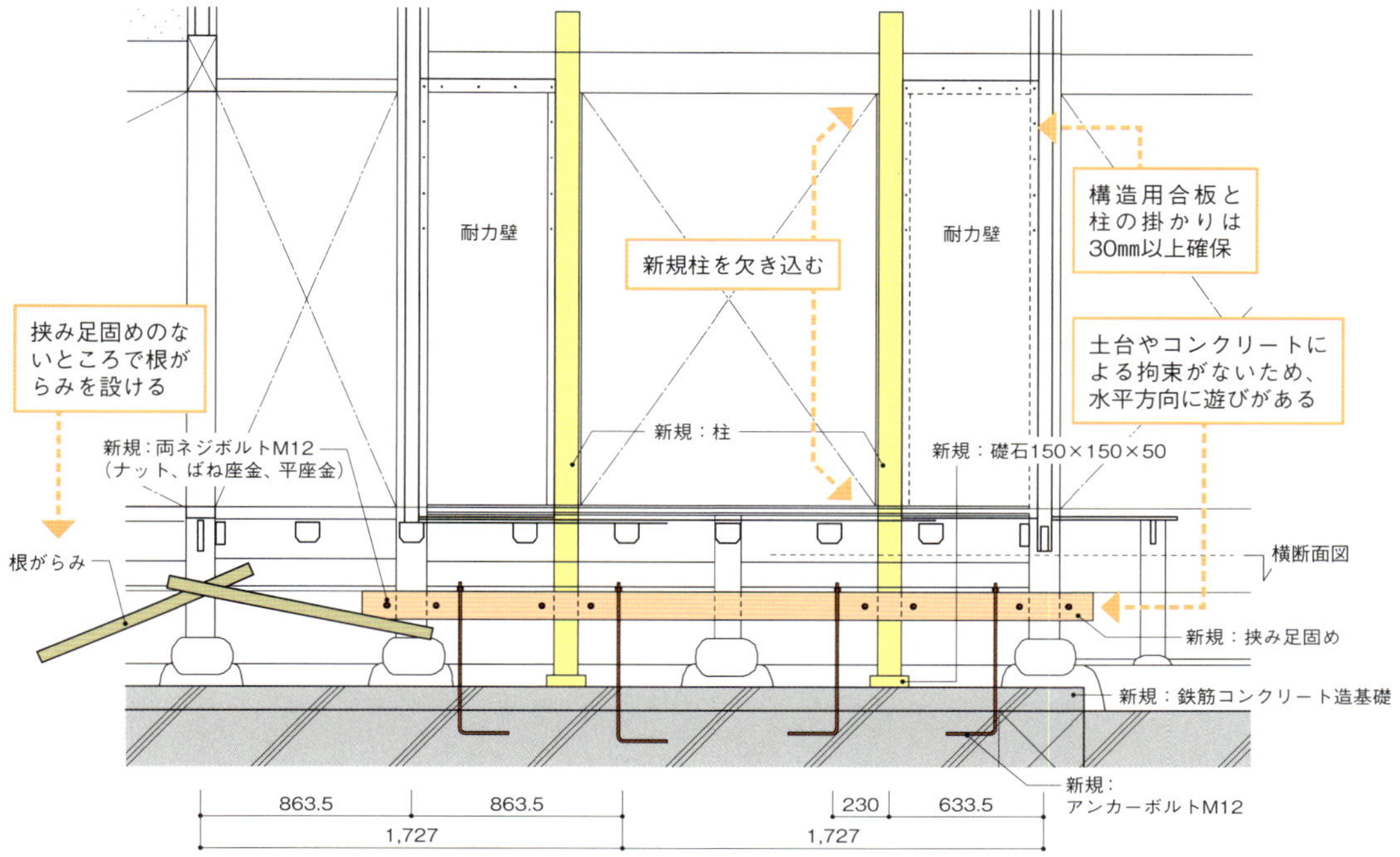

縦断面図

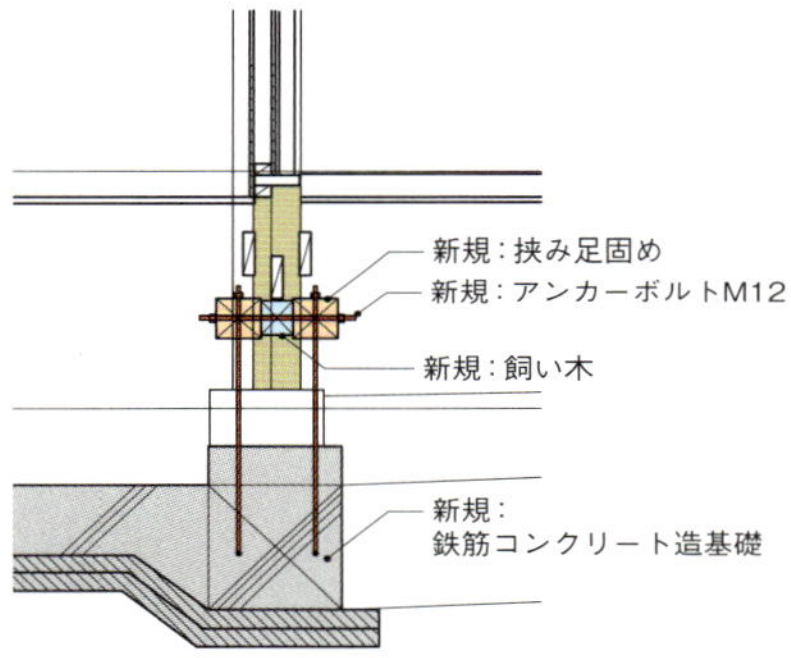

縦断面図

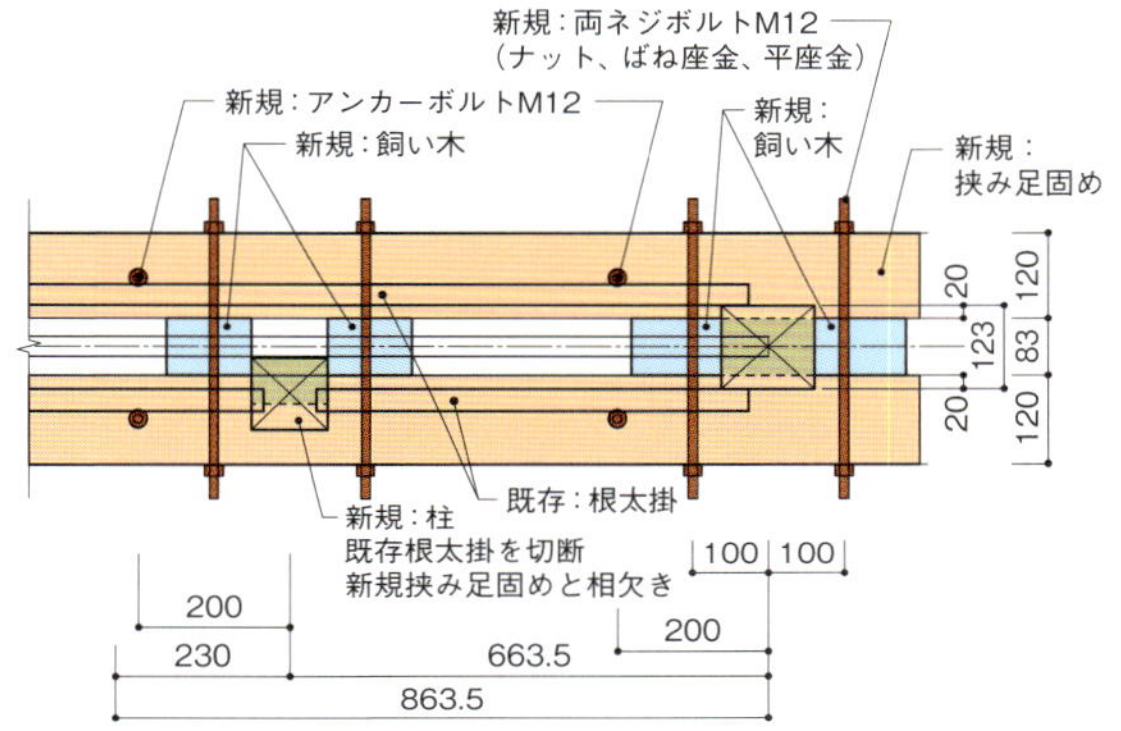

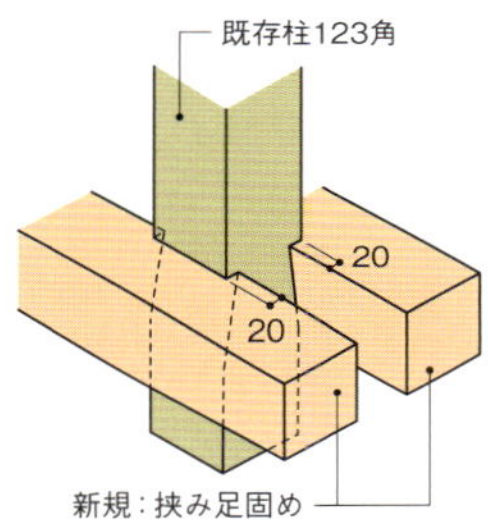

⑥外構の補強

建物に水が溜まりやすい地形の場合、建物外周でしっかりと排水処理を行う。また、擁壁に近接する場合は、建物の傾斜や擁壁の異常がないか確認し、異常があれば擁壁の移動防止対策なども必要になる。

裏山から湧水および雨水が建物内に入らないよう、排水処理を行う

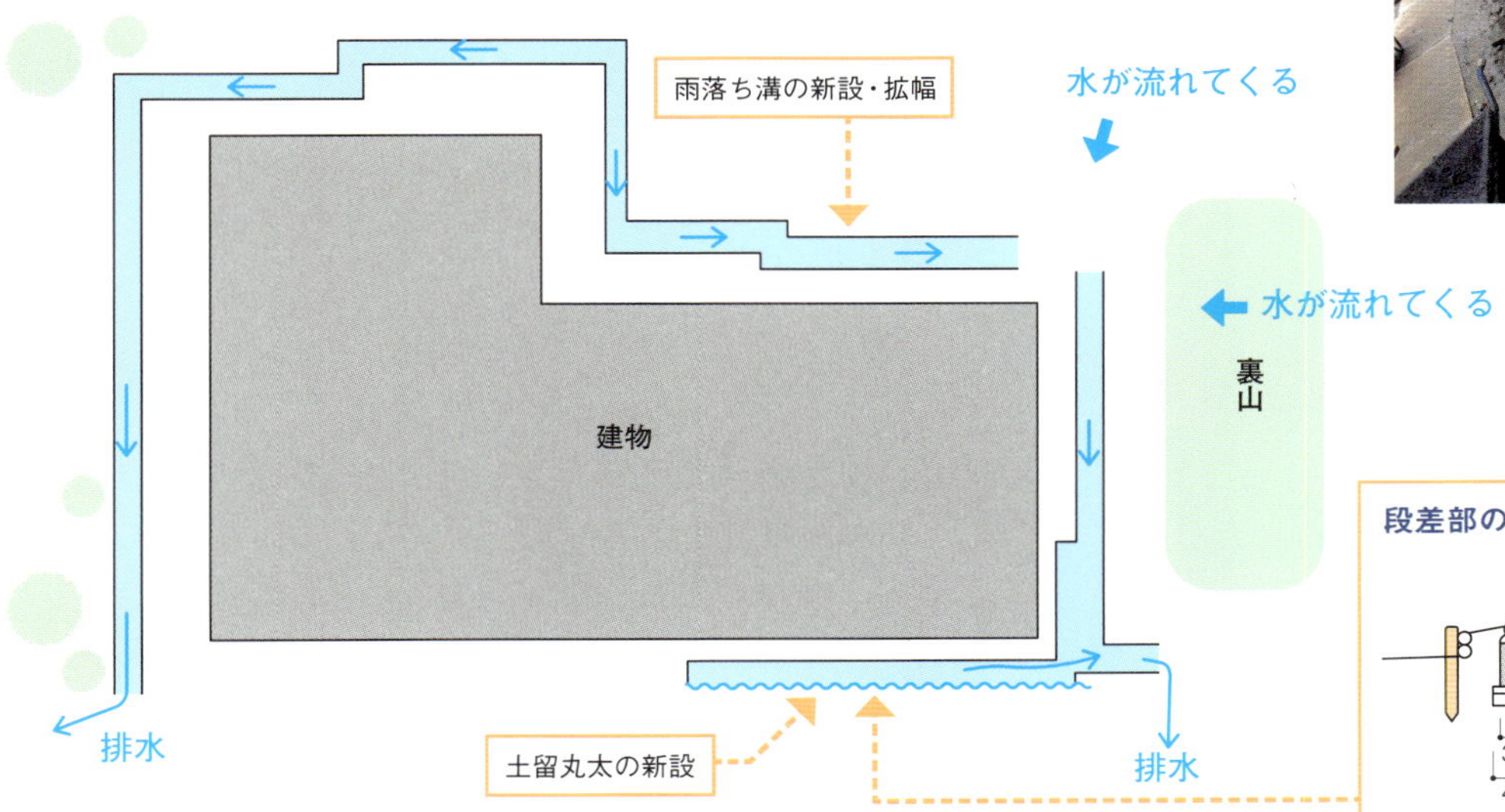

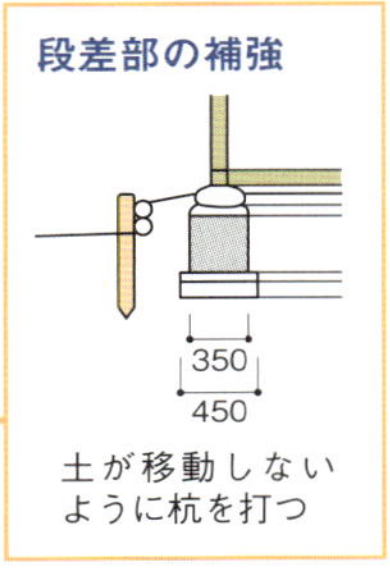

4-2
耐震補強

04

軸組の補強方法

軸組補強の最も効果的で基本的な方法は、柱を設置することである。しかしプランの制約や基礎への影響も考えると、梁の補強がどうしても必要になる。ここでは一般的な枕梁・重ね梁補強における注意点のほかに、挟み梁や軽鉄材を用いた方法や、間仕切壁を利用したトラス架構的な考え方を紹介する。また、見落としがちな耐風処理についても補強方法を述べる。

図1 単材と重ね梁の断面係数と断面2次モーメント

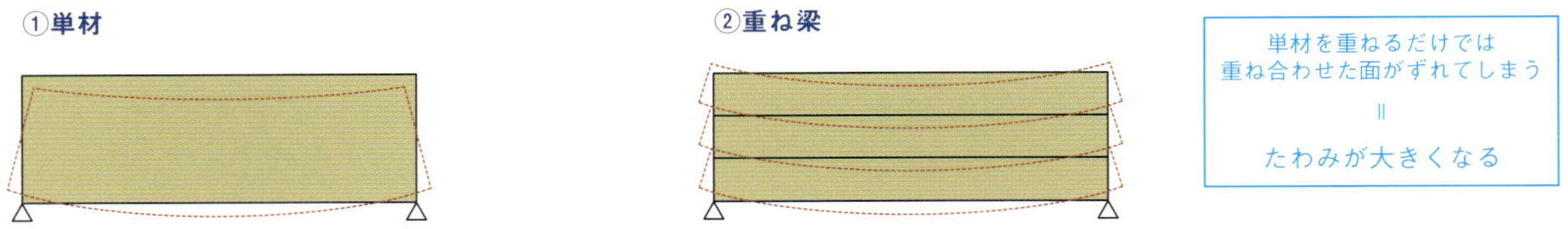

	A	B	C	D	E
断面形	h b	2h b	h h b	3h b	h h h b
曲げ強度の比率（断面係数）	1	4	2	9	3
曲げ剛性の比率（断面2次モーメント）	1	8	2	27	3

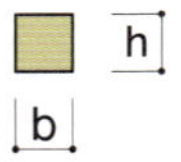

断面係数 $Z = \frac{1}{6} bh^2$

断面2次モーメント $I = \frac{1}{12} bh^3$

改修工事を行う際、既存の梁に新しい梁を重ねる「重ね梁」で補強することが多い。しかし、ただ梁を重ねただけのものを、既存と新設を合わせた梁成の無垢材と同等にとらえてしまい、トラブルを起こしている例がよく見受けられるため注意したい。重ねただけの梁に力がかかると、図②のようにずれが生じる。これは構造的に見ると、横に並べただけの効果しかないことになる[表C]。ずれがまったく生じないようにすれば、表Bのように2倍の梁せいをもった無垢材と同等の構造性能となる。表Cに対する表Bの強度性能の比率は2倍、変形に対する性能は4倍で、その差は大きい

図2 長スパンを構成する梁の種類

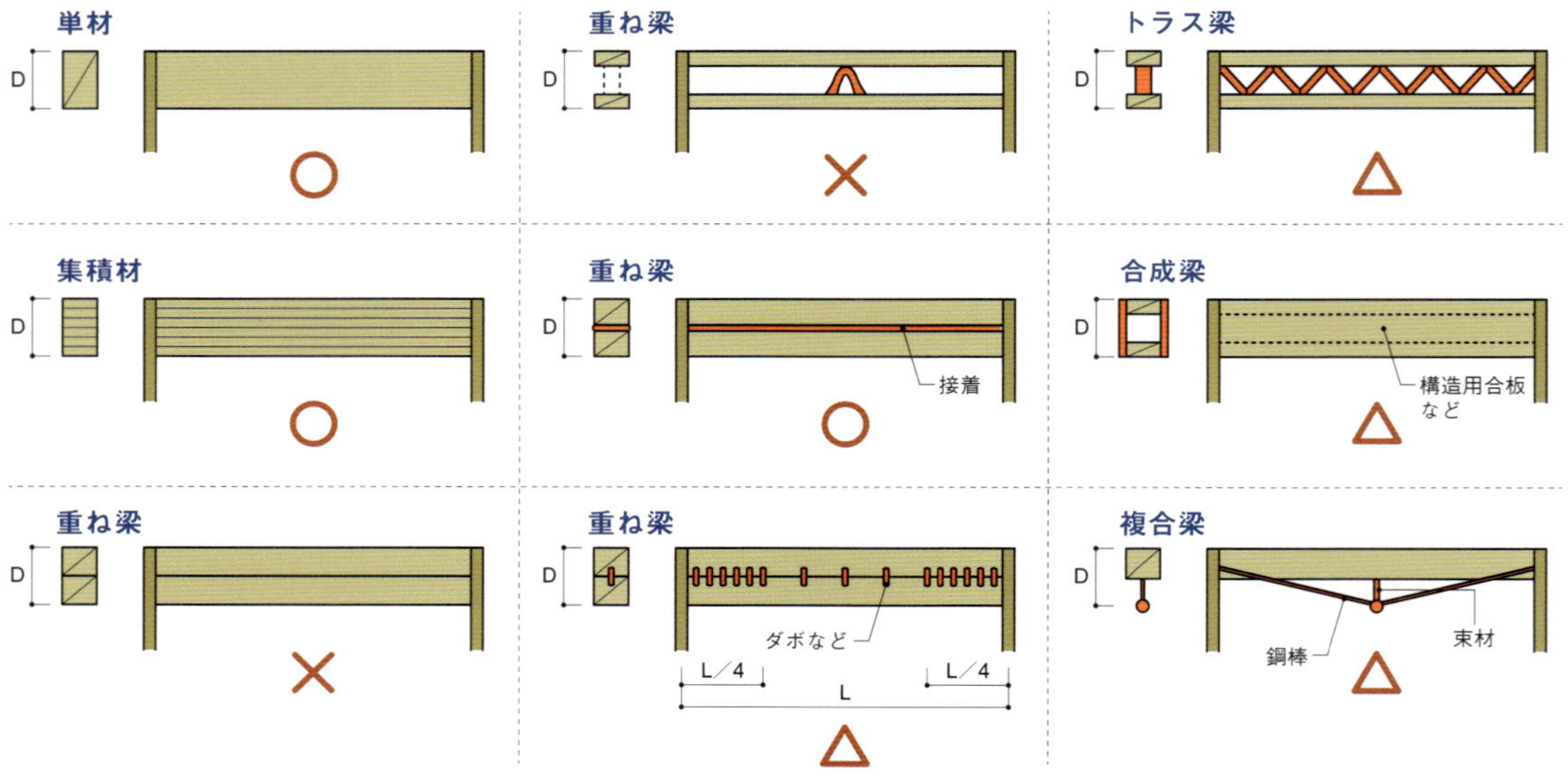

△印は接合方法を解析により検討する必要がある。なお、たわみについては個々の接合部のめり込み変形などが影響するため、実際には解析値の3～4倍程度になることに、注意が必要

長スパンを構成する方法としては、上下の梁の間を斜材でつなぐトラスや、鋼棒などの引張材を組み合わせた複合梁、構造用合板を両面に打ち付けて上下材をつなぐ合成梁などが考えられる[上図]。

トラスは斜材の傾きを水平面から45°～60°にすると、構造的な効果が期待できる。また、木造のトラスはできる限り「部材に圧縮力が働くように」斜材を配置するとよい。引張材となる場合は、その接合方法に注意が必要である。

複合梁を採用する場合も同様で、引張力に対する接合方法が重要となる。構造用合板でつなぐ合成梁は、釘の径と本数が耐力に影響する

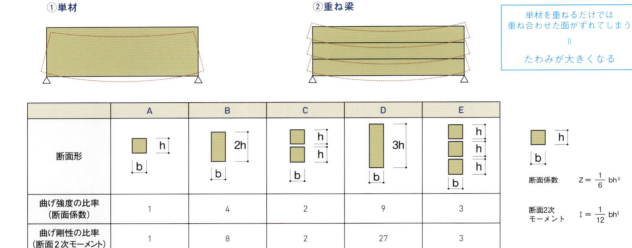

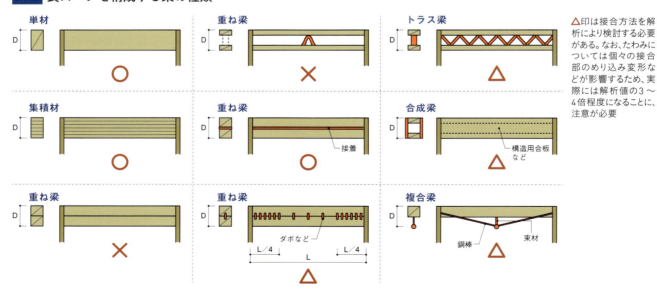

図3 枕梁と添柱による2階床梁の補強例

重ね梁による補強がなされていたが、仕口が過大にめり込んで問題が生じていた事例である。この床梁にかかる荷重を算出し、一体ではない重ね材としてたわみや強度を検討するほかに、仕口のめり込みの検討も行い、添え柱を設けて支持力を確保した。

【ポイント】無垢材のごとく"一体"にはならないものの、重ね材が"同一変形"する必要はあるため、ボルト等で上下材を接合する。

①重ね梁としている床梁の補強

現状

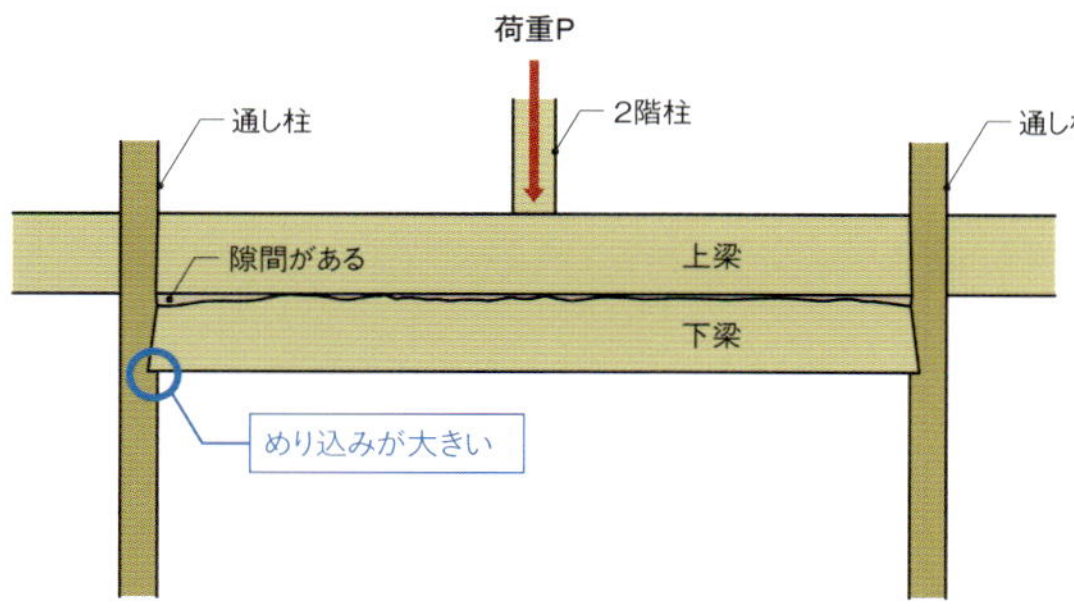

単に重ねただけで上梁と下梁の一体性がないため、たわみが大きくなり、下梁の仕口に問題が生じている

補強案

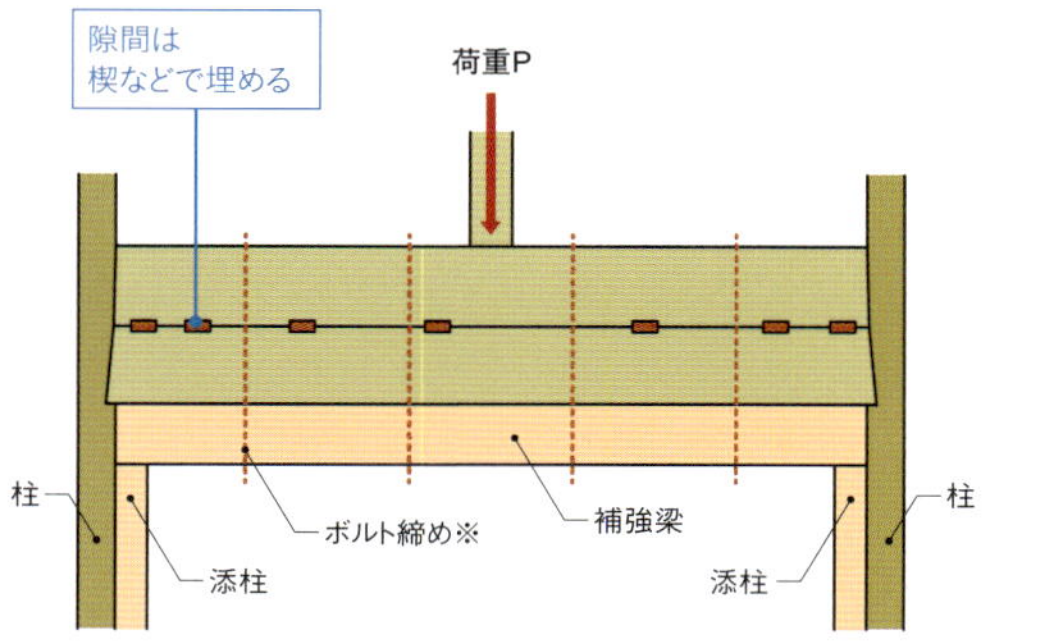

3本の梁が同一変形となるように材の隙間は楔などで埋めてボルトでつなぐ

②方杖補強されていた床梁の補強

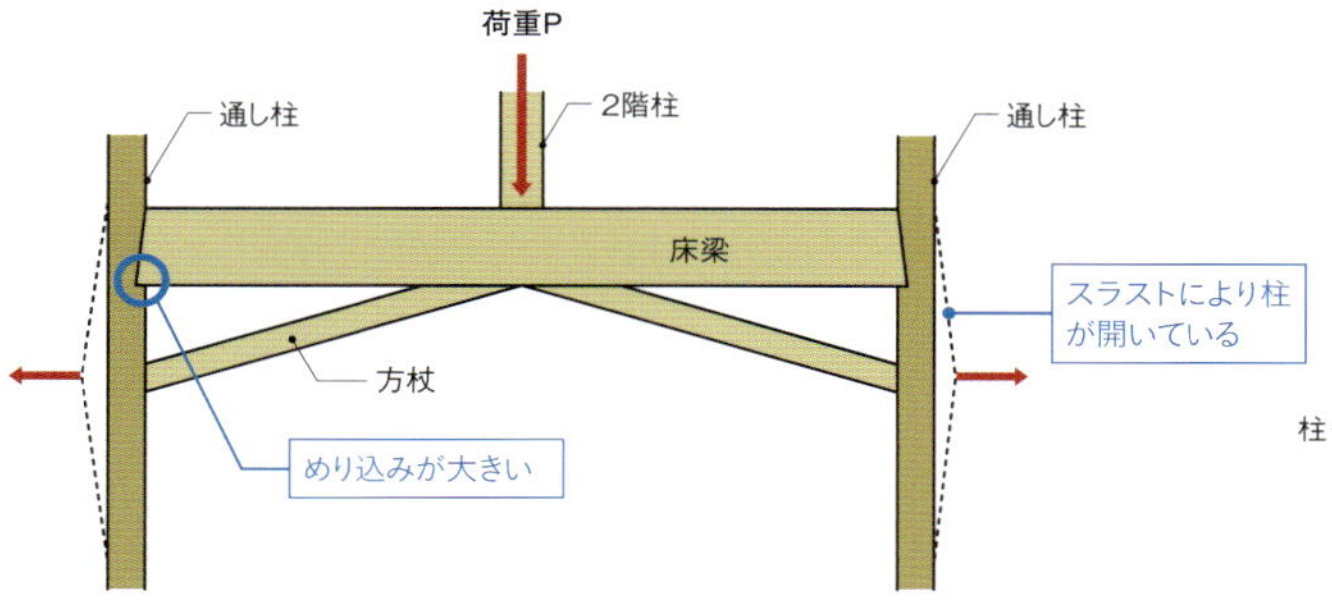

柱の断面が小さいと、方杖によって押されて軸組全体のゆがみが増長する

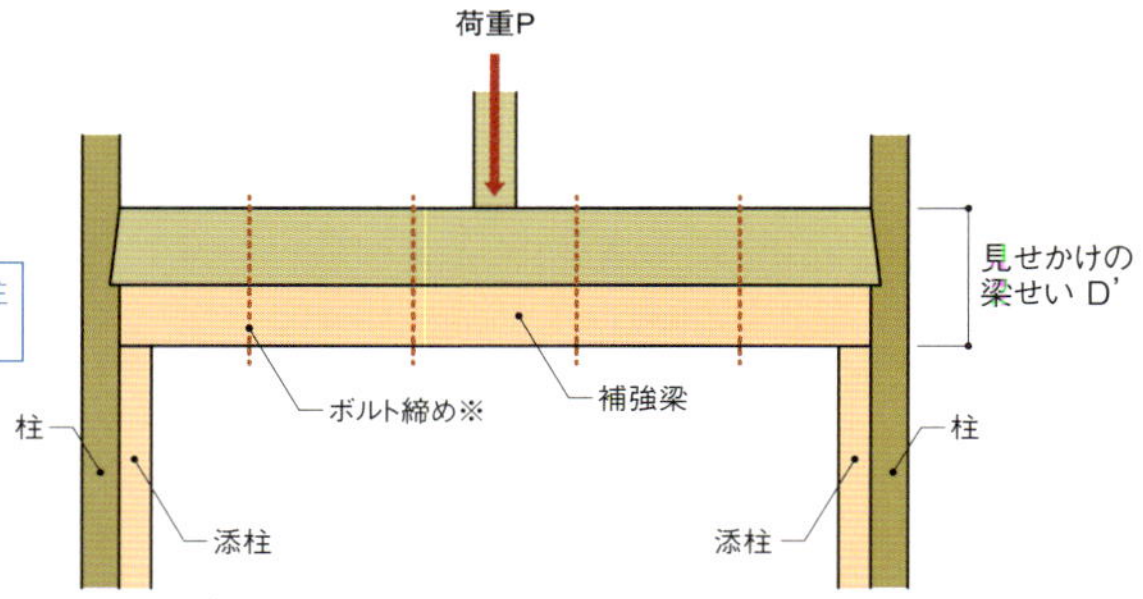

枕梁を入れ、端部は添柱を枕梁の下に設けて仕口の支持力を確保する

※ボルトでつなぐ程度では重ね材は一体にならないので、たわみや強度を検討するときは既存梁と枕梁をそれぞれ単材として算出した断面性能を加算すること

図4 添柱と枕梁による補強例

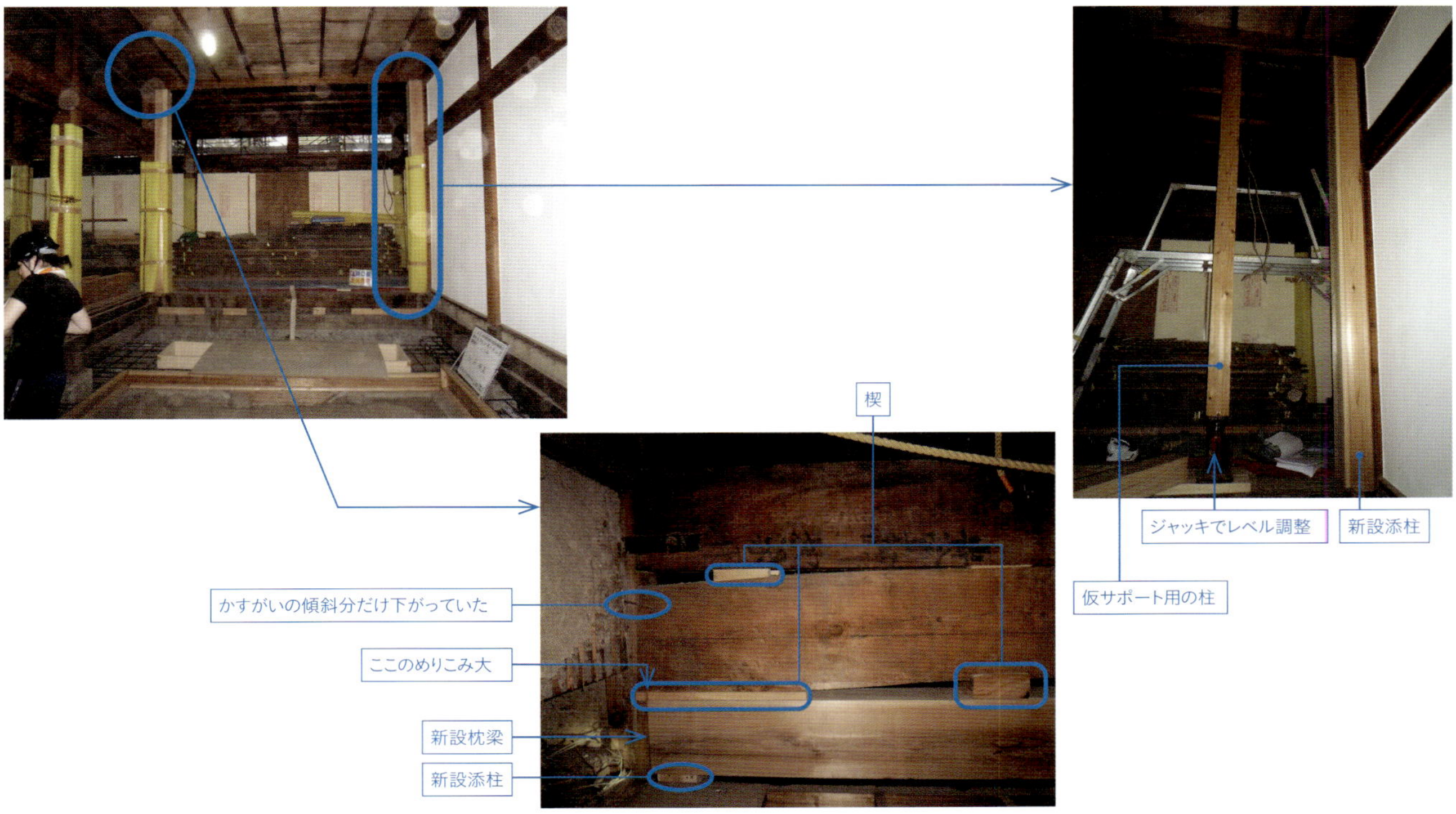

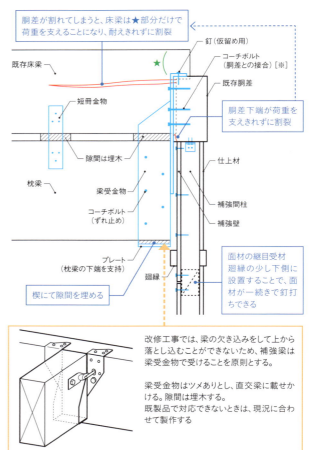

図5 2階外壁が床梁の中間に載る建物例

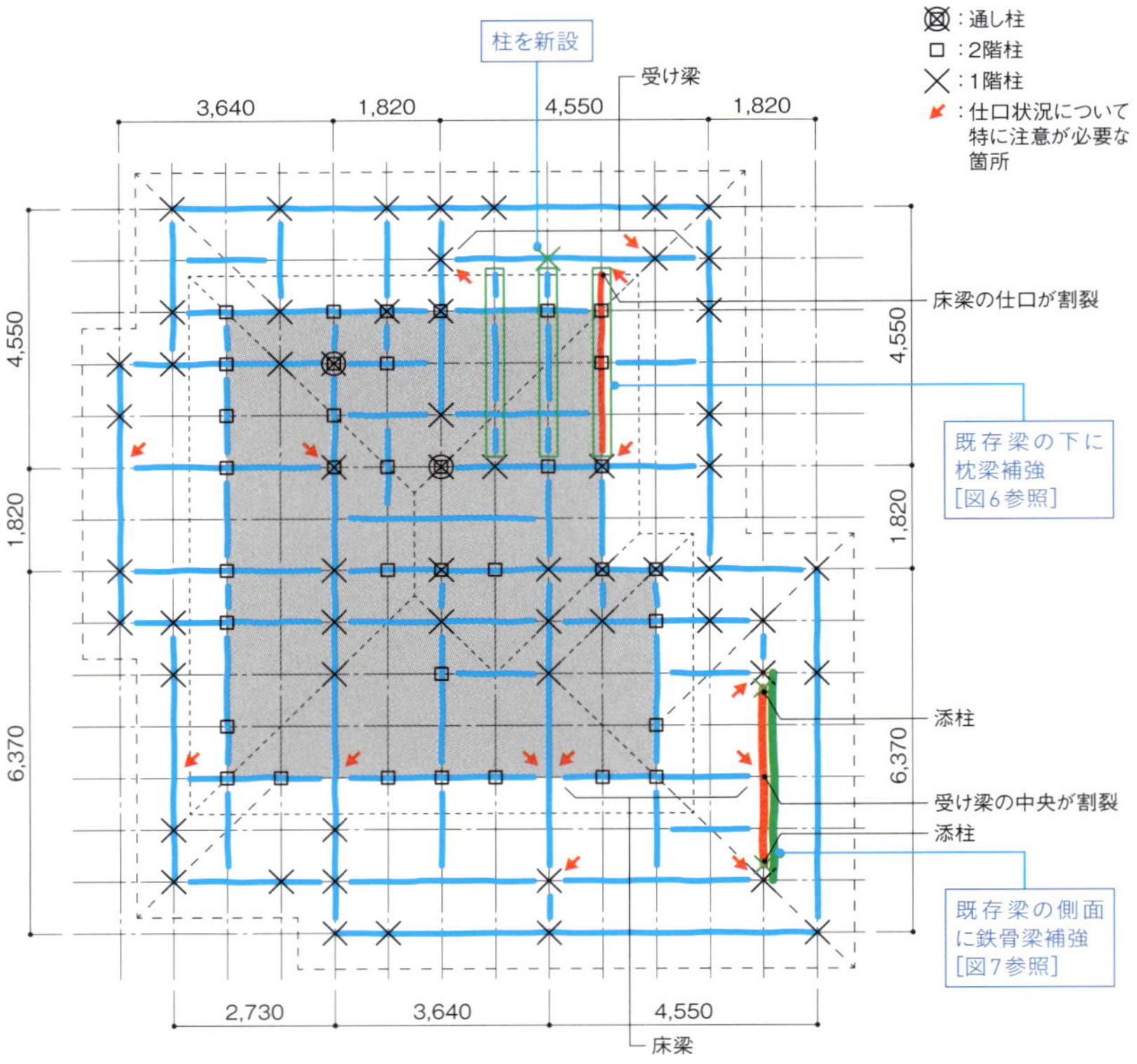

：通し柱
：2階柱
：1階柱
：仕口状況について特に注意が必要な箇所
柱を新設
受け梁
3,640
1,820
4,550
1,820
4,550
1,820
6,370
床梁の仕口が割裂
既存梁の下に枕梁補強［図6参照］
添柱
受け梁の中央が割裂
添柱
既存梁の側面に鉄骨梁補強［図7参照］
2,730
3,640
4,550
床梁

左は木造2階建て住宅の2階床レベルの梁伏図で、網掛け部分が2階の範囲を示している。このように2階の出隅が1階の広い部屋の中央付近に載り、スパンの長い梁で支持している場合は、必ずと言っていいほど、雨漏りや床鳴り、床の傾斜などの問題が生じている。主な原因は、梁の断面不足と仕口の耐力不足である。

2階の外壁と2階の床、下屋の屋根荷重のほかに、2階の屋根荷重もかかるため、梁が大きくたわみ、仕口が抜け出していたり、ひどいときには割れていることもある。

図6と図7に、損傷状況と補強方法の例を示す。

図6 枕梁により床梁を補強する方法

2階出隅柱を支える床梁の仕口が割れていた事例である。床梁下端から受け梁下端までの残りが30mm以下であったため、まず受け梁の下端が割れて床梁が下がり、そのあと床梁上側の切欠き部から割裂きが生じたものである。2階出隅柱の直下に柱を建てて仮受けしたのち、仕口はツメありの梁受け金物を用いて、受け梁に乗せ掛けた。既製品が合わない場合は、個々の実状に合わせて鉄骨にて製作し、コーチボルト留めとしている。既存床梁の下に枕梁を新設するほか、当該床梁の負担軽減のため、910㎜間隔で床梁を増設している。また、既存束の下に柱を新設し受け梁の負担も軽減している。

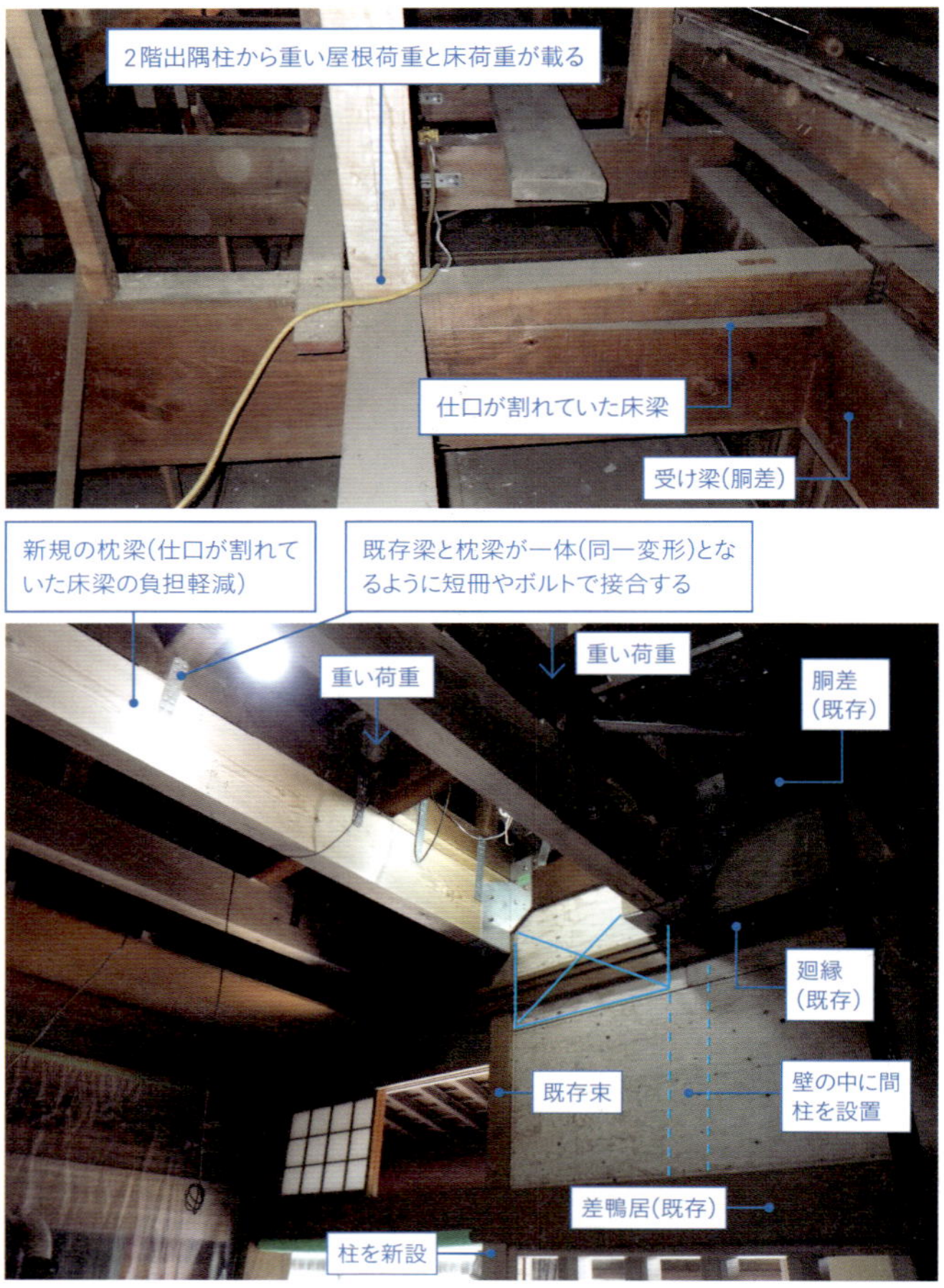

2階出隅柱から重い屋根荷重と床荷重が載る
仕口が割れていた床梁
受け梁(胴差)
新規の枕梁(仕口が割れていた床梁の負担軽減)
既存梁と枕梁が一体(同一変形)となるように短冊やボルトで接合する
重い荷重
重い荷重
胴差(既存)
廻縁(既存)
既存束
壁の中に間柱を設置
差鴨居(既存)
柱を新設

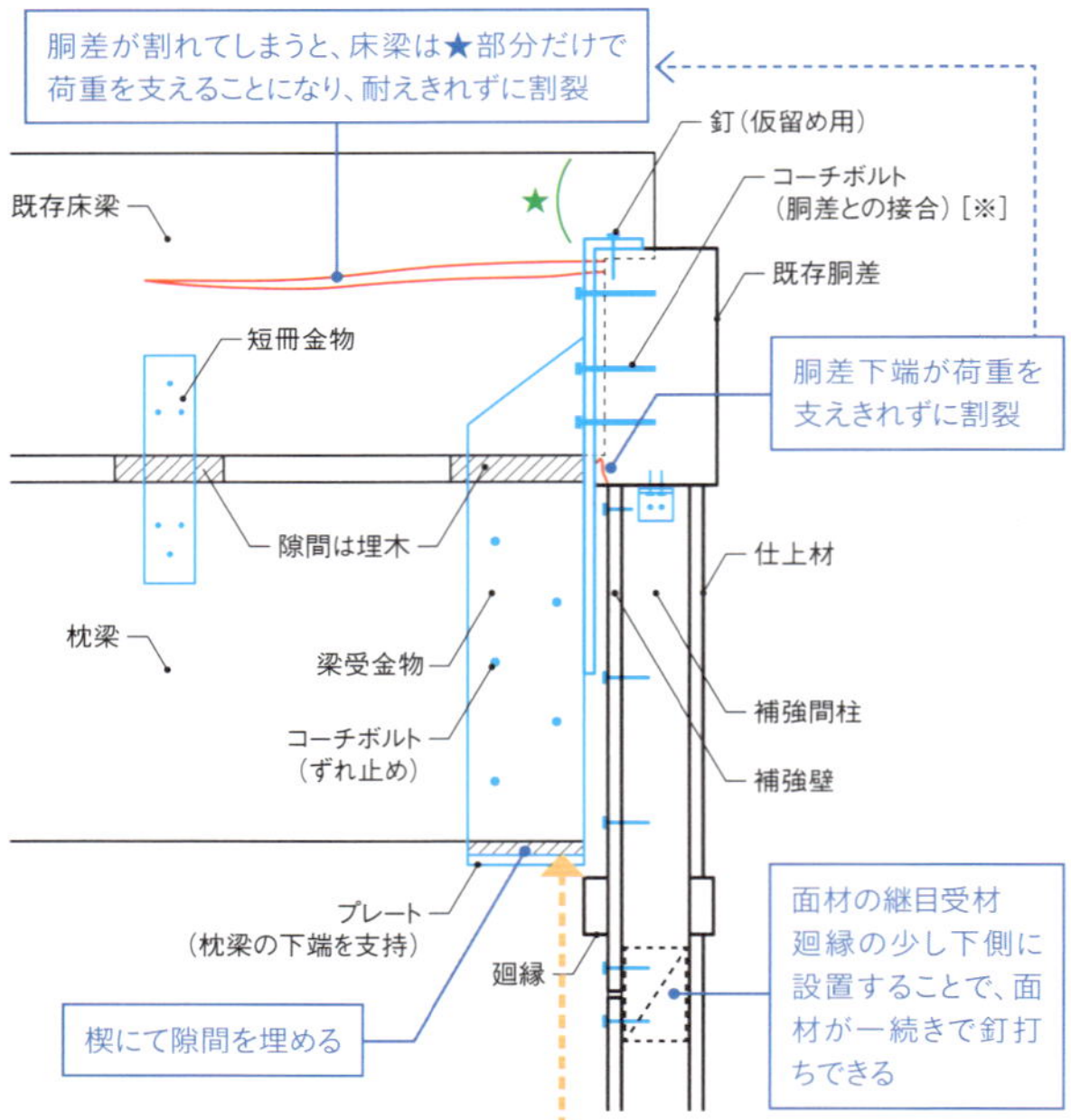

胴差が割れてしまうと、床梁は★部分だけで荷重を支えることになり、耐えきれずに割裂
既存床梁
釘(仮留め用)
コーチボルト(胴差との接合)[※]
既存胴差
胴差下端が荷重を支えきれずに割裂
短冊金物
隙間は埋木
仕上材
枕梁
梁受金物
補強間柱
コーチボルト(ずれ止め)
補強壁
プレート(枕梁の下端を支持)
廻縁
楔にて隙間を埋める
面材の継目受材 廻縁の少し下側に設置することで、面材が一続きで釘打ちできる

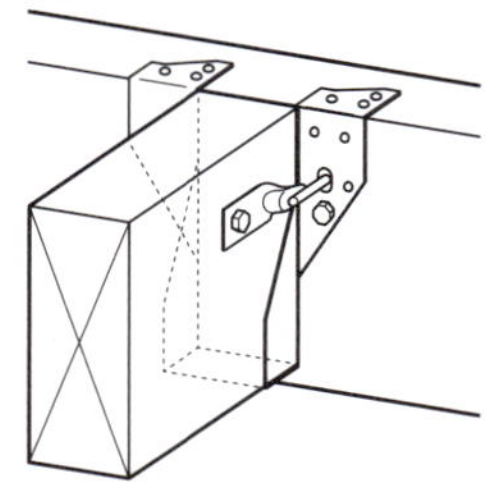

改修工事では、梁の欠き込みをして上から落とし込むことができないため、補強梁は梁受金物で受けることを原則とする。

梁受金物はツメありとし、直交梁に載せかける。隙間は埋木する。
既製品で対応できないときは、現況に合わせて製作する

※ 梁端のせん断力を胴差に伝えるために重要な部分。コーチボルトの許容せん断耐力はラグスクリューの学会式により算出。繊維と直角方向に力がかかるため、ボルト間隔に注意

図7 鋼材により床梁を補強する方法

2階出隅柱が載る床梁の受け梁が割れていた事例である。これは天井懐が狭いため、梁の側面に鋼材を抱かせて補強している。また既存受け梁の割れの進行を防ぐため、ビスを打ち込むほか、引張側となる下端に引きボルト補強を行っている。

●補強詳細図

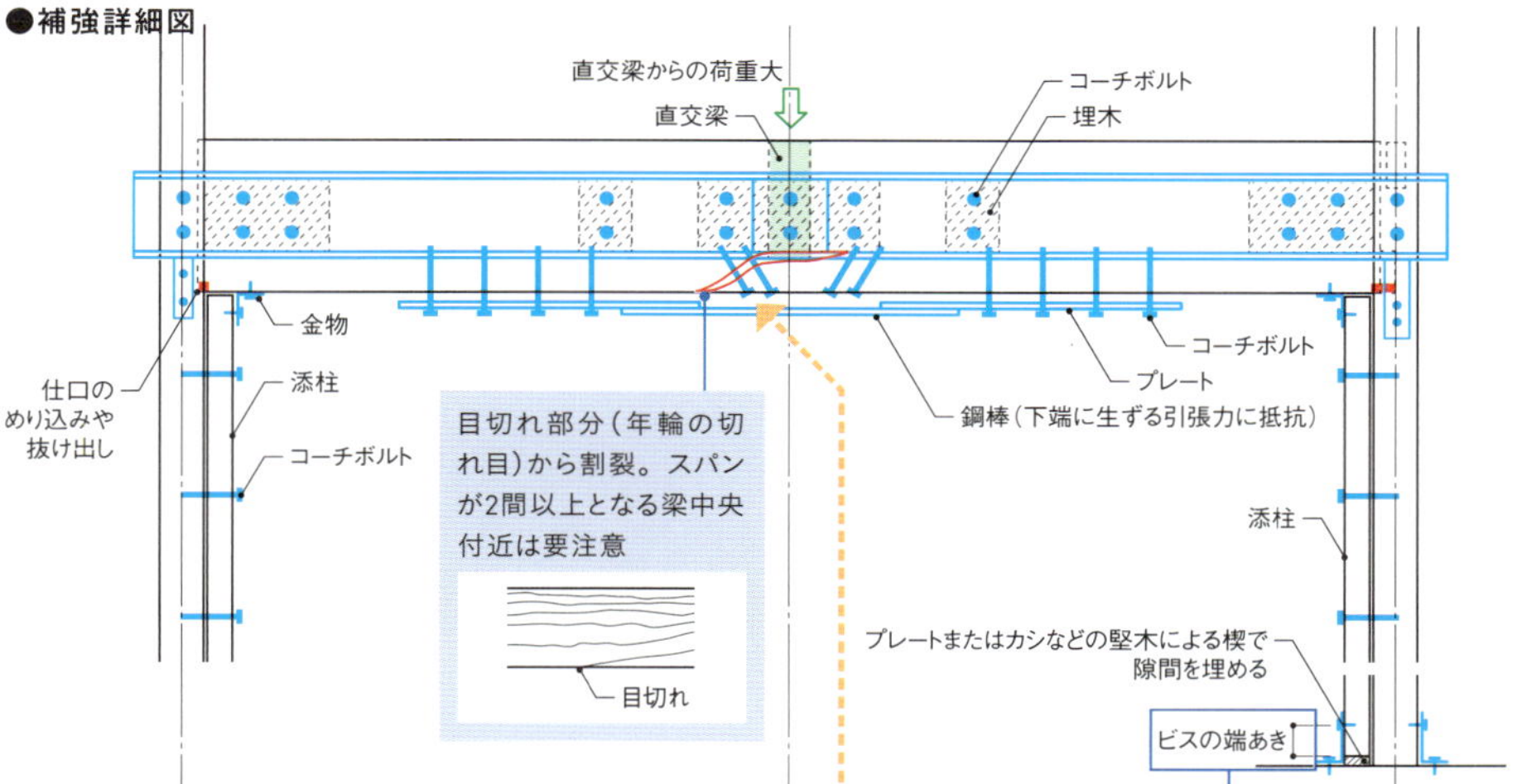

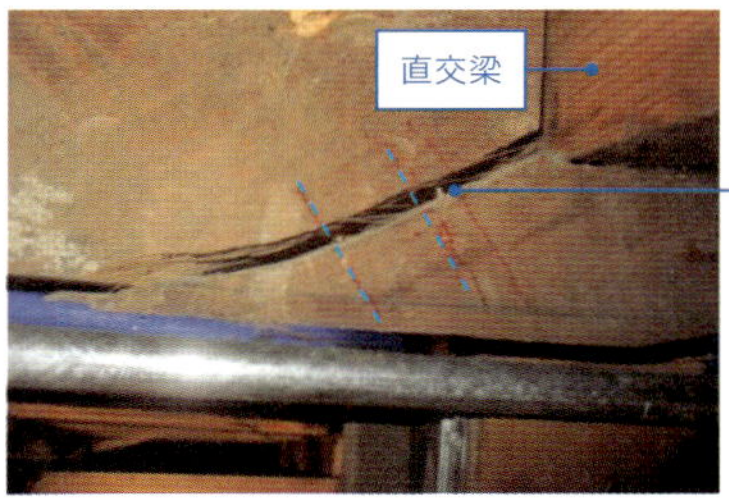

目切れ部分を起点とした割裂

改修工事の場合、既存材の間に差し込むことになるため、レベル調整のクリアランスが必要
⇒引抜用の金物をそのまま付けると、木口までのビスの端あきが不足するため、下記のどちらかで対応するとよい
対策①羽子板ボルトなど取付高さが調整可能な金物とする
対策②既存柱の方に引抜金物を取り付ける。添柱は既存柱にコーチボルトまたは短冊金物にて接合する

●断面詳細図

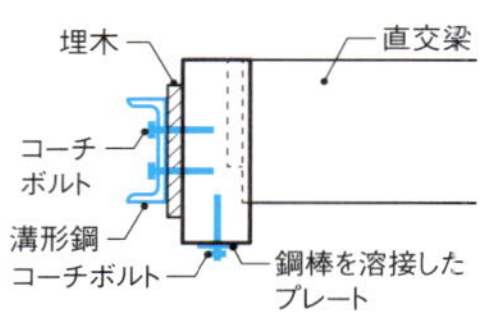

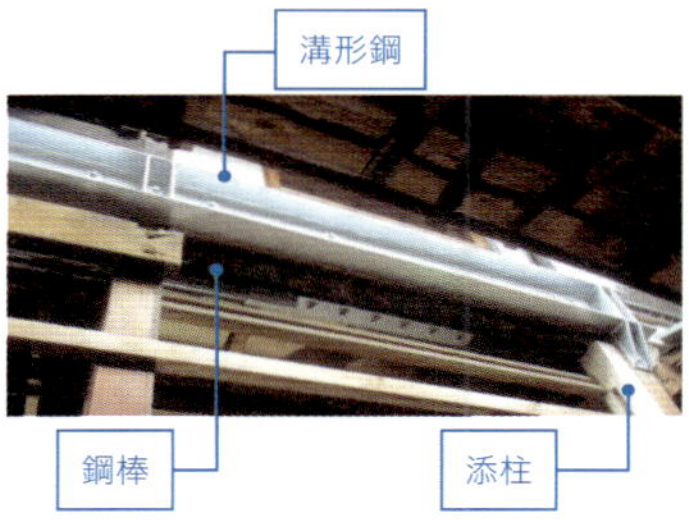

図8 主屋と下屋の接合（軸組の連続性確保）および柱脚の断面欠損に対する補強

下屋が増築されている場合、主屋との接合部を補強して応力伝達がスムーズに行えるようにする必要がある。この事例では下屋の桁レベルに胴差を連続的に新設してボルト等でつなぐようにしている。
また、小屋裏空間が広い場合は、屋根面からの地震力を耐力壁に伝達するため、小屋裏に筋かいや耐力壁を設ける。

耐力壁構面の小屋裏は、小屋筋かい・小屋裏壁を設ける

下屋との接続部分は引きボルト補強

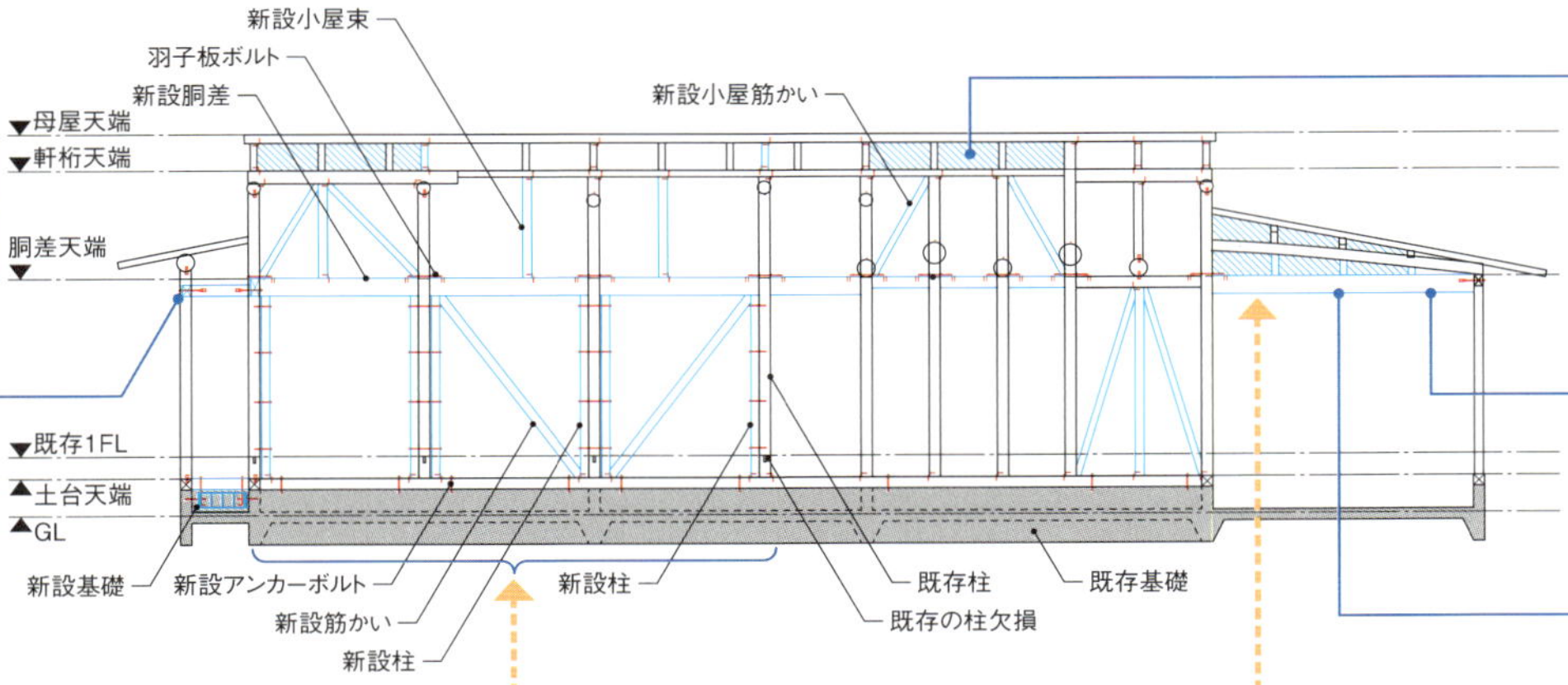

屋根面に生ずる水平力を耐力壁に伝達させるため、ハイサイドライト部分は面材壁で補強

胴差レベルに補強梁を通し、水平力が各耐力壁にスムーズに伝達されるように接合する

主屋の胴差レベル付近に小屋梁を新設

床レベルを既存より下げる

→柱の断面欠損補強として添柱を設置し、筋かいを取付

既存大引による柱の断面欠損

添柱を設けることで、既存柱への負担を軽減（写真中の筋かいは仮設）

下屋と主屋が接続されていない

小屋梁を新設し、下屋と主屋を接合

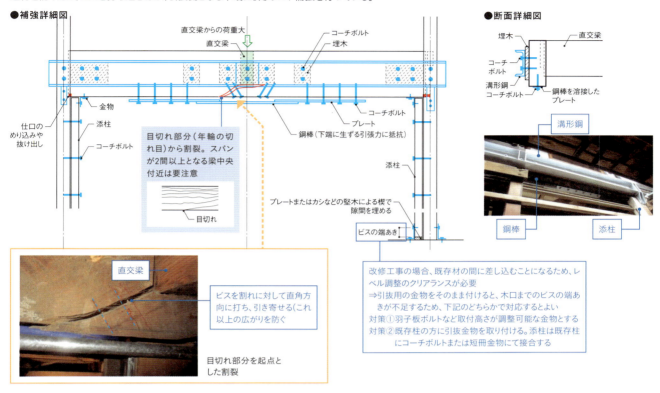

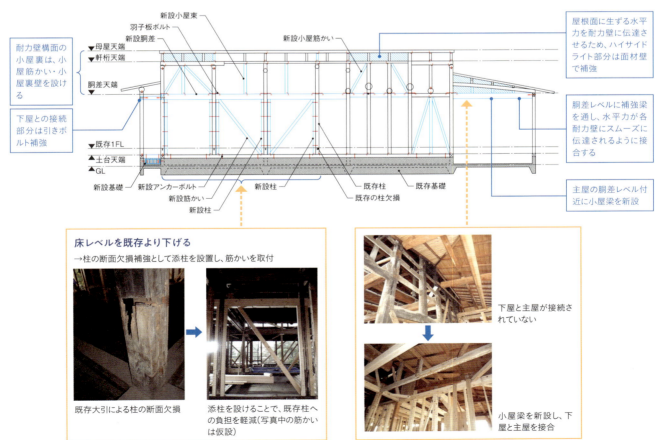

図5 挟み梁による床梁補強の例

間仕切壁沿いに書棚を設けることになったため、根太を増設し床梁も補強した事例である。階高の都合上、既存梁の下に枕梁を入れることが難しかったため、両側から新材を挟み、ボルト接合している。せん断力が大きくなる端部ほどボルト本数が多くなるところがポイント。また、仕口部分は鉄骨プレートをかぎ型に折り曲げて直交梁に載せる形式とし、接合部に割裂きが生じないよう配慮している

●天井伏図

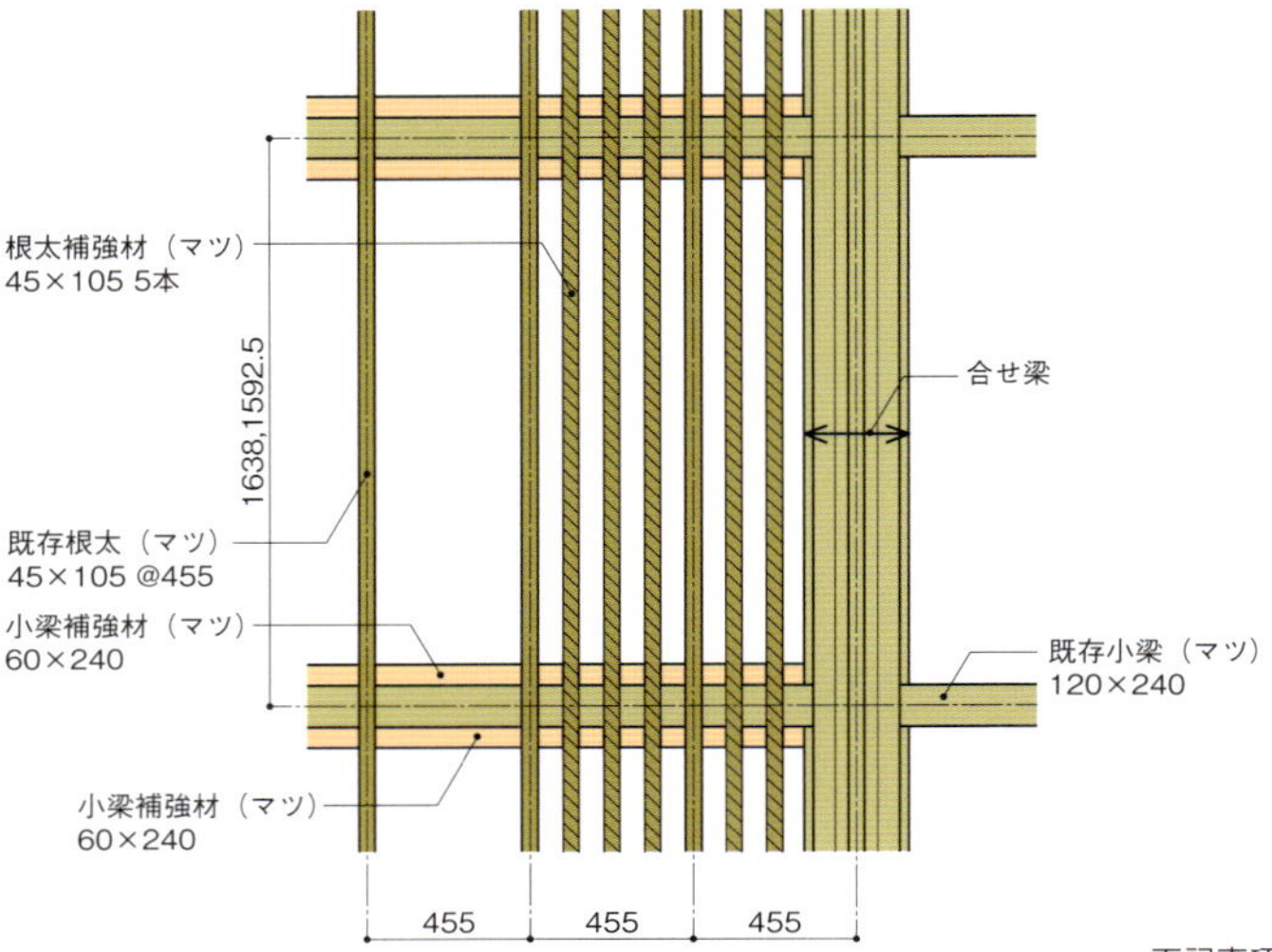

・腐朽部材は交換する
・スパンの中間には継手を設けないことを原則とする。やむを得ず継手を設ける場合は、枕梁にて補強する
＊枕梁にて応力を処理できるように設計する

下記事項は別途計算による。
・根太の断面および間隔
・添え梁の断面および接合方法
＊マツはベイスギ、アカマツ、クロマツ、カラマツのいずれかとし、含水率は20%以下とする

●挟み梁軸組図

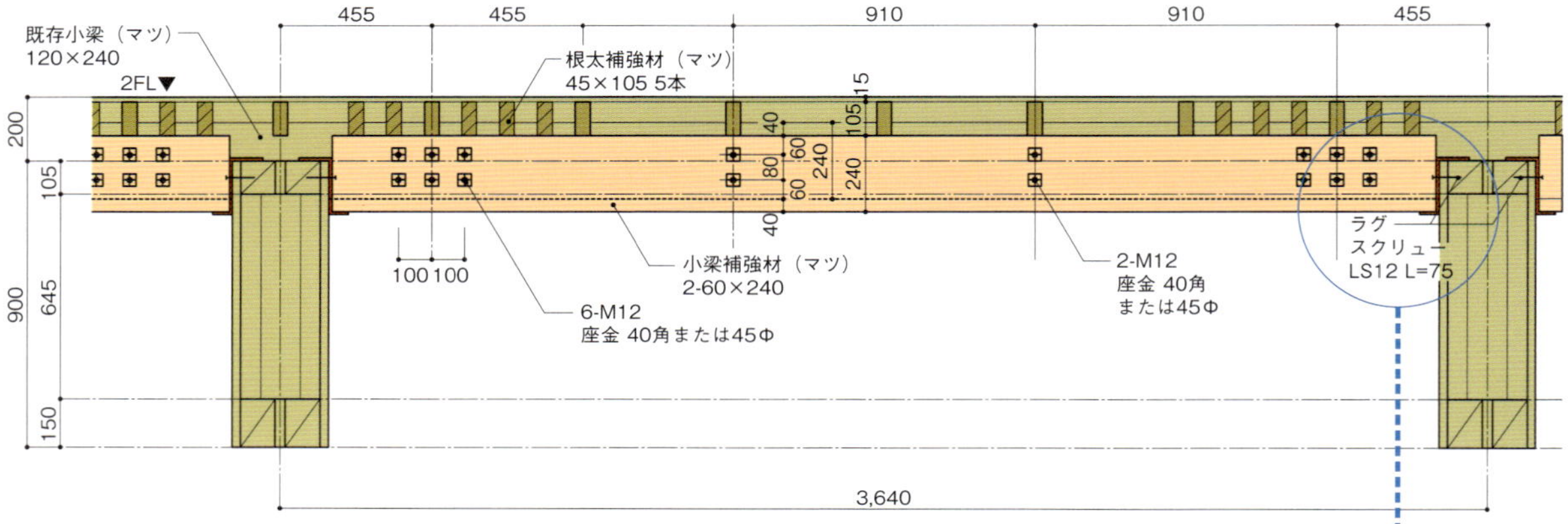

●小梁補強材受金物詳細図

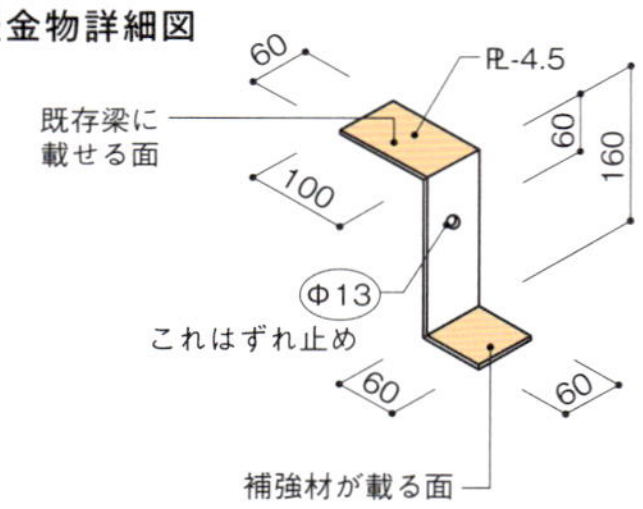

ボルトのせん断力のみで接合すると割裂が生じやすいため、アゴ（黄色部分）で載せ掛けるようにしている

●挟み梁納まり断面図

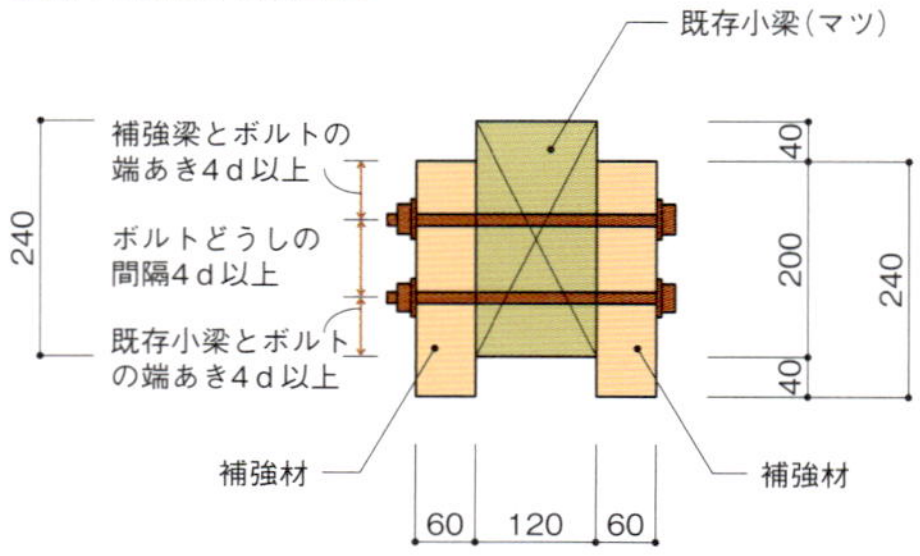

ボルトの間隔やはしあき寸法は学会木質規準による

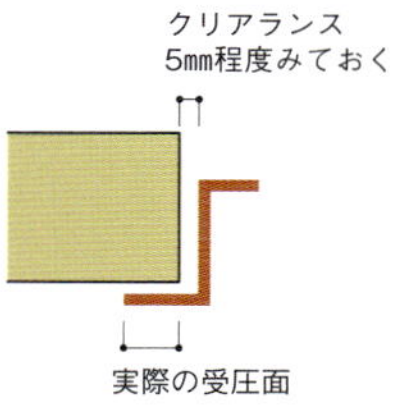

プレートの大きさは補強材を挿入するためのクリアランスを見込んで決定すること

小梁補強材受金物を設置

図6 軽量溝形鋼による床梁補強の例

階高の制限が厳しいときは、鋼材を用いる方法もある。鋼材はヤング係数が高いため、補強梁の成が小さく抑えられるが、重量が重いので人力で運搬可能な軽量型鋼を用いるとよい。また、木材との隙間があると軋みやすいので、ボルトを締め付けるほかに楔などを差し込んで隙間を埋めるようにしたほうがよい

●X8通り軸組図

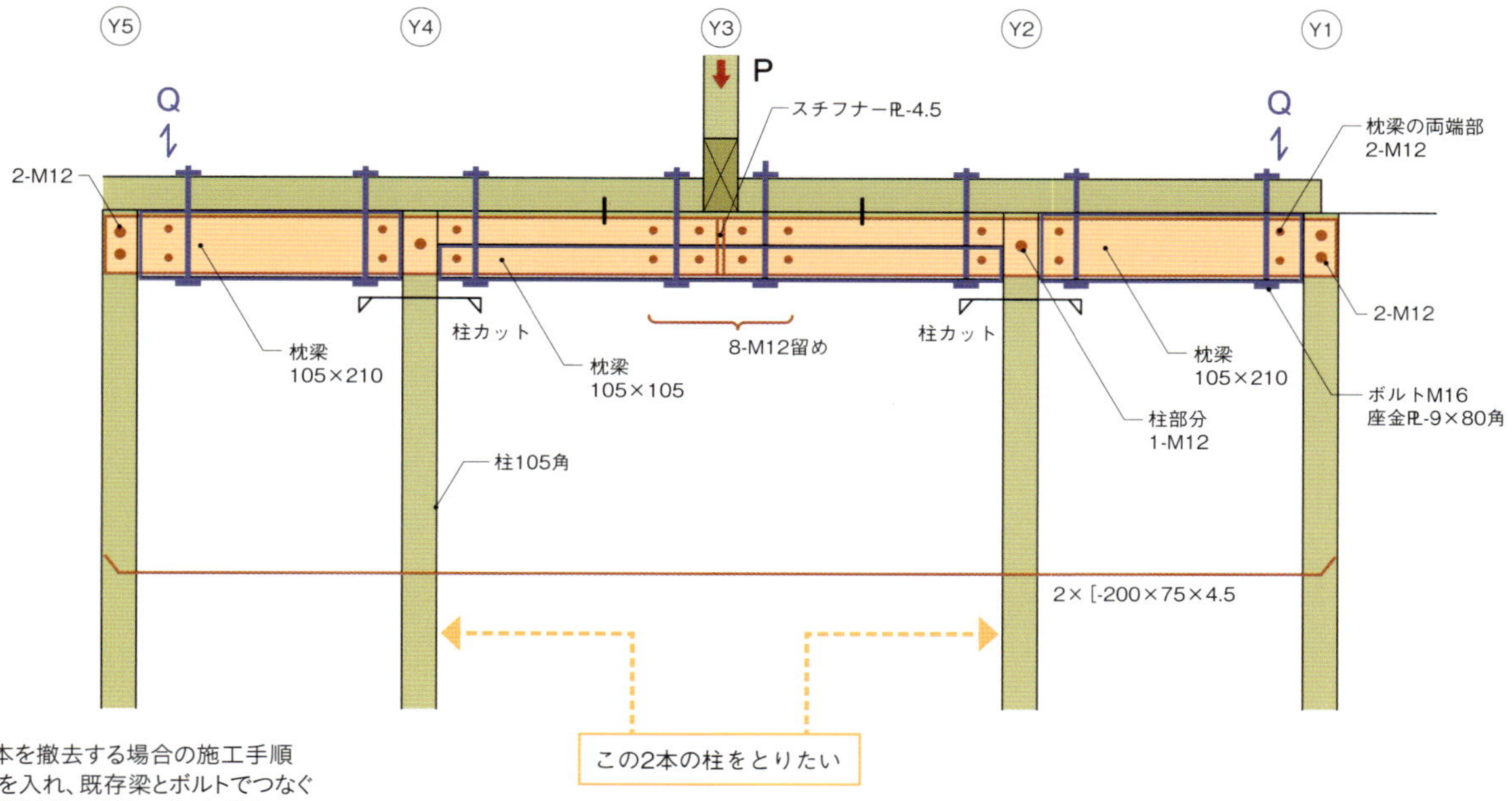

既存柱2本を撤去する場合の施工手順
①枕梁を入れ、既存梁とボルトでつなぐ
②軽量溝形鋼を枕梁にボルト留め
③Y2、Y4通りの既存柱をカット

●Y3通り軸組図

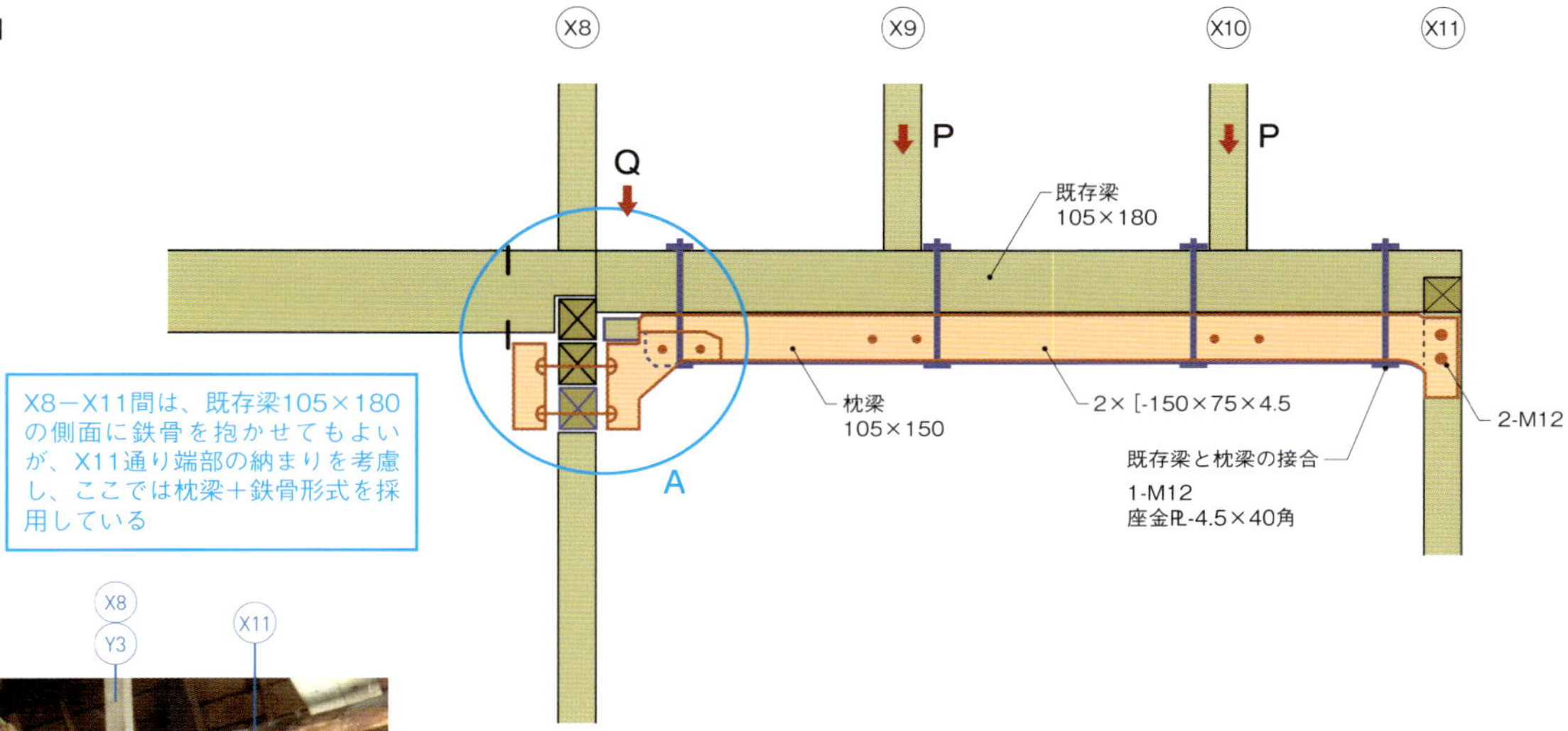

A部納まり拡大図

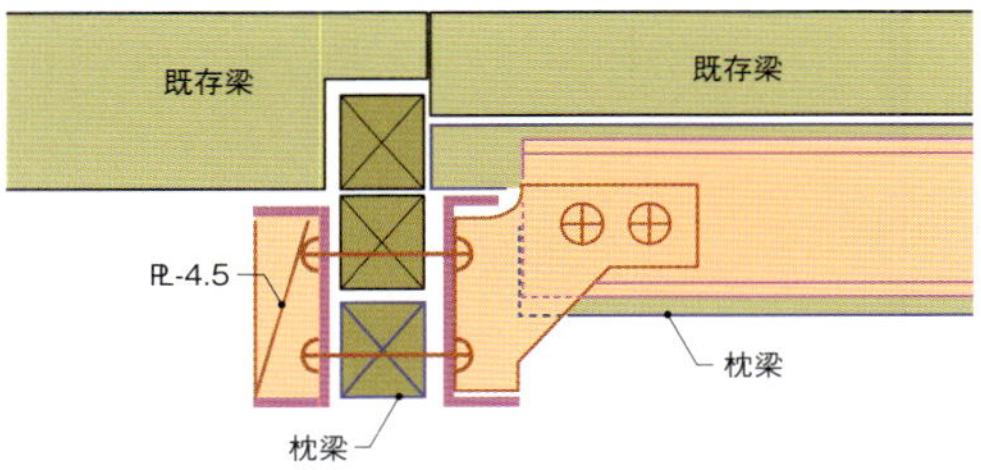

注：枕梁は鋼材を接合するための納まり材として入れる。変形や応力はすべて鋼材で処理するように断面を決定すること

図7 架構全体で考える床梁補強の例　＊斜材は圧縮で効くようにして接合を軽微に

2階に新設する間仕切壁のなかに斜材を配置して、壁全体をトラス架構にした事例である。1階の方杖や柱の位置に小屋荷重が直接流れるように、斜材の方向と2階柱の位置を決定している。2階床梁は2本の平行弦トラスの外側に斜め板を釘止めした合成梁であったが、改修後の荷重が増えるため、中央に柱を新設することとした。すると中央部の斜材に引張力が働くことになるが、接合補強を行うのは非常に難しいため、平行弦トラスの隙間に既存材と逆方向の斜材を挿入して、圧縮材のみで抵抗できるように補強を行った

●補強軸組図

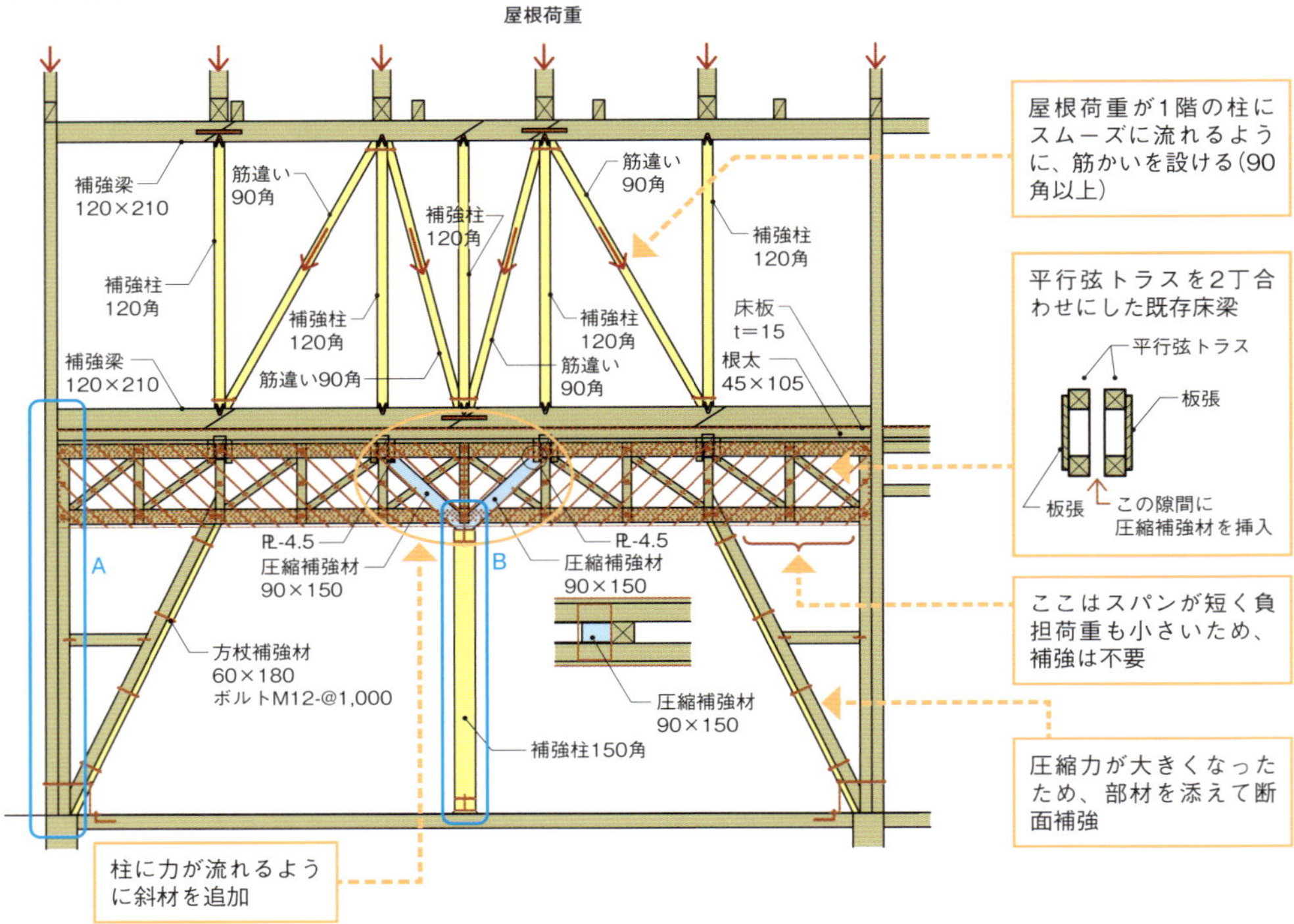

2階の間仕切を利用した補強

新設補強柱の直上に圧縮補強材を挿入

補強前

柱を設置する中央部はパンチングを考慮してスラブを厚くしている

補強後

既存の合成梁と同様に袖壁も斜め板張り。壁は構造用合板の耐力壁をそのまま見せている

A部 断面詳細図

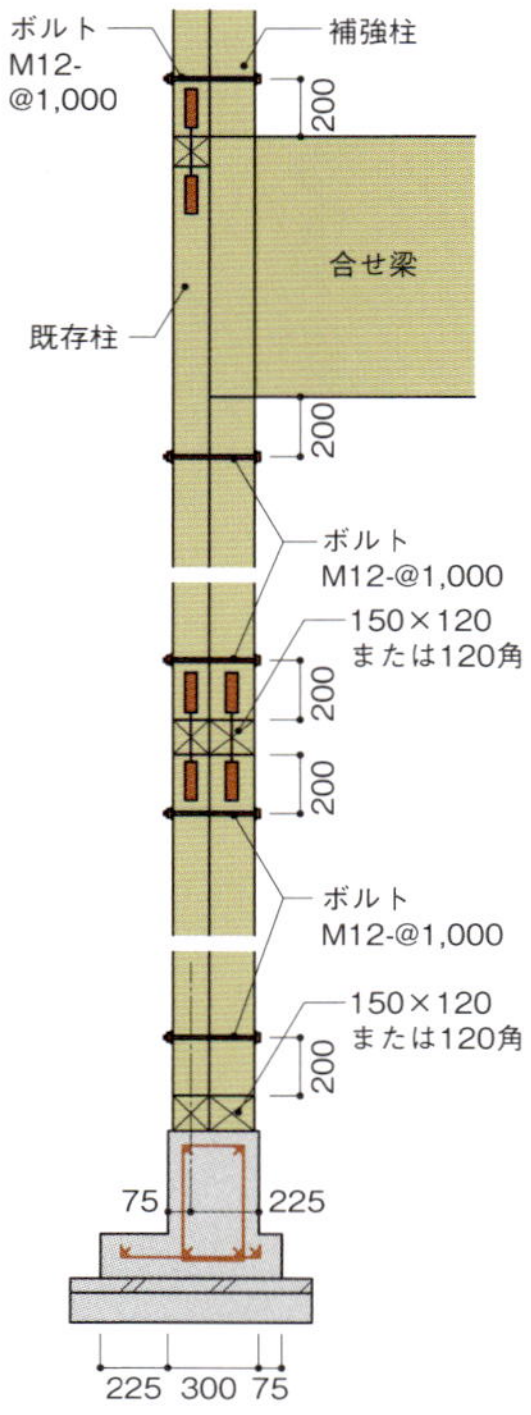

B部 断面詳細図

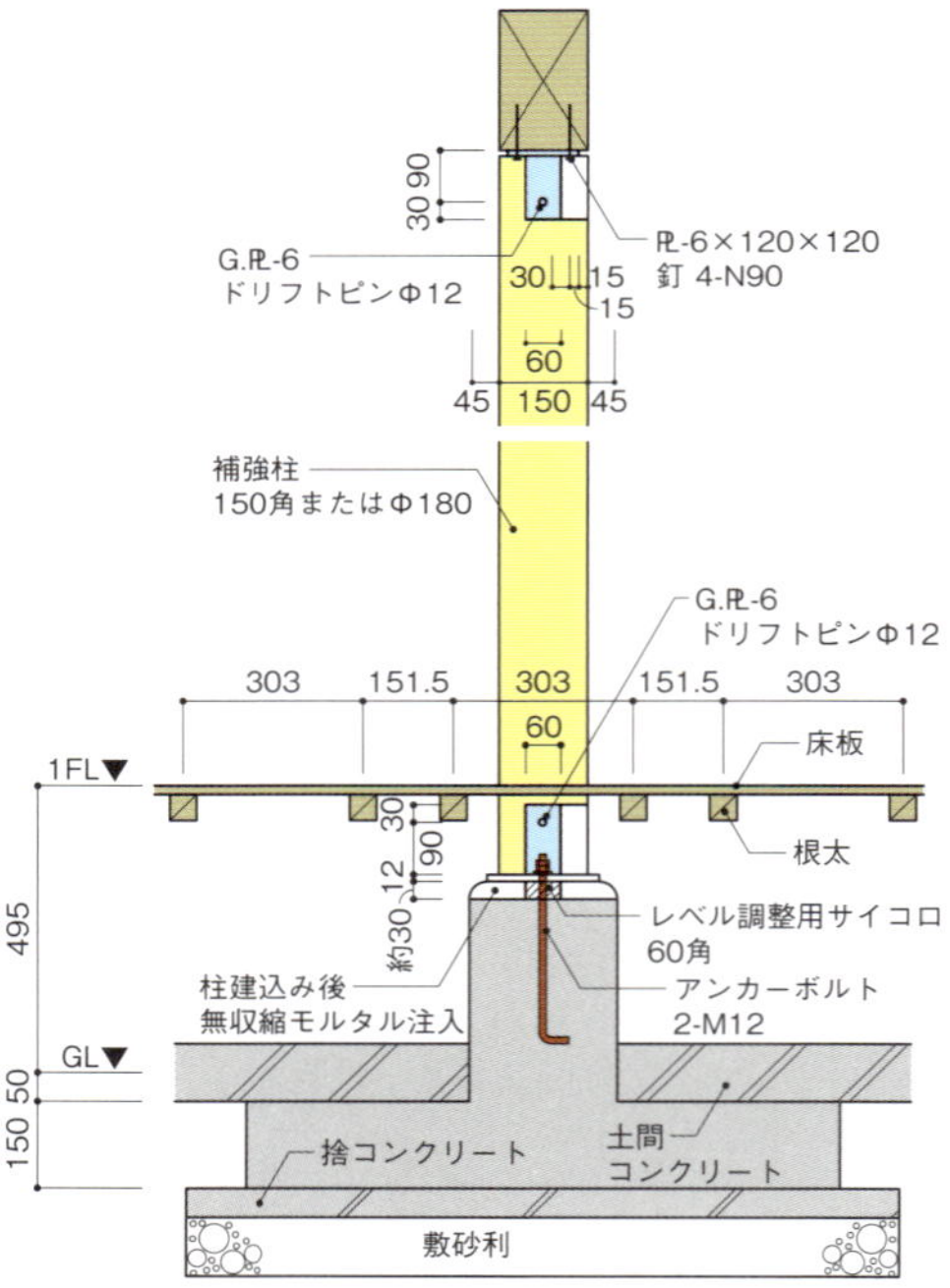

図8 耐風補強の例

大きな吹抜けがある外壁面や小屋裏の妻面などは、耐風処理に対する配慮が必要である[101頁]。ここでは、柱を補強した事例と、梁を補強した事例を紹介する

①添え柱による補強

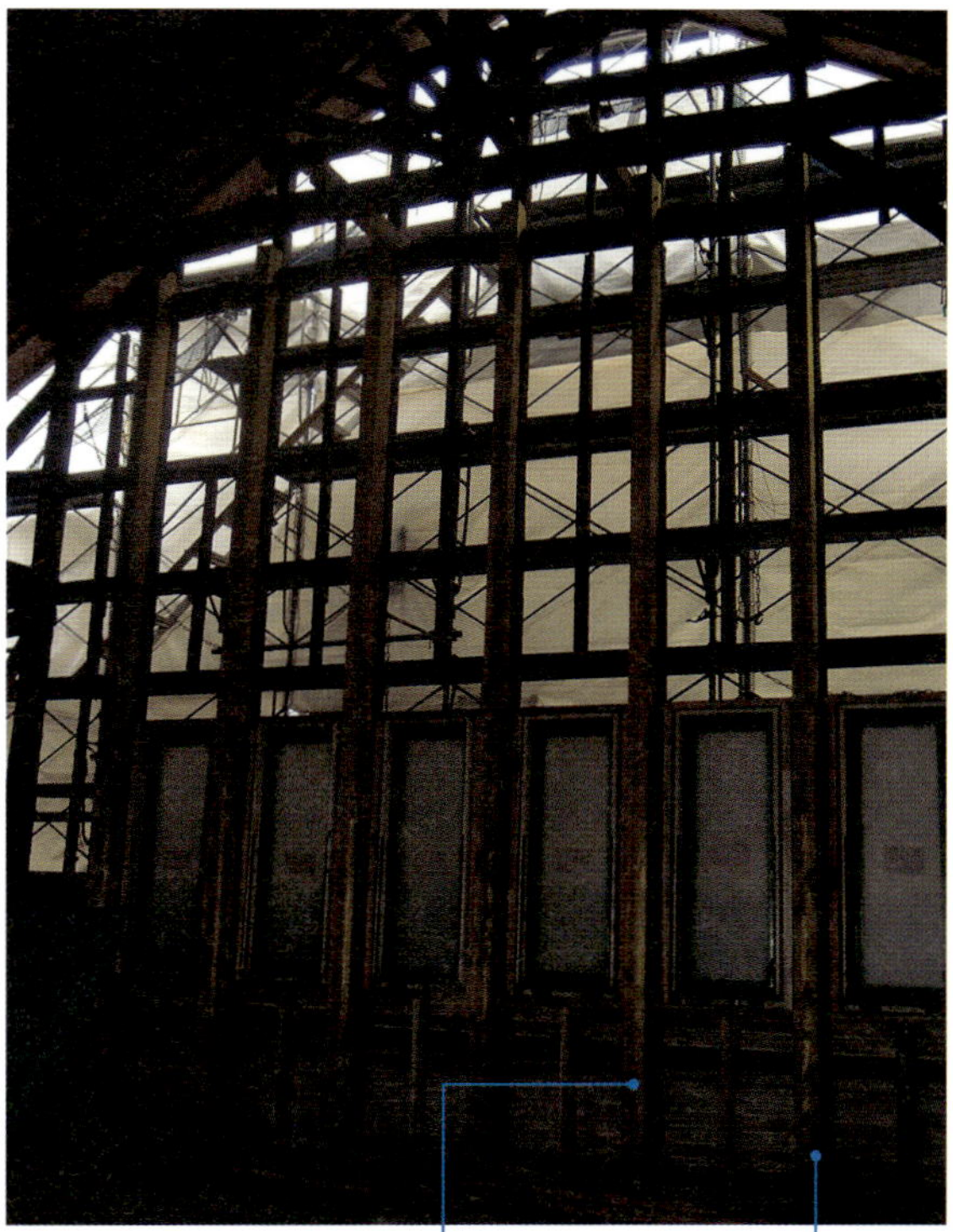
小屋梁レベルまで既存柱に添え柱を設置
添え柱(鉛直荷重は負担しないので土台は不要)

②振れ止め材による補強

水平斜材、妻面の小屋梁、隣接の陸梁のほか、小屋梁と隣接の陸梁をつなぎ、風圧力を水平斜材へと伝達させる

③耐風梁と火灯による補強

火灯
吹抜けを設けた南側の外壁面は、耐風梁と火灯を設けて風圧力を処理

火灯
既存柱との隙間は、挟み材を入れてボルト締めにしている
挟み材
補強梁
既存柱
既存小屋梁

4-2
耐震補強

05

耐力壁の補強方法

耐震補強のメインは耐力壁の増設である。単に必要量を満たすのではなく、既存の軸組や基礎の状況をふまえ、引抜力に対する接合方法も同時に考えて、種類・強さ・配置を決め、プランを調整する高度な能力が問われる。

ここでは、筋かいによる補強、面材による補強、フレームタイプの補強について、それぞれ基本的な留意点を述べることとする。

図1 柱に根継がある場合の補強

①筋かいが取り付く場合

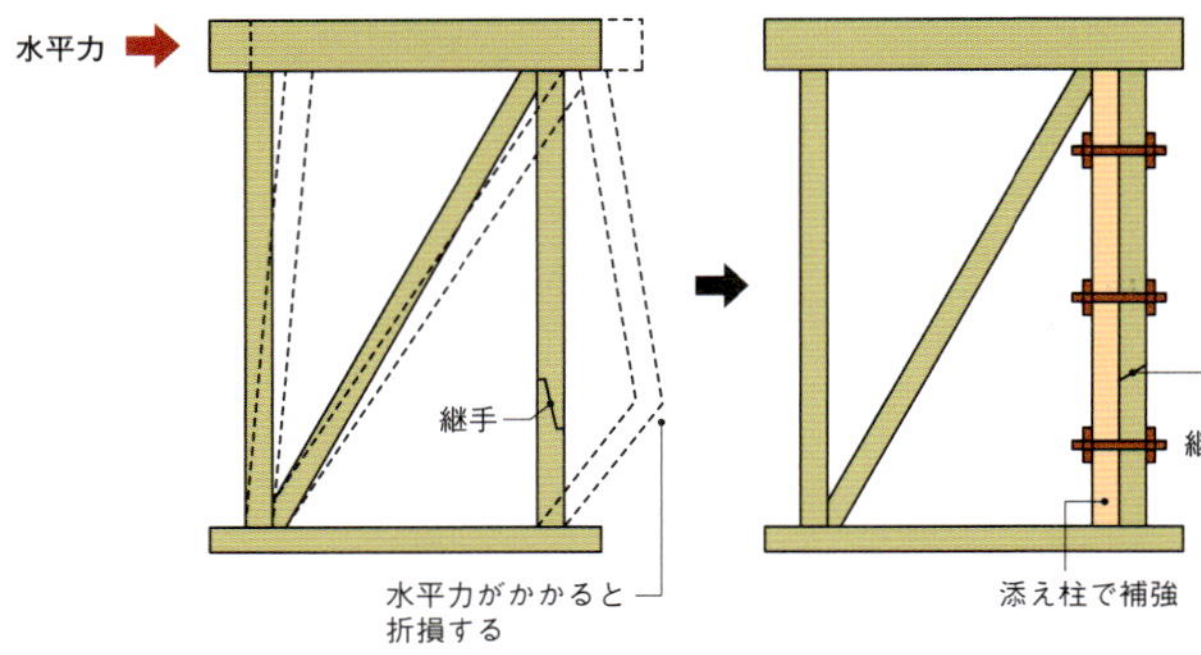

②面材が取り付く場合

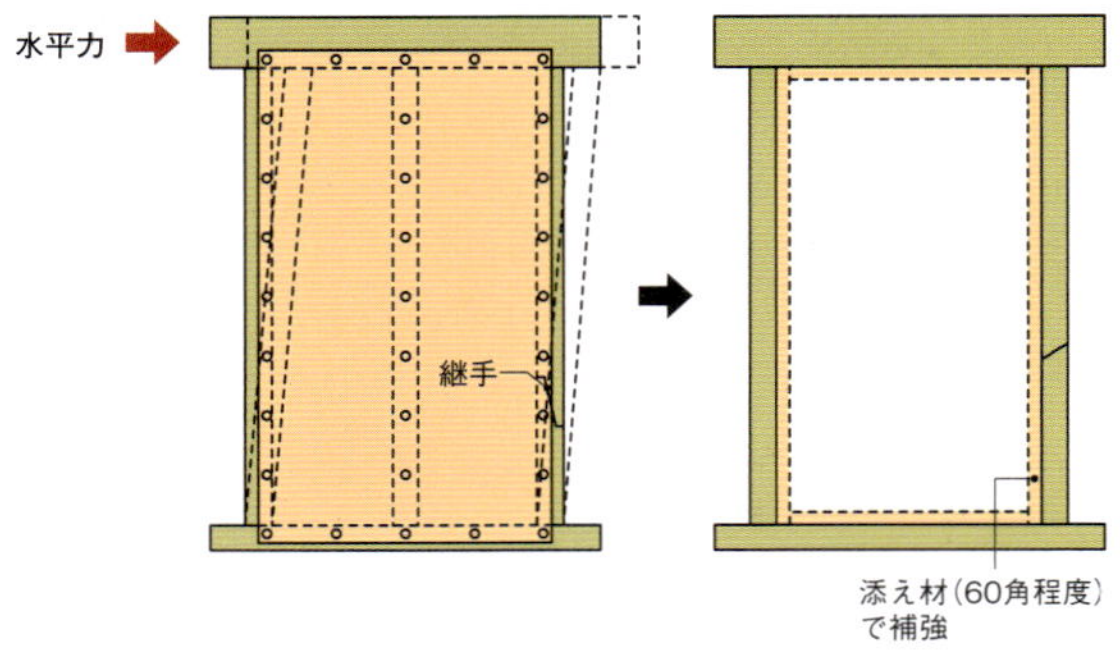

図2 アンカーボルトがまばらな場合のフレーム補強

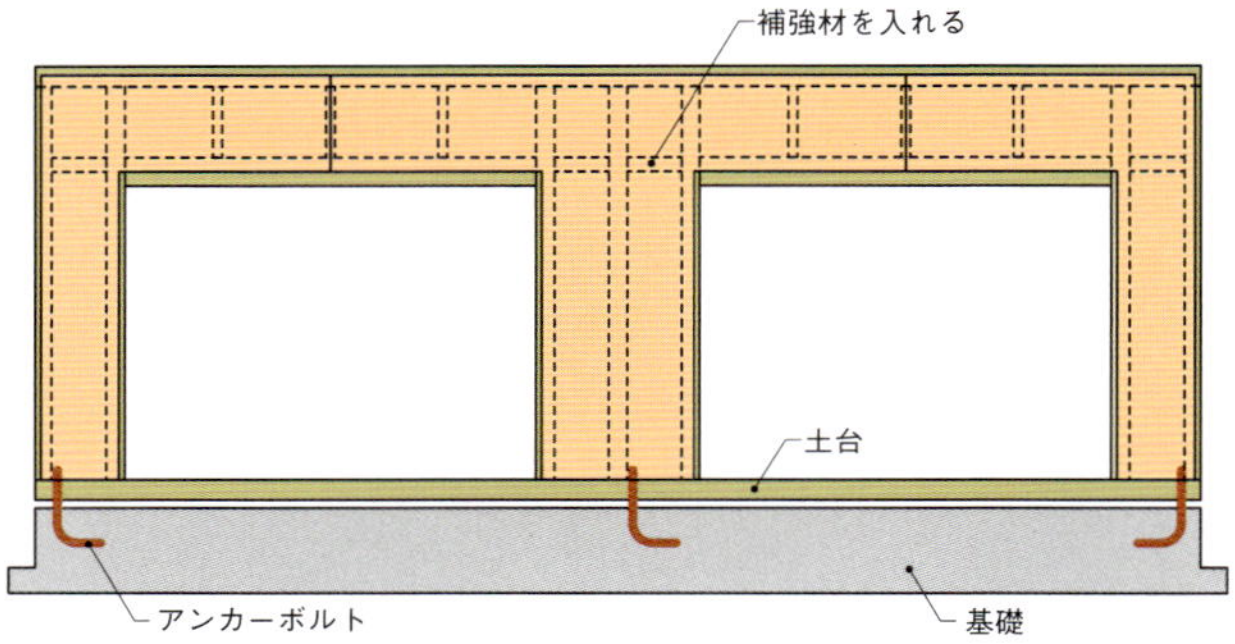

垂壁部分も含めて軸組全体に面材を張ることで
フレーム化を図る

図3 筋かいの補強

①筋かい端部の接合
・建告1460号の規定を満足するように補強する

②筋かい交差部の接合
・90角未満の筋かいは欠込みを行わない(相欠き禁止)
・90角以上でどちらか一方を分断する場合は、下図要領にて補強する

一方が分断する場合の納まり例

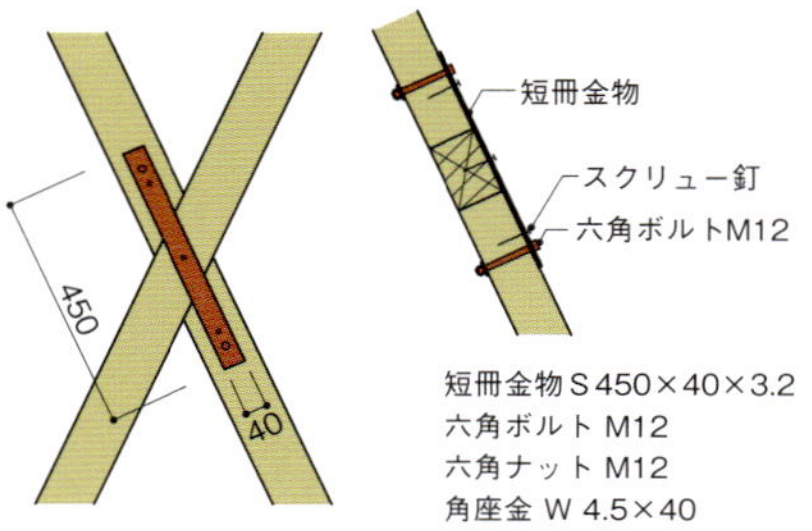

短冊金物 S 450×40×3.2
六角ボルト M12
六角ナット M12
角座金 W 4.5×40
スクリュー釘 ZS50

③筋かいが取り付く軸組
・筋かい耐力壁内に継手を設ける場合は、枕柱あるいは添え柱を設けて継手部分が回転しないように補強する
　＊小屋裏など直交梁が積層している場合も同様に補強を行う
・筋かい耐力壁は、間柱や貫などの座屈防止材を450㎜間隔に設ける

継手部の補強要領

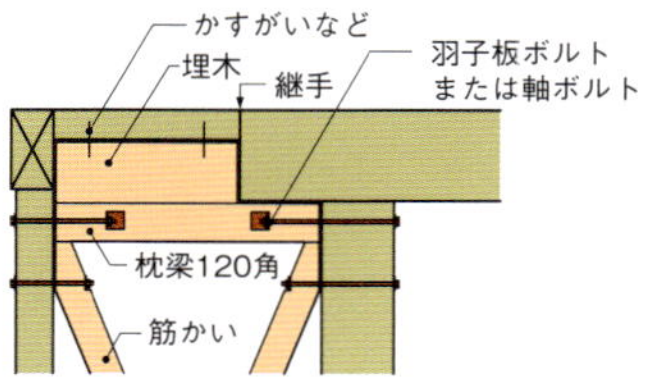

小屋裏などの補強要領

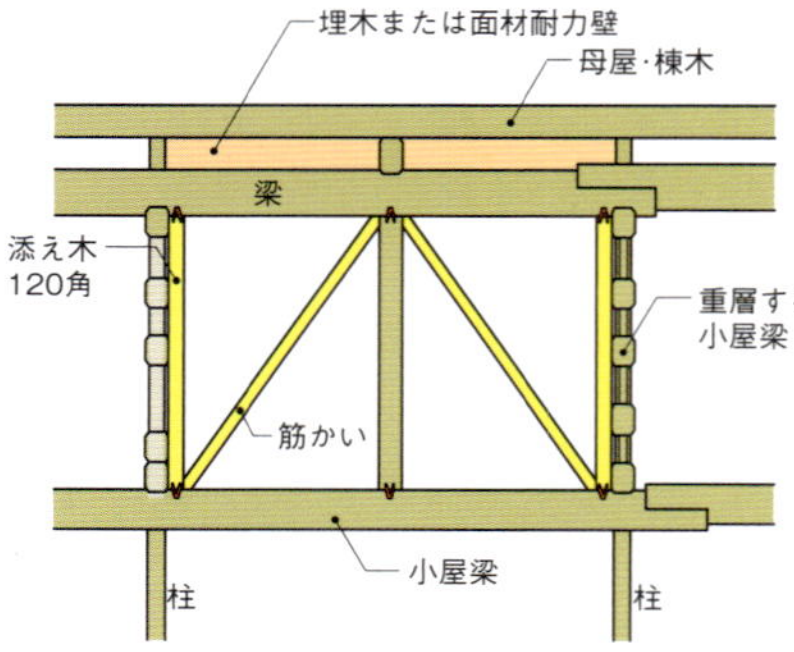

・1階の耐力壁は土台から2階床面まで、2階耐力壁は2階床梁から屋根面まで連続するように設ける。
小屋裏や2重梁などで隙間が生じる場合は、小屋筋かい、埋木、面材などを設けて、水平力が耐力壁に伝達されるように補強する(右上図参照)

図4 耐力壁に設ける小開口

●剛性や耐力に影響しない小開口は、下記のいずれかとする

①筋かい耐力壁の場合
イ：小開口は筋かいおよび間柱を切欠いて設けてはならない
ロ：小開口は接合部を切欠いて設けてはならない

②面材耐力壁の場合
イ：D≦12×tかつD≦L／6の場合、補強不要
ロ：D≦L／2(50cm程度)の場合、4周を受材などで補強して面材を釘打ちする

t：面材厚
L：面材短辺寸法
D：穴径(矩形の場合対角線の長さ)

筋かい耐力壁の場合　　**面材耐力壁の場合**

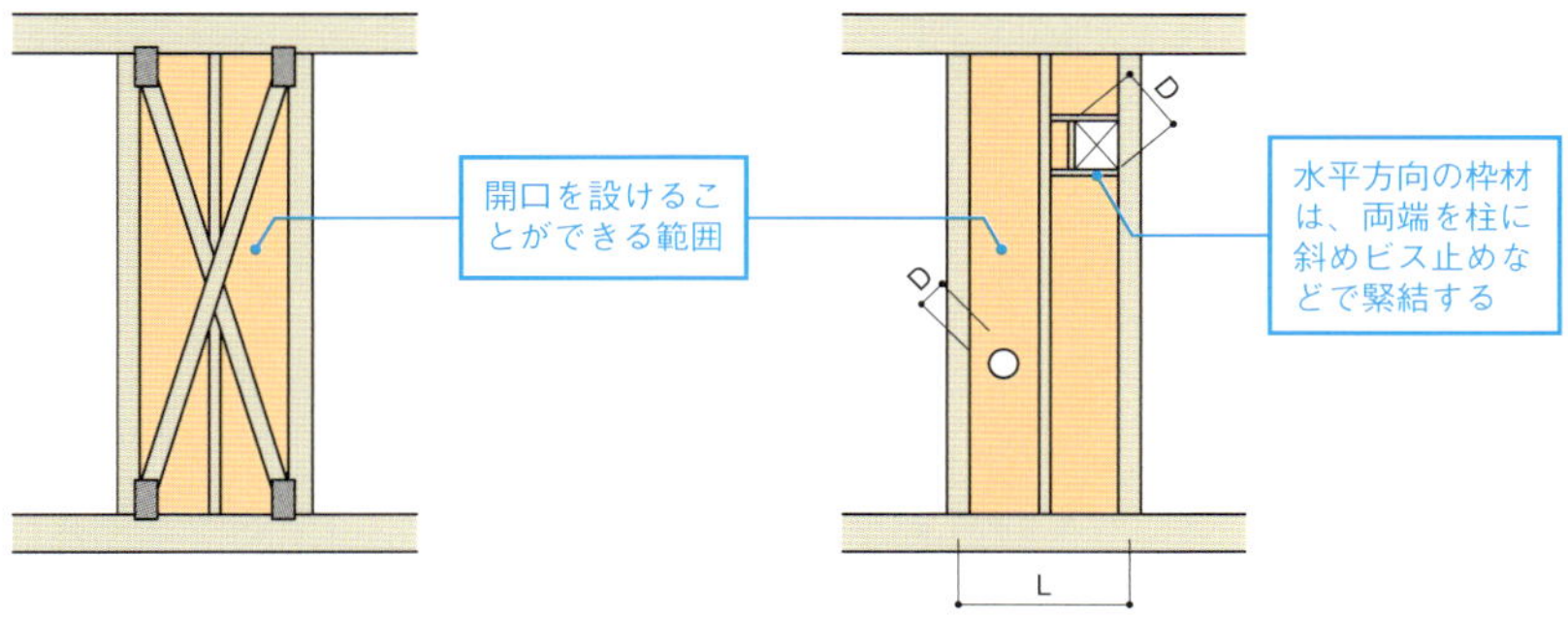

写真1 換気口がある構造用合板壁の水平加力方試験。開口下に間柱と同断面の補強材を釘打ちしている。開口周辺の損傷はなく、壁倍率も無開コタイプと同等の耐力であった

図5 フレームタイプの補強方法

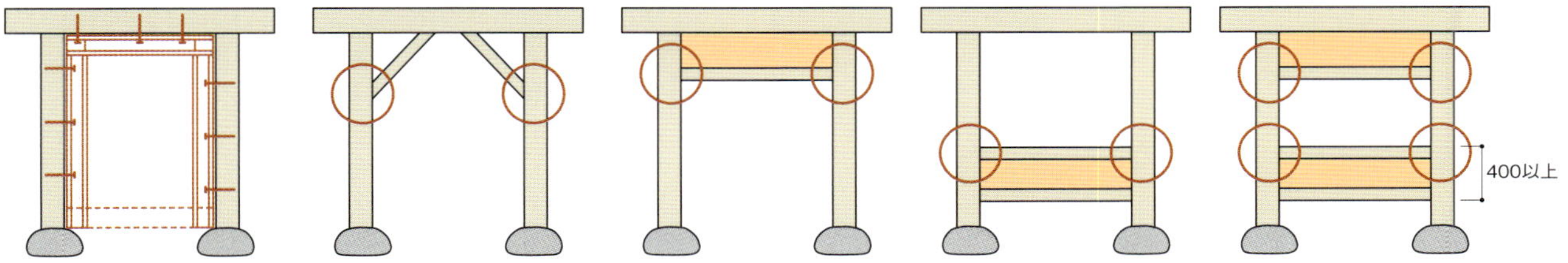

鉄骨ラーメンフレーム　方杖　垂壁フレーム　腰壁フレーム　垂壁＋腰壁フレーム

門型よりも口の字型のほうがよい
取り付け方法を考えると、既存柱は120角以上必要

目安：4m角程度の東屋で、柱は180角程度必要

壁の強度を高くすると、柱に生じる曲げやせん断力が大きくなり、折れることがある。柱の太さと壁の強さのバランスを考える必要がある

一般に柱は150角以上となる。ただし
これのみで建物全体の水平力を負担するのはかなり難しいので、実際には耐力壁も必要になることが多い

上図の〇部分は曲げモーメントが生じるため、仕口の欠損に注意が必要

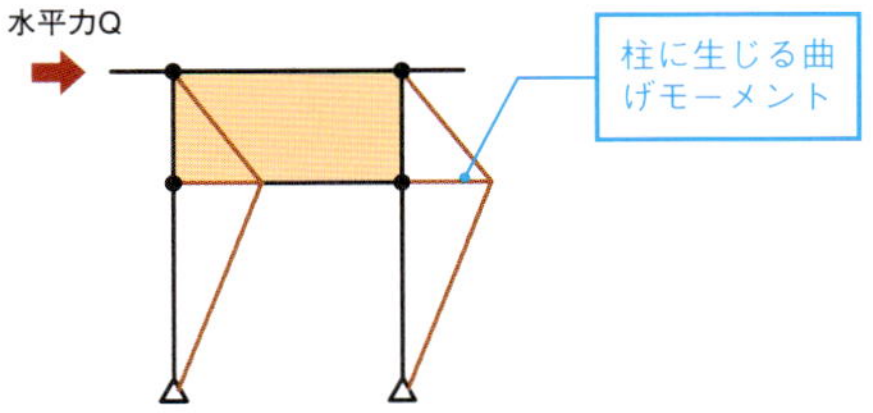

壁の強度が高いと
負担できる水平力が大きい
→ 柱に生じる曲げが大きくなる
→ 仕口部分が折れる可能性：大

写真2 腰壁フレームタイプの補強例。床下に筋かいを設けている。仕口の欠損を考慮しても強度に問題がないことを確認している

06 小屋組の補強方法

小屋組は部材断面が小さく、2階の柱位置だけをみて継手を設けてしまうため、床梁に過大な荷重を負担させてトラブルを招いていることが非常に多い。ここでは1、2階の柱が揃っている位置を小屋梁の支持点と考えて、小屋組を補強する方法の事例を紹介する。このほかに、水平剛性を高めるため、小屋筋かいや水平梁を連続させる配慮も必要である。

図1 小屋組のさまざまな補強方法

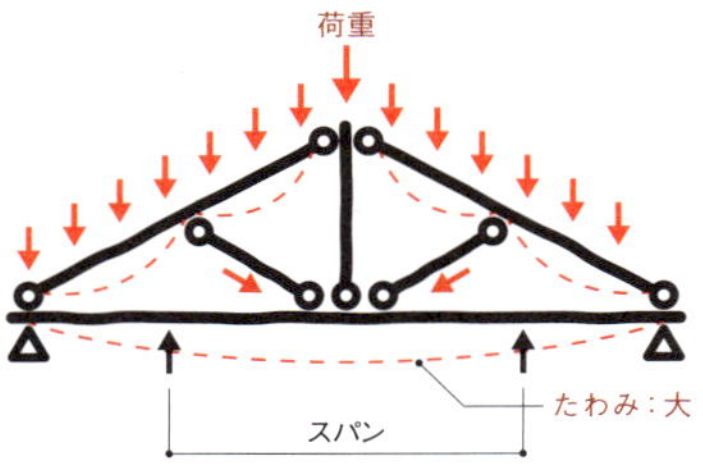

吊束が無いと陸梁には軸力だけでなく曲げも働くことになるため、和小屋の小屋梁と同様に大きな断面が必要になる。また、陸梁下の中間に柱があると、その中間柱に荷重がかかり、下階の床梁に過大なたわみを招きやすい。

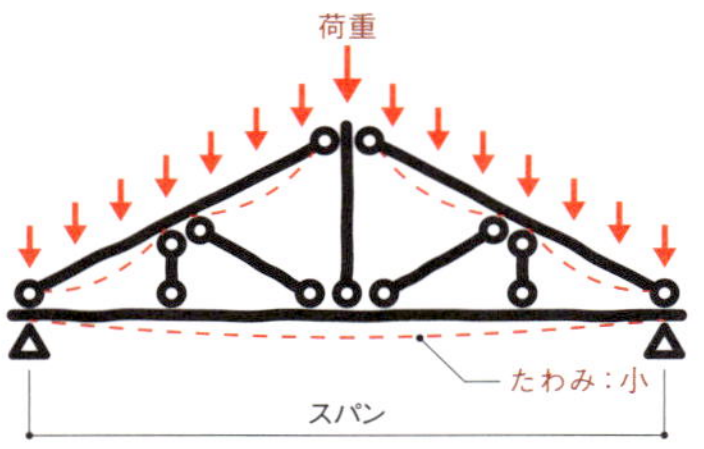

吊束が入りキングポストトラスになれば、陸梁は軸力のみに抵抗すればよいので、小さな断面で済む。また、中間に柱があっても、トラス両端部の支持点のみで屋根荷重を処理できるため、中間柱への負担が軽減される。

既存小屋組は吊束がなく、キングポストトラスになっていない

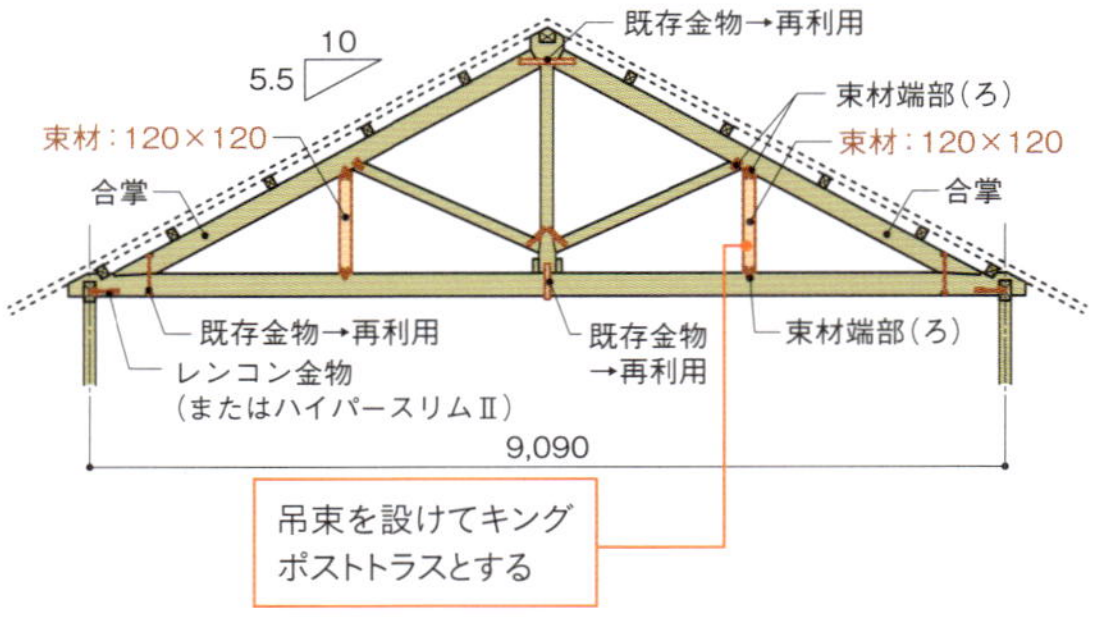

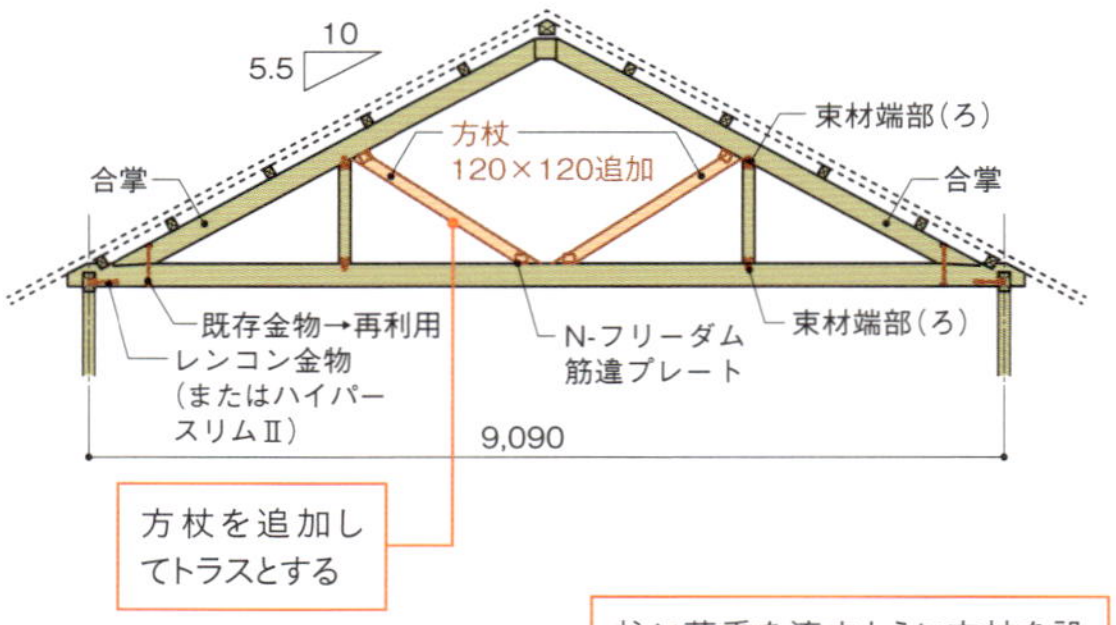

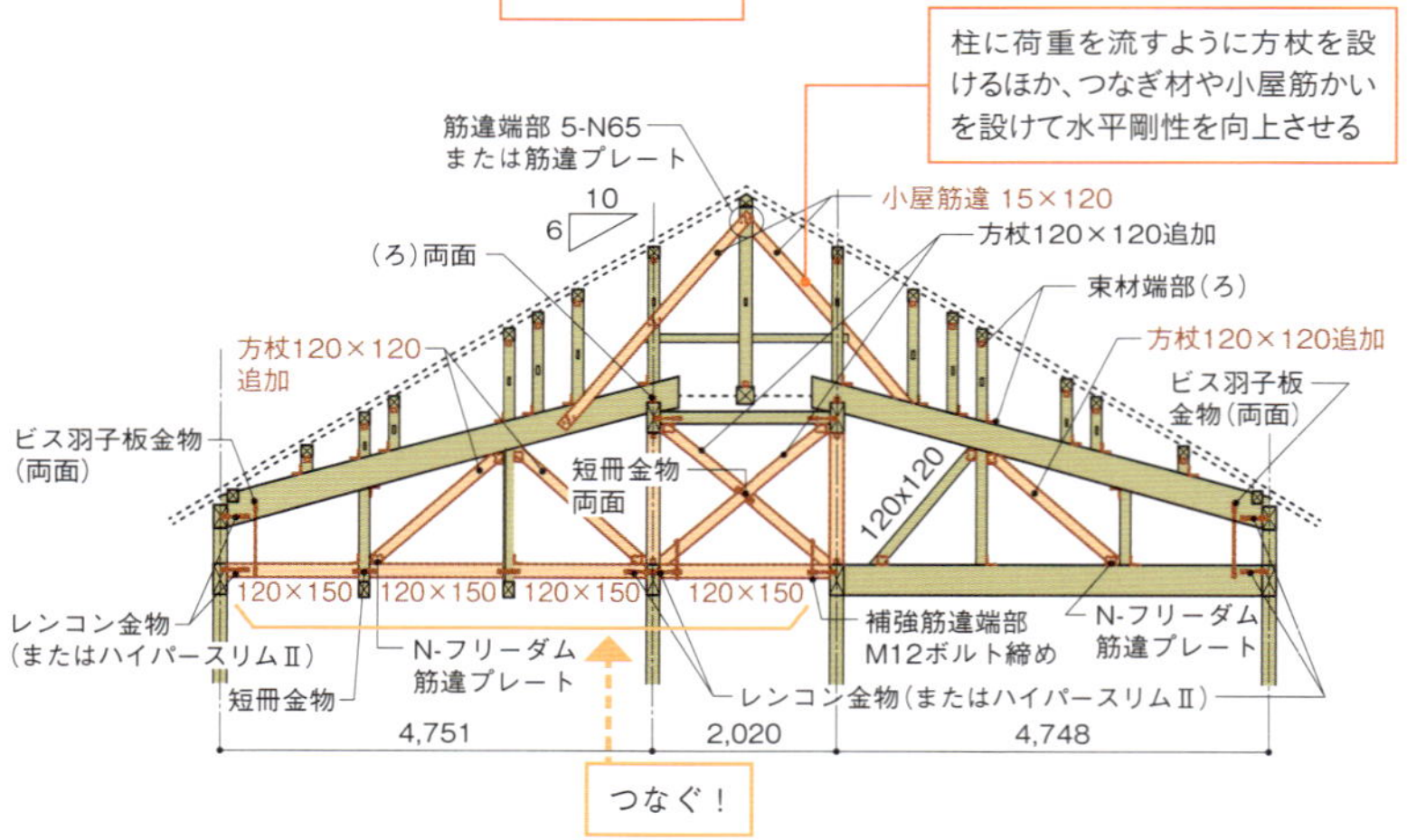

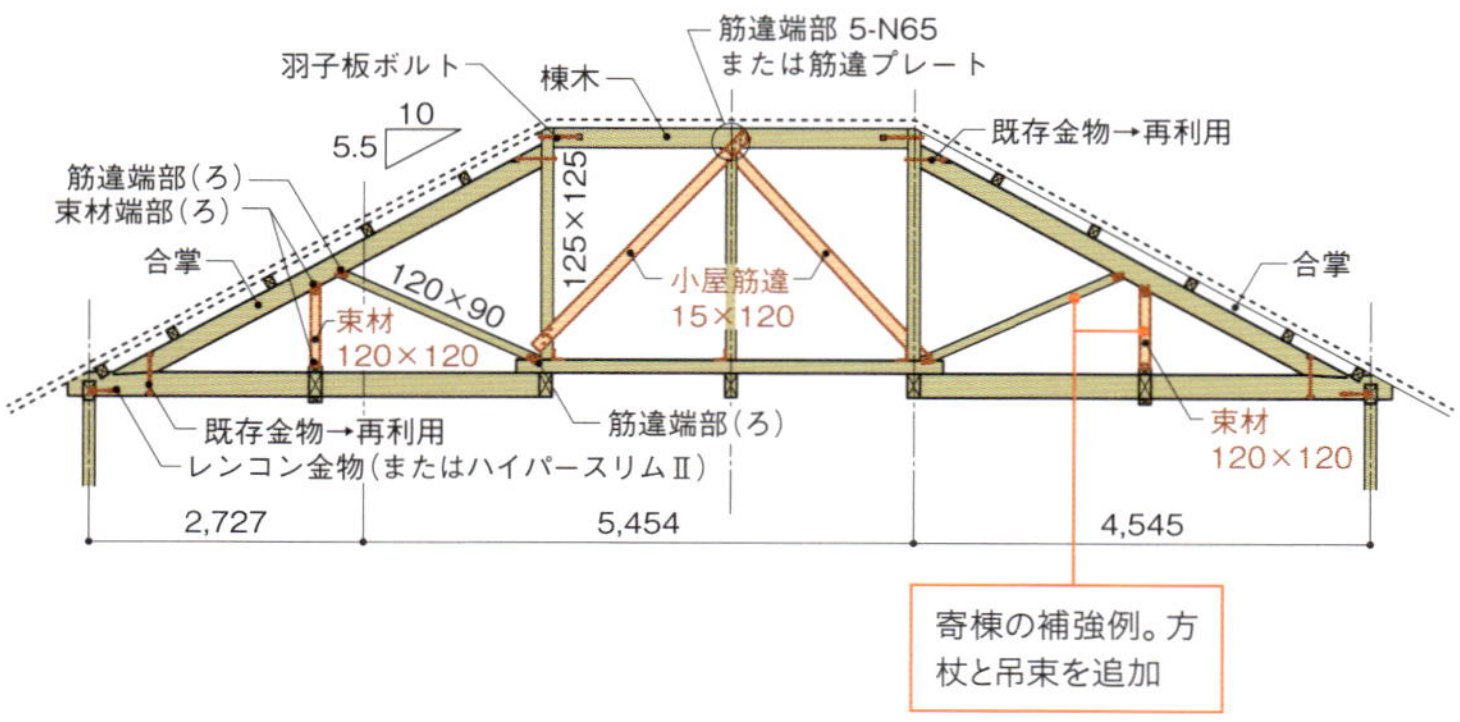

図2 洋小屋組の補強例

キングポストトラスに生じる軸力

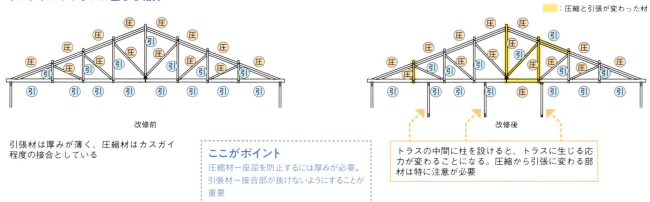

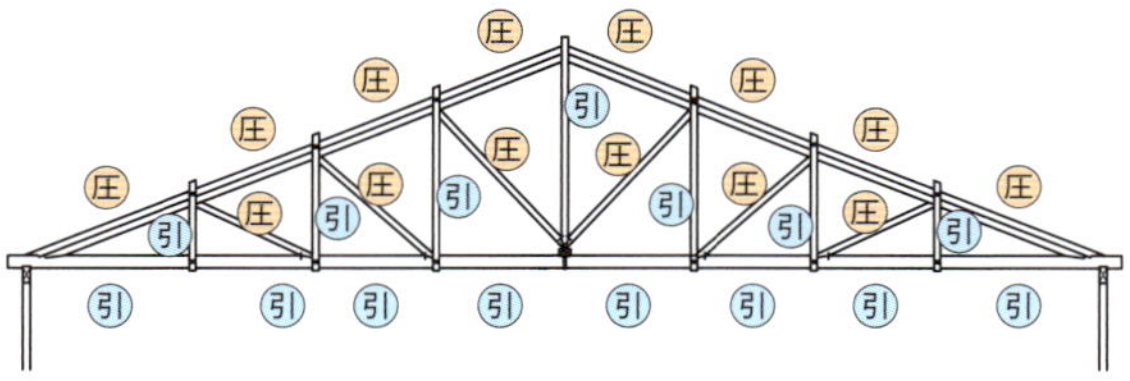

改修前

引張材は厚みが薄く、圧縮材はカスガイ程度の接合としている

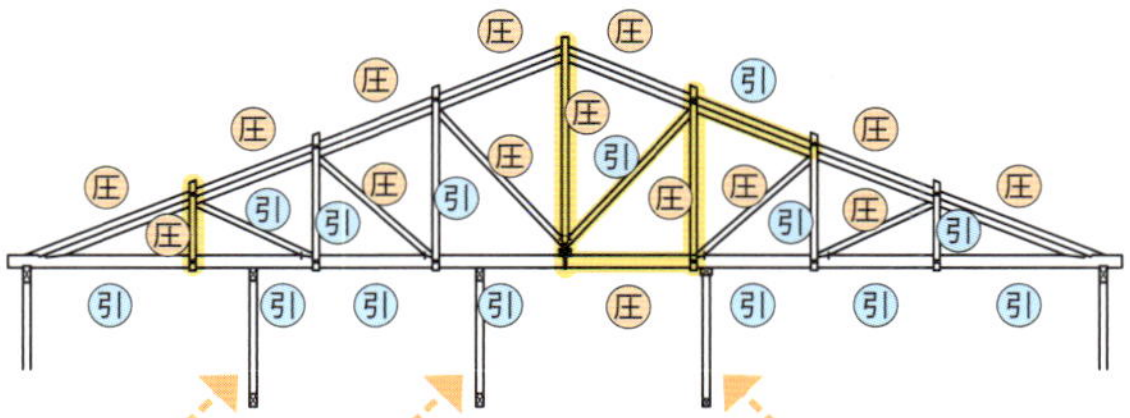

改修後

ここがポイント

圧縮材ー座屈を防止するには厚みが必要。
引張材ー接合部が抜けないようにすることが重要

トラスの中間に柱を設けると、トラスに生じる応力が変わることになる。圧縮から引張に変わる部材は特に注意が必要

陸梁の中間に柱（支持点）を設けたときの軸力の変化と部材補強

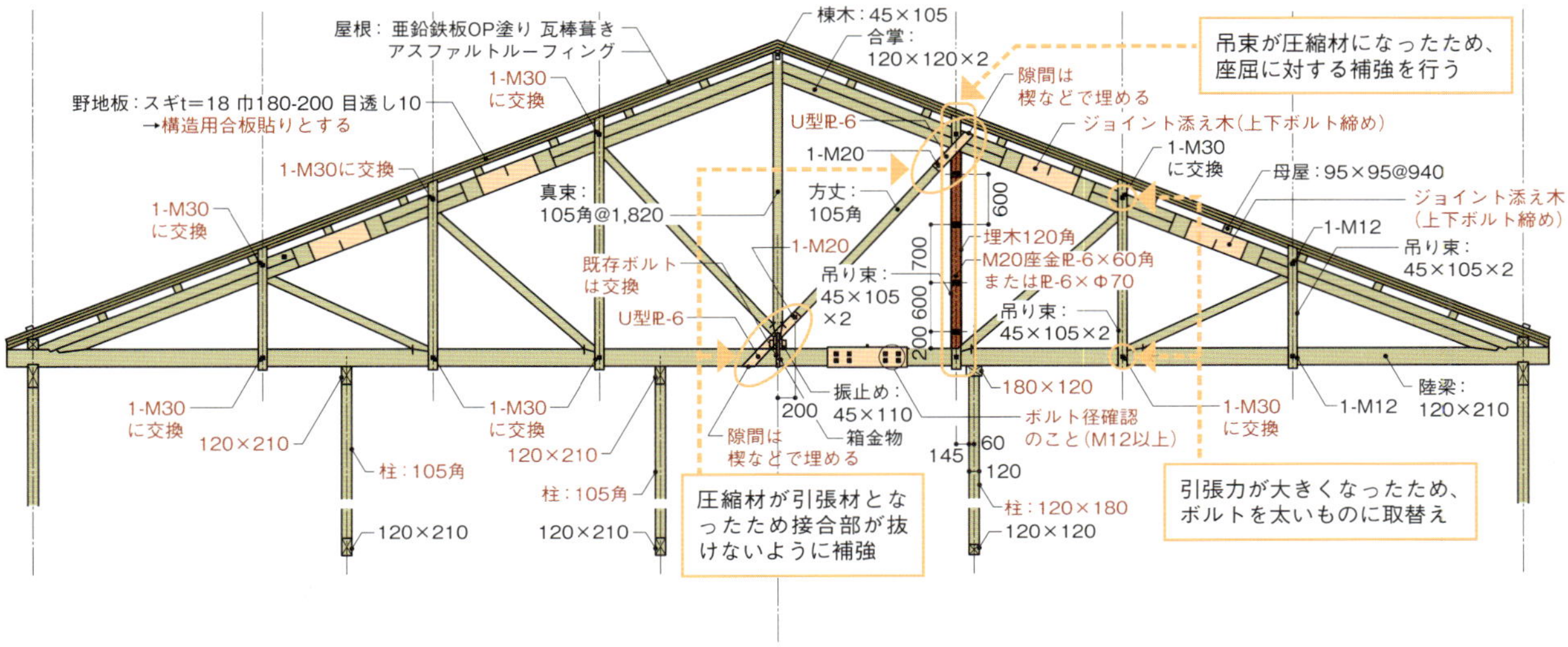

吊束が圧縮材になったため、座屈に対する補強を行う

圧縮材が引張材となったため接合部が抜けないように補強

引張力が大きくなったため、ボルトを太いものに取替え

吊束（引張材）が圧縮材となった部分は埋木で補強

方杖（圧縮材）が引張材となった部分は、鉄骨プレート併用の接合補強

方杖（圧縮材）が引張材となった部分は、鉄骨プレート併用の接合補強

プレートとの隙間は、撤去した既存柱の木端を活用

図3 年輪の目切れから割れが生じている陸梁［※］の補強例

陸梁に生じる引張力を、ボルトとホールダウン金物で負担させる

プレートにより切断した部材を結束する

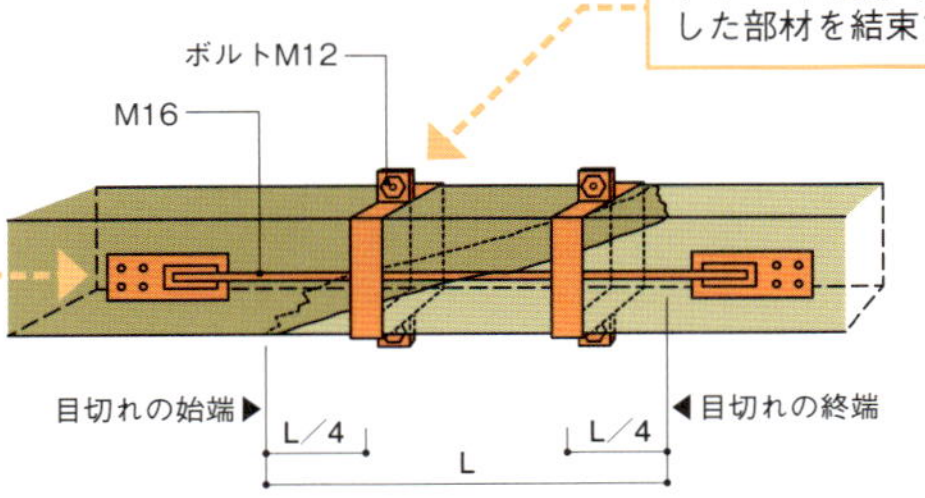

※この補強方法は、曲げ応力が生じない部材にのみ適用できる

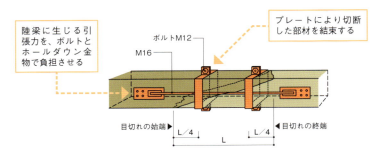

図4 架構全体で考える補強

倉庫や工場など、洋小屋形式のフレームが規則的に連続する建物を改修した事例である。補強方法は既存のトラス架構に倣い、筋かいや斜材を用いた。柱が1本おきに切断されており根継を行う必要があるため、張間方向の補強筋かいは根継のないフレームに設けることを基本方針として、改修プランを整理した。既存フレームは、吊束がなく陸梁の下に方杖がある軸組の両側に下屋が取り付く架構で、通し柱に取り付く各部材のレベルを少しずつずらして仕口の重複を避けている。このような場合、柱の断面欠損部分に応力が集中し、地震時に柱が折損してしまうおそれがある。これを防ぐために屋根面の水平剛性を高め、かつ補強筋かい軸組の外周に生じる軸力を処理できるよう垂木を増設して、各仕口に生じる応力を軽減している。

なお補強筋かいは、圧縮・引張の両方に効くように、断面と接合方法を決定している。

また下屋の登り梁で断面が不足しているところは、方杖を設けて有効スパンを短くするほかに、タイバーを設けて方杖が取り付く柱の負担を軽減している。

基礎は敷地内で地盤調査を行い、支持力を確認したうえで、既存の土間コンクリートの上にベタ基礎を新設した。外周部の腐朽が激しかったため、下屋部分は一度解体して外周柱と土台は新材に交換し、根入れと立上りをもつ基礎梁も新設することとした。

●フレームと水平構面の補強

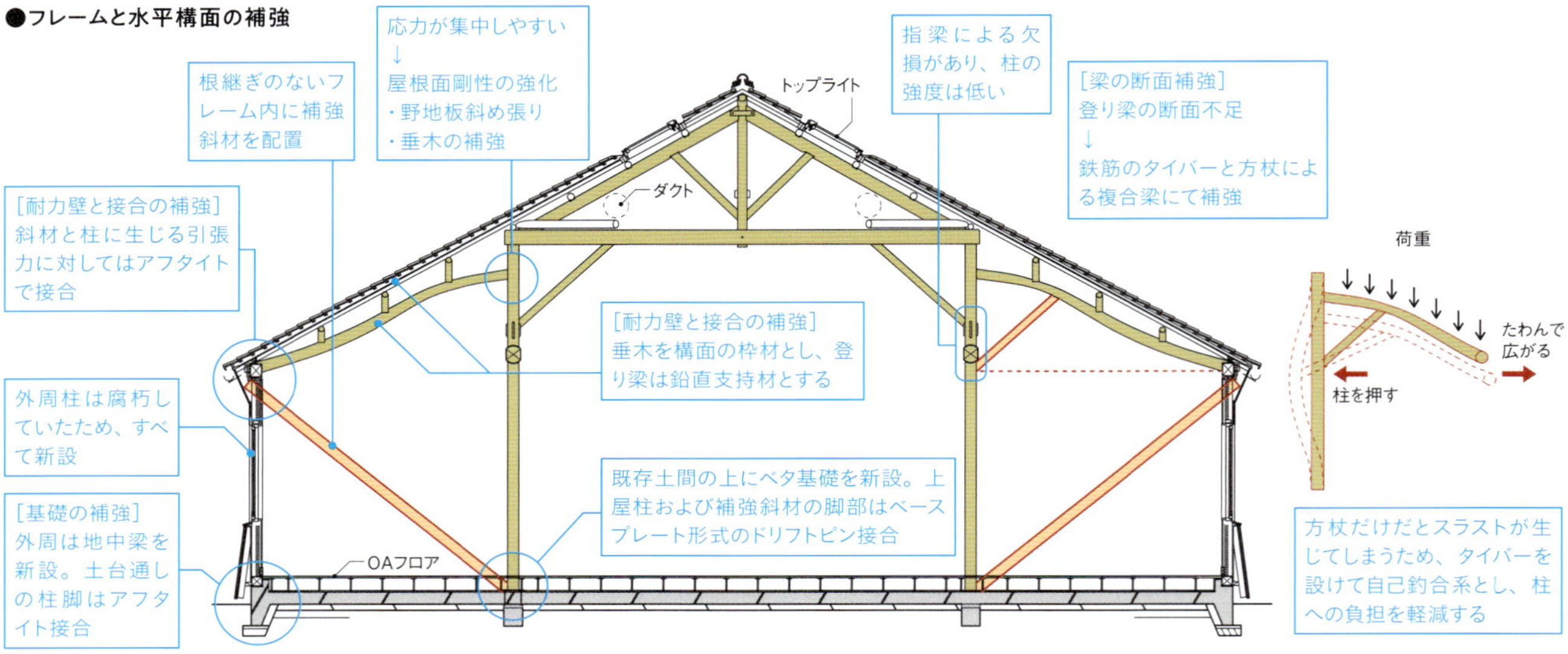

根継ぎのないフレーム内に補強斜材を配置
応力が集中しやすい
↓
屋根面剛性の強化
・野地板斜め張り
・垂木の補強
指梁による欠損があり、柱の強度は低い
トップライト
[梁の断面補強]
登り梁の断面不足
↓
鉄筋のタイバーと方杖による複合梁にて補強
ダクト
[耐力壁と接合の補強]
斜材と柱に生じる引張力に対してはアフタイトで接合
[耐力壁と接合の補強]
垂木を構面の枠材とし、登り梁は鉛直支持材とする
荷重
たわんで広がる
柱を押す
外周柱は腐朽していたため、すべて新設
既存土間の上にベタ基礎を新設。上屋柱および補強斜材の脚部はベースプレート形式のドリフトピン接合
[基礎の補強]
外周は地中梁を新設。土台通しの柱脚はアフタイト接合
OAフロア
方杖だけだとスラストが生じてしまうため、タイバーを設けて自己釣合系とし、柱への負担を軽減する

柱頭のアフタイト接合

脚部のドリフトピン接合

斜め張りの野地板

登り梁の複合梁補強

●揚屋の施工方法

チェーンブロックで工事中の架構の安定を確保
指梁
レール材
現場で製作したプレコン。鉄筋とアンカーボルトを埋め込んでいる
既存の土間コン

レール材の上に角材を渡して、指梁を持ち上げる

脚部を徐々に上げながら根継(根継の方法は132頁参照)

●水平構面の補強例

1. 耐力壁がある構面には、大きな軸力が生じるため、補強斜材の直上は垂木を密に配置

2. 屋根面の水平剛性を向上させるため、野地板斜め張り

既存火打
垂木を密に配置

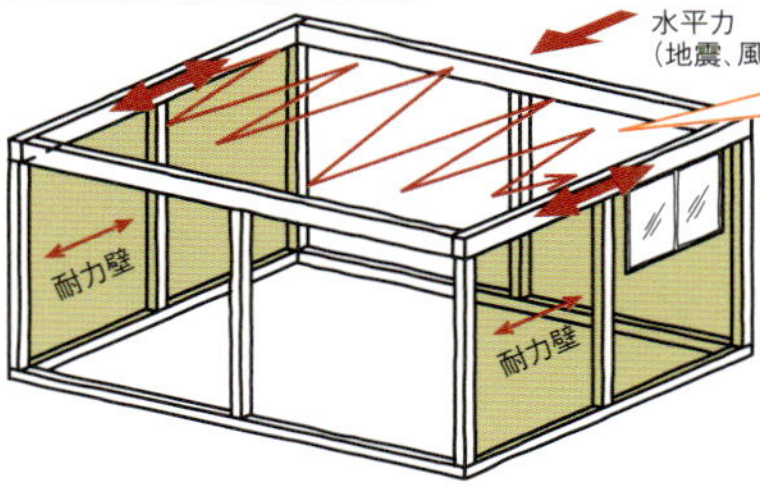
水平力は床面を介して耐力壁へ伝達

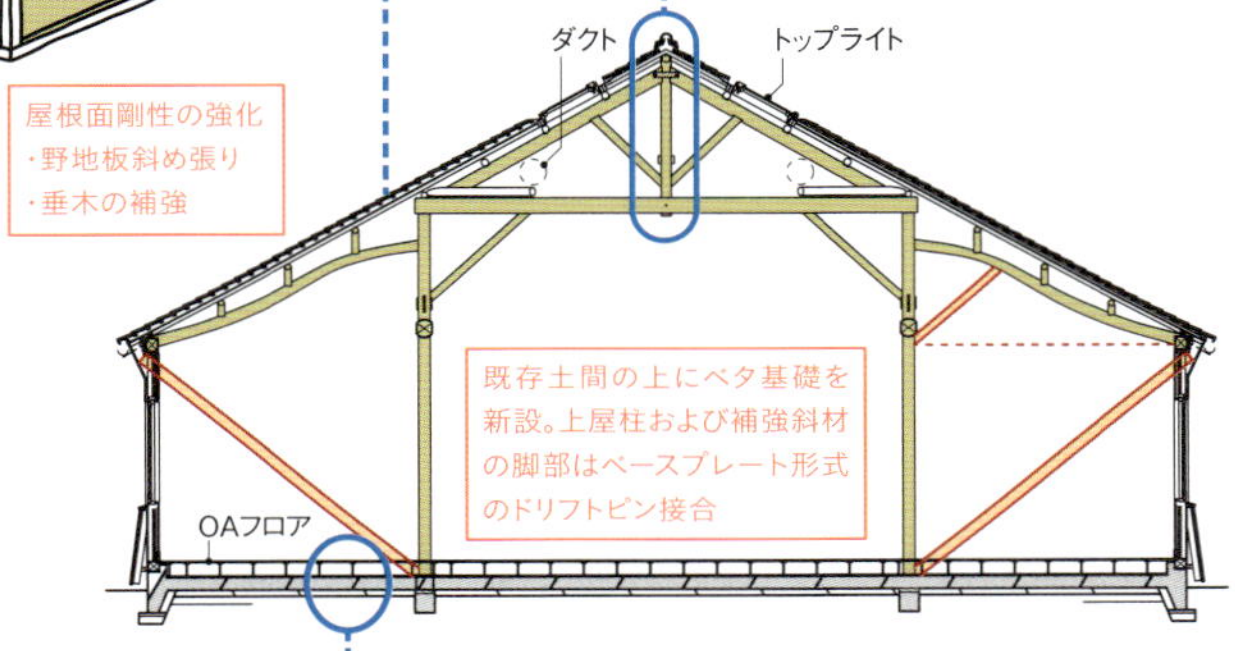

3. 桁方向の小屋の倒れを防ぐため、小屋筋かいを設置

●柱脚の施工手順

①ジャッキアップして柱の根継を行う

②鉄筋とアンカーボルトを埋め込んだプレコンをセットする

③プレコンを固定し、柱脚に金物を取り付ける

④ジャッキダウンしてアンカー位置を合わせる。　→セットが完了したら基礎配筋を行う

4-2
耐震補強
07 接合部の補強方法

湿気がこもりやすい床下やモルタル塗りの外壁は腐朽していることが多いため、腐朽部分を取り除いて新材を継ぐ必要がある。梁の継手は新築時と同様の配慮を行えばよいが、柱の根継は耐力壁の有無や架構の形状に応じて補強方法を考える必要がある。また耐震補強のうち最も納まりに苦慮する、引抜力に対する柱と基礎の接合方法の一例も紹介する。

図1 柱の根継

柱の根継は金輪継ぎを原則とする
- 十文字継ぎとする場合は、短冊金物を4面に取り付ける
- 筋かいが取り付く柱に継手を設ける場合は、添え柱による補強を行う

●土台の取替えと柱の根継

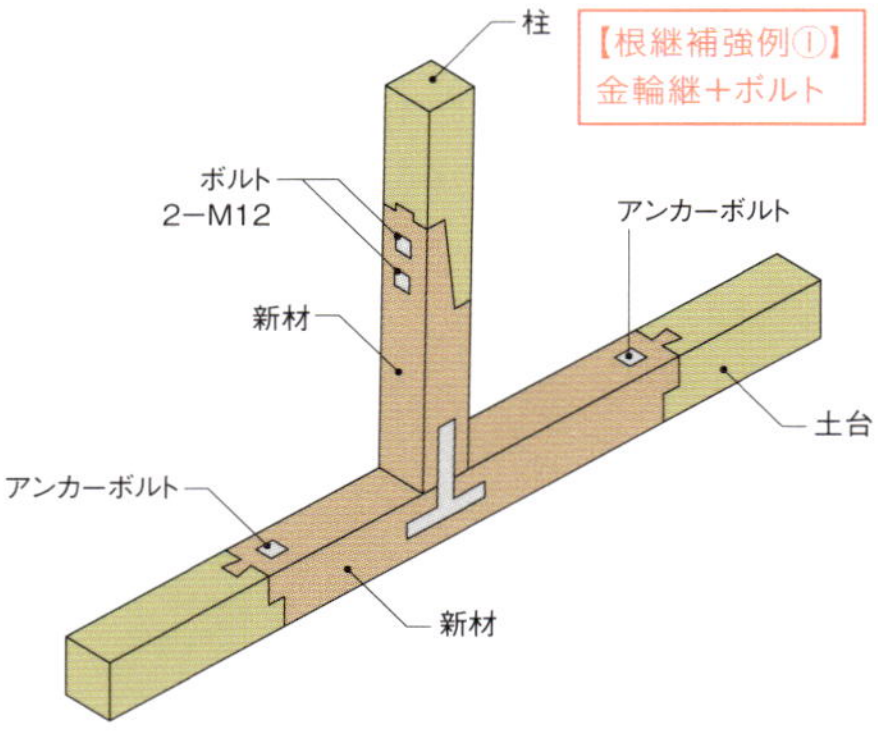
柱
【根継補強例①】
金輪継+ボルト
ボルト
2−M12
アンカーボルト
新材
土台
アンカーボルト
新材

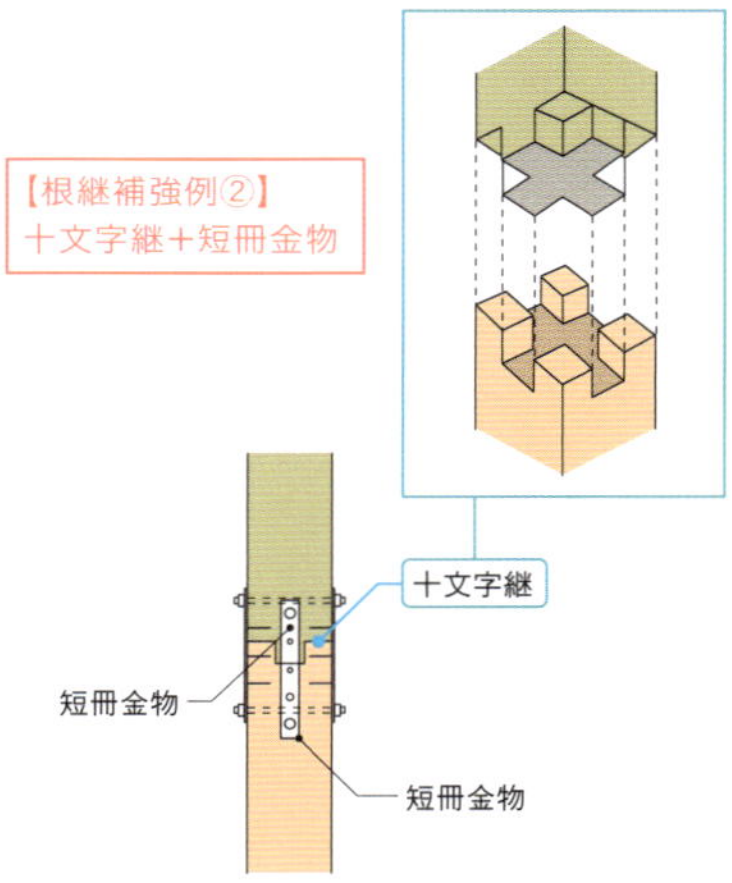
【根継補強例②】
十文字継+短冊金物
十文字継
短冊金物
短冊金物

図2 柱の根継のポイント

柱の根継は、既存材と新材を隙間なく継ぐのが施工的に難しいため、楔で引寄せられる金輪形式が多い。継手の方向は架構が広がろうとする方向に“せい”を確保するようにするとよい(下図)。とはいえ、継手の曲げ耐力は低いので、風圧力を受ける外壁面や、方杖が取り付くようなラーメン架構の柱は、根継せずに取り換えるか、添え柱で補強する。

また床下で軒並み根継を行うときは、不安定架構となるのを防ぐため、床下に耐力壁を適宜設けて、水平力に抵抗できるよう配慮する(138～141頁参照)。

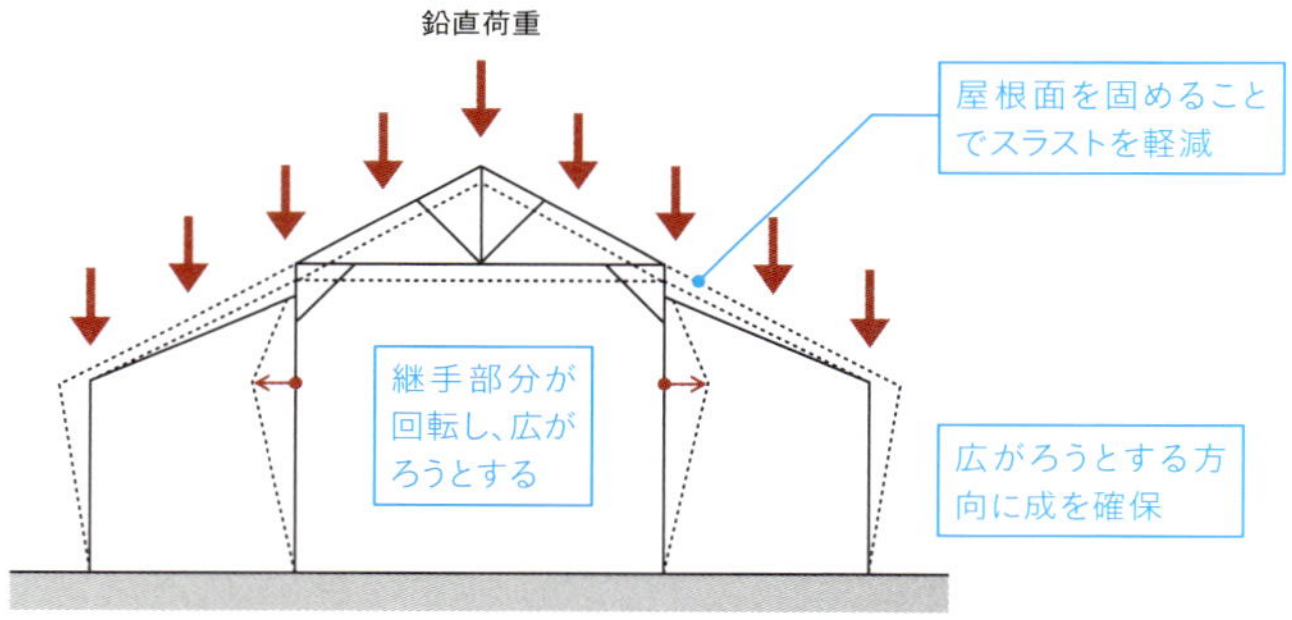
鉛直荷重
屋根面を固めることでスラストを軽減
継手部分が回転し、広がろうとする
広がろうとする方向に成を確保

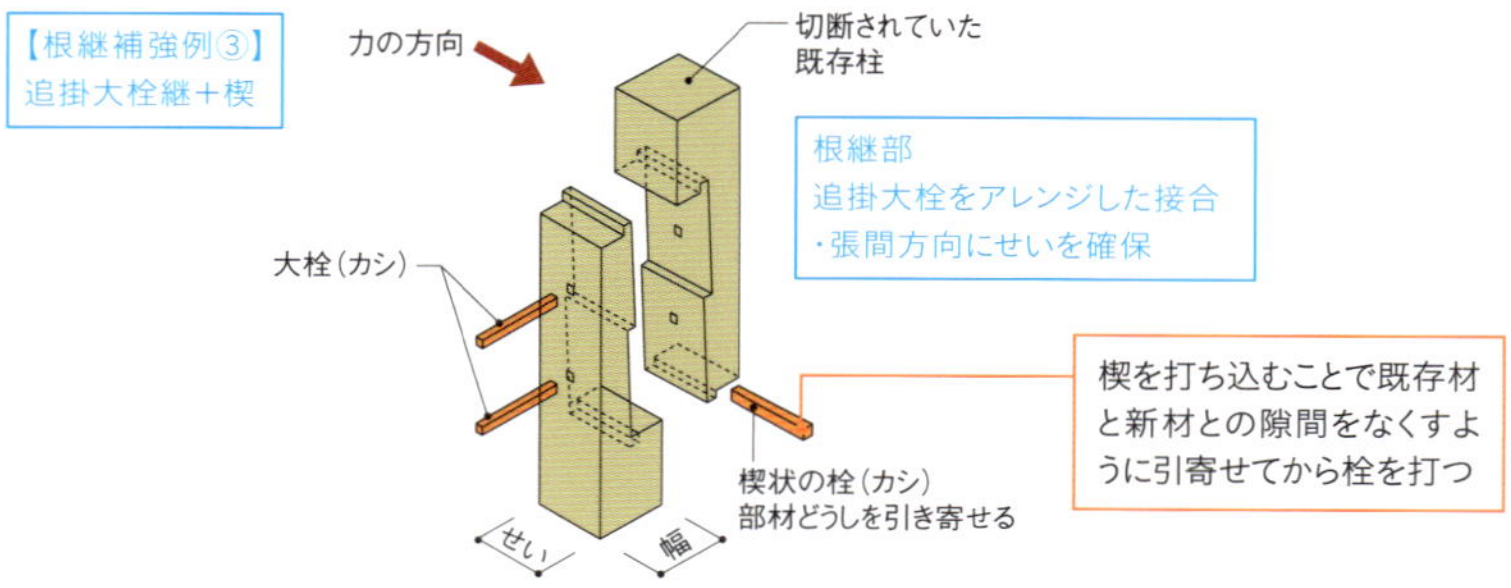
【根継補強例③】
追掛大栓継+楔
力の方向
切断されていた既存柱
根継部
追掛大栓をアレンジした接合
・張間方向にせいを確保
大栓(カシ)
楔を打ち込むことで既存材と新材との隙間をなくすように引寄せてから栓を打つ
楔状の栓(カシ)
部材どうしを引き寄せる
せい
幅

(有)町田工業

●根継ぎ補強例　金輪継ぎ+金属バンド巻き

耐力壁が取り付く柱や風圧力を受ける柱で添え柱を設けられない場合は、継手の回転を抑えるため、バンドを巻く方法もある

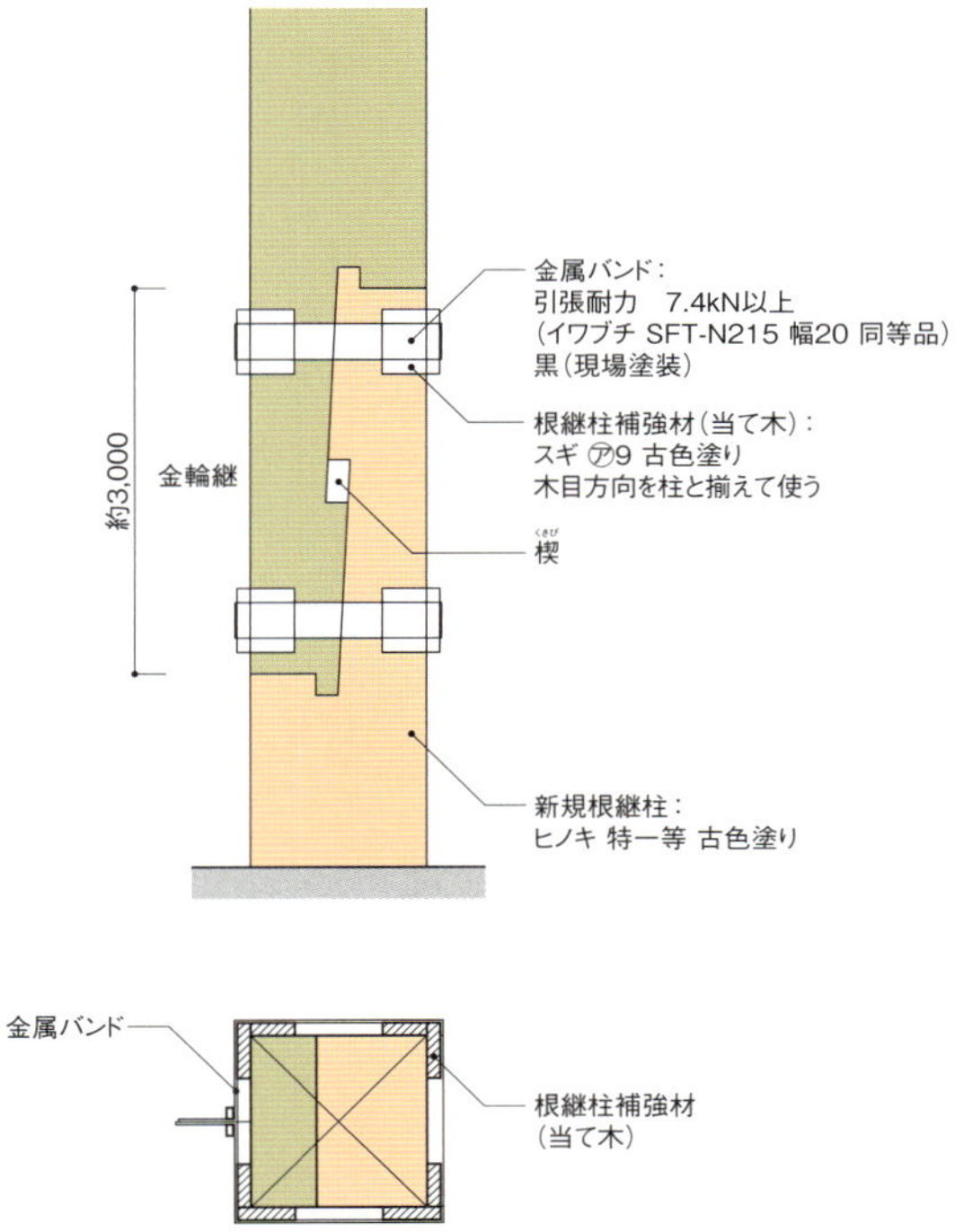

金輪継ぎによる根継ぎ

既存柱を傷めないようにするため根継部分に当て木をして、金属バンドを巻いている

図3 継手の補強

水平構面の外周部、吹抜け、および耐力壁が存在する構面において、継手形状が追掛大栓継ぎあるいは金輪継ぎ以外の場合は、短冊金物または羽子板ボルトを併用する。また筋かい耐力壁内に継手を設ける場合は、枕梁あるいは添え柱を設けて、継手部分が回転しないように補強する(99頁図2参照)

●継手の金物補強要領

①梁側面に取り付ける場合、梁成が300mm以上のときは2段使いとする

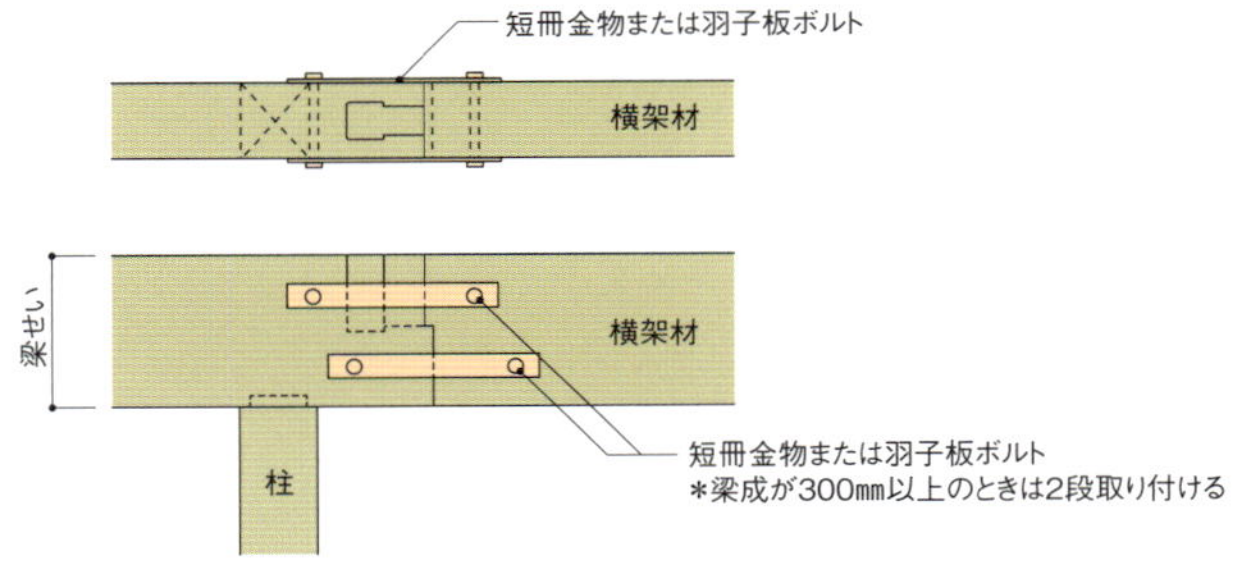

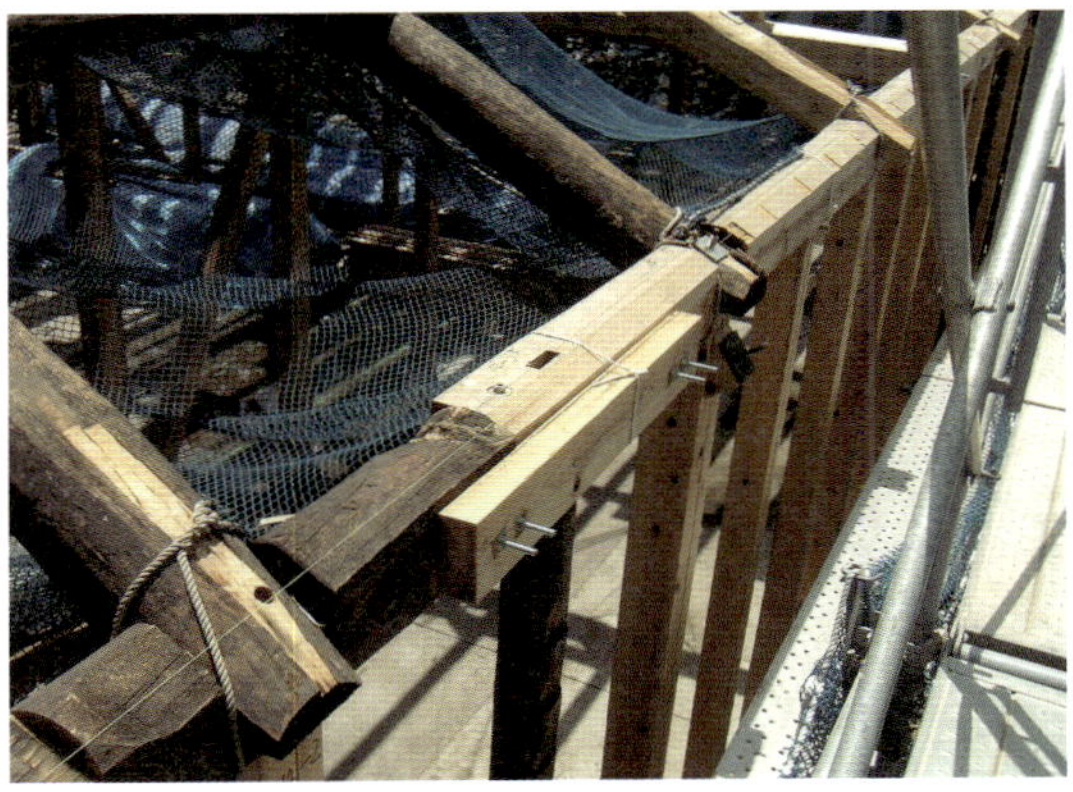

水平荷重時に引張力の作用する外周桁梁の継手を添え木補強した例

②台持継ぎの場合は、上下材をボルトにて接合するほか、水平構面の外周梁に該当する構面内においては、側面を添え木にて補強する

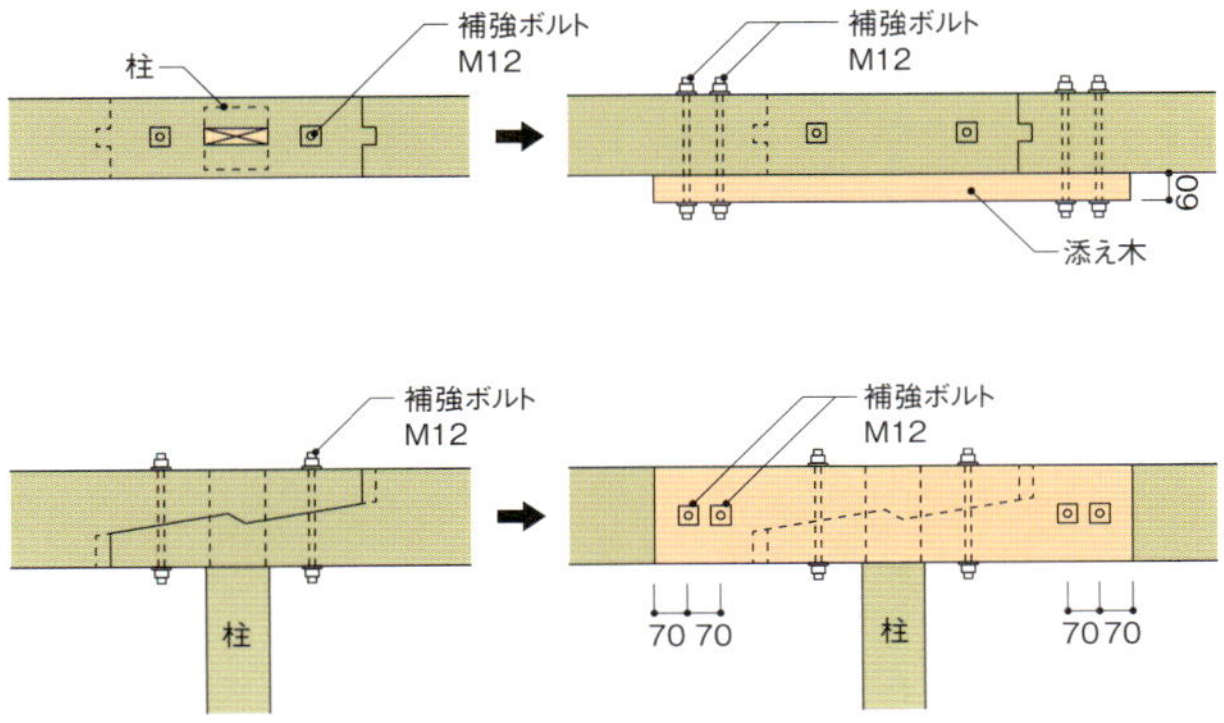

＜台持継ぎ＞　➡　＜添え木補強＞

製作金物による柱脚と基礎の接合例

基礎の補強においては、1)常時荷重を支持すること、2)地震時の基礎の水平移動を防ぐ(平面形の一体性を保持する)こと、3)引抜力を処理すること、を主に考える。建物重量が増える場合は底版の面積を増やす。重量が変わらない場合、1)は問題ないが、耐力壁を増設したカ所については、引抜力を押さえることと、耐力壁端部の柱に生じる変動軸力に対して底版の面積を確保する必要がある。そのほかに、寒冷地における凍結対策や、傾斜地では排水処理についても配慮が必要。また、既存基礎の沈下・移動を防ぐため、揚屋をしない限り、現状よりも深く掘れないことを念頭に置かなければならない。

接合金物の抵抗形式

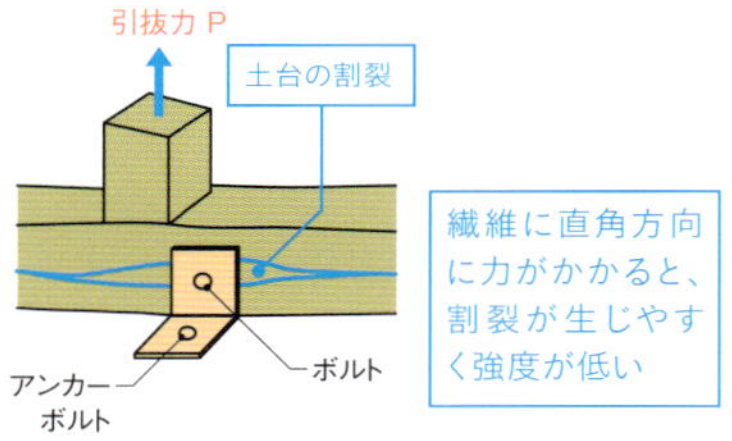

a)繊維と直角方向のボルトのせん断力

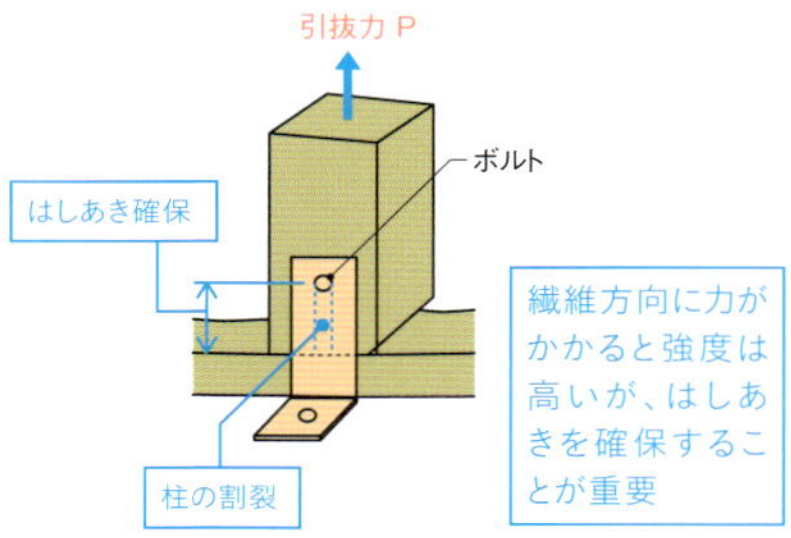

b)繊維方向のボルトのせん断力

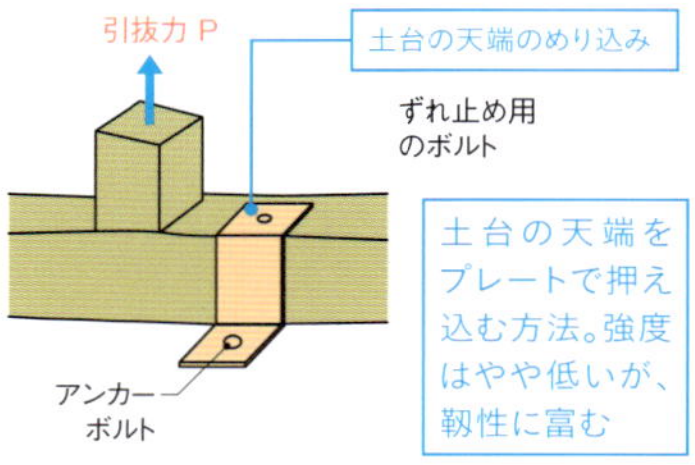

c)土台のめり込み

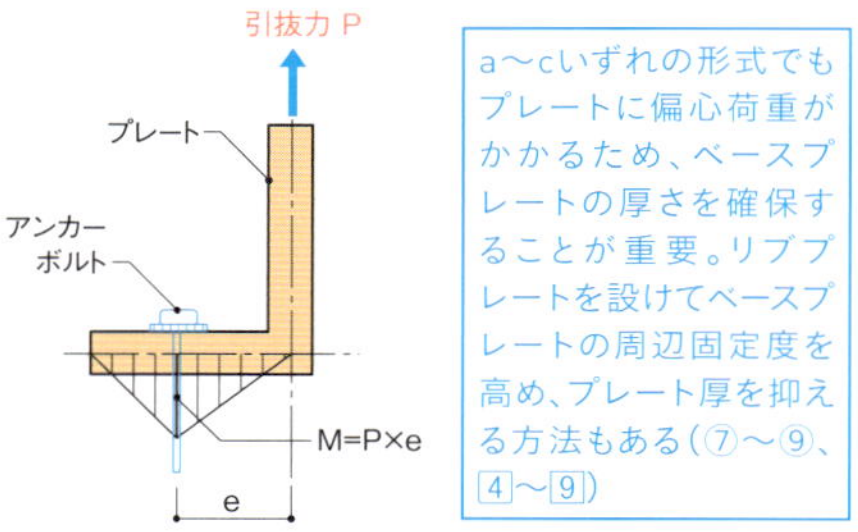

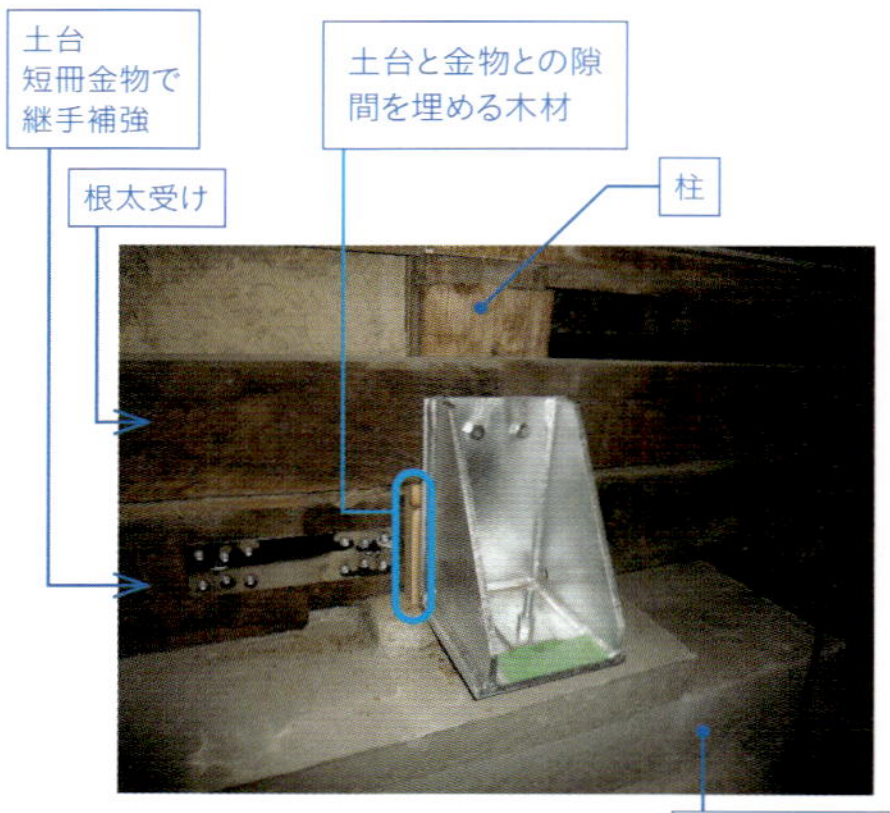

柱と新設基礎との接合例(4のタイプ)

土台と新設基礎との接合例(⑧と⑤)

●通しボルトの接合例

土台の両側面をプレートで挟み、土台天端から床梁あるいは小屋梁まで通しボルトを設けることにより、柱の浮上りを床梁(小屋梁)で押え込む方法。

既存基礎とはケミカルアンカー、新設土間コンとはアンカーボルトで接合する。

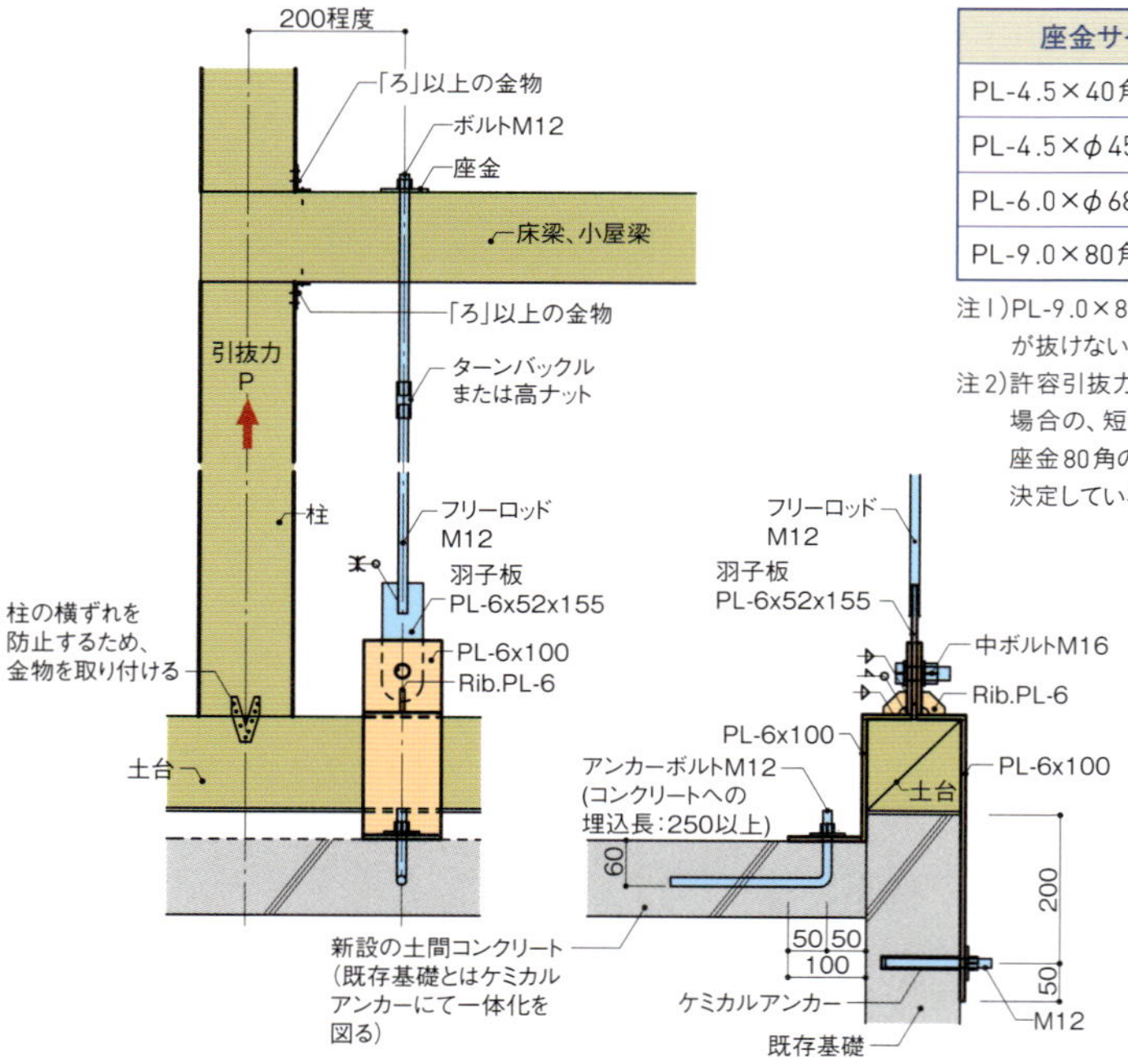

座金サイズ	許容引抜力
PL-4.5×40角	5.5kN
PL-4.5×φ45	5.7kN
PL-6.0×φ68	13.9kN
PL-9.0×80角	20.4kN ＊

注1)PL-9.0×80角はM16用の座金であるため、ナットが抜けないようにM12用の座金を重ねて使用する。

注2)許容引抜力は、床梁(小屋梁)の樹種をスギとした場合の、短期許容めり込み耐力より算出。ただし、座金80角の場合は、ボルトの短期許容引張耐力で決定している。

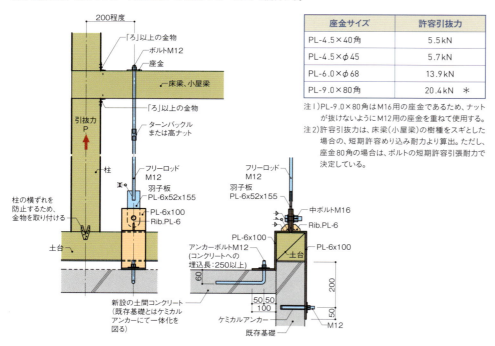

表1 土台と基礎を接合する方法の例

①

短期許容引抜力 ：10kN

告示1460号の記号：(へ)相当

短期許容せん断力 ：ー

※本表の許容引抜力と許容せん断力は、あくまで目安として示したものである。実務にあたっては学会式等により耐力を算出すること。

※鋼材はSS400

※Rib.PLは隅肉溶接、その他は曲げ応力がかかるため突合せ溶接とする

柱と土台は引抜力に応じて金物で接合する

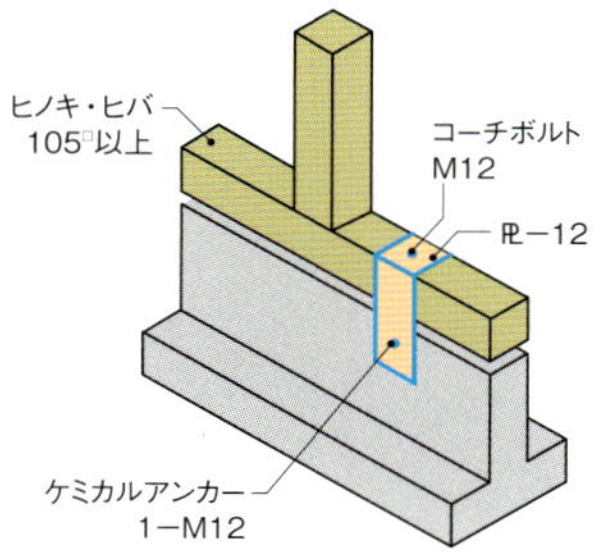

②

15kN

(と)相当

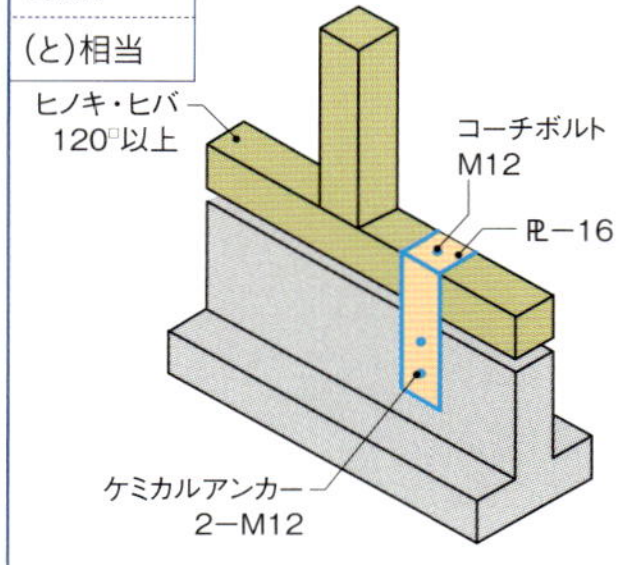

③

25kN

(り)相当

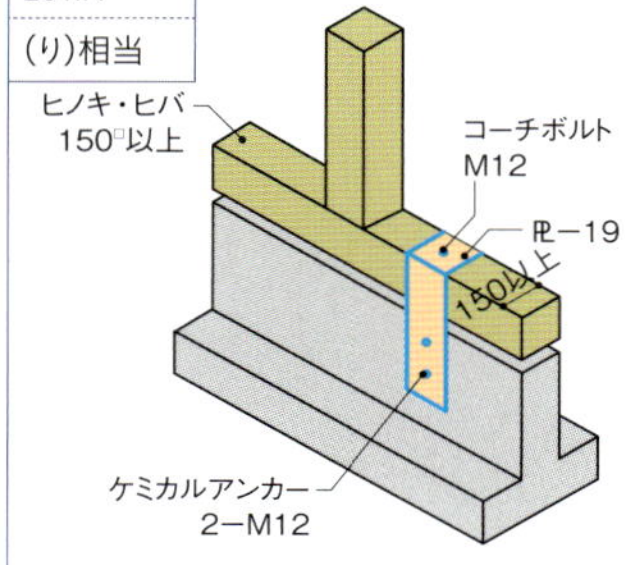

④

5.1kN

(は)相当

Q：7.5kN

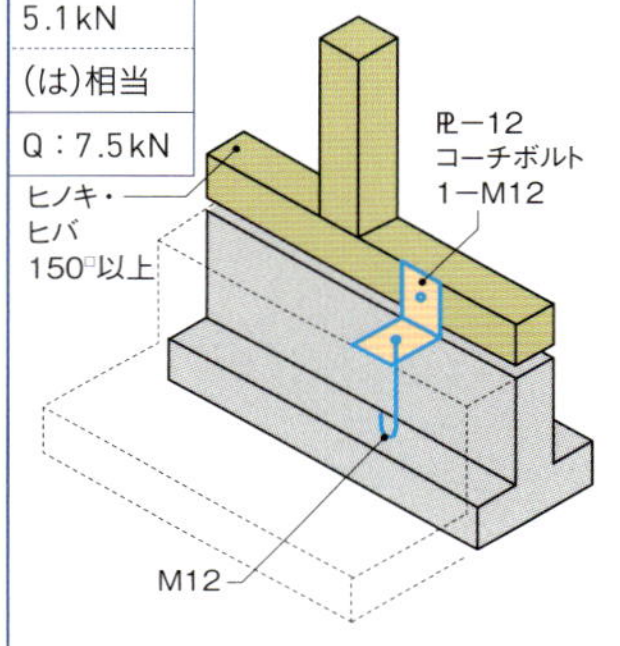

⑤

10kN

(へ)相当

Q：10kN

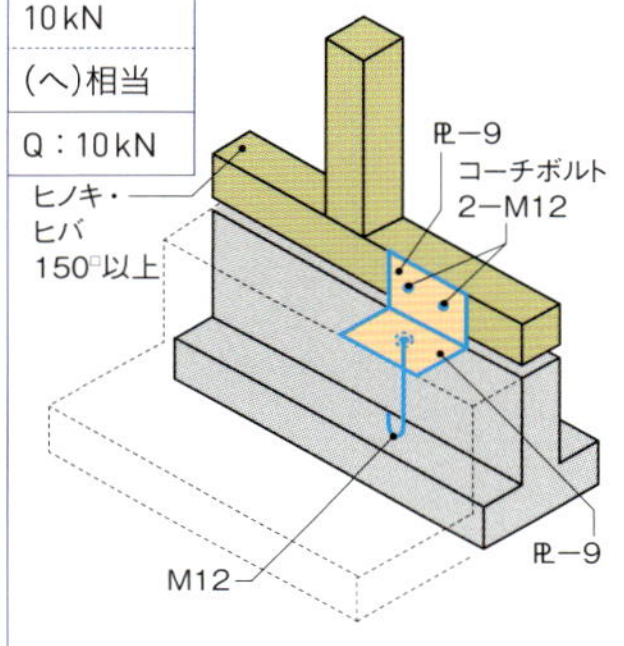

⑥

6.3kN

(は)相当

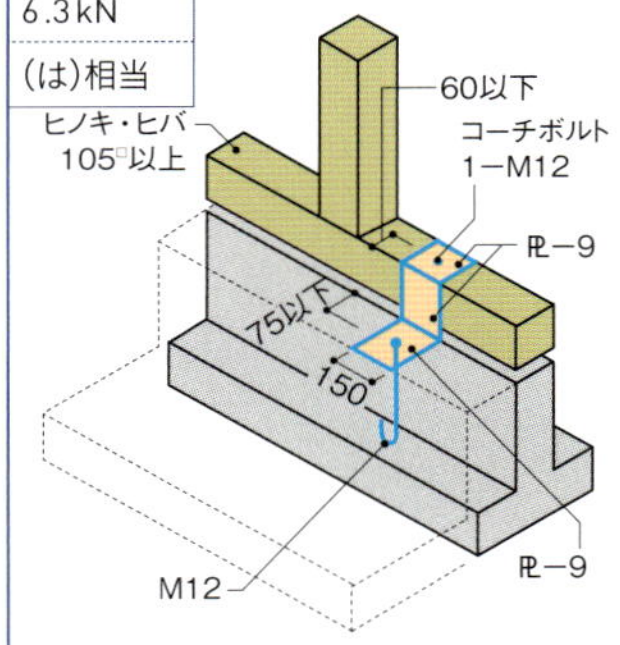

⑦

15kN

(と)相当

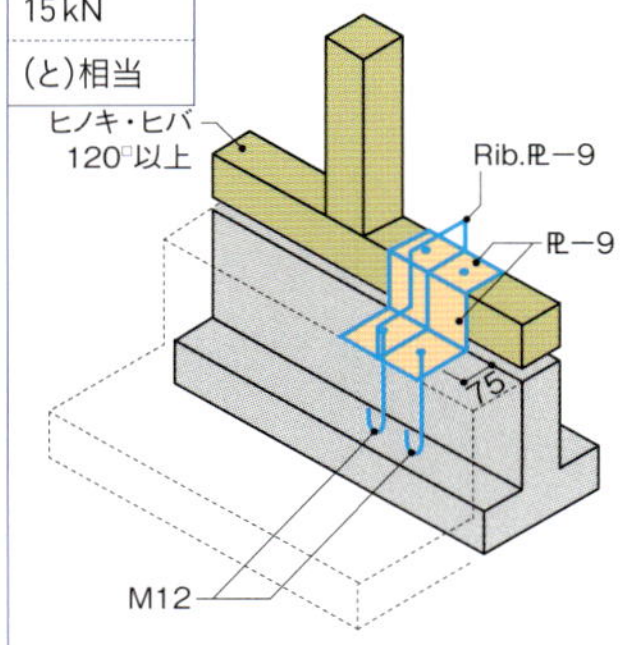

⑧

10kN

(へ)相当

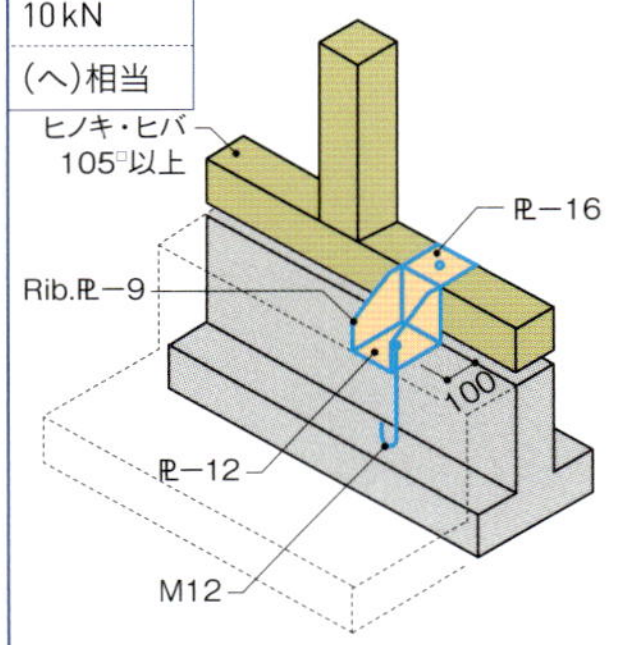

⑨

20kN

(ち)相当

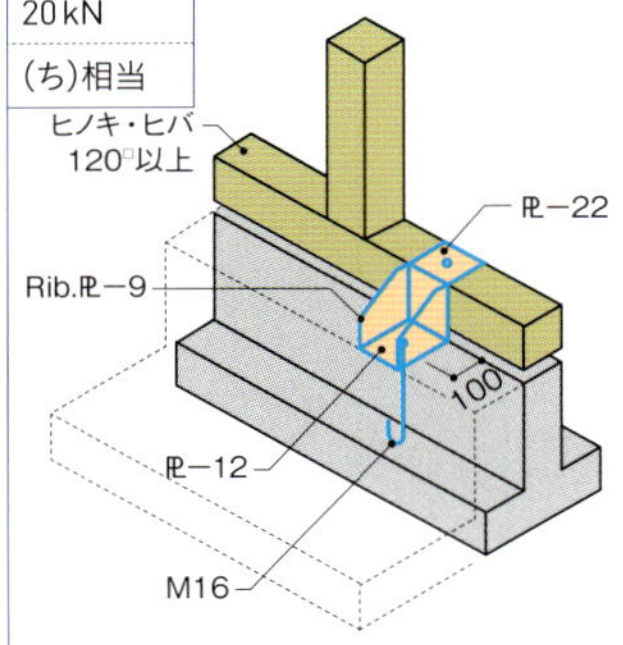

表2 柱と基礎を接合する方法の例

1

短期許容引抜力 ：7.5kN

告示1460号の記号：(に)相当

※本表の許容引抜力は、あくまで目安として示したものである。実務にあたっては学会式等により耐力を算出すること。

※鋼材はSS400

※Rib.PLは隅肉溶接、その他は曲げ応力がかかるため突合せ溶接とする

柱に生じるせん断力に対してはホゾや別途金物で抵抗する

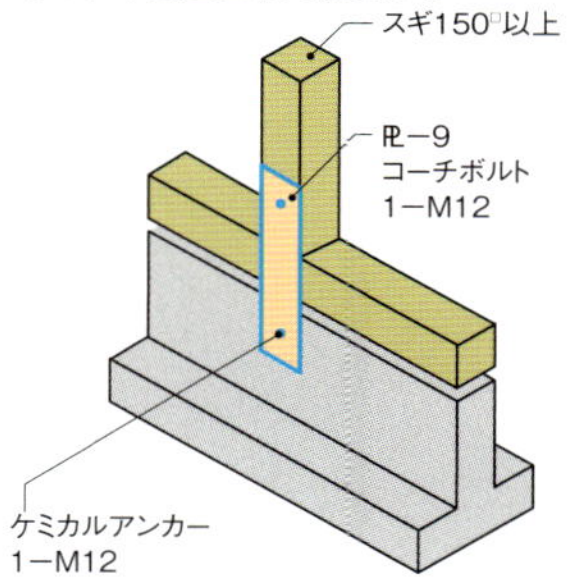

2

15kN

(と)相当

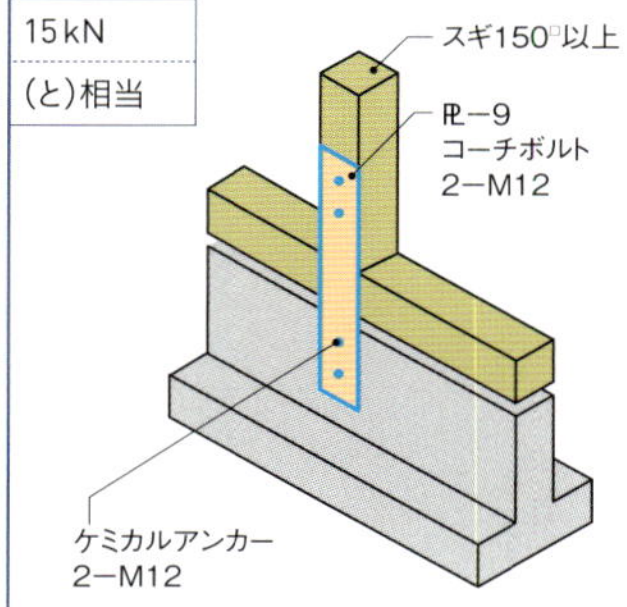

3

30kN

(ぬ)相当

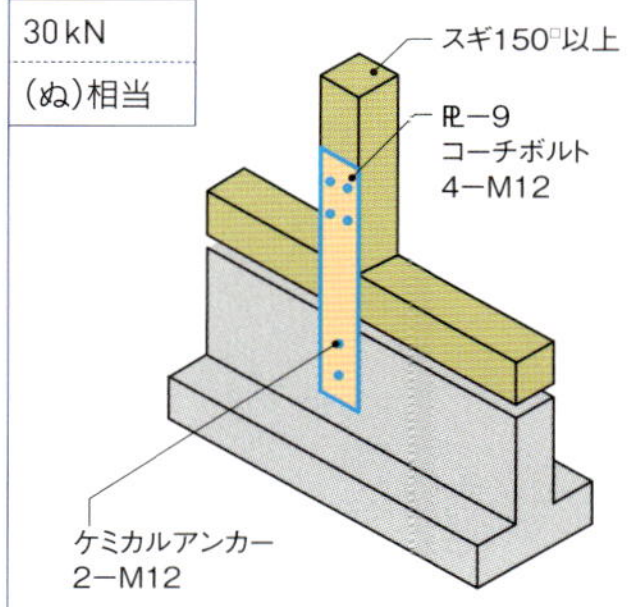

4

10kN

(へ)相当

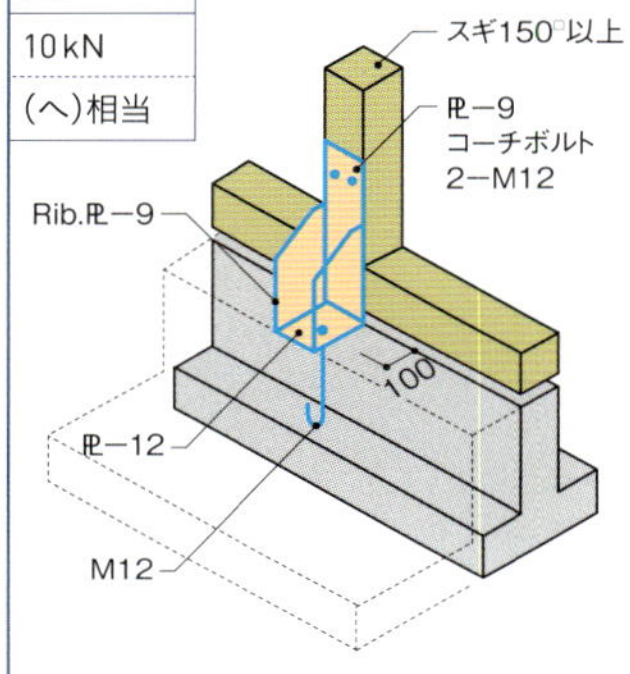

5

15kN

(と)相当

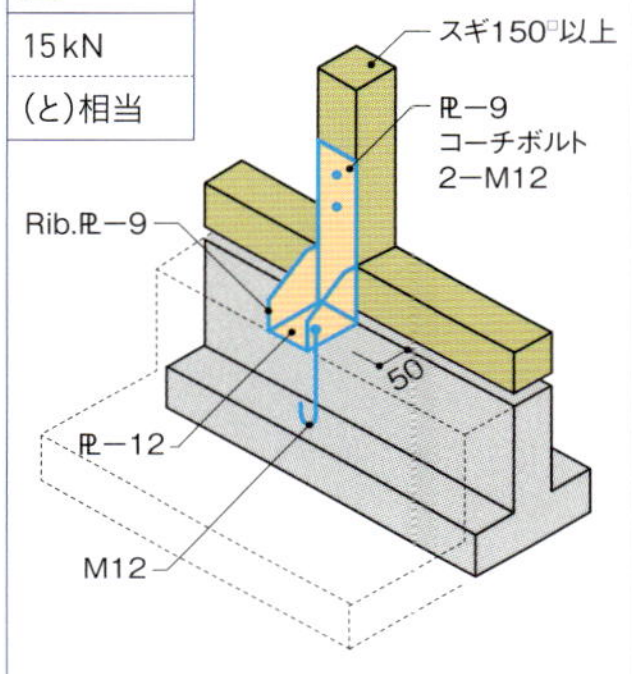

6

20kN

(ち)相当

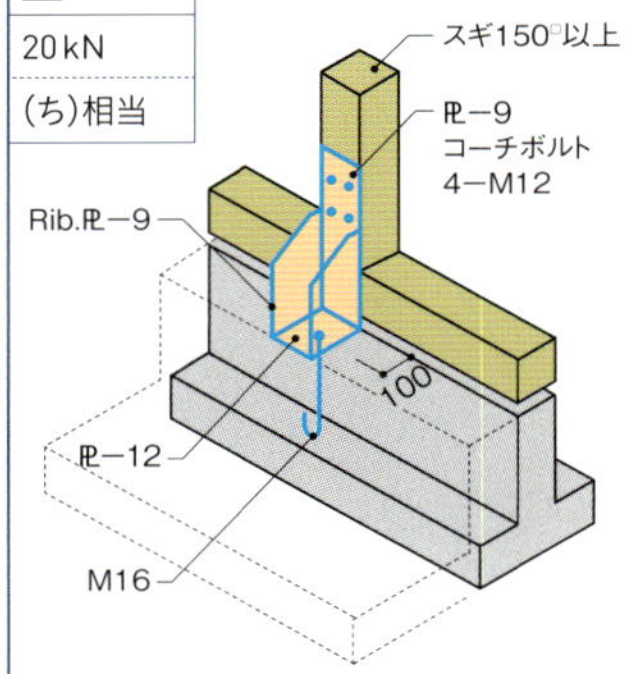

7

30kN

(ぬ)相当

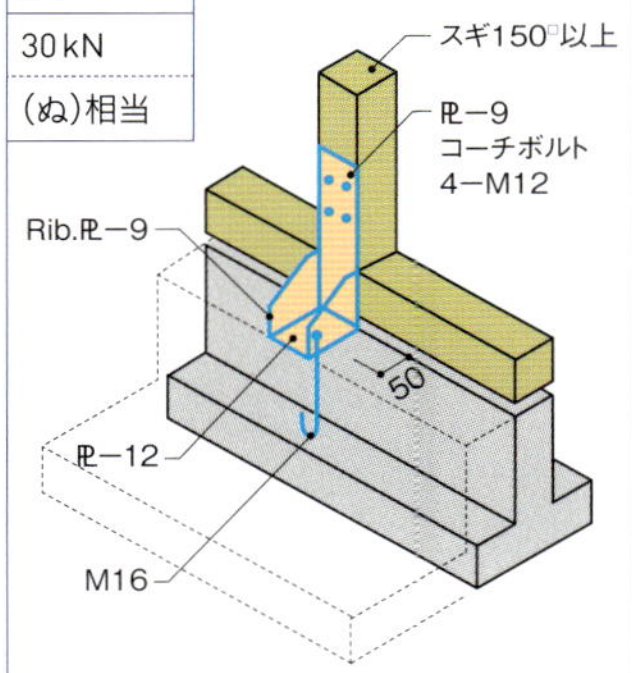

8

10kN

(へ)相当

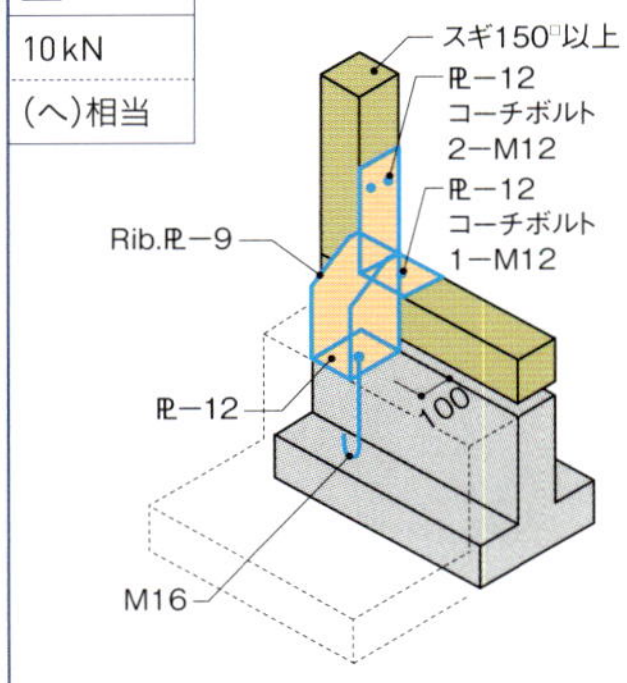

9

20kN

(ち)相当

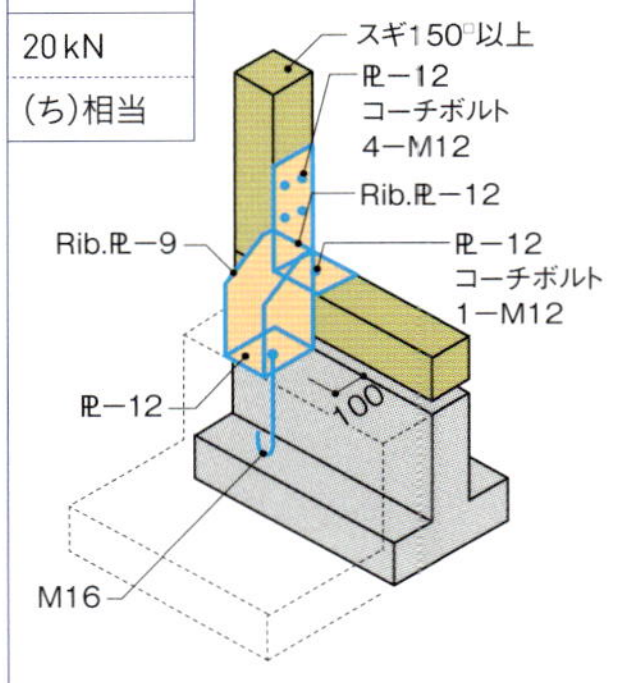

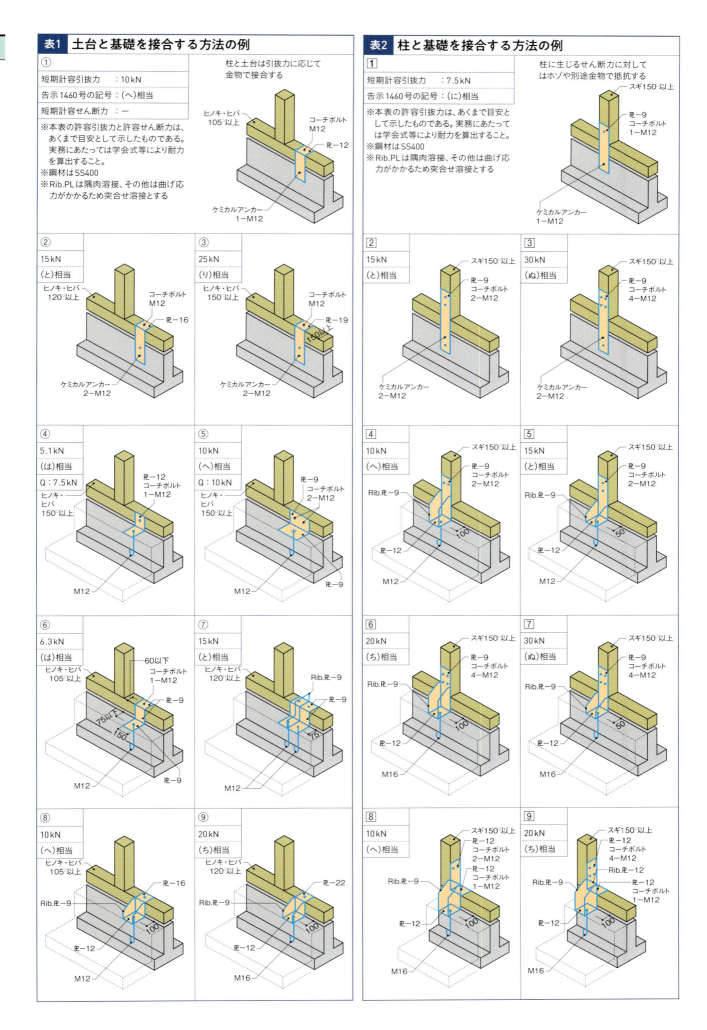

5

改修事例

01 改修事例1　築40年の住宅

新耐震以前の高度経済成長期に建てられた戸建て住宅は現在、大改修または建替えの時期を迎えている。ここでは耐震診断と補強方法に加え、ほとんどの住宅(新耐震以降も含む)に見られる問題点とその原因から、改修計画を行うときのポイントまでを、ごく一般的な戸建て住宅の事例を取り上げて具体的に解説する。

図1 現状の診断結果

建物概要

所在地	東京都新宿区
建築年	1970(昭和45)年　※昭和52年に増改築
構造	木造2階建て
屋根	瓦葺
外壁	木ずり下地モルタル塗り
規模	床面積　2階:52.17㎡ 1階:58.92㎡ 軒高　:6.055m(立面図より)
図面等	現状平面図、立面図、断面図あり、構造図無

階数	2階建て	
建物の仕様	瓦屋根	重い建物
形状割増係数	短辺6m以上	1.0
基礎の仕様	無筋コンクリート	基礎II
床の仕様	火打なし	床III
接合部の仕様	釘・かすがい	接合部IV

新耐震以前(S34～S56年)の施行令では、必要壁量が現行基準の70%程度であったことに加え、「柱の3つ割り以上の間柱に木ずりを片面に打ちつけた壁」の壁倍率が1.5(壁倍率1.0の耐力は130kg/m)であったため、筋かいが少なくても当時の基準は十分クリアできていたことになる(124頁表2参照)。

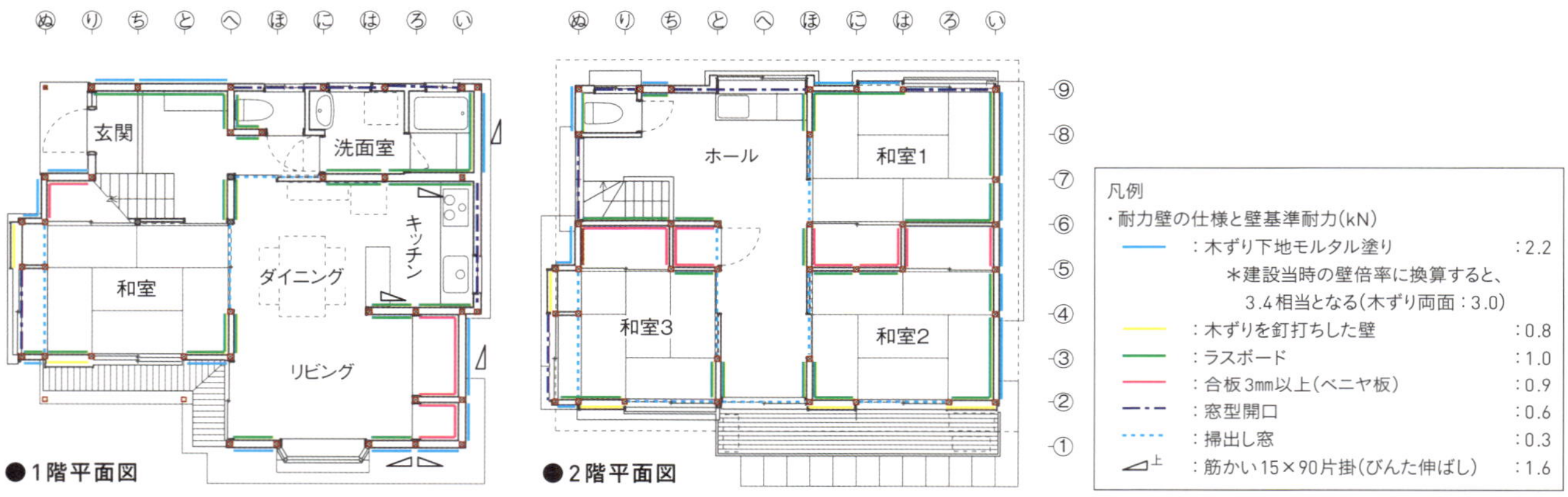
ぬ り ち と へ ほ に は ろ い
玄関
洗面室
キッチン
和室
ダイニング
リビング
ホール
和室1
和室3
和室2
⑨ ⑧ ⑦ ⑥ ⑤ ④ ③ ② ①
凡例
・耐力壁の仕様と壁基準耐力(kN)
:木ずり下地モルタル塗り :2.2
*建設当時の壁倍率に換算すると、
3.4相当となる(木ずり両面:3.0)
:木ずりを釘打ちした壁 :0.8
:ラスボード :1.0
:合板3mm以上(ベニヤ板) :0.9
:窓型開口 :0.6
:掃出し窓 :0.3
上
:筋かい15×90片掛(びんた伸ばし) :1.6

●1階平面図　●2階平面図

写真1　西外観

写真2　南西外観

写真3　現状基礎

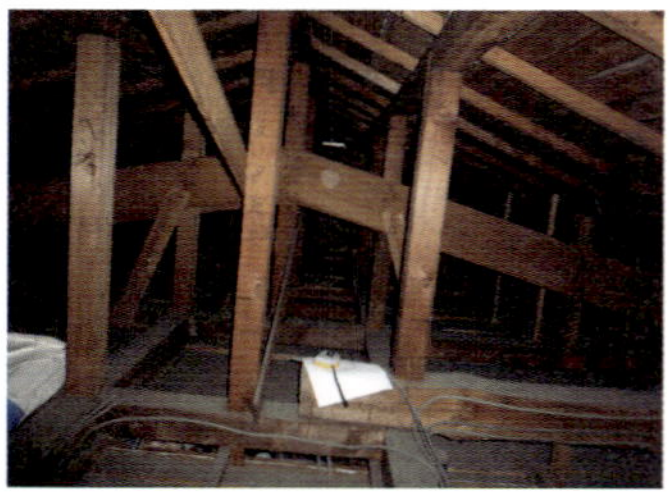

写真4　現状小屋裏

上部構造評点

階	方向	必要耐力 Qr(kN)	壁・柱の耐力 Qu(kN)	低減係数 eKfl	劣化度 dK	保有耐力 edQu=Qu×eKfl×dK(kN)	上部構造評点※ edQu/Qr	判定
2階	X	28.30	19.34	0.80	0.7	10.83	0.38	IV
	Y	28.30	20.57	0.80	0.7	11.52	0.41	IV
1階	X	62.87	36.76	1.00	0.7	25.73	0.41	IV
	Y	62.87	26.50	0.55	0.7	10.20	0.16	IV

屋根が瓦葺きで重いため、必要壁量も多くなる

偏心していなくても必要耐力より小さな値であることから、耐力壁の絶対的な量が不足している

耐力壁の偏在が耐震性不足に影響(特に1階Y方向)

判定評価基準

判定	評点	評価
I	1.5以上	倒壊しない
II	1.0～1.5	一応倒壊しない
III	0.7～1.0	倒壊する可能性がある
IV	0.7未満	倒壊する可能性が高い

表 既存建物の構造的特徴と現状の考察

構造的特徴・状況	
建物形状等	切妻屋根 2階は7.28m x 8.19mの長方形(昭和52年に南西部を増築) 1階は東側に7.28m x 4.55mの炊事場・居間、 西側に5.46m x 3.46mの玄関・和室・風呂場(改築)
地盤	第2種地盤(地形図より判断)
基礎	無筋コンクリート造 布基礎(フーチングなし)
軸組	在来軸組構法
耐力壁	筋かい15 x 90(片掛)は1階外壁の東側に確認できた 外壁:木ずり下地モルタル塗り+ラスボード程度 内壁:ラスボード(両面)程度(押入れはベニヤ板張り)
水平構面	火打材あり 垂木(35x40)・根太(35x90)-@455
接合部	ほぞ差し、釘打ち、カスガイ程度と推察される 風呂場のみ金物有り

上部構造
- 全体的に上部構造評価点が0.5を下回り、耐震性が低い。これは、建築時の基準法の必要壁量が現在より少なかったことと、柱の引張力に対する接合補強が不足していることが主な原因となっている
- 2階は南側の耐力壁が少なく、1階は西側の耐力壁が少ないため、2階のX方向と1階のY方向で偏心が生じており、耐震性に影響している
- Ⅰ階と2階の軸や柱のずれにより、2階床梁に無理な負担荷重がかかり、2階床に数か所傾斜が確認された
- 外壁にひび割れがある。西と南面が特に多い

基礎
増築部分にひび割れが多い

図2 改修案の方針と診断結果

改修概要
- 1階と2階の柱位置および耐力壁線のずれが多くみられるので、基礎梁の配置も考慮しながら上下階の整合を図るように間取りを変更する
- 屋根は金属板葺きに変更し、建物の軽量化を図る
- 耐力壁は筋かい、水平構面は杉板張り+火打で補強する
- 耐震診断の上部構造評点が、1.5以上となるように補強を行う
- 柱頭柱脚の接合方法はN値計算により決定する

階数	2階建て	
建物の仕様	金属屋根	軽い建物
形状割増係数	短辺6m以上	1.0
基礎の仕様	べた基礎	基礎Ⅰ
床の仕様	火打・荒板	床Ⅱ
接合部の仕様	告示仕様	接合部Ⅰ

部位ごとの補強方法

部位	補強方法
基礎	・RC造のベタ基礎とする。基礎梁を格子状に配置して、鉛直および水平剛性を高める
	・既存の無筋基礎部分はRC造の基礎をケミカルアンカーで緊結する
軸組	・Ⅰ、2階の柱位置を極力一致させて、2階床梁の負担を軽減する
	・断面不足となる梁には、枕梁補強を行う(枕梁で荷重負担することを原則とする)
	・大引、根太、垂木、母屋は撤去し、新設する
耐力壁	・筋かいは、2階は30x90、1階は45x90とする
	・Ⅰ、2階の耐力壁線を一致させ、負担荷重に応じた配置とする
水平構面	・2階の耐力壁線上および棟木の下に小屋筋かいを設ける
	・野地板は杉板張りとし、小屋梁レベルに火打を設ける
	・2階床面は火打で補強する。火打が設置できない部分は杉板斜め張りとする
接合部	・柱の柱頭・柱脚接合部は、引抜力に応じた金物等で補強する
	・梁の継手・仕口は、短冊金物または羽子板ボルトにて補強する

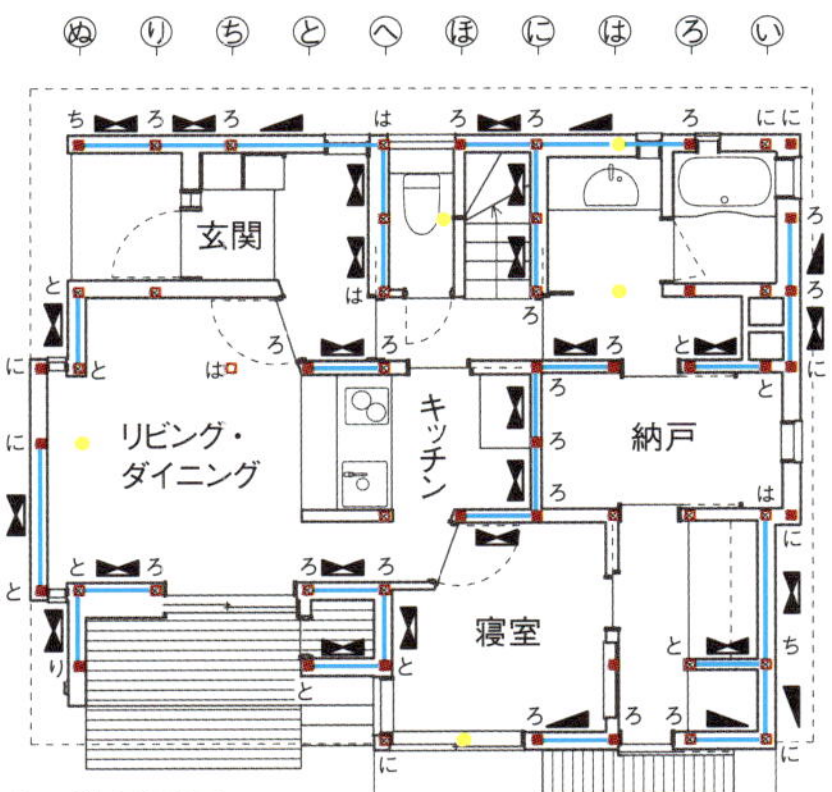

●1階平面図

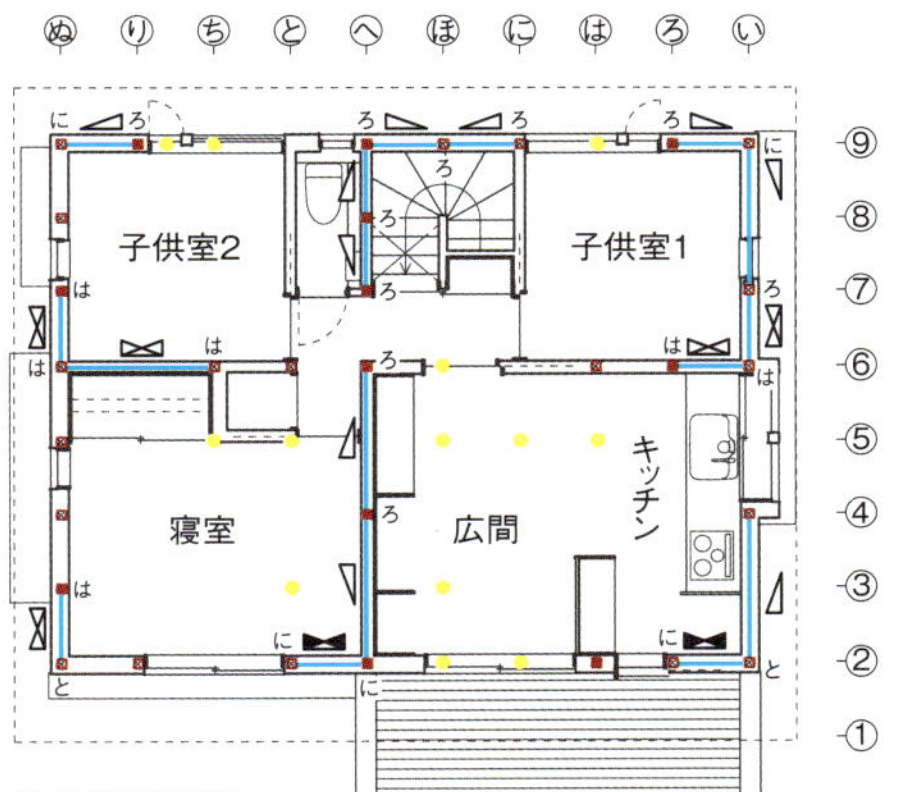

●2階平面図

凡例
- □ 既存柱
- ■ 追加(取り替え)柱
- ● 撤去柱

・耐力壁の仕様と壁基準耐力(kN)
- 筋かい30×90片掛(BPまたは同等品):2.4
- 筋かい30×90たすき掛(BPまたは同等品):4.8
- 筋かい45×90片掛(BP-2または同等品):3.2
- 筋かい45×90たすき掛(BP-2または同等品):6.4

・柱頭柱脚接合仕様
特記なき限り、(ろ)以上とする

上部構造評点

階	方向	必要耐力 Qr(kN)	壁・柱の耐力 Qu(kN)	低減係数 eKfl	劣化度 dK	保有耐力 edQu=Qu×eKfl×dK(kN)	上部構造評点※ edQu/Qr	判定
2階	X	19.30	33.49	1.00	0.9	30.14	1.56	Ⅰ
	Y	19.30	34.94	1.00	0.9	31.45	1.63	Ⅰ
1階	X	48.89	81.54	1.00	0.9	73.38	1.50	Ⅰ
	Y	48.89	87.36	1.00	0.9	78.62	1.61	Ⅰ

対策① 屋根を軽量化し、必要壁量を少なくする

対策② 耐力壁を増設し、接合補強を行う

対策③ 耐力壁の偏在をなくす

対策④ 劣化部材は交換する

判定評価基準

判定	評点	評価
Ⅰ	1.5以上	倒壊しない
Ⅱ	1.0～1.5	一応倒壊しない
Ⅲ	0.7～1.0	倒壊する可能性がある
Ⅳ	0.7未満	倒壊する可能性が高い

図3 1階における比較

改修案

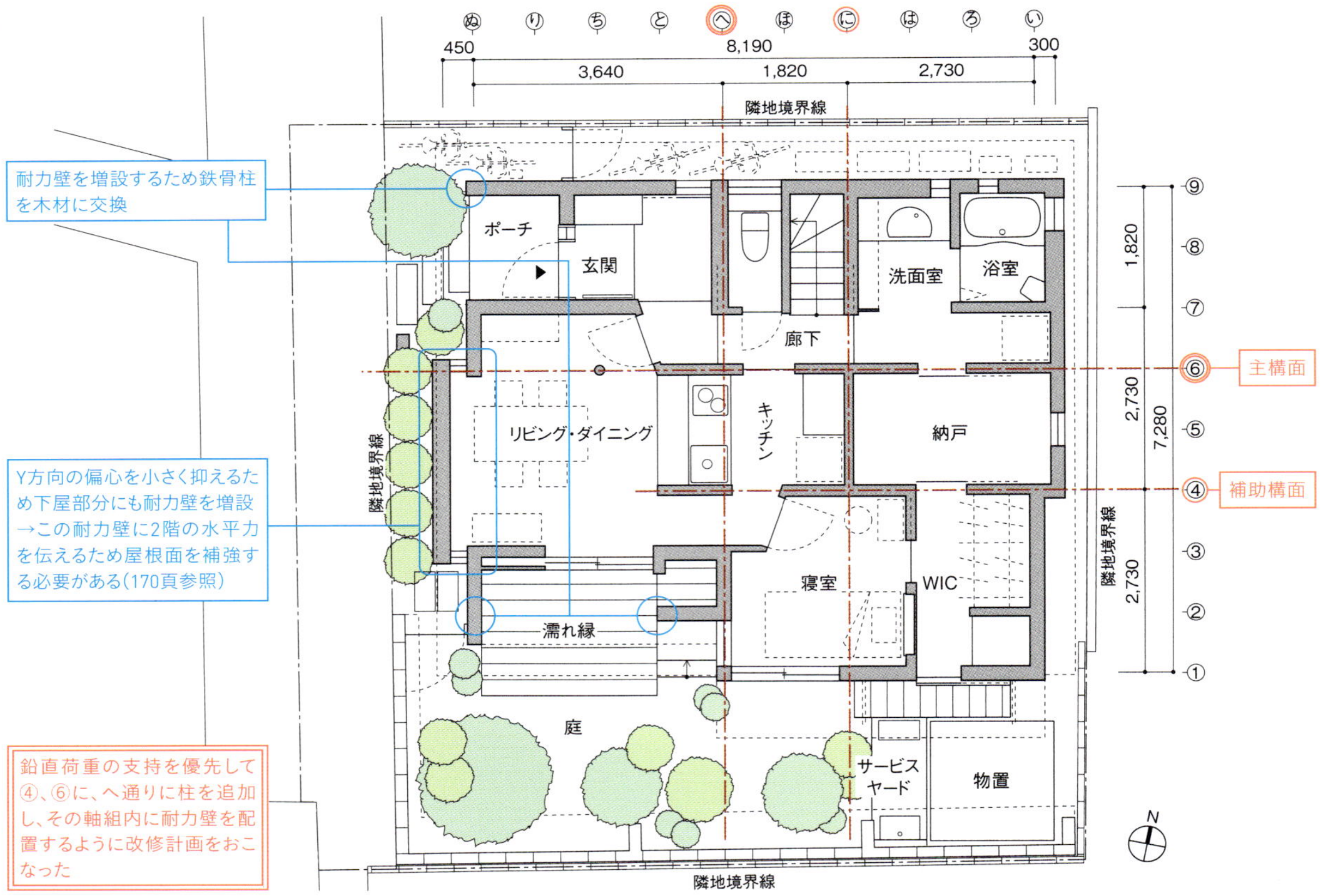

既存

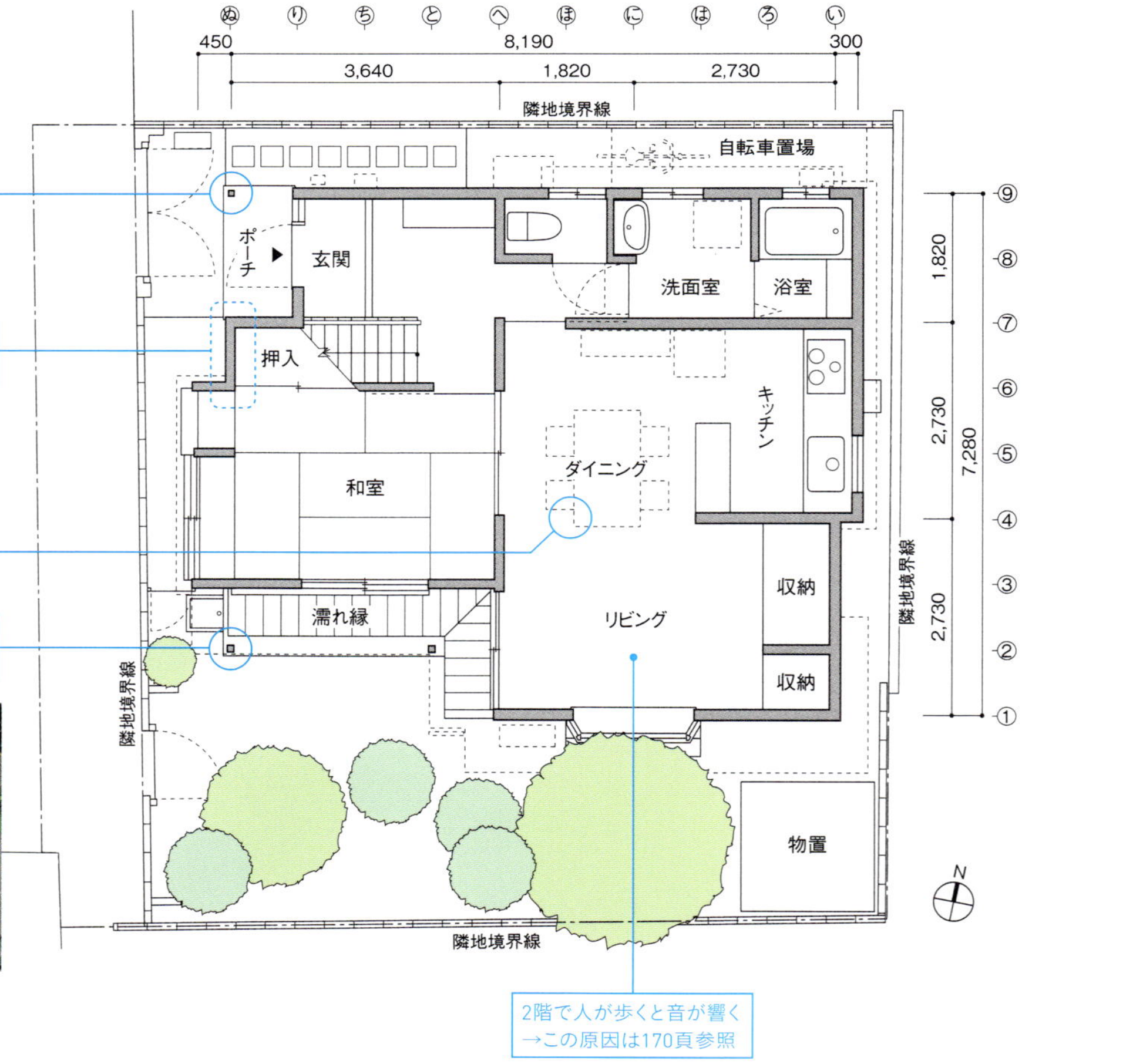

図4 2階における比較

改修案

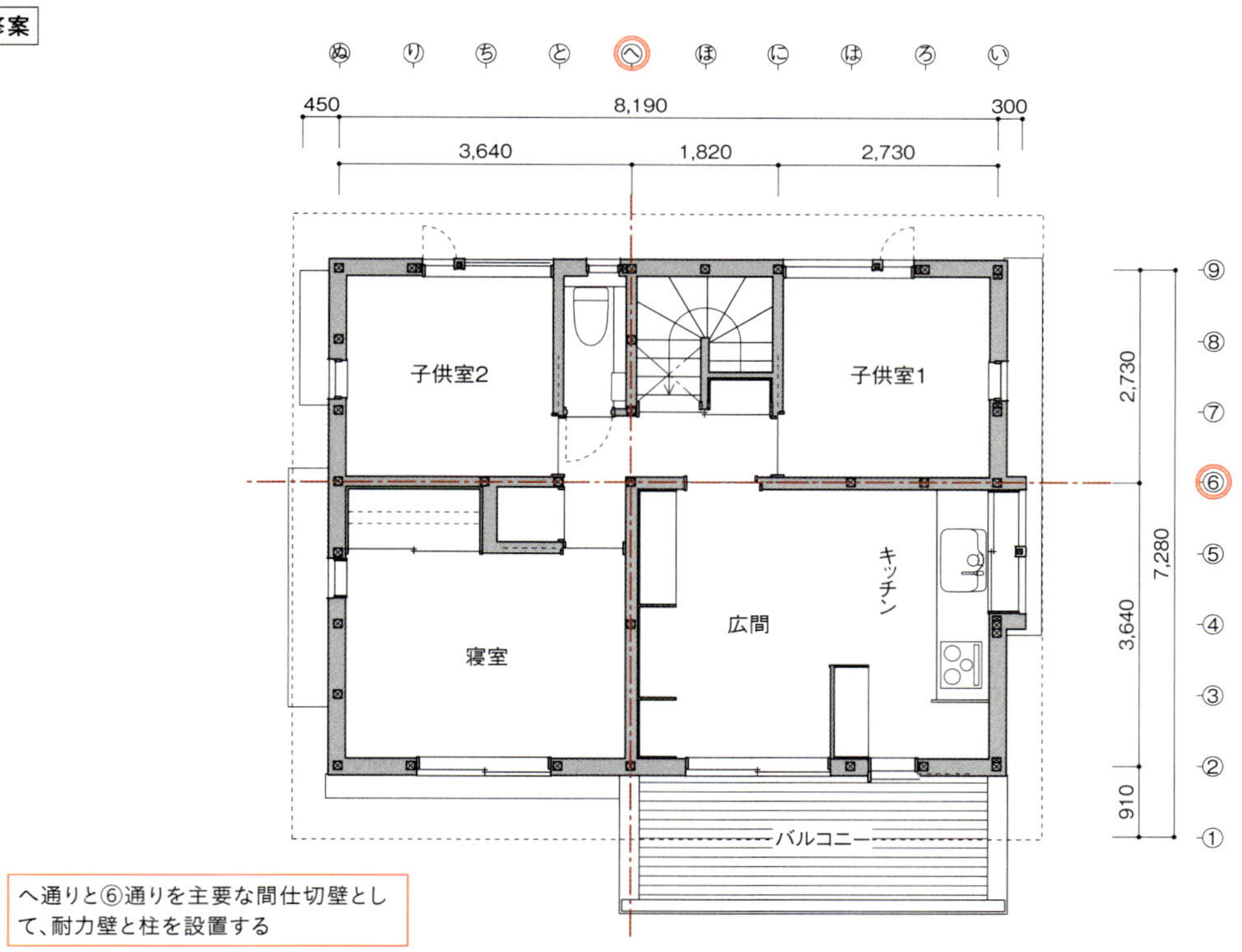

既存

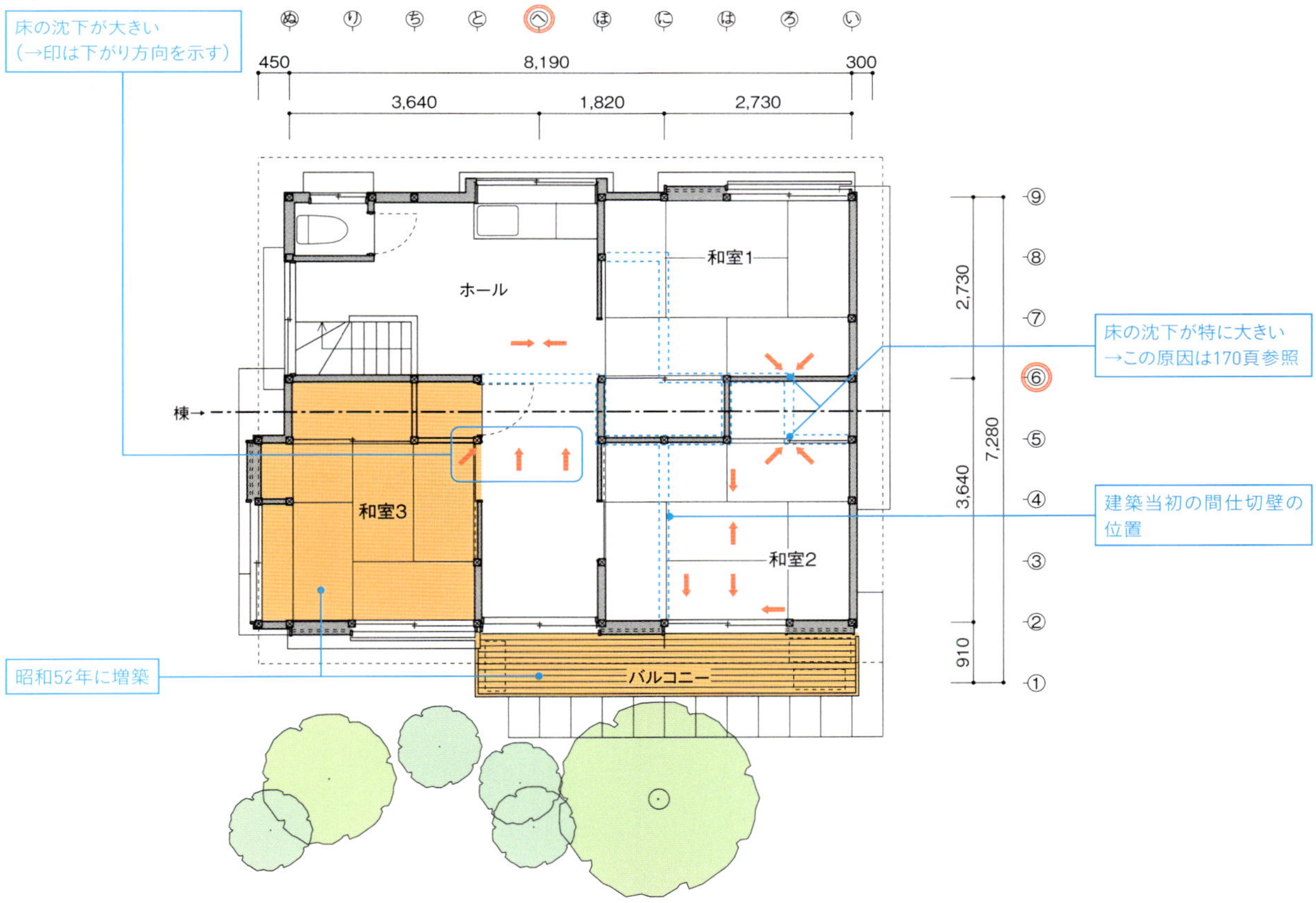

図5 南立面における比較

改修案

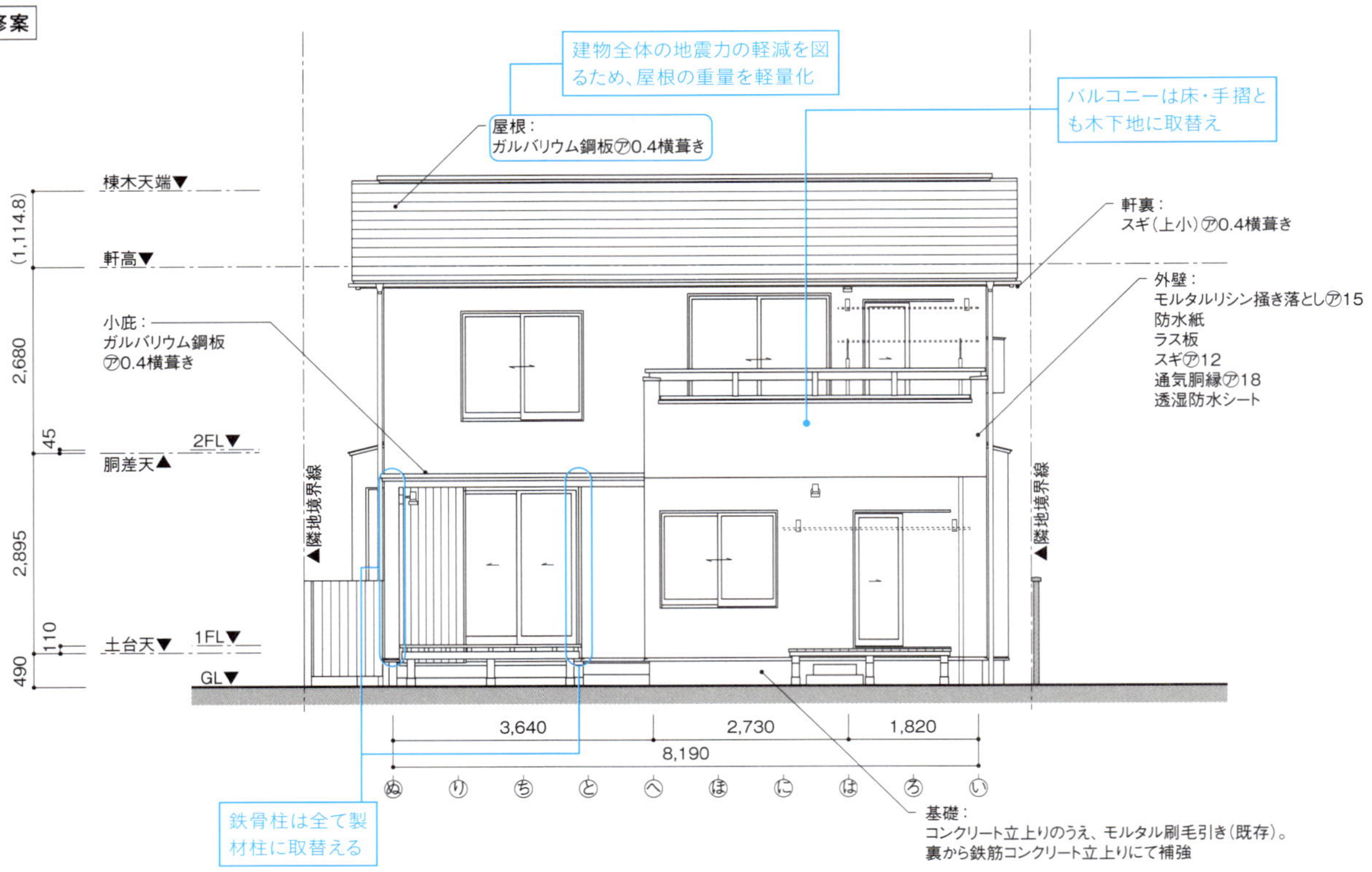
建物全体の地震力の軽減を図るため、屋根の重量を軽量化
屋根：
ガルバリウム鋼板㋐0.4横葺き
バルコニーは床・手摺とも木下地に取替え
軒裏：
スギ（上小）㋐0.4横葺き
外壁：
モルタルリシン掻き落とし㋐15
防水紙
ラス板
スギ㋐12
通気胴縁㋐18
透湿防水シート
棟木天端▼
軒高▼
小庇：
ガルバリウム鋼板
㋐0.4横葺き
2FL▼
胴差天▲
土台天▼
1FL▼
GL▼
(1,114.8)
2,680
45
2,895
110
490
▲隣地境界線
▲隣地境界線
3,640
2,730
1,820
8,190
ぬ
り
ち
と
へ
ほ
に
は
ろ
い
鉄骨柱は全て製材柱に取替える
基礎：
コンクリート立上りのうえ、モルタル刷毛引き（既存）。
裏から鉄筋コンクリート立上りにて補強

既存

屋根：
瓦葺き
棟木天端▼
軒高▼
2FL▼
胴差天▲
土台天▼
1FL▼
GL▼
(1,114.8)
2,680
45
2,895
85
490
▲隣地境界線
▲隣地境界線
軒樋廻りにモルタルの剥離
外壁：
木摺下地モルタル塗り
基礎：
無筋コンクリート
天井部分にひび割れあり
沈下あり
鉄骨柱
バルコニーへの梯子
3,640
4,550
300
8,190
ぬ
り
ち
と
へ
ほ
に
は
ろ
い

図6 西立面における比較

改修案

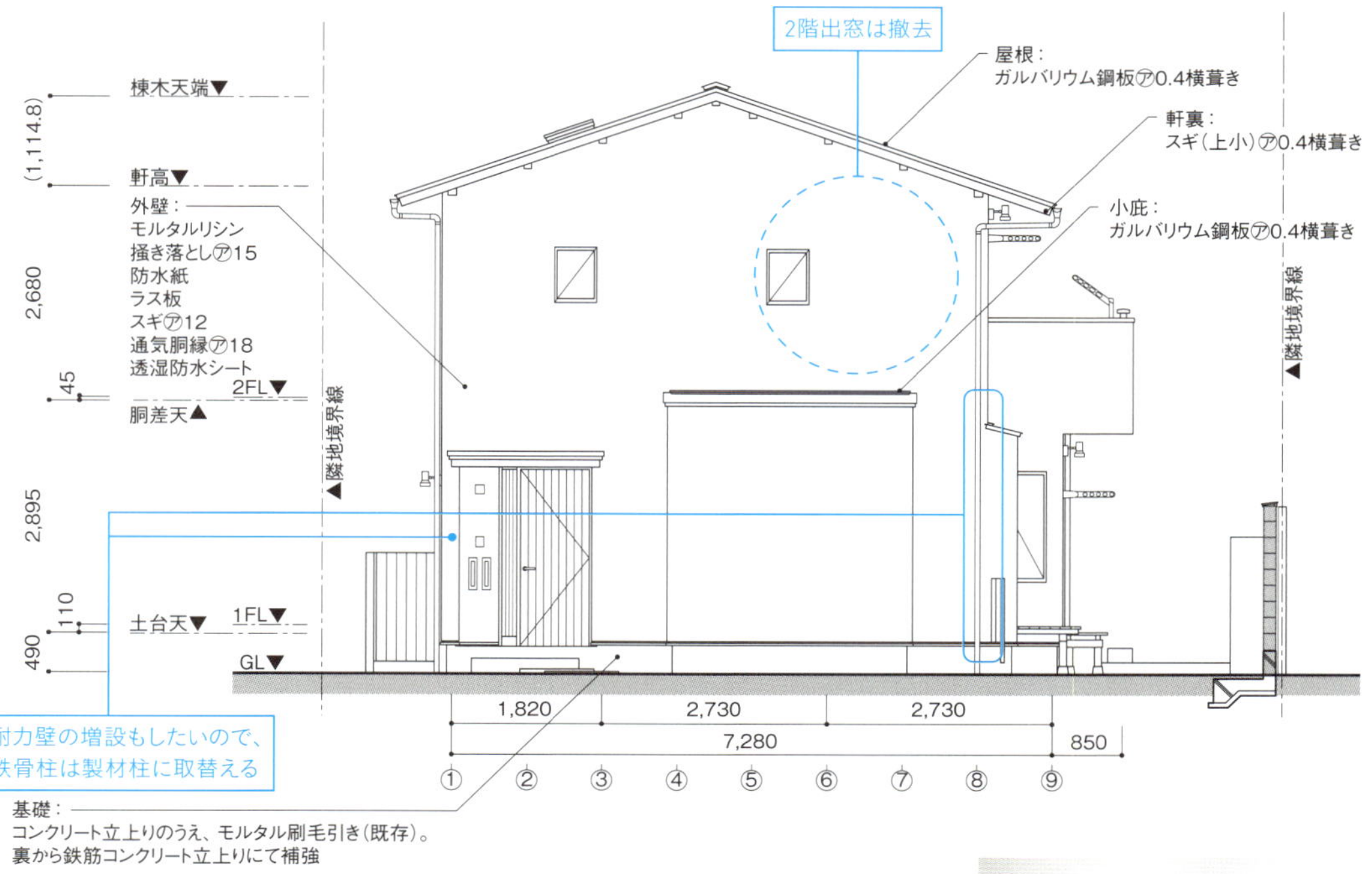

既存

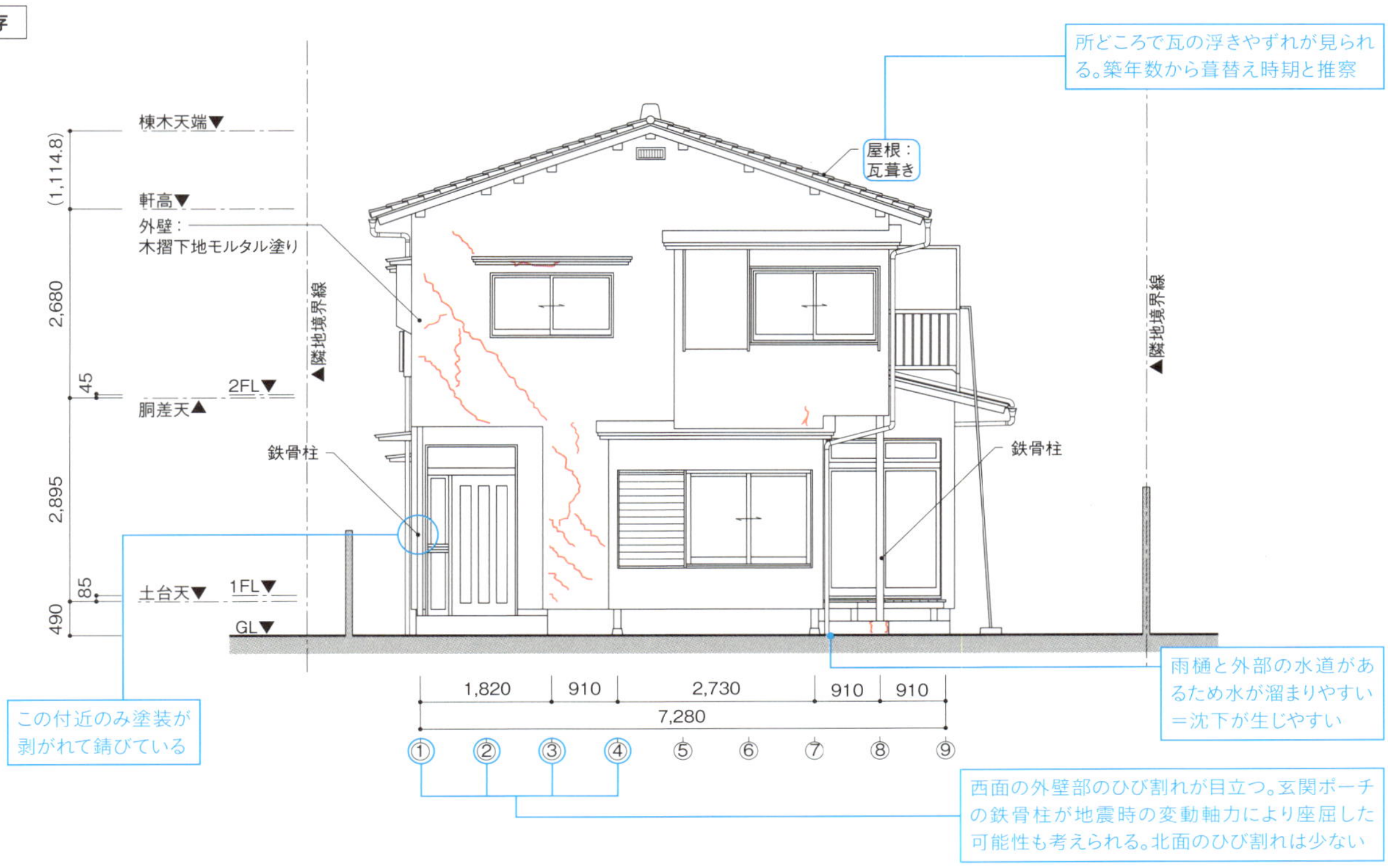

図7 断面における比較

改修案

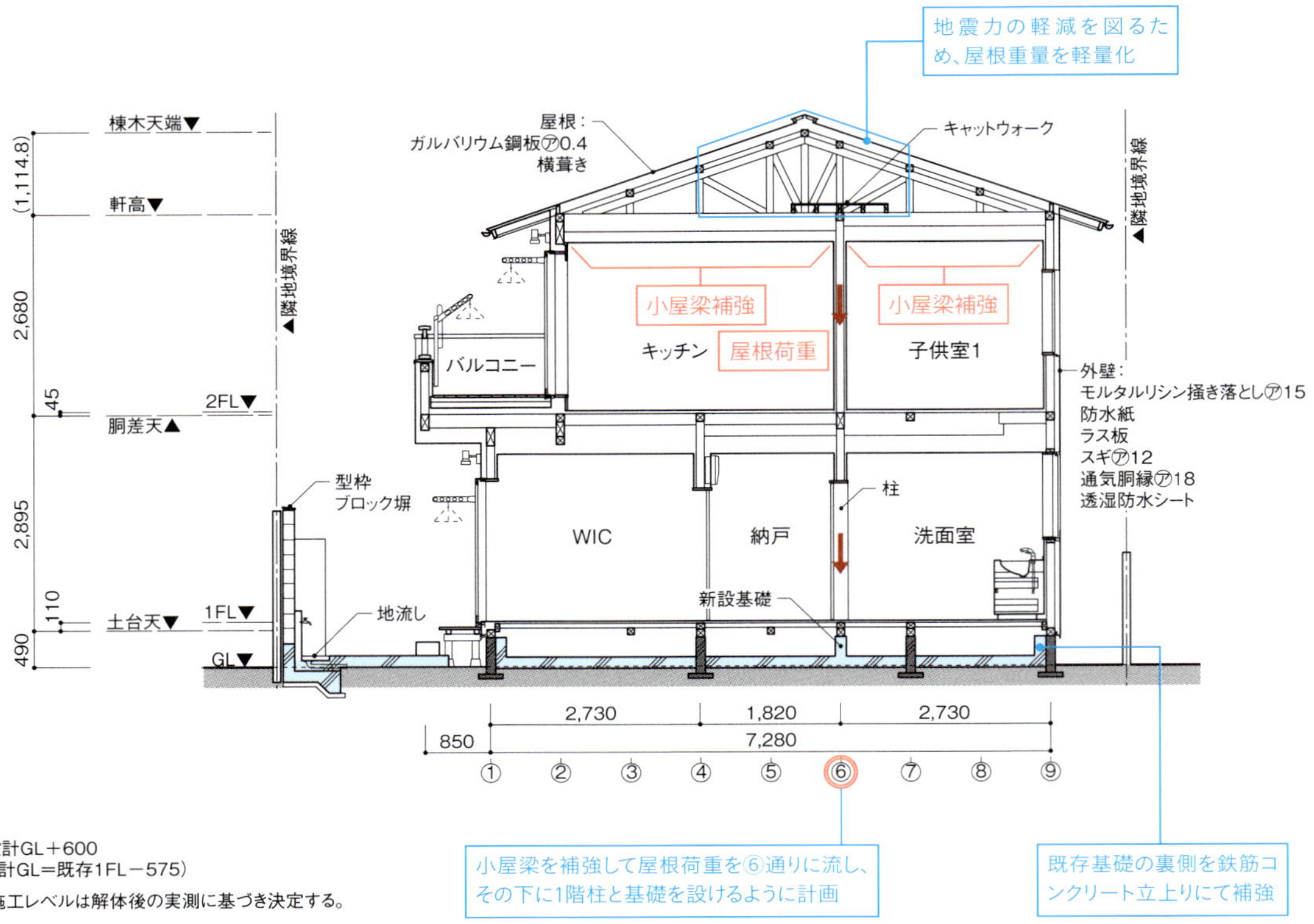

※1FL＝設計GL＋600
（設計GL＝既存1FL－575）
※実際の施工レベルは解体後の実測に基づき決定する。

既存

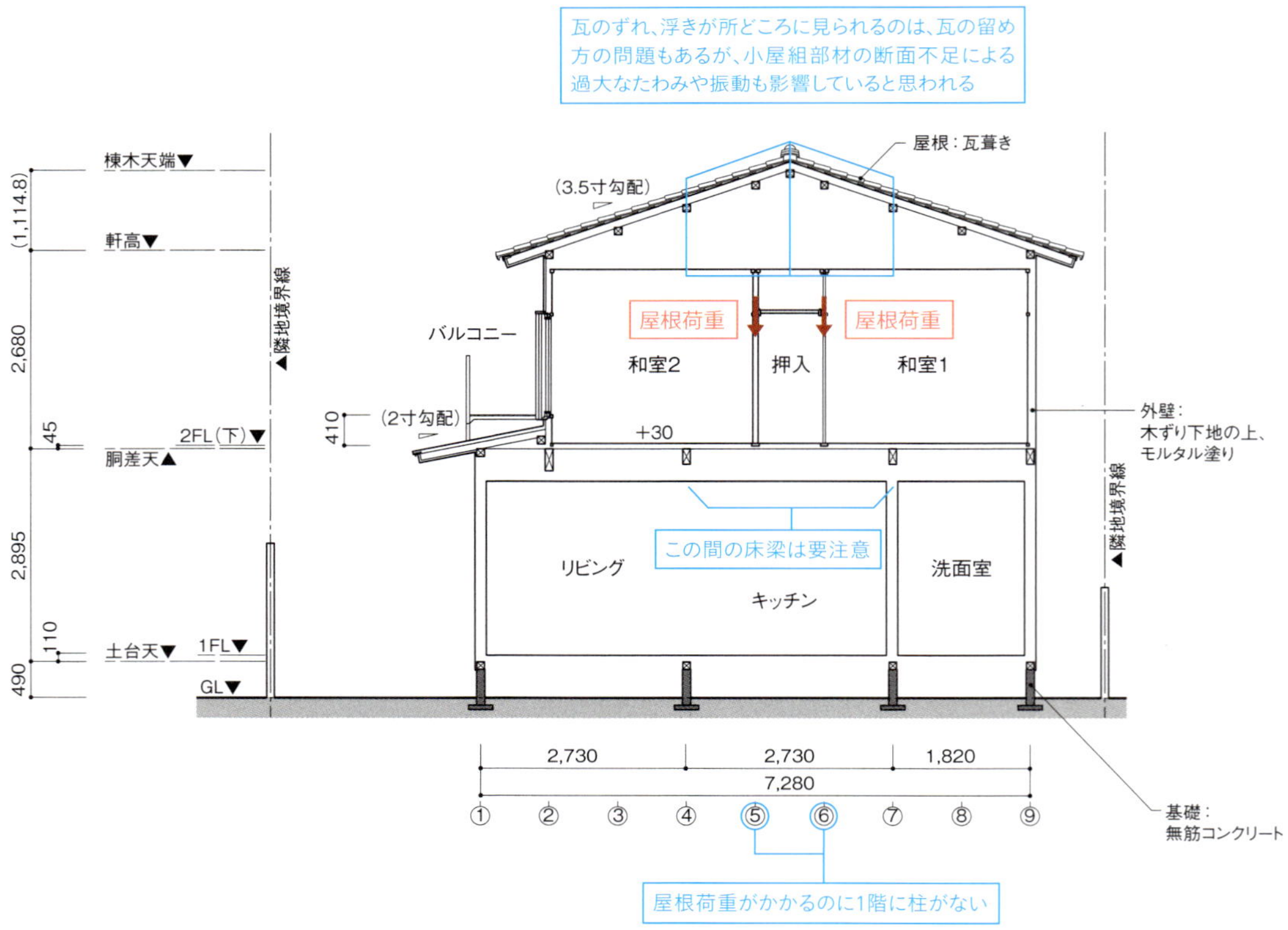

図8 基礎伏図における比較

改修案

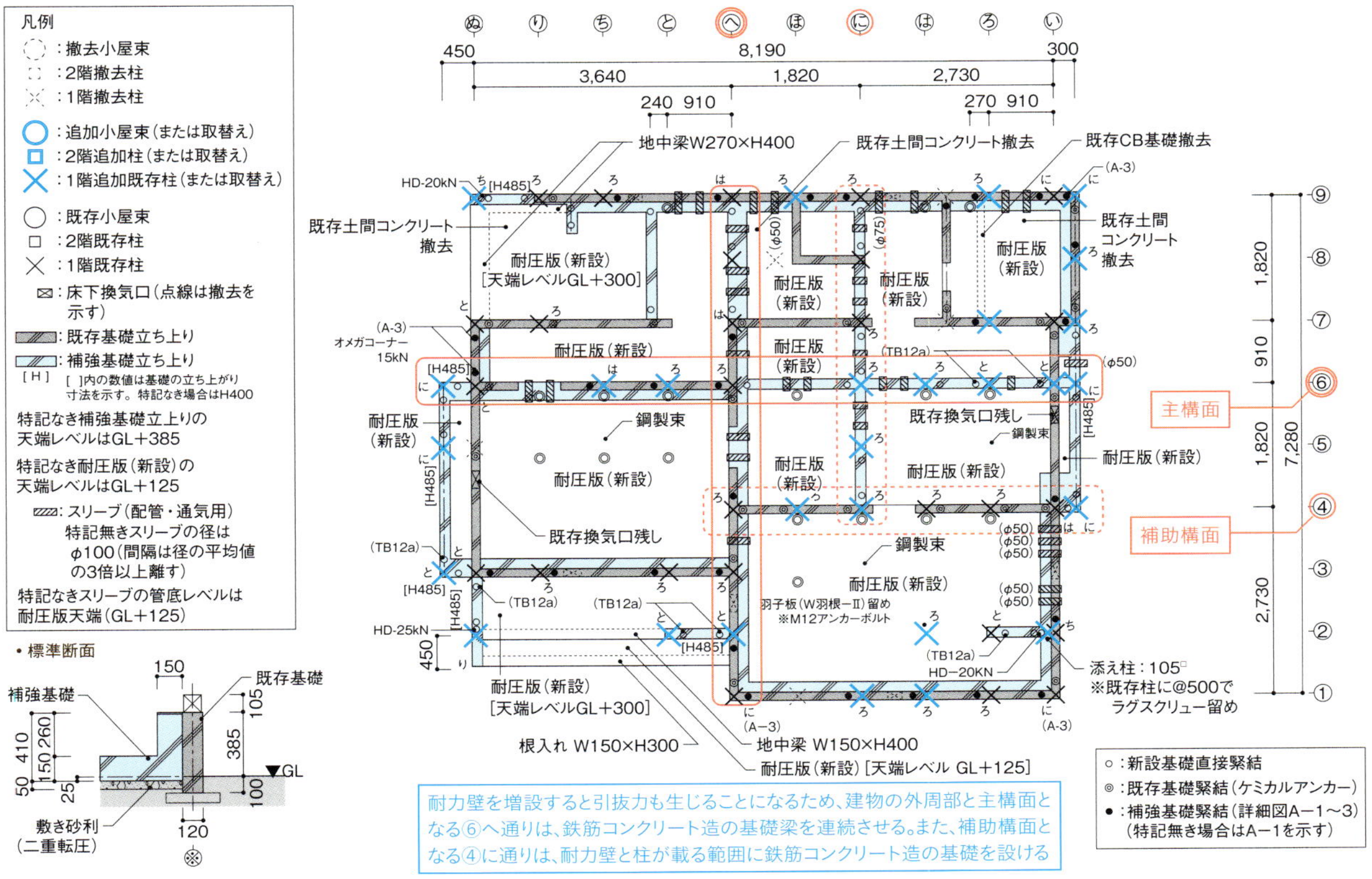

耐力壁を増設すると引抜力も生じることになるため、建物の外周部と主構面となる⑥へ通りは、鉄筋コンクリート造の基礎梁を連続させる。また、補助構面となる④に通りは、耐力壁と柱が載る範囲に鉄筋コンクリート造の基礎を設ける

写真 設備工事による斫り跡から、無筋であることが分かる

既存

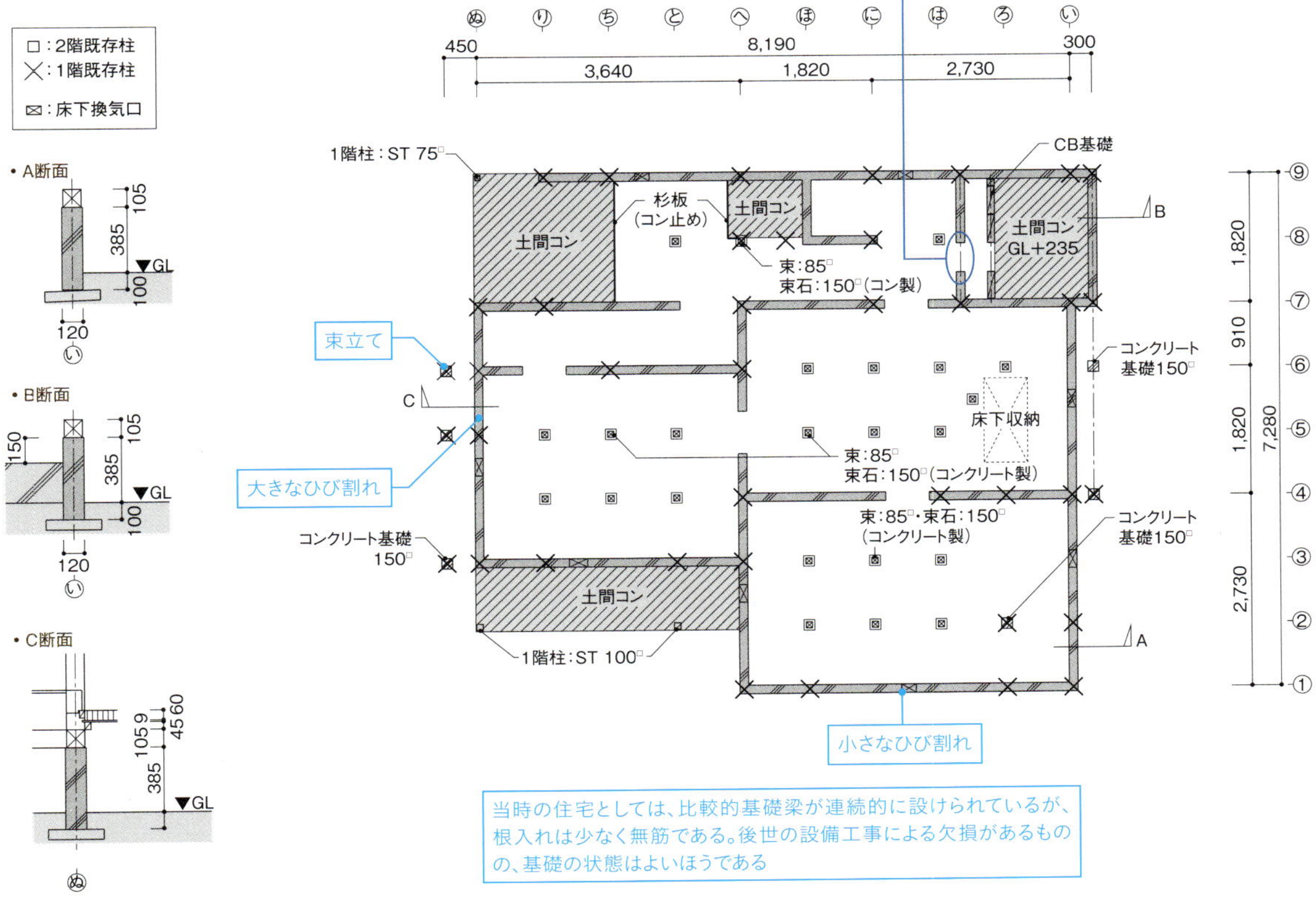

当時の住宅としては、比較的基礎梁が連続的に設けられているが、根入れは少なく無筋である。後世の設備工事による欠損があるものの、基礎の状態はよいほうである

図9　2階床伏図における比較

改修案

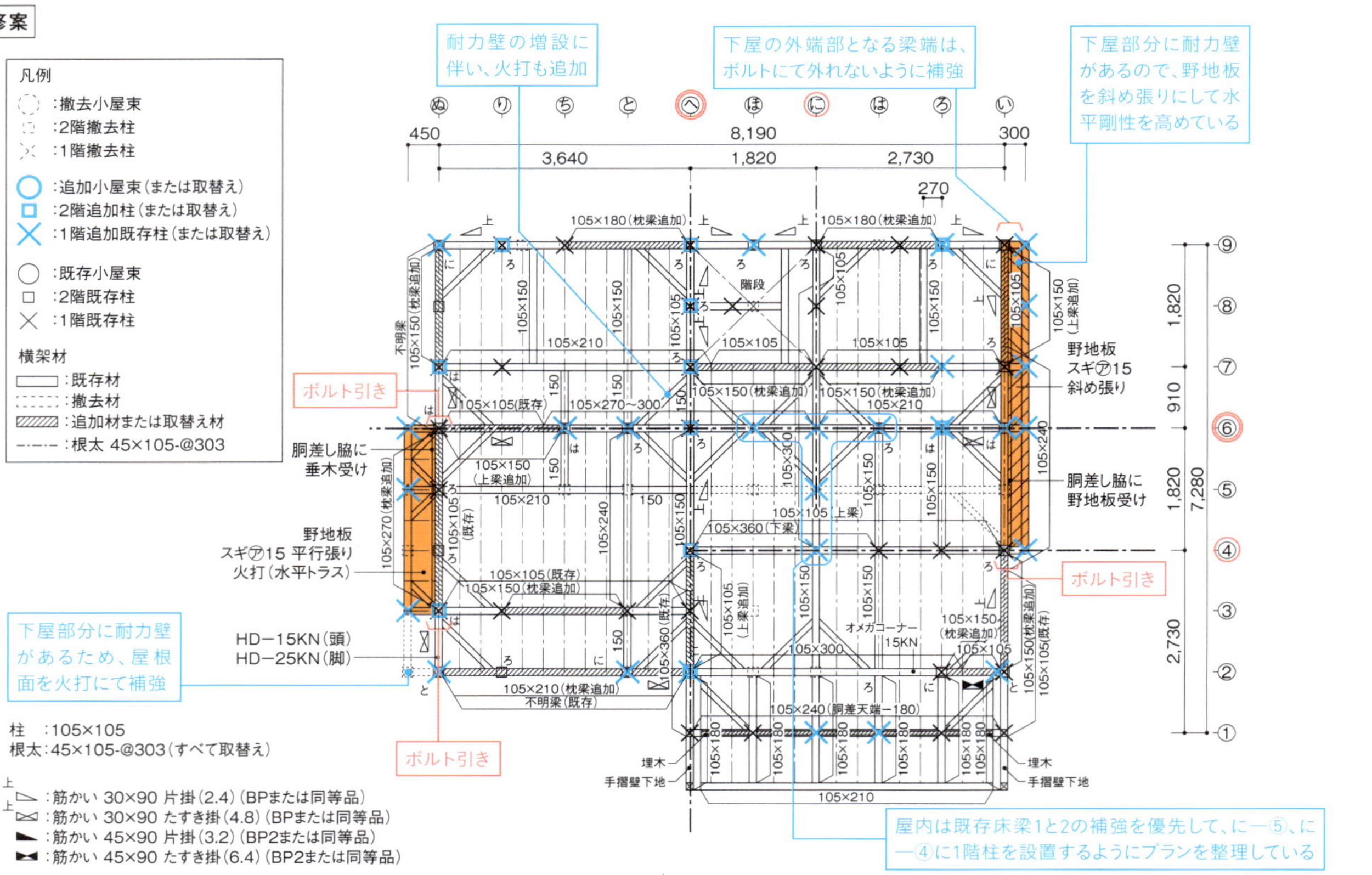

既存

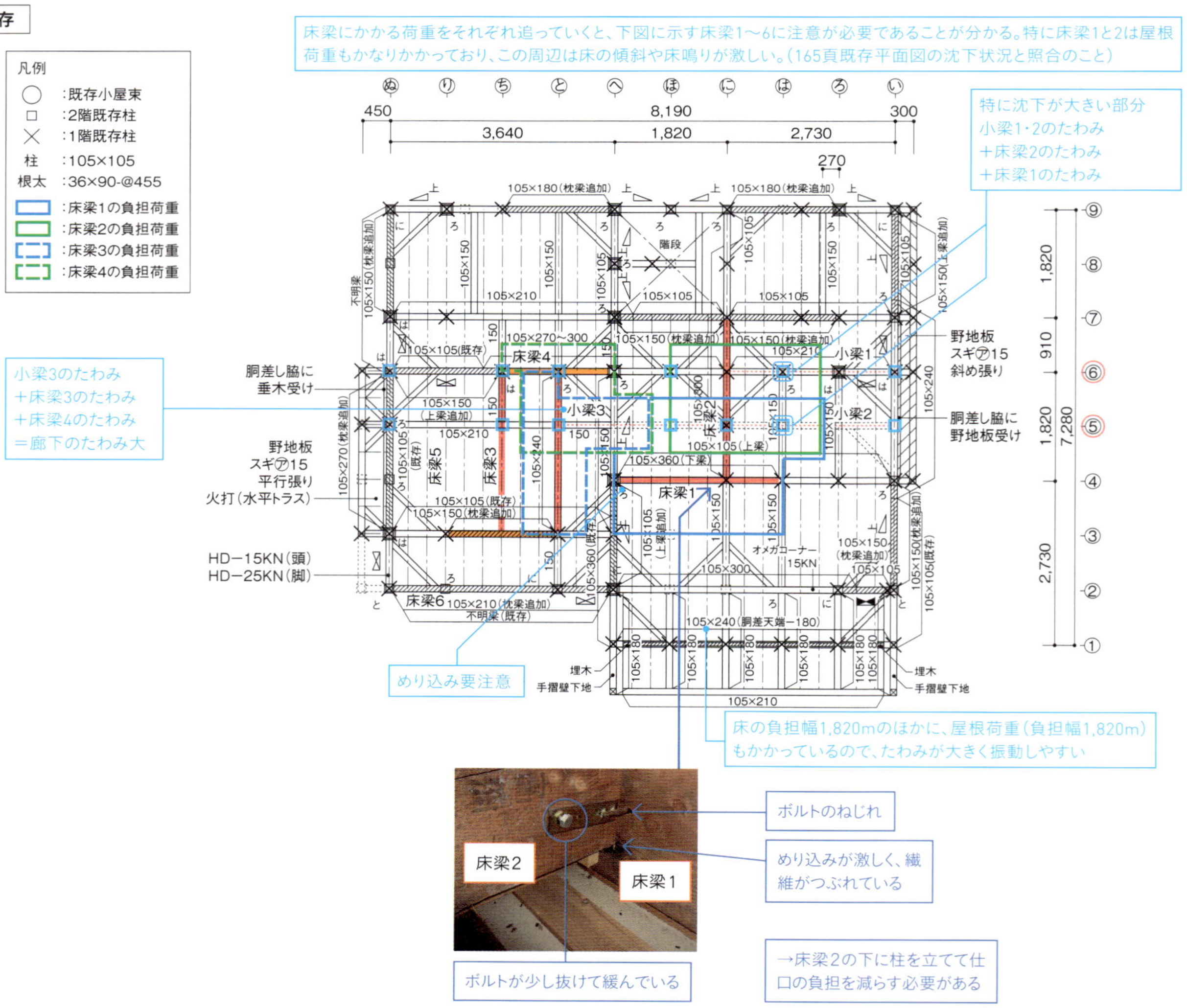

図10 2階小屋伏図における比較

改修案

凡例
:撤去小屋束
:2階撤去柱
:1階撤去柱
:追加小屋束(または取替え)
:2階追加柱(または取替え)
:1階追加既存柱(または取替え)
:既存小屋束
:2階既存柱
:1階既存柱

横架材
:既存材
:撤去材
:追加材または取替材
小屋梁:105×105(既存)
火打　:90×90(すべて取替え)
小屋束:90×90(すべて取替え)
根太　:45×105-@303

※小屋束、母屋、垂木はすべて取替え
※小屋梁、軒桁は原則既存を利用して枕梁で補強する

上 :筋かい 30×90 片掛(2.4)(BPまたは同等品)
上 :筋かい 30×90 たすき掛(4.8)(BPまたは同等品)
:筋かい 45×90 片掛(3.2)(BP2または同等品)
:筋かい 45×90 たすき掛(6.4)(BP2または同等品)

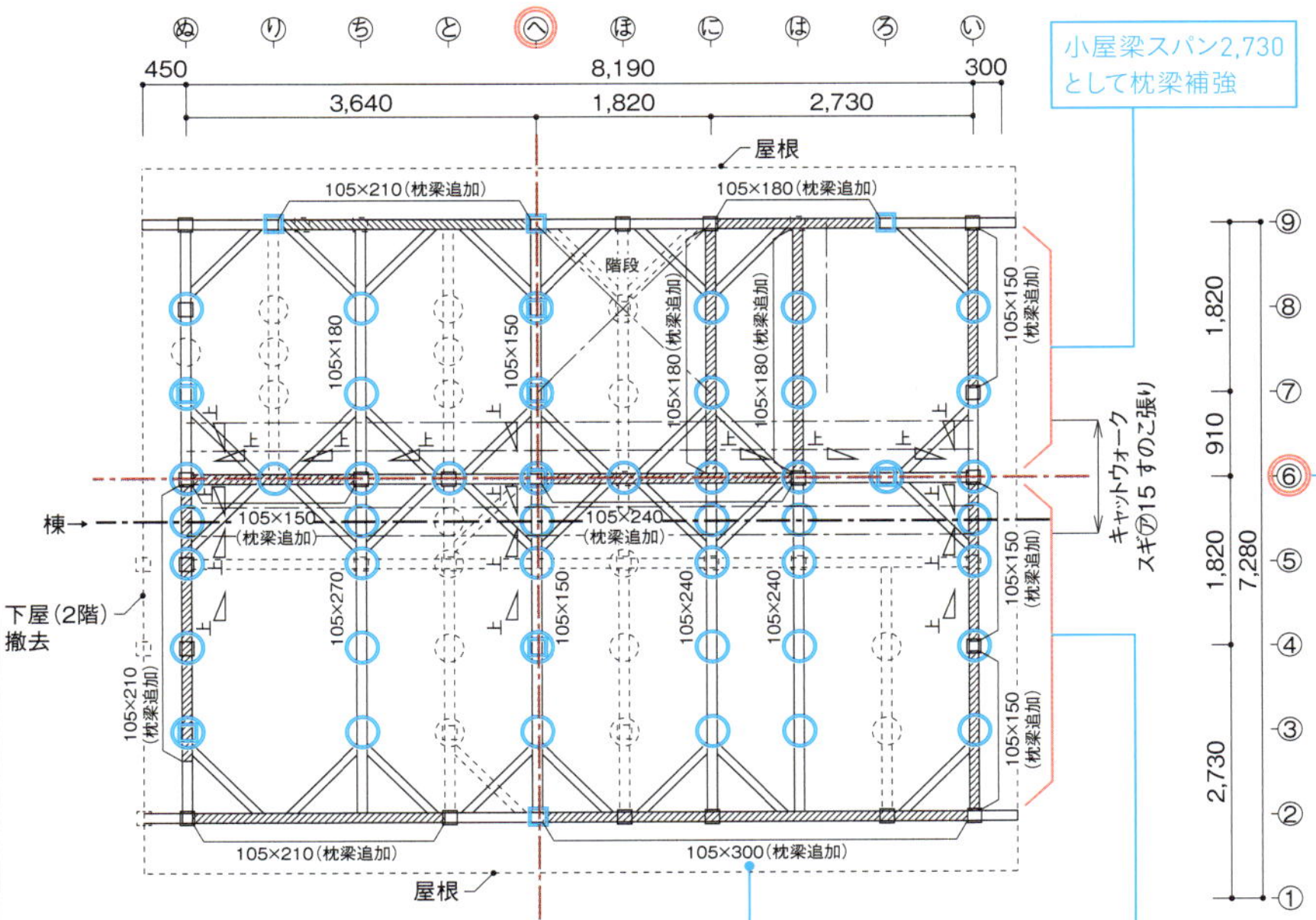

1・2階ともに柱を設けた⑥に屋根荷重が流れるように、小屋梁を補強

小屋梁スパン2,730として枕梁補強

床梁への負担を軽減するため、桁梁スパンを3,640㎜で検討して補強(173頁軸組図)

小屋梁スパン3,640として枕梁補強

既存

凡例
:既存小屋束
:2階既存柱
:1階既存柱
小屋梁:105×105(既存)
火打　:90×90

小屋組部材はすべて105角であるため、屋根荷重は2階床梁で支えていることになる

床梁4にかかる屋根荷重

床梁2にかかる屋根荷重

床梁1にかかる屋根荷重

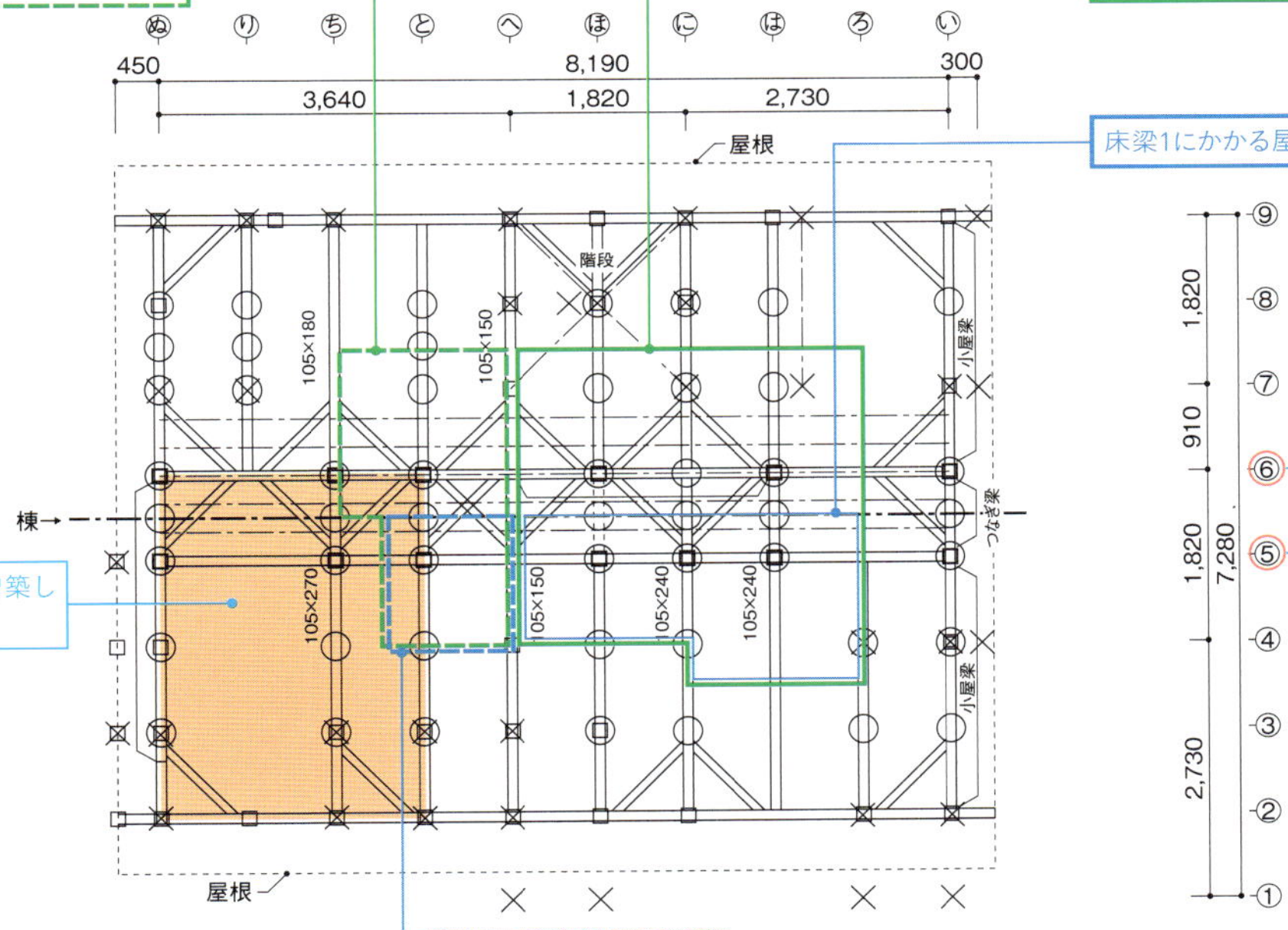

昭52年に増築した範囲

床梁3にかかる屋根荷重

火打や小屋筋かい、くも筋かいもあり束の上下や継手にはかすがいで補強がなされている

小屋梁はすべてこの間に継手があるため、屋根荷重のほとんどは⑤、⑥通りの2階柱に流れている

棟通りのくも筋かい

Ⓣ通りが外壁であった頃の木摺下地

梁間方向の小屋梁の継手

と
へ
⑥
⑤

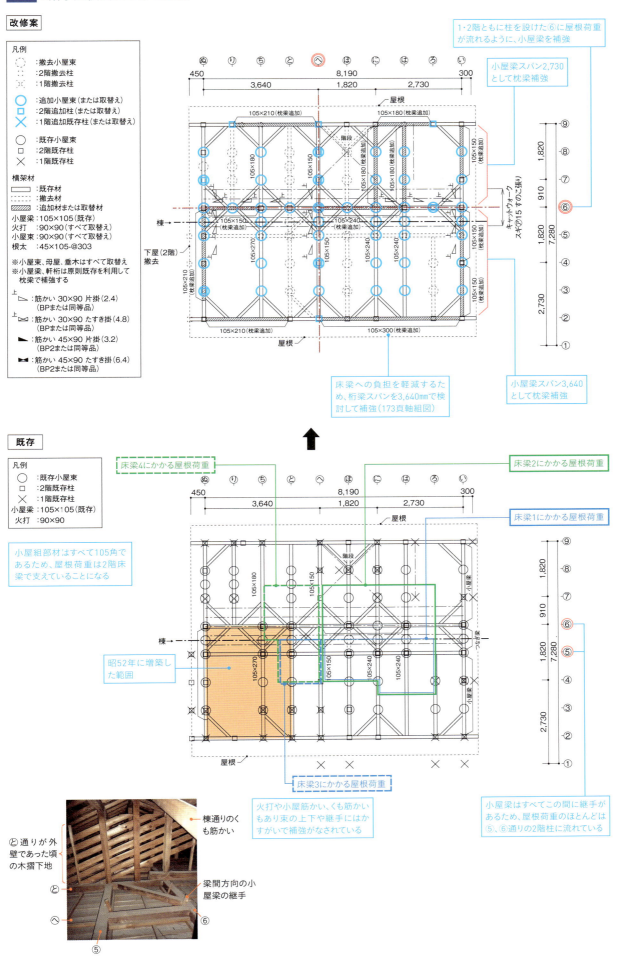

図11 軸組図改修案におけるポイント

い通り

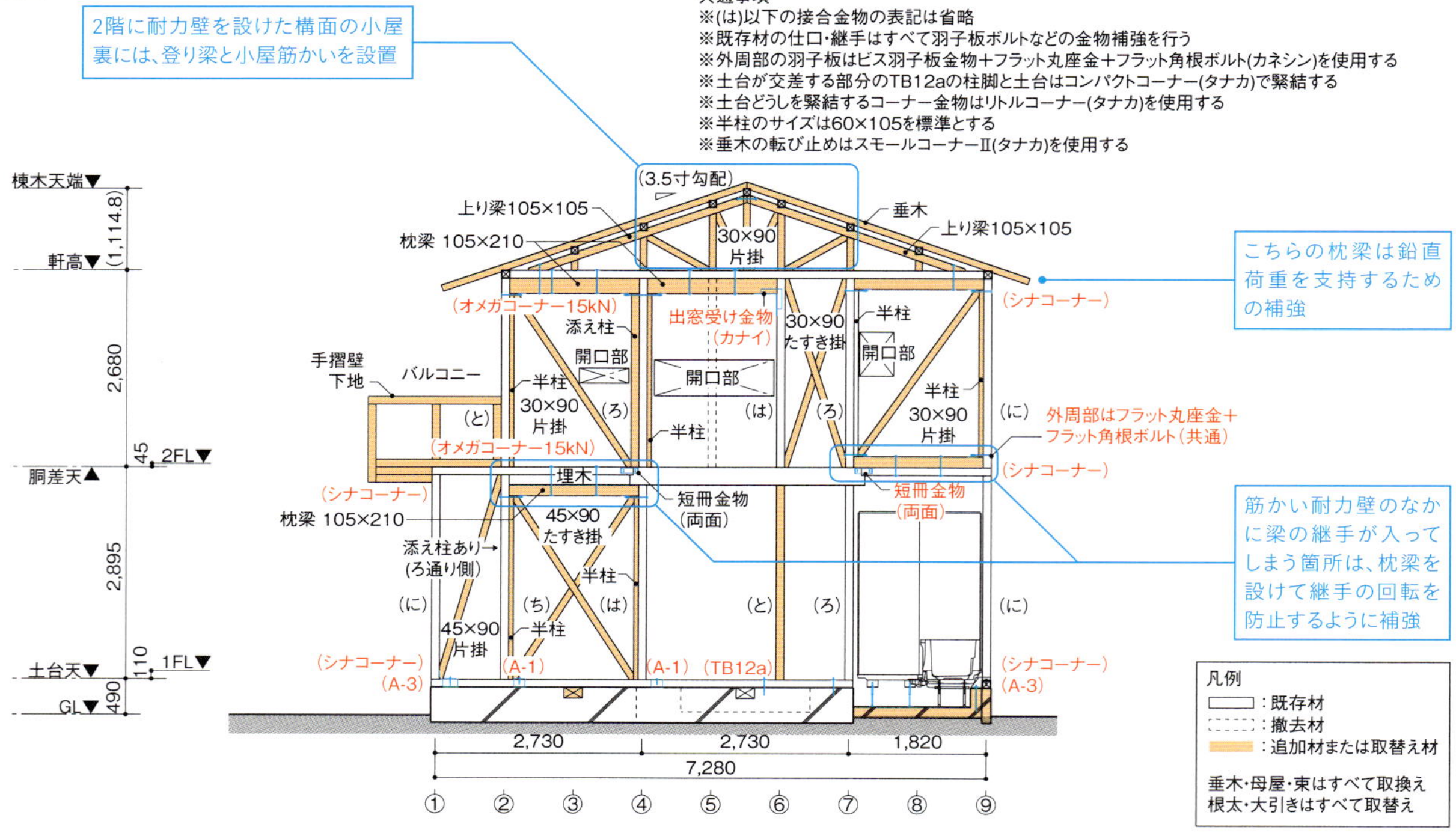

ぬ通り

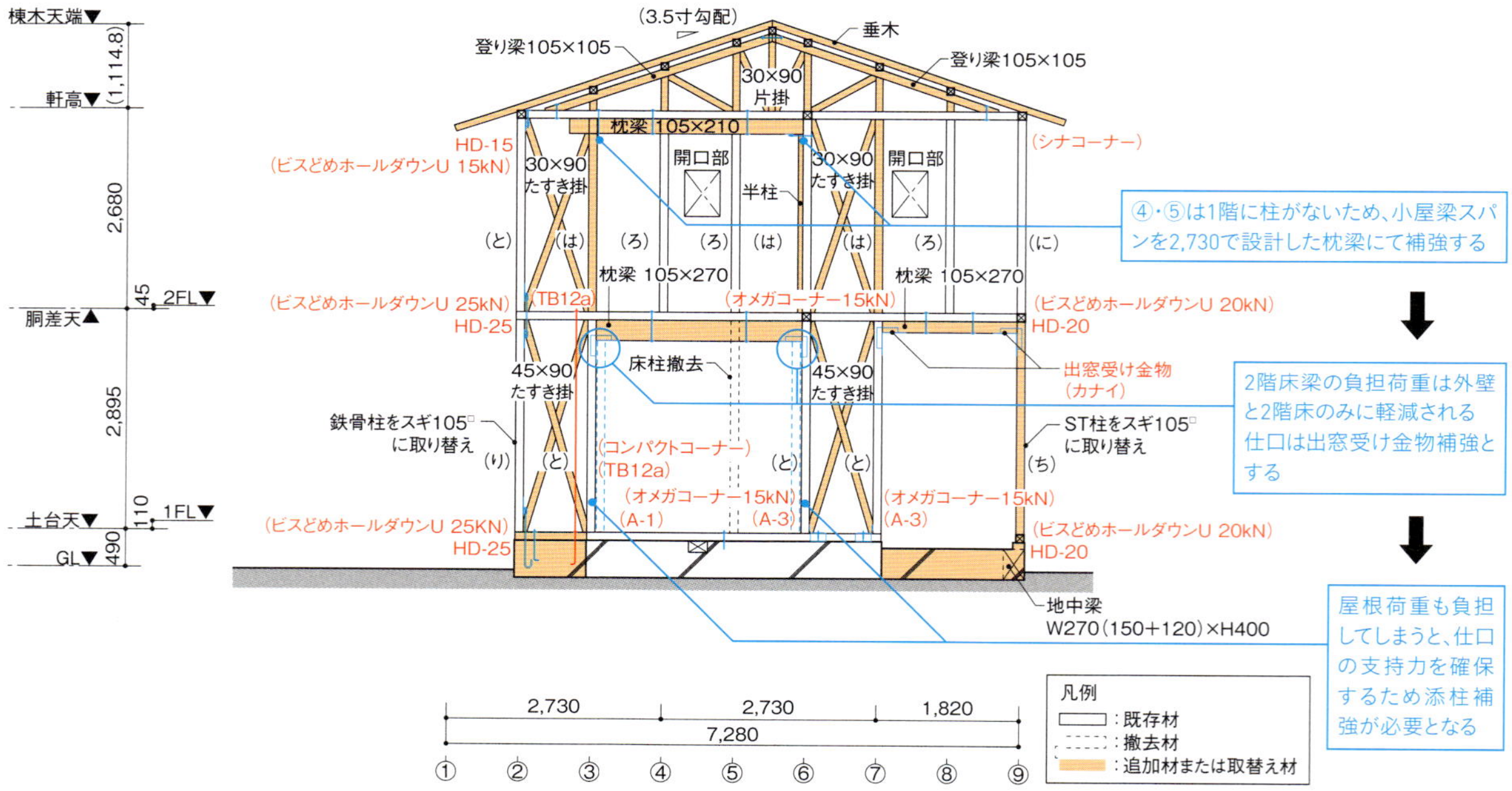

②通り

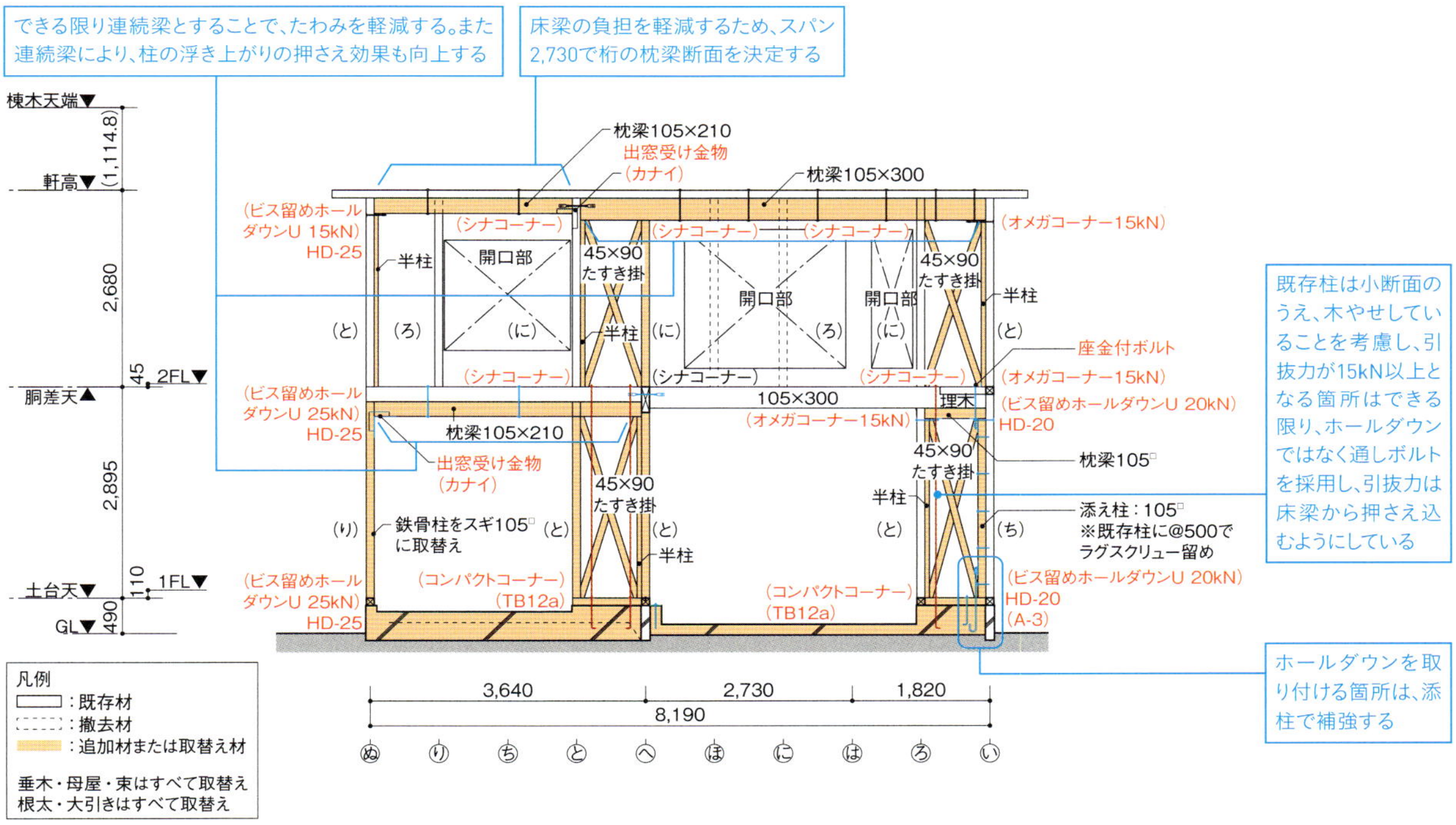
できる限り連続梁とすることで、たわみを軽減する。また連続梁により、柱の浮き上がりの押さえ効果も向上する
床梁の負担を軽減するため、スパン2,730で桁の枕梁断面を決定する
既存柱は小断面のうえ、木やせしていることを考慮し、引抜力が15kN以上となる箇所はできる限り、ホールダウンではなく通しボルトを採用し、引抜力は床梁から押さえ込むようにしている
ホールダウンを取り付ける箇所は、添柱で補強する
棟木天端▼
軒高▼
(1,114.8)
2,680
45
2FL▼
胴差天▲
2,895
土台天▼
110
1FL▼
GL▼
490
枕梁105×210
出窓受け金物
(カナイ)
枕梁105×300
(ビス留めホールダウンU 15kN)
HD-25
(シナコーナー)
(オメガコーナー15kN)
半柱
開口部
45×90
たすき掛
(と)
(ろ)
(に)
(は)
座金付ボルト
(ビス留めホールダウンU 25kN)
HD-25
105×300
(オメガコーナー15kN)
埋木
(ビス留めホールダウンU 20kN)
HD-20
枕梁105×210
枕梁105□
(り)
鉄骨柱をスギ105□に取替え
(ち)
添え柱：105□
※既存柱に@500でラグスクリュー留め
(コンパクトコーナー)
(TB12a)
(ビス留めホールダウンU 20kN)
HD-20
(A-3)
3,640
2,730
1,820
8,190
ぬ り ち と へ ほ に は ろ い
凡例
：既存材
：撤去材
：追加材または取替え材
垂木・母屋・束はすべて取替え
根太・大引きはすべて取替え

⑥通り

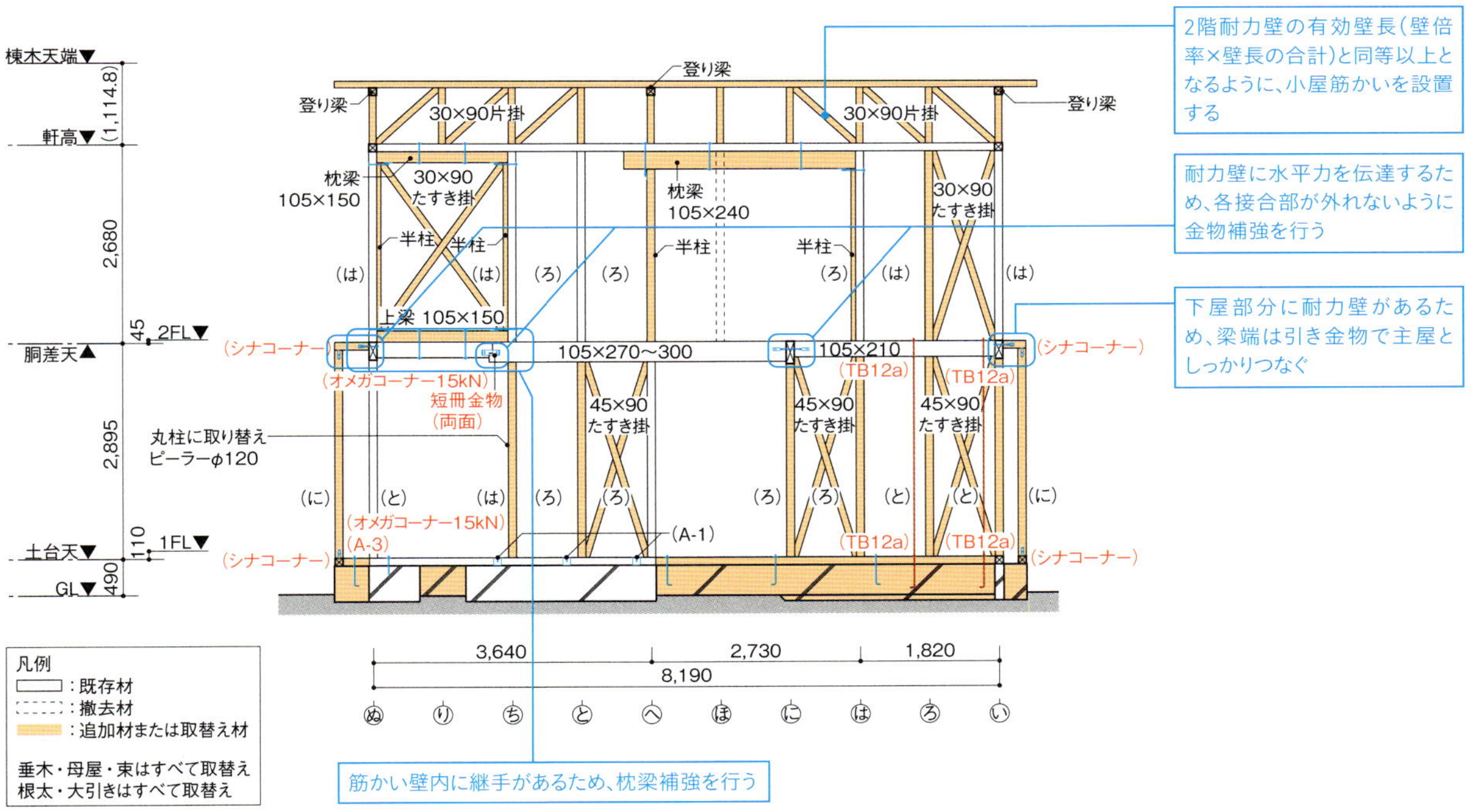
2階耐力壁の有効壁長（壁倍率×壁長の合計）と同等以上となるように、小屋筋かいを設置する
耐力壁に水平力を伝達するため、各接合部が外れないように金物補強を行う
下屋部分に耐力壁があるため、梁端は引き金物で主屋としっかりつなぐ
筋かい壁内に継手があるため、枕梁補強を行う
棟木天端▼
軒高▼
(1,114.8)
2,680
45
2FL▼
胴差天▲
2,895
土台天▼
110
1FL▼
GL▼
490
登り梁
30×90片掛
枕梁105×150
30×90
たすき掛
枕梁105×240
半柱
(は)
(ろ)
上梁 105×150
(シナコーナー)
105×270〜300
105×210
(TB12a)
(オメガコーナー15kN)
短冊金物
(両面)
45×90
たすき掛
丸柱に取り替え
ピーラーφ120
(に)
(と)
(オメガコーナー15kN)
(A-3)
(A-1)
3,640
2,730
1,820
8,190
ぬ り ち と へ ほ に は ろ い
凡例
：既存材
：撤去材
：追加材または取替え材
垂木・母屋・束はすべて取替え
根太・大引きはすべて取替え

図12 新設基礎　部分断面詳細図　S=1:20

●外周部

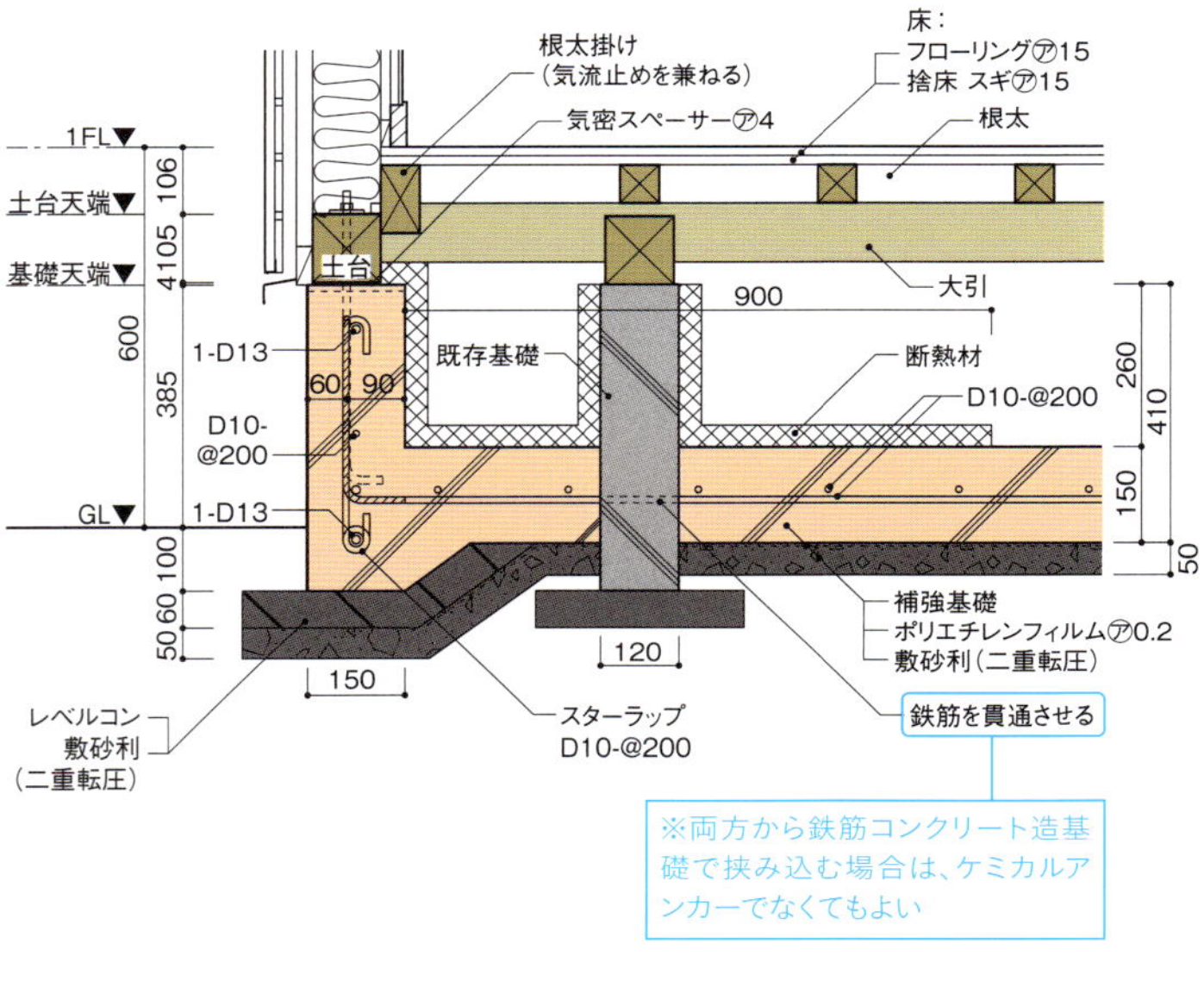

※補強基礎に土台が載る場合は、スペーサーを使用する
・気密スペーサー：外周部、玄関廻り、浴室廻り
・内基礎用スペーサー：上記以外
不陸のある箇所には調整板を使用して気密を確保する

・内部立上り

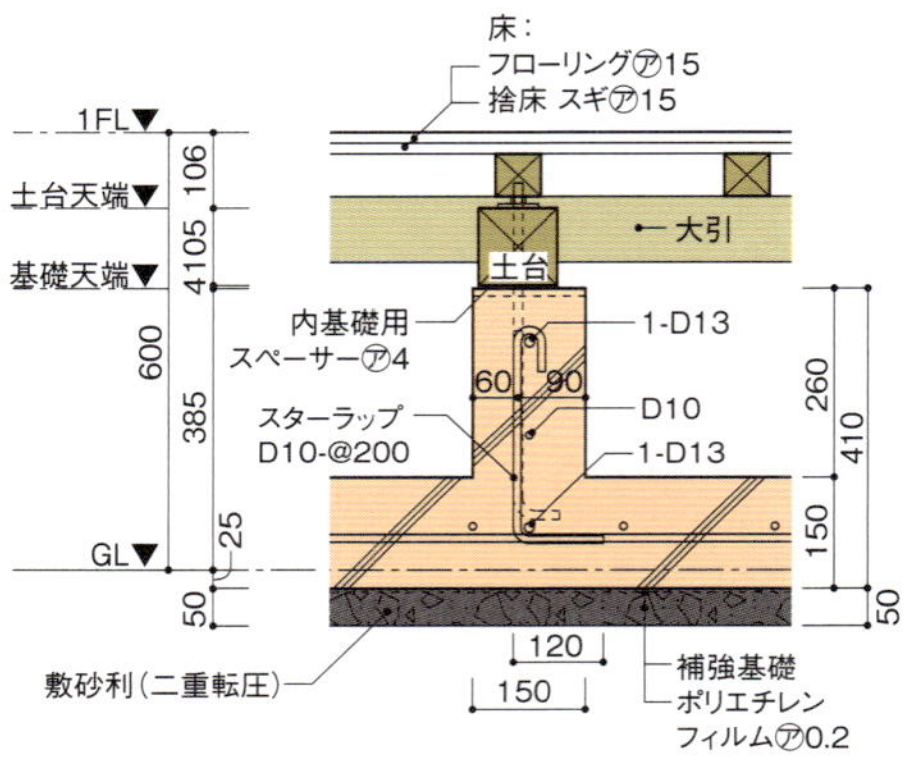

図13 補強基礎　部分断面詳細図　S=1:20

●外周部（標準）

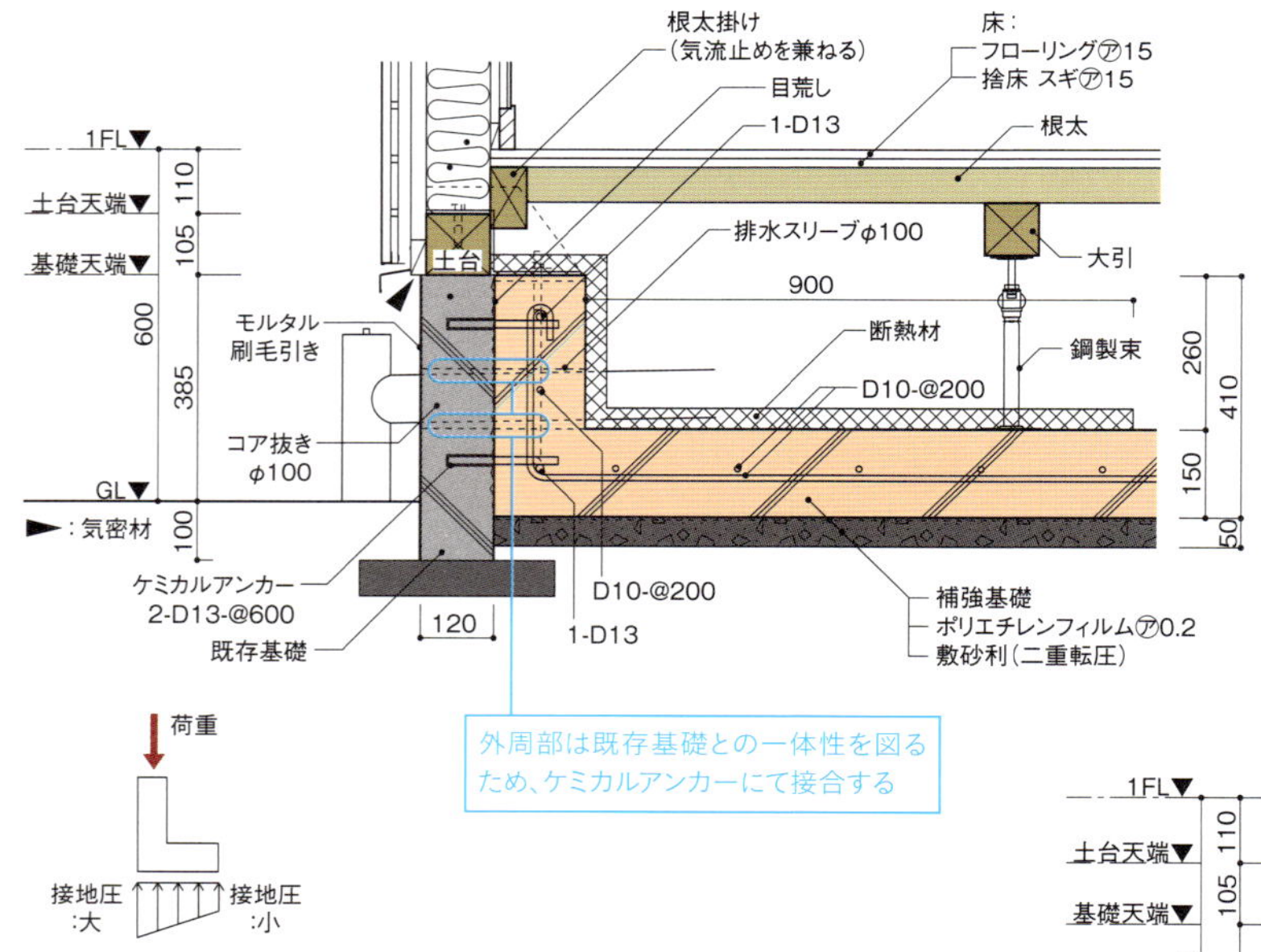

揚屋を行わず既存基礎を残したままとする場合は、新設基礎の根入れは既存基礎よりも深くすることはできない[既存基礎の沈下を防ぐため]。
L形の布基礎形状とすることも考えられるが、偏心基礎の場合、接地圧の偏りに注意が必要。したがって、
①建物全体の平面形を保持すること
②T形梁とすることで、立上りの小さい基礎梁の剛性を少しでも向上させること
③局部的な沈下を防ぐこと
などを考えると、建物内部全体に鉄筋コンクリートスラブを設けたほうがよい

・換気口部分

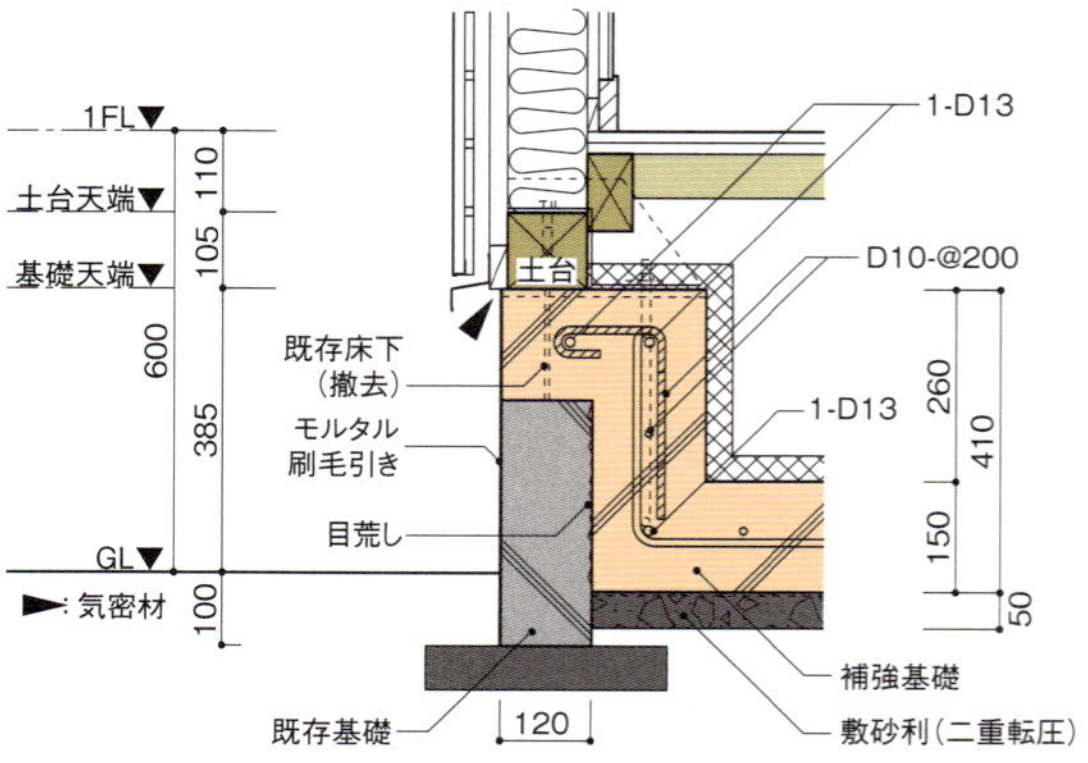

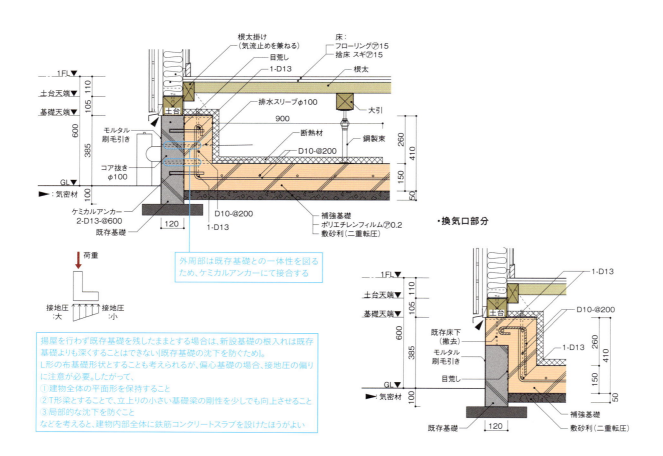

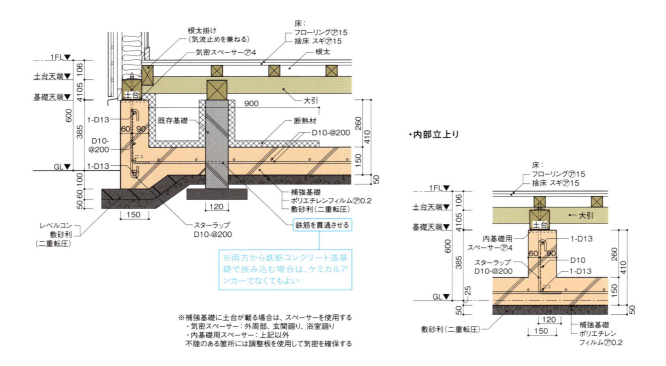

図14 柱脚接合方法

[A-1]接合仕様:(ろ)〜(は)

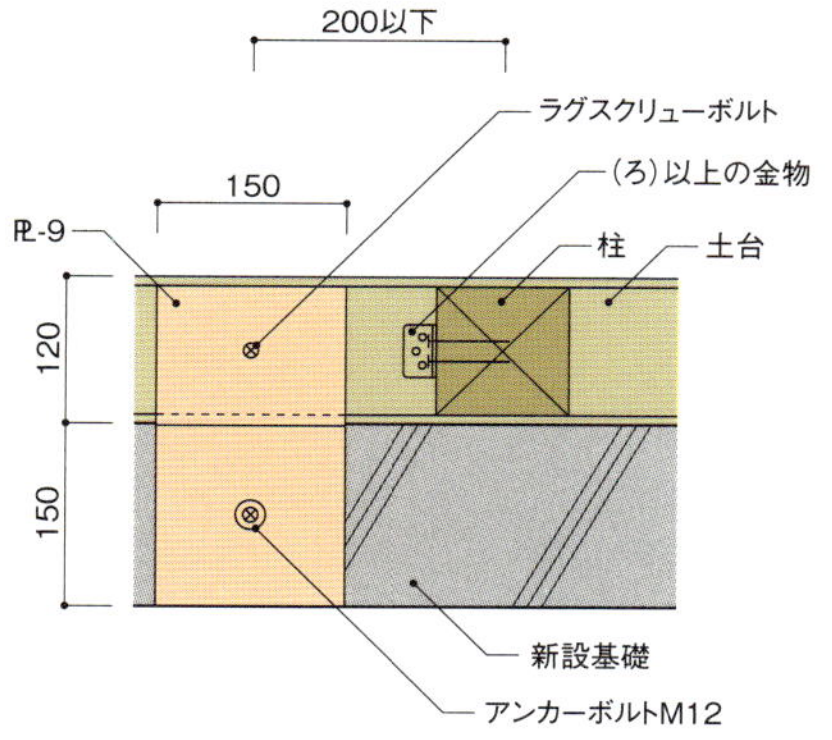

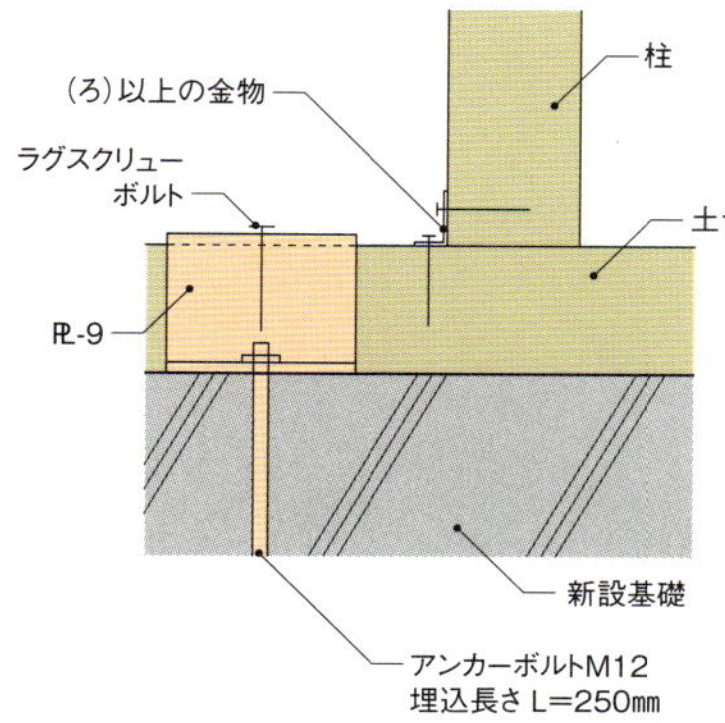

告示1460号の(は)相当
短期許容引抜耐力:6.3kN

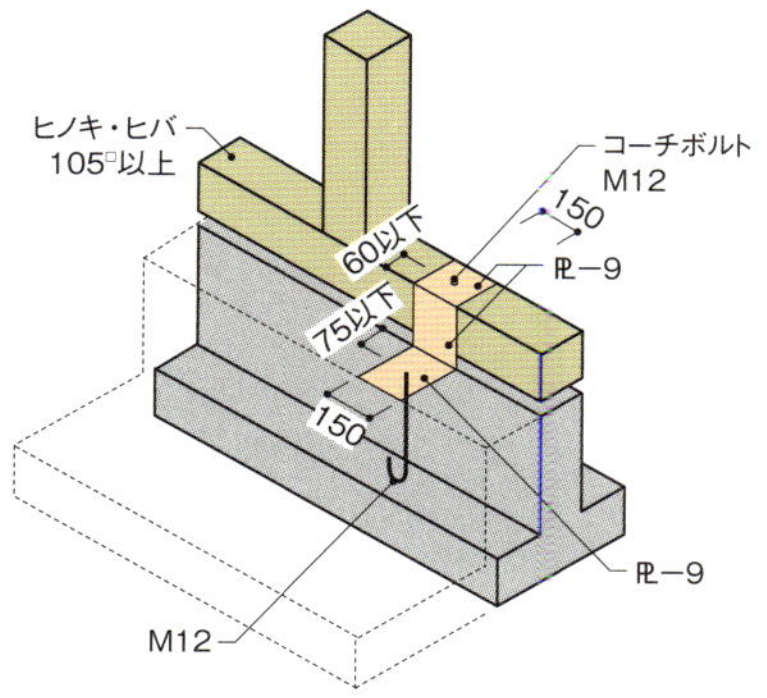

[A-2]接合仕様:(に)

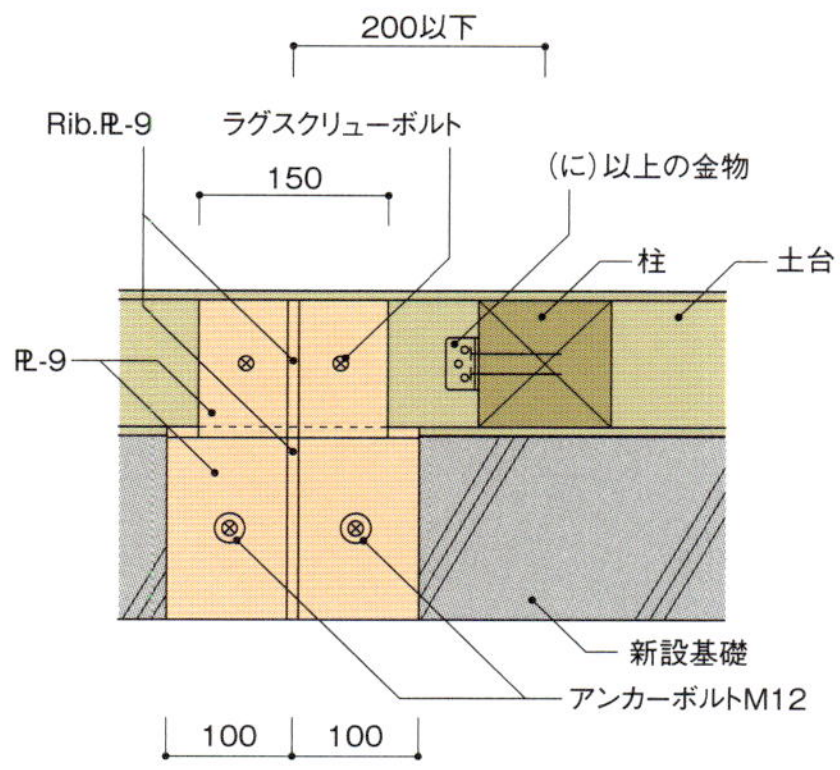

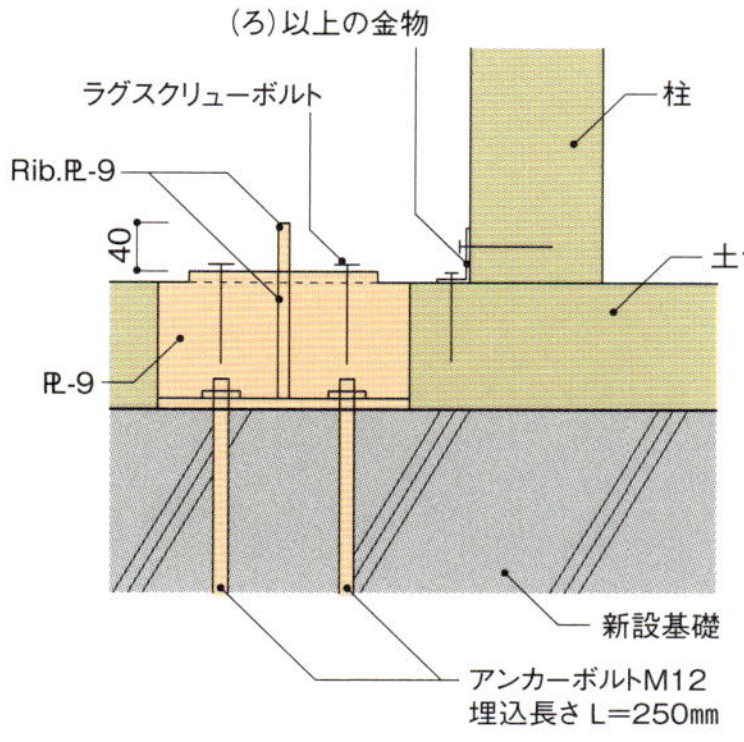

告示1460号の(と)相当
短期許容引抜耐力:15kN

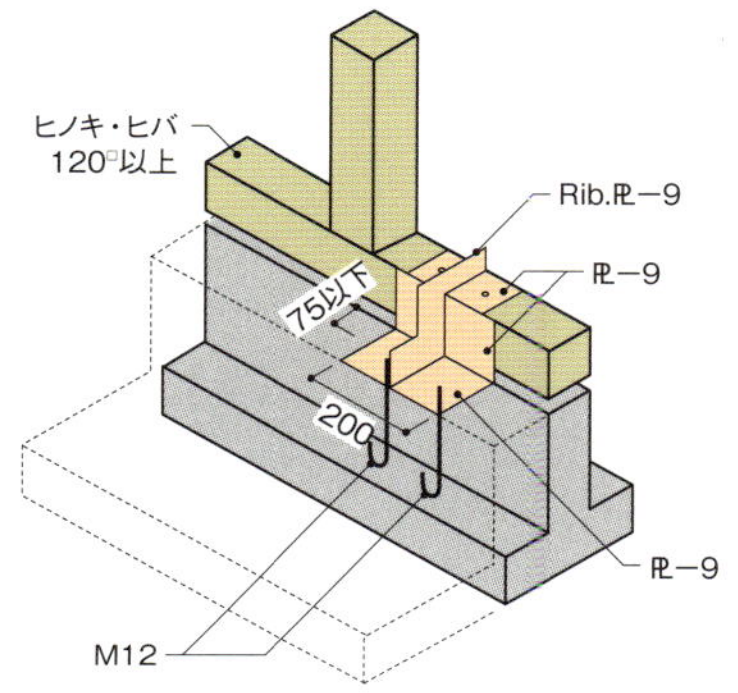

[A-3]接合仕様:(と)、出隅(に)

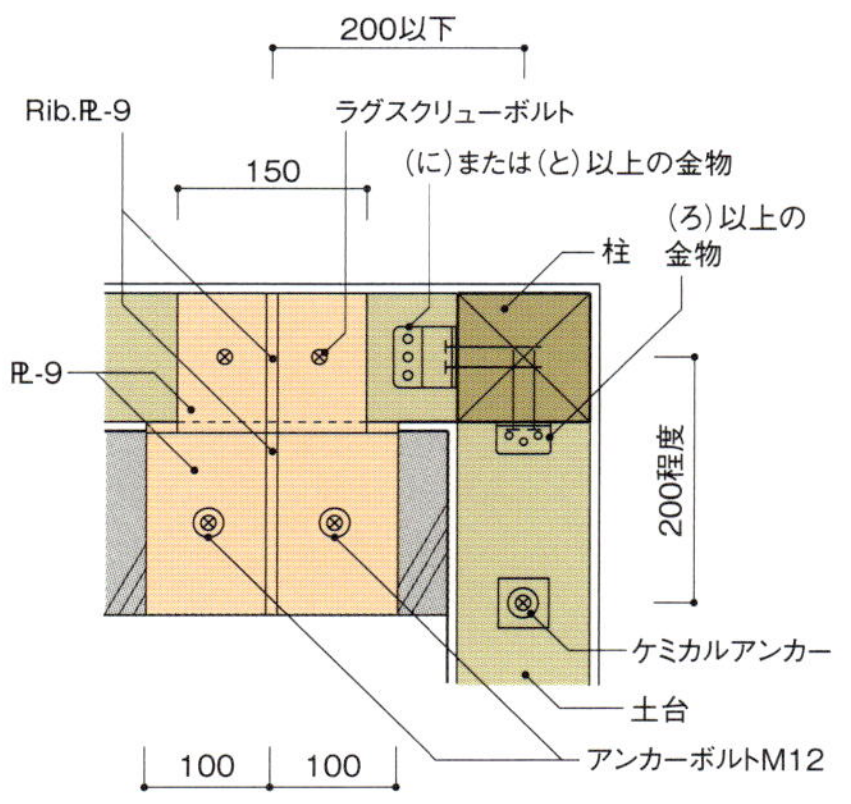

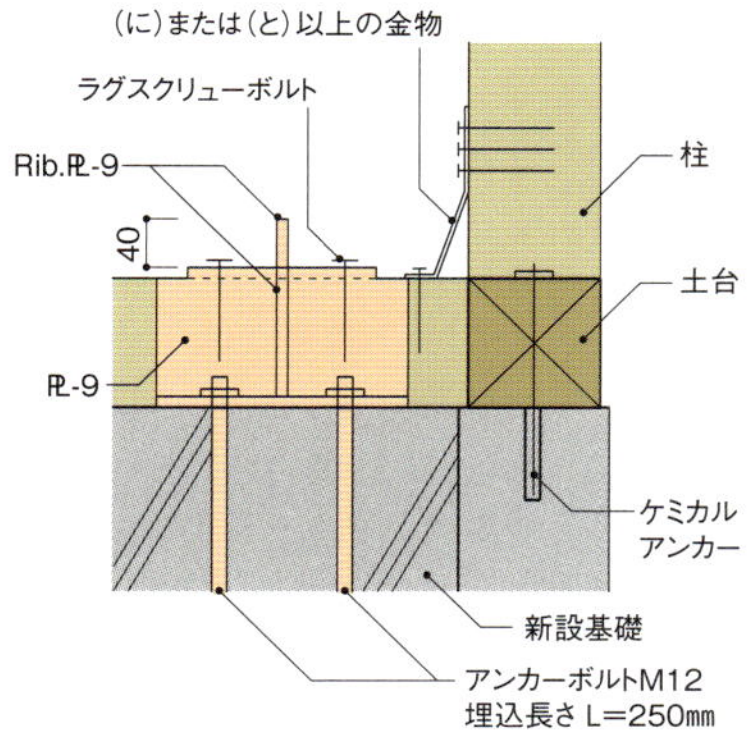

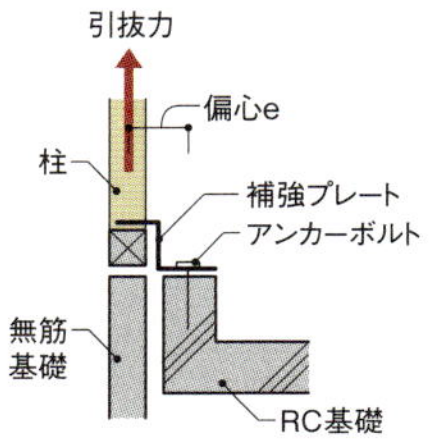

補強プレートには偏心荷重がかかることになるため、板厚を厚くしたり、リブプレートを設ける必要がある

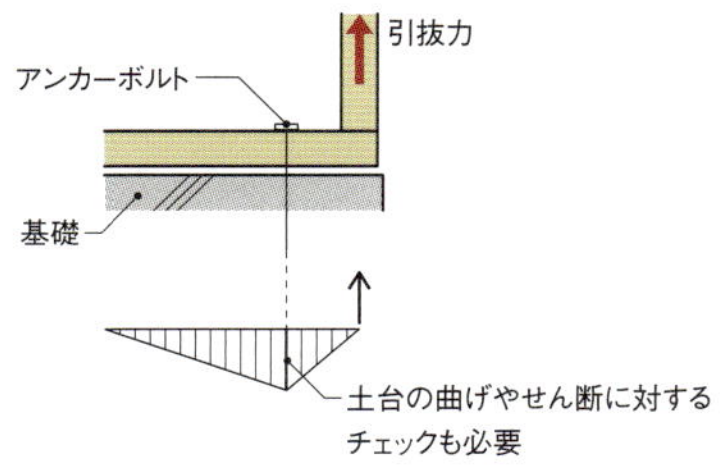

『ヤマベの木構造 新版DVD付』125頁表3より、土台105角(ヒノキ)・アンカーボルトM12の許容せん断耐力は13.38kN
→N=13.38／5.3=2.5
の引抜力まではOK。これを超える場合は、柱と基礎を直接つなぐようにする

5
改修事例

02

改修事例2 江戸時代に建てられた住宅

江戸時代に建てられてから、曳家や増改築を行い住み継がれてきた住宅の大改修事例である。歴史を重ねた建設当初材を残しながら構造性能を向上させる補強計画の要点と、施工時のポイントについて解説する。

図1 現状の診断結果

建物概要

所在地	埼玉県所沢市
建築年	1672(寛文12)年　※1945年以降、修繕履歴あり
構造	木造 平屋建て
屋根	大屋根：茅葺の上に瓦型の鋼板 下　屋：鋼板瓦棒葺
外壁	西側(座敷)：漆喰壁＋下見板張り 東側(ダイニング)：金属サイディング張り
規模	床面積　1階：165.62㎡ 軒高さ：3.00m　最高高さ：6.50m
図面等	保存図書なし、 現地調査にて平面図、立面図、断面図、伏図を作成
構造的特徴・状況	
建物形状等	入母屋＋寄棟屋根、北西側は切妻屋根 約11.83m x 15.47mの長方形の平屋建て 西側に5つの座敷(12畳x2、8畳、6畳、5畳) 東側の洋室、ダイニング、水廻りは段階的に改修済 南側に玄関と広縁、北西側に離れのトイレあり
地盤	台地・丘陵地とともに河川による谷地が大小入り組む地形 GL-0.9mまでは改変土、以深は粘性土で構成された地層
基礎	外周：のべ石基礎と布基礎 内部：玉石基礎(改修によるコンクリートの束石あり) 中央にピット状の土間コン(6.37m x 4.55m)あり
軸組	在来軸組構法 柱：4寸角程度
耐力壁	西側(座敷)は土壁(＋漆喰塗)、東側(ダイニング)は石膏ボード
水平構面	大屋根は茅葺の合掌構造、接合は木組みを縄で固定 下屋屋根下地は無垢板張り(部分的に合板張り)、垂木@455
接合部	接合金物なし

診断結果に対する考察

上部構造

- 全体的に上部構造評価点が0.5を下回り、耐震性が低い。築300年以上の間に増改築が度々行われているが、耐震補強はなされていない。
- 座敷間の間仕切がほとんど襖か板戸で壁が少ない。
- 茅葺屋根が残っており、非常に重い屋根であることも低評価となる原因のひとつである。
- 柱梁ともに接合金物は確認できず、引抜力に対する接合耐力が不足している。

基礎

- 基礎形状は建築年代ごとに異なり、いずれもアンカーボルト等は見られない。
- 南側布基礎にひび割れあり。
- 敷地は周辺に比べて低く、雨水が溜まりやすい地形のため、床下は湿気がちで土間コンのひびわれも多く、床の不陸がみられる。

建物諸元

階数	平屋建て	
建物の仕様	茅葺屋根	非常に重い建物
形状割増係数	短辺6m以上	1.0
基礎の仕様	玉石基礎	基礎III
床の仕様	火打なし	床III
接合部の仕様	釘・かすがい	接合部IV

現状の上部構造評点(一般診断)

階	方向	必要耐力 Qr(kN)	壁・柱の耐力 Qu(kN)	低減係数 eKfl	劣化度 dK	保有耐力 edQu=Qu×eKfl×dK(kN)	上部構造評点 edQu／Qr	判定
1F	X	106.00	39.73	0.75	0.90	26.82	0.25	IV
	Y	106.00	37.66	1.00	0.90	33.89	0.32	IV

判定評価基準

判定	評点	評価
I	1.5以上	倒壊しない
II	1.0～1.5	一応倒壊しない
III	0.7～1.0	倒壊する可能性がある
IV	0.7未満	倒壊する可能性が高い

注)．現状の一般診断は、(一社)住宅医協会が行った結果による

現状建物写真

写真1　外観。屋根は瓦型の銅板葺きとなっている

写真2　小屋組の状況。扠首組の上にカヤが載っている

写真3　基礎の状況(解体後)。当初材の軸組は玉石の上に柱が載り、地貫をまわす形式が主体となっている

●平面図

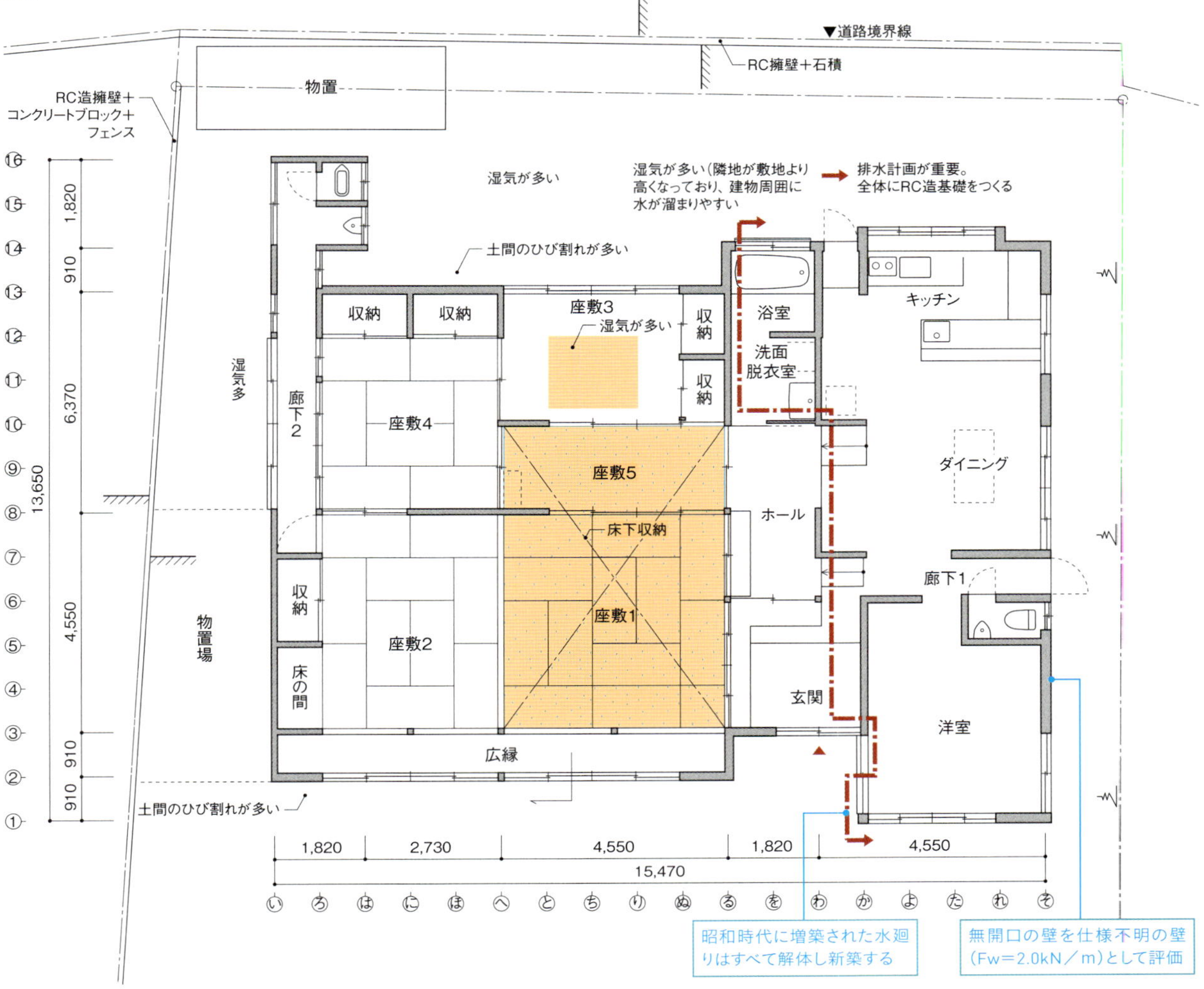

写真1 敷地の北東部分の状況。北側(左)の道路面が高く、東側(正面)の斜面も建物側が低くなっているため、雨水が溜まりやすい

●断面図

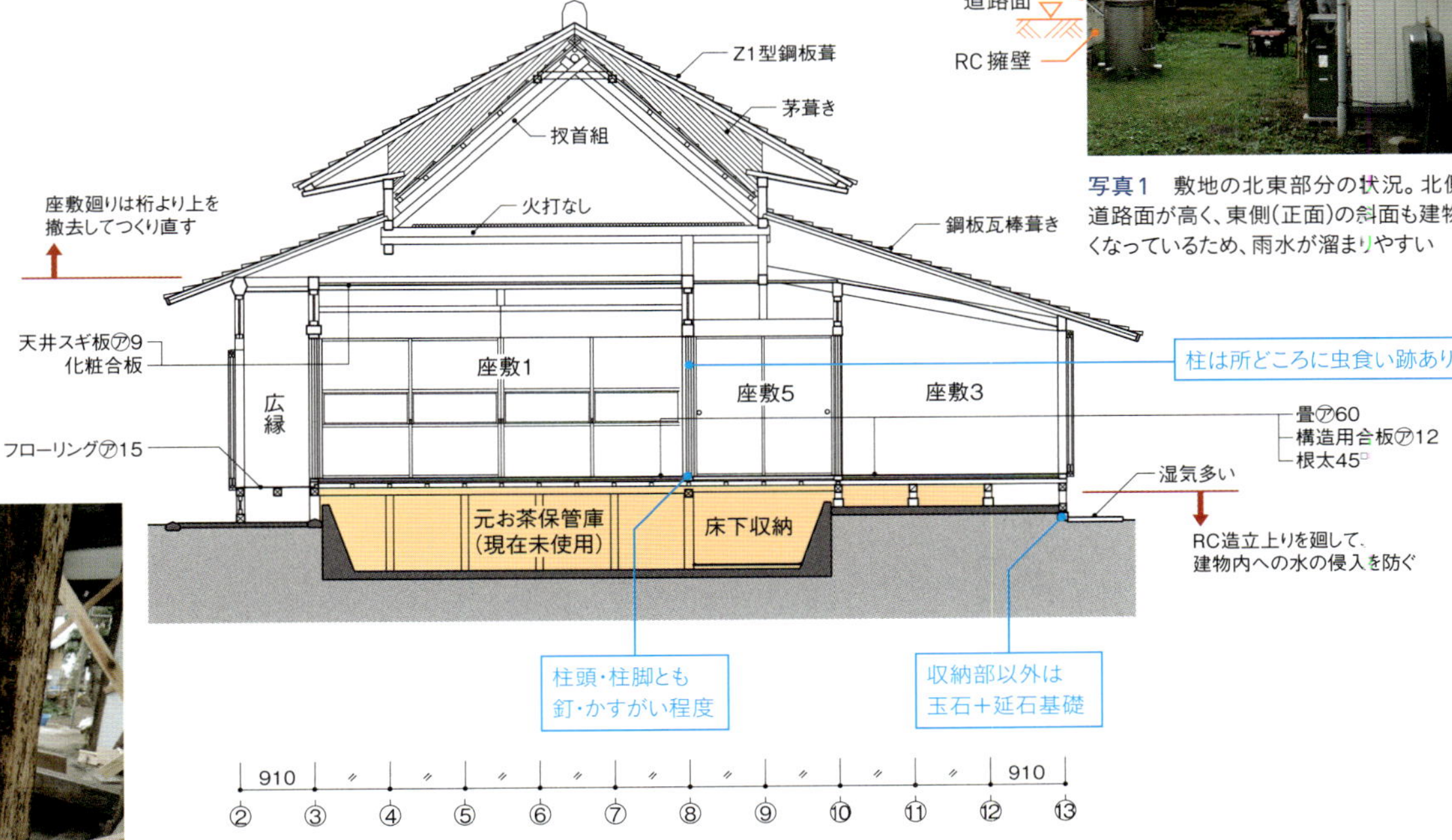

写真2 虫食い跡が目立つが、4面を金槌で叩くと硬く詰まった高音がしたため、そのまま使用することとした

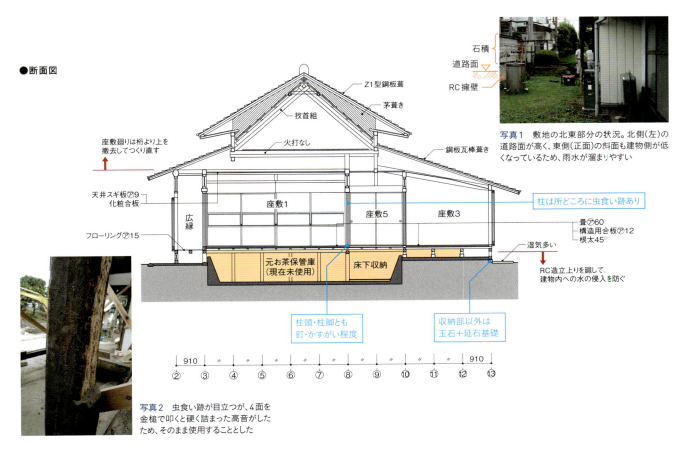

表　改修概要と壁量

改修概要

・最も歴史が古い座敷廻りは既存材をできる限り残す。
・後世の増築である台所等の水廻りは撤去して新築する。
・2階を増築する。
・屋根は全て改修し、鋼板葺きとして建物の軽量化を図る。
・雨水の建物内への侵入を防ぐため、全面的にRC造の基礎を新設する。
　ただし、工期と費用に考慮して、揚屋は行わない。（現状レベルのまま基礎を新設する）
　また、外周部は立ち上がりを設けるほかに土間コンも打設して、排水処理を徹底する。

・極力、耐震性を高めておきたいとのご希望で、耐震等級3相当を目標とする。
・2階を増築するため、改修後の耐震性は一般診断ではなく、壁量計算で評価する。
・耐力壁、水平構面ともに面材を用いる。（構造用合板かJパネルとする）
・主要な接合部はDボルトを使用する。
・柱頭柱脚の接合方法は、N値計算により決定する。
・柱脚部は、ほとんど腐朽しているため切断し、土台を設ける。
・2階の外壁線の直下には柱を設置する。（柱がある軸組上に2階を載せる）
　※セットバック形状となるため、以下の点に留意する。
　　① 2階出隅柱の下は1階柱を設けて、鉛直支持性能を確保する。
　　② 耐力壁は負担荷重に応じた配置とする。2階が載る範囲の周辺に多く配置する。
　　③ 2階と1階の耐力壁線がずれる箇所は、水平構面および梁の接合補強を行う。

改修後の壁量算定結果

・地震力に対する検討

階	方向	存在壁量（m）	床面積（㎡）	令46条第4項（軽い屋根、2階建て）				品確法（耐震等級3）			
				係数（m/㎡）	必要壁量（m）	充足率	判定	係数（m/㎡）	必要壁量（m）	充足率	判定
2	X	23.89	69.56	0.15	10.43	2.29	OK (≧1.0)	0.33	23.21	1.03	OK (≧1.0)
	Y	25.03				2.40	OK (≧1.0)			1.08	OK (≧1.0)
1	X	63.49	215.45	0.29	62.48	1.02	OK (≧1.0)	0.32	69.07	0.92	NG (<1.0) ※
	Y	71.63				1.15	OK (≧1.0)			1.04	OK (≧1.0)

※ 準耐力壁を見込めば、充足率は1.0以上となる。

・風圧力に対する検討

階	方向	存在壁量（m）	見付面積（㎡）	令46条第4項				品確法（耐風等級2、V_0=32m/s）			
				係数（m/㎡）	必要壁量（m）	充足率	判定	係数（m/㎡）	必要壁量（m）	充足率	判定
2	X	23.89	8.37	0.50	4.19	5.71	OK (≧1.0)	0.60	5.02	4.76	OK (≧1.0)
	Y	25.03	23.06		11.53	2.17	OK (≧1.0)		13.84	1.81	OK (≧1.0)
1	X	63.49	41.70	0.50	20.85	3.05	OK (≧1.0)	0.60	25.02	2.54	OK (≧1.0)
	Y	71.63	64.66		32.33	2.22	OK (≧1.0)		38.80	1.85	OK (≧1.0)

1階に対して2階の床面積が小さいため、（総2階を想定している）令46条第4項の壁量を満足すると、ほぼ品確法の耐震等級3相当の耐力が得られる結果となった。

図2 改修案平面図

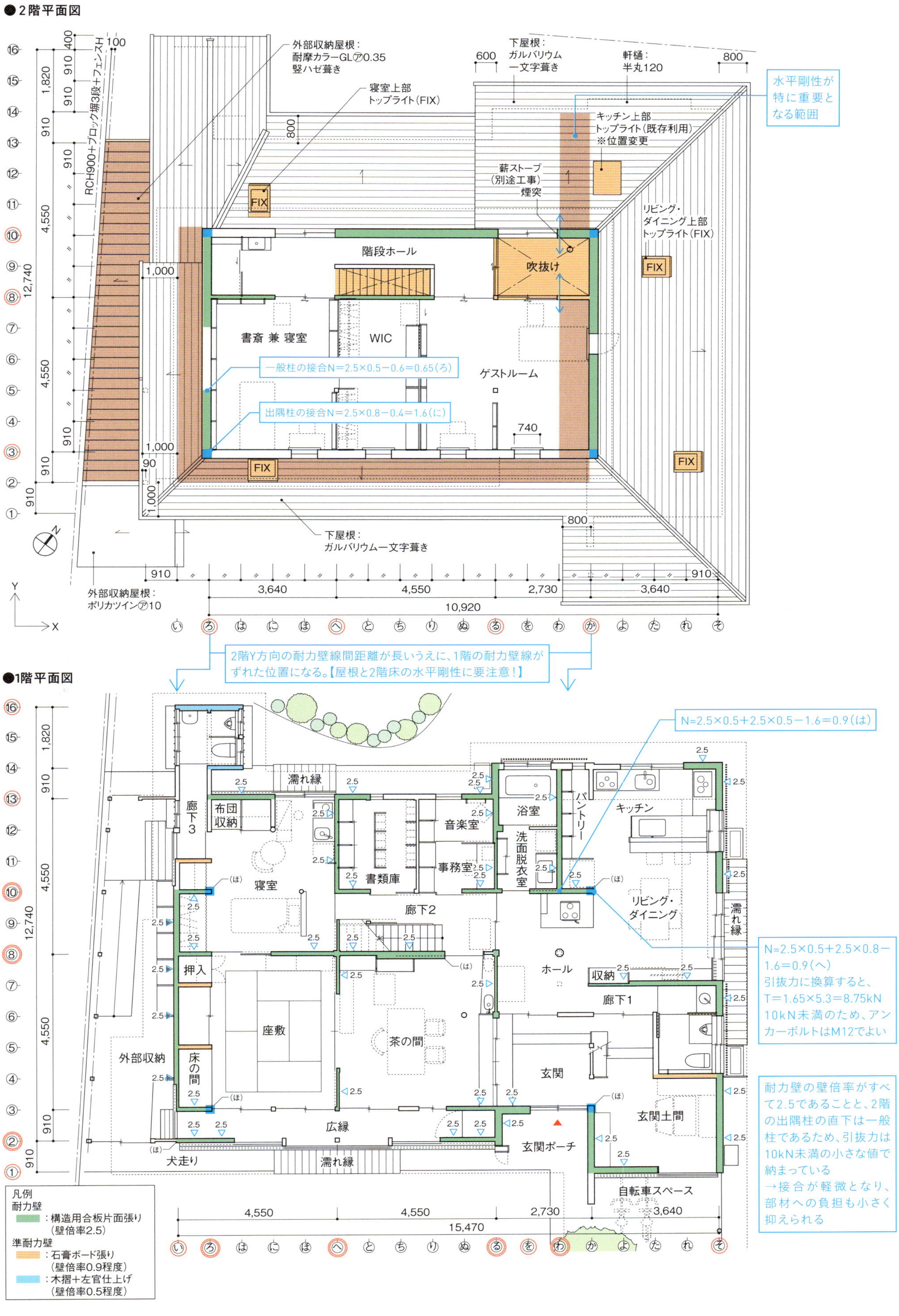
●2階平面図
外部収納屋根：
耐摩カラーGL㋐0.35
竪ハゼ葺き
寝室上部
トップライト(FIX)
下屋根：
ガルバリウム
一文字葺き
軒樋：
半丸120
水平剛性が
特に重要と
なる範囲
キッチン上部
トップライト(既存利用)
※位置変更
薪ストーブ
(別途工事)
煙突
リビング・
ダイニング上部
トップライト(FIX)
RCH900+ブロック塀3段+フェンスH
階段ホール
吹抜け
書斎 兼 寝室
WIC
ゲストルーム
一般柱の接合N=2.5×0.5−0.6=0.65(ろ)
出隅柱の接合N=2.5×0.8−0.4=1.6(に)
FIX
下屋根：
ガルバリウム一文字葺き
外部収納屋根：
ポリカツイン㋐10
3,640
4,550
2,730
3,640
10,920
12,740
2階Y方向の耐力壁線間距離が長いうえに、1階の耐力壁線がずれた位置になる。【屋根と2階床の水平剛性に要注意！】
●1階平面図
N=2.5×0.5+2.5×0.5−1.6=0.9(は)
濡れ縁
布団収納
廊下3
寝室
書類庫
音楽室
事務室
浴室
洗面脱衣室
パントリー
キッチン
リビング・ダイニング
廊下2
ホール
収納
廊下1
押入
座敷
茶の間
床の間
外部収納
玄関
玄関土間
広縁
玄関ポーチ
犬走り
濡れ縁
自転車スペース
N=2.5×0.5+2.5×0.8−1.6=0.9(へ)
引抜力に換算すると、
T=1.65×5.3=8.75kN
10kN未満のため、アンカーボルトはM12でよい
耐力壁の壁倍率がすべて2.5であることと、2階の出隅柱の直下は一般柱であるため、引抜力は10kN未満の小さな値で納まっている
→接合が軽微となり、部材への負担も小さく抑えられる
4,550
4,550
2,730
3,640
15,470
凡例
耐力壁
：構造用合板片面張り
(壁倍率2.5)
準耐力壁
：石膏ボード張り
(壁倍率0.9程度)
：木摺+左官仕上げ
(壁倍率0.5程度)

図3 改修案立面図

●南側立面図

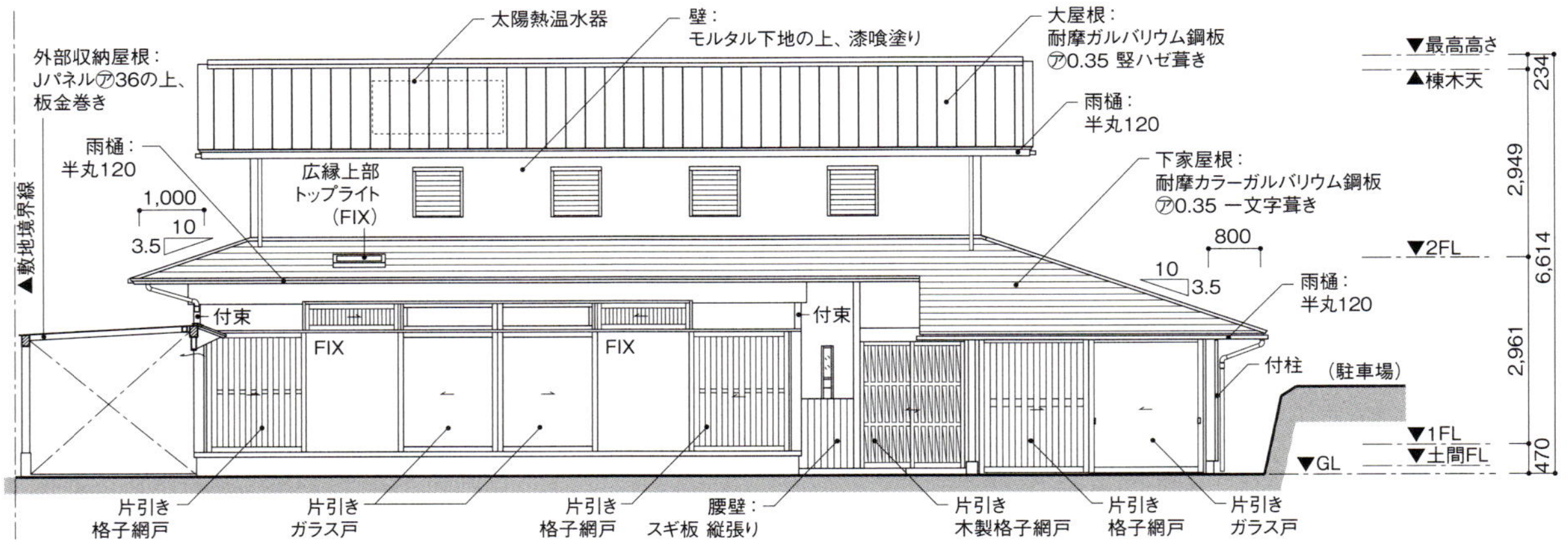

写真　竣工後外観

●東側立面図

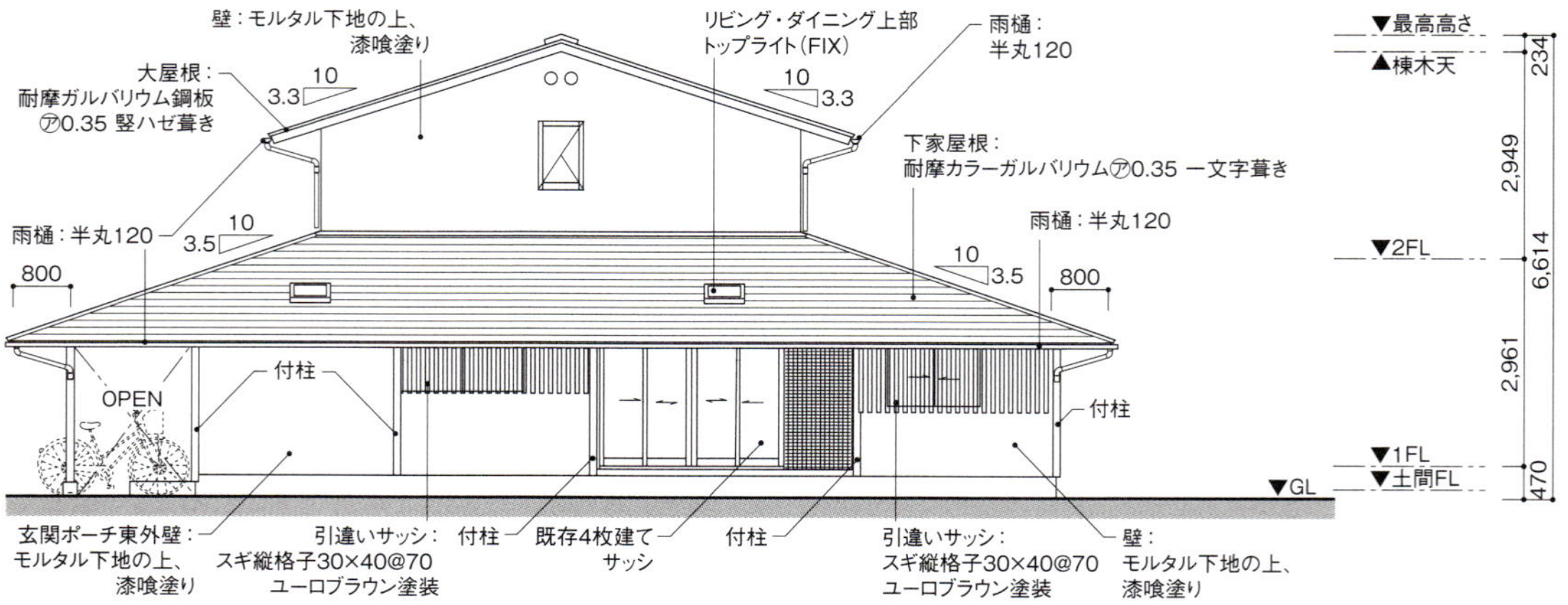

図4 改修案断面図

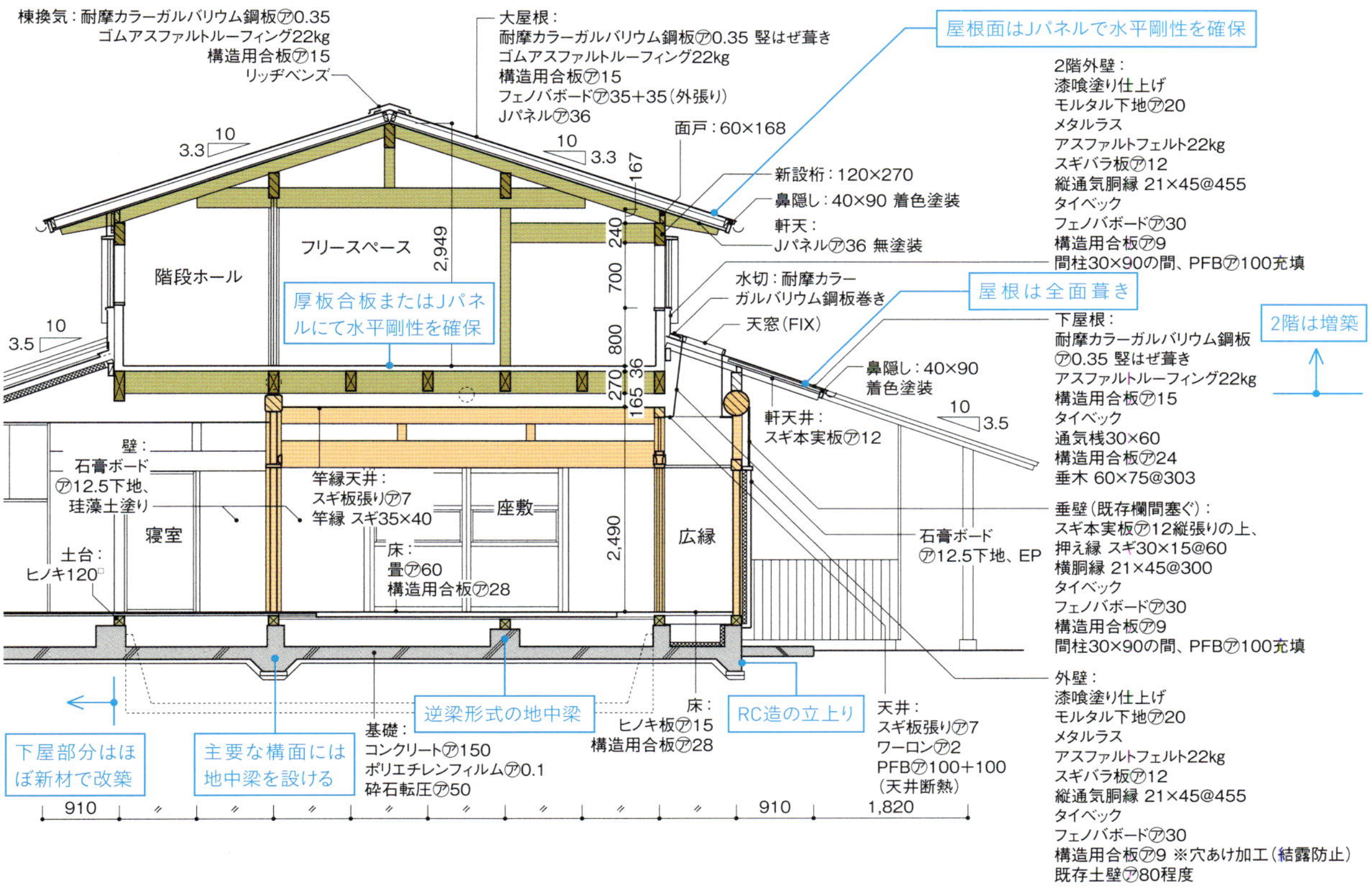

図5 基礎断面詳細図

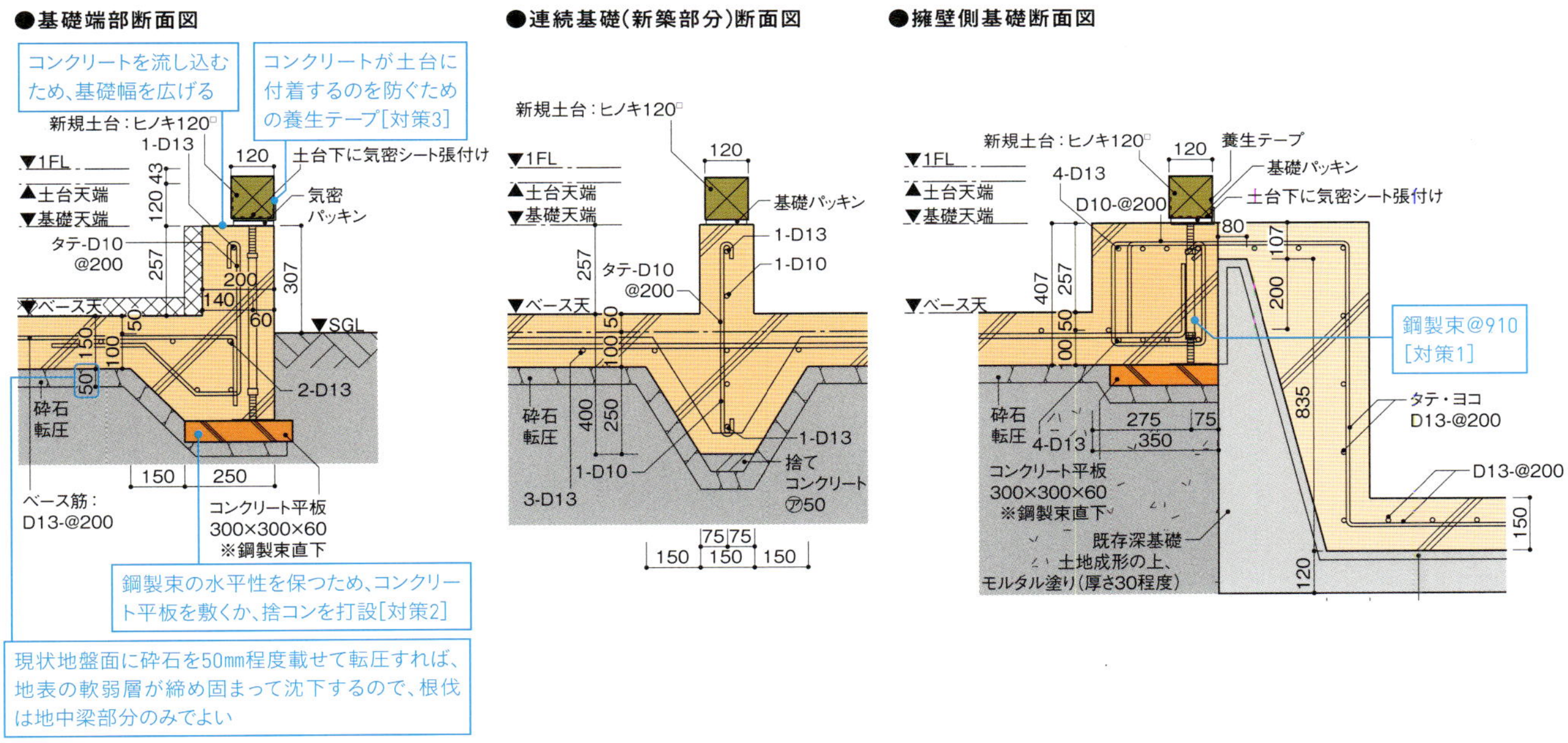

写真3 外周の基礎配筋状況

写真2 上部の仮筋かいのほかに、ピット部分から土台に向けた仮筋かいも設置

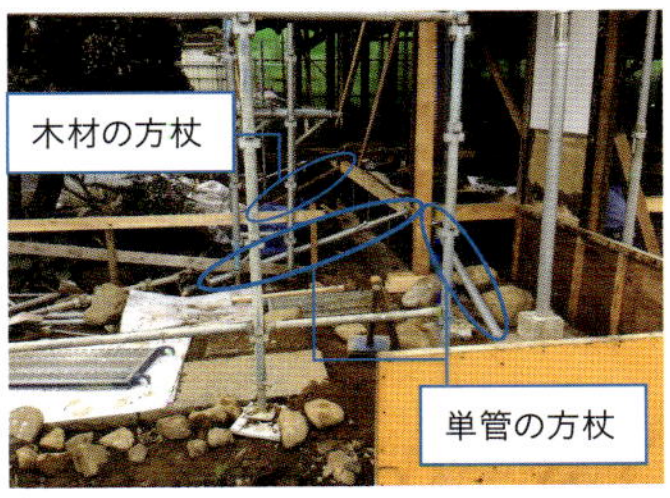

写真1 外周部から基礎部分の施工中の横揺れに抵抗する仮筋かいを設置

図6 基礎の計画と施工について

●基礎伏図

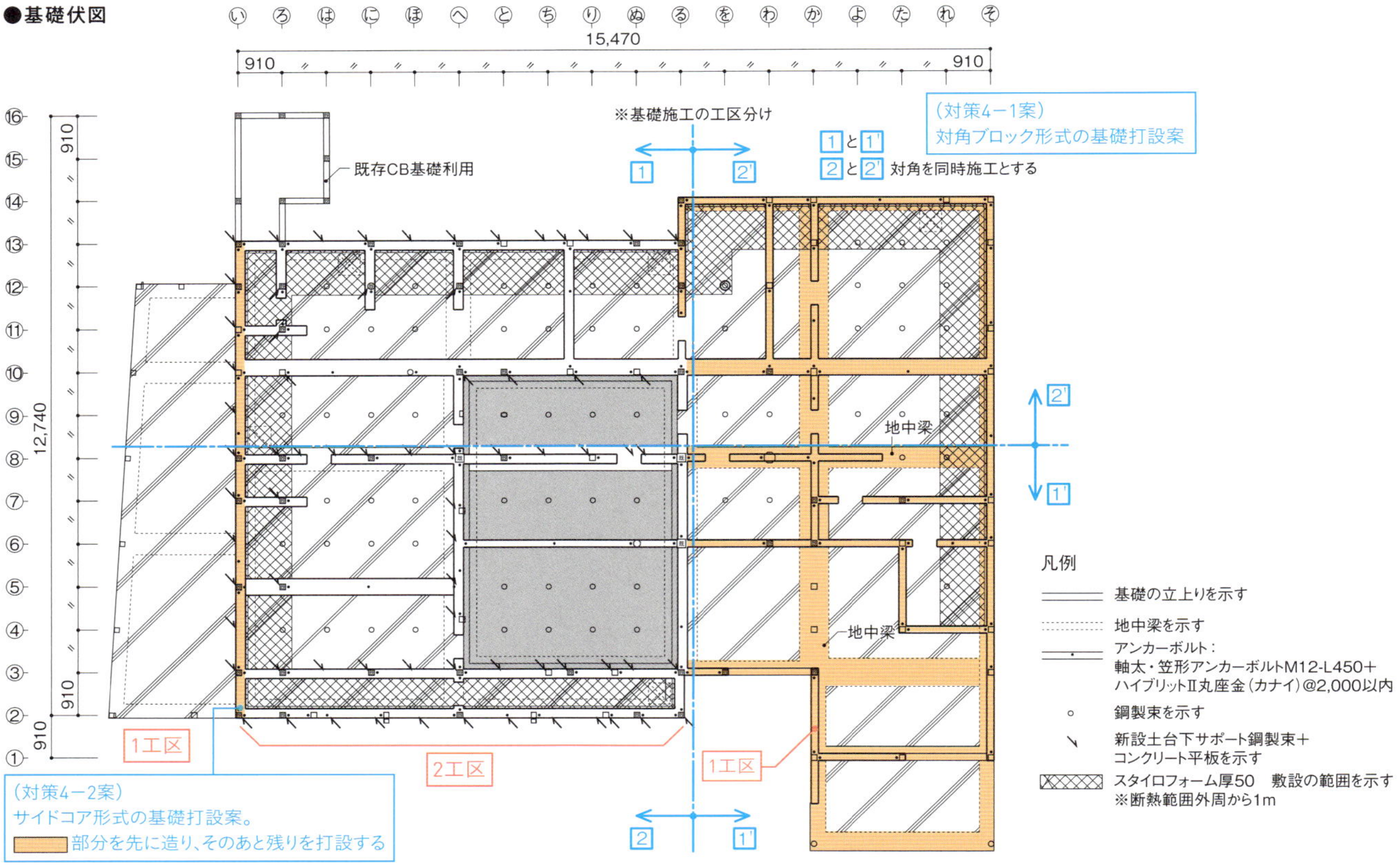

写真7　基礎の天端仕上り状況

写真6　基礎の完成状況。養生テープはコンクリートが乾燥してからはがす

写真5　立上り部分のコンクリート打設状況。慎重に天端をならしながら、コンクリートのレベルを調整する

写真4　スラブコンクリートの打設。土台にセメントペーストが付着しないように、養生テープを張っている

改修工事費に最も影響するのは、基礎の補強と揚屋の要否である。今回の改修では、排水処理と構造耐力向上の両方の観点から、建物全体にRC造の立上りをもつベタ基礎を造ることにした。162～175頁で取挙げた事例1のように、無筋でも基礎があれば、揚屋をせずに補強することは可能である。しかし本件のように玉石や延石基礎の場合は、基礎を打設するために揚屋や曳屋を行うのが一般的で、改修費用が非常に高額となる。数々の住宅改修を手掛けてきた本件の意匠設計者は、「揚屋を行わずにしっかりとしたRC基礎を造る」ことを大命題としており、その中で鋼製束を仮サポートに使う方法の提案があった。

鋼製束は大引の下に設置するもので、安価で入手しやすく、レベル調整も可能である。また太さもφ30程度なので、そのまま基礎コンクリートの中に埋設してもよいが、この方法を採用する場合に考えられる構造的な問題点として、以下のようなことが挙げられる。

1)鋼製束は径が細いぶん座屈しやすいため、鉛直支持力に対する注意が必要。
2)接地面が土のままであると、めり込んだりして転倒しやすい。
3)生コンが木材に付着すると、そこから腐食しやすい。
4)コンクリートが固まる、あるいは型枠が設置されるまでは、不安定構造となる。

基礎の施工手順

1. 根切
2. 敷砂利転圧
3. 土台を敷く範囲に捨てコンを打設
4. 仮サポート設置して柱を切断
5. 土台を下から差し込み、鋼製束を設置し、レベル調整
6. 土台部分に方杖（仮筋かい）設置
7. 土台下に養生テープと基礎パッキン取り付け
8. 配筋およびアンカーボルトを設置
9. スラブと地中梁のコンクリート打設
10. 立上り部分の型枠設置
11. 立上り部分のコンクリート打設
12. コンクリートが乾燥したら、養生テープを剥がす

そこで、以下のような対策を行った。

対策1) 使用する鋼製束は、カタログ等に圧縮耐力が記載されているものを選び、設置個所は柱の直下と、土台の下は910間隔程度とした(181頁図5、写真3)。

対策2) 水平性を確保するために、厚み60 x 300角のコンクリート平板を予め置くこととした。実際の施工では捨てコンを打つこととした(181頁図5、写真3)。

対策3) 土台に養生テープを貼り、コンクリートの付着を防ぐ(181頁図5)。実際には、すでに土台があり天端押さえやモルタル調整が行えないため、隙間が空かないようにコンクリートの沈下量ぶん余盛をするほか、バイブレーターで十分に締固めるなど、かなり高度な施工精度が要求される(写真3､4)。このような施工性に配慮して、基礎巾は200以上とした(181頁図5)。

対策4) 施工中は不安定構造であるため、この間に地震や暴風に見舞われたときに倒壊しないよう注意する必要がある。X・Yどちらの方向から水平力がかかっても、ねじれないようにするため、2工区に分けて基礎を打設する方法を考えてみた。

第1案は、全体の軸組を残す場合に、全体を4分割(縦、横それぞれ2分割)し、対角のブロックを一組として、一方は既存基礎を残したまま、もう一方を新設する方法である(上図案1)。

第2案は、東側は全て撤去し新設するということになったため、新設部分と、西側い通りの基礎を先行して打設する、サイドコア形式の方法である(上図案2)。

どちらの方法も、しっかりした基礎に不安定部分の水平力を伝達するため、土台どうしをボルトや金物でつないでおくことがポイントとなる。

第3案は新築工事と同様に工区分けせずに全体をスラブと立上りの2回に分けて打設する方法である。実際には工期が短いうえ、ポンプ車を置ける範囲が限られるため、第3案を採用した。この場合、立上りを打設するまでの間は不安定構造となるため、仮筋かいを上部の軸組だけでなく基礎まわりにも設置する必要がある。本件では建物の外周部は単管や端太角などの方杖を土台に向けて支えるほか(158頁写真1)、床下収納ピット部分にも方杖設置して対応している(158頁写真2)。

なお地盤は地形図を調べるほか、改修設計時にスウェーデン式サウンディング試験を行って2階建て程度であれば問題ない地耐力であることを確認した。ただし、地表面は湿気がちで柔らかい部分もあるため、敷砂利を行う際に十分転圧することとした。

また1階の床下部分は湿気がこもりやすく、根腐れも生じているため、既存の根太受け貫より下は切断して、土台を設置している。

図7 小屋組と2階床改修案

●屋根伏図

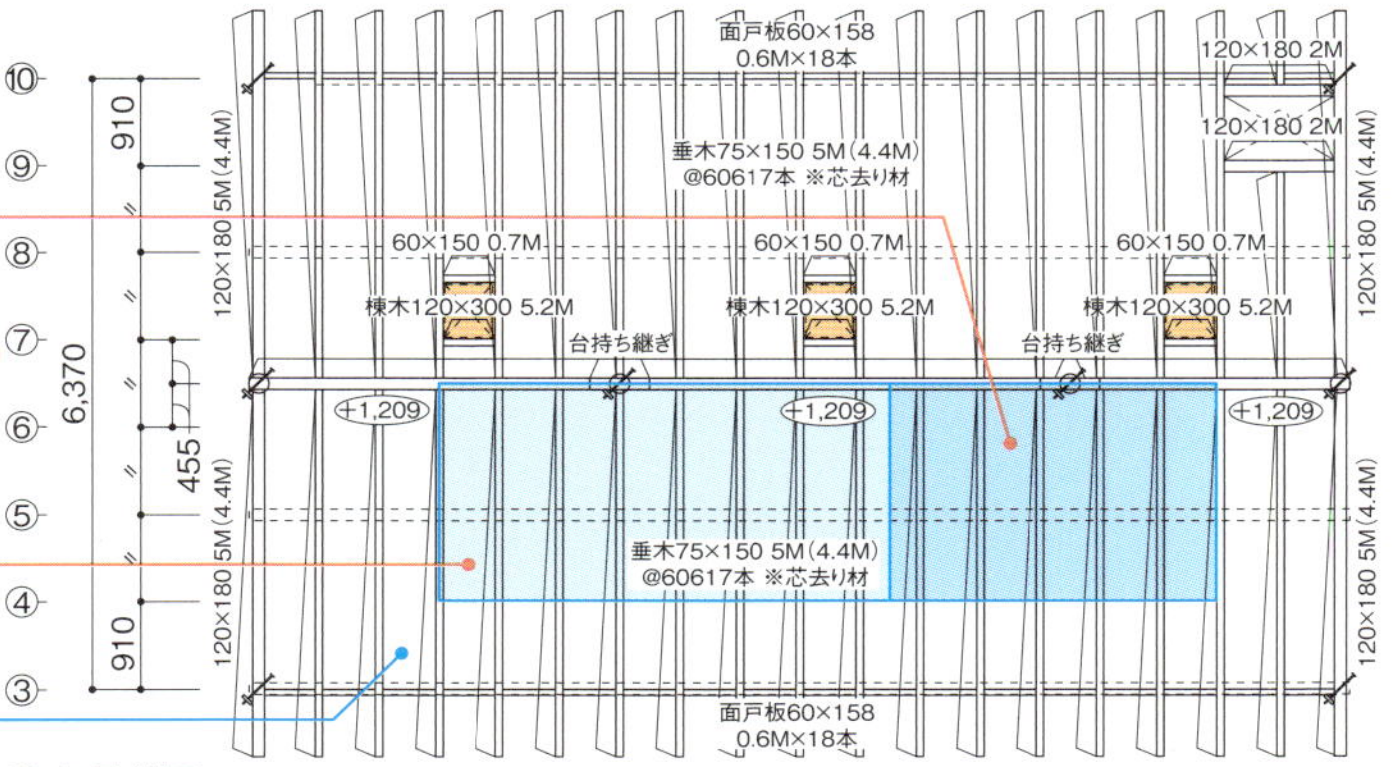

水平構面のポイント①
水平剛性が不足すると中央部の変形が大きくなる

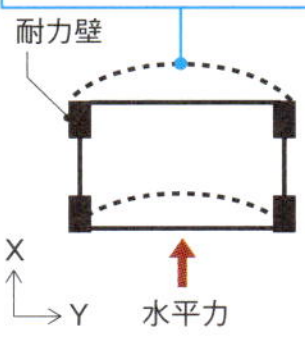

床梁
2階⑤－⑧柱の負担荷重（187頁⑧通り軸組図参照）

2階⑤－㋬柱の負担荷重（187頁㋬通り軸組図参照）

Y方向は妻面にしか耐力壁がないため、水平剛性を高める必要がある
→野地板をJパネル張り（川の字釘打ち）

柱・束を示す ※特記なき限り 120×120	
下に柱・束があることを示す	
材の長さを示す。数値は幅×成	
片引きDボルト H120（特記なき限り）※同等品で代用可	
両引きDボルト H120（特記なき限り）※同等品で代用可	
Ⓕ	フリーダムコーナーFC10／カナイ
Ⓢ	スリムビルトコーナー／カナイ
+25	基準レベルからの高さを示す ※指定なき場合は基準レベルとする
△ 2.5	耐力壁を示す 構造用合板 片面 2.5倍

●小屋伏図

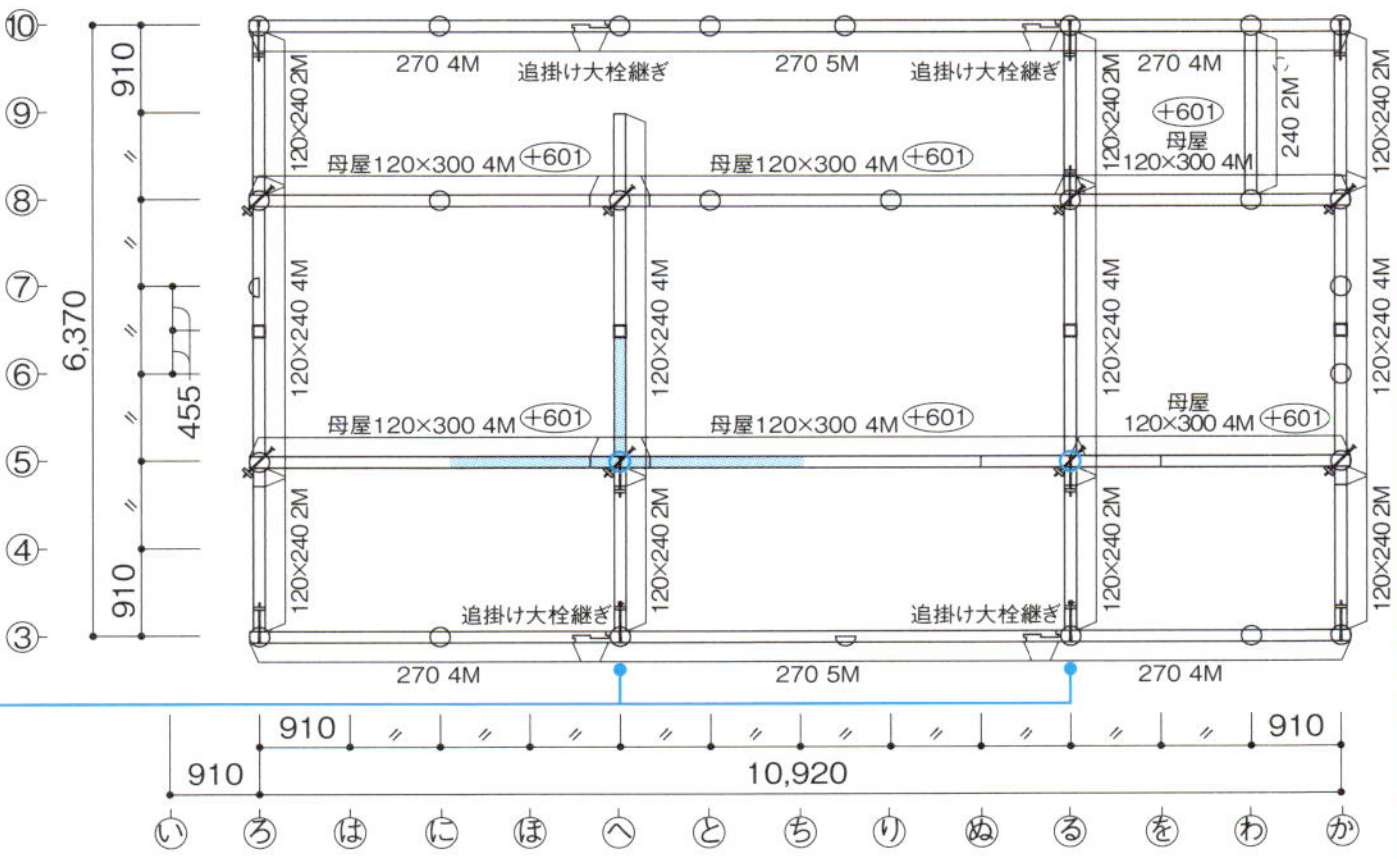

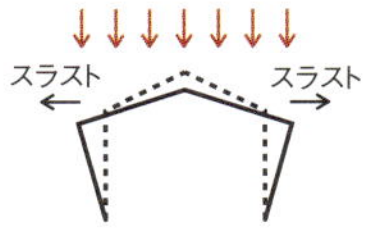

また、登り梁架構の場合、スラストが生じて軸組が外側に広がりやすいため、主構面（㋬・⑧）の各接合部はDボルトで接合している

※特記なき限り、
・既存構造躯体の接合部は全数、構造用金物取り付け
・外周部の柱頭、柱脚全てに エーステンプレート＋込栓（6分）取り付け
・垂木ダブルの場合、接合部はコーチボルト留めとする

出隅のはねだしのポイント

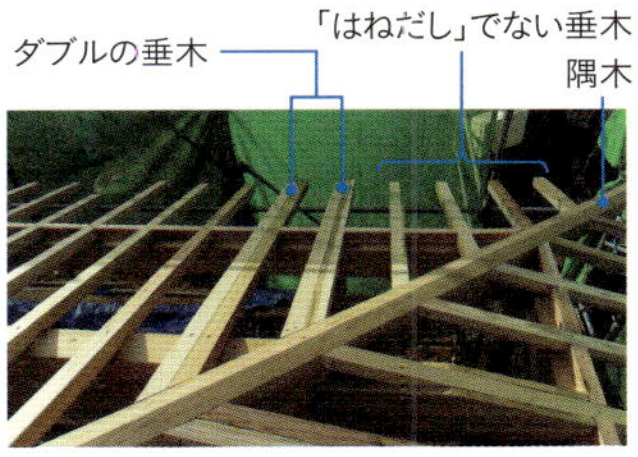

写真11　出隅のはねだし部分を補強するため、垂木をダブルにしている

●2階床伏図、下屋小屋伏図

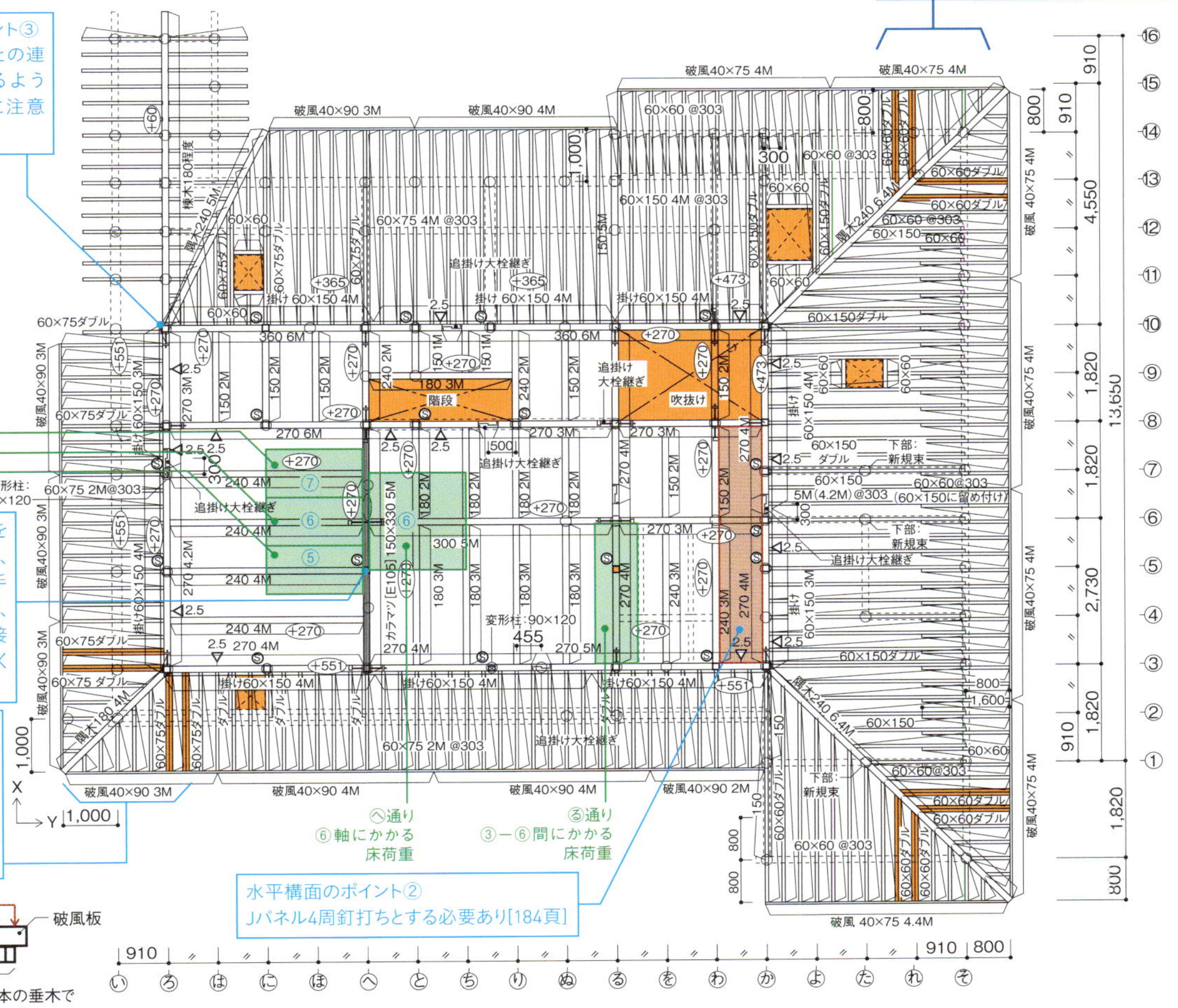

水平構面のポイント③
野地板と耐力壁との連続性を確保するよう に、各部の接合に注意する[185頁]

床梁
[187頁軸組図]

㋬通り
⑦にかかる床荷重
⑥にかかる床荷重
⑤にかかる床荷重

設計上は梁幅を150としていたが、120のものしか入手できなかったため、梁受け金物にて接合し、欠損を少なくすることとした

この範囲の垂木は「引き」がなく「はねだし」にならないため、先端の破風板が支持材となる[123頁図5]

㋬通り
⑥軸にかかる床荷重

⑧通り
③－⑥間にかかる床荷重

水平構面のポイント②
Jパネル4周釘打ちとする必要あり[184頁]

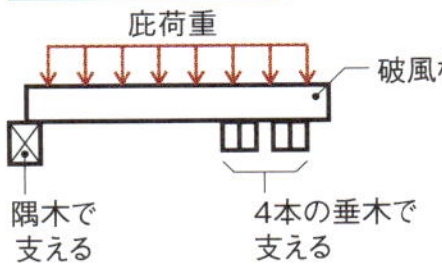

出隅部分の荷重モデル

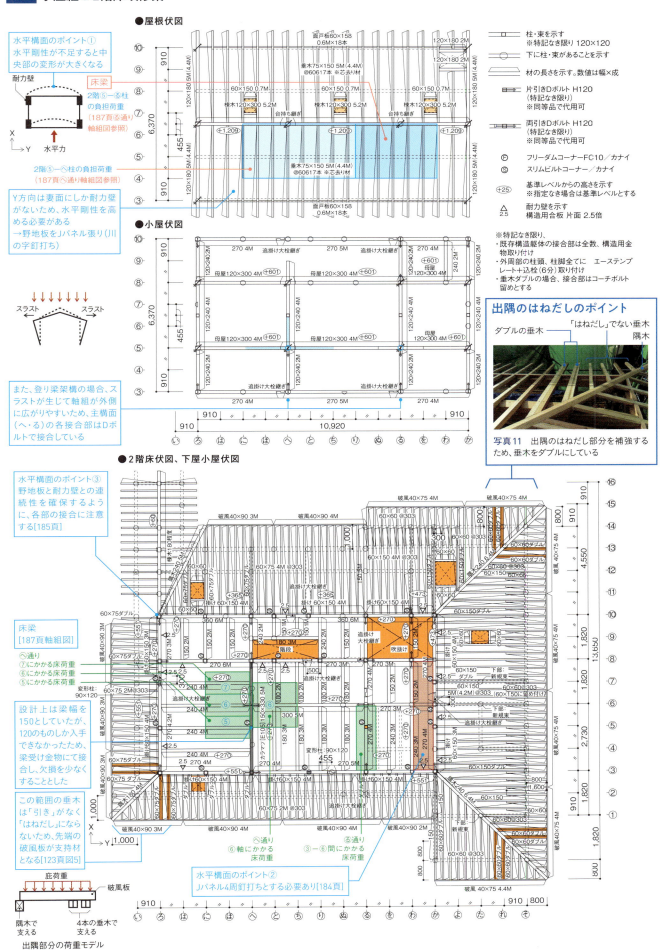

図8 水平力の伝達について

● 2階床・下屋屋根伏図

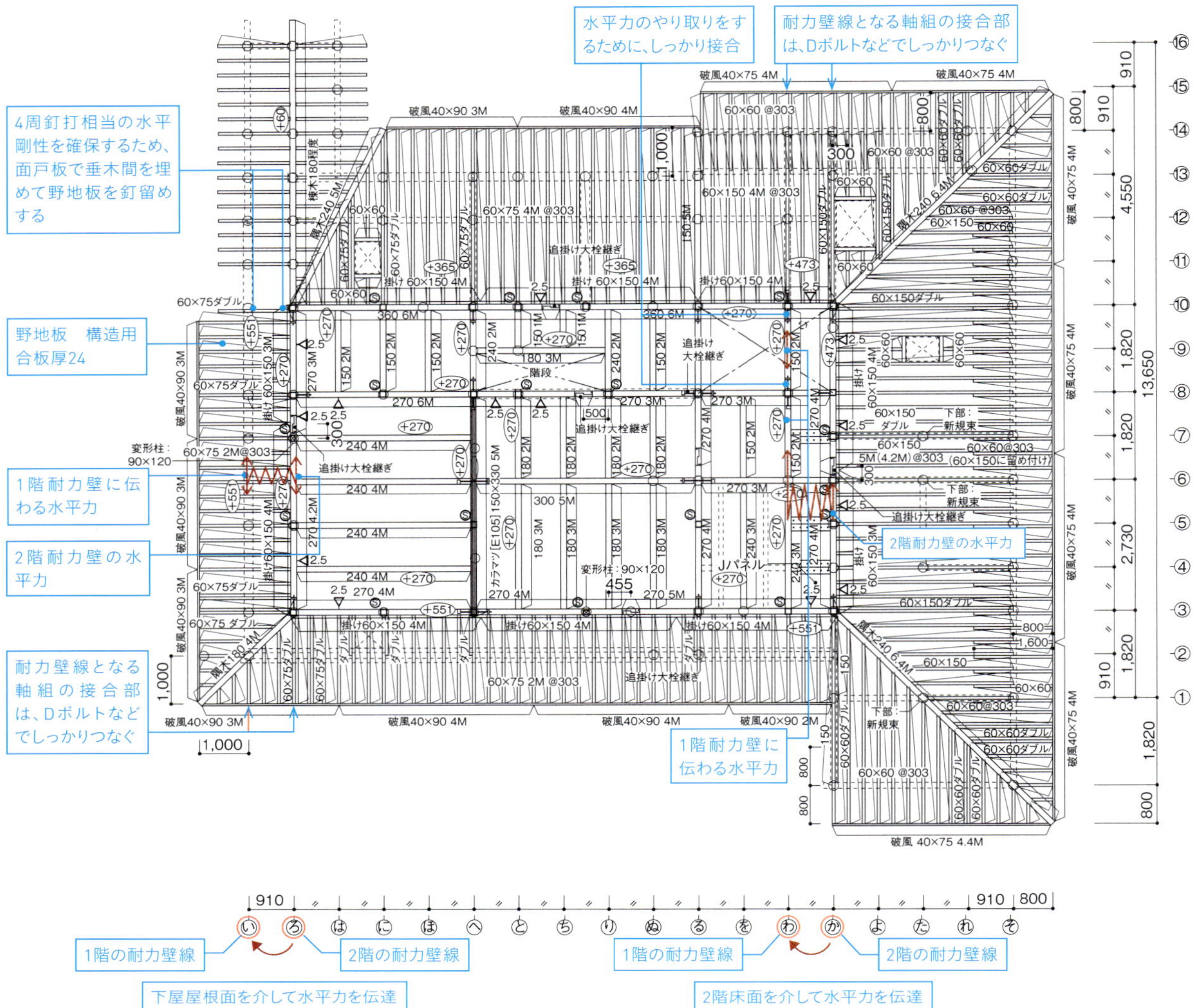

写真12　わ通り⑧－⑩間のつなぎ梁は水平力を伝えるため、Dボルトで接合した

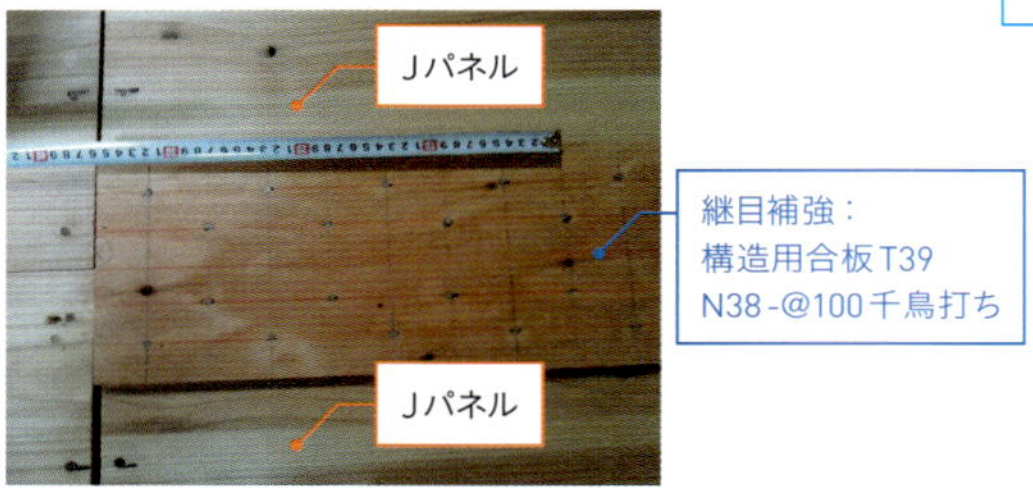

写真13　Jパネルの継目部分の補強。四周釘打ち相当のせん断力を処理できるように合板を釘止めした

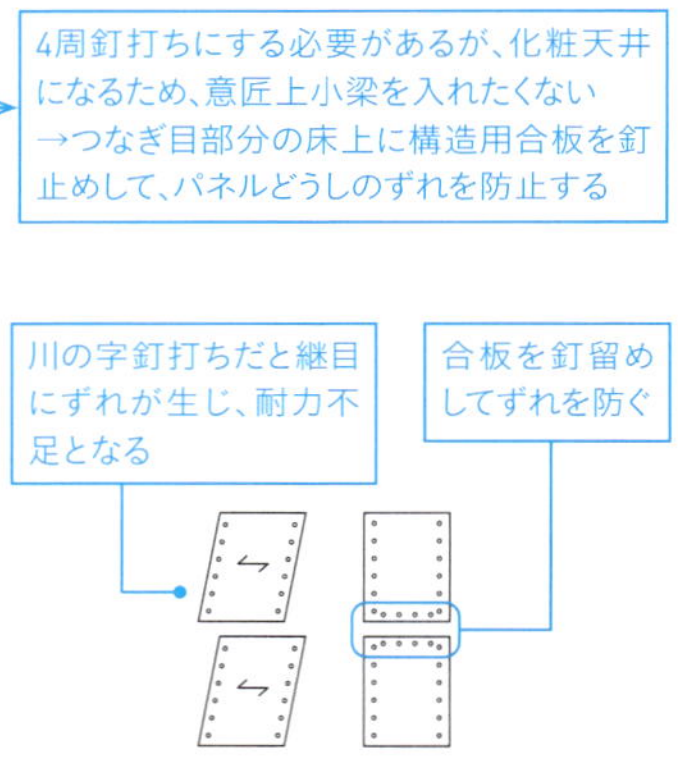

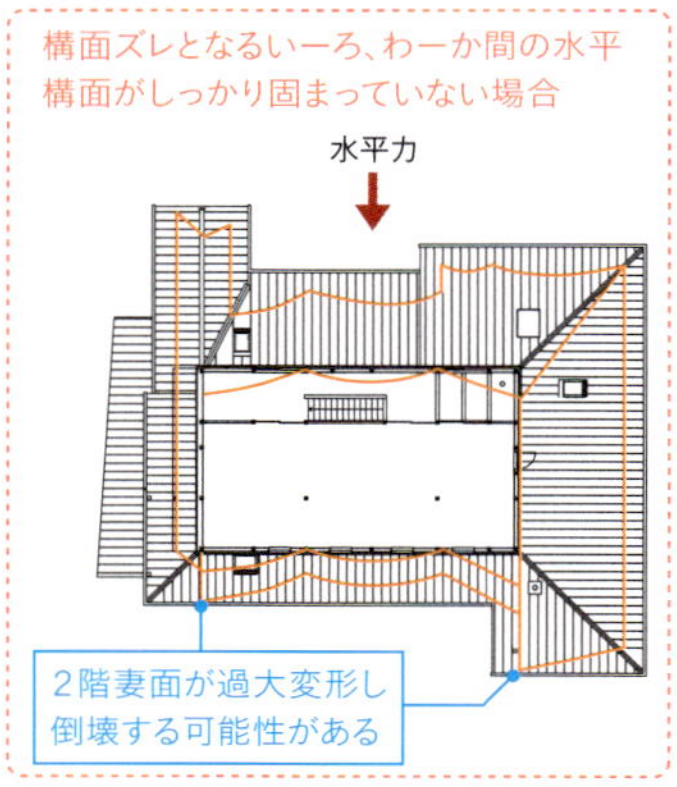

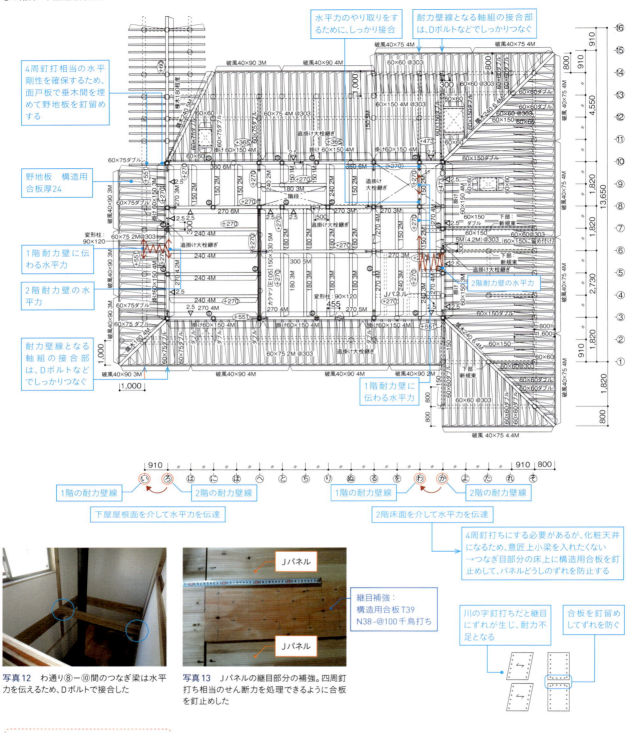

⑧通り軸組図

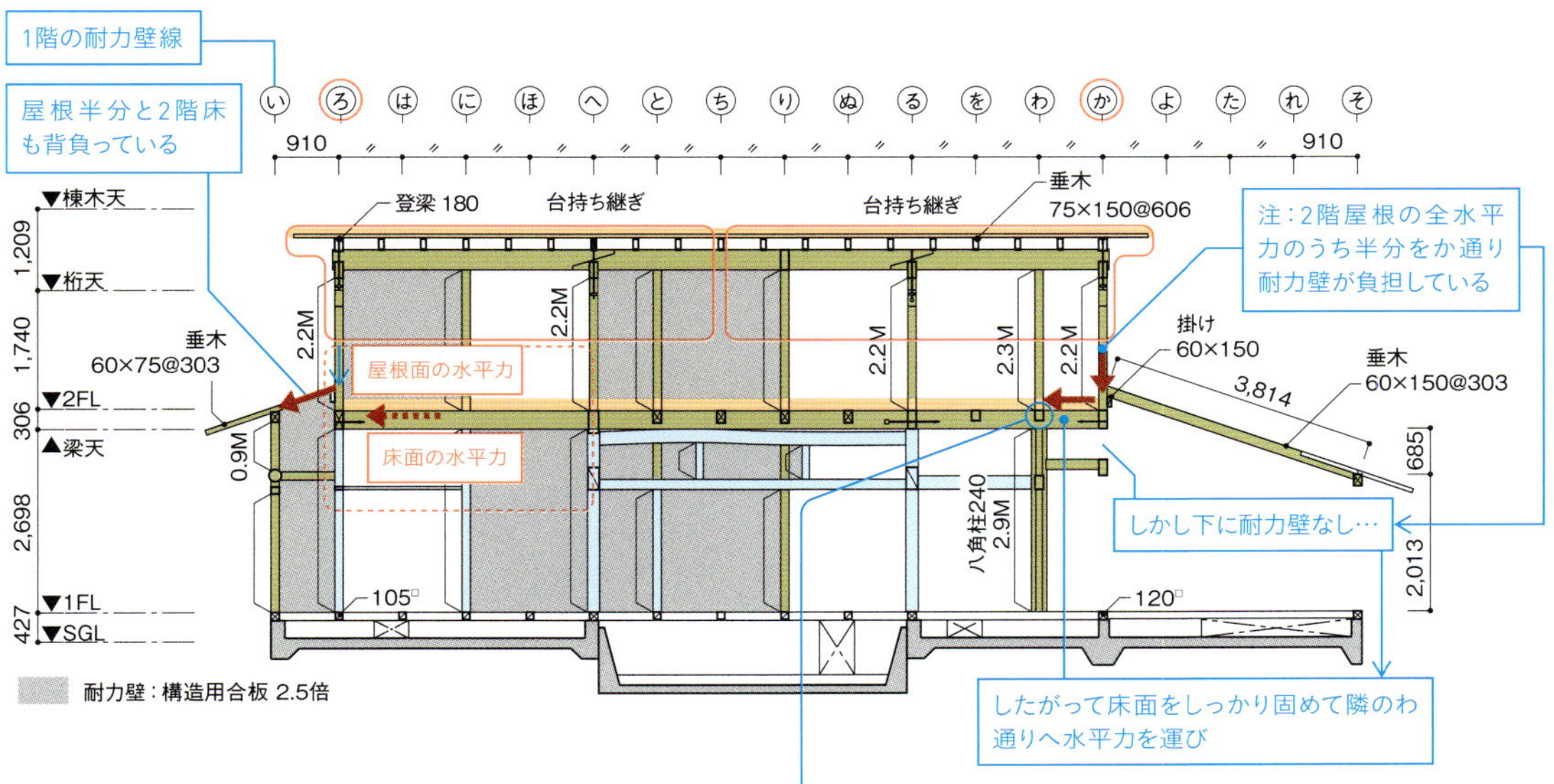

わ通り軸組図

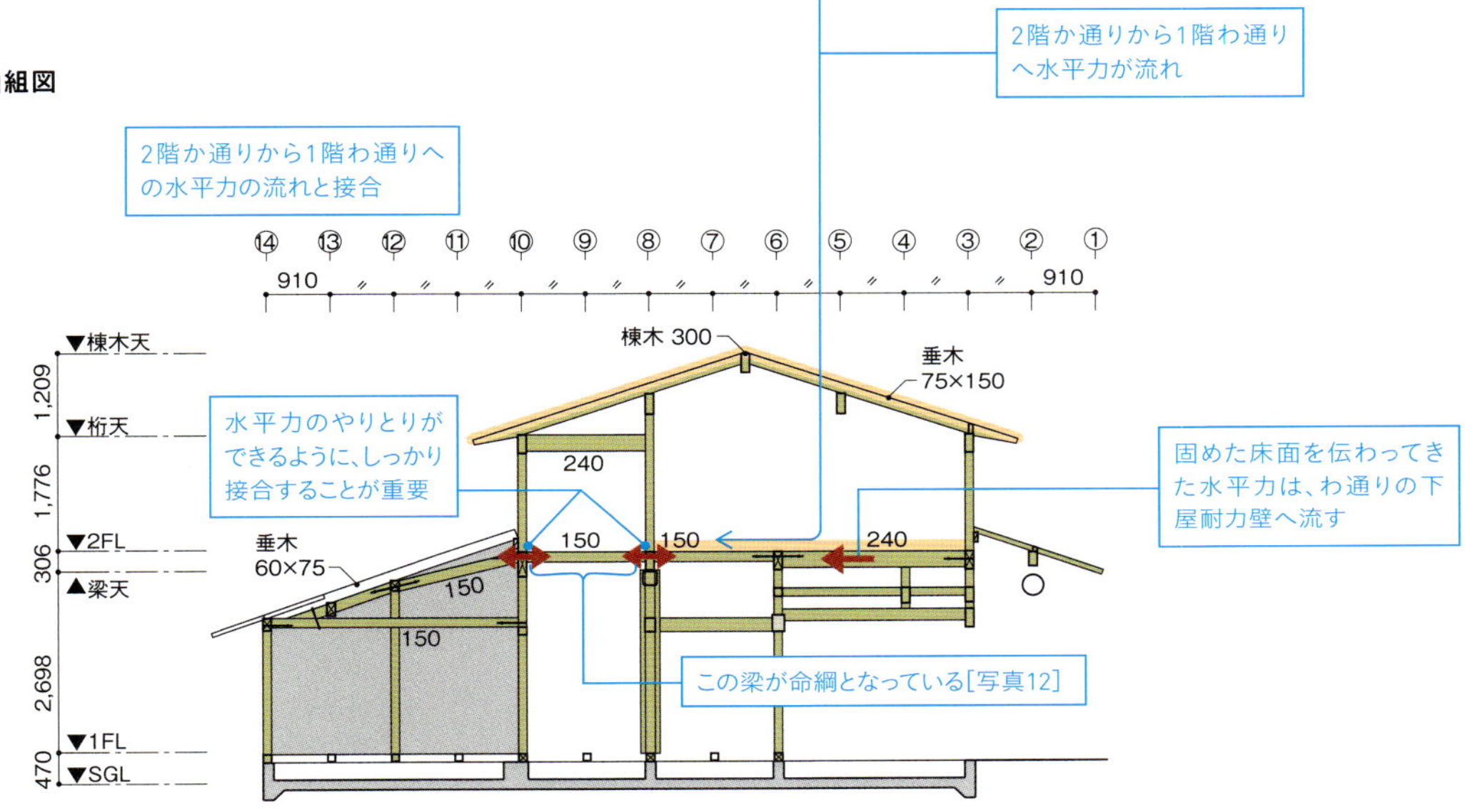

い－ろ間拡大図

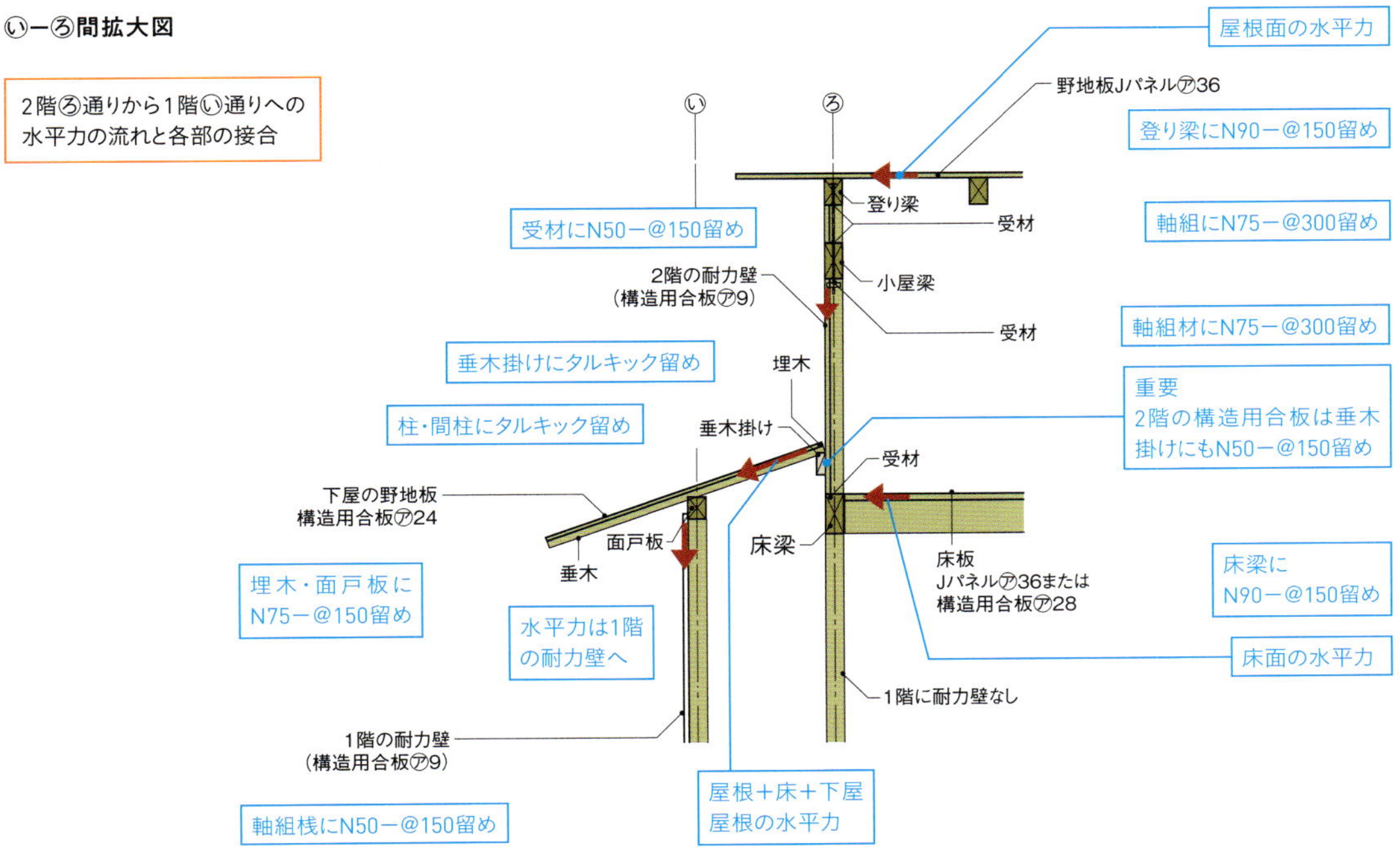

図9 軸組図で考える　力の流れと補強ポイント［桁方向］

桁方向は2階と1階の耐力壁線をそろえるほか、負担荷重［水平力］が大きい2階建て部分に耐力壁を多く配置するように計画している

③通り軸組図

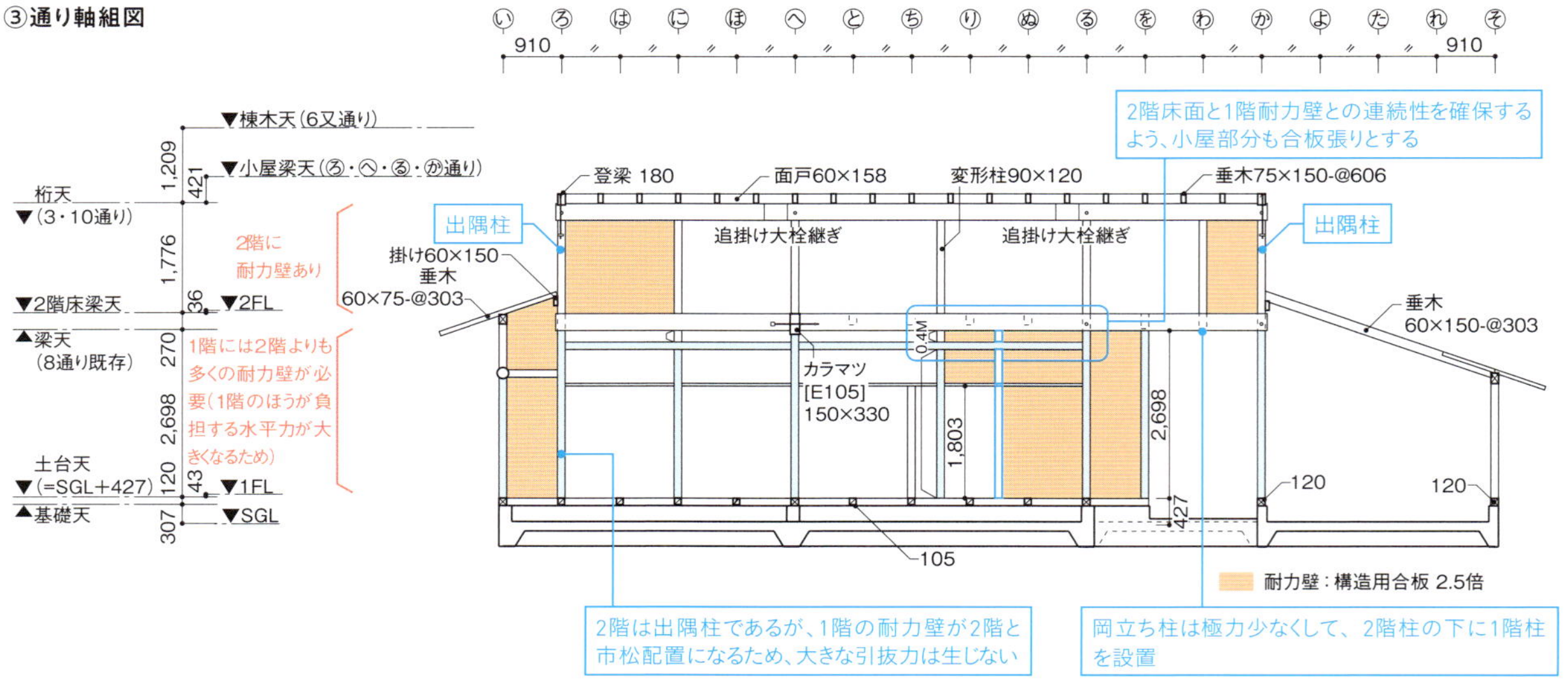

⑧通り軸組図

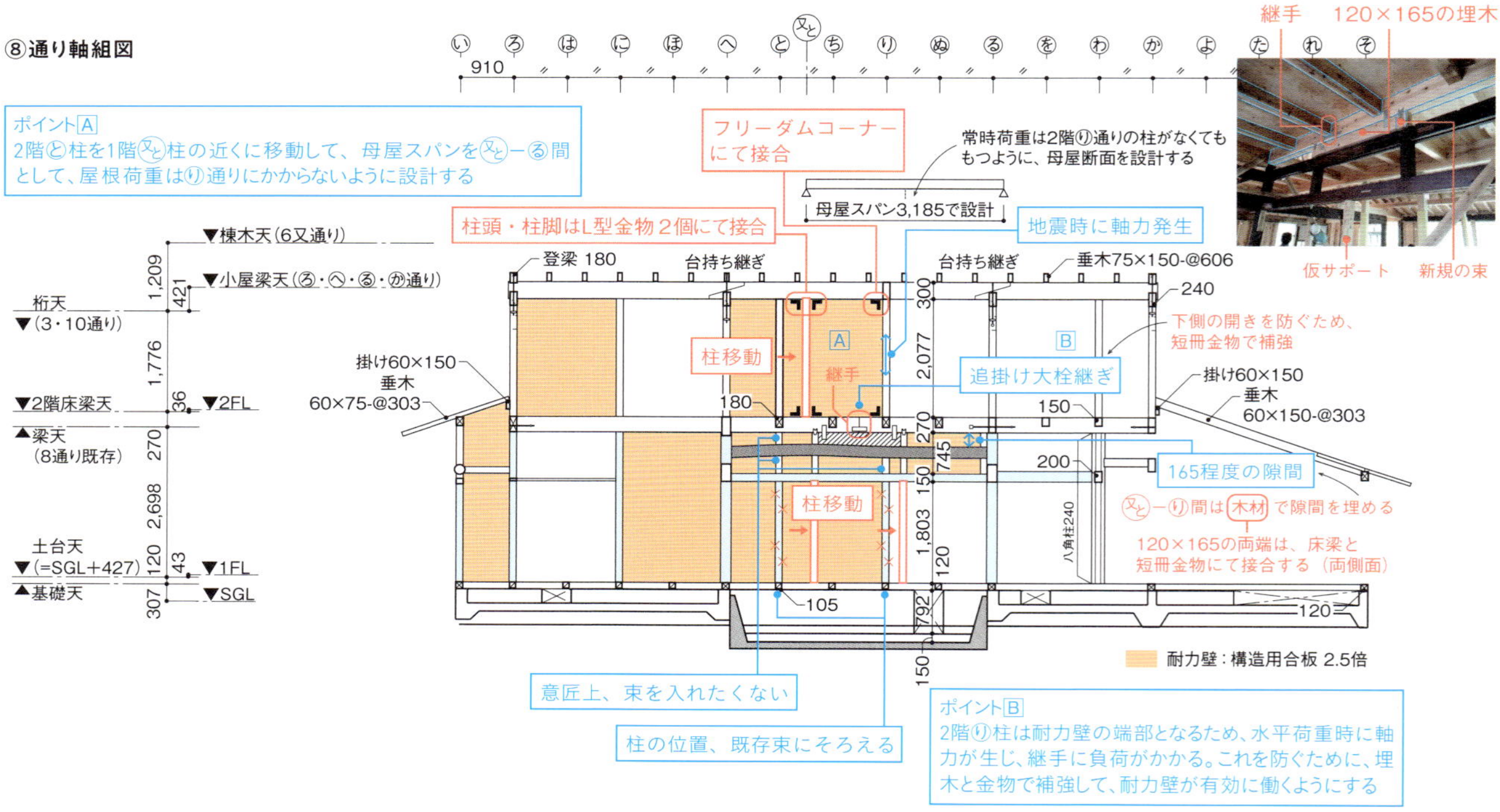

⑩通り軸組図

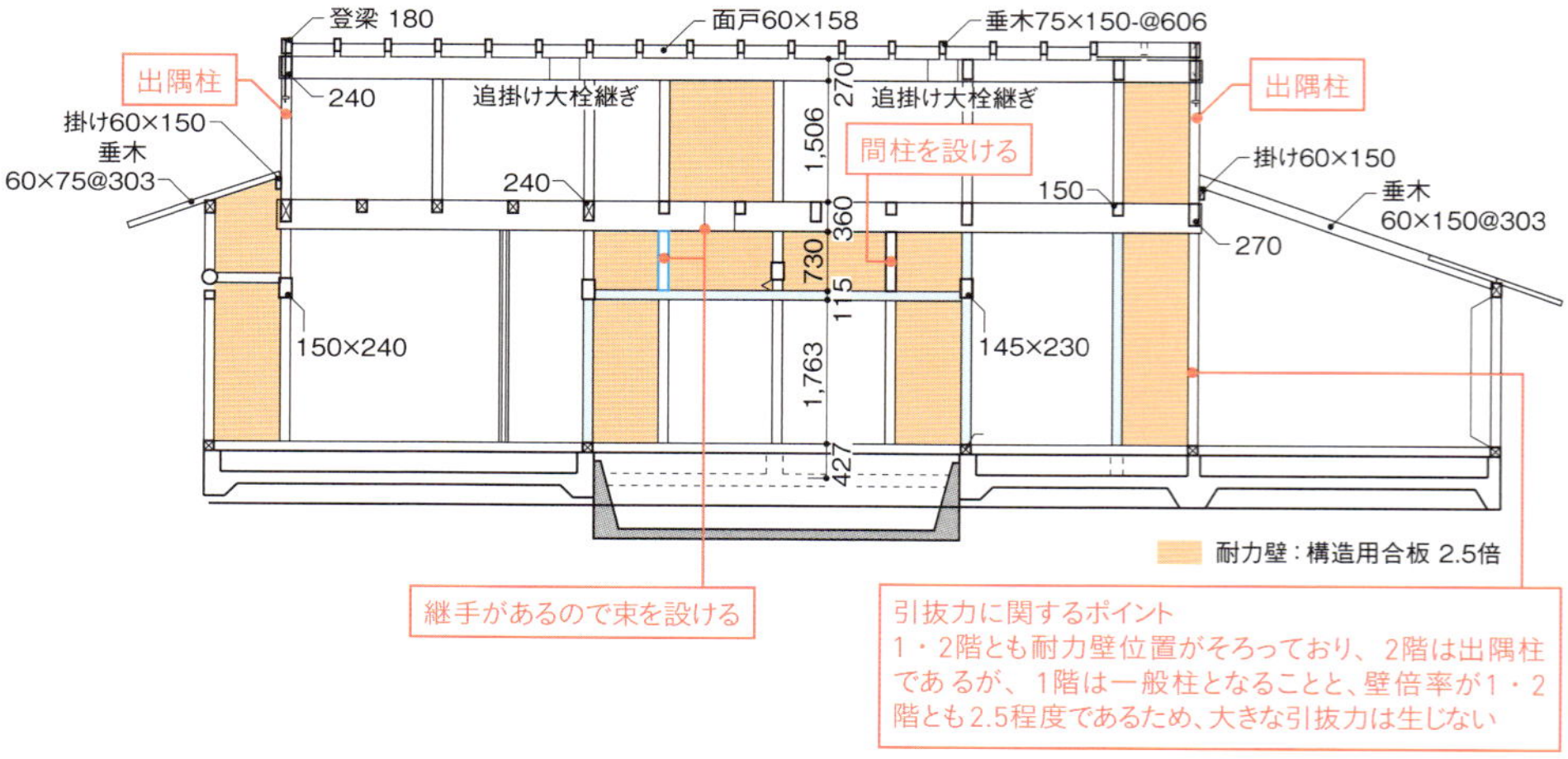

図10 軸組図で考える　力の流れと補強ポイント［張間方向］

張間方向も水平力の負担荷重に配慮して、2階が載る範囲に1階の耐力壁を多く配置するように計画しているが、2階妻面となるろ通りとか通りは同一構面内に1階耐力壁がない。したがって、隣接するほかの構面に水平力を伝達するため、つなぎ役となる水平構面の剛性を高めるほか、接合部も緊結する必要がある［183〜185頁］

ろ通り軸組図（2階妻面）

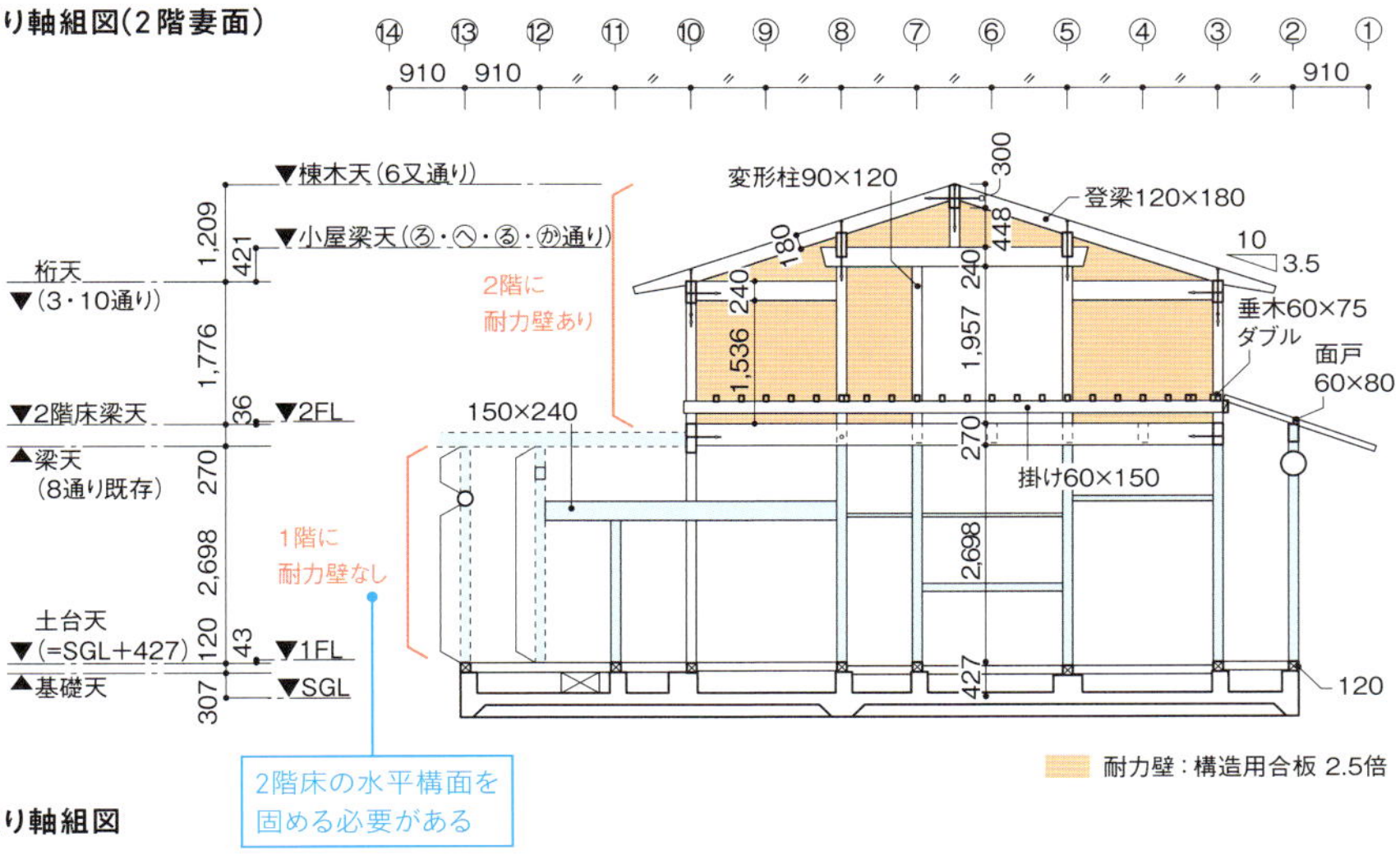

へ通り軸組図

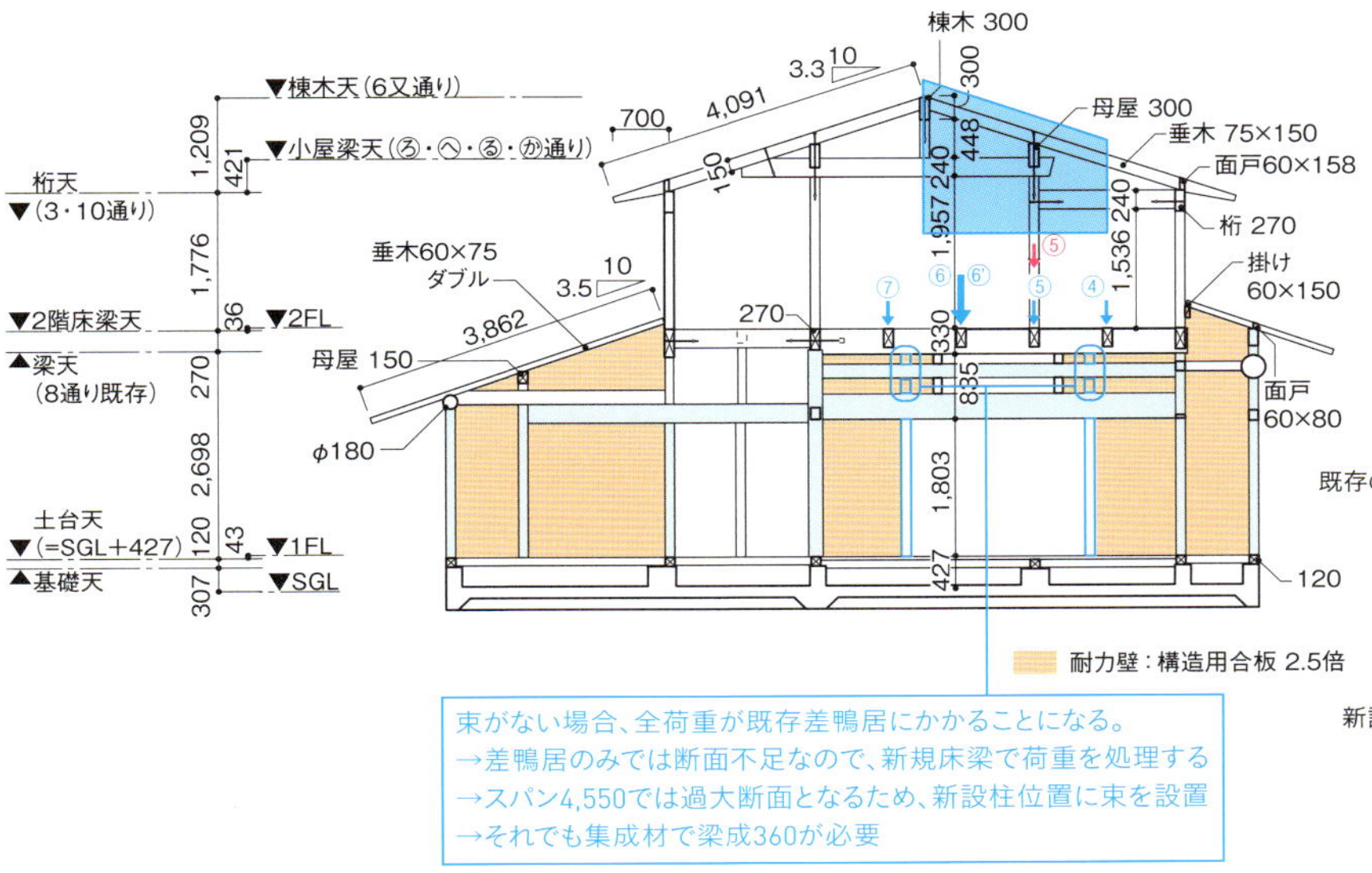

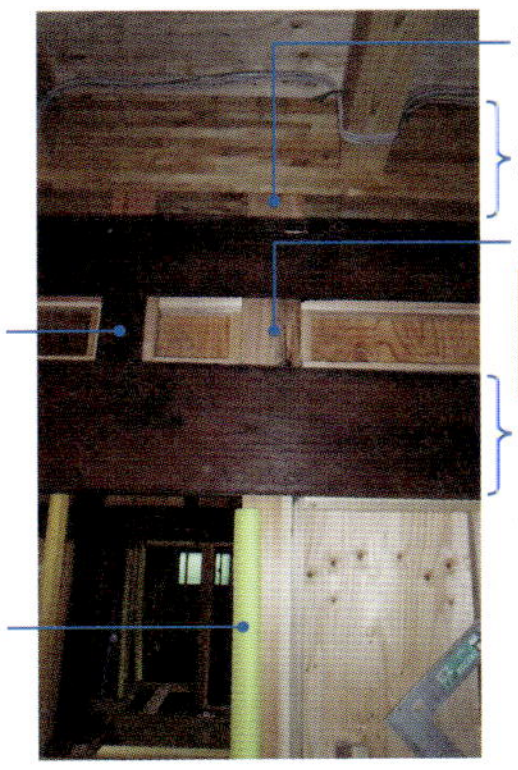

写真1　柱位置に合わせて束を設置。壁のなかに納まる断面として完成後は補強した束が隠れて既存束のみが見える

る通り軸組図

写真3　補強前の柱頭部。欠損が大きい

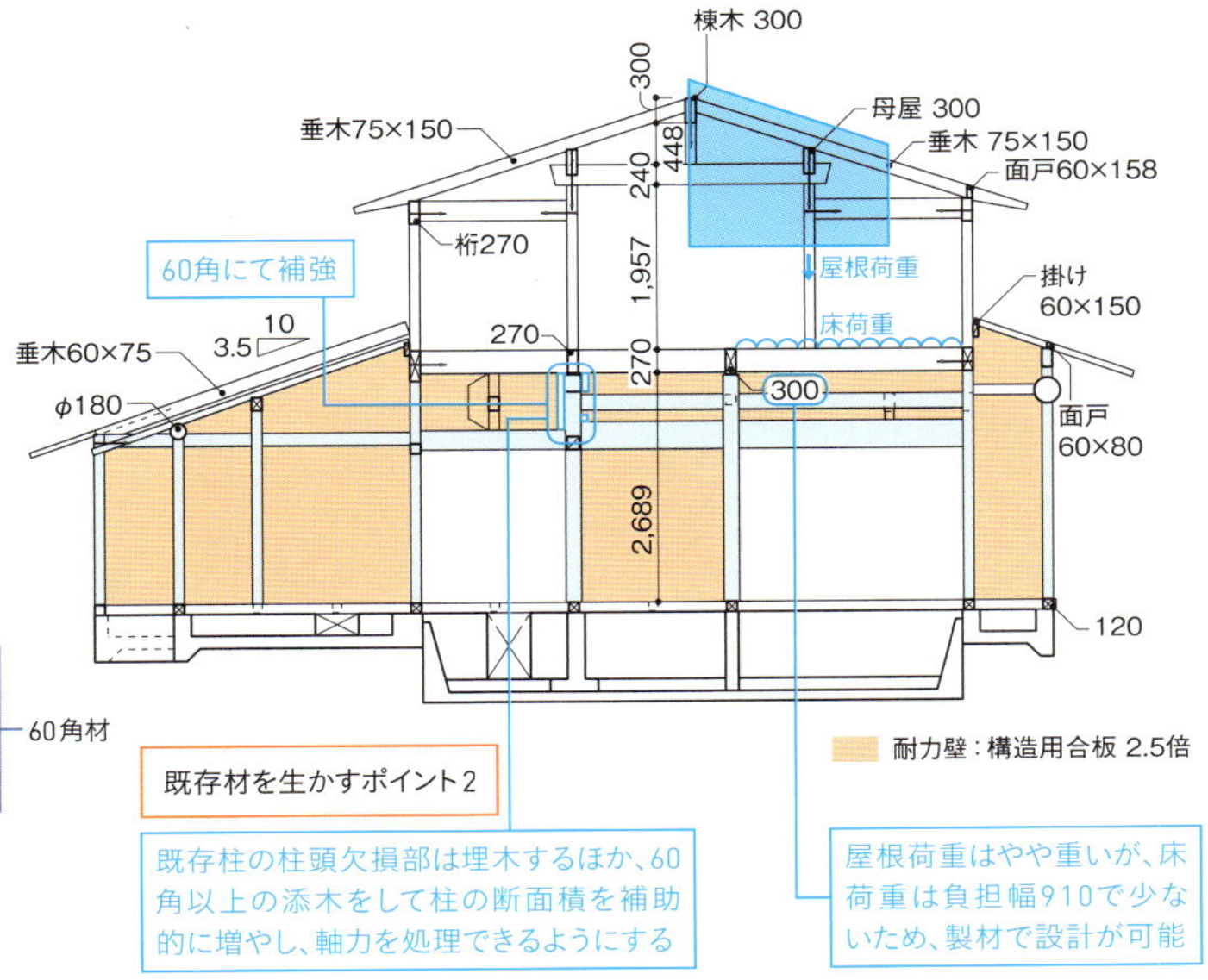

写真4　補強後の柱頭部

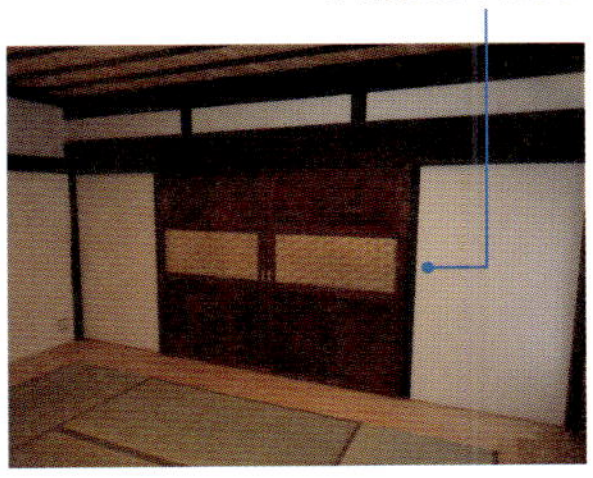

写真2　軸組補強を行った部分の完成後。補強束は壁内に隠れている

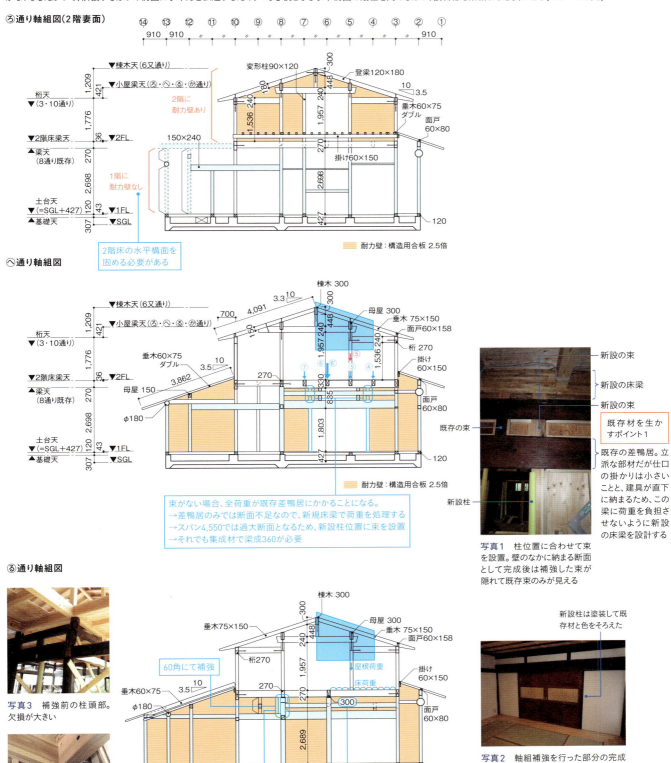

関連資料

表1 木造建築物の耐震診断用現地調査チェックシート

年　月　日

診断者			
会社名(担当者)	(担当：　　　)		
連絡先	TEL：	FAX：	
現地調査日	年　月　日～　日		
建物概要			
建物名称		地震地域係数： Z=	
所在地		垂直積雪量：　cm、 凍結深度：　cm	
建築年	年(平成　年) 月(築　年以上)	増改築の有無： □有(　年) □無	
構造・階数	構　造： □木造 □混構造 □その他 (　)	階　数：　階建て	
主な仕上げ	屋　根：	外　壁：	
規模	建築面積：　㎡	延床面積：　㎡	
	軒の高さ：　m	最高高さ：　m	
主な用途	□住宅 □共同住宅 □その他 (　)		
図面等の所在	設 計 図： □有(　) □無		
	構 造 図： □有 □無 地盤データ(　)： □有 □無		
構造的特徴・状況			
建物形状等	建物形状： □正方形・長方形(　m x　m) □その他 (　)		状況：
	屋根形状：		
地盤	地形： □平坦・普通 □がけ地・急傾斜		状況：
	地盤： □良い・普通の地盤 □悪い地盤 □非常に悪い地盤(埋立地、盛土、軟弱地盤)		
基礎	□基礎Ⅰ (健全なRC造布、ベタ基礎) □基礎Ⅱ (ひび割れのあるRC造、無筋コンクリート) □基礎Ⅲ (玉石、石積、ひび割れのある無筋コンクリート)		状況：
軸組	構法：	材種 ：	状況：
	柱： □120角未満 □120～240角(　角) □240角以上	腐朽・蟻害・欠損等： □有(　) □無	
耐力壁	壁仕様： 筋かい： □有(　mm x　mm) □無 垂壁・腰壁：□有(　) □無		状況：
水平構面	小屋裏： □床仕様Ⅰ(合板) □床仕様Ⅱ(火打 + 荒板) □床仕様Ⅲ(火打なし)	2階床： □床仕様Ⅰ □床仕様Ⅱ □床仕様Ⅲ	状況：
	吹抜： □有(　) □無		
接合部	□接合仕様Ⅰ (告示仕様) □接合仕様Ⅱ (羽子板、プレート、込栓等) □接合仕様Ⅲ (ホゾ、釘打、かすがい等) ※両端通し柱 □接合仕様Ⅳ (ホゾ、釘打、かすがい等)		状況：
その他			
考察			

表2 耐震診断(一般診断)における必要耐力 Qr

必要耐力の算出方法は、下記の4つがある

略算法1	床面積に係数を乗じて必要耐力を算出する方法	一般診断法のみ
略算法2	各階の床面積比を考慮して必要耐力を算出する方法	一般診断法、精密診断法Ⅰ
精算法1	建物重量を略算的に求める方法	精密診断法1
精算法2	建物重量から地震力を算出する方法	精密診断法1、2

＊上記の「略算法1,2、精算法1,2」は、算出方法の実態に応じて筆者が分類した呼称である

略算法1　床面積に係数を乗じて必要耐力を算出する方法

床面積当たりの必要耐力 (kN/㎡)

対象建物	階	軽い建物	重い建物	非常に重い建物
平屋建て	-	0.28・Z	0.40・Z	0.64・Z
2階建て	2	0.37・Z	0.53・Z	0.78・Z
	1	0.83・Z	1.06・Z	1.41・Z
3階建て	3	0.43・Z	0.62・Z	0.91・Z
	2	0.98・Z	1.25・Z	1.59・Z
	1	1.34・Z	1.66・Z	2.07・Z

注1)　各建物の仕様は以下のようなものとする

建物仕様	想定する床面積あたりの荷重(N/㎡)
軽い建物	屋根：石綿スレート葺(950)、外壁：ラスモルタル(750)、内壁：ボード壁(200)
重い建物	屋根：桟瓦葺(1300)、外壁：土塗壁(1200)、内壁：ボード壁(200)
非常に重い建物	屋根：土葺瓦(2400)、外・内壁：土塗壁(1200+450)
各建物共通	床荷重(600)、積載荷重(600)

注2)　Zは、昭55建告1793号に規定する地震地域係数を示す
注3)　地盤が非常に軟弱な場合は、必要耐力を1.5倍割り増すものとする
注4)　短辺長さが4m未満の場合、その階の必要耐力を1.13倍割り増すものとする(最上階を除く)
注5)　1階がS造またはRC造の混構造の場合は、木造部分の必要耐力を1.2倍割り増すものとする
注6)　多雪区域では、下記の値を加算する。ただし、雪下ろしの状況に応じて、垂直積雪量を1mまで減らすことができる

垂直積雪量	1m	1～2m	2m
加算する値	0.26・Z	直線補間	0.52・Z

略算法2　各階の床面積比を考慮して必要耐力を算出する方法

＊当該方法による場合は、「耐力要素の配置等による低減係数eKfl」は偏心率により求めることを原則とする

床面積当たりの必要耐力 (kN/㎡)

対象建物	階	軽い建物	重い建物	非常に重い建物
平屋建て	-	0.28・Z	0.40・Z	0.64・Z
2階建て	2	0.28・${}_{Q}K_{fl2}$・Z	0.40・${}_{Q}K_{fl2}$・Z	0.64・${}_{Q}K_{fl2}$・Z
	1	0.72・${}_{Q}K_{fl1}$・Z	0.92・${}_{Q}K_{fl1}$・Z	1.22・${}_{Q}K_{fl1}$・Z
3階建て	3	0.28・${}_{Q}K_{fl6}$・Z	0.40・${}_{Q}K_{fl6}$・Z	0.64・${}_{Q}K_{fl6}$・Z
	2	0.72・${}_{Q}K_{fl4}$・${}_{Q}K_{fl5}$・Z	0.92・${}_{Q}K_{fl4}$・${}_{Q}K_{fl5}$・Z	1.22・${}_{Q}K_{fl4}$・${}_{Q}K_{fl5}$・Z
	1	1.16・${}_{Q}K_{fl3}$・Z	1.44・${}_{Q}K_{fl3}$・Z	1.80・${}_{Q}K_{fl3}$・Z

注1)　建物仕様は略算法に同じ
注2)　Zは、昭55建告1793号に規定する地震地域係数を示す
注3)　各係数は下記による

係数	軽い建物	重い建物	非常に重い建物
${}_{Q}K_{fl1}$	$0.40+0.60 \cdot R_{f1}$	$0.40+0.60 \cdot R_{f1}$	$0.53+0.47 \cdot R_{f1}$
${}_{Q}K_{fl2}$	$1.30+0.07/R_{f1}$	$1.30+0.07/R_{f1}$	$1.06+0.15/R_{f1}$
${}_{Q}K_{fl3}$	$(0.25+0.75 \cdot R_{f1})\times(0.65+0.35 \cdot R_{f2})$	$(0.25+0.75 \cdot R_{f1})\times(0.65+0.35 \cdot R_{f2})$	$(0.36+0.64 \cdot R_{f1})\times(0.68+0.32 \cdot R_{f2})$
${}_{Q}K_{fl4}$	$0.40+0.60 \cdot R_{f2}$	$0.40+0.60 \cdot R_{f2}$	$0.53+0.47 \cdot R_{f2}$
${}_{Q}K_{fl5}$	$1.03+0.10/R_{f1}+0.08/R_{f2}$	$1.03+0.10/R_{f1}+0.08/R_{f2}$	$0.98+0.10/R_{f1}+0.05/R_{f2}$
${}_{Q}K_{fl6}$	$1.23+0.10/R_{f1}+0.23/R_{f2}$	$1.23+0.10/R_{f1}+0.23/R_{f2}$	$1.04+0.13/R_{f1}+0.24/R_{f2}$

注1)　R_{f1}＝2階の床面積／1階の床面積。ただし、0.1を下回る場合は0.1とする
注2)　R_{f2}＝3階の床面積／2階の床面積。ただし、0.1を下回る場合は0.1とする
注3)　地盤が非常に軟弱な場合は、必要耐力を1.5倍割り増すものとする
注4)　短辺長さが6m未満の場合、その階より下の全ての階(その階は含まない)の必要耐力は、下表の割増係数を乗じる
ただし、複数の階の短辺長さが6m未満の場合は、大きい方の割増係数を乗じる

短辺長さ	L＜4m	4m≦L＜6m	6m≦L
割増係数	1.30	1.15	1.00

注5)　1階がS造またはRC造の混構造の場合は、木造部分の必要耐力を1.2倍割り増すものとする
注6)　多雪区域では、下記の値を加算する。ただし、雪下ろしの状況に応じて、垂直積雪量を1mまで減らすことができる

垂直積雪量	1m	1～2m	2m
加算する値	0.26・Z	直線補間	0.52・Z

表3 一般診断法における建物が保有する耐力 edQu

${}_{ed}Q_u = Q_u \cdot {}_eK_{fl} \cdot {}_dK$

Q_u：壁・柱の耐力

$Q_u = Q_w + Q_e$

Q_w：無開口壁の耐力（kN）

$Q_w = \Sigma(F_w \cdot L \cdot K_j)$

F_w：壁基準耐力（kN/m）

L：壁長（m）

K_j：柱接合部による低減係数

Q_e：その他の耐震要素の耐力（kN）

$Q_e =$ { Q_{wo} ：有開口壁の耐力 ；方法1（壁を主な耐震要素とする建物）

①有開口壁長による算定

$Q_{wo} = \Sigma(F_w \cdot L_w)$

F_w：壁基準耐力（kN/m）

窓型開口の場合 $F_w = 0.6$ kN/m

掃き出し型開口の場合 $F_w = 0.3$ kN/m

L_w：開口壁長（m）

ただし、連続する開口壁長は3m以下とする

②無開口壁率による算定

$Q_{wo} = \alpha_w \cdot Qr$

$\alpha_w = 0.25 - 0.2 \cdot K_n$

ただし、K_n（無開口壁率）は、各方向のうち小さい方の値を用いる

また、垂壁・腰壁を補強しない補強診断においては$\alpha_w = 0.10$とする

Q_r：必要耐力（kN）

ΣQ_c：柱の耐力 ；方法2（太い柱や垂れ壁を主な耐震要素とする建物）

${}_eK_{fl}$：耐力要素の配置等による低減係数

${}_dK$：劣化度による低減係数

住宅以外の木造建築物の耐震診断

住宅に比べて重量が重く、階高も高い傾向がある建築物の場合は、精密診断法2により診断することを原則としているが、現実的にはDs算出用のデータが不足しているため、当面の間は精密診断法1を採用してもよい。

ただし、精密診断法1による場合は、下記事項の検討も併せて行う必要がある。

1. 必要耐力の算出方法は精算法2（建物重量から地震力を求める方法）とする
2. 耐力要素の耐力と剛性は、壁高さによる低減係数を考慮する
3. 水平構面の検討を行う
4. 基礎の安全性を確認する

表4 壁基準耐力 Fw 【一般診断用】 (kN/m)

工法の種類			壁基準耐力 Fw (kN/m)		
			標準	胴縁仕様	2x4工法
土塗り壁	塗厚 40mm以上 50mm未満	横架材まで達する場合	2.4	—	—
		横架材間7割以上	1.5	—	—
	塗厚 50mm以上 70mm未満	横架材まで達する場合	2.8	—	—
		横架材間7割以上	1.8	—	—
	塗厚 70mm以上 90mm未満	横架材まで達する場合	3.5	—	—
		横架材間7割以上	2.2	—	—
	塗厚 90mm以上	横架材まで達する場合	3.9	—	—
		横架材間7割以上	2.5	—	—
筋かい鉄筋 9φ			1.6	—	—
筋かい木材 15x90 以上		びんた伸ばし	1.6	—	—
筋かい木材 30x90 以上		BPまたは同等品	2.4	—	—
		釘打ち	1.9	—	—
筋かい木材 45x90 以上		BP-2または同等品	3.2	—	—
		釘打ち	2.6	—	—
筋かい木材 90x90 以上		M12ボルト	4.8	—	—
筋かい製材 18X89 以上 (枠組壁工法用)			—	—	1.3
木ずりを釘打ちした壁			0.8	—	—
構造用合板 (耐力壁仕様)			5.2	1.5	5.4
構造用合板 (準耐力壁仕様)			3.1	1.5	—
構造用パネル (OSB)			5.0	1.5	5.9
ラスシートモルタル塗り			2.5	1.5	—
木ずり下地モルタル塗り			2.2	—	—
窯業系サイディング張り			1.7	1.3	—
石膏ボード張り (厚9以上)			1.1	1.1	—
石膏ボード張り (厚12以上) (枠組壁工法)			—	—	2.6
合板 (厚3以上)			0.9	0.9	—
ラスボード			1.0	—	—
ラスボード下地しっくい塗り			1.3	—	—
仕様不明 (壁倍率1程度の耐力を見込めるものに限る)			2.0	—	—

●無開口壁の取り扱い

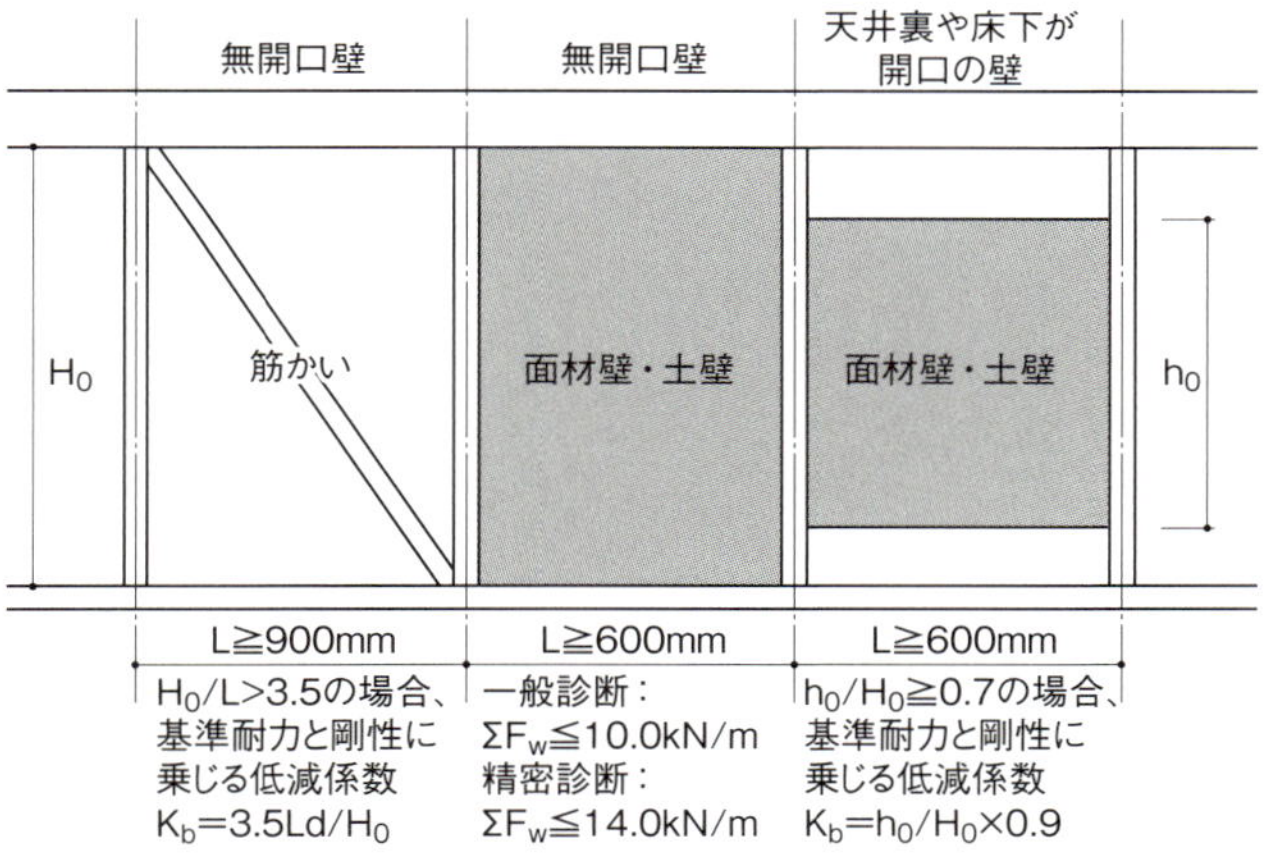

注) 低減係数K_bは、精密診断法1より引用

●開口壁の取り扱い(有開口壁長による算定)

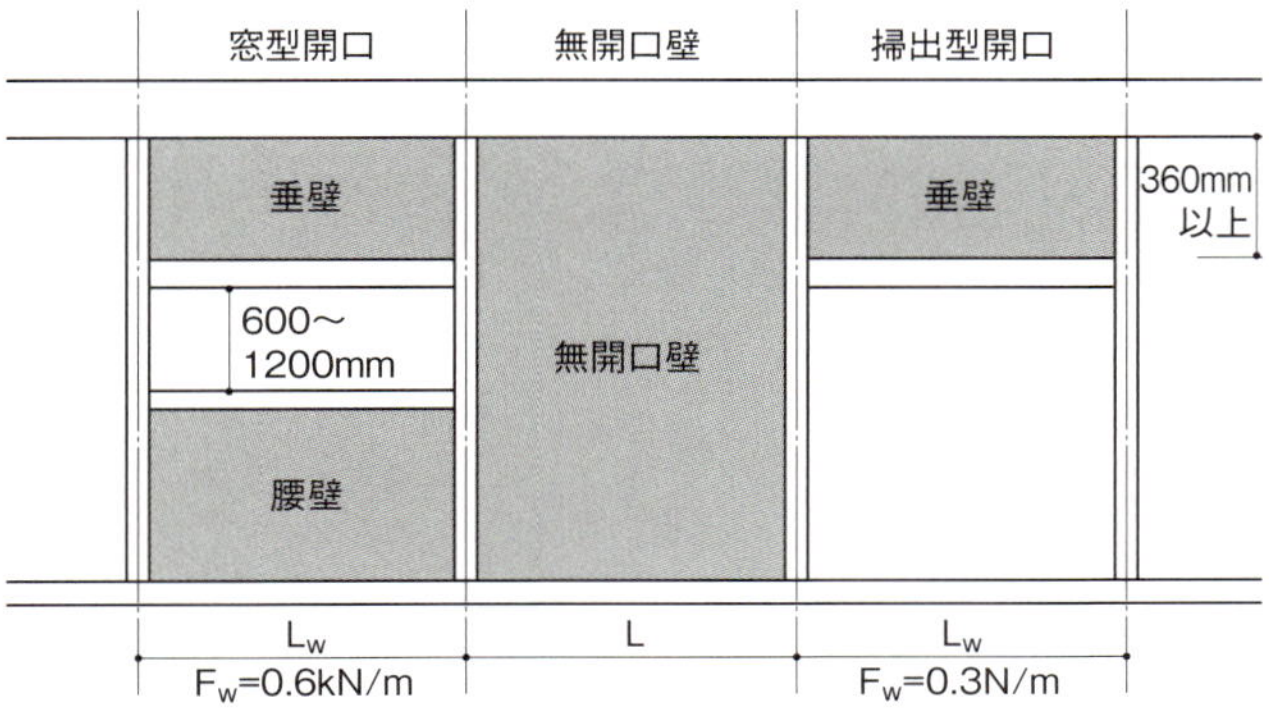

注1) 耐力を見込むことができる開口壁は、無開口壁に隣接していることを原則とする

注2) 連続する開口壁長の長さは、L_w ≦3.0m とする

注3) 無開口壁率による算定方法を採用する場合は、日本建築防災協会「2012年改訂版木造住宅の耐震診断と補強方法」を参照すること

表5 柱接合部による低減係数 Kj 【一般診断用】

1. 積雪を考慮しない場合

①2階建ての2階、3階建ての3階

壁基準耐力（kN/m）／接合部仕様	2.0	3.0	5.0	7.0
接合部I	1.00	1.00	1.00	1.00
接合部II	1.00	0.80	0.65	0.50
接合部III	0.70	0.60	0.45	0.35
接合部IV	0.70	0.35	0.25	0.20

②2階建ての1階、3階建ての1階及び3階建ての2階

壁基準耐力（kN/m）	2.0			3.0			5.0			7.0		
基礎仕様／接合部仕様	基礎I	基礎II	基礎III	基礎I	基礎II	基礎III	基礎I	基礎II	基礎III	基礎I	基礎II	基礎III
接合部I	1.00	1.00	1.00	1.00	0.90	0.80	1.00	0.85	0.70	1.00	0.80	0.60
接合部II	1.00	1.00	1.00	1.00	0.90	0.80	0.90	0.80	0.70	0.80	0.70	0.60
接合部III	1.00	1.00	1.00	0.80	0.80	0.80	0.70	0.70	0.70	0.60	0.60	0.60
接合部IV	1.00	1.00	1.00	0.80	0.80	0.80	0.70	0.70	0.70	0.60	0.60	0.60

③平屋建て

壁基準耐力（kN/m）	2.0			3.0			5.0			7.0		
基礎仕様／接合部仕様	基礎I	基礎II	基礎III	基礎I	基礎II	基礎III	基礎I	基礎II	基礎III	基礎I	基礎II	基礎III
接合部I	1.00	0.85	0.70	1.00	0.85	0.70	1.00	0.80	0.70	1.00	0.80	0.70
接合部II	1.00	0.85	0.70	0.90	0.75	0.70	0.85	0.70	0.65	0.80	0.70	0.60
接合部IV	0.70	0.70	0.70	0.60	0.60	0.60	0.50	0.50	0.50	0.30	0.30	0.30

注1）壁基準耐力が表に掲げた数値の中間の場合、その上下の壁基準耐力の低減係数から直線補間して算出する

注2）壁基準耐力が2kN/m未満のものは2kN/mの値を用い、7kN/m以上のものは7kN/mの値を用いる

注3）壁基準耐力が1(kN/m)未満のものの低減係数は1.0とする

注4）接合部の仕様は下表による

接合部仕様	仕様と健全度
接合部I	平成12年建設省告示第1460号に適合する仕様
接合部II	羽子板ボルト、山形プレートVP、かど金物CP－T、CP－L、込栓
接合部III	ほぞ差し、釘打ち、かすがい等　（構面の両端が通し柱の場合）
接合部IV	ほぞ差し、釘打ち、かすがい等

注5）基礎の仕様は下表による。ただし、3階建の2階に対しては基礎Iの欄の数値を用いる

基礎仕様	仕様と健全度	耐震性能
基礎I	健全なRC造布基礎 または べた基礎	地震動時に曲げ・せん断による崩壊や、アンカーボルト・引寄せ金物の抜出しが生じることなく建物の一体性を保ち、上部構造の耐震性能が十分に発揮できる性能を有する基礎
基礎II	ひび割れのあるRC造の布基礎またはべた基礎、 無筋コンクリート造の布基礎、 柱脚に足固めを設けRC造底盤に柱脚または足固め等を緊結した玉石基礎、 軽微なひび割れのある無筋コンクリート造の基礎	基礎Iおよび基礎III以外のもの
基礎III	玉石、石積、ブロック基礎、 ひび割れのある無筋コンクリート造の基礎など	地震時にバラバラになる恐れがあり、建物の一体性を保つことができない基礎

2. 積雪を考慮する場合(多雪区域)

多雪区域(1)　垂直積雪量 1mの場合の Kjs

①2階建ての2階、3階建ての3階

壁基準耐力 (kN/m)／接合部仕様	2.0	3.0	5.0	7.0
接合部I	1.00	1.00	1.00	1.00
接合部II	1.00	0.90	0.85	0.75
接合部III	1.00	0.75	0.65	0.55
接合部IV	1.00	0.75	0.60	0.50

②2階建ての1階、3階建ての1階及び3階建ての2階

壁基準耐力 (kN/m)	2.0			3.0			5.0			7.0		
基礎仕様／接合部仕様	基礎Ⅰ	基礎Ⅱ	基礎Ⅲ	基礎Ⅰ	基礎Ⅱ	基礎Ⅲ	基礎Ⅰ	基礎Ⅱ	基礎Ⅲ	基礎Ⅰ	基礎Ⅱ	基礎Ⅲ
接合部I	1.00	1.00	1.00	1.00	1.00	1.00	1.00	0.90	0.85	1.00	0.85	0.75
接合部II	1.00	1.00	1.00	1.00	1.00	1.00	0.95	0.90	0.85	0.95	0.85	0.75
接合部III	1.00	1.00	1.00	1.00	1.00	1.00	0.85	0.85	0.85	0.75	0.75	0.75
接合部IV	1.00	1.00	1.00	1.00	1.00	1.00	0.85	0.85	0.85	0.75	0.75	0.75

③平屋建て

壁基準耐力 (kN/m)	2.0			3.0			5.0			7.0		
基礎仕様／接合部仕様	基礎Ⅰ	基礎Ⅱ	基礎Ⅲ	基礎Ⅰ	基礎Ⅱ	基礎Ⅲ	基礎Ⅰ	基礎Ⅱ	基礎Ⅲ	基礎Ⅰ	基礎Ⅱ	基礎Ⅲ
接合部I	1.00	1.00	1.00	1.00	0.85	0.75	1.00	0.80	0.70	1.00	0.80	0.70
接合部II	1.00	1.00	1.00	0.90	0.80	0.75	0.85	0.70	0.65	0.80	0.70	0.60
接合部IV	1.00	1.00	1.00	0.75	0.75	0.75	0.65	0.65	0.65	0.35	0.35	0.35

多雪区域(2)　垂直積雪量 2mの場合の Kjs

①2階建ての2階、3階建ての3階

壁基準耐力 (kN/m)／接合部仕様	2.0	3.0	5.0	7.0
接合部I	1.00	1.00	1.00	1.00
接合部II	1.00	0.95	0.85	0.80
接合部III	1.00	0.85	0.75	0.70
接合部IV	1.00	0.85	0.75	0.70

②2階建ての1階、3階建ての1階及び3階建ての2階

壁基準耐力 (kN/m)	2.0			3.0			5.0			7.0		
基礎仕様／接合部仕様	基礎Ⅰ	基礎Ⅱ	基礎Ⅲ	基礎Ⅰ	基礎Ⅱ	基礎Ⅲ	基礎Ⅰ	基礎Ⅱ	基礎Ⅲ	基礎Ⅰ	基礎Ⅱ	基礎Ⅲ
接合部I	1.00	1.00	1.00	1.00	1.00	1.00	1.00	0.95	0.95	1.00	0.95	0.90
接合部II	1.00	1.00	1.00	1.00	1.00	1.00	1.00	0.95	0.95	1.00	0.95	0.90
接合部III	1.00	1.00	1.00	1.00	1.00	1.00	0.95	0.95	0.95	0.90	0.90	0.90
接合部IV	1.00	1.00	1.00	1.00	1.00	1.00	0.95	0.95	0.95	0.90	0.90	0.90

③平屋建て

壁基準耐力 (kN/m)	2.0			3.0			5.0			7.0		
基礎仕様／接合部仕様	基礎Ⅰ	基礎Ⅱ	基礎Ⅲ	基礎Ⅰ	基礎Ⅱ	基礎Ⅲ	基礎Ⅰ	基礎Ⅱ	基礎Ⅲ	基礎Ⅰ	基礎Ⅱ	基礎Ⅲ
接合部I	1.00	1.00	1.00	1.00	0.90	0.85	1.00	0.85	0.75	1.00	0.85	0.75
接合部II	1.00	1.00	1.00	0.95	0.90	0.85	0.85	0.80	0.75	0.80	0.75	0.70
接合部IV	1.00	1.00	1.00	0.85	0.85	0.85	0.80	0.80	0.75	0.50	0.50	0.50

多雪区域(3)　垂直積雪量 2.5m の場合の Kjs

①2階建ての2階、3階建ての3階

壁基準耐力 (kN/m) 接合部仕様	2.0	3.0	5.0	7.0
接合部I	1.00	1.00	1.00	1.00
接合部II	1.00	0.95	0.90	0.85
接合部III	1.00	0.90	0.80	0.75
接合部IV	1.00	0.90	0.80	0.75

②2階建ての1階、3階建ての1階及び3階建ての2階

壁基準耐力 (kN/m)	2.0			3.0			5.0			7.0		
基礎仕様 接合部仕様	基礎I	基礎II	基礎III	基礎I	基礎II	基礎III	基礎I	基礎II	基礎III	基礎I	基礎II	基礎III
接合部I	1.00	1.00	1.00	1.00	1.00	1.00	1.00	0.95	0.95	1.00	0.95	0.90
接合部II	1.00	1.00	1.00	1.00	1.00	1.00	1.00	0.95	0.95	1.00	0.95	0.90
接合部III	1.00	1.00	1.00	1.00	1.00	1.00	0.95	0.95	0.95	0.90	0.90	0.90
接合部IV	1.00	1.00	1.00	1.00	1.00	1.00	0.95	0.95	0.95	0.90	0.90	0.90

③平屋建て

壁基準耐力 (kN/m)	2.0			3.0			5.0			7.0		
基礎仕様 接合部仕様	基礎I	基礎II	基礎III	基礎I	基礎II	基礎III	基礎I	基礎II	基礎III	基礎I	基礎II	基礎III
接合部I	1.00	1.00	1.00	1.00	1.00	1.00	1.00	0.95	0.95	1.00	0.90	0.80
接合部II	1.00	1.00	1.00	1.00	1.00	1.00	1.00	0.95	0.95	1.00	0.75	0.70
接合部IV	1.00	1.00	1.00	1.00	1.00	1.00	0.90	0.90	0.90	0.60	0.60	0.60

表6 柱の耐力 Qc 【一般診断用】

●垂壁付き独立柱

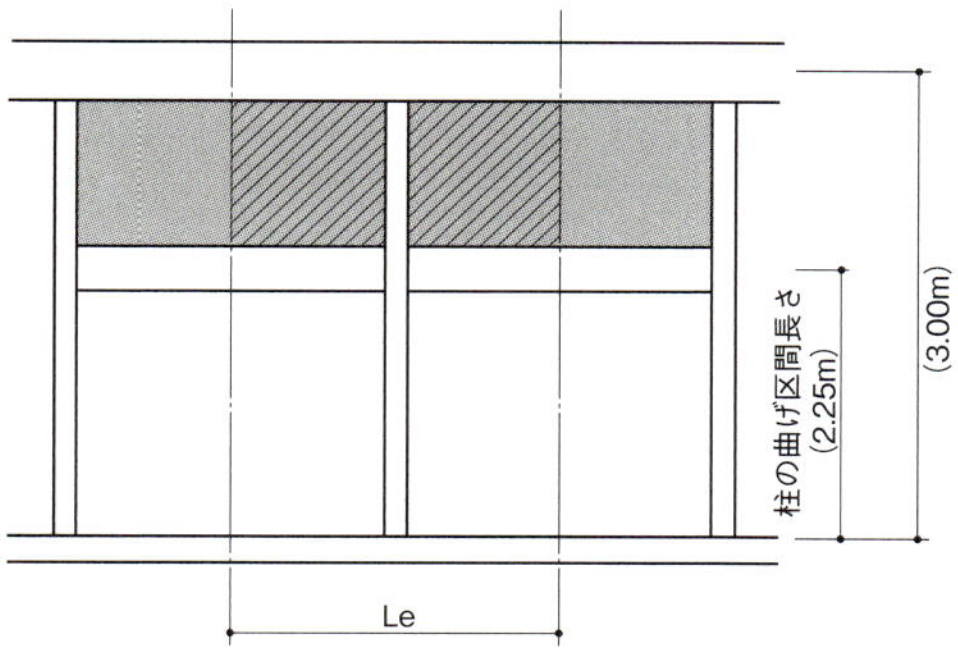

●垂壁・腰壁付き独立柱

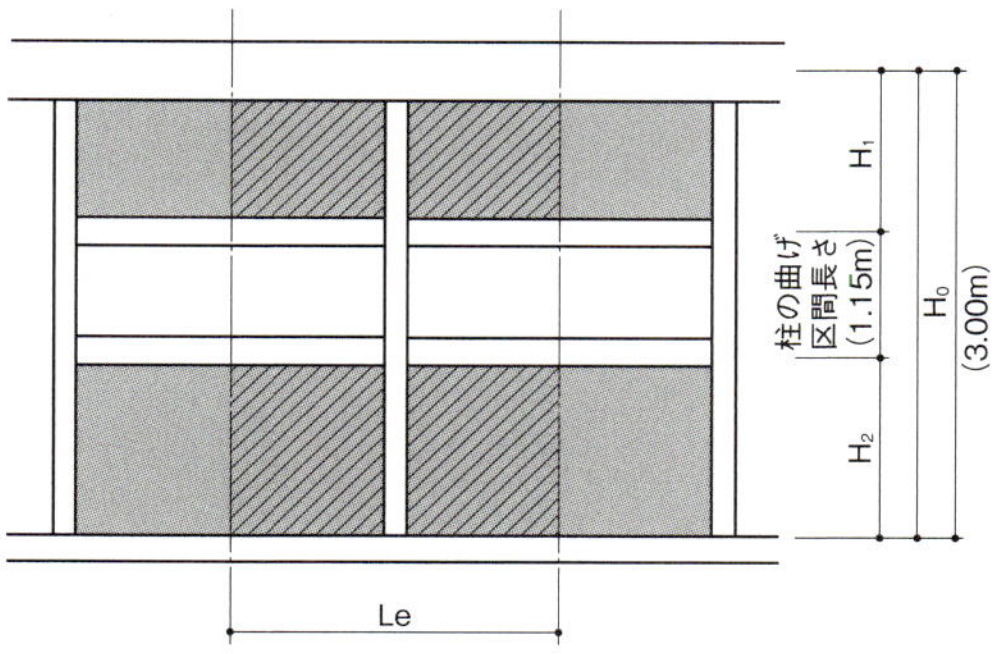

・Leは、隣接する柱との中間の距離とする
・( )内の数値は、当該表を作成した仮定条件を示す。なお、柱材はスギ($Fb = 22.2 N/mm^2$)、断面係数は差鴨居との仕口の断面欠損を考慮して全断面の75%、曲げ変形については断面欠損を考慮しないものとしている

注1) 下表において、網掛け部分は柱の折損の可能性があることを示す
注2) 120mm 未満の柱は、折損の可能性が高いため耐力を算定しない
注3) 左右に隣接する壁の仕様が異なる場合は、それぞれの値を算出し(柱の折損も考慮)、安全側の値を採用する

(1)垂壁付き独立柱1本あたりの耐力 $_{d}Q_{c}$ (単位:kN)

① Le=1.2m 未満の場合

垂壁の基準耐力(kN/m) / 柱の小径	1.0以上 2.0未満	2.0以上 3.0未満	3.0以上 4.0未満	4.0以上 5.0未満	5.0以上 6.0未満	6.0以上
120mm 未満	0.00	0.00	0.00	0.00	0.00	0.00
120mm 以上 135mm 未満	0.20	0.36	0.49	0.60	0.70	0.48
135mm 以上 150mm 未満	0.22	0.39	0.54	0.68	0.80	0.92
150mm 以上 180mm 未満	0.23	0.42	0.59	0.75	0.89	1.02
180mm 以上 240mm 未満	0.24	0.45	0.65	0.84	1.02	1.19
240mm 以上	0.24	0.48	0.71	0.93	1.15	1.36

② Le=1.2m 以上の場合

垂壁の基準耐力(kN/m) / 柱の小径	1.0以上 2.0未満	2.0以上 3.0未満	3.0以上 4.0未満	4.0以上 5.0未満	5.0以上 6.0未満	6.0以上
120mm 未満	0.00	0.00	0.00	0.00	0.00	0.00
120mm 以上 135mm 未満	0.36	0.48	0.45	0.44	0.43	0.43
135mm 以上 150mm 未満	0.39	0.68	0.71	0.66	0.64	0.64
150mm 以上 180mm 未満	0.42	0.75	1.02	1.02	0.94	0.94
180mm 以上 240mm 未満	0.45	0.84	1.19	1.50	1.79	2.06
240mm 以上	0.48	0.93	1.36	1.77	2.17	2.54

(2)垂壁・腰壁付き独立柱1本あたりの耐力 $_{w}Q_{c}$ (単位:kN)

① Le=1.2m 未満の場合

垂壁・腰壁の基準耐力(kN/m) / 柱の小径	1.0以上 2.0未満	2.0以上 3.0未満	3.0以上 4.0未満	4.0以上 5.0未満	5.0以上 6.0未満	6.0以上
120mm 未満	0.00	0.00	0.00	0.00	0.00	0.00
120mm 以上 135mm 未満	0.51	0.90	1.26	1.59	1.53	0.66
135mm 以上 150mm 未満	0.54	0.98	1.37	1.73	2.08	2.42
150mm 以上 180mm 未満	0.56	1.05	1.48	1.87	2.25	2.61
180mm 以上 240mm 未満	0.59	1.13	1.64	2.11	2.56	2.98
240mm 以上	0.61	1.20	1.77	2.33	2.87	3.40

② Le=1.2m 以上の場合

垂壁・腰壁の基準耐力(kN/m) / 柱の小径	1.0以上 2.0未満	2.0以上 3.0未満	3.0以上 4.0未満	4.0以上 5.0未満	5.0以上 6.0未満	6.0以上
120mm 未満	0.00	0.00	0.00	0.00	0.00	0.00
120mm 以上 135mm 未満	0.90	1.59	0.66	0.53	0.50	0.48
135mm 以上 150mm 未満	0.98	1.73	2.42	1.08	0.85	0.76
150mm 以上 180mm 未満	1.05	1.87	2.61	3.31	3.97	1.38
180mm 以上 240mm 未満	1.13	2.11	2.98	3.77	4.52	5.25
240mm 以上	1.20	2.33	3.40	4.43	5.43	6.39

表7　耐力要素の配置等による低減係数 eKfl　【一般診断用】

(1)四分割法による場合

① 水平構面の剛性が剛な場合(床仕様I相当)

$_{e}K_{1}$ ／ $_{e}K_{2}$ ≧0.5の場合　　$_{e}K_{fl}=1.0$

$_{e}K_{1}$　：充足率の小さい方

$_{e}K_{2}$　：充足率の大きい方

$_{e}K_{1}$ ／ $_{e}K_{2}$ ＜0.5の場合　　$_{e}K_{fl}=\dfrac{_{e}K_{1}+{}_{e}K_{2}}{2.0\,{}_{e}K_{2}}$

② 水平構面の剛性が中間の場合(床仕様II相当)

$_{e}K_{fl}$ ＝①と③の平均値

③ 水平構面の剛性が柔な場合(床仕様III相当)

$_{e}K_{1}$、$_{e}K_{2}$ ≧1.0の場合　　$_{e}K_{fl}=1.0$

その他の場合　　$_{e}K_{fl}=\dfrac{_{e}K_{1}+{}_{e}K_{2}}{2.5\,{}_{e}K_{2}}$

一端の充足率 ＼ 他端の充足率		0.33未満	0.33以上 0.66未満	0.66以上 1.00未満	1.00以上 1.33未満	1.33以上
0.33未満	床仕様I	1.00	0.70	0.65	0.60	0.55
	床仕様II	0.90	0.65	0.60	0.55	0.50
	床仕様III	0.80	0.60	0.55	0.50	0.45
0.33以上 0.66未満	床仕様I	0.70	1.00	1.00	0.75	0.70
	床仕様II	0.65	0.90	0.90	0.70	0.65
	床仕様III	0.60	0.80	0.80	0.60	0.55
0.66以上 1.00未満	床仕様I	0.65	1.00	1.00	1.00	1.00
	床仕様II	0.60	0.90	0.90	0.90	0.90
	床仕様III	0.55	0.80	0.80	0.80	0.80
1.00以上 1.33未満	床仕様I	0.60	0.75	1.00	1.00	1.00
	床仕様II	0.55	0.70	0.90	1.00	1.00
	床仕様III	0.50	0.60	0.80	1.00	1.00
1.33以上	床仕様I	0.55	0.70	1.00	1.00	1.00
	床仕様II	0.50	0.65	0.90	1.00	1.00
	床仕様III	0.45	0.55	0.80	1.00	1.00

注1) 床の仕様は下表による。

床仕様	主な仕様	想定する床倍率
床仕様I	合板	1.0以上
床仕様II	火打＋荒板	0.5以上1.0未満
床仕様III	火打なし	0.5未満

注2) 4m以上の吹抜けがある場合には、床仕様を1段階下げる

注3) 壁量充足率を算出する場合は、有開口壁の耐力(Q_{wo})を評価しないこととする。

(2)偏心率による場合

平均床倍率 ＼ 偏心率	Re<0.15	0.15≦Re<0.3	0.3≦Re<0.45	0.45≦Re<0.6	0.6≦Re
1.0以上			$\dfrac{3.3-Re}{3\times(3.33Re+0.5)}$	$\dfrac{3.3-Re}{6}$	0.425
0.5以上1.0未満	1.0	$\dfrac{1}{3.33Re+0.5}$	$\dfrac{2.3-Re}{2\times(3.33Re+0.5)}$	$\dfrac{2.3-Re}{4}$	0.425
0.5未満			$\dfrac{3.6-2Re}{3\times(3.33Re+0.5)}$	$\dfrac{3.6-2\cdot Re}{6}$	0.400

表8 劣化度による低減係数 dK 【一般診断用】

老朽度の調査部位と診断項目 チェックシート

部位		材料・部材等	劣化事象	存在点数 築10年未満	存在点数 築10年以上	劣化点数
屋根葺き材		金属板	変退色、さび、さび穴、ずれ、めくれがある	2	2	
		瓦・スレート	割れ、欠け、ずれ、欠落がある			
樋		軒・呼び樋	変退色、さび、割れ、ずれ、欠落がある	2	2	
		縦樋	変退色、さび、割れ、ずれ、欠落がある	2	2	
外壁仕上げ		木製板、合板	水浸み痕、こけ、割れ、抜け節、ずれ、腐朽がある	4	4	
		窯業系サイディング	こけ、割れ、ずれ、欠落、シール切れがある			
		金属サイディング	変退色、さび、さび穴、ずれ、めくれ、目地空き、シール切れがある			
		モルタル	こけ、0.3mm以上の亀裂、剥落がある			
露出した躯体			水浸み痕、こけ、腐朽、蟻道、蟻害がある	2	2	
バルコニー	手摺壁	木製板、合板	水浸み痕、こけ、割れ、抜け節、ずれ、腐朽がある		1	
		窯業系サイディング	こけ、割れ、ずれ、欠落、シール切れがある			
		金属サイディング	変退色、さび、さび穴、ずれ、めくれ、目地空き、シール切れがある			
		外壁との接合部	外壁面との接合部に亀裂、隙間、緩み、シール切れ、剥離がある		1	
	床排水		壁面を伝って流れている、または排水の仕組みがない		1	
内壁	一般室	内壁・窓下	水浸み痕、はがれ、亀裂、カビがある	2	2	
	浴室	タイル壁	目地の亀裂、タイルの割れがある	2	2	
		タイル以外	水浸み痕、変色、亀裂、カビ、腐朽、蟻害がある			
床	床面	一般室	傾斜、過度の振動、床鳴りがある	2	2	
		廊下	傾斜、過度の振動、床鳴りがある		1	
	床下		基礎のひび割れや床下部材に腐朽、蟻道、蟻害がある	2	2	
合計						
劣化度による低減係数 ${}_{d}K$＝1－劣化点数／存在点数＝						

注1）算出結果が0.7未満の場合には、0.7とする
注2）一般診断法により補強設計を行う場合は、補修後の診断における劣化低減係数を0.9以下とする

表9 総合評価

(1)地盤・基礎の注意事項

部位	形式	状態	注意すべき事項など
立地条件			
基礎			

(2)上部構造評点の判定

上部構造評点

階	方向	必要耐力 Qr (kN)	壁・柱の耐力 Q_u (kN)	偏心による低減係数 $_eK_{fl}$	劣化度による低減係数 $_dK$	保有する耐力 $_{ed}Q_u$ (kN)	上部構造評点 $_{ed}Q_u$ / Qr	判定
3	X							
	Y							
2	X							
	Y							
1	X							
	Y							

上部構造の耐震性の評価

判定	上部構造評点	評価
I	1.5以上	倒壊しない
II	1.0以上　1.5未満	一応倒壊しない
III	0.7以上　1.0未満	倒壊する可能性がある
IV	0.7未満	倒壊する可能性が高い

(3)総合評価

建物の形状や使用状況等を考慮した総合評価　　(注)下表は一例である。各自が適宜判断し記述すること。

地盤・基礎	造成状況、液状化の可能性 形状と損傷状況 アンカーボルトの有無	
軸組	主な樹種・断面 腐朽・蟻害・断面欠損等	
耐力壁	仕様と軸組への取り付け状況 建物形状と配置状況 柱頭柱脚の接合状況	
水平構面	主な仕様 耐力壁配置との関係 引張に対する接合状況 小屋組の状況	
その他	屋根葺き材の脱落等 外壁の損傷・劣化	
補強の要否		

表10 地盤・基礎に関する参考資料

一般診断法に示された地盤・基礎の診断表

部位	形式	状況	記入欄
地形	平坦・普通		
	がけ地・急斜面	コンクリート擁壁	
		石積	
		特別な対策は行っていない	
地盤	良い・普通の地盤		
	悪い地盤		
	非常に悪い地盤 (埋立地、盛土、軟弱地盤)	表層の地盤改良を行っている	
		杭基礎である	
		特別な対策は行っていない	
基礎形式	鉄筋コンクリート基礎	健全	
		ひび割れが生じている	
	無筋コンクリート基礎	健全	
		軽微なひび割れが生じている	
		ひび割れが生じている	
	玉石基礎	足固めあり	
		足固めなし	
	その他(ブロック基礎など)		

精密診断法Ⅰに示された基礎の評価

地盤の分類	杭基礎、布基礎、ベタ基礎		玉石、石積み、ブロック基礎など
	鉄筋入り	無筋	
良い・普通の地盤	・安全である	・ひび割れが入る恐れがある	・玉石などが移動したり、傾く可能性がある
悪い地盤	・ひび割れが入る恐れがある	・亀裂が入る恐れがある	・玉石などが移動したり、傾く可能性がある
非常に悪い地盤	・ひび割れが入る恐れがある ・住宅が傾く可能性がある	・大きな亀裂が入る恐れがある ・住宅が傾く可能性が高い	・玉石などが移動したり、不陸が生じる ・住宅が傾く可能性が高い

地盤の種類

地盤の分類	判断基準	昭55建告1793号
良い・普通の地盤	洪積台地または同等以上の地盤	第Ⅰ種地盤
	設計仕様書のある地盤改良 (ラップル、表層改良、柱状改良など)	
	長期許容支持力50kN/㎡以上	第2種地盤
	下記以外	
悪い地盤	沖積層の厚さが30m未満	
	埋立地および盛土地で、大規模な造成工事によるもの (宅地造成等規制法・同施行令に適合するもの)	
	長期許容支持力20kN/㎡以上50kN/㎡未満	
非常に悪い地盤	海・川・池・沼・水田等の埋立地および丘陵地の盛土地で小規模な造成工事による軟弱地盤	第3種地盤
	沖積層の厚さが30m以上	

表11 新耐震木造住宅検証法

平成28年熊本地震の被害をふまえ、新耐震基準導入以降2000年6月1日より前に建築された在来軸組構法の木造住宅について、新耐震基準に適合していることを前提に効率的に耐震性能を検証する方法

＊詳細は、(一財)日本建築防災協会のホームページに掲載された「新耐震基準の木造住宅の耐震性能検証法」によること

所有者等による検証

対象	1.建築年	昭和56年6月から平成12年5月までの間に建てられた木造住宅	
	2.構法	在来軸組構法で基礎がコンクリート造	
	3.階数	平屋建てまたは2階建て(1階が鉄筋コンクリート造あるいは鉄骨造でない)	
判定1		全て該当すれば、チェック1へ。 ひとつでも非該当で、耐震性に不安があれば専門家へ相談。	

チェック1	建物形状	平面、立面が比較的整形		
チェック2	接合金物	柱と梁の接合に金物(カスガイ、釘でないもの)が使われている		
チェック3	壁の割合	1階の外壁面(4面)で、無開口壁の割合が0.3以上		
チェック4	劣化	イ　外壁にひび割れ、剥落、水浸み痕、こけ、腐朽がなく健全である	それぞれ、該当(健全)なら1点、非該当(問題あり)なら0点	
		ロ　屋根が健全で棟や軒の不陸がない		
		ハ　基礎のひび割れがない		
		ニ　居室や廊下の傾斜がなく過度のたわみや振動がない		
		ホ　浴室はタイル貼り等の在来浴室ではない		
判定2		チェック1～3はすべて該当かつチェック4で4点以上　→　一応倒壊しない チェック1～3で一つでも非該当　または　チェック4で3点以下　→　専門家による検証が必要		

チェック5	図面との整合		
判定3		図面と実際の壁の位置が合っている　→　チェック6へ よくわからない、図面がない、図面と壁の位置が違う　→　専門家による耐震診断(現地調査あり)	

チェック6	写真撮影	敷地周囲の状況、建物外観、基礎、外壁、室内(壁位置確認用)、柱梁接合部、筋かい端部、その他気になる不具合箇所等

専門家による効率的な検証

所有者等によるチェックおよび図面、写真をもとに、現地調査を行わずに一般診断法に準じた診断を行う

地盤	地形・地盤の資料を収集し、地盤災害の可能性の有無と、地盤種別を判断する
基礎仕様	ひび割れが散見される程度なら、基礎仕様II
壁仕様	仕様不明な壁の壁基準耐力は、片面1.0kN/m、両面2.0kN/m
接合仕様	公庫仕様等でCP-T、CP-Lなどが使用されていれば、接合仕様II
壁配置	四分割法を採用
床仕様	一般的な仕様として、床仕様IIを基本とする
劣化度による低減係数 ${}_{d}K$	便宜上、1.0で計算する

総合評価

一般診断法の診断表による評点		
2階	X方向	
	Y方向	
1階	X方向	
	Y方向	

×

一般診断法に準じた方法における劣化度による低減係数 ${}_{d}K_{k}$

＝

一般診断法に準じた方法による評点		
2階	X方向	
	Y方向	
1階	X方向	
	Y方向	

チェック4の合計点	一般診断法に準じた方法における劣化度による低減係数 ${}_{d}K_{k}$
5点	1.00
4点	0.85
3点以下	0.70

評点と判定

一般診断法に準じた方法による評点	一般診断法に準じた方法による判定
1.5以上	倒壊しない
1.0以上　1.5未満	一応倒壊しない
0.7以上　1.0未満	倒壊する可能性がある
0.7未満	倒壊する可能性が高い

表12 耐震設計の基本理念

①まれに発生する震度5弱程度以下の中小地震に対しては、損傷しない（一次設計）
②極めてまれに発生する震度6強程度の大地震[※1]に対しては、ある程度の損傷を許容するが倒壊せず、人命と財産を守る（二次設計）

表13 大地震時（震度6強程度）の損傷状況

損傷ランク		Ⅰ（軽微）	Ⅱ（小破）	Ⅲ（中破）	Ⅳ（大破）	Ⅴ（破壊）
損傷状況	概念図	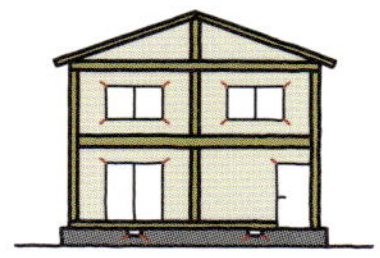	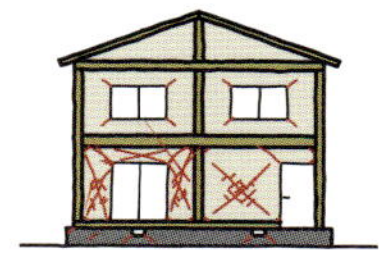		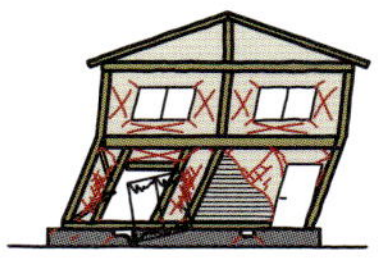	
	建物の傾斜	層間変形角1／120以下（中地震時の変形制限）	層間変形角1／120～1／60	層間変形角1／60～1／30	層間変形角1／30（在来構法）～1／10（伝統構法）	層間変形角1／10以上
		残留変形なし	残留変形なし	残留変形あり（補修して住み続けられる）	倒壊は免れる	倒壊
	基礎	換気口廻りのひび割れ小	換気口廻りのひび割れやや大	ひび割れ多大、破断なし	ひび割れ多大、破断あり	破断・移動あり
				仕上げモルタルの剥離	土台の踏み外し	周辺地盤の崩壊
	外壁	モルタルひび割れ微小	モルタルひび割れ	モルタル、タイル剥離	モルタル、タイル脱落	モルタル、タイル脱落
	開口部	隅角部に隙間	開閉不能	ガラス破損	建具・サッシの破損、脱落	建具・サッシの破損、脱落
	筋かい	損傷なし	損傷なし	仕口ズレ	折損	折損
	パネル	わずかなズレ	隅角部のひび割れ	パネル相互の著しいズレ	面外座屈、剥離	脱落
			一部釘めり込み	釘めり込み	釘めり込み	
	修復性	軽微	簡易	やや困難（補修可能）	困難（建て替え）	不可
壁量目安	第1種地盤	品確法　等級3	品確法　等級2	建築基準法×1.0	—	—
	第2種地盤	—	品確法　等級3	品確法　等級2	建築基準法×1.0	—
	第3種地盤	—	—	品確法　等級3	建築基準法×1.5	建築基準法×1.0

表14 品確法の耐震等級イメージ

上部構造評点	耐震等級1	耐震等級2	耐震等級3
構造躯体の損傷防止（中地震）	建築基準法程度[表1]	まれに発生する地震による力の1.25倍の力に対して損傷を生じない程度	まれに発生する地震による力の1.5倍の力に対して損傷を生じない程度
構造躯体の倒壊防止（大地震）	建築基準法程度[表1]	極めてまれに発生する地震による力の1.25倍の力に対して倒壊、崩壊しない程度	極めてまれに発生する地震による力の1.5倍の力に対して倒壊、崩壊しない程度

注：極めてまれに発生する地震とは、1923年関東大地震（最大加速度300～400gaℓ）程度に相当する
震度7は上限がないため、たとえば「阪神淡路大震災の震度7」のように、過去に発生した具体的な地震の強さに対して検証する必要がある

参考文献（順不同）

- 「2012年改訂版　木造住宅の耐震診断と補強方法」
（一財）日本建築防災協会

- 「2020年版　建築物の構造関係技術基準解説書」
国土交通省国土技術政策総合研究所他監修
全国官報販売協同組合発行

- 「ヤマベの木構造新版DVD付」山辺豊彦著
エクスナレッジ発行

- 「地震と地盤災害」守屋喜久夫著 鹿島出版会発行

写真、図面提供等の協力（順不同）

MOK Structural Design Unit
（一社）住宅医協会
菅家太建築設計事務所

Atelier GLOCAL
伊藤平左エ門建築事務所
風組・渡邉設計室
北の木・設計
NPO法人 景観建築研究機構
造計画
永添建築設計

石田工務店
笹森工務店
千葉工務店
風基建設

アトリエDEF
アトリエヌック
UN建築研究所
大屋建築設計事務所
丹呉明恭建築設計事務所
直井建築工房
野沢正光建築設計工房
相羽建設
草野工務店

装幀　米倉英弘（米倉デザイン室）
イラスト　古賀陽子　堀野千恵子
トレース　長谷川智大
DTP　竹下隆雄（TKクリエイト）
印刷・製本　シナノ書籍印刷

著者略歴

1946 年 石川県生まれ
1969 年 法政大学工学部建設工学科建築専攻 卒業、青木繁研究室 入所
1978 年 山辺構造設計事務所 設立
1982～1997 年 法政大学工学部建築学科 非常勤講師
2006～2008 年 千葉大学工学部建築学科 非常勤講師
現在
(一社)日本建築構造技術者協会 関東甲信越支部 東京サテライト 顧問

主な作品

新築工事：JR赤湯駅舎、むつ市立図書館、信楽町立図書館、棚倉町立社川小学校、つくば市立東小学校、田園調布学園中等部・高等部、カリタス女子中学高等学校、七沢希望の丘初等学校、高島市立朽木東小学校・朽木中学校体育館、熊本県和水町立三加和小・中学校木造校舎・屋内運動場、韮崎市すずらん保育園
改修・補強工事：武蔵野美術大学吉祥寺校、正田醤油本社屋、臨江閣別館、ほか文化財多数

受賞暦

1997 年 第7回RM賞 大森東1丁目団地
1999 年 JSCA 賞佳作賞 木材を活用した学校施設の構造設計(つくば市立東小学校、棚倉町立社川小学校)
1999 年 BCS 賞 棚倉町立社川小学校
2009 年 日本構造デザイン賞(松井源吾特別賞)地域材活用による一連の構造設計と実験活動
2015 年 耐震改修優秀建築賞:愛農学園農業高等学校本館
2016 年 第19 回木材活用コンクール 最優秀賞 農林水産大臣賞:和水町立三加和小中学校
2022 年 第35回木質材料・木質構造技術研究基金賞 第一部門(杉山英男賞)長年にわたる木質構造設計に関する貢献

著書

- 住宅建築別冊「民家型構法の家づくり」現代計画研究所 2002.11 共著
- 「絵解き 住まいを守る耐震性入門」2006.5 風土社 監修
- 「世界で一番やさしい木構造」2008.11 エクスナレッジ
- 「渡り腮構法の住宅のつくり方」2008.12 建築技術 共著
- 「ヤマベの木構造」2009.4 エクスナレッジ

編集協力等

- 「あたたかみとうるおいのある木の学校選集」文部省/文教施設協会1998.5
- 「あたたかみとうるおいのある木の学校」文部科学省/文教施設協会2004.8
- 「あたたかみとうるおいのある木の学校 早わかり木の学校」文部科学省/文教施設協会2007.12
- 「こうやって作る木の学校～木材利用の進め方のポイント、工夫事例～」文部科学省・農林水産省2010.5
- 「木質系混構造建築物の構造設計の手引き」(財)日本住宅・木材技術センター 2012.1
- 「木質系混構造建築物の構造設計の手引き」(公財)日本住宅・木材技術センター 2019.3

ヤマベの
耐震改修 増補改訂版

2025年5月1日　初版第1刷発行

著者　山辺豊彦

発行者　三輪浩之

発行所　株式会社エクスナレッジ
〒106-0032
東京都港区六本木7-2-26
https://www.xknowledge.co.jp/

問合せ先　編集　Tel.：03-3403-1381
Fax：03-3403-1345
info@xknowledge.co.jp
販売　Tel.：03-3403-1321
Fax：03-3403-1829